LES

ŒUVRES

COMPLETES

DE

VOLTAIRE

42A

VOLTAIRE FOUNDATION

OXFORD

2011

© 2011 VOLTAIRE FOUNDATION LTD

ISBN 978 0 7294 0924 7

Voltaire Foundation Ltd
University of Oxford
99 Banbury Road
Oxford OX2 6JX

A catalogue record for this book
is available from the British Library

www.voltaire.ox.ac.uk

MIX
Paper from
responsible sources
FSC® C013056

The Forest Stewardship Council is an international network to
promote responsible management of the world's forests.

Printed on FSC-certified and chlorine-free paper at
T J International Ltd, Padstow, Cornwall, England.

Ce volume est dédié à la mémoire de
Madeline Barber
(1924-2011)

La Voltaire Foundation remercie chaleureusement
Paul LeClerc de son don généreux
pour la publication de ce volume

Questions sur l'Encyclopédie, par des amateurs

VI

GARGANTUA - JUSTICE

sous la direction de

Nicholas Cronk et Christiane Mervaud

Secrétaire de l'édition

Gillian Pink

Ont collaboré à ce tome

Christophe Cave, Marie-Hélène Cotoni, Nicholas Cronk,
Olivier Ferret, Graham Gargett, Paul Gibbard,
Russell Goulbourne, Dominique Lussier, Laurence Macé,
Christiane Mervaud, Michel Mervaud, Paul H. Meyer,
Jeanne R. Monty, François Moureau, Christophe Paillard,
Gillian Pink, John Renwick, Gerhardt Stenger,
Jeroom Vercruysse

TABLE DES MATIÈRES

---

[1] Nous maintenons l'ordre des articles dans le texte de base, ordre qui n'est pas strictement alphabétique.

ILLUSTRATIONS

ABRÉVIATIONS

Antiquités judaïques	Flavius Josèphe, *Histoire des Juifs écrite par Flavius Joseph sous le titre de Antiquitez judaïques*, trad. R. Arnaud d'Andilly, nouv. éd., 5 vol. (Paris, 1735-1736)
Arsenal	Bibliothèque de l'Arsenal, Paris
Bengesco	Georges Bengesco, *Voltaire: bibliographie de ses œuvres*, 4 vol. (Paris, 1882-1890)
BnC	*Catalogue général des livres imprimés de la Bibliothèque nationale: auteurs, tome 214, Voltaire*, éd. H. Frémont et autres, 2 vol. (Paris, 1978)
BnF	Bibliothèque nationale de France, Paris
Bodley	Bodleian Library, Oxford
BV	M. P. Alekseev et T. N. Kopreeva, *Bibliothèque de Voltaire: catalogue des livres* (Moscou, 1961)
'Catalogue des écrivains'	Voltaire, 'Catalogue de la plupart des écrivains français qui ont paru dans le siècle de Louis XIV, pour servir à l'histoire littéraire de ce temps', *Le Siècle de Louis XIV*, *OH*, p.1133-1214
CN	*Corpus des notes marginales de Voltaire* (Berlin et Oxford, 1979-)
Commentaire littéral	Augustin Calmet, *Commentaire littéral sur tous les livres de l'Ancien et du Nouveau Testament*

Correspondance littéraire	F. M. Grimm, *Correspondance littéraire, philosophique et critique, par Grimm, Diderot, Raynal, Meister, etc.*, éd. Maurice Tourneux, 16 vol. (Paris, 1877-1882)
D	Voltaire, *Correspondence and related documents*, éd. Th. Besterman, *Œuvres complètes de Voltaire*, t.85-135 (Oxford, 1968-1977)
Dictionnaire de la Bible	Augustin Calmet, *Dictionnaire historique, critique, chronologique, géographique et littéral de la Bible*, 4 vol. (Paris, 1730)
Dictionnaire de l'Académie	*Dictionnaire de l'Académie française*
Dictionnaire de Trévoux	*Dictionnaire universel françois et latin, vulgairement appelé Dictionnaire de Trévoux*
Dictionnaire historique et critique	Pierre Bayle, *Dictionnaire historique et critique. Par Monsieur [Pierre] Bayle*
DP	Voltaire, *Dictionnaire philosophique*
EM	Voltaire, *Essai sur les mœurs et l'esprit des nations*, *OCV* (t.22-27), et éd. R. Pomeau, 2 vol. (Paris, 1990)
Encyclopédie	*Encyclopédie, ou dictionnaire raisonné des sciences, des arts et des métiers, par une société de gens de lettres*, éd. J. Le Rond D'Alembert et D. Diderot, 35 vol. (Paris, 1751-1780)
Ferney catalogue	George R. Havens et N. L. Torrey, *Voltaire's catalogue of his library at Ferney*, *SVEC* 9 (1959)

Glossarium	Charles Du Fresne, sieur Du Cange, *Glossarium ad scriptores mediae et infimae latinitatis*, 6 vol. (Paris, 1733-1736)
Le Grand Dictionnaire historique	Louis Moreri, *Le Grand Dictionnaire historique, ou le mélange curieux de l'histoire sacrée et profane*, 7 vol. (Amsterdam, 1740)
ImV	Institut et musée Voltaire, Genève
Kehl	*Œuvres complètes de Voltaire*, éd. J. A. N. de Caritat, marquis de Condorcet, J. J. M. Decroix et Nicolas Ruault, 70 vol. (Kehl, 1784-1789)
Lettres philosophiques	Voltaire, *Lettres philosophiques*, éd. G. Lanson, rév. André M. Rousseau, 2 vol. (Paris, 1964)
M	*Œuvres complètes de Voltaire*, éd. Louis Moland, 52 vol. (Paris, 1877-1885)
ms.fr.	manuscrits français (BnF)
n.a.fr.	nouvelles acquisitions françaises (BnF)
OCV	*Œuvres complètes de Voltaire* (Oxford, 1968-) [la présente édition]
OH	Voltaire, *Œuvres historiques*, éd. R. Pomeau (Paris, 1957)
QE	Voltaire, *Questions sur l'Encyclopédie*
SVEC	*Studies on Voltaire and the eighteenth century*
Taylor	Taylor Institution, Oxford

Trapnell   William H. Trapnell, 'Survey and
                  analysis of Voltaire's collective
                  editions', *SVEC* 77 (1970), p.103-99
VF   Voltaire Foundation, Oxford
VST   René Pomeau, René Vaillot,
                  Christiane Mervaud et autres,
                  Voltaire en son temps, 2ᵉ éd., 2 vol.
                  (Oxford, 1995)

L'APPARAT CRITIQUE

L'apparat critique placé au bas des pages fournit les diverses leçons ou variantes offertes par les états manuscrits ou imprimés du texte.

Chaque note critique est composée du tout ou partie des indications suivantes:

– Le ou les numéro(s) de la ou des ligne(s) à quoi elle se rapporte.
– Les sigles désignant les états du texte, ou les sources, repris dans la variante. Des chiffres arabes, isolés ou accompagnés de lettres, désignent en général des éditions séparées de l'œuvre dont il est question; les lettres suivies de chiffres sont réservées aux recueils, w pour les éditions complètes, et t pour les œuvres dramatiques; après le sigle, l'astérisque signale un exemplaire particulier, qui d'ordinaire contient des corrections manuscrites.
– Les deux points (:) marquant le début de la variante proprement dite, dont le texte, s'il en est besoin, est encadré par un ou plusieurs mots du texte de base. A l'intérieur de la variante, toute remarque de l'éditeur est placée entre crochets.

Les signes typographiques conventionnels suivants sont employés:
– Les mots supprimés sont placés entre crochets obliques (< >).
– La lettre grecque bêta (β) désigne le texte de base.
– Le signe de paragraphe (¶) marque l'alinéa.
– Deux traits obliques (//) indiquent la fin d'un chapitre ou d'une partie du texte.
– La flèche horizontale (→) signifie 'adopté par'.
– Les mots ajoutés à la main par Voltaire ou Wagnière sont précédés, dans l'interligne supérieur, de la lettre ^{V} ou ^{W}.
– La flèche verticale dirigée vers le haut (↑) ou vers le bas (↓) indique que l'addition est inscrite au-dessus ou au-dessous de la ligne.
– Le signe + marque la fin de l'addition, s'il y a lieu.

LES DESCRIPTIONS BIBLIOGRAPHIQUES

Dans les descriptions bibliographiques les signes conventionnels
suivants sont employés:
- Pi (π) désigne des cahiers non signés supplémentaires à
  l'enchaînement régulier des pages préliminaires.
- Chi (χ) désigne des cahiers non signés supplémentaires à
  l'enchaînement régulier du texte.
- Le signe du dollar ($) signifie 'un cahier typique'.
- Le signe plus ou moins ($\pm$) indique l'existence d'un carton.

REMERCIEMENTS

La préparation des *Œuvres complètes de Voltaire* dépend de la compétence et de la patience du personnel de nombreuses bibliothèques de recherche partout dans le monde. Nous les remercions vivement de leur aide généreuse et dévouée. Parmi eux, certains ont assumé une tâche plus lourde que d'autres, dont en particulier le personnel de la Bibliothèque nationale de France et de la Bibliothèque de l'Arsenal à Paris; de l'Institut et musée Voltaire à Genève; de la Taylor Institution Library à Oxford; et de la Bibliothèque nationale de Russie à Saint-Pétersbourg.

Nous remercions José-Michel Moureaux, François Moureau et Thomas Wynn pour leur aide.

Que Michel Mervaud trouve ici l'expression de notre gratitude pour sa relecture de l'ensemble du volume.

AVANT-PROPOS

Cette édition des *Questions sur l'Encyclopédie* paraît en 7 tomes (*OCV*, tomes 37-43). Le tome 37 contient l'introduction, la description complète des éditions et l'index général; les tomes 38 à 43 contiennent le texte des *Questions sur l'Encyclopédie*, les variantes et les notes sur le texte. Le présent tome ne contient donc qu'une liste abrégée des éditions à partir desquelles nous présentons les variantes.

Les 'œuvres alphabétiques' paraissent dans les *Œuvres complètes de Voltaire* comme suit:

Tome 33: *Œuvres alphabétiques*, I
Articles pour l'*Encyclopédie* et pour le *Dictionnaire de l'Académie* (sous la direction de J. Vercruysse, paru en 1987)

Tome 34: *Œuvres alphabétiques*, II
Articles du fonds de Kehl

Tomes 35-36: *Dictionnaire philosophique*
(sous la direction de C. Mervaud, parus en 1994)

Tomes 37-43: *Questions sur l'Encyclopédie*
37: Introduction, description des éditions, index général
38-43: Articles 'A' - 'Zoroastre'

Ont travaillé sur le projet initial des *Questions sur l'Encyclopédie*: Marcus Allen, Jacqueline Fennetaux, Basil Guy, Hervé Hasquin, G. Norman Laidlaw, Jacques Marx, Paul H. Meyer, Hélène Monod-Cassidy, Jeanne R. Monty, Jean A. Perkins, Bertram E. Schwarzbach et Jeroom Vercruysse.

La responsabilité de l'annotation des articles du présent tome a été répartie comme suit:

Christophe CAVE: Impie; Intérêt.

Marie-Hélène COTONI: Hermès, ou Ermès, ou Mercure trismégiste, ou Thaut, ou Taut, ou Thot.

Nicholas CRONK: Idole, idolâtre, idolâtrie; Ignorance.

Olivier FERRET: Grégoire VII; Hérésie; Initiation.

Graham GARGETT et Christiane MERVAUD: Grâce.

Russell GOULBOURNE: Homme; Honneur; Japon.

Laurence MACÉ: Jeova; Imagination; Innocents.

Christiane MERVAUD: Genèse; Gloire; Gouvernement (avec la collaboration de C. Paillard); Grâce (avec la collaboration de G. Gargett); Jephté; Intolérance; Juif; Julien.

Michel MERVAUD: Généalogie; Géographie; Inaliénation, inaliénable.

François MOUREAU: Génie; Goût; De l'histoire; Impuissance.

Christophe PAILLARD: Gouvernement (avec la collaboration de C. Mervaud); Humilité; Idée; Incubes; Infini; Instinct.

Gillian PINK: Gargantua; Génération; Guerre; Horloge.

John RENWICK: Etats généraux; Grec; Impôt; Justice.

Gerhardt STENGER: Géométrie; Gueux mendiant; Hipathie; Identité; Jésuites, ou orgueil; Ignace de Loyola; Inceste; Influence.

Dominique Lussier a établi le texte et les variantes du présent volume.

Principes de cette édition

L'édition choisie comme texte de base est w75G* – l'édition encadrée, corrigée par Voltaire. Les variantes figurant dans l'apparat critique du présent tome proviennent des sources suivantes: 70, 71N, 71A, w68 (1774), w75G, k84 et k12.

Nous maintenons l'ordre des articles dans le texte de base, ordre qui n'est pas strictement alphabétique.

Il existe des rapports entre certains articles figurant dans les

Questions sur l'Encyclopédie et les articles publiés pour la première fois dans l'édition de Kehl, d'après des manuscrits dits du 'fonds de Kehl'. Ceux-ci seront étudiés dans le tome 34 de la présente édition. [1]

Editions

70

Questions sur l'Encyclopédie, par des amateurs. [Genève, Cramer] 1770-1772. 9 vol. 8°.

Edition originale.

Bengesco 1408, BnC 3597, BV3737.

Edimbourg, National Library of Scotland: BCL.B7183-7189. Londres, British Library: 1158 K10-14. Neuchâtel, Bibliothèque publique et universitaire: NUM 150.7.1. Oxford, Taylor: V8 D6 1770, V1 1770 G/1 (38-43); VF. Paris, Arsenal: 8° B 34128; BnF: Z 24726-24734. Saint-Pétersbourg, Bibliothèque nationale de Russie: bibliothèque de Voltaire, 10-19, 11-95, 11-96, 9-31, 11-36.

71N

Questions sur l'Encyclopédie, par des amateurs. Nouvelle édition, soigneusement revue, corrigée et augmentée. [Neuchâtel, Société typographique] 1771-1772. 9 vol. 8°.

Bengesco 1409, BnC 3603, BV3738.

Londres, University of London Library: G.L. 1771. Neuchâtel, Bibliothèque publique et universitaire: QPZ 127. Paris, BnF: Rés. Z Bengesco 225. Saint-Pétersbourg, Bibliothèque nationale de Russie: bibliothèque de Voltaire, 10-10.

---

[1] Voir aussi à ce sujet Jeanne R. Monty, 'Voltaire's debt to the *Encyclopédie* in the *Opinion en alphabet*', *Literature and history in the age of ideas: essays on the French Enlightenment presented to George R. Havens*, éd. Charles G. S. Williams (Columbus, 1975), p.152-67, et Bertram E. Schwarzbach, 'The problem of the Kehl additions to the *Dictionnaire philosophique*: sources, dating and authenticity', *SVEC* 201 (1982), p.7-66.

71A

Questions sur l'Encyclopédie, distribuées en forme de dictionnaire. Par des amateurs. Londres [Amsterdam, Rey], 1771-1772. 9 vol. 8°.

Bengesco 1410, BnC 3604.

Genève, ImV: D Questions 5/1771/3. Oxford, Taylor: V1 1770 G/1 (35-37); VF. Paris, BnF: Rés. Z Beuchot 731.

w68 (1774)

Collection complette des œuvres de Mr. de ***. Genève [Cramer; Paris, Panckoucke], 1768-1777. 30 vol. 4°.

Tomes 21-24: *Questions sur l'Encyclopédie, par des amateurs* (tomes 1-4). Genève, 1774.

Bengesco 2137, Trapnell 68, BnC 141-44.

Genève, ImV: A 1768/1. Oxford, Taylor: VF. Paris, BnF: Z 4961; Rés. M Z587.

w75G

La Henriade, divers autres poèmes et toutes les pièces relatives à l'épopée. Genève [Cramer et Bardin], 1775. 37 [ou 40] vol. 8°.

Tomes 25-30: *Questions sur l'Encyclopédie, par des amateurs* (tomes 1-6). L'édition *encadrée.*

Bengesco 2141, Trapnell 75G, BnC 158-61.

Genève, ImV: A 1775/2. Oxford, Taylor: V1 1775; VF. Paris, BnF: Z 24822-24868, Z Beuchot 32.

w75G* (1777-1778)

Ce sigle désigne les exemplaires de w75G, corrigés par Voltaire, qui se trouvent dans la bibliothèque de Voltaire à Saint-Pétersbourg. Sur ces exemplaires, voir Samuel Taylor, 'The definitive text of Voltaire's works: the Leningrad *encadrée*', *SVEC* 124 (1974), p.7-132.

Dans l'exemplaire 'C' (ou 'Ferney'), les tomes 2, 3 et 5 des *Questions sur l'Encyclopédie* (les tomes 26, 27 et 29 de l'édition) portent des corrections de la main de Voltaire.

Cette édition corrigée constitue le texte de base de notre édition.

BV3472 'C' ('Ferney').

Saint-Pétersbourg, Bibliothèque nationale de Russie: bibliothèque de Voltaire, 11-8.

K84

Œuvres complètes de Voltaire. [Kehl], Société littéraire-typographique, 1784-1789. 70 vol. 8°.

Tomes 37-43: *Dictionnaire philosophique* (tomes 1-7).

Bengesco 2142, Trapnell K, BnC 164-69.

Genève, ImV: A 1784/1. Oxford, Taylor: VF. Paris, BnF: Rés. P Z 2209.

K12

Œuvres complètes de Voltaire. [Kehl], Société littéraire-typographique, 1785-1789. 92 vol. 12°.

Tomes 47-55: *Dictionnaire philosophique* (tomes 1-9).

Bengesco 2142, Trapnell K, BnC 189.

Genève, ImV: A 1785/4. Oxford, Taylor: VF. Paris, BnF: Z 24990-25116.

QUESTIONS SUR L'ENCYCLOPÉDIE,

PAR DES AMATEURS

VI

GARGANTUA - JUSTICE

GARGANTUA

S'il y a jamais eu une réputation bien fondée, c'est celle de Gargantua. Cependant il s'est trouvé dans ce siècle philosophique et critique, des esprits téméraires qui ont osé nier les prodiges de ce grand homme, et qui ont poussé le pyrrhonisme jusqu'à douter qu'il ait jamais existé.

Comment se peut-il faire, disent-ils, qu'il y ait eu au seizième siècle un héros dont aucun contemporain, ni saint Ignace, ni le cardinal Caietan, [1] ni Galilée, ni Guichardin, [2] n'ont jamais parlé, et sur lequel on n'a jamais trouvé la moindre note dans les registres de la Sorbonne?

Feuilletez les histoires de France, d'Allemagne, d'Angleterre,

---

* Après avoir composé une lettre 'Sur Rabelais' dans les *Lettres à Son Altesse Monseigneur le prince de* *** (*OCV*, t.63B, p.381-90), puis un article sur cet auteur dans les *QE* ('François Rabelais', *OCV*, t.41, p.524-38, classé, curieusement, sous la lettre F), Voltaire consacre ce texte à Gargantua en ayant pour dessein de tourner en ridicule les auteurs dévots. Les aventures merveilleuses de ce personnage sont l'objet d'une confrontation entre les philosophes, qui doutent des prodiges de ce héros, et le Révérend Père Louis Viret, porte-parole de tous ceux qui pensent qu'il faut y croire parce qu'ils sont incroyables. Cette fiction est un habile pastiche du discours polémique des apologistes chrétiens face aux critiques anti-bibliques développées par le parti philosophique. Voltaire fut lui-même la cible de plusieurs harangues de ce genre, notamment de l'abbé Guénée en 1762 et encore en 1769, et de Viret, dont le nom apparaît dans cette minuscule satire. La figure mythique de Gargantua, qui est le sujet de cet article, peut représenter Moïse, Jésus-Christ, ou encore la religion judéo-chrétienne révélée en général. L'article rejoint le corpus des *QE* en 1772. Rien de particulier ne semble avoir poussé Voltaire à publier cette plaisante allégorie cette année-là, mais il se peut qu'il pense encore aux deux réfutations de Viret parues en 1767 et en 1770, celui-ci étant particulièrement visé ici. C'est un texte qui, selon Frédéric II, 'vaut son poids d'or' (D17708). L'article paraît en février/mars 1772 (70, t.9, 'Supplément').

[1] Thomas de Vio (1469-1534), dit Caietan ou Cajétan. Il commenta la *Somme théologique* de Thomas d'Aquin.

[2] Francesco Guicciardini (1483-1540), historien italien. Voltaire possède son *Historia d'Italia* (BV1569; *CN*, t.4, p.254-55) qu'il a utilisée pour écrire l'*EM* (*CN*, t.4, p.687, n.184-85).

d'Espagne etc. Vous n'y voyez pas un mot de Gargantua. Sa vie entière depuis sa naissance jusqu'à sa mort, n'est qu'un tissu de prodiges inconcevables.

Sa mère Gargamelle accouche de lui par l'oreille gauche. A peine est-il né qu'il crie à boire d'une voix terrible, qui est entendue dans la Beauce et dans le Vivarais. [3] Il fallut seize aunes de drap pour sa seule braguette, et cent peaux de vaches brunes pour ses souliers. [4] Il n'avait pas encore douze ans qu'il gagna une grande bataille et fonda l'abbaye de Thélême. [5] On lui donne pour femme Mme Badebec, [6] et il est prouvé que Badebec est un nom syriaque. [7]

On lui fait avaler six pèlerins dans une salade. [8] On prétend qu'il a pissé la rivière de Seine, et que c'est à lui seul que les Parisiens doivent ce beau fleuve. [9]

Tout cela paraît contre la nature à nos philosophes qui ne veulent pas même assurer les choses les plus vraisemblables, à moins qu'elles ne soient bien prouvées.

Ils disent que si les Parisiens ont toujours cru à Gargantua, ce n'est pas une raison pour que les autres nations y croient. Que si Gargantua avait fait un seul des prodiges qu'on lui attribue, toute la terre en aurait retenti, toutes les chroniques en auraient parlé, que

[3] *Gargantua*, ch.6.

[4] *Gargantua*, ch.8: 'unze cens peaulx' chez Rabelais (*Œuvres complètes de Rabelais*, éd. J. Boulenger, Paris, s.d. [1965], p.50).

[5] *Gargantua*, ch.44, 52-57.

[6] *Pantagruel*, ch.2.

[7] La note de J. Boulenger précise: 'Dans l'Ouest et le Sud-Ouest, *badebec* signifie bec ouvert, bouche bée. En patois de Bergerac d'aujourd'hui, *bada*: béer, et un *badebec*, c'est un chandelier où l'on enfonçait la chandelle de résine' (*Œuvres complètes*, p.199, n.6). Voltaire tourne en ridicule les étymologies fantaisistes, dont l'auteur le plus souvent visé est Samuel Bochart. Le nom de Badebec ressemble à certains noms de personnages voltairiens d'origine orientale, notamment le fakir Bambabef de l'article 'Fraude' du *DP*, récemment repris sous le même titre dans les *QE*, et Babouc, le héros du conte *Le Monde comme il va* (1748).

[8] *Gargantua*, ch.38.

[9] Invention de Voltaire. Gargantua noie 260 418 hommes ('sans les femmes et les petiz enfans') en urinant des tours de Notre-Dame (*Gargantua*, ch.17, *Œuvres complètes*, p.75-76).

cent monuments l'auraient attesté. [10] Enfin ils traitent sans façon les Parisiens qui croient à Gargantua, de badauds ignorants, de superstitieux imbéciles, parmi lesquels il se glisse des hypocrites qui feignent de croire à Gargantua pour avoir quelque prieuré de 35 l'abbaye de Thélême.

Le révérend père Viret cordelier à la grande manche, confesseur de filles et prédicateur du roi, a répondu à nos pyrrhoniens d'une manière invincible. [11] Il prouve très doctement, que si aucun écrivain excepté Rabelais n'a parlé des prodiges de Gargantua, aucun 40 historien aussi ne les a contredits; [12] que le sage de Thou même qui croit aux sortilèges, aux prédictions et à l'astrologie, n'a jamais nié les miracles de Gargantua. [13] Ils n'ont pas même été révoqués en

[10] Argument souvent employé par Voltaire, par exemple dans le chapitre 2 de *L'Examen important de milord Bolingbroke* (*OCV*, t.62, p.177), et dans le second entretien du *Dîner du comte de Boulainvilliers* (*OCV*, t.63A, p.369-70).

[11] Louis Viret a déjà été raillé dans les articles 'Auteurs' et 'Humilité' des *QE* (*OCV*, t.39, p.253; ci-dessous, p.297). Dans le tout récent *Père Nicodème et Jeannot*, il fait partie de la compagnie dont les écrits sont d'une 'pesanteur dévote' (*OCV*, t.72, p.367). En effet, Viret a publié en 1767 la *Réponse à la Philosophie de l'histoire* (Lyon, BV3452), que Voltaire a annotée sur la première page: 'd'un sot' (*CN*, t.9). L'année même où sort le premier tome des *QE*, Viret livre au public une longue réfutation du *Dîner du comte de Boulainvilliers*: c'est *Le Mauvais Dîner, ou lettres sur le Dîner du comte de Boulainvilliers* (Lyon, 1770). Cette fois-ci Voltaire ne semble pas s'être donné la peine de s'en procurer un exemplaire, mais ces deux réfutations ont mérité à Viret un petit rôle d'auteur dévot et ridicule ici et ailleurs dans les *QE*.

[12] Voltaire imite un mode de raisonnement employé par le parti antiphilosophique de la seconde moitié du dix-huitième siècle. Comme le résume Didier Masseau: 'Que ces faits surprenants [les prodiges supposés des temps bibliques] aient ému un large public et qu'ils n'aient pas été contredits par ceux-là mêmes qu'ils pouvaient blesser est tenu pour un argument de poids' (*Les Ennemis des philosophes. L'antiphilosophie au temps des Lumières*, Paris, 2000, p.220). Viret use effectivement de cet argument en réfutant le *Dîner du comte de Boulainvilliers* dans *Le Mauvais Dîner*, p.83-84.

[13] Voltaire mêle une observation authentique à sa fiction. Il avait beaucoup d'estime pour de Thou historien, mais un signet annoté dans son exemplaire de l'*Histoire universelle* (11 vol., Bâle, 1742, BV3297) annonce: 'de tout croit à la sorcellerie' (*CN*, t.9). Effectivement, à cet endroit de son texte de Thou écrit: 'on croit communément qu'elle [Diane de Poitiers] employa le secours des philtres et des enchantements, pour inspirer à Henri II la passion qu'il conçut pour elle' (t.1, p.241). Les deux auteurs mentionnés à la suite de de Thou sont également respectés de

doute par La Mothe le Vayer. Mézerai les a respectés au point qu'il n'en dit pas un seul mot. Ces prodiges ont été opérés à la vue de toute la terre. Rabelais en a été témoin; il ne pouvait être ni trompé ni trompeur. Pour peu qu'il se fût écarté de la vérité, toutes les nations de l'Europe se seraient élevées contre lui; tous les gazetiers, tous les faiseurs de journaux auraient crié à la fraude, à l'imposture.

En vain les philosophes qui répondent à tout, disent qu'il n'y avait ni journaux ni gazettes dans ce temps-là. On leur réplique qu'il y avait l'équivalent, et cela suffit. Tout est impossible dans l'histoire de Gargantua: et c'est par cela même qu'elle est d'une vérité incontestable. Car si elle n'était pas vraie on n'aurait jamais osé l'imaginer; et la grande preuve qu'il la faut croire, c'est qu'elle est incroyable. [14]

Ouvrez tous les Mercures, tous les journaux de Trévoux, ces ouvrages immortels qui sont l'instruction du genre humain, vous n'y trouverez pas une seule ligne où l'on révoque l'histoire de Gargantua en doute. Il était réservé à notre siècle de produire des monstres qui établissent un pyrrhonisme affreux sous prétexte qu'ils sont un peu mathématiciens, et qu'ils aiment la raison, la vérité et la justice. Quelle pitié! je ne veux qu'un argument pour les confondre.

Gargantua fonda l'abbaye de Thélême. On ne trouve point ses titres, il est vrai, jamais elle n'en eut, mais elle existe; [15] elle possède

45

50

55

60

65

Voltaire, quoiqu'à un degré variable. Dans le 'Catalogue des écrivains' du *Siècle de Louis XIV* Voltaire couvre d'éloges La Mothe Le Vayer, décrit comme 'grand pyrrhonien et connu pour tel' (*OH*, p.1173). Mézeray, dont les écrits constituent une source importante pour Voltaire, notamment dans l'*EM*, est l'objet d'une notice un peu moins dithyrambique: 'plus hardi qu'exact, et inégal dans son style', Mézeray a néanmoins le mérite d'avoir 'perd[u] ses pensions pour avoir dit ce qu'il croyait la vérité' (*OH*, p.1186).

[14] Les articles 'Foi' du *DP* (*OCV*, t.36, p.121-28) et des *QE* (*OCV*, t.41, p.460-65) ont ridiculisé ce paradoxe.

[15] Celui qui dit 'je' dans ce texte (ligne 63) peut se permettre cette plaisanterie, car Rabelais, dans le ch.52 de Gargantua, a situé avec précision l'abbaye de Thélême, en face de l'abbaye de Bourgueil 'dans l'ilot de prairies, arrosé par l'Indre, le Vieux Cher

dix mille pièces d'or de rente. [16] La rivière de Seine existe, elle est un monument éternel du pouvoir de la vessie de Gargantua. De plus, que vous coûte-t-il de le croire? ne faut-il pas embrasser le parti le plus sûr? [17] Gargantua peut vous procurer de l'argent, des honneurs et du crédit. La philosophie ne vous donnera jamais que la satisfaction de l'âme; [18] c'est bien peu de chose. Croyez à Gargantua, vous dis-je, pour peu que vous soyez avare, ambitieux et fripon; vous vous en trouverez très bien.

70

---

et la Loire', créant un effet de réalité (*Œuvres complètes de Rabelais. Gargantua*, éd. J. Plattard, Paris, 1955, p.244, n.). 'Je' affirme donc qu'elle existe puisque ces lieux existent.

[16] La mention d'une abbaye permet à Voltaire de faire allusion aux grands revenus dont profitent les monastères. Voir l'article 'Biens d'Eglise' des *QE* (*OCV*, t.39, p.367-81). Les abbayes bénédictines de Saint Pierre de Bourgueil et de Saint Florent que Gargantua offre à Frère Jean (ch.52) étaient très riches.

[17] Clin d'œil au 'pari fatal' de Pascal: 'Pesons le gain et la perte, en prenant croix que Dieu est. Estimons ces deux cas: si vous gagnez, vous gagnez tout; si vous perdez, vous ne perdez rien. Gagez donc qu'il est, sans hésiter' (Brunschvicg 233; *Œuvres complètes de Pascal*, éd. J, Chevalier, Paris, 1954, p.1214). Texte commenté par Voltaire dans *l'Anti-Pascal* (*Lettres philosophiques*, t.2, p.191).

[18] Voltaire laisse tomber le masque d'apologiste qu'il a endossé et achève l'article sur un ton satirique mordant.

GÉNÉALOGIE

Aucune généalogie, fût-elle réimprimée dans le Moréri, n'approche de celle de Mahomet ou Mohammed fils d'Abdollah, fils d'Abd'all Moutalel, fils d'Ashem; lequel Mohammed fut, dans son jeune âge, palefrenier de la veuve Cadishea, puis son facteur, [1] puis son mari, puis prophète de Dieu, puis condamné à être pendu, puis conquérant et roi d'Arabie, puis mourut de sa belle mort rassasié de gloire et de femmes.

Les barons allemands ne remontent que jusqu'à Vitikind, [2] et nos

a-41   70, 71N, 71A: [*article absent*]
    a   K84, K12: GÉNÉALOGIE / Section 1 / [*ajoutent l'article 'Généalogie' du fonds de Kehl*] / Section 2

---

* Voltaire a refusé d'écrire l'article 'Généalogie' pour l'*Encyclopédie*, qui est de Jaucourt. Sollicité par D'Alembert, Voltaire répond qu'il a 'de l'aversion pour la vanité des généalogies' et qu'il ne saurait 'concilier les deux généalogies' de Jésus-Christ (D7067, du 29 novembre 1756). Il évoquera cette question épineuse dans l'article 'Christianisme' du *DP* (*OCV*, t.35, p.549), dans *Les Questions de Zapata* (*OCV*, t.62, p.400), et il la traitera dans un article du fonds de Kehl (*M*, t.19, p.217-22), devenu la première section de l'article 'Généalogie' pour les éditeurs de Kehl, puis dans l'article 'Contradictions' des *QE* (*OCV*, t.40, p.241-43). Cet article des *QE*, dont les éditeurs de Kehl ont fait leur deuxième section, insiste sur l'authenticité de la généalogie de Mahomet, en laissant entendre qu'il n'en est pas de même pour d'autres fondateurs de religions. Voltaire est sceptique quant aux généalogies. Sur les généalogies douteuses, voir par exemple, dans l'*Histoire de Charles XII*, comment il s'amuse à propos de l'étymologie fantaisiste sur laquelle on s'appuie pour faire descendre Cantemir de Tamerlan, et il conclut: 'Voilà les fondements de la plupart des généalogies' (*OCV*, t.4, p.404). L'article est composé d'une narration, puis d'un dialogue dans lequel, aux interrogations de *vous*, répondent d'abord *on*, puis *je*. C'est un exemple de cette 'polyvocalité' étudiée dans le *DP* (voir N. Cronk, 'Qui parle dans le *Dictionnaire philosophique portatif*? Polyvocalité et posture auctoriale', *Lectures du Dictionnaire philosophique*, éd. Laurence Macé, Rennes, 2008, p.177-95). Le présent article paraît en 1774 (w68, t.23).

[1] Au sens de mandataire: 'Celui qui est chargé de quelque négoce, de quelque trafic pour quelqu'un' (*Dictionnaire de l'Académie*, 2 vol., Paris, 1762, t.1, p.708).

[2] Widukind, chef saxon, résista à Charlemagne à partir de 777. Il fit sa soumission

nouveaux marquis français ne peuvent guère montrer de titres au-
delà de Charlemagne. Mais la race de Mahomet ou Mohammed, qui   10
subsiste encore, a toujours fait voir un arbre généalogique, dont le
trône est Adam, et dont les branches s'étendent d'Ismaël jusqu'aux
gentilshommes qui portent aujourd'hui le grand titre de cousin de
Mahomet.

Nulle difficulté sur cette généalogie, nulle dispute entre les   15
savants, point de faux calculs à rectifier, point de contradiction à
pallier, point d'impossibilités qu'on cherche à rendre possibles. [3]

Votre orgueil murmure de l'authenticité de ces titres. Vous me
dites que vous descendez d'Adam, aussi bien que le grand
prophète; si Adam est le père commun; mais que cet Adam n'a   20
jamais été connu de personne, pas même des anciens Arabes: [4] que
ce nom n'a jamais été cité que dans les livres juifs; que par
conséquent vous vous inscrivez en faux contre les titres de noblesse
de Mahomet ou Mohammed.

Vous ajoutez qu'en tout cas s'il y a eu un premier homme, quel   25
qu'ait été son nom, vous en descendez tout aussi bien que l'illustre
palefrenier de Cadishea; et que s'il n'y a point eu de premier
homme, si le genre humain a toujours existé, comme tant de
savants le prétendent, vous êtes gentilhomme de toute éternité.

11-12   K84, K12: le tronc est

---

et fut baptisé en 785. Voltaire fait le récit de son combat dans les *Annales de l'Empire*
(*M*, t.13, p.230 et 233-34) et dans l'*EM* (*OCV*, t.22, p.260-63). Voltaire a marqué
d'un trait marginal et d'un 'bravo' le passage suivant de Germain-François Poullain
de Saint-Foix: 'Peut-on donner le nom de rebelle au brave Vitikint, qui défendait sa
liberté et son pays? Les Saxons [...] étaient-ils des révoltés, étaient-ils criminels parce
qu'ils rougissaient de la servitude que leur présentait une puissance étrangère?'
(*Essais historiques sur Paris*, 3 vol., Londres et Paris, 1755-1757, t.3, p.12, 16, BV3064).
Depuis les *Lettres philosophiques* (lettre 10, t.1, p.122), Voltaire se moque des barons
allemands 'entêtés de leurs quartiers'. Voir le chapitre 1 de *Candide*: la sœur du baron
refuse d'épouser le père de son enfant parce qu'il ne peut justifier que de soixante-et-
onze quartiers de noblesse.

[3] Sous-entendu: ce n'est pas le cas des généalogies du Christ.
[4] Voir l'article 'Adam' des *QE* (*OCV*, t.38, p.79-87).

A cela on vous réplique que vous êtes roturier de toute éternité, 30
si vous n'avez pas vos parchemins en bonne forme.

Vous répondez que les hommes sont égaux; qu'une race ne peut
être plus ancienne qu'une autre; que les parchemins, auxquels pend
un morceau de cire, sont d'une invention nouvelle; qu'il n'y a
aucune raison qui vous oblige de céder à la famille de Mohammed, 35
ni à celle de Confutzé, ni à celle des empereurs du Japon, ni aux
secrétaires du roi du grand collège. Je ne puis combattre votre
opinion par des preuves physiques, ou métaphysiques, ou morales. [5]
Vous vous croyez égal au daïri du Japon; [6] et je suis entièrement de
votre avis. Tout ce que je vous conseille, quand vous vous 40
trouverez en concurrence avec lui, c'est d'être le plus fort. [7]

[5] Passage du *on* ou du *vous* au *je*. Voir l'article cité de N. Cronk sur les voix de
Voltaire.

[6] Le daïri est le souverain pontife du Japon, selon Jaucourt (article 'Daïri ou daïro'
de l'*Encyclopédie*, t.4, p.612). Voir aussi l'*EM*, ch.142 (éd. Pomeau, t.2, p.313).

[7] Même conclusion que dans les articles 'Egalité' du *DP* (*OCV*, t.36, p.42-49) et
des *QE*: point d'égalité, mais des rapports de force entre les hommes (*OCV*, t.40,
p.626-32).

GÉNÉRATION

Je dirai comment s'opère la génération quand on m'aura enseigné comment Dieu s'y est pris pour la création.

Mais toute l'antiquité, me dites-vous, tous les philosophes, tous les cosmogonites[1] sans exception, ont ignoré la création proprement dite. Faire quelque chose de rien a paru une contradiction à tous les penseurs anciens.[2] L'axiome, *rien ne vient de rien*, a été le 5

---

* Il existe un long article 'Génération' dans l'*Encyclopédie* par Arnulphe d'Aumont, professeur de médecine. Celui-ci passe en revue les diverses théories de la génération, y compris celles mentionnées par Voltaire dans cet article des *QE*, dont la plus grande partie (lignes 36-203) est toutefois reprise de *L'Homme aux quarante écus* (1768). Voltaire a annoté le texte de d'Aumont en marge de son exemplaire, en critiquant deux des arguments qui y sont résumés (*CN*, t.3, p.398-99), dont un proposé par De la Caze dans son *Idée de l'homme physique et moral* (Paris, 1755) ('très follement systématique avec ta matière électrique!', *CN*, t.3, p.399). Aucune trace de cette lecture ne subsiste dans le présent article, si ce n'est cette volonté de rendre ridicule les 'systèmes' élaborés par les hommes sur le fonctionnement de la nature lorsque ceux-ci ne disposent que de quelques indices vagues et incertains. Dans ce texte, qui témoigne de l'état de la science à cette époque, Voltaire, une fois de plus, campe sur sa posture de philosophe ignorant. La question de la génération a passionné le dix-huitième siècle et a fait l'objet de nombreux débats théoriques et idéologiques (voir l'article 'Génération' par Jean-Louis Fischer, *Dictionnaire européen des Lumières*, éd. Michel Delon, Paris, 1997). Pour les lignes 36-203 nous renvoyons à l'annotation du chapitre 'Mariage de l'homme aux quarante écus' (*OCV*, t.66, p.348-56), tout en signalant ici les écarts entre les deux versions du texte. Cet article est vraisemblablement rédigé dès mai/juin 1771, ce dont témoigne D17213, à Cramer, et il paraît en septembre/octobre 1771 (70, t.6).

[1] Néologisme de Voltaire forgé à partir de 'cosmogonie', la 'science ou système de la formation de l'univers' (*Dictionnaire de l'Académie*, 2 vol., 1762, t.1, p.408). D'Alembert est l'auteur de l'article 'Cosmogonie' de l'*Encyclopédie* (t.4, p.292-93).

[2] 'Toute l'antiquité crut au moins la matière éternelle', écrit Voltaire dans l'article 'Eternité' des *QE* (*OCV*, t.41, p.266). Il préfère l'idée ancienne d'un Démiurge qui a formé l'univers avec la matière déjà existante à celle du Créateur selon la tradition chrétienne. Voir à ce sujet l'Introduction de C. Paillard aux *Dialogues d'Evhémère* (*OCV*, t.80c, p.92).

9

fondement de toute philosophie.[3] Et nous demandons au contraire comment quelque chose peut en produire une autre?

Je vous réponds qu'il m'est aussi impossible de voir clairement comment un être vient d'un autre être, que de comprendre comment il est arrivé du néant.[4]

Je vois bien qu'une plante, un animal engendre son semblable; mais telle est notre destinée que nous savons parfaitement comment on tue un homme, et que nous ignorons comment on le fait naître.

Nul animal, nul végétal ne peut se former sans germe,[5] autrement une carpe pourrait naître sur un if, et un lapin au fond d'une rivière, sauf à y périr.

Vous voyez un gland, vous le jetez en terre; il devient chêne. Mais savez-vous ce qu'il faudrait pour que vous sussiez comment ce germe se développe et se change en chêne? il faudrait que vous fussiez Dieu.

Vous cherchez le mystère de la génération de l'homme; dites-moi d'abord seulement le mystère qui lui donne des cheveux et des ongles; dites-moi comment il remue le petit doigt quand il le veut?

Vous reprochez à mon système que c'est celui d'un grand ignorant. J'en conviens. Mais je vous répondrai ce que dit l'évêque d'Aire Montmorin à quelques-uns de ses confrères. Il avait eu deux enfants de son mariage avant d'entrer dans les ordres, il les

---

[3] Perse, *Satires*, satire 3, vers 84; voir aussi Lucrèce, *De rerum natura*, livre 1, vers 156-57: cet axiome revient dans les textes philosophiques de Voltaire, depuis les *Dialogues entre Lucrèce et Posidonius* (1756; *OCV*, t.45B, p.383) jusqu'aux *Dialogues d'Evhémère* (1777; *OCV*, t.80C, p.156). Il s'est avéré utile aussi dans un sens beaucoup moins philosophique, dans *Le Pauvre Diable* (1760; *M*, t.10, p.101).

[4] Phrase à rapprocher des *Pourquoi* (vers 1742), que Voltaire fera réimprimer dans le 'Supplément' des *QE* en 1772: 'Pourquoi un peu de sécrédion blanchâtre et puante forme-t-elle un être qui aura des os durs, des désirs et des pensées [...] Pourquoi existons-nous? pourquoi y a-t-il quelque chose?' (*OCV*, t.28B, p.111).

[5] Voltaire emploie une formule presque identique dans les *Lettres de Memmius à Cicéron*, texte écrit la même année que le présent article (lettre 3, *OCV*, t.72, p.224). Cf. Lucrèce, *De rerum natura*, livre 1, vers 159-73.

présenta, et on rit. *Messieurs*, dit-il, *la différence entre nous, c'est que* 30
j'avoue les miens.[6]

Si vous voulez quelque chose de plus sur la génération et sur les
germes, lisez, ou relisez ce que j'ai lu autrefois dans une de ces
petites brochures qui se perdent quand elles ne sont pas enchâssées
dans des volumes d'une taille un peu plus fournie.[7] 35

Entretien d'un jeune marié fort naïf, et d'un philosophe

LE JEUNE MARIÉ[8]

Monsieur, dites-moi, je vous prie, si ma femme me donnera un
garçon ou une fille?[9]

---

34 K84, K12: brochures, [*avec note*: *L'Homme aux quarante écus*. Voyez le t.2
des *Romans*.] qui
35-203 K84, K12: fournie. //

[6] Joseph-Gaspard de Montmorin, évêque d'Aire entre 1710 et 1723. Il avait épousé
en 1684 Louise-Françoise, née de Bigny, décédée en 1700. Moreri, dans son *Grand
Dictionnaire historique* (1740), donne les noms de ses six enfants, issus de ce mariage,
mais point cette anecdote.

[7] Voltaire reprend ici, avec quelques modifications, un extrait de *L'Homme aux
quarante écus* (*OCV*, t.66, p.348-56). La matière des lignes 36-91, présentée sous
forme de dialogue ici, était racontée dans la version originale comme un récit qui
mêle discours direct et indirect (*OCV*, t.66, p.348-50). Ce changement augmente la
cohérence formelle du texte. Les deux premières éditions, produites par Gabriel
Grasset, comptent environ 120 pages chacune et sont loin d'être une 'petite
brochure'. Ce que Voltaire dit ici diffère de sa déclaration à D'Alembert en 1766
où il parle des difficultés que connaissent les souscripteurs de l'*Encyclopédie*, dont les
volumes ne leur parviennent pas: 'Je voudrais bien savoir quel mal peut faire un livre
qui coûte cent écus. Jamais vingt volumes in-folio ne feront de révolution; ce sont les
petits livres portatifs à trente sous qui sont à craindre. Si l'Evangile avait coûté douze
cents sesterces, jamais la religion chrétienne ne se serait établie' (D13235).

[8] 'L'homme aux quarante écus', *passim*, dans *L'Homme aux quarante écus* (*OCV*,
t.66, p.348-56).

[9] 'Il alla trouver son géomètre, et lui demanda si [sa femme] lui donnerait un
garçon ou une fille?' dans *L'Homme aux quarante écus* (*OCV*, t.66, p.348).

LE PHILOSOPHE [10]

Monsieur, les sages-femmes et les femmes de chambre disent quelquefois qu'elles le savent; mais les philosophes avouent qu'ils n'en savent rien. [11]

40

LE JEUNE MARIÉ

Je crois que ma femme n'est grosse que depuis huit jours; dites-moi du moins si mon enfant a déjà une âme? [12]

LE PHILOSOPHE

Ce n'est pas là l'affaire des géomètres; adressez-vous au théologien du coin. [13]

LE JEUNE MARIÉ

Refuserez-vous de me dire en quel endroit il est placé? [14]

45

LE PHILOSOPHE

Dans une petite poche qui s'élargit tous les jours, et qui est juste entre l'intestin rectum et la vessie. [15]

LE JEUNE MARIÉ

O Dieu paternel! l'âme de mon fils entre de l'urine et quelque chose

---

[10] 'Le géomètre', *passim*, dans *L'Homme aux quarante écus* (*OCV*, t.66, p.348-56).

[11] 'Le géomètre lui répondit que les sages-femmes, les femmes de chambre le savaient pour l'ordinaire, mais que les physiciens qui prédisent les éclipses n'étaient pas si éclairés qu'elles' dans *L'Homme aux quarante écus* (*OCV*, t.66, p.348).

[12] L'indication sur l'état d'avancement de la grossesse de la femme, assez ridicule, est absente de *L'Homme aux quarante écus*: 'Il voulut savoir ensuite si son fils ou sa fille avait déjà une âme' (*OCV*, t.66, p.348).

[13] 'Le géomètre dit que ce n'était pas son affaire, et qu'il fallait parler au théologien du coin' dans *L'Homme aux quarante écus* (*OCV*, t.66, p.348).

[14] 'L'homme au quarante écus [...] demanda en quel endroit était son enfant?' dans *L'Homme aux quarante écus* (*OCV*, t.66, p.348).

[15] 'Dans une petite poche, lui dit son ami, entre la vessie et l'intestin rectum' dans *L'Homme aux quarante écus* (*OCV*, t.66, p.348).

de pis! quelle auberge pour l'être pensant, et cela pendant neuf
mois![16]   50

LE PHILOSOPHE

Oui, mon cher voisin; l'âme d'un pape n'a point eu d'autre berceau;
et cependant on se donne des airs et on fait le fier.[17]

LE JEUNE MARIÉ

Je sens bien qu'il n'y a point d'animal qui doive être moins fier que
l'homme. Mais comme je vous ai déjà dit que j'étais très curieux, je
voudrais savoir comment dans cette poche un peu de liqueur   55
devient une grosse masse de chair si bien organisée. En un mot,
vous qui êtes si savant,[18] ne pourriez-vous point me dire comment
les enfants se font?

LE PHILOSOPHE

Non, mon ami; mais si vous voulez je vous dirai ce que les
médecins ont imaginé, c'est-à-dire, comment les enfants ne se font   60
point.

Premièrement Hippocrate écrit que les deux véhicules fluides de
l'homme et de la femme, s'élancent et s'unissent ensemble, et que
dans le moment l'enfant est conçu par cette union.

Le révérend père Sanchez, le docteur de l'Espagne, est entière-   65
ment de l'avis d'Hippocrate; et il en a même fait un fort plaisant
article de théologie, que tous les Espagnols ont cru fermement,
jusqu'à ce que tous les jésuites aient été renvoyés du pays.[19]

[16] 'O Dieu paternel! s'écria-t-il, l'âme immortelle de mon fils née et logée entre de
l'urine [...]'. La dernière phrase est absente de *L'Homme aux quarante écus* (*OCV*,
t.66, p.348).
[17] '[...] l'âme d'un cardinal [...] et avec cela on fait le fier, on se donne des airs' dans
L'Homme aux quarante écus (*OCV*, t.66, p.348).
[18] Les lignes 52a-57 jusqu'à 'savant' sont ajoutées dans les *QE*. Cela semble être
encore un souvenir des *Pourquoi*. Voir n.4 ci-dessus.
[19] 'Médecins' au lieu de 'philosophes' à la ligne 60, et remaniement des lignes 62-
68 dans les *QE*, où dans *L'Homme aux quarante écus* on avait: 'Premièrement, le
révérend père Sanchez dans son excellent livre *de Matrimonio*, est entièrement de

LE JEUNE MARIÉ

Je suis assez content d'Hippocrate et de Sanchez. Ma femme a rempli, ou je suis bien trompé, toutes les conditions imposées par ces grands hommes, pour former un enfant, et pour lui donner une âme.[20]

LE PHILOSOPHE

Malheureusement[21] il y a beaucoup de femmes qui ne répandent aucune liqueur, mais qui ne reçoivent qu'avec aversion les embrassements de leurs maris, et qui cependant en ont des enfants. Cela seul décide contre Hippocrate et Sanchez.

De plus, il y a très grande apparence que la nature agit toujours dans les mêmes cas suivant les mêmes principes:[22] or, il y a beaucoup d'espèces d'animaux qui engendrent sans copulation, comme les poissons écaillés, les huîtres, les pucerons. Il a donc fallu que les physiciens cherchassent une mécanique de génération qui convînt à tous les animaux. Le célèbre Harvey, qui le premier

---

l'avis d'Hipocrate; il croit comme un article de foi que les deux véhicules fluides de l'homme et de la femme s'élancent et s'unissent ensemble, et que dans le moment l'enfant est conçu par cette union; et il est si persuadé de ce système physique devenu théologique, qu'il examine, chap. 21 du livre second, *Utrum virgo Maria semen emiserit in copulatione cum Spiritu Sancto*' (*OCV*, t.66, p.349). Voltaire juge bon dans les *QE* de supprimer les références à l'ouvrage de Sanchez. Il omet également l'alinéa qui suit dans *L'Homme aux quarante écus*: 'Eh monsieur, je vous ai déjà dit que je n'entends pas le latin; expliquez-moi en français l'oracle du père Sanchez. Le géomètre lui traduisit le texte, et tous deux frémirent d'horreur' (*OCV*, t.66, p.349). Il ajoute en revanche la référence à l'expulsion des jésuites, bien que cet événement de 1767 ne soit pas postérieur à la publication de *L'Homme aux quarante écus*.

[20] 'Le nouveau marié en trouvant Sanchez prodigieusement ridicule, fut pourtant assez content d'Hipocrate; et il se flattait que sa femme avait rempli toutes les conditions imposées par ce médecin pour faire un enfant' dans *L'Homme aux quarante écus* (*OCV*, t.66, p.349).

[21] 'Malheureusement, lui dit le voisin, il y a [...]' dans *L'Homme aux quarante écus* (*OCV*, t.66, p.349).

[22] '[...] mêmes cas par les mêmes principes' dans *L'Homme aux quarante écus* (*OCV*, t.66, p.350).

14

démontra la circulation, et qui était digne de découvrir le secret de la nature, crut l'avoir trouvé dans les poules: elles pondent des œufs; il jugea que les femmes pondaient aussi. Les mauvais plaisants dirent que c'est pour cela que les bourgeois, et même quelques gens de cour, appellent leur femme ou leur maîtresse *ma poule*, et qu'on dit que toutes les femmes sont coquettes parce qu'elles voudraient que leurs coqs[23] les trouvassent belles. Malgré ces railleries Harvey ne changea point d'avis, et il fut établi dans toute l'Europe que nous venons d'un œuf.

LE JEUNE MARIÉ

Mais, monsieur, vous m'avez dit que la nature est toujours semblable à elle-même, qu'elle agit toujours par le même principe dans le même cas; les femmes, les juments, les ânesses, les anguilles ne pondent point. Vous vous moquez de moi.

LE PHILOSOPHE

Elles ne pondent point en dehors, mais elles pondent en dedans; elles ont des ovaires comme tous les oiseaux; les juments, les anguilles en ont aussi. Un œuf se détache de l'ovaire, il est couvé dans la matrice. Voyez tous les poissons écaillés, les grenouilles, ils jettent des œufs que le mâle féconde. Les baleines et les autres animaux marins de cette espèce, font éclore leurs œufs dans leur matrice. Les mites, les teignes, les plus vils insectes sont visiblement formés d'un œuf. Tout vient d'un œuf: et notre globe est un grand œuf qui contient tous les autres.

LE JEUNE MARIÉ

Mais vraiment ce système porte tous les caractères de la vérité; il est simple, il est uniforme, il est démontré aux yeux dans plus de la moitié des animaux; j'en suis fort content, je n'en veux point d'autre; les œufs de ma femme me sont fort chers.

---

[23] '[...] que les coqs [...]' dans *L'Homme aux quarante écus* (*OCV*, t.66, p.350).

LE PHILOSOPHE

On s'est lassé à la longue de ce système; on a fait les enfants d'une autre façon.

LE JEUNE MARIÉ

Et pourquoi, puisque celle-là est si naturelle?

LE PHILOSOPHE

C'est qu'on a prétendu que nos femmes n'ont point d'ovaire, mais seulement de petites glandes.

LE JEUNE MARIÉ

Je soupçonne que des gens qui avaient un autre système à débiter, ont voulu décréditer les œufs.

LE PHILOSOPHE

Cela pourrait bien être. Deux Hollandais s'avisèrent d'examiner la liqueur séminale au microscope, celle de l'homme, celle de plusieurs animaux; et ils crurent y apercevoir des animaux déjà tout formés, qui couraient avec une vitesse inconcevable. Ils en virent même dans le fluide séminal du coq. Alors on jugea que les mâles faisaient tout et les femelles rien; elles ne servirent plus qu'à porter le trésor que le mâle leur avait confié.

LE JEUNE MARIÉ

Voilà qui est bien étrange. J'ai quelques doutes sur tous ces petits animaux qui frétillent si prodigieusement dans une liqueur pour être ensuite immobiles dans les œufs des oiseaux, et pour être non moins immobiles pendant neuf mois (à quelques culbutes près) dans le ventre de la femme; cela ne me paraît pas conséquent. Ce n'est pas (autant que j'en puis juger) la marche de la nature. Comment sont faits, s'il vous plaît, ces petits hommes qui sont si bons nageurs dans la liqueur dont vous me parlez?

LE PHILOSOPHE

Comme des vermisseaux. Il y avait surtout un médecin nommé

Andri qui voyait des vers partout, et qui voulait absolument détruire le système d'Harvey. Il aurait s'il l'avait pu, anéanti la circulation du sang, parce qu'un autre l'avait découverte. Enfin, deux Hollandais et M. Andri, à force de tomber dans le péché d'Onam, et de voir les choses au microscope, réduisirent l'homme à être chenille. Nous sommes d'abord un ver comme elle; de là dans notre enveloppe nous devenons comme elle pendant neuf mois une vraie chrysalide, que les paysans appellent *fève*. Ensuite, si la chenille devient papillon, nous devenons hommes; voilà nos métamorphoses. 135 140

LE JEUNE MARIÉ

Eh bien! s'en est-on tenu là? n'y a-t-il point eu depuis de nouvelle mode?

LE PHILOSOPHE

On s'est dégoûté d'être chenille. Un philosophe extrêmement plaisant a découvert dans une Vénus physique que l'attraction faisait les enfants: et voici comment la chose s'opère. Le germe étant tombé dans la matrice, l'œil droit attire l'œil gauche, qui arrive pour s'unir à lui en qualité d'œil; mais il en est empêché par le nez qu'il rencontre en chemin, et qui l'oblige de se placer à gauche. Il en est de même des bras, des cuisses et des jambes qui tiennent aux cuisses. Il est difficile d'expliquer dans cette hypothèse la situation des mamelles et des fesses. Ce grand philosophe n'admet aucun dessein de l'Etre créateur dans la formation des animaux. Il est bien loin de croire que le cœur soit fait pour recevoir le sang et pour le chasser, l'estomac pour digérer, les yeux pour voir, les oreilles pour entendre; cela lui paraît trop vulgaire; tout se fait par attraction. 145 150 155

LE JEUNE MARIÉ

Voilà un maître fou. Je me flatte que personne n'a pu adopter une idée aussi extravagante.

LE PHILOSOPHE

On en rit beaucoup; mais ce qu'il y eut de triste, c'est que cet 160
insensé ressemblait aux théologiens, qui persécutent autant qu'ils le
peuvent ceux qu'ils font rire.

D'autres philosophes ont imaginé d'autres manières qui n'ont
pas fait une plus grande fortune. Ce n'est plus le bras qui va
chercher le bras; ce n'est plus la cuisse qui court après la cuisse, ce 165
sont de petites molécules, de petites particules de bras et de cuisse
qui se placent les unes sur les autres. On sera peut-être enfin obligé
d'en revenir aux œufs, après avoir perdu bien du temps.

LE JEUNE MARIÉ

J'en suis ravi: mais quel a été le résultat de toutes ces disputes?

LE PHILOSOPHE

Le doute. Si la question avait été débattue entre des théologaux, il y 170
aurait eu des excommunications et du sang répandu; mais entre des
physiciens la paix est bientôt faite; chacun a couché avec sa femme
sans penser le moins du monde à son ovaire, ni à ses trompes de
Fallope. Les femmes sont devenues grosses ou enceintes, sans
demander seulement comment ce mystère s'opère. C'est ainsi que 175
vous semez du blé, et que vous ignorez comment le blé germe en
terre.

LE JEUNE MARIÉ

Oh! je le sais bien; on me l'a dit il y a longtemps; c'est par
pourriture. Cependant il me prend quelquefois des envies de rire de
tout ce qu'on m'a dit. 180

LE PHILOSOPHE

C'est une fort bonne envie. Je vous conseille de douter de tout,
excepté que les trois angles d'un triangle sont égaux à deux droits,
et que les triangles qui ont même base et même hauteur sont égaux

182   70, 71A, w68, w75G, β: que les triangles d'un

entre eux, ou autres propositions pareilles, comme par exemple que deux et deux font quatre.

LE JEUNE MARIÉ

Oui, je crois qu'il est fort sage de douter; mais je sens que je suis curieux.[24] Je voudrais, quand ma volonté remue mon bras ou ma jambe, découvrir le ressort par lequel ma volonté les remue; car sûrement il y en a un. Je suis quelquefois tout étonné de pouvoir lever et baisser[25] mes yeux, et de ne pouvoir dresser mes oreilles. Je pense, et je voudrais connaître un peu... là... toucher au doigt ma pensée. Cela doit être fort curieux. Je cherche si je pense par moi-même, si Dieu me donne mes idées, si mon âme est venue dans mon corps à six semaines ou à un jour, comment elle s'est logée dans mon cerveau; si je pense beaucoup quand je dors profondément, et quand je suis en léthargie. Je me creuse la cervelle pour savoir comment un corps en pousse un autre. Mes sensations ne m'étonnent pas moins; j'y trouve du divin, et surtout dans le plaisir. J'ai fait quelquefois mes efforts pour imaginer un nouveau sens, et je n'ai jamais pu y parvenir. Les géomètres savent toutes ces choses; ayez la bonté de m'instruire.

190

195

200

LE PHILOSOPHE

Hélas! Nous sommes aussi ignorants que vous; adressez-vous à la Sorbonne.

[24] '[...] curieux depuis que j'ai fait fortune, et que j'ai du loisir. Je voudrais [...]' dans *L'Homme aux quarante écus* (*OCV*, t.66, p.356). Ce membre de phrase est évidemment supprimé puisqu'il ne ferait plus sens hors du contexte de *L'Homme aux quarante écus*.

[25] 'Abaisser' dans *L'Homme aux quarante écus* (*OCV*, t.66, p.350).

ÉTATS GÉNÉRAUX

Il y en a toujours eu dans l'Europe, et probablement dans toute la terre, tant il est naturel d'assembler la famille, pour connaître ses intérêts et pourvoir à ses besoins. Les Tartares avaient leur *Courilté*. Les Germains, selon Tacite, s'assemblaient pour délibérer.

* C'est Boucher d'Argis, conseiller au Châtelet de Paris aux connaissances juridiques volumineuses, qui écrivit, dans l'*Encyclopédie*, sur des sujets d'intérêt sociopolitique chers à Voltaire. L'étendue même de ses connaissances et un certain conformisme font de lui un écrivain inapte à défendre une cause philosophique. Son article 'Etats' (t.6, p.20-28) illustre le bien fondé de cette observation: foisonnant de détails, mais très avare d'opinions politiques, il dut déplaire à Voltaire qui, depuis *La Henriade* jusqu'au *Commentaire sur l'Esprit des lois*, avait pris les états généraux de France pour sujet de réflexions plus ou moins nourries, évidemment plus ou moins engagées. Trois textes surtout (*Le Siècle de Louis XIV*, l'*EM* et l'*Histoire du parlement de Paris*) nous aident à proposer une définition des états dans la pensée politique de Voltaire. D'une part il y a le point de vue de l'historien: il est évident (voir l'*EM*, ch.76, 84) que Voltaire approuvait chaleureusement les états chaque fois qu'ils avaient fait cause commune avec le roi pour résoudre des problèmes préoccupants, et pour assurer l'avenir du pays. Considéré sous cet angle, il est intéressant de noter qu'à l'époque même de cet article, évoquant le contexte anglais (c'est-à-dire le contexte politique idéal), un Voltaire fort admiratif traite les vocables 'états généraux' et 'parlement' comme étant dans la pratique, et pour le plus grand bien du peuple anglais, des synonymes (voir, par exemple, *Les Peuples aux parlements* et *L'Equivoque*, *OCV*, t.73, p.263, 277). Mais l'historien se double d'autre part, dans le contexte français, d'un pragmatique sceptique quand il trouve ces deux vocables confondus dans la bouche des robins. Aussi fustige-t-il l'arrogante prétention du parlement de Paris à incarner désormais à lui tout seul les états généraux qui, dépossédés petit à petit par la monarchie de leur influence, avaient fini par disparaître en 1615 (voir l'Introduction à l'*Histoire du parlement de Paris*, *OCV*, t.68, p.1-99). Voltaire venait d'écrire dans l'article 'Concile' des *QE*: 'On croit qu'il n'y aura désormais pas plus de conciles généraux qu'il n'y aura d'états généraux en France et en Espagne' (*OCV*, t.40, p.161). Voilà pourquoi – devant le constat d'un tel échec – cet article, remarquable par ses accents de regret plutôt inhabituels sous la plume de Voltaire, semble être une lamentation sur un passé révolu. L'article paraît en septembre/octobre 1771 (70, t.6).

Les Saxons et les peuples du nord eurent leur *Wittenagemot*.[1] Tout fut états généraux dans les républiques grecques et romaines.

Nous n'en voyons point chez les Egyptiens, chez les Perses, chez les Chinois, parce que nous n'avons que des fragments fort imparfaits de leurs histoires; nous ne les connaissons guère que depuis le temps où leurs rois furent absolus, ou du moins depuis le temps où ils n'avaient que les prêtres pour contrepoids de leur autorité.[2]

Quand les comices furent abolis à Rome,[3] les gardes prétoriennes prirent leur place; des soldats insolents, avides, barbares et lâches furent la république. Septime Sévère les vainquit et les cassa.

Les états généraux de l'empire ottoman sont les janissaires et les spahis;[4] dans Alger et dans Tunis c'est la milice.

[1] Cette entrée en matière rappelle les premières lignes de l'*Histoire du parlement de Paris*: 'Presque toutes les nations ont eu des assemblées générales. Les Grecs avaient leur église [...], le peuple romain eut ses comices, les Tartares ont eu leur cour-ilté. [...]. Les peuples du Nord avaient leur wittenagemoth' (*OCV*, t.68, p.149). C'est dans *Germania* (livre 11, ch.1-6; livre 12, ch.1-3; livre 13, ch.1; livre 22, ch.3) que Tacite raconte comment et pourquoi les Germains s'assemblaient. Leur apparition ici indique que Voltaire – qui les décrit toujours de façon négative – utilise les données qu'il avait à sa disposition pour défendre au mieux la cause du moment.

[2] Voltaire l'a dit de bonne heure dans les *Lettres philosophiques* (et il le redira souvent) pour indiquer que telle était la situation bien avant l'arrivée des rois absolus ou des despotes: 'Chaque peuple avait cent tyrans au lieu d'un maître. Les prêtres se mirent bientôt de la partie' (t.1, p.102).

[3] Comices: institution antique vénérable, instituée sous Romulus et perfectionnée sous Servius Tullius (sixième roi de Rome, 578-535 av. J.-C.) qui – suivant les définitions et les époques – comptaient trois, quatre ou huit classes. L'opinion de Voltaire vis-à-vis des gardes prétoriennes (créées par Auguste en 27 av. J.-C.) est faite pour induire en erreur: elles ne purent jouer un rôle politique que dans la mesure où le régime impérial (dont les gardes étaient souvent les instruments) empiéta progressivement (dès le règne d'Auguste) sur la démocratie à tous les niveaux. Le premier acte de Septime Sévère, empereur romain de 193 à 211, fut de les dissoudre.

[4] Janissaires et spahis sont inséparables chez Voltaire. Voir, par exemple, l'*Histoire de Charles XII* (*OCV*, t.4, p.403, 407, 435); l'*EM*, ch.157 (éd. Pomeau, t.2, p.405); la *Traduction du poème de Jean Plokof* (*M*, t.28, p.365). Les janissaires exerçaient une influence politique considérable auprès du Grand Seigneur entre les seizième et dix-huitième siècles. Les spahis, l'élite de la cavalerie, en firent de même à partir du milieu du dix-septième siècle. La notion de milice, dans le contexte

Le plus grand, et le plus singulier exemple de ces états généraux est la diète de Ratisbonne qui dure depuis cent ans, où siègent continuellement les représentants de l'empire, les ministres des électeurs, des princes, des comtes, des prélats et des villes impériales, lesquelles sont au nombre de trente-sept.[5]

Les seconds états généraux de l'Europe sont ceux de la Grande-Bretagne. Ils ne sont pas toujours assemblés comme la diète de Ratisbonne, mais ils sont devenus si nécessaires que le roi les convoque tous les ans.

La chambre des communes répond précisément aux députés des villes reçus dans la diète de l'empire; mais elle est en beaucoup plus grand nombre, et jouit d'un pouvoir bien supérieur.[6] C'est proprement la nation. Les pairs et les évêques ne sont en parlement que pour eux, et la chambre des communes y est pour tout le pays. Ce parlement d'Angleterre n'est autre chose qu'une imitation perfectionnée de quelques états généraux de France.

En 1355, sous le roi Jean, les trois états furent assemblés à Paris pour secourir le roi Jean contre les Anglais. Ils lui accordèrent une somme considérable, à cinq livres cinq sous le marc, de peur que le roi n'en changeât la valeur numéraire. Ils réglèrent l'impôt nécessaire pour recueillir cet argent; et ils établirent neuf commissaires pour présider à la recette. Le roi promit pour lui et pour ses successeurs de ne faire dans l'avenir aucun changement dans la monnaie.[7]

---

musulman, s'accompagne toujours chez Voltaire de la notion connexe de *redoutable* (voir ce qu'il dit d'Alger et de Tunis dans l'*EM*: 'Le gouvernement ne fut que militaire. On ne peut le mieux comparer qu'à celui d'Alger et de Tunis, gouvernés par un chef et une milice', *OCV*, t.22, p.291). Voir aussi l'article 'Patrie' du *DP* (*OCV*, t.36, p.413) et l'article 'Alger' des *QE* (*OCV*, t.38, p.193-97).

[5] Sur la diète perpétuelle (*immerwährender Reichstag*), voir l'article 'Diète' de l'*Encyclopédie*: 'La diète de l'empire se tient aujourd'hui à Ratisbonne, où elle subsiste sans interruption depuis 1663' (t.4, p.974). Nous ne savons à quelle source Voltaire a pu puiser pour trouver le chiffre, car l'*Encyclopédie*, qui énumère nommément les villes impériales libres, en compte cinquante-et-une.

[6] Au dix-huitième siècle, la Chambre des Communes comptait 405 élus.

[7] Jean II le Bon (1310/1320-1364), n'ayant pas de fonds pour repousser les raids

Qu'est-ce que promettre pour soi et pour ses héritiers? ou c'est ne rien promettre, ou c'est dire, ni moi, ni mes héritiers n'avons le droit d'altérer la monnaie, nous sommes dans l'impuissance de faire le mal.

Avec cet argent qui fut bientôt levé, on forma aisément une armée, qui n'empêcha pas le roi Jean d'être fait prisonnier à la bataille de Poitiers. [8]

On devait rendre compte aux états au bout de l'année de l'emploi de la somme accordée. [9] C'est ainsi qu'on en use aujourd'hui en Angleterre avec la chambre des communes. La nation anglaise a conservé tout ce que la nation française a perdu.

Les états généraux de Suède ont une coutume plus honorable encore à l'humanité, et qui ne se trouve chez aucun peuple. Ils admettent dans leurs assemblées deux cents paysans qui font un corps séparé des trois autres, et qui soutiennent la liberté de ceux qui travaillent à nourrir les hommes. [10]

45

50

55

---

des Anglais, implantés en Guyenne, fit assembler les états généraux le 12 décembre 1355 dans la chambre du parlement. Voltaire (qui, toutefois, connaissait déjà le problème, voir l'*EM*, ch.76, *OCV*, t.24, p.161-63) a peut-être trouvé les détails suivants dans l'*Encyclopédie*: '[les états généraux] offrirent d'entretenir 30 000 hommes d'armes à leurs frais. Cette dépense fut estimée 50 000 livres, et pour y subvenir, les états accordèrent la levée d'une imposition' (t.6, p.23). L'ordonnance qui fut rendue (28 décembre 1355) consolidait le pouvoir des états et cherchait à limiter les pouvoirs du roi en matière fiscale, car les dévaluations qu'il avait successivement opérées, fruit de mutations monétaires, avaient considérablement entamé la valeur de la monnaie royale. Pour l'ensemble descriptif de cette ordonnance, et la 'Réponse aux griefs des états', voir F. A. Isambert, *Recueil général des anciennes lois françaises, depuis l'an 420 jusqu'à la Révolution de 1789* (29 vol., Paris, 1821-1833), t.4, p.738-45, 745-62.

[8] La bataille de Poitiers eut lieu le 19 septembre 1356.

[9] Dans l'*Encyclopédie*, on lit: 'Il fut aussi arrêté que le compte de la levée et emploi des deniers serait rendu en présence des états, qui se rassembleraient pour cet effet dans le temps marqué' (t.6, p.23).

[10] Voir l'*Encyclopédie*, article 'Suède': 'Les Suédois, ce peuple de tous les Germains le seul esclave du temps de Tacite, et l'un des plus barbares dans les siècles d'ignorance, sont devenus de nos jours une nation du Nord des plus éclairées, et l'une des plus libres des peuples européens qui ont des rois. Outre que la monarchie y est mitigée, la nation suédoise est encore libre par sa belle constitution,

Les états généraux de Dannemarck prirent une résolution toute contraire en 1660; ils se dépouillèrent de tous leurs droits en faveur du roi. Ils lui donnèrent un pouvoir absolu et illimité. [11] Mais ce qui est plus étrange, c'est qu'ils ne s'en sont point repentis jusqu'à présent. 60

Les états généraux en France n'ont point été assemblés depuis 1613, et les *Cortez* d'Espagne ont duré cent ans après. On les assembla encore en 1712 pour confirmer la renonciation de Philippe V à la couronne de France. Ces états généraux n'ont point été convoqués depuis ce temps. [12] 65

---

qui admet les paysans mêmes dans les états généraux' (t.15, p.623). Cette dernière phrase se trouve à peu près telle quelle dans *Le Siècle de Louis XIV* (*OH*, p.630).

[11] Dans l'*Encyclopédie*, article 'Danemark', Voltaire a pu lire: 'La forme du gouvernement est bien différente de ce qu'elle a été jusqu'en 1660; la couronne d'élective est devenue héréditaire, et le roi jouit d'un pouvoir absolu' (t.4, p.621).

[12] La déception de Voltaire vis-à-vis du naufrage des états généraux en 1614-1615 est visible dans les chapitres 46-47 de l'*Histoire du parlement de Paris* (*OCV*, t.68, p.389-98). Quant à l'Espagne, Voltaire avait écrit dans *Le Siècle de Louis XIV*: 'La nation espagnole [las cortes] était comptée pour rien; on ne la consultait pas' (*OH*, p.798).

GENÈSE

L'écrivain sacré s'étant conformé aux idées reçues, et n'ayant pas
dû s'en écarter, puisque sans cette condescendance il n'aurait pas

* Voltaire réutilise l'article 'Genèse' du *DP* (*OCV*, t.36, p.142-73) qu'il a publié, en
l'attribuant au marquis d'Argens, dans l'édition Varberg (65v). La critique biblique
de ce 'dictionnaire de Satan' avait suscité une levée de boucliers (voir C. Mervaud,
Introduction, *OCV*, t.35, p.182-227). Reprenant cet article composé suivant le
principe du *Commentaire littéral* de Dom Calmet, une de ses sources principales,
qui reproduit les versets bibliques en les faisant suivre de gloses, Voltaire ajoute
systématiquement à ses exégèses antérieures quelques phrases explicatives atténuant
la critique. Ainsi s'instaure une polyvocalité du commentaire faisant entendre
d'abord la voix des incrédules, puis donnant la parole à un nouvel intervenant fort
orthodoxe, qui a le dernier mot. Deux exceptions à cette règle sont néanmoins à
signaler: les commentaires de Genèse 1:27 ('Il les créa mâle et femelle') et de Genèse
9:13 ('Et je mettrai mon arc dans les nuées...') sont rigoureusement semblables au
texte du *DP*. De plus, Voltaire commente d'autres versets de la Genèse. La réécriture
consiste donc en de multiples retouches stylistiques et en des ajouts insérés dans le
texte du *DP*. Voltaire, que passionne le Pentateuque (voir D9132), a déjà écrit bien
des pages sur la Genèse. Il s'appuie sur des sources qu'il a déjà exploitées, mais attire
l'attention sur le livre de Jean Astruc, *Conjectures sur les mémoires originaux dont il*
paraît que Moyse s'est servi pour composer le livre de la Genèse (BV200). Aussi cet article
n'entretient-il aucun rapport avec le fort orthodoxe article 'Genèse' de l'*Encyclopédie*
par l'abbé Mallet affirmant que l'auteur du Pentateuque est Moïse et que ce premier
livre de l'Ancien Testament retrace l'histoire de 2369 ans depuis la création du monde
jusqu'à la mort de Joseph (t.7, p.576). Cet article des *QE* pose un problème
d'interprétation. Ces déclarations de parfaite orthodoxie ajoutées au texte du *DP*
sont-elles dictées par la prudence? Mais dans les commentaires sur de nouveaux
versets, le ton est parfois violent. Faut-il en conclure que les *QE* seraient moins
polémiques que le *DP* ou faut-il penser qu'elles le sont d'une manière différente? En
effet, ces précautions oratoires, par leur répétition même, paraissent presque de
l'ordre du jeu. Certaines ne sont pas exemptes de perfidies. Faute de pointe d'ironie
qui nous renseignerait sur les intentions de Voltaire, on peut avancer qu'il avait
attaqué frontalement la Genèse dans le *DP* et avait fait scandale; en empruntant ici les
arguments des orthodoxes, accolés au texte subversif, il réduit au silence les
apologistes chrétiens sans pour autant sacrifier ses critiques. A l'attaque franche du
DP se substitue un combat confrontant les arguments des deux camps. Pour
l'annotation du texte repris du *DP*, voir *OCV*, t.36, p.142-73. Cet article paraît en
septembre/octobre 1771 (70, t.6) et fait l'objet de modifications en 1774 (w68, t.23).

été entendu, il ne nous reste que quelques remarques à faire sur la physique de ces temps reculés; car pour la théologie nous la respectons; nous y croyons et nous n'y touchons jamais. [1]   5

Au commencement Dieu créa le ciel et la terre.

C'est ainsi qu'on a traduit; mais la traduction n'est pas exacte. Il n'y a pas d'homme un peu instruit qui ne sache que le texte porte, *Au commencement les dieux firent*, ou *les dieux fit, le ciel et la terre*. Cette leçon d'ailleurs est conforme à l'ancienne idée des Phéni-   10 ciens, qui avaient imaginé que Dieu employa des dieux inférieurs pour débrouiller le chaos, le Chaut Ereb. Les Phéniciens étaient depuis longtemps un peuple puissant qui avait sa théogonie avant que les Hébreux se fussent emparés de quelques cantons [2] vers son pays. Il est bien naturel de penser que quand les Hébreux eurent   15 enfin un petit établissement vers la Phénicie, ils commencèrent à apprendre la langue. [3] Alors, leurs écrivains purent emprunter l'ancienne physique de leurs maîtres; [4] c'est la marche de l'esprit humain.

Dans le temps où l'on place Moïse, les philosophes phéniciens en   20 savaient-ils assez pour regarder la terre comme un point, en comparaison de la multitude infinie de globes que Dieu a placés

---

17   w68: écrivains parurent emprunter

[1] Dans le *DP*, deux lignes d'introduction annonçaient le commentaire des 'principaux traits de la Genèse' (ligne 2). Voltaire, quand il reprend l'article dans les *QE*, multiplie les précautions oratoires en justifiant d'avance les erreurs de ce livre. Cette différence de ton en matière de critique biblique est un trait significatif des *QE*.

[2] Dans le *DP*, 'villages' (ligne 12).

[3] Voltaire supprime ici une remarque désobligeante du *DP*: 'surtout lorsqu'ils y furent esclaves' (lignes 15-16).

[4] Conformément à son entrée en matière (lignes 3-5), Voltaire ne parle ici que de physique, supprimant l'allusion à la théologie du *DP*: 'Alors, ceux qui se mêlèrent d'écrire copièrent quelque chose de l'ancienne théologie de leurs maîtres' (lignes 16-17).

dans l'immensité de l'espace qu'on nomme *le Ciel*? [5] Cette idée si ancienne et si fausse, que le ciel fut fait pour la terre, a presque toujours prévalu chez le peuple ignorant. C'est à peu près comme si on disait que Dieu créa toutes les montagnes et un grain de sable, et qu'on s'imaginât que ces montagnes ont été faites pour ce grain de sable. Il n'est guère possible que les Phéniciens si bons navigateurs n'eussent pas quelques bons astronomes: mais les vieux préjugés prévalaient, et ces vieux préjugés durent être ménagés par l'auteur de la Genèse qui écrivait pour enseigner les voies de Dieu et non la physique. [6]

La terre était tohu-bohu et vide; les ténèbres étaient sur la face de l'abîme, et l'esprit de Dieu était porté sur les eaux.

Tohu-bohu signifie précisément chaos, désordre; c'est un de ces mots imitatifs qu'on trouve dans toutes les langues, comme sens dessus dessous, tintamarre, trictrac, tonnerre, bombe. [7] La terre n'était point encore formée telle qu'elle est; la matière existait, mais la puissance divine ne l'avait point encore arrangée. L'esprit de Dieu signifie à la lettre [8] le *souffle*, le *vent* qui agitait les eaux. Cette idée est exprimée dans les fragments de l'auteur phénicien Sanchoniaton. Les Phéniciens croyaient comme tous les autres peuples la matière éternelle. Il n'y a pas un seul auteur dans l'antiquité qui ait jamais dit qu'on eût tiré quelque chose du néant. On ne trouve même dans toute la Bible aucun passage où il soit dit que la matière ait été faite de rien. Non que la création de rien ne soit très vraie; mais cette vérité n'était pas connue des Juifs charnels. [9]

[5] Voltaire substitue une tournure interrogative à l'affirmation du *DP*, 'les philosophes phéniciens en savaient probablement assez' (lignes 19-20).

[6] Dans le *DP*, ces vieux préjugés 'furent la seule science des Juifs' (lignes 29-30). L'ajout illustre de nouveau la volonté de se limiter à la critique d'une physique obsolète.

[7] Dans l'énumération, ajout de 'tonnerre, bombe'.

[8] Ajout de 'à la lettre', ce qui n'est pas l'opinion acceptée par l'Eglise. Voir l'article 'Esprit' des *QE* (*OCV*, t.41, p.241).

[9] Cette phrase explicative, où voisine le respect pour une croyance dont on a

Les hommes furent toujours partagés sur la question de l'éternité du monde, mais jamais sur l'éternité de la matière. 50

Ex nihilo nihil, in nihilum nil posse reverti.

Voilà l'opinion de toute l'antiquité.

Dieu dit, Que la lumière soit faite, et la lumière fut faite; et il vit que la lumière était bonne; et il divisa la lumière des ténèbres, et il appela la lumière jour, et les ténèbres nuit; et le soir et le matin furent 55 *un jour. Et Dieu dit aussi, Que le firmament soit fait au milieu des eaux, et qu'il sépare les eaux des eaux; et Dieu fit le firmament; et il divisa les eaux au-dessus du firmament des eaux au-dessous du firmament, et Dieu appela le firmament ciel; et le soir et le matin fit le second jour etc., et il vit que cela était bon.* 60

Commençons par examiner si l'évêque d'Avranche Huet, Le Clerc, etc. n'ont pas évidemment raison contre ceux qui prétendent trouver ici un tour d'éloquence. [10]

Cette éloquence n'est affectée dans aucune histoire écrite par les Juifs. Le style est ici de la plus grande simplicité, comme dans le 65 reste de l'ouvrage. Si un orateur, pour faire connaître la puissance de Dieu, employait seulement cette expression, *Il dit, Que la lumière soit, et la lumière fut,* ce serait alors du sublime. Tel est ce passage d'un psaume, *Dixit, et facta sunt.* C'est un trait qui étant unique en cet endroit, et placé pour faire une grande image, frappe 70 l'esprit et l'enlève. Mais ici, c'est le narré le plus simple. L'auteur juif ne parle pas de la lumière autrement que des autres objets de la création; il dit également à chaque article, *et Dieu vit que cela était bon.* Tout est sublime dans la création sans doute; mais celle de la lumière ne l'est pas plus que celle de l'herbe des champs; le sublime 75

63-64   K84, K12: d'éloquence sublime. ¶Cette

---

démontré qu'elle était incroyable et une accusation maintes fois répétée sur les Juifs 'charnels', a été ajoutée. Sur la création *ex nihilo*, voir l'article 'Eternité' des *QE* (*OCV*, t.41, p.266).

[10] Dans le *DP*, 'éloquence sublime' (ligne 59).

est ce qui s'élève au-dessus du reste, et le même tour règne partout dans ce chapitre.

C'était encore une opinion fort ancienne, que la lumière ne venait pas du soleil. On la voyait répandue dans l'air avant le lever et après le coucher de cet astre; on s'imaginait que le soleil ne servait qu'à la pousser plus fortement: aussi l'auteur de la Genèse se conforme-t-il à cette erreur populaire, et même[11] il ne fait créer le soleil et la lune que quatre jours après la lumière. Il était impossible qu'il y eût un matin et un soir avant qu'il existât un soleil. [12] L'auteur inspiré daignait descendre aux préjugés vagues et grossiers de la nation. Dieu ne prétendait pas enseigner la philosophie aux Juifs. Il pouvait élever leur esprit jusqu'à la vérité, mais il aimait mieux descendre[13] jusqu'à eux. On ne peut trop répéter cette solution. [14]

La séparation de la lumière et des ténèbres n'est pas d'une autre[15] physique; il semble que la nuit et le jour fussent mêlés ensemble comme des grains d'espèces différentes que l'on sépare les uns des autres. On sait assez que les ténèbres ne sont autre chose que la privation de la lumière, et qu'il n'y a de lumière en effet qu'autant que nos yeux reçoivent cette sensation; mais on était alors bien loin de connaître ces vérités.

L'idée d'un firmament est encore de la plus haute antiquité. On s'imaginait que les cieux étaient très solides, parce qu'on y voyait toujours les mêmes phénomènes. Les cieux roulaient sur nos têtes;

[11] Dans le *DP*, 'et par un singulier renversement de l'ordre des choses' (lignes 78-79).

[12] Dans le *DP*, 'On ne peut concevoir comment il y a un matin et un soir'. Puis, Voltaire supprime ici une autre phrase du *DP* insistant sur les incohérences du texte sacré: 'Il y a là une confusion qu'il est impossible de débrouiller' (lignes 80-82).

[13] La version de *QE*: 'l'auteur inspiré daignait descendre', mis sans doute pour 'condescendre', paraît plus respectueuse que celle du *DP*, 'se conformait', qui évitait la répétition de 'descendre' dans le paragraphe.

[14] Voltaire insiste sur cet argument orthodoxe en ajoutant cette phrase qui donne l'impression d'une relecture du texte initial avec la volonté de l'orienter différemment.

[15] La retouche, 'une autre physique' à la place 'd'une meilleure physique' dans le *DP* (lignes 87-88), va toujours dans le sens de l'atténuation de la critique.

ils étaient donc d'une matière fort dure. Le moyen de supputer
combien les exhalaisons de la terre et des mers pouvaient fournir   100
d'eau aux nuages? Il n'y avait point de Halley qui pût faire ce
calcul. On se figurait [16] donc des réservoirs d'eau dans le ciel. Ces
réservoirs ne pouvaient être portés que sur une bonne voûte; on
voyait à travers cette voûte, elle était donc de cristal. Pour que les
eaux supérieures tombassent de cette voûte sur la terre, il était   105
nécessaire qu'il y eût des portes, des écluses, des cataractes qui
s'ouvrissent et se fermassent. Telle était l'astronomie d'alors; [17] et
puisqu'on écrivait pour des Juifs, il fallait bien adopter leurs idées [18]
grossières empruntées des autres peuples un peu moins grossiers
qu'eux.   110

   *Dieu fit deux grands luminaires, l'un pour présider au jour, l'autre à
la nuit; il fit aussi les étoiles.*

   C'est toujours, il est vrai, [19] la même ignorance de la nature. Les
Juifs ne savaient pas que la lune n'éclaire que par une lumière
réfléchie. L'auteur parle ici des étoiles comme de points lumineux   115
tels qu'on les voit, [20] quoiqu'elles soient autant de soleils dont
chacun a des mondes roulant autour de lui. L'Esprit Saint se
proportionnait donc à l'esprit du temps. S'il avait dit que le soleil
est un million de fois plus gros que la terre, et la lune cinquante fois

108   w68: pour les Juifs
108-109   70, 71N, 71A: idées empruntées
109-11   70, 71N, 71A: peuples. ¶*Dieu*

   [16] Dans le *DP*, 'Il y avait donc' (ligne 100).
   [17] Dans le *DP*, 'astronomie juive' (ligne 105).
   [18] Dans le *DP*, le paragraphe se terminait sur le mot 'idées'; la suite est un ajout
des *QE* qui met l'accent sur les emprunts des anciens Hébreux, un des leitmotive de la
critique biblique de Voltaire.
   [19] La tournure était plus vive, plus elliptique dans le *DP*: 'Toujours la même
ignorance' (ligne 109).
   [20] Voltaire se veut plus explicite au sujet des étoiles dont le *DP* disait seulement
que l'auteur en parlait 'comme d'une bagatelle' (ligne 111).

plus petite, on ne l'aurait pas compris. Ils nous paraissent deux   120
astres presque également grands. [21]

Dieu dit aussi, Faisons l'homme à notre image, et qu'il préside aux
poissons, etc.

Qu'entendaient les Juifs par Faisons l'homme à notre image? ce
que toute l'antiquité entendait.   125

Finxit in effigiem moderantum cuncta deorum.

On ne fait des images que des corps. Nulle nation n'imagina un
dieu sans corps; et il est impossible de se le représenter autrement.
On peut bien dire, Dieu n'est rien de ce que nous connaissons; mais
on ne peut avoir aucune idée de ce qu'il est. Les Juifs crurent Dieu   130
constamment corporel, comme tous les autres peuples. Tous les
premiers Pères de l'Eglise crurent aussi Dieu corporel, jusqu'à ce
qu'ils eussent embrassé les idées de Platon, ou plutôt, jusqu'à ce
que les lumières du christianisme furent plus pures. [22]

Il les créa mâle et femelle.   135

Si Dieu, ou les dieux secondaires, créèrent l'homme mâle et
femelle à leur ressemblance, il semble en ce cas que les Juifs
croyaient Dieu, et les dieux mâles et femelles. On a recherché [23] si
l'auteur veut dire que l'homme avait d'abord les deux sexes, ou s'il
entend que Dieu fît Adam et Eve le même jour. Le sens le plus   140
naturel est que Dieu forma Adam et Eve en même temps; mais ce
sens contredirait absolument la formation de la femme faite d'une
côte de l'homme longtemps après les sept jours.

Et il se reposa le septième jour.

Les Phéniciens, les Chaldéens, les Indiens disaient que Dieu   145
avait fait le monde en six temps, que l'ancien Zoroastre appelle les
six *gahambars* si célèbres chez les Perses.

---

[21] Après 'l'esprit du temps' (ligne 117), les deux phrases ajoutées dans les *QE*
contiennent des précisions sur la physique, conformément au dessein exprimé dès les
premières lignes.

[22] Le membre de phrase favorable au christianisme a été ajouté dans les *QE* après
'les idées de Platon'.

[23] Dans le *DP*, 'On ne sait d'ailleurs' (ligne 130).

Il est incontestable que tous ces peuples avaient une théologie avant que les Juifs[24] habitassent les déserts d'Oreb et de Sinaï, avant qu'ils pussent avoir des écrivains. Plusieurs savants ont cru vraisemblable[25] que l'allégorie des six jours est imitée de celle des six temps.[26] Dieu peut avoir permis que de grands peuples eussent cette idée, avant qu'il l'eût inspirée au peuple juif. Il avait bien permis que les autres peuples inventassent les arts avant que les Juifs en eussent aucun.

Du lieu de volupté sortait un fleuve qui arrosait le jardin, et de là se partageait en quatre fleuves; l'un s'appelle Phison, qui tourne dans le pays d'Evilath où vient l'or... Le second s'appelle Gehon qui entoure l'Ethiopie... Le troisième est le Tigre, et le quatrième l'Euphrate.

Suivant cette version, le paradis terrestre aurait contenu près du tiers de l'Asie et de l'Afrique. L'Euphrate et le Tigre ont leur source à plus de soixante grandes lieues l'un de l'autre, dans des montagnes horribles qui ne ressemblent guère à un jardin. Le fleuve qui borde l'Ethiopie, et qui ne peut être que le Nil,[27] commence à plus de mille lieues des sources du Tigre et de l'Euphrate; et si le Phison est le Phase, il est assez étonnant de mettre au même endroit la source d'un fleuve de Scythie et celle d'un fleuve d'Afrique. Il a donc fallu chercher une autre explication

151   K84, K12: l'allégorie de six
168   K12: d'Afrique. Aussi a-t-on donné à ces quatre fleuves trente positions différentes. Il

[24] Une fois de plus, la retouche va dans le sens de l'atténuation, le *DP* évoquant 'la horde juive' (ligne 141).

[25] 'Il est donc de la plus grande vraisemblance' dans le *DP* (lignes 142-43).

[26] Ce paragraphe dans le *DP* se terminait sur l'imitation dans la Genèse 'des six temps'. L'hypothèse des lignes suivantes est un ajout. Dès *Des Juifs* (1756), Voltaire avait insisté sur la grande ignorance et les retards du peuple hébreu, les emprunts à des civilisations plus florissantes (*OCV*, t.45B, p.113-58). Voir aussi, dans les *QE*, l'article 'Adam'.

[27] Voltaire a revu la géographie de ce passage, supprimant le choix entre le Nil ou le Niger que proposait le *DP* en ce qui concerne le fleuve bordant l'Ethiopie et remplaçant par 'mille lieues' l'approximation précédente 'plus de sept cent lieues' (ligne 155) entre le Nil et les sources du Tigre et de l'Euphrate.

et d'autres fleuves. Chaque commentateur a fait son paradis
terrestre. [28]   170

On a dit que le jardin d'Eden ressemble à ces jardins d'Eden à
Saana dans l'Arabie heureuse, fameuse dans toute l'antiquité; [29] que
les Hébreux, peuple très récent, pouvaient être une horde arabe, et
se faire honneur de ce qu'il y avait de plus beau dans le meilleur
canton de l'Arabie; qu'ils ont toujours employé pour eux les   175
anciennes traditions des grandes nations au milieu desquelles ils
étaient enclavés. Mais ils n'en étaient pas moins conduits par le
Seigneur. [30]

Le Seigneur prit donc l'homme, et le mit dans le jardin de volupté,
afin qu'il le cultivât.   180

C'est fort bien fait de *cultiver son jardin*, mais il est difficile
qu'Adam cultivât un jardin de mille lieues de long; apparemment
qu'on lui donna des aides. Il faut donc encore une fois que les
commentateurs exercent ici leur talent de deviner. Aussi a-t-on
donné à ces quatre fleuves trente positions différentes. [31]   185

184-86   K12: deviner. ¶*Ne*

[28] Ces deux dernières phrases, ajoutées, pourraient témoigner d'une nouvelle
consultation du *Commentaire littéral* (BV613), car Dom Calmet consacre bien des
pages aux fleuves qui sortent du paradis terrestre (24 t. en 26 vol., Paris, 1715-1734,
[*Genèse*], p.59-78) et aux multiples hypothèses de nombreux commentateurs sur
l'emplacement du paradis terrestre. Non seulement Calmet expose le sentiment de
Le Clerc qui le situe en Syrie, celui de Huet qui le place à la jonction du Tigre et de
l'Euphrate, sa propre hypothèse qui le localise dans l'Arménie, entre les sources du
Tigre, de l'Euphrate, du Phase et de l'Araxe, mais il énumère aussi une bonne vingtaine
d'hypothèses, toutes plus étonnantes les unes que les autres, le paradis se trouvant aussi
bien dans le troisième ou le quatrième ciel que sous le pôle arctique ([*Genèse*], p.53-55).
[29] C'est Voltaire qui, dans *La Philosophie de l'histoire*, suggère que le jardin
d'Eden pourrait ressembler aux jardins de Saana (*OCV*, t.59, p.140), idée qui sera
reprise dans *La Bible enfin expliquée* (*M*, t.30, p.6-7, n.5).
[30] Cette phrase, qui a été ajoutée dans les *QE*, contredit toute la démonstration
précédente et, sous sa benoite acceptation d'un fondement de l'Ancien Testament,
celle de peuple élu, elle invite à réfléchir sur cette conviction dont Voltaire a dénoncé
maintes fois l'arrogance. La 'Prière à Dieu' du *Traité sur la tolérance* s'adresse au Dieu
'de tous les êtres, de tous les mondes et de tous les temps' (*OCV*, t.56o, p.251).
[31] Le nombre de trente, même s'il n'est pas strictement juste, ne paraît pas abusif

Ne mangez point du fruit de la science du bien et du mal.

Il est difficile de concevoir qu'il y ait eu un arbre qui enseignât le bien et le mal, comme il y a des poiriers et des abricotiers. D'ailleurs, on a demandé pourquoi Dieu ne veut pas que l'homme connaisse le bien et le mal? Le contraire ne paraît-il pas (si on ose le   190
dire) beaucoup plus digne de Dieu, et beaucoup plus nécessaire à l'homme? Il semble à notre pauvre raison que Dieu devait ordonner de manger beaucoup de ce fruit; mais on doit soumettre sa raison, et conclure seulement qu'il faut obéir à Dieu. [32]

Dès que vous en aurez mangé vous mourrez.   195

Cependant Adam en mangea et n'en mourut point. Au contraire, on le fait vivre encore neuf cent trente ans. Plusieurs Pères ont regardé tout cela comme une allégorie. En effet, on pourrait dire que les autres animaux ne savent pas qu'ils mourront, mais que l'homme le sait par sa raison. Cette raison est l'arbre de la science   200
qui lui fait prévoir sa fin. Cette explication serait peut-être la plus raisonnable; mais nous n'osons prononcer. [33]

Le Seigneur dit aussi, Il n'est pas bon que l'homme soit seul, faisons-lui une aide semblable à lui.

On s'attend que le Seigneur va lui donner une femme: mais   205
auparavant il lui amène tous les animaux. Peut-être y a-t-il ici quelque transposition de copiste. [34]

Et le nom qu'Adam donna à chacun des animaux est son véritable nom.

Ce qu'on peut entendre par le véritable nom d'un animal serait   210

étant donné le nombre d'hypothèses évoquées par Dom Calmet (*Commentaire littéral*, [*Genèse*], p.59-78).

[32] C'est Voltaire qui a posé toutes les questions de ce paragraphe, l'interdiction de l'Eternel lui paraissant absurde. Les concessions, ici affichées ('si on ose le dire' et 'on doit [...] conclure seulement qu'il faut obéir à Dieu'), n'amoindrissent pas la vigueur de la protestation.

[33] Encore un ajout, 'mais nous n'osons prononcer', qui s'efforce de créer le portrait d'un commentateur de la Bible cherchant à expliquer ce qui est inexplicable.

[34] L'argument ici invoqué, ajouté dans les *QE*, a été largement utilisé par les commentateurs quand un texte s'avère incompréhensible.

un nom qui désignerait toutes les propriétés de son espèce, ou du moins les principales; mais il n'en est ainsi dans aucune langue. Il y a dans chacune quelques mots imitatifs, comme *coq* et *coucou* en celte, qui désignent un peu le cri du coq et du coucou. *Tintamarre, trictrac; alali* en grec, *loupous* en latin, etc. Mais ces mots imitatifs sont en très petit nombre. De plus, si Adam eût ainsi connu toutes les propriétés des animaux, [35] ou il avait déjà mangé du fruit de la science, ou Dieu semblait n'avoir pas besoin de lui interdire ce fruit. Il en savait déjà plus que la Société royale de Londres, et l'Académie des sciences. [36]

Observez que c'est ici la première fois qu'Adam est nommé dans la Genèse. Le premier homme, chez les anciens brahmanes, prodigieusement antérieurs aux Juifs, s'appelait *Adimo*, l'enfant de la terre, et sa femme *Procriti*, la vie; c'est ce que dit le *Védam* dans la seconde formation du monde. [37] Adam et Eve signifiaient

215

220

225

214-15   70, 71N, 71A: COUCOU. *Loupous*

[35] Dans ce paragraphe repris du *DP*, Voltaire ajoute le coucou au coq comme exemple de mot imitatif, puis 'tintamarre, trictrac, alali en grec', avant de reprendre '*Loupus* en latin, etc.'. Puis il substitue à l'affirmation nette 'Dieu n'avait pas besoin' (ligne 199 du *DP*), une version plus dubitative: 'Dieu semblait n'avoir pas besoin'.

[36] Encore un ajout. La science présumée du premier homme que des rabbins lui attribuèrent, la vingtaine d'ouvrages dont il serait l'auteur selon les Arabes, sujet traité dans la note *K* de l'article 'Adam' du *Dictionnaire historique et critique* de Bayle (BV292), puis thème évoqué par Calmet dans ses articles 'Adam' du *Dictionnaire de la Bible* (BV615), t.1 et t.3, avaient fait l'objet d'une rapide allusion dans l'article 'Adam' du *DP* (voir C. Mervaud, 'Variations sur le premier homme: une série d'articles "Adam" dans quelques dictionnaires du XVIIIe siècle', *Séries et variations, Etudes littéraires offertes à Sylvain Menant*, Paris, 2010, p.505-14).

[37] Cette précision, absente du *DP* qui renvoyait seulement au Vedam 'qui est peut-être le plus ancien livre du monde', exploite l'*Ezourvedam*, le manuscrit que lui a procuré en 1760 l'aventurier Maudave. Il le cite en le réécrivant dans le chapitre 4 de l'*EM* (*OCV*, t.22, p.90) où il est question de la création d'Adimo et de Procriti. Voir N. Masson, 'Voltaire exégète du *Shasta* et du *Védam*: citation et réécriture des textes sacrés de l'Inde dans l'*Essai sur les mœurs*', *Copier/coller. Ecriture et réécriture chez Voltaire*, éd. O. Ferret, G. Goggi, C. Volpilhac-Auger (Pise, 2007), p.63-70. Voir aussi *La Défense de mon oncle* (*OCV*, t.64, p.221-22).

35

ces mêmes choses dans la langue phénicienne. Nouvelle preuve
que l'Esprit Saint se conformait aux idées reçues. [38]

*Lorsque Adam était endormi, Dieu prit une de ses côtes, et mit de la
chair à la place; et de la côte qu'il avait tirée d'Adam il bâtit une
femme, et il amena la femme à Adam.*   230

Le Seigneur (un chapitre auparavant) avait déjà créé le mâle et la
femelle; pourquoi donc ôter une côte à l'homme pour en faire une
femme qui existait déjà? On répond que l'auteur annonce dans un
endroit ce qu'il explique dans l'autre. On répond encore que cette
allégorie soumet la femme à son mari, et exprime leur union   235
intime. [39] Bien des gens ont cru sur ce verset que les hommes ont
une côte de moins que les femmes. Mais c'est une hérésie; et
l'anatomie nous fait voir qu'une femme n'est pas pourvue de plus
de côtes que son mari. [40]

Or le serpent était le plus rusé de tous les animaux de la terre, etc.: il   240
dit à la femme, etc.

Il n'est fait dans tout cet article aucune mention du diable, tout y
est physique. Le serpent était regardé non seulement comme le plus
rusé des animaux par toutes les nations orientales, mais encore
comme immortel. Les Chaldéens avaient une fable d'une querelle   245
entre Dieu et le serpent; et cette fable avait été conservée par
Phérécide. Origène la cite dans son livre 6 contre Celse. On portait
un serpent dans les fêtes de Bacchus. Les Egyptiens attachaient une

236-40   70, 71N, 71A: intime. ¶*Or*

[38] Cet ajout est un leitmotiv de Voltaire.
[39] La fin du paragraphe est un ajout. Genèse 3:16: 'Vous serez sous la puissance de
votre mari et il vous dominera'. Voltaire est l'auteur d'un dialogue, *Femmes, soyez
soumises à vos maris* (1765) dans lequel une femme de qualité, la maréchale de
Grancey, se scandalise de cette exhortation de saint Paul dans l'Epître aux Ephésiens
5:22 et dans l'Epître aux Colossiens 3:18.
[40] Dom Calmet rapporte ces supputations: 'Quelques commentateurs s'embar-
rassent assez inutilement de savoir si Adam avait été créé ayant une ou deux côtes de
plus que nous n'en avons, ou s'il demeura toute sa vie en ayant une ou deux de moins
que nous' (*Commentaire littéral*, [*Genèse*], p.88). Il juge cette question puérile, mais
Voltaire fait ici feu de tout bois.

espèce de divinité au serpent, au rapport d'Eusèbe dans sa *Préparation évangélique* livre premier chap. X. Dans l'Arabie et dans les Indes, à la Chine même, le serpent était regardé comme le symbole de la vie; et de là vint que les empereurs de la Chine, antérieurs à Moïse, portèrent toujours l'image d'un serpent sur leur poitrine.

Eve n'est point étonnée que le serpent lui parle. Les animaux ont parlé dans toutes les anciennes histoires, et c'est pourquoi lorsque Pilpay et Lokman firent parler les animaux, personne n'en fut surpris.

Toute cette aventure paraît si physique et si dépouillée de toute allégorie, qu'on y rend raison pourquoi le serpent rampe depuis ce temps-là sur son ventre, pourquoi nous cherchons toujours à l'écraser, et pourquoi il cherche toujours à nous mordre (du moins à ce qu'on croit[41]); précisément comme on rendait raison dans les anciennes métamorphoses pourquoi le corbeau qui était blanc autrefois est noir aujourd'hui, pourquoi le hibou ne sort de son trou que de nuit, pourquoi le loup aime le carnage, etc. Mais les Pères ont cru que c'est une allégorie aussi manifeste que respectable. Le plus sûr est de les croire. [42]

Je multiplierai vos misères et vos grossesses, vous enfanterez dans la douleur, vous serez sous la puissance de l'homme, et il vous dominera.

On demande pourquoi la multiplication[43] des grossesses est une punition? C'était au contraire, dit-on, une très grande bénédiction,

253-54   K84, K12: sur la poitrine

[41] Voltaire prétend que les reptiles sont timides et que les serpents sont herbivores (voir l'article 'Enchantement' des *QE*, *OCV*, t.41, p.95-96). Aussi ajoute-t-il l'incise: 'du moins à ce qu'on croit'. Il veut désacraliser le serpent biblique, une figure qui a connu maintes variations dans son œuvre (voir C. Mervaud, *Bestiaires de Voltaire*, *SVEC* 2006:06, p.98-101, 162-65).

[42] Ajout des *QE*. Dans le *Commentaire littéral*, Dom Calmet cite ceux qui reconnaissent dans le dialogue d'Eve avec le serpent une allégorie, d'abord Cajetan, puis Philon ([*Genèse*], p.92-93).

[43] Dans le *DP*: 'On ne conçoit guère que la multiplication' (ligne 241).

et surtout chez les Juifs. Les douleurs de l'enfantement ne sont considérables que dans les femmes délicates; celles qui sont accoutumées au travail accouchent très aisément, surtout dans les climats chauds. Il y a quelquefois des bêtes qui souffrent beaucoup dans leur gésine; il y en a même qui en meurent. Et quant à la supériorité de l'homme sur la femme, c'est une chose entièrement naturelle; c'est l'effet de la force du corps et même de celle de l'esprit. Les hommes en général ont des organes plus capables d'une attention suivie que les femmes, et sont plus propres aux travaux de la tête et du bras. Mais quand une femme a le poignet et l'esprit plus fort que son mari, elle en est partout la maîtresse; c'est alors le mari qui est soumis à la femme. Cela est vrai; mais il se peut très bien qu'avant le péché originel il n'y eût ni sujétion, [44] ni douleur. [45]

Le Seigneur leur fit des tuniques de peau.

Ce passage prouve bien que les Juifs croyaient un Dieu corporel. [46] Un rabbin nommé Eliéser a écrit que Dieu couvrit Adam et Eve de la peau même du serpent qui les avait tentés; et Origène prétend que cette tunique de peau était une nouvelle chair,

285   70, 71N, 71A: le péché il

[44] Ajout des *QE*. La sujétion des femmes est justifiée, selon Calmet, par le mauvais usage qu'Eve a fait de sa liberté en se rendant coupable du péché originel. Il renvoie à 1 Timothée 2:2-15; ainsi le statut de la femme chez les Hébreux est-il tout à fait différent de celui dont jouissait la femme égyptienne, les Juifs ayant détruit ce 'mauvais ordre de leur police' (*Commentaire littéral*, [*Genèse*], p.108). Quant à l'union intime de l'homme et de la femme, elle est rappelée dans Matthieu 19.

[45] C'est l'avis des Pères de l'Eglise rappelé par Dom Calmet (*Commentaire littéral*, [*Genèse*], p.108). Saint Chrysostome prétend que la femme doit accoucher dans la douleur parce qu'il y a eu transgression d'un ordre divin par Eve. 'Si elle fût demeurée dans l'innocence, dit saint Augustin, comme elle aurait conçu sans concupiscence, elle aurait aussi enfanté sans douleur' (*La Cité de Dieu*, livre 14, ch.26).

[46] Voltaire ne se permet plus dans les *QE* la plaisanterie du *DP*: 'puisqu'ils lui font exercer le métier de tailleur' (ligne 260).

un nouveau corps, que Dieu fit à l'homme. Il vaut mieux s'en tenir au texte avec respect. [47]

Et le Seigneur dit, Voilà Adam qui est devenu comme l'un de nous.

Il semblerait que [48] les Juifs admirent d'abord plusieurs dieux. Il   295
est plus difficile de savoir ce qu'ils entendent par ce mot dieux, *Eloïm.* Quelques commentateurs ont prétendu que ce mot, *l'un de nous,* signifie la Trinité; mais il n'est pas assurément question de la Trinité dans la Bible. La Trinité n'est pas un composé de plusieurs dieux, c'est le même Dieu triple; et jamais les Juifs n'entendirent   300
parler d'un Dieu en trois personnes. Par ces mots, *semblable à nous,* il est vraisemblable que les Juifs entendaient les anges Eloïm. C'est ce qui fit penser à plusieurs doctes téméraires que ce livre ne fut écrit que quand ils adoptèrent la créance de ces dieux inférieurs. Mais c'est une opinion condamnée. [49]   305

Le Seigneur le mit hors du jardin de volupté, afin qu'il cultivât la terre.

Mais le Seigneur, disent quelques-uns, l'avait mis dans le jardin de volupté *afin qu'il cultivât ce jardin.* Si Adam de jardinier devint laboureur, ils disent qu'en cela son état n'empira pas beaucoup. [50]   310
Un bon laboureur vaut bien un bon jardinier. Cette solution nous

304 K12: la croyance de
311-12 70, 71N, 71A: jardinier. Ce commentaire est trop peu sérieux; Dieu

[47] Voltaire fait encore acte d'allégeance aux dogmes de l'Eglise dans cette phrase ajoutée dans les *QE.*

[48] Une fois de plus, Voltaire adoucit le texte du *DP* qui déclarait: 'Il faut renoncer au sens commun pour ne pas convenir que les Juifs admirent d'abord plusieurs dieux' (lignes 266-67). Dans la ligne suivante 'dieux' est au pluriel alors qu'il était dans le *DP* au singulier.

[49] Dès le début de l'article, Voltaire avait formulé l'hypothèse de dieux inférieurs auxquels les Juifs auraient cru (Genèse 1:1).

[50] Au lieu de parler en son nom, comme il l'avait fait dans le *DP*, Voltaire, dans ce paragraphe et dans le suivant, rejette la responsabilité des propos sur un groupe de critiques: ajout de l'incise, 'disent quelques-uns', remplacement de 'il faut avouer qu'en cela' (lignes 281-82 du *DP*) par 'ils disent qu'en cela', ajout du jugement, lignes 314-15, 'selon des commentateurs trop hardis'.

semble trop peu sérieuse. Il vaut mieux dire que Dieu punit la désobéissance par le bannissement du lieu natal. [51]

Toute cette histoire en général se rapporte, selon des commentateurs trop hardis, à l'idée qu'eurent tous les hommes, et qu'ils ont encore, que les premiers temps valaient mieux que les nouveaux. On a toujours plaint le présent, et vanté le passé. Les hommes surchargés de travaux ont placé le bonheur dans l'oisiveté, ne songeant pas que le pire des états est celui d'un homme qui n'a rien à faire. On se vit souvent malheureux, et on se forgea l'idée d'un temps où tout le monde avait été heureux. C'est à peu près comme si on disait, il fut un temps où il ne périssait aucun arbre, où nulle bête n'était ni malade, ni faible, ni dévorée par une autre, où jamais les araignées ne prenaient de mouches. [52] De là l'idée du siècle d'or, de l'œuf percé par Arimane, du serpent qui déroba à l'âne la recette de la vie heureuse et immortelle que l'homme avait mise sur son bât, de là ce combat de Typhon contre Osiris, d'Ophionée contre les dieux, et cette fameuse boîte de Pandore, et tous ces vieux contes dont quelques-uns sont ingénieux, et dont aucun n'est instructif. Mais nous devons croire que les fables des autres peuples sont des imitations de l'histoire hébraïque; puisque nous avons l'ancienne histoire des Hébreux, et que les premiers livres des autres nations sont presque tous perdus. De plus, les témoignages en faveur de la Genèse sont irréfragables. [53]

315

320

325

330

---

313   70, 71N, 71A: bannissement d'un lieu
323   K84, K12: n'était malade

[51] Ajout de phrases explicatives dans les *QE*.

[52] L'auteur de l'*Aventure indienne*, mise à la suite du *Philosophe ignorant*, est hanté par la loi de la dévoration universelle, d'où l'ajout de cet exemple (*Romans et contes*, éd. F. Deloffre, J. van den Heuvel, Paris, 1979, p.282). Sur 'nourriture et violence' et en particulier sur cette dure loi de la manducation des espèces, voir C. Mervaud, *Voltaire à table* (Paris, 1998), p.153-54.

[53] Ce raisonnement absurde, ajouté dans les *QE*, caricature ceux des apologistes chrétiens attachés à démontrer coûte que coûte l'antériorité de la loi judaïque, ce qui entraîne des bouleversements chronologiques. Voltaire a déjà, maintes fois, réfuté Huet qui, dans sa *Demonstratio evangelica* (1690; BV1690), prétend que le

Et il mit devant le jardin de volupté un chérubin avec un glaive   335
tournoyant et enflammé pour garder l'entrée de l'arbre de vie.

Le mot *kerub* signifie *bœuf.* Un bœuf armé d'un sabre enflammé
fait, dit-on, une étrange figure à une porte. Mais les Juifs
représentèrent depuis des anges en forme de bœufs et d'éperviers,
quoiqu'il leur fût défendu de faire aucune figure: ils prirent   340
visiblement ces bœufs et ces éperviers, des Egyptiens, dont ils
imitèrent tant de choses. Les Egyptiens vénérèrent d'abord le bœuf
comme le symbole de l'agriculture, et l'épervier comme celui des
vents; mais ils ne firent jamais un portier d'un bœuf. C'est
probablement une allégorie; et les Juifs entendaient par *kerub*, la   345
nature. C'était un symbole composé d'une tête de bœuf, d'une tête
d'homme, d'un corps d'homme, et d'ailes d'épervier. [54]

Et le Seigneur mit un signe à Caïn. [55]

Quel Seigneur! disent les incrédules. Il accepte l'offrande
d'Abel, et il rejette celle de Caïn son aîné, sans qu'on en rapporte   350
la moindre raison. Par là le Seigneur devient la cause de l'inimitié
entre les deux frères. C'est une instruction morale à la vérité, et une
instruction prise dans toutes les fables anciennes, qu'à peine le

---

347-76   70, 71N, 71A: d'éperviers. ¶*Les*

Pentateuque est la source à laquelle tous les peuples ont emprunté. Dans son
exemplaire, il avait noté: 'livres juifs inconnus aux autres nations' (*CN*, t.4, p.543).
Huet déclare que Bacchus est une copie de Moïse et de Josué. Dans l'article 'Bacchus'
des *QE* (*OCV*, t.39, p.271-77) comme dans le chapitre 28 de *La Philosophie de
l'histoire* (*OCV*, t.59, p.183-85), Voltaire montre que les Juifs n'eurent aucun
commerce avec les autres nations.

[54] Ajout des deux dernières phrases dans les *QE*. Les descriptions du chérubin ont
grandement varié. Dom Calmet, après avoir énuméré les hypothèses de Grotius, de
Bochart, opte pour une figure composite. Selon saint Jean Chrysostome et Josèphe,
les Egyptiens auraient imité les chérubins des Hébreux dans la représentation du
sphinx (*Commentaire littéral*, [*Genèse*], p.115-16). Aussi Voltaire, qui fait allusion
maintes fois dans son œuvre à ces chérubins, les décrit-il de manière variable, mais
toujours en insistant sur l'étrangeté de cette figure à connotation allégorique (voir
par exemple les articles 'Ange' et 'Idole' du *DP*, *OCV*, t.35, p.341; t.36, p.219).

[55] Genèse 4:15. Les lignes 348-75 sont un ajout des *QE*.

genre humain exista, qu'un frère assassine son frère. Mais ce qui paraît aux sages du monde contre toute morale, contre toute justice, contre tous les principes du sens commun, c'est que Dieu ait damné à toute éternité le genre humain, et ait fait mourir inutilement son propre fils pour une pomme, et qu'il pardonne un fratricide. Que dis-je, pardonner? il prend le coupable sous sa protection. Il déclare que quiconque vengera le meurtre d'Abel sera puni sept fois plus que Caïn ne l'aurait été. [56] Il lui met un signe qui lui sert de sauvegarde. C'est, disent les impies, une fable aussi exécrable qu'absurde. C'est le délire de quelque malheureux Juif, qui écrivit ces infâmes inepties à l'imitation des contes que les peuples voisins prodiguaient dans la Syrie. Ce Juif insensé attribua ces rêveries atroces à Moïse dans un temps où rien n'était plus rare que les livres. La fatalité qui dispose de tout, a fait parvenir ce malheureux livre jusqu'à nous. [57] Des fripons l'ont exalté, et des imbéciles l'ont cru. Ainsi parle une foule de théistes qui en adorant Dieu, osent condamner le Dieu d'Israël, et qui jugent de la conduite de l'Etre éternel par les règles de notre morale imparfaite et de notre justice erronée. Ils admettent Dieu pour le soumettre à nos lois. Gardons-nous d'être si hardis; et respectons encore une fois ce que nous ne pouvons comprendre. Crions *ô Altitudo* [58] de toutes nos forces.

Les dieux Eloïm voyant que les filles des hommes étaient belles, prirent pour épouses celles qu'ils choisirent.

[56] Tandis que Voltaire au nom de la raison s'indigne, les exégètes s'interrogent sur ce signe. S'agit-il, comme certains rabbins le pensent, d'une corne sur le front de Caïn? S'agit-il d'une lettre imprimée comme celle qu'on met sur le front des esclaves? Autre source de perplexité: que veut dire l'Eternel annonçant que quiconque vengera Abel sera puni sept fois plus que Caïn (Genèse 4:15)? Saint Jérôme remarque que Caïn est tué par Lamech à la septième génération. D'autres pensent que Caïn s'est rendu coupable de sept péchés (*Commentaire littéral*, [*Genèse*], p.131-32).

[57] La violence du ton de cet ajout doit être soulignée ('malheureux Juif', 'infâmes inepties', 'Juif insensé'). Voltaire n'a rien perdu de sa virulence qui fait un contraste saisissant avec les dernières phrases du paragraphe.

[58] Epître aux Romains 11:33: 'O profondeur des trésors de la sagesse et de la science de Dieu!'

Cette imagination fut encore celle de tous les peuples; il n'y a aucune nation, excepté peut-être la Chine, où quelque dieu ne soit venu faire des enfants à des filles. Ces dieux corporels descendaient souvent sur la terre pour visiter leurs domaines; ils voyaient nos filles, ils prenaient pour eux les plus jolies: les enfants nés du commerce de ces dieux et des mortelles devaient être supérieurs aux autres hommes; aussi la Genèse ne manque pas de dire que ces dieux qui couchèrent avec nos filles produisirent des géants. C'est encore se conformer à l'opinion vulgaire. [59]

Et je ferai venir sur la terre les eaux du déluge.

(Voyez l'article 'Déluge'. [60]) Je remarquerai seulement ici que saint Augustin dans sa *Cité de Dieu*, n° 8 dit: *Maximum illud diluvium graeca nec latina novit historia*: ni l'histoire grecque ni la latine ne connaissent ce grand déluge. En effet, on n'avait jamais connu que ceux de Deucalion et d'Ogigès en Grèce. Ils sont regardés comme universels dans les fables recueillies par Ovide, mais totalement ignorés dans l'Asie orientale. Saint Augustin ne se trompe donc pas en disant que l'histoire n'en parle pas. [61]

Dieu dit à Noé, Je vais faire alliance avec vous et avec votre semence après vous, et avec tous les animaux.

Dieu faire alliance avec les bêtes! quelle alliance! s'écrient les incrédules. [62] Mais s'il s'allie avec l'homme, pourquoi pas avec la bête? elle a du sentiment, et il y a quelque chose d'aussi divin dans le sentiment que dans la pensée la plus métaphysique. D'ailleurs, les animaux sentent mieux que la plupart des hommes ne pensent.

---

379   70, 71N, 71A: excepté la
395-96   K12: parle point. ¶*Dieu*

[59] Cette phrase ajoutée discrédite une fois encore l'Esprit Saint censé inspirer ce texte qui reflète l'opinion vulgaire.

[60] *OCV*, t.40, p.360-66, en réalité intitulé 'Déluge universel'. Le *DP* renvoyait à l'article 'Inondation' (*OCV*, t.36, p.229-33).

[61] Ce satisfecit accordé à saint Augustin est un ajout des *QE*.

[62] La polyvocalité signalée ci-dessus se traduit ici par l'ajout de l'incise: 's'écrient les incrédules'.

C'est apparemment en vertu de ce pacte que François d'Assise, fondateur de l'ordre séraphique, disait aux cigales et aux lièvres, Chantez, ma sœur la cigale, broutez, mon frère le levraut. Mais quelles ont été les conditions du traité? que tous les animaux se dévoreraient les uns les autres, qu'ils se nourriraient de notre chair et nous de la leur, qu'après les avoir mangés nous nous exterminerions avec rage, et qu'il ne nous manquerait plus que de manger nos semblables égorgés par nos mains. S'il y avait eu un tel pacte, il aurait été fait avec le diable.

Probablement tout ce passage ne veut dire autre chose sinon que Dieu est également le maître absolu de tout ce qui respire. Ce pacte ne peut être qu'un ordre, et le mot d'*alliance* n'est là que par extension. Il ne faut donc pas s'effaroucher des termes, mais adorer l'esprit, et remonter aux temps où l'on écrivait ce livre qui est un scandale aux faibles, et une édification aux forts. [63]

Et je mettrai mon arc dans les nuées, et il sera un signe de mon pacte, etc.

Remarquez que l'auteur ne dit pas, j'ai mis mon arc dans les nuées, il dit, je mettrai. Cela suppose évidemment que l'opinion commune était que l'arc-en-ciel n'avait pas toujours existé. C'est un phénomène causé nécessairement[64] par la pluie; et on le donne ici comme quelque chose de surnaturel qui avertit que la terre ne sera plus inondée. Il est étrange de choisir le signe de la pluie pour assurer qu'on ne sera pas noyé. Mais aussi on peut répondre que dans le danger de l'inondation on est rassuré par l'arc-en-ciel.

Or le Seigneur descendit pour voir la ville et la tour que les enfants d'Adam bâtissaient; et il dit, Voilà un peuple qui n'a qu'une langue. Ils ont commencé à faire cela; et ils ne s'en désisteront point jusqu'à ce

405

410

415

420

425

430

427-45   70, 71N, 71A: l'arc-en-ciel. ¶*Et*

[63] Ajout, à partir de 'Ce pacte', ligne 413, dans les *QE*. Voltaire pastiche le style des apologistes: interprétation du mot 'alliance', distinction entre l'esprit et la lettre, reprise des expressions 'scandale aux faibles' et 'édification des forts'.
[64] Dans les *QE*, ajout de l'adverbe 'nécessairement'.

qu'ils aient achevé. Venez donc, descendons, confondons leur langue,
afin que personne n'entende son voisin. [65]

Voyez sur ce passage l'article 'Babel'. [66]

Observez seulement ici que l'auteur sacré continue toujours à se
conformer aux opinions populaires. Il parle toujours de Dieu   435
comme d'un homme qui s'informe de ce qui se passe, qui veut voir
par ses yeux ce qu'on fait dans ses domaines, qui appelle les gens de
son conseil pour se résoudre avec eux.

Et Abraham ayant partagé ses gens (qui étaient 318,) *tomba sur les*
cinq rois, les défit et les poursuivit jusqu'à Hoba à la gauche de Damas. [67]   440

Du bord méridional du lac Sodome jusqu'à Damas, on compte
quatre-vingts lieues; et encore faut-il franchir le Liban et l'Anti-
liban. Les incrédules triomphent d'une telle exagération. Mais
puisque le Seigneur favorisait Abraham, rien n'est exagéré.

Et sur le soir les deux anges arrivèrent à Sodome, etc.   445

Toute l'histoire des deux anges que les Sodomites voulurent
violer, est peut-être la plus extraordinaire que l'antiquité ait
rapportée. [68] Mais il faut considérer que presque toute l'Asie croyait
qu'il y avait des démons incubes et succubes, que de plus ces deux
anges étaient des créatures plus parfaites que les hommes, et qu'ils   450
devaient être plus beaux, et allumer plus de désirs chez un peuple
corrompu, que des hommes ordinaires. Il se peut que ce trait
d'histoire ne soit qu'une figure de rhétorique pour exprimer les
horribles débordements de Sodome et de Gomorre. Nous ne
proposons cette solution aux savants qu'avec une extrême défiance   455
de nous-mêmes. [69]

---

[65] Genèse 11:5-7. Citation et commentaire (lignes 428-38) ajoutés dans les *QE*.

[66] *OCV*, t.39, p.261-70.

[67] Genèse 14:14-15. Résumé et commentaire (lignes 439-44) ajoutés dans les *QE*.
Les discussions sur les distances occupent une place importante dans le *Commentaire*
littéral, qui s'efforce de rendre compte du moindre détail et Voltaire, à son tour, les
évalue afin de souligner des invraisemblances spatiales.

[68] Dans le *DP*, 'inventée' (ligne 359).

[69] Voltaire recourt ici, dans ce passage ajouté dans les *QE*, après 'des hommes
ordinaires', à un trait constant de l'apologétique consistant à interpréter des histoires
scandaleuses comme des figures de rhétorique. Il l'avait dénoncé en particulier à

Pour Loth qui propose ses deux filles aux Sodomites à la place des deux anges, et la femme de Loth changée en statue de sel, et tout le reste de cette histoire, qu'oserons-nous dire? [70] L'ancienne fable arabique de Cinira et de Mirra a quelque rapport à l'inceste de Loth   460
et de ses filles: et l'aventure de Philémon et de Baucis n'est pas sans ressemblance avec les deux anges qui apparurent à Loth et à sa femme. Pour la statue de sel, nous ne savons pas à quoi elle ressemble; est-ce à l'histoire d'Orphée et d'Euridice?

Bien des savants pensent avec le grand Newton et le docte   465
Le Clerc, [71] que le Pentateuque fut écrit par Samuel lorsque les Juifs eurent un peu appris à lire et à écrire, et que toutes ces histoires sont des imitations des fables syriennes. [72]

Mais il suffit que tout cela soit dans l'Ecriture sainte pour que nous le révérions, sans chercher à voir dans ce livre autre chose que   470
ce qui est écrit par l'Esprit Saint. Souvenons-nous toujours que ces temps-là ne sont pas les nôtres, et ne manquons pas de répéter après tant de grands hommes, que l'Ancien Testament est une histoire véritable, et que tout ce qui a été inventé par le reste de l'univers est fabuleux. [73]   475

464-69   70, 71N, 71A: d'Euridice? ¶Il
475-76   K84, K12: fabuleux. ¶Il s'est trouvé quelques savants qui ont prétendu

---

propos d'Oolla, d'Ooliba et d'Osée (voir l'article 'Ezéchiel' du *DP*, *OCV*, t.36, p.87-98, et l'article 'Emblème' des *QE*, *OCV*, t.41, p.82-86).

[70] Dans le *DP*, 'qu'en peut-on dire?' (ligne 366).

[71] Newton dans les *Observations upon the prophecies of Holy Wit, particularly the prophecies of Daniel and the Apocalypse of saint John* (1733) pense que Samuel fut le rédacteur du Pentateuque. Mais telle n'est pas l'opinion de Le Clerc dont on ne sait si Voltaire a lu les nombreux écrits théologiques ou s'il en parle de seconde main. Il a au moins eu connaissance de ses *Sentiments de quelques théologiens de Hollande sur l'Histoire critique du Vieux Testament composée par le P. Richard Simon* (1685) et de la *Réponse au livre intitulé Sentiments de quelques théologiens de Hollande* (1686) de Richard Simon, comme l'indique sa lettre à Paul Claude Moultou du 25 décembre 1762 (D10857).

[72] Ce paragraphe a été ajouté par Voltaire en 1774.

[73] Ce paragraphe (dont le 'Mais' initial est un ajout des *QE*), ainsi que le

Il est vrai que plusieurs célèbres Pères de l'Eglise ont eu la prudence de tourner toutes ces histoires en allégories, à l'exemple des Juifs, et surtout de Philon. Des papes plus prudents encore voulurent empêcher qu'on ne traduisît ces livres en langue vulgaire, de peur qu'on ne mît les hommes à portée de juger ce qu'on leur proposait d'adorer. 480

On doit certainement en conclure que ceux qui entendent parfaitement ce livre doivent tolérer ceux qui ne l'entendent pas. Car si ceux-ci n'y entendent rien, ce n'est pas leur faute. Mais ceux qui n'y comprennent rien, doivent tolérer aussi ceux qui comprennent tout. [74] 485

Les savants trop remplis de leur science, ont prétendu qu'il était impossible que Moïse eût écrit la Genèse. [75] Une de leurs grandes raisons est que dans l'histoire d'Abraham, il est dit que ce patriarche paya la caverne pour enterrer sa femme en *argent monnayé*, [76] et que le roi de Gérar donna mille pièces d'argent à Sara lorsqu'il la rendit après l'avoir enlevée pour sa beauté à l'âge 490

---

qu'on devait retrancher des livres canoniques toutes ces choses incroyables qui scandalisent les faibles; mais on a dit que ces savants étaient des cœurs corrompus, des hommes à brûler, et qu'il est impossible d'être honnête homme si on ne croit pas que les Sodomites voulurent violer deux anges. C'est ainsi que raisonne une espèce de monstres qui veut dominer sur les esprits. ¶Il

---

précédent, remplacent le texte particulièrement virulent du *DP*, reproduit dans l'édition de Kehl (voir la variante).

[74] Fin de l'article du *DP*.

[75] Les exégètes s'affrontaient sur la question de la mosaïcité du Pentateuque. Jacques Abbadie, dans son *Traité de la vérité de la religion chrétienne* (3 vol., La Haye, 1750, BV6) consacre plusieurs chapitres en réponse aux difficultés soulevées par Spinoza (section 3, ch.7-11, t.1, p.223-74) que Voltaire a annotés (*CN*, t.1, p.65-66). Dom Calmet, dans la 'Préface sur le Pentateuque et en particulier sur la Genèse', en tête du *Commentaire littéral*, explique que les cinq premiers livres de la Bible, œuvre de Moïse, ont été retouchés et qu'on y a fait des additions et des retranchements ([*Genèse*], p.16).

[76] Genèse 23:15-16. Abraham paie quatre cents sicles d'argent de bonne monnaie pour le tombeau de Sara.

de soixante et quinze ans. [77] Ils disent qu'ils ont consulté tous les anciens auteurs, et qu'il est avéré qu'il n'y avait point d'argent monnayé dans ce temps-là. [78] Mais on voit bien que ce sont là de pures chicanes, puisque l'Eglise a toujours cru fermement que Moïse fut l'auteur du Pentateuque. Ils fortifient tous les doutes élevés par Aben-Esra [79] et par Baruk Spinosa. [80] Le médecin Astruc beau-père du contrôleur général Silhouette, dans son livre, devenu très rare, intitulé *Conjectures sur la Genèse*, ajoute de nouvelles

495

500

497-503   70, 71N, 71A: Pentateuque. Ils allèguent encore une foule d'objections aussi vaines. Ils osent contredire chaque ligne. Craignons

---

[77] Genèse 20:16. Immanquablement, toute allusion aux aventures de Sara est suivie de l'indication de son âge.

[78] Dom Calmet fait remarquer dans le *Commentaire littéral* que le texte semble indiquer un usage de l'argent monnayé et frappé au coin et précise qu'à cette époque l'argent monnayé n'existait pas ([*Genèse*], p.504). Il renvoie à sa dissertation, 'Recherches sur l'antiquité de la monnaie frappée au coin, pour servir de supplément au commentaire du verset 16 chapitre xx de la Genèse' ([*Genèse*], p.59-74).

[79] Voltaire, qui a ajouté cette phrase en 1774, a déjà évoqué à plusieurs reprises ce rabbin espagnol du douzième siècle: voir *La Philosophie de l'histoire* (*OCV*, t.59, p.226), *La Défense de mon oncle* (*OCV*, t.64, p.263), les *Lettres à Son Altesse Monseigneur le prince de* *** (*OCV*, t.63B, p.471, 485), le *Traité sur la tolérance* (*OCV*, t.56C, p.195, n.g). Il a pu le connaître à travers l'*Histoire critique du Vieux Testament* de Richard Simon qui a dressé la liste des interpolations relevées par Aben Ezra dans le Pentateuque (Rotterdam, 1685, p.44-45, BV3173) ou en lisant le *Tractatus theologico-politicus* de Spinoza qui reconnaissait sa dette à l'égard d'Aben Ezra en reprenant les six objections formulées par le rabbin. Voltaire possède la traduction du *Tractatus*, les *Réflexions curieuses d'un esprit désintéressé sur les matières les plus importantes au salut tant public que particulier*, trad. G. de Saint-Glain (Cologne [Amsterdam], 1678, BV3202): sur Aben Ezra, voir p.237-41. Encore doit-on marquer des différences d'interprétation dans ces deux ouvrages. Simon accuse Spinoza d'avoir trahi la pensée d'Aben Ezra qui, selon lui, croyait seulement qu'il y avait dans le Pentateuque des additions postérieures à Moïse, sans pour autant contester formellement la mosaïcité du Pentateuque. Voltaire adopte l'opinion de Spinoza.

[80] Spinoza ajoute aux objections d'Aben Ezra six nouveaux doutes (*Réflexions curieuses*, p.241-49). Dans cet ouvrage Voltaire a inscrit 'moyse' sur un signet marquant le chapitre 8, 'Que les cinq premiers livres de la Bible n'ont point été écrits par Moyse', p.236-37 (*CN*, t.9).

objections insolubles à la science humaine.[81] Mais elles ne le sont
pas à la piété humble et soumise. Les savants osent contredire
chaque ligne; et les simples révèrent chaque ligne.[82] Craignons de
tomber dans le malheur de croire notre raison. Soyons soumis
d'esprit et de cœur. (Voyez 'Moïse'.[83])   505

  *Et Abraham dit que Sara était sa sœur; et le roi de Gérar la prit pour
lui.*[84]

  Nous avouons, comme nous l'avons dit à l'article 'Abraham',[85]
que Sara avait alors quatre-vingt-dix ans; qu'elle avait été déjà
enlevée par un roi d'Egypte,[86] et qu'un roi de ce même désert affreux   510

505-92   70, 71N, 71A: 'Moïse'.) //
509-10   K12: avait déjà été enlevée

---

[81] Jean Astruc, *Conjectures sur les mémoires originaux dont il parait que Moyse s'est
servi pour composer le livre de Genèse* (Bruxelles [Paris], 1753, BV200; *CN*, t.1, p.164).
La thèse de Jean Astruc, exposée dans des 'Réflexions préliminaires' est la suivante:
Moïse raconte des événements arrivés 2433 ans avant lui et qui ne lui ont pas été
révélés. Astruc récuse l'hypothèse d'une tradition orale et propose celle de mémoires
anciens en rappelant que R. Simon, Le Clerc et l'abbé Fleury sont de cet avis. Dans
cet ouvrage que lui a procuré l'avocat Antoine Michel Servan en 1766 (voir D13243,
D13250, D13291), Voltaire a mis un signet et un ruban dans des 'Remarques sur la
distribution du livre de la Genèse en différents mémoires' (*CN*, t.1, p.164). En
particulier il a laissé une trace de lecture dans la remarque 15 (p.444-45), dont le sujet
est 'le désordre qui paraît dans la Genèse, tant dans l'ordre de la narration que dans
celui de la chronologie'. Ce signet se trouve en face d'une table mettant en ordre les
chapitres 23-25 de la Genèse. Voltaire parle donc en connaissance de cause de cet
ouvrage. Il ajoute cette référence en 1774.

[82] 'Et les simples révèrent chaque ligne', ajout de 1774.

[83] L'article 'Moïse' des *QE*. Voltaire avait déjà écrit un article 'Moïse' dans le *DP*
(*OCV*, t.36, p.385-95); il avait consacré à Moïse le chapitre 40 de *La Philosophie de
l'histoire* (*OCV*, t.59, p.223-26). Il subsiste encore un article 'Moïse' dans le fonds de
Kehl (*M*, t.20, p.102-108).

[84] Genèse 20:2.

[85] L'article 'Abraham' des *QE* (*OCV*, t.38, p.47-58, ici p.51). Voltaire a écrit aussi
un article 'Abraham' dans le *DP* (*OCV*, t.35, p.289-99) qui mentionnait l'âge de
Sara, un sujet sur lequel les raisonnements des apologistes prêtaient à raillerie, et un
article dans le fonds de Kehl (*M*, t.17, p.40-44).

[86] Genèse 12:15.

de Gérar enleva encore depuis la femme d'Isaac fils d'Abraham. [87]
Nous avons parlé aussi de la servante Agar [88] à qui Abraham fit un
enfant, et de la manière dont ce patriarche renvoya cette servante et
son fils. On sait à quel point les incrédules triomphent de toutes ces
histoires, avec quel sourire dédaigneux ils en parlent, comme ils   515
mettent fort au-dessous des *Mille et une nuits* [89] l'histoire d'un
Abimélec amoureux de cette même Sara qu'Abraham avait fait
passer pour sa sœur; et un autre Abimélec amoureux de Rebecca
qu'Isaac fait aussi passer pour sa sœur. On ne peut trop redire que le
grand défaut de tous ces savants critiques est de vouloir tout ramener 520
aux principes de notre faible raison, et de juger des anciens Arabes
comme ils jugent de la cour de France et de celle d'Angleterre.

Et l'âme de Sichem (fils du roi Hemor) fut conglutinée avec l'âme
de Dina, et il charma sa tristesse par des caresses tendres; et il alla à
Hemor son père, et lui dit, Donnez-moi cette fille pour femme. [90]   525
C'est ici que les savants se révoltent plus que jamais. Quoi!
disent-ils, le fils d'un roi veut bien faire à la fille d'un vagabond
l'honneur de l'épouser; le mariage se conclut, on comble de
présents Jacob le père et Dina la fille; le roi de Sichem daigne
recevoir dans sa ville ces voleurs errants qu'on appelle *patriarches*: 530
il a la bonté incroyable, incompréhensible de se faire circoncire,
lui, son fils, sa cour et son peuple, pour condescendre à la
superstition de cette petite horde, qui ne possède pas une demi-
lieue de terrain en propre. Et pour prix d'une si étonnante bonté
que font nos patriarches sacrés? ils attendent le jour où la plaie de la 535
circoncision donne ordinairement la fièvre. Siméon et Lévi courent

---

[87] Genèse 26:6-11. Isaac demeure à Gérara, et fait passer sa femme Rébecca pour
sa sœur, d'où la colère d'Abimélech, car en le trompant ainsi, Isaac aurait pu faire
tomber quelqu'un dans un grand péché. Abimélech fait défense à son peuple de
toucher à cette femme, qui n'a pas été enlevée. Isaac a menti, comme son père,
Abraham, et dans les mêmes circonstances.

[88] Voir l'article 'Agar' des *QE* (*OCV*, t.38, p.122-24).

[89] Comparaison que Voltaire a déjà faite dans les *Lettres à Son Altesse Mon-*
*seigneur le prince de *** (*OCV*, t.63B, p.471), mais à propos alors des 'rêveries rab-
biniques' du *Toldos Jeschut*.

[90] Genèse 34:3-4.

par toute la ville le poignard à la main; ils massacrent le roi, le prince son fils et tous les habitants. [91] L'horreur de cette Saint-Barthélemi n'est sauvée que parce qu'elle est impossible. C'est un roman abominable, mais c'est évidemment un roman ridicule. Il est impossible que deux hommes aient égorgé tranquillement tout un peuple. On a beau souffrir un peu de son prépuce entamé; on se défend contre deux scélérats, on s'assemble, on les entoure, on les fait périr par les supplices qu'ils méritent.

Mais il y a encore une impossibilité plus palpable, c'est que par la supputation exacte des temps, Dina, cette fille de Jacob, ne pouvait alors être âgée que de trois ans, et que si on veut forcer la chronologie on ne pourra lui en donner que cinq tout au plus: [92] c'est sur quoi on se récrie. On dit, qu'est-ce qu'un livre d'un peuple réprouvé, un livre inconnu si longtemps de toute la terre, un livre où la droite raison et les mœurs sont outragées à chaque page, et qu'on veut nous donner pour irréfragable, pour saint, pour dicté par Dieu même! n'est-ce pas une impiété de le croire? n'est-ce pas une fureur d'anthropophages de persécuter les hommes sensés et modestes qui ne le croient pas?

[91] Résumé du chapitre 34 de la Genèse.

[92] La source de Voltaire concernant les supputations sur l'âge de Dina est l'ouvrage d'Astruc où il a mis un signet aux pages 398-99 (*CN*, t.1, p.164). Dans la remarque 11, Astruc pense que l'histoire de Dina n'est pas arrivée avant la naissance de Benjamin, le dernier fils de Jacob et de Rachel (Genèse 35:18). En effet, Jacob revient de Mésopotamie en Canaan après son service chez Laban (Genèse 31:41). La première année de son retour, Dina avait quatre ans, ses frères, Lévi et Siméon, dix et onze ans au moment où l'on raconte cette aventure. Il y a donc pour Astruc un 'antichronisme', c'est-à-dire un renversement dans l'ordre chronologique (p.404). Pour faire disparaître cette difficulté, il propose d'adopter un nouveau classement des livres de la Genèse. Le chapitre 34, racontant l'histoire de Dina, appartiendrait à un mémoire qui n'aurait aucun lien avec le chapitre qui le précède et celui qui le suit. On peut donc le reculer après la vente de Joseph par ses frères, jaloux de la préférence de Jacob pour le premier né de Rachel (Genèse, 37:27-28) et on peut le reculer 'autant qu'on le jugera à propos' (p.404). Voltaire ne retient de tous ces efforts pour trouver une chronologie cohérente que les aspects négatifs du texte, l'âge de Dina, qui, au lieu d'être annoncé simplement comme étant de quatre ans devient peut-être de trois ans et pourrait être de cinq ans!

A cela nous répondons; l'Eglise dit qu'elle le croit. Les copistes ont pu mêler des absurdités révoltantes à des histoires respectables. C'est à la sainte Eglise seule d'en juger. Les profanes doivent se laisser conduire par elle. Ces absurdités, ces horreurs prétendues n'intéressent point le fonds de notre religion. Où en seraient les   560
hommes, si le culte et la vertu dépendaient de ce qui arriva autrefois à Sichem et à la petite Dina? [93]

Voici les rois qui régnèrent dans le pays d'Edom avant que les enfants d'Israël eussent un roi. [94]

C'est ici le passage fameux qui a été une des grandes pierres   565
d'achoppement. C'est ce qui a déterminé le grand Newton, le pieux et sage Samuel Clarke, le profond philosophe Bolingbroke, le docte Le Clerc, le savant Fréret et une foule d'autres savants à soutenir qu'il était impossible que Moïse fût l'auteur de la Genèse. [95]

---

[93] Argument de bon sens, mais qui laisse ouverte la possibilité d'interpréter la Bible, ce que l'Eglise catholique n'admettait point, comme l'avaient démontré les attaques de Bossuet contre Richard Simon.

[94] Genèse 36:31. C'est la douzième objection de Spinoza: 'De même, dans la Genèse 36:31 on nous dit: "Tels sont les rois qui régnèrent sur Edom avant qu'un roi régnât sur les fils d'Israël". L'historien parle sans doute des rois qu'eurent les Iduméens avant que David les soumît et établît des garnisons dans l'Idumée (voir Samuel II.viii.14)' (*Réflexions curieuses*, p.243-44). Le terme d''historien' vient de Spinoza. Voltaire ne citera pas Spinoza dans la liste qui va suivre.

[95] Sur Newton et Le Clerc, voir ci-dessus, n.71. Voltaire a largement utilisé le nom de Bolingbroke dans *L'Examen important de milord Bolingbroke* (*OCV*, t.62, p.129-362), surtout pour les chapitres 1 et 2 sur Moïse (p.173-82). Il possède les *Philosophical Works* (5 vol., Londres, 1754, BV457), qu'il a lus avec attention (*CN*, t.1, p.383-92). Dans sa bibliothèque figurent aussi les *Traités de l'existence et des attributs de Dieu* de Samuel Clarke, trad. P. Ricotier (3 vol., Amsterdam, 1727-1728, BV785; *CN*, t.1, p.637-58). Quant à Fréret, ici cité, Voltaire réclame ses manuscrits à Damilaville le 16 octobre 1765 (D12938). Dans sa bibliothèque, trois éditions de l'*Examen critique des apologistes de la religion chrétienne* (BV2546-48), ainsi que la *Lettre de Thrasibule à Leucippe* (BV2549) figurent attribuées à Fréret (1688-1749), même si Voltaire émet des doutes sur cette attribution. L'*Examen critique* est attribué de nos jours à Jean Levesque de Burigny; la *Lettre de Thrasibule* est un ouvrage composite dont le noyau primitif serait de Fréret (voir M.-H. Cotoni, 'Fluctuations de Voltaire sur quelques figures de la littérature philosophique clandestine', *La Lettre clandestine* 16, 2008, p.124-25). Ces ouvrages avaient été auparavant attribués à Naigeon, et sont annotés par Voltaire (*CN*, t.6, p.1-21). Voltaire cite

Nous avouons qu'en effet ces mots ne peuvent avoir été écrits 570
que dans le temps où les Juifs eurent des rois.

C'est principalement ce verset qui détermina Astruc[96] à
bouleverser toute la Genèse et à supposer des mémoires dans
lesquels l'auteur avait puisé. Son travail est ingénieux, il est exact,
mais il est téméraire. Un concile aurait à peine osé l'entreprendre. 575
Et de quoi a servi ce travail ingrat et dangereux d'Astruc? à
redoubler les ténèbres qu'il a voulu éclaircir. C'est là le fruit de
l'arbre de la science dont nous voulons tous manger. Pourquoi
faut-il que les fruits de l'arbre de l'ignorance soient plus nourrissants et plus aisés à digérer? 580

Mais que nous importe après tout que ce verset, que ce chapitre
ait été écrit par Moïse ou par Samuel,[97] ou par le sacrificateur qui
vint à Samarie, ou par Esdras,[98] ou par un autre? En quoi notre

---

Fréret parce qu'à son nom s'attache tout un corpus posthume et impie posant des
problèmes d'attribution.

[96] Voltaire attribue à Astruc une critique au sujet des rois d'Edom qu'il n'a point
émise. Mais il est vrai, par ailleurs, que Jean Astruc a recours à l'hypothèse de
mémoires d'origines différentes pour rendre compte de difficultés comme celle
signalée ci-dessus concernant l'aventure de Dina (voir n.92).

[97] L'hypothèse concernant Samuel est celle de Newton (voir ci-dessus, n.71); celle
du sacrificateur qui vint à Samarie est celle de Jean Le Clerc. Dans les *Sentiments de
quelques théologiens*, Le Clerc réfute l'attribution à Moïse et à Esdras du Pentateuque.
Il pense que cet auteur avait été en Chaldée et qu'il a vécu après la captivité des dix
tribus: 'Toutes ces circonstances se trouvent dans la personne du sacrificateur
israélite que l'on envoya de Babylone, pour instruire les nouveaux habitants de la
Palestine, de la manière dont il fallait qu'ils servissent Dieu, comme l'auteur des
livres des Rois le raconte au 2:17' (p.127-29). Ce sacrificateur entreprit de leur donner
une histoire de la création pour faire comprendre aux idolâtres la fausseté de leurs
opinions sur la pluralité des dieux.

[98] L'hypothèse d'Esdras revient à Spinoza (*Réflexions curieuses*, p.254-55). Esdras
est une grande figure de la communauté juive du Retour après l'Exil qui jouit d'une
grande réputation pour sa connaissance de la Loi (Esdras 7:6). Dans sa lettre 'Sur
Spinoza' des *Lettres à Son Altesse Monseigneur le prince de* ***, Voltaire renvoie aux
chapitres 8-10 du *Tractatus* (c'est-à-dire des *Réflexions curieuses*, p.234-312). Il fait
l'éloge de la science de Spinoza (*OCV*, t.63B, p.485). Ainsi le livre qui prétend
raconter les origines du monde n'aurait pas été écrit avant le cinquième siècle avant
Jésus-Christ.

gouvernement, nos lois, nos fortunes, notre morale, notre bien-
être peuvent-ils être liés avec les chefs ignorés d'un malheureux   585
pays barbare appelé Edom ou Idumée, toujours habité par des
voleurs? Hélas! ces pauvres Arabes qui n'ont pas de chemises, ne
s'informent jamais si nous existons; ils pillent des caravanes et
mangent du pain d'orge; et nous nous tourmentons pour savoir s'il
y a eu des roitelets dans ce canton de l'Arabie Pétrée avant qu'il y   590
en eût dans un canton voisin à l'occident du lac Sodome!

O miseras hominum mentes, o pectora coeca! [99]

591   K84, K12: lac de Sodome!

[99] Lucrèce, *De rerum natura*, livre 2, vers 14. 'O misérables esprits des hommes, ô
cœurs aveugles' (*De la nature*, éd. et trad. A. Ernout, 2 vol., Paris, 1920, t.1, p.44).

GÉNIE

Génie daimon; nous en avons déjà parlé à l'article 'Ange'. [1] Il n'est pas aisé de savoir au juste si les péris des Perses furent inventés avant les démons des Grecs. [2] Mais cela est fort probable.

* Dans une lettre du 9 décembre 1755 à D'Alembert, Voltaire s'était d'abord proposé de rédiger un article 'Génies' pour l'*Encyclopédie* (D6619), puis il y renonça (*OCV*, t.33, p.11, n.12). Il est vraisemblable qu'une partie de l'esquisse se retrouve dans l'article des *QE*. Il y a divers articles 'Génie' dans l'*Encyclopédie* (t.7, p.581-84). Deux d'entre eux sont les plus développés: 'Génie (Mythologie. Littérat. Antiq.)' (p.581) du chevalier Louis de Jaucourt et un anonyme 'Génie (Philosophie et Littér.)' (p.582-84), qui est de Charles-François, marquis de Saint-Lambert (Herbert Dieckmann, 'The sixth volume of Saint-Lambert's works', *Romanic Review* 41, 1951, p.109-21, ici p.112) et non de Diderot comme on l'a longtemps cru et publié, en particulier dans l'édition des *Œuvres complètes* (20 vol., Paris, 1875-1877, t.15, p.35-41) publiées par Jules Assézat et Maurice Tourneux (Jacques Proust, *Diderot et l'Encyclopédie*, Paris, 1967, p.536). Une entrée 'Génie (le) (Article milit.)' de Guillaume Le Blond (p.584) est ensuite consacrée à la technique militaire. Elle est suivie de 'Génie *en architecture*' sans doute de Jacques-François Blondel: 'On se sert aussi du mot de *génie*, pour désigner le feu et l'invention qu'un architecte, un dessinateur, décorateur, ou tous autres artistes mettent dans la décoration de leurs ouvrages; c'est une partie très nécessaire dans l'architecture' (p.584). Enfin, une tête d'article 'Génie *en peinture*' renvoie à 'Peinture' (p.584). L'article de Saint-Lambert s'achève par la sollicitation sans équivoque adressée à Voltaire de mettre en forme lui-même cette définition du génie: 'Il est mieux senti que connu par l'homme qui veut le définir: ce serait à lui-même à parler de lui; et cet article que je n'aurais pas dû faire, devrait être l'ouvrage d'un de ces hommes extraordinaires [*en note*: "M. de Voltaire, *par exemple*"] qui honore ce siècle, et qui pour connaître le génie n'aurait eu qu'à regarder en lui-même' (p.584). Voltaire répondit tardivement à cette invite dans la 'section seconde' de son article des *QE* où, en préambule, il couvrit à son tour d'éloges les collaborateurs de l'*Encyclopédie* qui l'avaient précédé dans l'analyse de la notion (lignes 85-87). Cet article paraît en septembre/octobre 1771 (70, t.6).

[1] *OCV*, t.38, p.365-77. Voir aussi l'article 'Ange' du *DP* (*OCV*, t.35, p.337-43) et *Des génies* (*OCV*, t.45B, p.336-37).

[2] Développement dans le paragraphe 'Anges des Perses' de l'article 'Ange' des *QE* (*OCV*, t.38, p.371) et celui du *DP* (*OCV*, t.35, p.337), et dans *La Philosophie de l'histoire* (*OCV*, t.59, p.253-54) sur les 'péris' des Perses et les 'demonoi' des Grecs. Jaucourt en fait le catalogue dans son article de l'*Encyclopédie* (t.7, p.581).

Il se peut que les âmes des morts appelées *ombres, mânes,* (*a*) aient passé pour des daimons. Hercule dans Hésiode dit qu'un daimon lui ordonna ses travaux.

Le daimon ou démon de Socrate avait tant de réputation, qu'Apulée l'auteur de l'*Ane d'or,* qui d'ailleurs était magicien de bonne foi, dit dans son traité sur ce génie de Socrate, qu'il faut être sans *religion pour le nier.*[3] Vous voyez qu'Apulée raisonnait précisément comme frère Garasse et frère Bertier.[4] Tu ne crois pas ce que je crois, tu es donc sans religion. Et les jansénistes en ont dit autant à frère Bertier, et le reste du monde n'en sait rien. Ces démons, dit le très religieux et très ordurier Apulée, sont des puissances intermédiaires entre l'éther et notre basse région. Ils vivent dans notre atmosphère, ils portent nos prières et nos mérites

(*a*) Bouclier d'Hercule, vers 94.[5]

[3] Voltaire possédait une traduction française par l'abbé Compain de Saint-Martin, *Les Métamorphoses ou l'âne d'or d'Apulée, philosophe platonicien, avec le Démon de Socrate* (4 vol., Paris, 1736, BV90), 'Du démon ou esprit familier de Socrate' (t.4, p.391-452). La formule de Voltaire est le résumé d'un paragraphe du chapitre 3: 'Au reste ce grand nombre de profanes que la philosophie rejette, qui n'ont nulle connaissance des choses saintes, que la raison n'éclaire point; ces hommes, dis-je, sans religion, incapables de parvenir à la connaissance de la vérité, déshonorent les dieux par un culte scrupuleux, ou par un mépris insolent' (p.402). Jaucourt cite aussi longuement Apulée à ce propos (*Encyclopédie,* t.7, p.581).

[4] Deux des cibles jésuites favorites de Voltaire: le père François Garasse connu au siècle précédent pour sa lutte contre les libertins et spécialement contre Théophile de Viau (*La Doctrine curieuse des beaux esprits de ce temps, ou prétendus tels,* Paris, 1623) et le père Guillaume-François Berthier, directeur des *Mémoires de Trévoux* (*Dictionnaire des journalistes,* éd. Jean Sgard, 2 vol., Oxford, 1999, notice 68, t.1, p.90-91), dont Voltaire fit, avec Fréron, l'une de ses têtes de Turc de prédilection. Sa *Relation de la maladie, de la confession, de la mort et de l'apparition du jésuite Berthier* est suivie d'une autre facétie où il réalise l'amalgame des deux jésuites: la *Relation du voyage de frère Garassise, neveu de frère Garasse, successeur de frère Berthier; et ce qui s'ensuit, en attendant ce qui s'ensuivra* (1760; *OCV,* t.49B, p.347-406).

[5] Hésiode, *Théogonie. Les Travaux et les jours,* trad. Paul Mazon (Paris, 1964), 'Le bouclier', vers 94: 'tandis que moi, c'est le destin [δαίμων] qui m'imposait de durs travaux' (p.136). Voltaire possédait une édition bilingue grec-latin des œuvres d'Hésiode (2 vol., Amsterdam, 1701, BV1634; *CN,* t.4, p.386).

aux dieux. Ils en rapportent les secours et les bienfaits comme des interprètes et des ambassadeurs. C'est par leur ministère, comme dit Platon, que s'opèrent les révélations, les présages, les miracles des magiciens.

'Caeterum sunt quaedam divinae mediae potestates, inter summum aethera, et infimas terras, in isto intersitae aeris spatio, per quas et desideria nostra, et merita ad deos commeant. Hos graeco nomine daemonas nuncupant. Inter terricolas coelicolasque vectores, hinc precum, inde donorum: qui ultro citroque portant, hinc petitiones, inde suppetias: ceu quidam utriusque interpretes, et salutigeri. Per hos eosdem, ut Plato in symposio autumat, cuncta denuntiata, et magorum varia miracula, omnesque praesagium species reguntur.'[6]

Saint Augustin a daigné réfuter Apulée; voici ses paroles.

(b) 'Nous ne pouvons non plus dire que les démons ne sont ni mortels, ni éternels; car, tout ce qui a la vie, ou vit éternellement, ou perd par la mort la vie dont il est vivant; et Apulée a dit que quant au temps les démons sont éternels. Que reste-t-il donc, sinon que les démons tenant le milieu, ils aient une chose des deux plus hautes

---

(b) *Cité de Dieu*, livre 9, ch.12, page 324, traduction de Giri.[7]

[6] 'Du démon ou esprit familier de Socrate', *Les Métamorphoses ou l'âne d'or d'Apulée, philosophe platonicien, avec le Démon de Socrate*, t.4, p.411-12: 'Au reste il y a de certaines puissances moyennes qui habitent cet intervalle aérien qui est entre le ciel et la terre, par le moyen desquelles nos vœux et nos bonnes actions passent jusques aux dieux. Ces puissances que les Grecs nomment *Démons*, qui sont entre les habitants de la terre et des cieux, portent les prières et les supplications, et rapportent les secours et les bienfaits, comme des espèces d'interprètes, et d'ambassadeurs, entre les hommes et les dieux; c'est par leur ministère (comme dit Platon dans son Banquet) qu'arrivent toutes les révélations et les présages, de quelque nature qu'ils puissent être, aussi bien que les divers miracles que font les magiciens'.

[7] Edition que possédait Voltaire: *De la Cité de Dieu. De la traduction de Louis Giry* (2 vol., Paris, 1665-1667, BV218). L'Avertissement de la traduction de Compain de Saint-Martin signale qu''il a paru assez important à saint Augustin, pour mériter qu'il le réfutât fort sérieusement' (*Les Métamorphoses*, t.4, p.393).

et une chose des deux plus basses. Ils ne sont plus dans le milieu; et ils tombent dans l'une des deux extrémités: et comme des deux choses qui sont, soit de l'une, soit de l'autre part, il ne se peut faire qu'ils n'en aient pas deux, selon que nous l'avons montré; pour tenir le milieu il faut qu'ils aient une chose de chacune; et puisque 40 l'éternité ne leur peut venir des plus basses, où elle ne se trouve pas, c'est la seule chose qu'ils ont des plus hautes; et ainsi pour achever le milieu qui leur appartient, que peuvent-ils avoir des plus basses que la misère?'

C'est puissamment raisonner. 45

Comme je n'ai jamais vu de génies, de daimons, de péris, de farfadets, soit bienfaisants, soit malfaisants, je n'en puis parler en connaissance de cause; et je m'en rapporte aux gens qui en ont vus.

Chez les Romains on ne se servait point du mot *genius*, pour exprimer, comme nous faisons, un rare talent; c'était *ingenium*. 50 Nous employons indifféremment le mot *génie* quand nous parlons du démon qui avait une ville de l'antiquité sous sa garde, ou d'un machiniste,[8] ou d'un musicien.

Ce terme de *génie* semble devoir désigner non pas indistinctement les grands talents, mais ceux dans lesquels il entre de 55 l'invention. C'est surtout cette invention qui paraissait un don des dieux, cet *ingenium quasi ingenitum*, une espèce d'inspiration divine. Or un artiste, quelque parfait qu'il soit dans son genre, s'il n'a point d'invention, s'il n'est point original, n'est point réputé génie; il ne passera pour avoir été inspiré que par les artistes ses 60 prédécesseurs; quand même il les surpasserait.[9]

---

[8] 'Ingénieur qui invente, qui fait construire des machines, pour augmenter les forces humaines, [ou qui fait] des changements ou des vols de théâtre par des mouvements surprenants' (*Dictionnaire de Trévoux*, 5 vol., Paris, 1732, t.3, p.1631).

[9] Débat lancé au début du siècle par l'abbé Jean-Baptiste Dubos, *Réflexions critiques sur la poésie et la peinture* (Paris, 1719), 2de partie, section 1, 'Du génie en général': 'Or il faut être né avec du génie, pour inventer, et l'on ne parvient même qu'à l'aide d'une longue étude à bien inventer' (p.4-5). Dans le 'Catalogue des écrivains' du *Siècle de Louis XIV*, Voltaire fait l'éloge de l'ouvrage: 'il n'y a que peu d'erreurs et beaucoup de réflexions vraies, nouvelles et profondes' (*OH*, p.1158). Cela ne l'empêche pas de critiquer l'affirmation faite par 'l'abbé Dubos, faute de génie',

Il se peut que plusieurs personnes jouent mieux aux échecs que l'inventeur de ce jeu, et qu'ils lui gagnassent les grains de blé que le roi des Indes voulait lui donner. [10] Mais cet inventeur était un génie; et ceux qui le gagneraient peuvent ne pas l'être. Le Poussin déjà 65 grand peintre avant d'avoir vu de bons tableaux, avait le génie de la peinture. Lulli qui ne vit aucun bon musicien en France, avait le génie de la musique.

Lequel vaut le mieux de posséder sans maître le génie de son art, ou d'atteindre à la perfection en imitant et en surpassant ses maîtres? 70

Si vous faites cette question aux artistes, ils seront peut-être partagés. Si vous la faites au public, il n'hésitera pas. Aimez-vous mieux une belle tapisserie des Gobelins qu'une tapisserie faite en Flandre dans les commencements de l'art? préférez-vous les chefs-d'œuvre modernes en estampes aux premières gravures en bois? la 75 musique d'aujourd'hui aux premiers airs qui ressemblaient au chant grégorien? l'artillerie d'aujourd'hui au génie qui inventa les premiers canons? tout le monde vous répondra oui. Tous les acheteurs vous diront, J'avoue que l'inventeur de la navette avait

---

de la possibilité de peindre de nouveaux caractères au théâtre (p.1016): cela limite le domaine de l'invention pour l'auteur de comédies qu'est Voltaire. Pour une synthèse de la question jusqu'à Emmanuel Kant, voir l'article 'Génie' de Baldine Saint-Girons dans le *Dictionnaire européen des Lumières*, éd. Michel Delon (Paris, 1997), p.496-98.

[10] Légende du roi Belkib et du brahmane Sissa, inventeur des échecs. En guise de récompense pour l'invention de ce jeu, Sissa demande qu'on lui donne un grain de blé pour la première case de l'échiquier, deux pour la seconde, quatre pour la troisième et ainsi de suite. Tous les trésors du roi ne suffirent pas. Nicolas Fréret avait présenté le 24 juillet 1719 devant l'Académie des Inscriptions et le roi lui-même une savante communication sur 'l'origine du jeu des échecs' (*Mémoires de l'Académie des Inscriptions*, t.5, 1729, p.250-59; voir aussi Jean-Pierre de Bougainville, 'Eloge de M. Fréret', *Histoire de l'Académie royale des Inscriptions et belles-lettres*, t.23, 1756, p.314-37, ici p.317) que Jaucourt plagia pour son article 'Echecs (Jeu des)' de l'*Encyclopédie*: il y narre l'anecdote du roi des Indes et de Sissa (t.5, p.245) d'après Fréret (p.252-54), qui se fondait lui-même sur des 'écrivains arabes'. Dans sa vieillesse, Voltaire jouait volontiers aux échecs avec le père Antoine Adam (D13031): Jean Huber les a peints, vers 1775-1776, dans une toile de la série des quatre représentations de 'la vie casanière' à Ferney (Garry Apgar, *L'Art singulier de Jean Huber. Voir Voltaire*, Paris, 1995, p.102, planche 4).

plus de génie que le manufacturier qui a fait mon drap; mais mon 80
drap vaut mieux que celui de l'inventeur.

Enfin, chacun avouera, pour peu qu'on ait de conscience, que
nous respectons les génies qui ont ébauché les arts, et que les esprits
qui les ont perfectionnés sont plus à notre usage. [11]

Section seconde

L'article 'Génie' a été traité dans le grand Dictionnaire par des 85
hommes qui en avaient. On n'osera donc dire que peu de choses
après eux. [12]

Chaque ville, chaque homme ayant eu autrefois son génie, on
s'imagina que ceux qui faisaient des choses extraordinaires étaient
inspirés par ce génie. Les neuf muses étaient neuf génies qu'il fallait 90
invoquer, c'est pourquoi Ovide dit:

> Est deus in nobis agitante calescimus illo.
> Il est un dieu dans nous, c'est lui qui nous anime. [13]

Mais au fond, le génie est-il autre chose que le talent? qu'est-ce
que le talent sinon la disposition à réussir dans un art? pourquoi 95
disons-nous le génie d'une langue? c'est que chaque langue par ses
terminaisons, par ses articles, ses participes, ses mots plus ou moins
longs, aura nécessairement des propriétés que d'autres langues
n'auront pas. Le génie de la langue française sera plus fait pour la
conversation, parce que sa marche nécessairement simple et 100
régulière ne gênera jamais l'esprit. [14] Le grec et le latin auront

---

[11] La notion de progrès dans les arts appliqués et techniques est encore mal perçue
à cette époque. Les deux modestes articles 'Progrès' de l'*Encyclopédie* (t.13, p.430) ne
concernent que la grammaire et la théorie musicale. Voltaire qui est persuadé de la
décadence des arts depuis 'le siècle de Louis XIV' doit convenir du perfectionnement
des techniques utiles à la société réelle – 'notre usage' –, même si le génie créateur n'y
intervient plus. Voir l'article 'Progrès' de Jochen Schlobach dans le *Dictionnaire
européen des Lumières*, p.805-808.

[12] Voir ci-dessus, n.*.

[13] *Fastes*, livre 6, vers 5.

[14] Voltaire émettra la même opinion dans l'article 'Langues', publié plus ou moins
en même temps que 'Génie' (*M*, t.19, p.558). Dans un texte de 1756, il attribue la

plus de variété. Nous avons remarqué ailleurs que nous ne pouvons dire, *Théophile a pris soin des affaires de César*, [15] que de cette seule manière; mais en grec et en latin on peut transposer les cinq mots qui composeront cette phrase en cent vingt façons différentes, sans gêner en rien le sens.

Le style lapidaire sera plus dans le génie de la langue latine que dans celui de la française et de l'allemande.

On appelle *génie d'une nation* le caractère, les mœurs, les talents principaux, les vices même qui distinguent un peuple d'un autre. Il suffit de voir des Français, des Espagnols et des Anglais pour sentir cette différence. [16]

Nous avons dit que le génie particulier d'un homme dans les arts, n'est autre chose que son talent, mais on ne donne ce nom qu'à un talent très supérieur. Combien de gens ont eu quelque talent pour la poésie, pour la musique, pour la peinture? cependant, il serait ridicule de les appeler des génies.

Le génie conduit par le goût ne fera jamais de faute grossière; aussi Racine depuis *Andromaque*, [17] le Poussin, Rameau, n'en ont jamais fait.

Le génie sans goût en commettra d'énormes; et ce qu'il y a de pis, c'est qu'il ne les sentira pas. [18]

'fortune' du français à 'la perfection où le théâtre a été porté dans cette langue' (*Des langues, OCV*, t.45B, p.13-14).

[15] Dans son article 'François ou Français, s.m. (Hist. Littérat. et Morale)' de l'*Encyclopédie* (t.7, p.284-87; *OCV*, t.33, p.94-104 et p.102 pour la citation, qui est un peu différente: 'Plancus a pris soin des affaires de César', et son commentaire).

[16] '[L]e génie *français* est peut-être égal aujourd'hui à celui des Anglais en philosophie, peut-être supérieur à tous les autres peuples depuis 80 ans [texte rédigé en 1756], dans la littérature, et le premier sans doute pour les douceurs de la société, et pour cette politesse si aisée, si naturelle, qu'on appelle improprement *urbanité*' (article 'Français', *Encyclopédie*, t.7, p.287; *OCV*, t.33, p.104).

[17] Voir, dans ce volume, l'article 'Goût' des *QE*.

[18] Allusion vraisemblable à Shakespeare et, peut-être, à Homère. 'Le génie de Shakespear ne pouvait être que le disciple des mœurs et de l'esprit du temps' (article 'Art dramatique' des *QE*, *OCV*, t.39, p.53-54). Voir aussi la section 'De l'*Iliade*' de l'article 'Epopée' des *QE* (*OCV*, t.41, p.154-59): 'Homère a de grands défauts, Horace l'avoue; tous les hommes de goût en conviennent' (p.158); voir aussi la partie de l'article 'Scoliaste' concernant l'*Iliade* (*M*, t.20, p.409-14).

GÉOGRAPHIE

La géographie est une de ces sciences qu'il faudra toujours perfectionner. Quelque peine qu'on ait prise, il n'a pas été possible jusqu'à présent d'avoir une description exacte de la terre. Il faudrait que tous les souverains s'entendissent et se prêtassent des secours mutuels pour ce grand ouvrage. Mais ils se sont presque toujours 5 plus appliqués à ravager le monde qu'à le mesurer.

Personne encore n'a pu faire une carte exacte de la haute Egypte ni des régions baignées par la mer Rouge, ni de la vaste Arabie. [1]

* Voltaire, dont on connaît la curiosité universelle, s'est particulièrement passionné pour la géographie. Sa bibliothèque en témoigne: elle contient plus d'une centaine de récits de voyage sur de nombreux pays, dont plus de la moitié sur l'Orient. Voltaire s'efforce aussi de se documenter par lui-même sur le vaste monde. On sait par exemple qu'il a demandé à l'Académie des sciences de Pétersbourg qu'on lui envoie l'*Atlas Rossicus* de 1745, et qu'il écrit dans le chapitre 1 de son *Histoire de l'empire de Russie sous Pierre le Grand*: 'Il faut d'abord que le lecteur se fasse, la carte à la main, une idée nette de cet empire' (*OCV*, t.46, p.425). Face aux relations des voyageurs et aux traités de géographie, Voltaire fait toujours preuve de sens critique. C'est ainsi qu'il consacre une grande partie du présent article à un éreintement (pas toujours justifié) de la *Géographie universelle* de Hübner. Il a d'ailleurs déjà maintes fois critiqué Hübner, et il reprend ici certains arguments avancés contre lui dans les *Honnêtetés littéraires* (*OCV*, t.63B, p.81-82) et dans le *Pyrrhonisme de l'histoire* (*OCV*, t.67, p.361-62). A la fin de l'article, s'il polémique avec les jansénistes, c'est pour dénoncer une fois de plus l'étroitesse d'esprit de la pensée occidentale chrétienne et administrer une belle leçon de relativisme. Voltaire ne s'est pas référé au long article 'Géographie' de l'*Encyclopédie*, dû à Didier Robert de Vaugondy et consacré en grande partie à l'histoire de la géographie. Le présent article paraît en septembre/octobre 1771 (70, t.6).

[1] Au dix-huitième siècle, la géographie est d'abord une cartographie. Sur le peu de connaissances de la Haute Egypte et de l'Arabie à l'époque, voir Numa Broc, *La Géographie des philosophes* (Paris, 1975), p.102-108. Voltaire possède les *Mémoires sur l'Egypte ancienne et moderne* de d'Anville (Paris, 1766, BV86). Il connaît peut-être la *Dissertation sur les sources du Nil pour prouver qu'on ne les a point encore découvertes*, également de d'Anville, qui se trouve dans les *Mémoires de l'Académie des inscriptions et belles-lettres* (BV2415), bien qu'il estimât peu ces mémoires (à Saint-Lambert, 1er mai 1771, D17171). Sur les *Mémoires*, voir Numa Broc, *La Géographie des philosophes*, p.105.

Nous ne connaissons de l'Afrique que ses côtes; tout l'intérieur est aussi ignoré qu'il l'était du temps d'Atlas et d'Hercule. [2] Pas une seule carte bien détaillée de tout ce que le Turc possède en Asie. Tout y est placé au hasard, excepté quelques grandes villes dont les masures subsistent encore. Dans les Etats du Grand Mogol, la position d'Agra et de Déli est un peu connue, du moins supposée; mais de là jusqu'au royaume de Golconde [3] tout est placé à l'aventure.

On sait à peu près que le Japon s'étend en latitude septentrionale depuis environ le trentième degré jusqu'au quarantième; [4] et si l'on se trompe, ce n'est que de deux degrés, qui font environ cinquante lieues. De sorte que sur la foi de nos meilleures cartes, un pilote risquerait de s'égarer ou de périr.

A l'égard de la longitude, les premières cartes des jésuites la déterminèrent entre le cent cinquante-septième degré et le cent soixante et quinze; et aujourd'hui on la détermine entre le cent quarante-six, et le cent soixante. [5]

La Chine est le seul pays de l'Asie dont on ait une mesure

[2] Voltaire n'a que très peu d'ouvrages sur l'Afrique. D'après le catalogue de la bibliothèque de Ferney, il possédait la *Nouvelle Relation de l'Afrique Occidentale* du P. Labat (5 vol., Paris, 1728; *Ferney catalogue*, n° 1563). Mais Labat n'avait pas voyagé en Afrique et ne connaissait le Sénégal que de seconde main (Numa Broc, *La Géographie des philosophes*, p.64-72).

[3] Forteresse et ville de l'Inde, près de Hyderabad, ancienne capitale d'un vaste empire ruinée par Aurangzeb en 1687, et dont les richesses sont restées célèbres. Voir l'article de Jaucourt (*Encyclopédie*, t.7, p.7-31). Malgré les progrès qu'elle représente, la *Carte de l'Inde* de d'Anville (1752) comporte encore de vastes 'blancs' (Numa Broc, *La Géographie des philosophes*, p.88-89).

[4] Kaempfer situe le Japon entre le 31e et le 42e degrés de latitude nord (*Histoire naturelle, civile et ecclésiastique de l'empire du Japon*, 2 vol., La Haye, 1729, t.1, p.52, BV1771); Jaucourt de même (article 'Japon', *Encyclopédie*, t.8, p.453). C'est en gros exact, si l'on ne tient pas compte de l'île de Yeso (Hokkaïdo), qui s'étend jusqu'au nord du 44e parallèle, mais elle est alors presque inconnue (l'*Encyclopédie* ne lui consacre pas d'article) et elle est revendiquée à la fois par les Japonais, les Chinois et les Russes (Numa Broc, *La Géographie des philosophes*, p.170-72).

[5] Depuis l'adoption du méridien de Greenwich en 1911, le Japon se situe entre le 146e et le 130e degrés de longitude, à l'exception des îles Riou-Kiou, à l'ouest du 130e.

géographique, parce que l'empereur Cam-hi employa des jésuites astronomes pour dresser des cartes exactes;[6] et c'est ce que les jésuites ont fait de mieux. S'ils s'étaient bornés à mesurer la terre, ils ne seraient pas proscrits sur la terre.   30

Dans notre Occident, l'Italie, la France, la Russie, l'Angleterre, et les principales villes des autres Etats ont été mesurées par la même méthode qu'on a employée à la Chine; mais ce n'est que depuis très peu d'années qu'on a formé en France l'entreprise d'une topographie entière. Une compagnie tirée de l'Académie des   35
sciences a envoyé des ingénieurs et des arpenteurs dans toute l'étendue du royaume, pour mettre le moindre hameau, le plus petit ruisseau, les collines, les buissons à leur véritable place. Avant ce temps la topographie était si confuse, que la veille de la bataille de Fontenoy on examina toutes les cartes du pays, et on n'en trouva   40
pas une seule qui ne fût entièrement fautive.[7]

Si on avait donné de Versailles un ordre positif à un général peu expérimenté de livrer la bataille, et de se poster en conséquence des cartes géographiques, comme cela est arrivé quelquefois du temps du ministre Chamillart,[8] la bataille eût été infailliblement perdue.   45

Un général qui ferait la guerre dans le pays des Uscoques,[9] des

[6] Dans l'*EM*, Voltaire insistait sur l'immense étendue de la Chine (*OCV*, t.22, p.19). Voir la carte de la Chine en 1730 par d'Anville, d'après les travaux des jésuites (Numa Broc, *La Géographie des philosophes*, illustration n° 10), l'un des rares mérites que Voltaire leur reconnaît.

[7] Cassini de Thury (1714-1784), adjoint à La Caille pour vérifier la méridienne de France, termina sa tâche en 1744. Lors de la campagne de Fontenoy, il leva la carte des pays occupés et présenta son travail à Louis XV en 1747. Le roi le chargea alors de dresser la carte de la France. Le travail fut achevé en 1789 par Louis Capitaine.

[8] Michel de Chamillard (1651-1721), contrôleur général des finances (1699), puis ministre de la guerre (1701), était, selon Mme Bentinck, une 'créature' de Mme de Maintenon (lettre à Voltaire du 15 novembre 1752, D5068), terme dont use aussi Voltaire dans *Le Siècle de Louis XIV* (*OH*, p.811). Voltaire est très critique à l'égard de Chamillard, 'plus honnête homme que ministre' (*OH*, p.811). 'J'ai vu des dépêches de M. de Chamillard qui, en vérité, étaient le comble du ridicule', écrit-il au duc de Noailles le 28 juillet 1752 (D4960).

[9] Les *Uskoks* (les fugitifs, en serbe) étaient des Serbes et des Croates qui avaient fui le joug turc au seizième siècle et s'étaient réfugiés en Dalmatie, où ils se livraient à la

Morlaques,[10] des Monténégrins,[11] et qui n'aurait pour toute connaissance des lieux que les cartes, serait aussi embarrassé que s'il se trouvait au milieu de l'Afrique.

Heureusement on rectifie sur les lieux ce que les géographes ont souvent tracé de fantaisie dans leur cabinet. 50

Il est bien difficile en géographie comme en morale, de connaître le monde sans sortir de chez soi.

Le livre de géographie le plus commun en Europe est celui d'Hubner.[12] On le met entre les mains de tous les enfants depuis 55 Moscou jusqu'à la source du Rhin; les jeunes gens ne se forment dans toute l'Allemagne que par la lecture d'Hubner.

---

piraterie. Le mot remonte en français à 1684, dans l'*Histoire des Uscoques* de Paolo Sarpi et Minuccio Minucci (trad. A.-N. Amelot de La Houssaie; l'original italien avait paru en 1676). Auparavant, il avait été question des Uskoks dans l'*Histoire de Venise* de Giovan Battista Nani (trad. l'abbé Tallemant). Moreri consacre une entrée à ce mot (*Le Grand Dictionnaire historique*, 5 vol., Amsterdam, 1740, BV2523; 10 vol., Paris, 1759, t.10, p.737), ainsi que Bruzen de La Martinière (*Le Grand Dictionnaire géographique et critique*, 9 vol., La Haye, 1726-1739, BV564; 6 vol., Paris, 1768, t.6, p.238-39) et Jaucourt dans l'*Encyclopédie* (t.17, p.52).

[10] Les *Morlaques* étaient une population romane slavisée du nord de la Dalmatie, qui parlait le serbe. Bruzen de La Martinière leur consacre une entrée (*Le Grand Dictionnaire géographique et critique*, t.4, p.411), et Jaucourt les mentionne, avec des erreurs, dans l'article 'Morlaquie' (*Encyclopédie*, t.10, p.715). 'Aujourd'hui, le jargon d'une province est à peine entendu de la voisine. Le Vénitien devine le morlaque, qui n'entend guère le dalmatien, absolument étranger aux Hongrois' (Th. Besterman, 'Voltaire's notebooks [...] Thirteen new fragments', *SVEC* 148, 1976, p.7-35, ici p.14).

[11] C'est une des premières attestations du mot 'Monténégrins'. Voltaire les évoque auparavant dans une lettre à Catherine II du 18 mai 1770 (D16348). Il n'y a pas d'entrée Monténégro dans l'*Encyclopédie*. Il y en a une chez Bruzen de La Martinière, mais sans la mention des Monténégrins, mot qui ne se diffuse en français qu'à partir des années 1830 avec Nodier, Lamartine, etc.

[12] Johann Hübner, *La Géographie universelle*, 6 vol. (Bâle, 1746, BV1686; Bâle, 1761, BV1687). Voltaire se montre toujours très critique à l'égard de Hübner (voir *CN*, t.4, p.538-40). 'Il y aurait plus de mille erreurs à corriger dans ce livre', écrit-il dans une lettre à la *Gazette littéraire*, à propos d'Azincourt, que Hübner situe près de Béthune (*M*, t.25, p.209). C'est dans le présent article que Voltaire s'étend le plus longuement sur les erreurs de Hübner.

Vous trouvez d'abord dans ce livre, que Jupiter devint amoureux d'Europe treize cents années juste avant Jésus-Christ.[13]

Selon lui, il n'y a en Europe ni chaleur trop ardente, ni froidure excessive.[14] Cependant on a vu dans quelques étés les hommes mourir de l'excès du chaud; et le froid est souvent si terrible dans le nord de la Suède et de la Russie, que le thermomètre y est descendu jusqu'à trente-quatre degrés au-dessous de la glace.

Hubner compte en Europe environ trente millions d'habitants; c'est se tromper de plus de soixante et dix millions.[15]

Il dit que l'Europe a trois mères langues,[16] comme s'il y avait des mères langues, et comme si chaque peuple n'avait pas toujours emprunté mille expressions de ses voisins.

Il affirme qu'on ne peut trouver en Europe une lieue de terrain qui ne soit habitée, mais dans la Russie, il est encore des déserts de trente à quarante lieues. Le désert des Landes de Bordeaux n'est que trop grand.[17] J'ai devant mes yeux quarante lieues de montagnes couvertes de neige éternelle, sur lesquelles il n'a jamais passé ni un homme ni même un oiseau.

Il y a encore dans la Pologne des marais de cinquante lieues d'étendue, au milieu desquels sont de misérables îles presque inhabitées.[18]

Il dit que le Portugal a du levant au couchant cent lieues de

---

[13] Même critique dans la première des *Honnêtetés littéraires* (1767; *OCV*, t.63B, p.81, n.32) et dans *Le Pyrrhonisme de l'histoire* (1768; *OCV*, t.67, p.362).

[14] C'est littéralement ce qu'écrit Hübner (*La Géographie universelle*, 6 vol., Bâle, 1757, t.1, p.1).

[15] Les *Honnêtetés littéraires* (*OCV*, t.63B, p.81) et *Le Pyrrhonisme de l'histoire* (*OCV*, t.67, p.361-62) contiennent la même critique.

[16] L'allemande, la latine et l'esclavonne (Hübner, *La Géographie universelle*, 1757, t.1, p.6). Voltaire s'est toujours élevé contre la notion de langue mère en soulignant l'importance des emprunts, qui font des langues des mélanges. Voir par exemple dans les *Carnets*: 'Langues mêlées presque toutes, primitives aucune' (*OCV*, t.82, p.692).

[17] Voir aussi Les *Honnêtetés littéraires* (*OCV*, t.63B, p.81) et *Le Pyrrhonisme de l'histoire* (*OCV*, t.67, p.362).

[18] Voir aussi Les *Honnêtetés littéraires* (*OCV*, t.63B, p.81).

France.[19] Cependant on ne trouve qu'environ cinquante de nos 80
lieues de trois mille pas géométriques.

Si vous en croyez Hubner, le roi de France a toujours quarante
mille Suisses à sa solde;[20] mais le fait est qu'il n'en a jamais eu
qu'environ onze mille.

Le château de Notre-Dame de la Garde près de Marseille, lui 85
paraît une forteresse importante et presque imprenable. Il n'avait
pas vu cette belle forteresse,

> Gouvernement commode et beau,
> A qui suffit pour toute garde
> Un Suisse avec sa hallebarde 90
> Peint sur la porte du château.[21]

Il donne libéralement à la ville de Rouen trois cents belles fontaines
publiques.[22] Rome n'en avait que cent cinq du temps d'Auguste.

On est bien étonné quand on voit dans Hubner que la rivière de
l'Oyse reçoit les eaux de la Sarre, de la Somme, de Lauti et de la 95
Canche.[23] L'Oyse coule à quelques lieues de Paris; la Sarre est en

[19] Hübner, *La Géographie universelle* (1757), t.1, p.8.

[20] Hübner, *La Géographie universelle* (1757), t.1, p.310. Voir *OCV*, t.63B, p.81.

[21] *Voyage de Messieurs Bachaumont et La Chapelle*: voir *Les Honnêtetés littéraires* (*OCV*, t.63B, p.82).

[22] Hübner, *La Géographie universelle* (1757), t.1, p.164. Comme le remarque Alfred Cerné, autrefois le mot 'fontaine' pouvait désigner une source ou une concession à des particuliers (*Les Anciennes Sources et fontaines de Rouen. Leur histoire à travers les siècles*, Rouen, 1930, p.31). Cette confusion explique peut-être en partie l'exagération de Hübner. Au dix-huitième siècle on y comptait dix-huit fontaines publiques, mais Cerné en décrit au total une cinquantaine. A la fin du dix-huitième siècle, J.-P. Bardet en recense 42 (*Rouen au XVIIe et XVIIIe siècles*, Paris, 1983, cité par Lucien René Delsalle, *Les Fontaines de Rouen du XVIe au XVIIIe siècles, Connaître Rouen* 6, 1994, p.31).

[23] Hübner, *La Géographie universelle* (1757), t.1, p.153. Voltaire a lu trop vite, et sa critique est sans fondement. Hübner ne parle pas de la Sarre, mais de la *Serre*, qui est effectivement un affluent de l'Oise, mais il s'est mal exprimé: 'Ses principales rivières [de la Picardie] sont l'Oise, qui reçoit la Serre, la Somme, l'Authie, et la Canche. Les deux premières sont à l'Orient, et les trois autres coulent vers l'Occident, où elles se jettent dans la mer'. Hübner ne dit donc pas que l'Oise reçoit la Somme, l'Authie et la Canche, mais qu'elle a pour affluent la Serre, et que *d'autre part*, il y a trois autres rivières en Picardie.

Lorraine près de la basse Alsace, et se jette dans la Moselle au-dessus de Trèves. La Somme prend sa source près de Saint Quentin, et se jette dans la mer au-dessous d'Abbeville. Lauti et la Canche sont des ruisseaux qui n'ont pas plus de communication avec l'Oyse que n'en ont la Somme et la Sarre. Il faut qu'il y ait là quelque faute de l'éditeur, car il n'est guère possible que l'auteur se soit mépris à ce point.

Il donne la petite principauté de Foix à la maison de Bouillon qui ne la possède pas. [24]

L'auteur admet la fable de la royauté d'Yvetot; [25] il copie exactement toutes les fautes de nos anciens ouvrages de géographie, comme on les copie tous les jours à Paris; et c'est ainsi qu'on nous redonne tous les jours d'anciennes erreurs avec des titres nouveaux.

Il ne manque pas de dire que l'on conserve à Rodez un soulier de la Sainte Vierge, [26] comme on conserve dans la ville du Puy en Velay le prépuce de son fils. [27]

Vous ne trouverez pas moins de contes sur les Turcs que sur les chrétiens. Il dit que les Turcs possédaient de son temps quatre îles dans l'Archipel. [28] Ils les possédaient toutes.

---

[24] Hübner, *La Géographie universelle* (1757), t.1, p.228. Hübner ne parle pas de la maison de Bouillon. Il écrit que les comtes de Foix descendaient de ceux de Carcassonne.

[25] Hübner rapporte comme un fait véridique que Clotaire Ier fit assassiner le possesseur de la seigneurie d'Yvetot, fut excommunié, et que l'excommunication ne fut levée qu'après qu'il eut érigé Yvetot en royaume souverain. Hübner ajoute que les historiographes modernes de France ne veulent pas admettre ce fait historique (*La Géographie universelle*, 1757, t.1, p.167-68). Jaucourt relate la même histoire, en précisant que le meurtre eut lieu en 536 et en présentant cette royauté comme une fable (*Encyclopédie*, article 'Yvetot', t.17, p.678-79). Un article du fonds de Kehl traite aussi du roi d'Yvetot (*M*, t.20, p.605-608). En fait, Yvetot fut érigé entre 1370 et 1392 en principauté de franc-alleu relevant directement de la couronne de France, et le prince fut parfois considéré comme un roi parce qu'il ne devait ni l'hommage ni la taille, comme le rappelle Jaucourt.

[26] Hübner, *La Géographie universelle* (1757), t.1, p.217.

[27] Leitmotiv voltairien. Voir par exemple l'*EM* (*OCV*, t.22, p.195), les *Carnets* (*OCV*, t.82, p.674), l'article 'Superstition' des *QE* (*M*, t.20, p.447).

[28] Hübner, *La Géographie universelle* (1757), t.3, p.466; signet de Voltaire (*CN*,

Qu'Amurat second, à la bataille de Varn tira de son sein l'hostie consacrée qu'on lui avait donnée en gage, et qu'il demanda vengeance à cette hostie de la perfidie des chrétiens. [29] Un Turc, et un Turc dévot comme Amurat II, faire sa prière à une hostie! il tira le traité de son sein, il demanda vengeance à Dieu, et l'obtint de son sabre.

Il assure que le czar Pierre Ier se fit patriarche. [30] Il abolit le patriarcat, et fit bien; mais se faire prêtre, quelle idée!

Il dit que la principale erreur de l'Eglise grecque est de croire que le Saint-Esprit ne procède que du Père. [31] Mais d'où sait-il que c'est une erreur? l'Eglise latine ne croit la procession du Saint-Esprit par le Père et le Fils que depuis le neuvième siècle; la grecque, mère de la latine, date de seize cents ans. Qui les jugera?

Il affirme que l'Eglise grecque russe reconnaît pour médiateur non pas Jésus-Christ, mais saint Antoine. [32] Encore s'il avait attribué la chose à saint Nicolas, on aurait pu autrefois excuser cette méprise du petit peuple.

---

t.4, p.540). Toutefois, qu'entend Hübner par 'quatre îles'? Par la suite, il détaille dix îles principales des Cyclades et quatorze des Sporades qui appartiennent aux Turcs (p.504-506).

[29] Selon Hübner, Vladislas Ier de Pologne et de Hongrie (connu aussi sous le nom de Ladislas III ou Jagellon II) avait fait la paix avec Murad II et lui avait remis une hostie consacrée en gage de sa bonne foi. Mais il rompit sa promesse, et, à la bataille de Varna, en 1444, Murad conjura Jésus-Christ de ne point laisser impunie la perfidie des chrétiens. Vladislas perdit la bataille et la vie, avec trente mille chrétiens (Hübner, *La Géographie universelle*, 1757, t.3, p.476). Voltaire a rapporté plus en détail cette 'fable' dans l'*EM* (ch.89 et 119, *OCV*, t.24, p.383-84; éd. Pomeau, t.2, p.141).

[30] Hübner, *La Géographie universelle* (1757), t.3, p.359. Voltaire avait fait ce même reproche à Hübner dans l'*Histoire de l'empire de Russie sous Pierre le Grand* (*OCV*, t.46, p.410). Toutefois, en 1748, dans ses *Anecdotes sur le czar Pierre le Grand*, Voltaire avait commis la même erreur en assurant que Pierre faisait les 'fonctions' de patriarche (*OCV*, t.46, p.64). Pierre le Grand n'a pas 'aboli' le patriarcat: à sa mort, en 1700, le patriarche Adrien ne fut tout simplement pas remplacé.

[31] Hübner, *La Géographie universelle* (1757), t.3, p.357. Corne en bas de page dans l'exemplaire de Voltaire (*CN*, t.4, p.540).

[32] Plus précisément: la Vierge et saint Antoine (Hübner, *La Géographie universelle*, 1757, t.3, p.357).

Cependant, malgré tant d'absurdités, la géographie se perfectionne sensiblement dans notre siècle.

Il n'en est pas de cette connaissance comme de l'art des vers, de la musique, de la peinture. Les derniers ouvrages en ces genres sont souvent les plus mauvais. Mais dans les sciences qui demandent de l'exactitude plutôt que du génie, les derniers sont toujours les meilleurs, pourvu qu'ils soient faits avec quelque soin.

Un des plus grands avantages de la géographie est, à mon gré, celui-ci. Votre sotte voisine, et votre voisin encore plus sot, vous reprochent sans cesse de ne pas penser comme on pense dans la rue Saint-Jacques. Voyez, vous disent-ils, quelle foule de grands hommes a été de notre avis depuis Pierre Lombard[33] jusqu'à l'abbé Petit-pied.[34] Tout l'univers a reçu nos vérités, elles règnent dans le faubourg Saint-Honoré, à Chaillot et à Etampes, à Rome et chez les Uscoques. Prenez alors une mappemonde, montrez-leur l'Afrique entière, les empires du Japon, de la Chine, des Indes, de la Turquie, de la Perse; celui de la Russie, plus vaste que ne fut l'empire romain. Faites-leur parcourir du bout du doigt toute la Scandinavie, tout le nord de l'Allemagne, les trois royaumes de la Grande-Bretagne, la meilleure partie des Pays-Bas, la meilleure de l'Helvétie; enfin vous leur ferez remarquer dans les quatre parties du globe, et dans la cinquième qui est encore aussi inconnue qu'immense, ce prodigieux nombre de générations qui n'entendirent jamais parler de ces opinions, ou qui les ont combattues, ou qui les ont en horreur, vous opposerez l'univers à la rue Saint-Jacques.

Vous leur direz que Jules-César qui étendit son pouvoir bien loin au-delà de cette rue, ne sut pas un mot de ce qu'ils croient si universel; que leurs ancêtres, à qui Jules-César donna les étrivières, n'en surent pas davantage.

---

[33] Pierre Lombard (vers 1100-1160), théologien d'origine italienne, évêque français, auteur du *Livre des sentences* (1152).

[34] Nicolas Petitpied (1665-1747), l'apologiste le plus remarquable du jansénisme en France et l'un des plus ardents 'appelants' contre la bulle Unigenitus. En 1706, il rejoignit son ami Quesnel réfugié en Hollande.

Peut-être alors auront-ils quelque honte d'avoir cru que les orgues de la paroisse Saint-Severin donnaient le ton au reste du monde.

165

GÉOMÉTRIE

Feu M. Clairaut imagina de faire apprendre facilement aux jeunes gens les éléments de la géométrie; il voulut remonter à la source, et suivre la marche de nos découvertes et des besoins qui les ont produites. [1]

* Cet article n'a aucun rapport avec celui de D'Alembert paru au tome 7 de l'*Encyclopédie*. Voltaire essaie de montrer comment, à la manière des *Eléments de géométrie* de Clairaut (Paris, 1741, BV780; *CN*, t.2, p.637), on pourrait enseigner cette science fort abstraite de manière plus 'naturelle'. L'astuce imaginée – le dialogue entre un maître et un disciple – n'est pas sans rappeler le *Ménon* de Platon (82b-85b) où Socrate s'adonne avec un esclave au problème de la duplication du carré. Alexis-Claude Clairaut (1713-1765) était sans doute un des plus grands mathématiciens du dix-huitième siècle. Dans sa retraite de Cirey, rapporte Condorcet, Voltaire l'aurait consulté sur ses compétences en physique; Clairaut 'eut la franchise de lui répondre qu'avec un travail opiniâtre il ne parviendrait qu'à devenir un savant médiocre, et qu'il perdrait inutilement pour sa gloire un temps dont il devait compte à la poésie et à la philosophie. Voltaire l'entendit et céda au goût naturel qui sans cesse le ramenait vers les lettres' (*Vie de Voltaire*, *M*, t.1, p.215). Selon Théophile Duvernet, Voltaire serait devenu jaloux du mathématicien (voir *La Vie de Voltaire*, Paris, 1797, p.401-402). Quoi qu'il en soit, la lecture des futurs *Eléments de géométrie* remonte à la fin novembre 1739. Enthousiaste, Voltaire mande à Frédéric II: 'Il traite des mathématiques comme Locke a traité l'entendement humain; il écrit avec la méthode que la nature emploie; et comme Locke a suivi l'âme dans la situation de ses idées, il suit la géométrie dans la route qu'ont tenue les hommes pour découvrir par degrés les vérités dont ils ont eu besoin: ce sont donc en effet les besoins que les hommes ont eus de mesurer, qui sont chez Clairaut les vrais maîtres de mathématiques. L'ouvrage n'est pas près d'être fini; mais le commencement me paraît de la plus grande facilité, et par conséquent très utile' (D2106). Sur la géométrie au dix-huitième siècle, voir l'article 'Géométrie' par R. Bkouche et J.-P. Le Goff, *Dictionnaire européen des Lumières*, éd. M. Delon (Paris, 1997). Par deux fois, Voltaire attire l'attention de G. Cramer sur la présence de figures dans cet article (D17023, D17242), qui paraît en septembre/octobre 1771 (70, t.6).

[1] Clairaut suppose effectivement que la géométrie n'est pas connue et se conduit et raisonne comme l'aurait fait celui qui l'aurait inventée: 'J'ai pensé que cette science, comme toutes les autres, devait s'être formée par degrés; que c'était vraisemblablement quelque besoin qui avait fait faire les premiers pas, et que ces premiers pas ne pouvaient pas être hors de la portée des commençants, puisque c'était des

Cette méthode paraît agréable et utile; mais elle n'a pas été suivie; elle exige dans le maître une flexibilité d'esprit qui sait se proportionner, et un agrément rare dans ceux qui suivent la routine de leur profession.

Il faut avouer qu'Euclide est un peu rebutant; un commençant ne peut deviner où il est mené. [2] Euclide dit au premier livre que *si une ligne droite est coupée en parties égales et inégales, les carrés construits sur les segments inégaux sont doubles des carrés construits sur la moitié entière de la ligne; plus la petite ligne qui va de l'extrémité de cette moitié jusqu'au point d'intersection.* [3]

On a besoin d'une figure pour entendre cet obscur théorème; et quand il est compris, l'étudiant dit, A quoi peut-il me servir? et que m'importe? Il se dégoûte d'une science dont il ne voit pas assez tôt l'utilité.

La peinture commença par le désir de dessiner grossièrement sur un mur les traits d'une personne chère. La musique fut un mélange grossier de quelques tons qui plaisaient à l'oreille, avant que l'octave fût trouvée.

12-13   K84, K12: *moitié de la ligne entière, et sur la petite*

---

commençants qui les avaient faits. [...] je me suis proposé de remonter à ce qui pouvait avoir donné naissance à la géométrie; j'ai tâché d'en développer les principes, par une méthode assez naturelle, pour être supposée la même que celle des premiers inventeurs; observant seulement d'éviter toutes les fausses tentatives qu'ils ont nécessairement dû faire' (*Eléments*, p.iii-iv). Sur l'enseignement de la géométrie, voir J.-J. Rousseau, *Emile*, livre 2, éd. F. et P. Richard (Paris, 1964), p.156-57.

[2] Adoptant un point de vue résolument analytique, Clairaut critique, au début de son ouvrage, la méthode synthétique euclidienne, coupable, selon lui, de rebuter les débutants: 'On y débute toujours par un grand nombre de définitions, de demandes, d'axiomes, et de principes préliminaires, qui semblent ne promettre rien que de sec au lecteur. Les propositions qui viennent ensuite ne fixant point l'esprit sur des objets plus intéressants, et étant d'ailleurs difficiles à concevoir, il arrive communément que les commençants se fatiguent et se rebutent, avant que d'avoir aucune idée distincte de ce qu'on voulait leur enseigner' (*Eléments*, p.i).

[3] Euclide, *Eléments de géométrie*, livre 2 (et non livre 1), proposition 9. Cette citation ne figure pas dans les *Eléments* de Clairaut. Le propos d'Euclide est l'égalité $2(a^2 + b^2) = (a + b)^2 + (a - b)^2$.

On observa le coucher des étoiles avant d'être astronome. Il paraît qu'on devrait guider ainsi la marche des commençants de la géométrie.

Je suppose qu'un enfant doué d'une conception facile, entende son père dire à son jardinier, [4] Vous planterez dans cette plate-bande des tulipes sur six lignes, toutes à un demi-pied l'une de l'autre. [5] L'enfant veut savoir combien il y aura de tulipes. Il court à la plate-bande avec son précepteur. Le parterre est inondé, il n'y a qu'un des longs côtés de la plate-bande qui paraisse. [6] Ce côté a trente pieds de long, mais on ne sait point quelle est sa largeur. Le maître lui fait d'abord aisément comprendre qu'il faut que ces tulipes bordent ce parterre à six pouces de distance l'une de l'autre. Ce sont déjà soixante tulipes pour la première rangée de ce côté. Il doit y avoir six lignes. L'enfant voit qu'il y aura six fois soixante: 360 tulipes. Mais de quelle largeur sera donc cette plate-bande que je ne puis mesurer? [7] Elle sera évidemment de six fois six pouces, qui font trois pieds. [8]

25

30

35

38   w68: de six pouces,

[4] L'idée de la plate-bande vient peut-être de Clairaut: 'La mesure des terrains m'a paru ce qu'il y avait de plus propre à faire naître les premières propositions de géométrie; et c'est, en effet, l'origine de cette science, puisque géométrie signifie *mesure de terrain*' (p.iv).

[5] Voltaire simplifie l'exemple de Clairaut, sans doute pour rester au plus proche d'une situation naturelle: 'Supposons que le rectangle donné ABCD, ait 7 pieds de haut sur une base de 8 pieds, on pourra regarder ce rectangle comme partagé en 7 bandes [...] qui contiendront chacune 8 pieds carrés; la valeur du rectangle sera donc 7 fois 8 pieds carrés, ou 56 pieds carrés' (*Eléments*, p.12). Rappelons qu'un pied compte 12 pouces.

[6] L'inondation de la plate-bande peut encore venir de Clairaut: 'Quelques auteurs prétendent que les Egyptiens, voyant continuellement les bornes de leurs héritages détruites par les débordements du Nil, jetèrent les premiers fondements de la géométrie, en cherchant les moyens de s'assurer exactement de la situation de l'étendue et de la figure de leurs domaines' (*Eléments*, p.iv-v).

[7] Réponse de Clairaut: 'Pour mesurer une longueur quelconque, l'expédient que fournit une sorte de géométrie naturelle, c'est de comparer la longueur d'une mesure connue à celle de la longueur qu'on veut connaître' (*Eléments*, p.1-2).

[8] Erreur de Voltaire qui, ayant remplacé les bandes ou intervalles de Clairaut par

La peinture commença par le défir de deffiner groffièrement fur un mur les traits d'une perfonne chère. La mufique fut un mélange groffier de quelques tons qui plaifaient à l'oreille, avant que l'octave fût trouvée.

On obferva le coucher des étoiles avant d'être aftronome. Il paraît qu'on devrait guider ainfi la marche des commençans de la géométrie.

Je fuppofe qu'un enfant doué d'une conception facile, entende fon père dire à fon jardinier, Vous planterez dans cette plate-bande des tulipes fur fix lignes, toutes à un demi-pied l'une de l'autre. L'enfant veut favoir combien il y aura de tulipes à la plate-bande avec fon précepteur. Le parterre eft inondé, il n'y a qu'un des longs côtés de la plate-bande qui paraiffe. Ce côté a trente pieds de long, mais on ne fait point quelle eft fa largeur. Le maître lui fait d'abord aifément comprendre qu'il faut que ces tulipes bordent ce parterre à fix pouces de diftance l'une de l'autre. Ce font déja foixante tuli-es pour la première rangée de ce côté. Il doit y avoir fix lignes. L'enfant voit qu'il y aura fix fois foixante; 360 tulipes. Mais de quelle largeur fera donc cette plate-bande que je ne puis mefurer? Elle fera évidemment de fix fois fix pouces, qui font trois pieds.

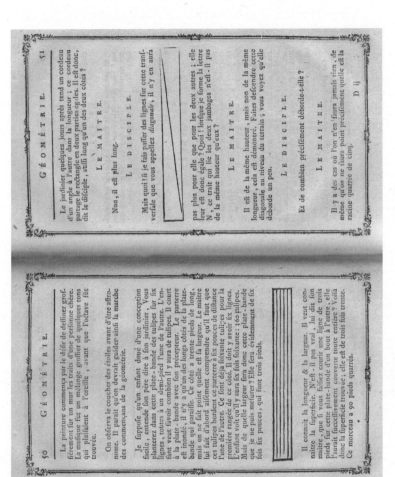

Il connaît la longueur & la largeur. Il veut connaître la fuperficie. N'eft-il pas vrai, lui dit fon maître, que fi vous faffiez courir une ligne de trois pieds fur cette plate-bande d'un bout à l'autre, elle l'aurait fucceffivement couverte toute entière? Voilà donc la fuperficie trouvée; elle eft de trois fois trente. Ce morceau a 90 pieds quarrés.

Le jardinier quelques jours après tend un cordeau d'un angle à l'autre dans la longueur ; ce cordeau partage le rechangle en deux parties ég-les. Il eft donc, dit le difciple, auffi long qu'un des deux côtés ?

LE MAITRE.

Non, il eft plus long.

LE DISCIPLE.

Mais quoi! fi je fais paffer des lignes fur cette tranfverfale que vous appellez *diagonale*, il n'y en aura

pas plus pour elle que pour les deux autres ; elle leur eft donc égale ? Quoi ! lorfque je forme la lettre N, ce trait qui lie les deux jambages n'eft-il pas de la même hauteur qu'eux ?

LE MAITRE.

Il eft de la même hauteur, mais non de la même longueur, cela eft démontré. Faites defcendre cette diagonale au niveau du terrain ; vous voyez qu'elle déborde un peu.

LE DISCIPLE.

Et de combien précifément déborde-t-elle ?

LE MAITRE.

Il y a des cas où l'on n'en faura jamais rien, de même qu'on ne faura point précifément quelle eft la racine quarrée de cinq.

D ij

1. Figures illustrant l'article 'Géométrie' (W75G, t.29, p.50-51).

Il connaît la longueur et la largeur. Il veut connaître la superficie. 40
N'est-il pas vrai, lui dit son maître, que si vous faisiez courir une
ligne de trois pieds sur cette plate-bande d'un bout à l'autre, elle
l'aurait successivement couverte tout entière?[9] Voilà donc la
superficie trouvée; elle est de trois fois trente. Ce morceau a 90
pieds carrés. 45

Le jardinier quelques jours après tend un cordeau d'un angle à
l'autre dans la longueur; ce cordeau partage le rectangle en deux
parties égales.[10] Il est donc, dit le disciple, aussi long qu'un des
deux côtés?

LE MAÎTRE

Non, il est plus long. 50

LE DISCIPLE

Mais quoi! si je fais passer des lignes sur cette transversale que vous
appelez *diagonale*, il n'y en aura pas plus pour elle que pour les deux
autres; elle leur est donc égale? Quoi! lorsque je forme la lettre N,

41-42 K84, K12: une règle de trois pieds de long et d'un pied de large sur

---

des rangées ou lignes de tulipes, compte six rangées au lieu de cinq bandes. Il faudrait
donc lire: cinq fois six pouces, qui font deux pieds et six pouces. C'est cette longueur
qu'il convient de substituer aux trois pieds pour calculer la superficie dans l'exemple
qui suit.

[9] La correction dans K84 et K12 rend le texte plus compréhensible. C'était déjà la
méthode préconisée par Clairaut: 'il est évident que la mesure commune des surfaces,
doit être elle-même une surface, par exemple, celle d'une toise carrée, d'un pied
carré, etc. Ainsi, mesurer un rectangle, c'est déterminer le nombre de toises carrées,
ou de pieds carrés, etc. que contient la surface' (*Eléments*, p.12).

[10] On aborde maintenant, comme dans le *Ménon*, le problème du calcul de la
diagonale.

ce trait qui lie les deux jambages n'est-il pas de la même hauteur
qu'eux?   55

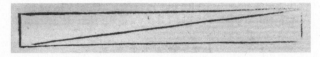

LE MAÎTRE

Il est de la même hauteur, mais non de la même longueur, cela est
démontré. Faites descendre cette diagonale au niveau du terrain;
vous voyez qu'elle déborde un peu.

LE DISCIPLE

Et de combien précisément déborde-t-elle?

LE MAÎTRE

Il y a des cas où l'on n'en saura jamais rien, de même qu'on ne saura   60
point précisément quelle est la racine carrée de cinq. [11]

LE DISCIPLE

Mais la racine carrée de 5 est 2, avec la racine d'un cinquième.

LE MAÎTRE

Et qu'est-ce que la racine carrée d'un cinquième? Vous sentez bien
que cela ne se peut exprimer en chiffres. Il y a de même en
géométrie des lignes dont les rapports ne peuvent s'exprimer. [12]   65

---

62   w68: est 1, avec
62-64   K84, K12: est [K12: de] deux, plus une fraction. / LE MAÎTRE / Mais cette
fraction ne se peut exprimer en chiffre, puisque le carré d'un nombre, plus une
fraction, ne peut être un nombre entier. Il y a même

---

[11] En d'autres termes, $\sqrt{5}$ n'est pas un nombre rationnel.
[12] La longueur de la diagonale du carré n'est pas représentée par un nombre,
autrement dit: 'le côté du carré et sa diagonale sont incommensurables' (Clairaut,
Eléments, p.97).

LE DISCIPLE

Voilà une difficulté qui m'arrête. Quoi! je ne saurai jamais mon compte? il n'y a donc rien de certain? [13]

LE MAÎTRE

Il est certain que cette ligne de biais partage le quadrilatère en deux parties égales. Mais il n'est pas plus surprenant que ce petit reste de la ligne diagonale n'ait pas une commune mesure avec les côtés, 70 qu'il n'est surprenant que vous ne puissiez trouver en arithmétique la racine carrée de 5.

Vous n'en saurez pas moins votre compte; car si un arithméticien dit qu'il vous doit la racine carrée de cinq écus, vous n'avez qu'à transformer ces cinq écus en petites pièces, comme soixante et 75 quatre, et vous serez payé en recevant huit pièces, qui sont la racine carrée de soixante et quatre. Il ne faut pas qu'il y ait de mystère ni en arithmétique, ni en géométrie.

Ces premières ouvertures aiguillonnent l'esprit du jeune homme. Son maître lui ayant dit que la diagonale d'un carré 80 étant incommensurable, immesurable [14] aux côtés et aux bases, lui apprend qu'avec cette ligne dont on ne saura jamais la valeur, il va

75-77 K84, K12: pièces, en liards par exemple, vous en aurez douze cents, dont la racine carrée est entre trente-quatre et trente-cinq, et vous saurez votre compte à un liard près. Il
79 w68: l'esprit d'un jeune
80 w68: diagonale du carré
80-81 K12: carré est incommensurable,

[13] La longueur de la diagonale d'un carré mesurant un mètre de côté s'exprime par $\sqrt{2}$; or cette racine de 2 n'étant pas un nombre rationnel, la longueur de la diagonale du carré ne peut être mesurée ni par un nombre entier ni par une fraction d'entiers: l'espace montre des longueurs que le calcul ne comprend pas. Selon la tradition, c'est Hippase de Métaponte qui, en révélant l'incommensurabilité de la diagonale, a contribué au déclin de l'école pythagoricienne, dont la doctrine 'tout est nombre' – c'est-à-dire nombre entier – s'écroulait.

[14] Pour 'immesurable', voir l'article 'Cohérence, cohésion, adhésion' des *QE* (*OCV*, t.40, p.143).

faire cependant un carré qui sera démontré être le double du carré, *a, b, c, d*. [15]

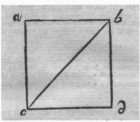

Il lui fait voir premièrement que les deux triangles qui partagent 85
le carré sont égaux. Ensuite traçant cette figure, il démontre à
l'esprit et aux yeux que le carré formé par ces quatre lignes noires
vaut les deux carrés pointillés. Et cette proposition servira bientôt à
faire comprendre ce fameux théorème que Pythagore trouva établi
chez les Indiens, et qui était connu des Chinois, que le grand côté 90
d'un triangle rectangle peut porter une figure quelconque, égale
aux figures établies sur les deux autres côtés. [16]

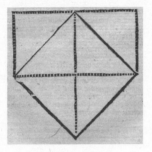

84-85 K84, K12: *a, b, c, d.* / [*schéma*] ¶Pour cela, il lui
92   K84, K12: figures semblables établies

[15] C'est le problème de la duplication du carré traité par Platon.
[16] Allusion au théorème de Pythagore: dans un triangle rectangle, le carré de la
longueur de l'hypoténuse est égal à la somme des carrés des longueurs des côtés de
l'angle droit. Mais cette propriété n'est pas particulière aux seuls carrés formés sur les
côtés d'un triangle: elle vaut aussi pour des figures quelconques comme le triangle ou
le cercle. Attribué par Proclos à Pythagore, ce théorème était effectivement connu
des Chinois et des Indiens.

cette ligne dont on ne faura jamais la valeur , il va
faire cependant un quarré qui fera démontré être le
double du quarré , *a* , *b* , *c* , *d*.

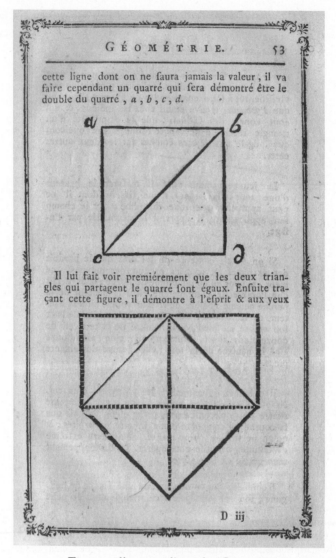

Il lui fait voir premiérement que les deux triangles qui partagent le quarré font égaux. Enfuite traçant cette figure , il démontre à l'efprit & aux yeux

D iij

2. Figures illustrant l'article 'Géométrie'
(W75G, t.29, p.53).

Le jeune homme veut-il mesurer la hauteur d'une tour,[17] la largeur d'une rivière dont il ne peut approcher, chaque théorème a sur-le-champ son application; il apprend la géométrie par l'usage.

Si on s'était contenté de lui dire que le produit des extrêmes est égal au produit des moyens,[18] ce n'eût été pour lui qu'un problème stérile; mais il sait que l'ombre de cette perche est à la hauteur de la perche comme l'ombre de la tour voisine est à la hauteur de la tour. Si donc la perche a cinq pieds et son ombre un pied, et si l'ombre de la tour est de douze pieds, il dit, comme un est à cinq, ainsi douze est à la hauteur de la tour; elle est donc de soixante pieds.

Il a besoin de connaître les propriétés d'un cercle; il sait qu'on ne pourra jamais avoir la mesure exacte de la circonférence, parce qu'on suppose que sa courbe est composée d'une infinité de droites, et qu'on ne mesure point l'infini.[19] Mais cette extrême exactitude est inutile pour opérer. Le développement d'un cercle est sa mesure.[20]

Il connaîtra que ce cercle étant une espèce de polygone, son aire est égale à ce triangle dont le petit côté est le rayon du cercle, et dont la base est la mesure de sa circonférence.[21]

95

100

105

110

103-104   K84, K12: ne peut avoir
104-106   K84, K12: de sa circonférence. Mais

[17] Souvenir possible de Thalès de Milet qui détermina la hauteur des pyramides égyptiennes par l'étendue de leur ombre, méthode fondée sur la théorie des lignes proportionnelles à laquelle Voltaire fait allusion au paragraphe suivant.

[18] C'est exactement ce qu'on lit dans les *Eléments* de Clairaut (p.82), mais la proposition n'est suivie d'aucune démonstration pratique comme chez Voltaire. Ce n'est que lorsqu'il évoque la règle de trois, qui permet de calculer facilement les proportions, qu'il donne un exemple tiré de l'expérience quotidienne (p.83-84).

[19] Un cercle est effectivement formé d'un polygone régulier inscrit ou exinscrit comportant un nombre infini de côtés. A comparer avec la dix-septième des *Lettres philosophiques*: 'Archimède considéra le cercle comme une figure d'une infinité de côtés, et donna le rapport du diamètre à la circonférence' (t.2, p.68).

[20] Remarque inspirée de Clairaut: pour obtenir la mesure de la circonférence d'un cercle, 'on peut envelopper le cercle, d'un fil; ce qui dans beaucoup d'occasions suffit pour la pratique' (*Eléments*, p.109).

[21] Ce paragraphe ainsi que le schéma proviennent directement de Clairaut (*Eléments*, p.107-108 et planche 8, fig.3 et 4); on notera cependant que le résumé

81

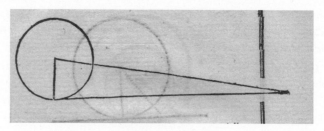

Les circonférences des cercles seront entre elles comme leurs rayons.[22]

Les cercles ayant les propriétés générales de toutes les figures rectilignes semblables, et ces figures étant entre elles comme les carrés de leurs côtés correspondants, les cercles auront aussi leurs aires proportionnelles au carré de leurs rayons.[23]

Ainsi comme le carré de l'hypoténuse est égal au carré des deux côtés, le cercle dont le rayon sera cette hypoténuse, sera égal à deux cercles qui auront pour rayon les deux autres côtés.[24] Et cette connaissance servira aisément pour construire un bassin d'eau aussi grand que deux autres bassins pris ensemble. On double le cercle si on ne le carre pas exactement.[25]

115

120

111 K84, K12: cercles sont entre
121 K84, K12: double exactement le

de Voltaire est trop rapide. C'est Archimède qui a démontré le premier que l'aire d'un cercle est égale à l'aire d'un triangle ayant la circonférence du cercle comme base et le rayon comme hauteur.

[22] Remarque inspirée de Clairaut (*Eléments*, p.110).

[23] Voltaire résume trop rapidement la démonstration de Clairaut suivant laquelle les aires des cercles sont proportionnelles aux carrés de leurs rayons (*Eléments*, p.110-11).

[24] Voltaire paraphrase un passage de la p.112 des *Eléments*. L'exemple provient également de Clairaut.

[25] Autrement dit: à défaut de pouvoir carrer le cercle – la quadrature du cercle est impossible en raison de la 'transcendance' de π –, on peut le doubler au moyen de la procédure indiquée. L'opération de la quadrature sert à calculer exactement l'aire d'une courbe quelconque. Elle consiste à construire, à la règle et au compas, un carré ayant la même superficie que la courbe donnée.

Accoutumé à sentir ainsi l'avantage des vérités géométriques; il lit dans quelques éléments de cette science, [26] que si on tire cette ligne droite appelée *tangente*, qui touchera le cercle en un point, on ne pourra jamais faire passer une autre ligne droite entre ce cercle et cette ligne. [27]

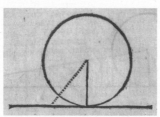

Cela est bien évident, et ce n'était pas trop la peine de le dire. Mais on ajoute qu'on peut faire passer une infinité de lignes courbes à ce point de contact; cela le surprend et surprendrait aussi des hommes faits. Il est tenté de croire la matière pénétrable. Les livres lui disent que ce n'est point là de la matière, que ce sont des lignes sans largeur. Mais si elles sont sans largeur, ces lignes droites métaphysiques passeront en foule l'une sur l'autre, sans rien toucher. Si elles ont de la largeur, aucune courbe ne passera. On lui répond gravement que c'est là un infini du second ordre. Ces mots effraient l'enfant. Il ne sait plus où il en est; il se voit transporté dans un nouveau monde qui n'a rien de commun avec le nôtre. [28]

125   K12: touchera ce cercle
134   70, 71N, 71A: foule en A B, l'une
135-37   K84, K12: passera. L'enfant ne

[26] Allusion aux *Eléments de géométrie de Monsieur le duc de Bourgogne* de Nicolas de Malezieu (Paris, 1729, BV2284; *CN*, t.5, p.508). Les passages qui suivent, ainsi que les deux schémas, s'y trouvent p.25-31.

[27] Le schéma qui suit est incompréhensible sans l'explication donnée par Malezieu. Il sert à montrer que la tangente ne peut toucher le cercle qu'en un seul endroit.

[28] La confusion entre ces deux mondes, la nature et la géométrie, a été critiquée

Comment croire que ce qui est manifestement impossible à la   140
nature, soit vrai?

Je conçois bien, dira-t-il à un maître de la géométrie transcen-
dante,[29] que tous vos cercles se rencontreront au point C. Mais
voilà tout ce que vous démontrerez. Vous ne pourrez jamais me
démontrer que ces lignes circulaires aillent au-delà du point de   145
contingence.[30]

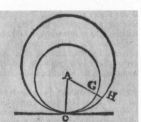

La sécante A G est plus courte que la sécante A G H; d'accord;
mais il ne suit point de là que vos lignes courbes puissent passer par
C. Elles y peuvent passer, répondra le maître, parce que C est un
infiniment petit qui contient d'autres infiniment petits.   150

145-47   K84, K12: circulaires passent à ce point entre le premier cercle et la
tangente. / [schéma] ¶La

146-48   71N: contingence. / [schéma] ¶A C est plus court qu'A H, on le sait bien,
mais

148-49   K84, K12: passer entre deux lignes qui se touchent. Elles

149   K84, K12: que GH est

150-51   K84, K12: petit du second ordre. ¶Je

---

par Voltaire dès 1736 dans une lettre à Formont: 'en géométrie nous ne considérons
que les objets de nos pensées; or il est démontré que notre pensée fera passer dans
l'espace infiniment petit du point de contingence d'un cercle et d'une tangente une
infinité d'autres cercles. Mais physiquement cela ne se peut: voilà pourquoi M. de
Malesieux dans ses Eléments de géométrie, page 117 et suivantes, paraît se tromper en
ne distinguant pas l'indivisible physique et l'indivisible mathématique' (D988).

[29] La géométrie qui emploie l'infini dans ses calculs.

[30] Point de contingence: le point commun où tous les cercles se rencontrent. La
reformulation des éditeurs de Kehl est bien plus claire (voir la variante).

Je n'entends point ce que c'est qu'un infiniment petit, dit l'enfant; et le maître est obligé d'avouer qu'il ne l'entend pas davantage. C'est là, où Malezieux s'extasie dans ses Eléments de géométrie. Il dit positivement qu'il y a des vérités incompatibles.[31] N'eût-il pas été plus honnête d'avouer que ces infinis ne sont que des approximations, des suppositions? 155

Je puis toujours diviser un nombre par la pensée; mais suit-il de là que ce nombre soit infini?[32] Aussi Newton dans son calcul intégral et dans son différentiel, ne se sert pas de ce grand mot; et Clairaut se garde bien d'enseigner dans ses Eléments de géométrie, qu'on 160 puisse faire passer des cerceaux entre une boule et la table sur laquelle cette boule est posée.[33]

Il faut bien distinguer entre la géométrie utile et la géométrie curieuse.

L'utile est le compas de proportion inventé par Galilée;[34] la 165 mesure des triangles, celle des solides, le calcul des forces mouvantes. Presque tous les autres problèmes peuvent éclairer l'esprit et le fortifier. Bien peu seront d'une utilité sensible au genre humain. Carrez des courbes tant qu'il vous plaira, vous montrerez une extrême sagacité. Vous ressemblez à un arithméticien qui 170 examine les propriétés des nombres au lieu de calculer sa fortune.

Lorsque Archimède trouva la pesanteur spécifique des corps, il rendit service au genre humain; mais de quoi vous servira de trouver trois nombres tels que la différence des carrés de 2 ajouté au cube de trois fasse toujours un carré, et que la somme des trois 175

155-57   K84, K12: plus simple de dire que ces lignes n'ont de commun que ce point C, au-delà et en-deça duquel elles se séparent. ¶Je

[31] Voir Clairaut, *Eléments*, p.31 ainsi que l'article 'Locke' du fonds de Kehl.
[32] Pour une discussion de cette notion, voir plus loin dans les *QE* l'article 'Infini'.
[33] L'exemple provient des *Eléments* de Clairaut, p.31.
[34] Compas de proportion: instrument de mathématique, composé de deux règles plates. Il fut perfectionné par Galilée au début du dix-septième siècle.

différences ajoutée au même cube fasse un autre carré?[35] *Nugae dificiles.*[36]

177   K84, K12:   *difficiles.* [*avec note*: Dans la géométrie comme dans la plupart des sciences, il est très rare qu'une proposition isolée soit d'une utilité immédiate. Mais les théories les plus utiles dans la pratique sont formées de propositions que la curiosité seule a fait découvrir, et qui sont restées longtemps inutiles sans qu'il fût possible de soupçonner comment un jour elles cesseraient de l'être. C'est dans ce sens qu'on peut dire que dans les sciences réelles, aucune théorie, aucune recherche n'est vraiment inutile.] //

[35] Voltaire se trompe. Voici comment est énoncé le problème chez Malezieu: 'Trouver trois nombres tels que la différence des carrés de deux pris comme on voudra, ajoutée au solide des trois, fasse toujours un carré, et que la somme des trois différences ajoutée au même solide, fasse encore un carré, et que les nombres soient en proportion arithmétique' (p.81). Sur les compétences de Voltaire dans le domaine des mathématiques, voir G. Stenger, 'Sur un problème mathématique dans la XVIIe *Lettre philosophique*', *Cahiers Voltaire* 5 (2006), p.11-22.

[36] 'Des puérilités difficiles' (Martial, livre 2, épigramme 86). A comparer avec ce passage de *Jeannot et Colin* (1764), qui n'est donc pas à prendre entièrement au deuxième degré (c'est un bel esprit qui parle): 'on étouffe l'esprit des enfants sous un amas de connaissances inutiles; mais de toutes les sciences la plus absurde, à mon avis, et celle qui est la plus capable d'étouffer toute espèce de génie, c'est la géométrie. Cette science ridicule a pour objet des surfaces, des lignes, et des points, qui n'existent pas dans la nature. On fait passer en esprit cent mille lignes courbes entre un cercle et une ligne droite qui le touche, quoique dans la réalité on n'y puisse pas passer un fétu. La géométrie, en vérité, n'est qu'une mauvaise plaisanterie' (*Romans et contes*, éd. F. Deloffre et J. van den Heuvel, Paris, 1979, p.272). Voir aussi le *Traité de métaphysique* (*OCV*, t.14, p.448), les *Lettres philosophiques* (t.2, p.54), *L'Homme aux quarante écus* (*OCV*, t.66, p.299). La conclusion étonnante de l'article 'Géométrie' a suscité une réaction des éditeurs de Kehl (voir la note en variante) mais sera citée élogieusement par Chateaubriand dans *Le Génie du christianisme* (3e partie, livre 2, ch.1).

GLOIRE

Que Cicéron aime la gloire après avoir étouffé la conspiration de
Catilina, on le lui pardonne. [1]
   Que le roi de Prusse Frédéric le Grand pense ainsi après Rosbac

a   K84, K12: GLOIRE, GLORIEUX / Section 1 / [*ajoutent l'article 'Gloire' de
l'Encyclopédie*] / Section 2

* Après avoir écrit, en 1757, pour l'*Encyclopédie*, un article 'Gloire, glorieux,
glorieusement, glorifier' (t.7, p.716; *OCV*, t.33, p.124-27), Voltaire a publié en 1764,
dans le *DP*, un petit conte intitulé 'Gloire' qui illustre la formule '*Ad majorem Dei
gloriam*' en montrant qu'elle profane le nom sacré de Dieu et qu'elle est souvent vide
de sens (*OCV*, t.36, p.174-76). Il le reprend dans cette entrée des *QE* (lignes 27-62) et
le fait précéder par des réflexions sur la gloire réservée, de manière élitiste, aux
grands hommes et interdite, sous peine de ridicule, au bourgeois de Paris qui s'enivre
de ce que Voltaire appelle 'vaine gloire' dans son article de 1757 (t.7, p.716; *OCV*,
t.33, p.125). Cet article, avant de faire la satire de la sottise humaine qui imagine 'Dieu
glorieux comme nous', célèbre des souverains éclairés, mais guerriers: Frédéric II
pour ses victoires pendant la guerre de Sept Ans, Catherine II, pour celles qu'elle
vient de remporter dans la guerre russo-turque, un des leitmotive des *QE*. Ainsi ce
texte s'inscrit-il dans l'actualité et témoigne-t-il une fois de plus des engagements
politiques de Voltaire et une fois encore, de sa russophilie. Voltaire, qui a souvent
dénigré l'héroïsme, apprécie tout particulièrement, chez ces deux souverains, la
distance avec laquelle ils parlent de leurs triomphes, sous-entendu dans les lettres
qu'ils lui ont adressées ou qu'ils lui adressent. Voltaire veut voir, dans ce ton de la
bonne compagnie, un indice de 'philosophie', ou du moins, une certaine qualité
d'âme perceptible dans cette élégante modestie. Sur ce point, il n'a pas changé depuis
1741, lorsque Frédéric II lui annonça la victoire de Mollwiz et qu'il s'émerveilla de la
désinvolture mondaine du billet du roi (voir C. Mervaud, *Voltaire et Frédéric II. Une
dramaturgie des Lumières*, *SVEC* 234, 1985, p.131-32). Pour l'annotation du texte
repris du *DP*, voir *OCV*, t.36, p.174-76. Cet article paraît en septembre/octobre
1771 (70, t.6).
   [1] Dans l'article 'Cicéron' des *QE*, Voltaire a pris la défense de l'auteur des
Catilinaires et l'a justifié de 's'être vanté trop souvent d'avoir sauvé Rome, et d'avoir
trop aimé la gloire' (*OCV*, t.40, p.108).

et Lissa, [2] et après avoir été le législateur, [3] l'historien, [4] le poète [5] et le philosophe de sa patrie; [6] qu'il aime passionnément la gloire, et qu'il   5
soit assez habile pour être modeste, on l'en glorifiera davantage.

Que l'impératrice Catherine II ait été forcée par la brutale insolence d'un sultan turc à déployer tout son génie; que du fond du Nord elle ait fait partir quatre escadres qui ont effrayé les Dardanelles et l'Asie Mineure, et qu'elle ait en 1770 enlevé   10

[2] Voltaire cite deux victoires décisives de Frédéric II pendant la guerre de Sept Ans, celle de Rossbach (5 novembre 1757) contre les Français commandés par Soubise et contre les Impériaux, celle de Leuthen, qu'il appelle Lisa, du 5 décembre 1757, contre les Autrichiens de Charles-Alexandre de Lorraine. Frédéric, dont la situation était désespérée, avait rimé des vers stoïques: 'Pour moi, menacé du naufrage, / Je dois, en affrontant l'orage, / Penser, vivre et mourir en roi', mais il triomphe à Rossbach (sur les réactions de Voltaire avant et après Rossbach, voir C. Mervaud, *Voltaire et Frédéric*, p.273-84). Sur la victoire de Leuthen, voir D7527, D7530.

[3] Frédéric II, en 1748, avait chargé son chancelier Cocceji d'une réforme judiciaire. Celui-ci prit une série de mesures visant à la simplification des procédures et à un meilleur rendement des tribunaux. Mais du *Corpus juris Fridericianum* n'étaient parus que les deux premiers tomes lorsque Cocceji mourut en 1755 et la suite demeura à l'état de projet.

[4] Voltaire apprécie les *Mémoires pour servir à l'histoire de la Maison de Brandebourg*, dont il possède une édition de 1751, qu'il a annotée (BV1401; *CN*, t.4, p.665).

[5] C'est sous l'égide de la poésie qu'avaient débuté les relations de Voltaire et de Frédéric, alors prince royal de Prusse. Les envois de leurs œuvres poétiques respectives, les discussions poétiques sont une constante de leur correspondance.

[6] Aux yeux de Voltaire, Frédéric mérite le titre de 'philosophe' parce qu'il est un esprit fort préconisant la tolérance religieuse. Il l'est aussi par son goût du débat intellectuel. Leur réconciliation en 1770 se scelle par l'échange de leurs œuvres. Au cours de cette année, Frédéric a envoyé en janvier son *Essai sur l'amour-propre envisagé comme principe de morale* (D16073), en avril un *Dialogue de morale à l'usage de la jeune noblesse* (D16277), en mai l'*Examen de l'Essai sur les préjugés* (D16362), et dès le 7 juillet son *Examen critique du Système de la nature* (D16503) qui donne lieu à bien des discussions, Voltaire ayant répondu au gros ouvrage du baron d'Holbach par la brochure *Dieu, réponse au Système de la nature* (*OCV*, t.72, p.125-63), reprise partiellement dans les sections 3 et 4 de l'article 'Dieu, dieux' des *QE* (*OCV*, t.40, p.421-57). Cet éloge de Frédéric complète donc l'hommage de l'article 'Arts, beaux-arts' des *QE* qui est dédié au roi de Prusse (*OCV*, t.39, p.107-12). Il faut le mettre en relation avec la réconciliation de Voltaire et de Frédéric (voir *OCV*, t.39, p.107, n.*).

quatre provinces à ces Turcs qui faisaient trembler l'Europe, [7] on trouvera fort bon qu'elle jouisse de sa gloire; et on l'admirera de parler de ses succès avec cet air d'indifférence et de supériorité qui fait voir qu'on les mérite.

En un mot, la gloire convient aux génies de cette espèce, quoiqu'ils soient de la race mortelle très chétive.

Mais si au bout de l'Occident, un bourgeois d'une ville nommée Paris près de Gonesse, croit avoir de la gloire [8] quand il est harangué par un régent de l'université qui lui dit, Monseigneur, la gloire que vous avez acquise dans l'exercice de votre charge, vos illustres travaux dont tout l'univers retentit, etc. [9] Je demande alors s'il y a dans cet univers assez de sifflets pour célébrer la gloire de mon bourgeois, et l'éloquence du pédant qui est venu braire cette harangue dans l'hôtel de monseigneur?

18   70, 71N, 71A: gloire s'il

[7] La correspondance entre Voltaire et Catherine II est intense en 1770-1771 (voir l'article 'Catherine II' par M. Mervaud, *Dictionnaire général de Voltaire*, éd. R. Trousson et J. Vercruysse, Paris, 2003). Voltaire n'a de cesse de célébrer dans les *QE* les victoires russes contre les Turcs. On peut énumérer, en se limitant aux entrées des lettres A à G, les articles suivants: 'ABC, ou alphabet' (*OCV*, t.38, p.25); 'Arot et Marot' (*OCV*, t.39, p.38, n.39-41); 'Bulgares ou Boulgares' (*OCV*, t.39, p.477, n.5); 'Chaîne, ou génération des événements' (*OCV*, t.40, p.9, n*, p.11-12, n.8); 'Climat' (*OCV*, t.40, p.136); 'Croire' (*OCV*, t.40, p.319, n.18); 'De Diodore de Sicile' (*OCV*, t.40, p.468); 'Eglise' (*OCV*, t.41, p.43, n.102); 'Esséniens' (*OCV*, t.41, p.264, n.36). Ce nombre impressionnant de références, qui n'a rien d'exhaustif, témoigne d'une véritable obsession de Voltaire, de son désir de faire sa cour à la tsarine, de sa propagande en faveur de la politique russe qui non seulement s'exprime dans des opuscules spécifiques, mais s'immisce dans les œuvres de fiction ou dans les *QE*.

[8] Ce bourgeois illustre la définition du glorieux selon Voltaire qui le distingue de l'orgueilleux: 'Le glorieux est plus rempli de vanité; il cherche plus à s'établir dans l'opinion des hommes; il veut réparer par les dehors ce qui lui manque en effet. L'orgueilleux se croit quelque chose; le glorieux veut paraître quelque chose' (*Encyclopédie*, t.7, p.716; *OCV*, t.33, p.126).

[9] Maître dans l'art de l'éloge, sa correspondance avec les souverains en témoigne, Voltaire méprise la rhétorique éculée de ce régent.

Nous sommes si sots, que nous avons fait Dieu glorieux comme 25
nous.

Ben-al-bétif, ce digne chef des derviches, leur disait un jour: Mes
frères, il est très bon que vous vous serviez souvent de cette sacrée
formule de notre Koran, *Au nom de Dieu très miséricordieux*; car
Dieu use de miséricorde, et vous apprenez à la faire en répétant 30
souvent les mots qui recommandent une vertu, sans laquelle il
resterait peu d'hommes sur la terre. Mais, mes frères, gardez-vous
bien d'imiter des[10] téméraires qui se vantent à tout propos de
travailler à la gloire de Dieu. Si un jeune imbécile soutient une
thèse sur les catégories, thèse à laquelle préside un ignorant en 35
fourrure, il ne manque pas d'écrire en gros caractères à la tête de sa
thèse; *Ek allhà abron doxa: Ad majorem Dei gloriam.* Un bon
musulman a-t-il fait blanchir son salon, il grave cette sottise sur sa
porte; un saka porte de l'eau pour la plus grande gloire de Dieu.
C'est un usage impie qui est pieusement mis en usage. Que diriez- 40
vous d'un petit chiaoux, qui en vidant la chaise percée de notre
sultan, s'écrierait; A la plus grande gloire de notre invincible
monarque? Il y a certainement plus loin du sultan à Dieu, que du
sultan au petit chiaoux.

Qu'avez-vous de commun, misérables vers de terre appelés 45
hommes, avec la gloire de l'Etre infini? Peut-il aimer la gloire?
Peut-il en recevoir de vous? Peut-il en goûter? Jusqu'à quand,
animaux à deux pieds sans plumes, ferez-vous Dieu à votre image?
Quoi! parce que vous êtes vains, parce que vous aimez la gloire,
vous voulez que Dieu l'aime aussi! S'il y avait plusieurs dieux, 50
chacun d'eux peut-être voudrait obtenir les suffrages de ses
semblables. Ce serait là la gloire d'un dieu. Si l'on peut comparer
la grandeur infinie avec la bassesse extrême, ce dieu serait comme le
roi Alexandre ou Scander, qui ne voulait entrer en lice qu'avec des
rois: Mais vous, pauvres gens, quelle gloire pouvez-vous donner à 55
Dieu? Cessez de profaner son nom sacré. Un empereur nommé

---

[10] Dans le *DP*, 'ces', seul changement dans le texte repris et qui peut être une
coquille.

Octave Auguste, défendit qu'on le louât dans les écoles de Rome, de peur que son nom ne fût avili. Mais vous ne pouvez ni avilir l'Etre suprême, ni l'honorer. Anéantissez-vous, adorez et taisez-vous.

  Ainsi parlait Ben-al-bétif; et les derviches s'écrièrent, Gloire à Dieu! Ben-al-bétif a bien parlé.

60

---

62 K84, K12: parlé. [*ajoutent De la gloire, ou entretien avec un Chinois (1738)*] / /

GOÛT

Y a-t-il un bon et un mauvais goût? oui sans doute, quoique les hommes diffèrent d'opinions, de mœurs, d'usages.

Le meilleur goût en tout genre est d'imiter la nature avec le plus de fidélité, de force et de grâce.

Mais la grâce n'est-elle pas arbitraire? non, puisqu'elle consiste à 5 donner aux objets qu'on représente, de la vie et de la douceur. [1]

a   K84, K12: Goût / Section 1 [*ajoutent l'article 'Goût' de l'Encyclopédie*] / Section 2

* La première partie de l'article 'Goût (Gramm. Littérat. et Philos.)' de l'*Encyclopédie* (t.7, p.761; *OCV*, t.33, p.128-32) est de Voltaire lui-même (*Encyclopédie*, t.7, p.xiii). Elle est suivie du 'fragment sur le goût que M. le président de Montesquieu destinait à l'*Encyclopédie*, comme nous l'avons dit à la fin de son éloge, tome V de cet ouvrage [par D'Alembert, p.iii-xviii]. Ce fragment a été trouvé imparfait dans ses papiers: l'auteur n'a pas eu le temps d'y mettre la dernière main; mais les premières pensées des grands maîtres méritent d'être conservées à la postérité, comme les esquisses des grands peintres': c'est l'"Essai sur le goût dans les choses de la nature et de l'art' (t.7, p.762-67; consulter Frank A. et Serena L. Kafker, *The Encyclopedists as individuals*, *SVEC* 257, 1988, p.265-66). Pour terminer l'article, l'*Encyclopédie* publie 'un morceau [...] lu à l'Académie française le 14 mars 1757' par D'Alembert: 'Réflexions sur l'usage et l'abus de la philosophie dans les matières de goût' (t.7, p.767-70; D'Alembert, *Mélanges de littérature, d'histoire et de philosophie*, 4 vol., Amsterdam, 1759, t.4, p.326-33). L'article des *QE* fut envoyé à Cramer en mai ou juin 1771 (D17213, 17214). Le 19 juillet 1771, Voltaire recommandait à Mme Du Deffand, à qui il envoyait une 'épreuve d'imprimeur' du t.7 des *QE*, 'd'autres articles sur le goût tous remplis de traductions en vers des meilleurs morceaux de la poésie italienne et anglaise' (D17306). Cet article paraît en septembre/octobre 1771 (70, t.6), et connaît un prolongement en février/mars 1772 (70, t.9, 'Supplément').
[1] Voltaire avait fourni l'article 'Grâce (Gramm. Littérat. et Mytholog.)' de l'*Encyclopédie* (t.7, p.805; *OCV*, t.33, p.133-36): 'Il semble qu'en général le petit, le joli en tout genre, soit plus susceptible de grâces que le grand. On louerait mal une oraison funèbre, une tragédie, un sermon, si on leur donnait l'épithète de gracieux'. Il est aussi l'auteur de l'article 'Gracieux' (t.7, p.806; *OCV*, t.33, p.137).

Entre deux hommes dont l'un sera grossier, l'autre délicat, on convient assez que l'un a plus de goût que l'autre.

Avant que le bon temps fût venu, Voiture qui dans sa manie de broder des riens avait quelquefois beaucoup de délicatesse et 10
d'agrément, écrit au Grand Condé sur sa maladie:

> Commencez, Seigneur, à songer
> Qu'il importe d'être et de vivre;
> Pensez à vous mieux ménager.
> Quel charme a pour vous le danger 15
> Que vous aimiez tant à le suivre?
> Si vous aviez dans les combats
> D'Amadis l'armure enchantée
> Comme vous en avez le bras
> Et la vaillance tant vantée, 20
> Seigneur, je ne me plaindrais pas.
> Mais en nos siècles où les charmes
> Ne font pas de pareilles armes;
> Qu'on voit que le plus noble sang,
> Fût-il d'Hector ou d'Alexandre, 25
> Est aussi facile à répandre
> Que l'est celui du plus bas rang;
> Que d'une force sans seconde
> La mort sait ses traits élancer;
> Et qu'un peu de plomb peut casser 30
> La plus belle tête du monde,
> Qui l'a bonne y doit regarder.
> Mais une telle que la vôtre,
> Ne se doit jamais hasarder.

16   70, 71A: à suivre?

31   K84, K12: monde; [*avec note*: M. de Voltaire a imité et embelli cette idée dans une épître au roi de Prusse] [2]

[2] Cf. l'*Epître au roi de Prusse*, du 20 avril 1741: 'Songez que les boulets ne vous respectent guère, / Et qu'un plomb dans un tube entassé par des sots / Peut casser d'un seul coup la tête d'un héros / Lorsque, multipliant son poids par sa vitesse, / Il fend l'air qui résiste, et pousse autant qu'il presse' (*M*, t.10, p.318-20; D2465).

Pour votre bien et pour le nôtre,   35
Seigneur, il vous la faut garder.
Quoi que votre esprit se propose,
Quand votre course sera close,
On vous abandonnera fort.
Croyez-moi, c'est fort peu de chose   40
Qu'un demi-dieu quand il est mort. [3]

Ces vers passent encore aujourd'hui pour être pleins de goût et pour être les meilleurs de Voiture.

Dans le même temps, l'Etoile qui passait pour un génie, l'Etoile l'un des cinq auteurs qui travaillaient aux tragédies du cardinal de   45
Richelieu; l'Etoile, [4] l'un des juges de Corneille, faisait ces vers qui sont imprimés à la suite de Malherbe et de Racan;

Que j'aime en tout temps la taverne!
Que librement je m'y gouverne!
Elle n'a rien d'égal à soi.   50
J'y vois tout ce que j'y demande,
Et les torchons y sont pour moi
De fine toile de Hollande. [5]

Il n'est point de lecteur qui ne convienne que les vers de Voiture

---

[3] Vincent Voiture, 'Epître à Monseigneur le Prince, sur son retour d'Allemagne, l'an 1645', *Les Œuvres* (Paris, 1656), p.181-82.

[4] Claude de L'Estoille, sieur du Saussay et de la Boissinière, poète, dramaturge, membre de l'Académie française. Il y lut le 14 mai 1635 un discours 'de l'excellence de la poésie, et de la rareté des parfaits poètes', dont Paul Pellisson dit ironiquement qu'il 'déclame fort agréablement contre la servitude de la rime, et se venge de tout le mal qu'elle lui a jamais fait souffrir' (*Relation contenant l'histoire de l'Académie française*, Paris, 1672, p.101-102). L'un des 'cinq auteurs', dont Pierre Corneille, qui signaient les pièces dont les canevas étaient de Richelieu, L'Estoille aurait collaboré à la *Comédie des Tuileries* (1638) et à *L'Aveugle de Smyrne* (1638). Voir Richard Alexander Parker, *Claude de L'Estoille poet and dramatist, 1597-1652* (Baltimore, MD, 1930).

[5] 'Chanson à boire' dans le *Recueil des plus beaux vers de Messieurs de Malherbe, Racan, Maynard, Bois-Robert, Monfuron, Lingendes, Touvant, Motin, de L'Estoille, et autres divers auteurs des plus fameux esprits de la cour* (Paris, 1638, BV2906), p.916. Voir Frédéric Lachèvre, *Bibliographie des recueils collectifs de poésies publiés de 1597 à 1700* (4 vol., Paris, 1901), t.1, p.66-69.

sont d'un courtisan qui a le bon goût en partage, et ceux de l'Etoile   55
d'un homme grossier sans esprit.

C'est dommage qu'on puisse dire de Voiture, Il eut du goût cette
fois-là. Il n'y a certainement qu'un goût détestable dans plus de
mille vers pareils à ceux-ci.

> Quand nous fûmes dans Etampes   60
> Nous parlâmes fort de vous.
> J'en soupirai quatre coups,
> Et j'en eus la goutte crampe.
> Etampe et crampe vraiment
> Riment merveilleusement.   65
> Nous trouvâmes près Sercote,
> (Cas étrange et vrai pourtant)
> Des bœufs qu'on voyait broutant
> Dessus le haut d'une motte.
> Et plus bas quelques cochons   70
> Avec nombre de moutons, etc. [6]

La fameuse lettre de la carpe au brochet, [7] et qui lui fit tant de

[6] Voiture, chanson 'Sur l'air du Branle de Metz', *Les Œuvres*, p.77. Dans un billet à
Pierre Costar, Voiture s'amusait lui-même de la rime 'bien riche': 'Estampes /
goutte-crampe' (*Œuvres. Lettres et poésies*, éd. Abdolonyme Ubicini, 2 vol., Paris,
1855, t.2, p.148). Bon connaisseur de la poésie médiévale, qu'il imitait volontiers dans
des 'vers en vieux langage', Voiture avait, sans doute, pris la rime dans *La Bataille
des vins* d'Henri d'Andeli, poème du début du treizième siècle, vers 55-56 (Albert
Henri, 'La bataille des vins, édition avec introduction, notes, glossaire et tables',
Bulletin de la classe des lettres et des sciences morales et politiques, 6e série, t.2, nos 6-9,
1991, p.203-48). Voltaire possédait une édition des *Œuvres de Monsieur de Voiture*,
4e éd. (Paris, 1654, BV3459). Un signet entre les p.78-79 marque la chanson 'Sur l'air
du branle de Metz' (*CN*, t.9).

[7] Voiture, lettre à Mgr le duc d'Enghien, dite 'Lettre de la carpe au brochet', de
novembre 1643 (*Œuvres. Lettres et poésies*, lettre 155, t.1, p.401-404). Dans son
exemplaire des *Œuvres de Monsieur de Voiture*, Voltaire écrit en face d'explications
d'Etienne-Martin de Pinchesne sur cette lettre: 'lettres du brochet / plaisanterie trop
longue' (*CN*, t.9). Voir l'analyse de cette lettre que fait Sophie Rollin, *Le Style de
Vincent Voiture: une esthétique galante* (Saint-Etienne, 2006), p.293-99. Dans le
chapitre 32 du *Siècle de Louis XIV*, Voltaire évoque les 'grâces légères de [son] style
épistolaire qui n'est pas le meilleur, puisqu'il ne consiste que dans la plaisanterie' (*OH*,
p.1003).

réputation, n'est-elle pas une plaisanterie trop poussée, trop longue, et en quelques endroits trop peu naturelle? n'est-ce pas un mélange de finesse et de grossièreté, de vrai et de faux? Fallait-il 75 dire au Grand Condé, nommé le *brochet* dans une société de la cour, [8] qu'à son nom *les baleines du nord suaient à grosses gouttes*, et que les gens de l'empereur pensaient le frire et le manger avec un grain de sel?

Est-ce un bon goût d'écrire tant de lettres seulement pour montrer 80 un peu de cet esprit qui consiste en jeux de mots et en pointes?

N'est-on pas révolté quand Voiture dit au Grand Condé sur la prise de Dunkerke, *Je crois que vous prendriez la lune avec les dents?* [9]

Il semble que ce faux goût fut inspiré à Voiture par le Marini [10] qui était venu en France avec la reine Marie de Médicis. Voiture et 85 Costar le citent très souvent dans ses lettres comme un modèle. Ils admirent sa description de la rose fille d'avril, vierge et reine, assise sur un trône épineux, tenant majestueusement le sceptre des fleurs, ayant pour courtisans et pour ministres la famille lascive des zéphyrs, et portant la couronne d'or et le manteau d'écarlate. [11] 90

---

86   70, 71N, 71A: dans leurs lettres

[8] '[A]vant que M. le Duc partît de Paris, étant en compagnie de dames avec lesquelles il vivait très familièrement, il se mit à jouer avec elles à de petits jeux, et particulièrement à celui des poissons, où il était le brochet. Ce qui donna sujet à l'auteur, qui était aussi du jeu sous le nom de la carpe, de lui écrire cette raillerie ingénieuse': note d'Etienne-Martin de Pinchesne, neveu de Voiture et son éditeur, reproduite par A. Ubicini (*Œuvres. Lettres et poésies*, t.1, p.401-402). Le visage très aigu du Grand Condé faisait, en effet, penser à une tête de brochet: voir le buste d'Antoine Coysevox (Louvre).

[9] Voiture, lettre 193, octobre 1646 (*Œuvres. Lettres et poésies*, t.2, p.36).

[10] Gianbattista Marino, plus connu en France comme le Cavalier Marin (1569-1625), vint à Paris en 1615 à l'invitation de la reine-mère, Marie de Médicis; il y publia son poème de l'*Adone* (1623), dont le succès fut à l'origine du 'marinisme', une forme extrême et complexe du baroque littéraire. Voir *Adone*, éd. Giovanni Pozzi (Milan, 1988); Marie-France Tristan, *La Scène de l'écriture, essai sur la poésie philosophique du Cavalier Marin* (Paris, 2002).

[11] La lettre 12, 1640, à Pierre Costar, son correspondant favori et son ami (1603-1660), sur 'les étoiles, les fleurs du ciel': 'Il ciel fiorito, e'l terren stellato' (*Œuvres. Lettres et poésies*, t.2, p.111); et surtout maintes références dans les *Entretiens de*

Bella figlia d'Aprile
Verginella e reina
Su lo spinoso trono
Del verde cespo assisa
De' fior' lo scettro in maesta sostiene; 95
E corteggiata intorno
Da lasciva famiglia
Di zephiri ministri
Porta d'or' la corona e d'ostro il manto. [12]

Voiture cite avec complaisance dans sa trente-cinquième lettre à 100
Costar, l'atome sonnant du Marini, la voix emplumée, le souffle
vivant vêtu de plumes, la plume sonore, le chant ailé, le petit esprit
d'harmonie caché dans de petites entrailles, et tout cela pour dire,
Un rossignol.

Una voce pennuta, un suon' volante, 105
E vestito di penne, un vivo fiato,
Una piuma canora, un canto alato,
Un spirituel che d'armonia composto
Vive in anguste viscere nascoto. [13]

Balzac avait un mauvais goût tout contraire; il écrivait des lettres 110
familières avec une étrange emphase. Il écrit au cardinal de la
Valette, que ni dans les déserts de la Lybie, ni dans les abîmes de la
mer, il n'y eut jamais un si furieux monstre que la sciatique; et que si
les tyrans dont la mémoire nous est odieuse, eussent eu tels

Monsieur de Voiture et de Monsieur Costar (Paris, 1655, BV3460), p.208, 258-59, 267,
301, 317-18, etc.

[12] La 'rose porte la couronne d'or et le manteau de pourpre. Elle est toujours assise
sur un trône entouré d'épines, comme le sont tous les autres trônes. Ses courtisans
ordinaires sont les Zéphirs; et toutes les autres fleurs sont ses sujets': cité par Voiture
(*Entretiens*, p.375). Voir *Marino e i marinisti*, éd. G. G. Ferrero (Milan et Naples,
1954), p.507 ('Idilli favolosi: Europa'). La citation diffère du texte de Voiture.

[13] *Adone*, chant 7: 'Le delizie', cinq vers tirés des strophes 37-38 (Milan, 1988),
p.344: 'une voix emplumée, un son volant, et vêtu de plumes, un souffle vivant, une
plume qui chante, un chant ailé, un petit esprit composé d'harmonie, caché dans des
entrailles étroites'. Lire 'nascosto' et non 'nascoto' au dernier vers.

instruments de leur cruauté, c'eût été la sciatique que les martyrs   115
eussent endurée pour la religion. [14]

Ces exagérations emphatiques, ces longues périodes mesurées,
si contraires au style épistolaire, ces déclamations fastidieuses,
hérissées de grec et de latin au sujet de deux sonnets assez
médiocres qui partageaient la cour et la ville, [15] et sur la pitoyable   120
tragédie d'Hérode infanticide, [16] tout cela était d'un temps où le goût
n'était pas encore formé. *Cinna* même, et les *Lettres provinciales* qui
étonnèrent la nation, ne la dérouillèrent pas encore.

Les connaisseurs distinguent surtout dans le même homme le
temps où son goût était formé, celui où il acquit sa perfection, celui   125

124   70, 71N, 71A: distinguent encore dans

[14] Jean-Louis Guez de Balzac, *Les Premières Lettres, 1618-1627*, éd. H. Bibas et
K. T. Butler, 2 vol. (Paris, 1933-1944), lettre 21 (t.1, p.96): de Rome, le 10 décembre
1621 à Louis, cardinal de la Valette (1593-1639), archevêque de Toulouse, puis
lieutenant général des armées du roi. Voltaire est relativement moins sévère sur
Voiture que sur Guez de Balzac épistolier: 'ses lettres étaient des harangues
ampoulées', mais 'il charmait l'oreille' (selon le 'Catalogue des écrivains' du
Siècle de Louis XIV, OH, p.1003). Voltaire possède plusieurs éditions des *Œuvres*
de Guez de Balzac (BV251-53) et deux éditions de ses *Lettres* (BV255-56) avec de
nombreuses traces de lecture (*CN*, t.1, p.197-209).
[15] Querelle célèbre à l'époque de la Fronde (1648-1649) opposant les 'uranistes' et
les 'jobelins' autour de deux sonnets: à Uranie ('Il faut finir mes jours en l'amour
d'Uranie') de Voiture (*Les Œuvres*, p.52) et 'Sur Job' d'Isaac de Benserade ('Job de
mille tourments atteint', *Les Œuvres*, 2 vol., Paris, 1697, t.1, p.174). Une bataille
poétique en suivit. Voir le détail dans les *Mémoires de littérature* d'Albert-Henri de
Sallengre (2 vol., La Haye, 1715-1717), t.1, p.120-34, et dans Claude-Joseph Goujet,
Bibliothèque française (18 vol., Paris, 1741-1756), t.18, p.296-300.
[16] *Herodes infanticida*, tragédie néo-latine de Daniel Heinsius rédigée en 1607-
1608, mais publiée seulement en 1632. Sa pièce fut violemment critiquée par Guez de
Balzac dans son *Discours sur une tragédie de Monsieur Heinsius intitulée Herodes
infanticida* (Paris, 1636). Raymond Lebègue, 'L'*Herodes infanticida* en France',
Neophilologus 23, n° 1 (décembre 1938), p.388-94. Voir l'édition d'Anne Duprat du
De Constitutione tragoediae. La Constitution de la tragédie dite La Poétique d'Heinsius
(Genève, 2001), où le 'docteur hollandais' défendait en 1611 une conception
humaniste et sénéquéenne de l'acte tragique qui passait pour archaïque vingt ans
plus tard.

où il tomba en décadence. Quel homme d'un esprit un peu cultivé ne sentira pas l'extrême différence des beaux morceaux de *Cinna*, et de ceux du même auteur dans ses vingt dernières tragédies?

> Dis-moi donc, lorsque Othon s'est offert à Camille,
> A-t-il été content? a-t-elle été facile?   130
> Son hommage auprès d'elle a-t-il eu plein effet?
> Comment l'a-t-elle pris? et comment l'a-t-il fait? [17]
>   (Corneille)

Est-il parmi les gens de lettres quelqu'un qui ne reconnaisse le goût perfectionné de Boileau dans son Art poétique, et son goût   135 non encore raffiné dans sa satire sur les embarras de Paris, où il peint des chats dans les gouttières?

> L'un miaule en grondant comme un tigre en furie,
> L'autre roule sa voix comme un enfant qui crie;
> Ce n'est pas tout encore, les souris et les rats   140
> Semblent pour m'éveiller s'entendre avec les chats. [18]

S'il avait vécu alors dans la bonne compagnie, elle lui aurait conseillé d'exercer son talent sur des objets plus dignes d'elle que des chats, des rats et des souris.

Comme un artiste forme peu à peu son goût, une nation forme   145 aussi le sien. Elle croupit des siècles entiers dans la barbarie, ensuite il s'élève une faible aurore; enfin le grand jour paraît, après lequel on ne voit plus qu'un long et triste crépuscule. [19]

---

128   70, 71A: de ceux-ci du
131   70, 71N, 71A: eu plus d'effet?
133   70, 71N, 71A, W68, W75G, β: (elle.) [*erreur corrigée par les éditeurs de Kehl*]
136   K12: encore épuré dans
148   70, 71N, 71A: long crépuscule.

---

[17] Corneille, *Othon* (1664), acte 2, scène 1, vers 373-76, ridicules selon Voltaire (voir les *Commentaires sur Corneille*, *OCV*, t.55, p.920).

[18] Boileau, satire 6, vers 7-10.

[19] Idée récurrente chez Voltaire, dont l'expression achevée est dans *Le Siècle de Louis XIV* (1751) et que l'on retrouve dans son article 'Goût' de l'*Encyclopédie*: 'Le

Nous convenons tous depuis longtemps, que malgré les soins de François Ier pour faire naître le goût des beaux-arts en France, ce bon goût ne put jamais s'établir que vers le siècle de Louis XIV; et nous commençons à nous plaindre que le siècle présent dégénère. 150

Les Grecs du Bas-Empire avouaient que le goût qui régnait du temps de Périclès était perdu chez eux. Les Grecs modernes conviennent qu'ils n'en ont aucun. 155

Quintilien reconnaît que le goût des Romains commençait à se corrompre de son temps.

Nous avons vu à l'article 'Art dramatique',[20] combien Lopez de Vega se plaignait du mauvais goût des Espagnols.

Les Italiens s'aperçurent les premiers que tout dégénérait chez eux quelque temps après leur immortel *Seicento*; et qu'ils voyaient périr la plupart des arts qu'ils avaient fait naître. 160

Adisson attaque souvent le mauvais goût de ses compatriotes dans plus d'un genre, soit quand il se moque de la statue d'un amiral en perruque carrée, soit quand il témoigne son mépris pour les jeux de mots employés sérieusement, ou quand il condamne des jongleurs introduits dans les tragédies.[21] 165

Si donc les meilleurs esprits d'un pays conviennent que le goût a manqué en certains temps à leur patrie, les voisins peuvent le sentir comme les compatriotes. Et de même qu'il est évident que parmi nous tel homme a le goût bon et tel autre mauvais, il peut être évident aussi que de deux nations contemporaines l'une a un goût rude et grossier, l'autre fin et naturel. 170

Le malheur est que quand on prononce cette vérité on révolte la nation entière dont on parle, comme on cabre un homme de mauvais goût lorsqu'on veut le ramener. 175

Le mieux est donc d'attendre que le temps et l'exemple

---

goût peut se gâter chez une nation; ce malheur arrive d'ordinaire après les siècles de perfection' (t.7, p.761; *OCV*, t.33, p.131).

[20] *OCV*, t.39, p.50-51.

[21] Joseph Addison, *The Spectator*, 30 mars 1711, t.1, n° 26; 18 avril 1711, t.1, n° 42; 10 mai 1711, t.1, n° 61. Sur Addison dramaturge, voir plus loin lignes 242-57 et n.32.

instruisent une nation qui pèche par le goût. C'est ainsi que les
Espagnols commencent à réformer leur théâtre, et que les
Allemands essaient d'en former un.   180

Du goût particulier d'une nation

Il est des beautés de tous les temps et de tous les pays, mais il est
aussi des beautés locales. L'éloquence doit être partout persuasive,
la douleur touchante, la colère impétueuse, la sagesse tranquille;
mais les détails qui pourront plaire à un citoyen de Londres,
pourront ne faire aucun effet sur un habitant de Paris; les Anglais   185
tireront plus heureusement leurs comparaisons, leurs métaphores
de la marine, que ne feront des Parisiens qui voient rarement des
vaisseaux. Tout ce qui tiendra de près à la liberté d'un Anglais, à ses
droits, à ses usages, fera plus d'impression sur lui que sur un
Français. [22]   190

La température du climat introduira dans un pays froid et
humide un goût d'architecture, d'ameublements, de vêtements qui
sera fort bon, et qui ne pourra être reçu à Rome, en Sicile.

Théocrite et Virgile ont dû vanter l'ombrage et la fraîcheur des
eaux dans leurs églogues. Thompson dans sa description des   195
Saisons, [23] aura dû faire des descriptions toutes contraires.

Une nation éclairée, mais peu sociable, n'aura point les mêmes
ridicules qu'une nation aussi spirituelle, mais livrée à la société
jusqu'à l'indiscrétion. Et ces deux peuples conséquemment n'auront pas la même espèce de comédie.   200

La poésie sera différente chez le peuple qui renferme les femmes
et chez celui qui leur accorde une liberté sans bornes.

[22] Voltaire avait lu les *Lettres sur les Anglais et les Français et sur les voyages* de Béat
de Muralt (BV2534), qu'il cite dans les *Lettres philosophiques* (t.2, p.103-105). Le
parallèle des deux nations, tant pour les mœurs que pour les usages sociaux, était le
propos du voyageur suisse qui compléta la propre expérience de Voltaire.

[23] *The Seasons* (1726-1730) de James Thomson furent traduites par Marie-Jeanne
de Châtillon, dame Bontemps (1759) et plusieurs fois rééditées (1761, 1779, etc.).
Voir Margaret M. Cameron, *L'Influence des 'Saisons' de Thomson sur la poésie
descriptive en France (1759-1810)* (Paris, 1927).

Mais il sera toujours vrai de dire que Virgile a mieux peint ses tableaux que Thompson n'a peint les siens, et qu'il y a eu plus de goût sur les bords du Tibre que sur ceux de la Tamise; que les scènes naturelles du *Pastor fido* sont incomparablement supérieures aux Bergeries de Racan;[24] que Racine et Molière sont des hommes divins à l'égard des auteurs des autres théâtres.

Du goût des connaisseurs

En général le goût fin et sûr consiste dans le sentiment prompt d'une beauté parmi des défauts, et d'un défaut parmi des beautés.

Le gourmet est celui qui discernera le mélange de deux vins,[25] qui sentira ce qui domine dans un mets, tandis que les autres convives n'auront qu'un sentiment confus et égaré.

Ne se trompe-t-on pas quand on dit que c'est un malheur d'avoir le goût trop délicat, d'être trop connaisseur? qu'alors on est trop choqué des défauts et trop insensible aux beautés? qu'enfin on perd à être trop difficile? n'est-il pas vrai au contraire qu'il n'y a véritablement de plaisir que pour les gens de goût? ils voient, ils entendent, ils sentent ce qui échappe aux hommes moins sensiblement organisés, et moins exercés.

Le connaisseur en musique, en peinture, en architecture, en

205

210

215

220

---

208 w68: l'égard des autres

[24] La tragédie pastorale de Giovanni Battista Guarini fut publiée avec un énorme succès en 1589. Honorat de Bueil de Racan s'en inspira dans la pastorale des *Bergeries* (1625). Voltaire possède deux éditions de *Il Pastor fido* (Paris, 1729, BV1561; Amsterdam, 1736, BV1562) qui portent de nombreuses traces de lecture (*CN*, t.4, p.201-38). Au dix-huitième siècle encore, la tragédie fut, entre autres œuvres, la source d'un opéra de Georg Friedrich Haendel (*Il Pastor fido*, 1712, 1734) et d'une cantate de Jean-Philippe Rameau (*Le Berger fidèle*, 1728).

[25] Formule reprise de l'article 'Goût' de l'*Encyclopédie* (t.7, p.761; *OCV*, t.33, p.129), qui développe particulièrement ce qui concerne le 'goût' dans le domaine des pratiques alimentaires. La première partie de l'article 'Goût (Physiolog.)' de l'*Encyclopédie* compilée par le chevalier de Jaucourt traite du 'goût' comme d'une 'sensation particulière à la bouche' (t.7, p.760-61).

poésie, en médailles etc. [26] éprouve des sensations que le vulgaire ne soupçonne pas; le plaisir même de découvrir une faute le flatte, et lui fait sentir les beautés plus vivement. C'est l'avantage des bonnes vues sur les mauvaises. L'homme de goût a d'autres yeux, d'autres oreilles, un autre tact que l'homme grossier. Il est choqué des draperies mesquines de Raphaël, mais il admire la noble correction de son dessin. [27] Il a le plaisir d'apercevoir que les enfants de Laocoon n'ont nulle proportion avec la taille de leur père; mais tout le groupe le fait frissonner tandis que d'autres spectateurs sont tranquilles. [28]

225

230

Le célèbre sculpteur homme de lettres et de génie, qui a fait la statue colossale de Pierre Ier à Pétersbourg, critique avec raison l'attitude du Moïse de Michel-Ange, et sa petite veste serrée qui n'est pas même le costume oriental; en même temps il s'extasie en contemplant l'air de tête. [29]

235

[26] Trois courts articles de l'*Encyclopédie* (t.7, p.770) s'intéressent à ces questions particulières: 'Goût (en architecture)' par Jacques-François Blondel, 'Goût du chant' par Jean-Jacques Rousseau et 'Goût (en peinture)' par Paul Landois.

[27] Ce jugement sur Raphaël vient de Roger de Piles, repris par le marquis d'Argens dans ses *Réflexions critiques sur les différentes écoles de peinture* (Paris, 1752), où le chambellan de Frédéric fait l'éloge de la peinture française contre l'italienne. Dans son parallèle de Raphaël et d'Eustache Lesueur, il affirme que le premier 'faisait ses draperies d'une petite manière' (p.42), mais qu''il a dessiné avec la correction, l'élégance et la précision de l'antique' (p.41). Dans sa curieuse 'Balance des peintres', Roger de Piles note 17 la 'composition' chez Raphaël, 12 le 'coloris', mais 18 l'"expression' et le 'dessin' (*Cours de peinture par principes*, Paris, 1708, tableau non paginé en fin de volume).

[28] Conservé au musée Pio Clementino, ce célèbre groupe antique sculpté fut exhumé à Rome en 1506. Il influença grandement l'art de la Renaissance, Michel Ange en particulier. Au dix-huitième siècle, il fut au centre de la réflexion esthétique de Johann Joachim Winckelmann (*Gedanken über die Nachahmung der griechischen Werke in Malerei und Bildhauerkunst*, 1755, trad. fr. 1756), et du *Laokoon oder über die Grenzen der Malerei und Poesie* (1766) de Gotthold Ephraim Lessing (*Laocoon*, trad. A. Courtin, 1997).

[29] A partir de 1766, Etienne Falconet réalisa pour Catherine II la statue équestre de Pierre le Grand à Saint-Pétersbourg: elle fut inaugurée en 1782 seulement par la tsarine. L'ami de Diderot avait publié une dissertation *Du Moïse de Michel Ange et de son Bacchus*, rééditée dans ses *Œuvres diverses concernant les arts*, 3 vol. (Paris, 1787),

Exemples du bon et du mauvais goût, tirés des tragédies françaises et anglaises

Je ne parlerai point ici de quelques auteurs anglais, qui ayant traduit des pièces de Molière, l'ont insulté dans leurs préfaces,[30] ni de ceux qui de deux tragédies de Racine en ont fait une, et qui l'ont encore chargée de nouveaux incidents pour se donner le droit de censurer la noble et féconde simplicité de ce grand homme.[31]   240

De tous les auteurs qui ont écrit en Angleterre sur le goût, sur l'esprit et l'imagination, et qui ont prétendu à une critique judicieuse, Adisson est celui qui a le plus d'autorité. Ses ouvrages sont très utiles, on a désiré seulement qu'il n'eût pas trop souvent   245 sacrifié son propre goût au désir de plaire à son parti, et de procurer un prompt débit aux feuilles du Spectateur qu'il composait avec Steele.

Cependant, il a souvent le courage de donner la préférence au théâtre de Paris sur celui de Londres; il fait sentir les défauts de la   250 scène anglaise; et quand il écrivit son *Caton*, il se donna bien de garde d'imiter le style de Shakespear. S'il avait su traiter les passions, si la chaleur de son âme eût répondu à la dignité de son style, il aurait réformé sa nation. Sa pièce étant une affaire de parti, eut un succès prodigieux. Mais quand les factions furent éteintes, il   255

---

t.3, p.146-61. Falconet rédigea l'article 'Sculpture (Beaux-Arts)' de l'*Encyclopédie* (t.14, p.834-36).

[30] 'Il n'y a que les mauvais auteurs anglais qui aient dit du mal de ce grand homme' (*Lettres philosophiques*, t.2, p.109). Dans sa lettre seconde traitant du théâtre anglais, Muralt disait des Anglais: 'c'est à Molière surtout qu'ils aiment à se préférer, et c'est lui qu'ils maltraitent' (*Lettres sur les Anglais et les Français*, s.l. [Genève], 1725, p.35). Il cite longuement la préface de la traduction de *L'Avare* par Thomas Shadwell (*The Miser*, 1671) qui se flatte d'avoir amélioré la pièce de Molière (p.44).

[31] Sur les traductions et adaptations de Racine pour la scène anglaise du dix-septième au premier dix-huitième siècle, voir F. E. Eccles, *Racine in England* (Oxford, 1922), p.3-17, et Dorothea F. Canfield, *Corneille and Racine in England: A Study of the English translations of the two Corneilles and Racine, with special reference to their representation on the English stage* (New York, 1904).

ne resta à la tragédie de *Caton* que de très beaux vers et de la froideur.[32] Rien n'a plus contribué à l'affermissement de l'empire de Shakespear. Le vulgaire en aucun pays ne se connaît en beaux vers; et le vulgaire anglais aime mieux des princes qui se disent des injures, des femmes qui se roulent sur la scène, des assassinats, des exécutions criminelles, des revenants qui remplissent le théâtre en foule, des sorciers, que l'éloquence la plus noble et la plus sage.[33]

Colliers a très bien senti les défauts du théâtre anglais; mais étant ennemi de cet art par une superstition barbare dont il était possédé, il déplut trop à la nation pour qu'elle daignât s'éclairer par lui; il fut haï et méprisé.[34]

Warburton évêque de Glocester a commenté Shakespear de concert avec Pope. Mais son commentaire ne roule que sur les mots.[35] L'auteur des trois volumes des *Eléments de critique*, censure Shakespear quelquefois; mais il censure beaucoup plus Racine et nos auteurs tragiques.[36]

---

[32] Voltaire faisait, dans les *Lettres philosophiques* (t.2, p.85-87), un éloge presque sans réserves du *Cato, a tragedy* (1713; trad. A. Boyer, 1713) d'Addison; il y revint pour quelques lignes dans l'article 'Art dramatique' des *QE* (*OCV*, t.39, p.62).

[33] Voir la dix-huitième lettre 'Sur la tragédie' des *Lettres philosophiques* (t.2, p.79-88) et, une nouvelle fois, l'article 'Art dramatique' des *QE* (*OCV*, t.39, p.52-63).

[34] Jeremy Collier, *A Short View of the immorality and profaneness of the English stage* (1698; rééd. Londres, 1996), ouvrage où il s'en prenait spécialement aux pièces de William Congreve et de Sir John Vanbrugh qui répliquèrent à ces attaques. Le volume fut traduit en français par le P. Joseph de Courbeville, S. J., sous le titre adapté de: *La Critique du théâtre anglais comparé au théâtre d'Athènes, de Rome et de France* (Paris, 1715). Courbeville écrit: 'dès que le livre de M. Collier parut, toutes les Muses d'outre-mer se soulevèrent contre lui' ('Avertissement du traducteur', qui parle de sa curiosité quand il apprit 'la nouvelle de cette guerre littéraire'; sans pagination). Aux p.263-66, il est question d'un certain 'Chacsper'.

[35] Commentaire publié dans *The Works of Shakespeare* [...] *with a comment and notes, critical and explanatory* (Londres, 1747, BV3161) par William Warburton, avec une préface d'Alexander Pope. Sur cette édition, voir *La Défense de mon oncle* (*OCV*, t.64, p.345, n.2). William Warburton (1698-1779) fut chapelain du roi d'Angleterre, puis évêque anglican de Gloucester (à partir de 1759).

[36] Henry Homes, Lord Kames, auteur des *Elements of criticism* (3 vol., Edimbourg, 1762), déjà stigmatisé dans l'article 'Art dramatique' des *QE* (*OCV*, t.39, p.66-67).

Le grand reproche que tous les critiques anglais nous font, c'est que tous nos héros sont des Français, des personnages de roman, des amants tels qu'on en trouve dans *Clélie*, dans *Astrée* et dans *Zaïde*. L'auteur des Eléments de critique reprend surtout très sévèrement Corneille, d'avoir fait parler ainsi César à Cléopatre. 275

> C'était pour acquérir un droit si précieux
> Que combattait partout mon bras ambitieux;
> Et dans Pharsale même il a tiré l'épée
> Plus pour le conserver que pour vaincre Pompée. 280
> Je l'ai vaincu, princesse, et le dieu des combats
> M'y favorisait moins que vos divins appas:
> Ils conduisaient ma main, ils enflaient mon courage;
> Cette pleine victoire est leur dernier ouvrage. [37]

Le critique anglais trouve ces fadeurs ridicules et extravagantes. [38] Il a sans doute raison. Les Français sensés l'avaient dit avant lui. Nous regardons comme une règle inviolable ces préceptes de Boileau. 285

> Qu'Achille aime autrement que Tirsis et Philène;
> N'allez pas d'un Cyrus nous faire un Artamène. [39] 290

Nous savons bien que César ayant en effet aimé Cléopâtre, Corneille le devait faire parler autrement, et que surtout cet amour est très insipide dans la tragédie de *la Mort de Pompée*. Nous savons que Corneille qui a mis de l'amour dans toutes ses pièces, n'a jamais traité convenablement cette passion, excepté dans quelques scènes 295 du *Cid* imitées de l'espagnol. [40] Mais aussi toutes les nations conviennent avec nous qu'il a déployé un très grand génie, un

---

[37] *La Mort de Pompée* (1644), acte 4, scène 3, vers 1267-74. Voir les *Commentaires sur Corneille* (*OCV*, t.54, p.437).

[38] *Elements of criticism*, ch.16: 'Sentiments', 3ᵉ éd. (2 vol., Edimbourg, 1765), t.1, p.469-71.

[39] Boileau, *Art poétique*, ch.3, vers 99-100.

[40] Allusion à la 'comedia' de Juan Bautista Diamante, *El Honrador de su padre* (1658) que Voltaire considérait à tort comme une source du *Cid* (*Commentaires sur Corneille*, *OCV*, t.54, p.40) et qui, au contraire, s'en inspirait. Voir aussi l'article 'Exagération' des *QE* (*OCV*, t.41, p.293-94).

sens profond, une force d'esprit supérieure dans *Cinna*, dans
plusieurs scènes des *Horaces*, de *Pompée*, de *Polyeucte*, dans la
dernière scène de *Rodogune*. [41]   300

Si l'amour est insipide dans presque toutes ses pièces, nous
sommes les premiers à le dire; nous convenons tous que ses héros
ne sont que des raisonneurs dans ses quinze ou seize derniers
ouvrages. Les vers de ces pièces sont durs, obscurs, sans harmonie,
sans grâce. Mais s'il s'est élevé infiniment au-dessus de Shakespear   305
dans les tragédies de son bon temps, il n'est jamais tombé si bas
dans les autres; et s'il fait dire malheureusement à César,

    Qu'il vient ennoblir par le titre de captif, le titre de vainqueur à
présent effectif, [42] César ne dit point chez lui les extravagances qu'il
débite dans Shakespear. [43] Ses héros ne font point l'amour à Catau   310
comme le roi Henri V; [44] on ne voit point chez lui de prince s'écrier
comme Richard II:

    'O terre de mon royaume! ne nourris pas mon ennemi; mais que
les araignées qui sucent ton venin, et que les lourds crapauds soient
sur sa route; qu'ils attaquent ses pieds perfides, qui les foulent de ses   315
pas usurpateurs. Ne produis que de puants chardons pour eux; et
quand ils voudront cueillir une fleur sur ton sein, ne leur présente
que des serpents en embuscade.' [45]

299-301   70, 71N, 71A: *Pompée* et de *Polyeucte*. ¶Si
315   70, 71N, 71A: qui le foulent

[41] Liste à peu près identique dans l'article 'Art dramatique' des *QE* (*OCV*, t.39,
p.79), qui consacre cependant à Jean Racine l'essentiel de ses remarques sur le génie
tragique français.
[42] *La Mort de Pompée* (1644), acte 4, scène 3, vers 1279-80: 'C'est ce glorieux titre
à présent effectif / Que je viens ennoblir par celui de captif' (Corneille, *Œuvres*
complètes, éd. G. Couton, 3 vol., Paris, 1980-1987, t.1, p.1118). Voir les *Commentaires*
sur Corneille (*OCV*, t.54, p.438).
[43] Voltaire avait publié une traduction de trois actes du *Julius Caesar* de
Shakespeare à la suite de son *Théâtre de Pierre Corneille avec des commentaires*
(*OCV*, t.54, p.175-228).
[44] Katherine, dans *The Life of Henry the fifth* (1599), avec des équivoques
graveleuses à l'acte 2 et une scène galante à l'acte 5.
[45] Adaptation de quelques vers de *King Richard the second* (1595), acte 3, scène 2.

On ne voit point chez Corneille un héritier du trône s'entretenir avec un général d'armée, avec ce beau naturel que Shakespear étale dans le prince de Galles, qui fut depuis le roi Henri IV. (*a*)

Le général demande au prince quelle heure il est. Le prince lui répond: 'Tu as l'esprit si gras pour avoir bu du vin d'Espagne, pour t'être déboutonné après souper, pour avoir dormi sur un banc après dîner, que tu as oublié ce que tu devrais savoir. Que diable t'importe l'heure qu'il est? à moins que les heures ne soient des tasses de vin, que les minutes ne soient des hachis de chapons, que les cloches ne soient des langues de maquerelles, les cadrans des enseignes de mauvais lieux, et le soleil lui-même une fille de joie en taffetas couleur de feu.' [46]

Comment Warburton n'a-t-il pas rougi de commenter ces grossièretés infâmes? travaillait-il pour l'honneur du théâtre et de l'Eglise anglicane? [47]

Rareté des gens de goût

On est affligé quand on considère (surtout dans les climats froids et humides) cette foule prodigieuse d'hommes qui n'ont pas la moindre étincelle de goût, qui n'aiment aucun des beaux-arts, qui ne lisent jamais, et dont quelques-uns feuillettent tout au plus un journal une fois par mois pour être au courant, et pour se mettre en état de parler au hasard des choses dont ils ne peuvent avoir que des idées confuses.

Entrez dans une petite ville de province, rarement vous y trouvez un ou deux libraires. Il en est qui en sont entièrement privées. [48] Les juges, les chanoines, l'évêque, le subdélégué, l'élu, le

(*a*) Scène 2 du premier acte de la vie et de la mort de Henri IV.

[46] Le Prince Hal avec John Falstaff dans *King Henry the fourth* (1598), acte 1, scène 2.

[47] Voir ci-dessus, n.35.

[48] Vision très parisienne de Voltaire. Par exemple, l'*Almanach de la librairie*

receveur du grenier à sel, le citoyen aisé, personne n'a de livres, personne n'a l'esprit cultivé; on n'est pas plus avancé qu'au 345 douzième siècle. Dans les capitales des provinces, dans celles même qui ont des académies, que le goût est rare!

Il faut la capitale d'un grand royaume pour y établir la demeure du goût; encore n'est-il le partage que du très petit nombre; toute la populace en est exclue. Il est inconnu aux familles bourgeoises où 350 l'on est continuellement occupé du soin de sa fortune, des détails domestiques et d'une grossière oisiveté, amusée par une partie de jeu. Toutes les places qui tiennent à la judicature, à la finance, au commerce, ferment la porte aux beaux-arts. C'est la honte de l'esprit humain que le goût, pour l'ordinaire, ne s'introduise que 355 chez l'oisiveté opulente. J'ai connu un commis des bureaux de Versailles[49] né avec beaucoup d'esprit, qui disait, Je suis bien malheureux, je n'ai pas le temps d'avoir du goût.

Dans une ville telle que Paris, peuplée de plus de six cent mille personnes, je ne crois pas qu'il y en ait trois mille qui aient le goût 360 des beaux-arts. Qu'on représente un chef-d'œuvre dramatique, ce qui est si rare, et qui doit l'être, on dit Tout Paris est enchanté; mais on en imprime trois mille exemplaires tout au plus.[50]

Parcourez aujourd'hui l'Asie, l'Afrique, la moitié du Nord, où

(Paris, 1781) d'Antoine Perrin fournit d'Abbeville à Vitry-le-François un 'Tableau des libraires et imprimeurs du royaume' qui couvre plusieurs dizaines de pages (p.36-81). L'éditeur moderne de cet *Almanach* (Aubel, 1984), P.-M. Gason, relève qu'en 1777 il y avait en province 25 imprimeurs, 251 imprimeurs-libraires et 557 libraires dans 238 localités et que Paris atteignait 25,94 pour cent seulement de ce compte (p.xvii).

[49] Le 'commis' est un agent supérieur des ministères installés à Versailles. 'Les secrétaires d'Etat, les financiers ont des commis dans leurs bureaux' (Antoine Furetière, *Dictionnaire universel*, 3 vol., La Haye et Rotterdam, 1690, article 'Commis', t.1, sig.3H2r). Voir *L'Ingénu* (1767), ch.9.

[50] Il s'agit d'un tirage très important pour un ouvrage de littérature, quoi qu'en dise Voltaire. Les 'nouveautés' avaient des tirages généralement plus faibles, que l'on peut estimer de 500 à 1500 par édition. Voir Henri-Jean Martin, 'Comment mesurer un succès littéraire. Le problème des tirages', *Le Livre français sous l'Ancien Régime* (Paris, 1987), p.209-23.

verrez-vous le goût de l'éloquence, de la poésie, de la peinture, de 365
la musique? presque tout l'univers est barbare.

Le goût est donc comme la philosophie; il appartient à un très
petit nombre d'âmes privilégiées.

Le grand bonheur de la France fut d'avoir dans Louis XIV un
roi qui était né avec du goût. 370

> *Pauci quos equus amavit,*
> *Jupiter aut ardens evexit ad aethera virtus*
> *Diis geniti potuere.* [51]

C'est en vain qu'Ovide a dit que Dieu nous créa pour regarder le
ciel, *Erectos ad sydera tollere vultus*; [52] Les hommes sont presque 375
tous courbés vers la terre.

Pourquoi jamais une statue informe, un mauvais tableau où les
figures sont estropiées, n'ont-ils jamais passé pour des chefs-
d'œuvre? Pourquoi jamais une maison chétive et sans aucune
proportion n'a-t-elle été regardée comme un beau monument 380
d'architecture? D'où vient qu'en musique des sons aigres et
discordants n'ont-ils flatté l'oreille de personne? et que cependant
de très mauvaises tragédies barbares, écrites dans un style
d'Allobroge, [53] ont réussi, même après les scènes sublimes qu'on

---

376-96   70, 71N, 71A: terre. // [*La suite de l'article est ajoutée en 1772 dans le
'Supplément'*]
377   71A, K12: Pourquoi une

---

[51] Virgile, *Enéide*, ch.6, vers 129-31. Traduction de Marie de Gournay (*Les Avis
ou les présents*, Paris, 1634): '[...] peu de gens l'ont pu faire, / Conduits par Jupiter
d'une main salutaire: / Gens par le sang des dieux de splendeur revêtus, / Et brûlants
au labeur des suprêmes hautes Vertus' (prophétie de la sibylle de Cumes à Enée avant
la descente aux Enfers, p.757).

[52] *Les Métamorphoses*, livre 1, fable 2, 'La création de l'homme', vers 86.
Traduction de Thomas Corneille (2 vol., Paris, 1697): '[Aussi tous vers la terre
ont la tête baissée,] / L'homme seul vers le ciel la tient toujours haussée' (t.1, p.8).

[53] 'Aujourd'hui par Allobroges nous n'entendons que les Savoyards; et de là est
venu que dans le style comique et burlesque, il est pris pour grossier, rustre, ou
homme qui a le sens de travers' (*Dictionnaire de Trévoux*, 7 vol., Paris, 1752, t.1,
p.447).

trouve dans Corneille, et les tragédies touchantes de Racine, et le   385
peu de pièces bien écrites qu'on peut avoir eues depuis cet élégant
poète? Ce n'est qu'au théâtre qu'on voit quelquefois réussir des
ouvrages détestables soit tragiques, soit comiques.

Quelle en est la raison? C'est que l'illusion ne règne qu'au
théâtre; c'est que le succès y dépend de deux ou trois acteurs,   390
quelquefois d'un seul, et surtout d'une cabale qui fait tous ses
efforts tandis que les gens de goût n'en font aucun. Cette cabale
subsiste souvent une génération entière. Elle est d'autant plus
active, que son but est bien moins d'élever un auteur que d'en
abaisser un autre. Il faut un siècle pour mettre aux choses leur   395
véritable prix dans ce seul genre.

396   K12: genre. ¶Ce sont les gens de goût seuls qui gouvernent à la longue
l'empire des arts. Le Poussin fut obligé de sortir de France pour laisser la place à un
mauvais peintre. [54] Le Moine se tua de désespoir. [55] Vanlo fut prêt d'aller exercer
ailleurs ses talents. [56] Les connaisseurs seuls les ont mis tous trois à leur place. On

[54] Voltaire avait fourni une courte biographie du Poussin dans *Le Temple du goût*:
'Appelé en France par le secrétaire d'Etat Desnoyers, il y établit le bon goût de la
peinture. Mais persécuté par les envieux, il s'en retourna à Rome' (*OCV*, t.9, p.152,
n.*e*). Dans le 'Catalogue des artistes' du *Siècle de Louis XIV*, il notait encore de
Poussin: 'Rappelé de Rome à Paris, il y céda à l'envie et aux cabales; il se retira' (*OH*,
p.1217). Le 'mauvais peintre' que cite Voltaire est Simon Vouet (1590-1649), premier
peintre de Louis XIII: 'on ne peut s'empêcher de vouloir quelque mal à Vouet,
d'avoir forcé ce grand homme de quitter la France': François Desportes, 'Discours
préliminaire sur l'état de la peinture et de la sculpture en France [...] avant Charles
Le Brun', dans François-Bernard Lépicié, *Vie des premiers peintres du roi depuis
Le Brun jusqu'à présent*, 2 vol. (Paris, 1752, t.1, p.lxix).

[55] François Lemoine (1688-1737), premier peintre de Louis XV, se suicida, 'se
croyant mal récompensé de M. le cardinal de Fleury' (selon le 'Catalogue des artistes'
du *Siècle de Louis XIV*, *OH*, p.1219), formule reprise dans l'*Encyclopédie*, t.5, p.322.
Pour le récit de son suicide, voir la 'Vie de François Le Moyne, premier peintre du
roi' par Anne-Philippe, comte de Caylus, dans F.-B. Lépicié (*Vie des premiers
peintres*, t.2, p.115-16).

[56] Frédéric de Prusse sollicita vainement Carle Van Loo (1705-1765) 'de passer à
Berlin. Dans une conjoncture aussi intéressante et aussi délicate, l'attachement
respectueux de C. Vanloo pour son roi pouvait seul le fixer à Paris': Michel Dandré-
Bardon, *Vie de Carle Vanloo* (Paris, 1765), p.28.

voit souvent en tout genre les plus mauvais ouvrages avoir un succès prodigieux. Les   5
solécismes, les barbarismes, les sentiments les plus faux, l'ampoulé le plus ridicule ne
sont pas sentis pendant un temps, parce que la cabale et le sot enthousiasme du
vulgaire causent une ivresse qui ne sent rien. Les connaisseurs seuls ramènent à la
longue le public, et c'est la seule différence qui existe entre les nations les plus
éclairées et les plus vulgaires, car le vulgaire de Paris n'a rien au-dessus d'un autre   10
vulgaire; mais il y a dans Paris un nombre assez considérable d'esprits cultivés pour
mener la foule. Cette foule se conduit presqu'en un moment dans les mouvements
populaires; mais il faut plusieurs années pour fixer son goût dans les arts. //

GOUVERNEMENT

Section première

Il faut que le plaisir de gouverner soit bien grand, puisque tant de
gens veulent s'en mêler. Nous avons beaucoup plus de livres sur le

* Cet article n'est pas sans analogie avec l'article homonyme de l'*Encyclopédie*,
œuvre du chevalier de Jaucourt. Comme celui-ci, il refuse de déterminer la meilleure
forme constitutionnelle de gouvernement et il fait l'éloge des institutions britanniques. Il s'en démarque cependant par sa critique de l'état politique de la France de
l'Ancien Régime et, surtout, par sa visée anticléricale: il adresse des piques à
'l'Infâme' dès la première section, où Bossuet et la Bible sont pris à partie, dans la
fable du 'chat-huant' de la section 4 ainsi que dans la dernière section sur les Maures
des Alpujarras, ajoutée en 1774. Cet article constitue une sorte de précis de la
philosophie politique de Voltaire des années 1770. La première section exprime le
point de vue du réalisme: les passions de l'homme sont telles que nul gouvernement
ne sera jamais parfait. La deuxième section est également pessimiste: presque tout
gouvernement est fondé sur la domination. La troisième section livre une critique
soutenue des institutions françaises, que Voltaire annotera en 1774 pour saluer les
réformes de Maupeou. Sous la forme d'une fable, la quatrième section exprime une
des rares certitudes de la philosophie politique de Voltaire: la défiance à l'égard du
pouvoir religieux. Les deux sections suivantes font montre de plus d'optimisme. La
cinquième affirme l'irréversibilité des Lumières et la sixième livre un vibrant éloge
des institutions anglaises, qui seraient les seules au monde à préserver les droits et
libertés naturels de l'homme. Composée en 1774, la septième section revient à des
positions pessimistes en déplorant la persistance du pouvoir de l'Inquisition. Cet
article occupe une place singulière dans les *QE*: c'est un des rares dont Voltaire ait
publiquement avoué la paternité. Alors qu'il affirme fréquemment le caractère
collectif des *QE*, il déclare être l'auteur de la sixième section de cet article dans sa
Lettre sur un écrit anonyme de 1772: 'dans un livre auquel plusieurs gens de lettres ont
travaillé avec un grand succès, l'article "Gouvernement anglais" est de moi' (*OCV*,
t.74A, p.184). Aveu significatif: Voltaire appréciait ce tableau des institutions
britanniques qui faisait écho au *De l'Esprit des lois* de Montesquieu. Les additions,
suppressions et éditions successives ont progressivement modifié l'économie de cet
article: ce qui se concevait comme une réflexion très générale sur la philosophie
politique en est venu à passer pour un éloge du gouvernement anglais. Paru en
septembre/octobre 1771 (1770, t.6), l'article est développé et remanié en 1774 (w68,
t.23).

gouvernement qu'il n'y a de princes sur la terre.[1] Que Dieu me préserve ici d'enseigner les rois, et messieurs leurs ministres, et messieurs leurs valets de chambre, et messieurs leurs confesseurs, et messieurs leurs fermiers généraux! Je n'y entends rien, je les révère tous. Il n'appartient qu'à M. Wilks de peser dans sa balance anglaise ceux qui sont à la tête du genre humain:[2] de plus, il serait bien étrange qu'avec trois ou quatre mille volumes sur le gouvernement, avec Machiavel, et la *Politique de l'Ecriture sainte* par Bossuet, avec le *Citoyen financier*, le *Guidon de finances*, le *Moyen d'enrichir un Etat*,[3] etc., il y eût encore quelqu'un qui ne sût pas parfaitement tous les devoirs des rois et l'art de conduire les hommes.

Le professeur Puffendorf, (*a*) ou le baron Puffendorf dit que le roi David ayant juré de ne jamais attenter à la vie de Semeï son conseiller privé, ne trahit point son serment quand il ordonna (selon l'histoire juive) à son fils Salomon de faire assassiner Semeï,

(*a*) Puffendorf livre 4, ch.11, article 13.

[1] Affirmation qui vise, entre autres, le *Contrat social* de Rousseau. Voir les *Commentaires sur Corneille*: 'Nous sommes inondés depuis peu de livres sur le gouvernement. Des hommes obscurs, incapables de se gouverner eux-mêmes, et ne connaissant ni le monde, ni la cour, ni les affaires, se sont avisés d'instruire les rois et les ministres, et même de les injurier' (*OCV*, t.55, p.866). Dans l'article 'Etats, gouvernements' du *DP*, Voltaire avait cependant approuvé l'inflation des livres de philosophie politique pour instruire les jeunes gens, mais il en critique aussi un bon nombre (*OCV*, t.36, p.71).

[2] John Wilkes (1725-1797), homme politique anglais, fondateur du *North Briton* où il attaquait le gouvernement de George III; Voltaire en possède les tomes 1 et 2 (BV2582). Les pamphlets de Wilkes contre Lord Bute lui valurent deux procès en diffamation. Pour échapper à sa condamnation, il s'exila en France en 1763 et rendit visite à Voltaire en juillet 1765 (G. de Beer et A. M. Rousseau, *Voltaire's British visitors*, *SVEC* 49, 1967, p.101-104).

[3] Soit, respectivement, J.-B. Bossuet, *Politique tirée des propres paroles de l'Ecriture sainte* (Bruxelles, 1710, BV485; *CN*, t.1, p.410); J.-B. Naveau, *Le Financier citoyen* (s.l., 1757, BV2556; *CN*, t.6, p.25-26); J. Hennequin, *Le Guidon général des financiers* (Paris, 1585); Roussel de La Tour, auteur de la *Richesse de l'Etat* (s.l., 1763, BV3041-42) et du *Développement du plan intitulé: Richesse de l'Etat* (s.l., 1757, BV3040). On sait qu'en 1739-1740 Voltaire avait corrigé *L'Anti-Machiavel* de Frédéric II (voir *OCV*, t.19).

parce que David ne s'était engagé que pour lui seul à ne pas tuer Semeï.[4]
Le baron, qui réprouve si hautement les restrictions mentales des 20
jésuites, en permet une ici à l'oint David, qui ne sera pas du goût
des conseillers d'Etat.[5]

Pesez les paroles de Bossuet dans sa *Politique de l'Ecriture sainte*
à monseigneur le dauphin.[6] *Voilà donc la royauté attachée par
succession à la maison de David et de Salomon, et le trône de David est* 25
affermi à jamais (*b*) (quoique ce petit escabeau appelé *trône* ait très
peu duré). *En vertu de cette loi l'aîné devait succéder au préjudice de
ses frères: c'est pourquoi Adonias, qui était l'aîné, dit à Betzabé mère
de Salomon, Vous savez que le royaume était à moi, et tout Israël
m'avait reconnu: mais le Seigneur a transféré le royaume à mon frère* 30
Salomon.[7] Le droit d'Adonias était incontestable. Bossuet le dit
expressément à la fin de cet article. *Le Seigneur a transféré* n'est
qu'une expression ordinaire, qui veut dire, j'ai perdu mon bien, on
m'a enlevé mon bien. Adonias était né d'une femme légitime, la
naissance de son cadet n'était que le fruit d'un double crime. 35

A moins donc, dit Bossuet, *qu'il n'arrivât quelque chose d'extraor-*
dinaire, l'aîné devait succéder.[8] Or cet extraordinaire fut que

(*b*) Livre 2, propos. 9.

[4] Citation littérale de Pufendorf, *Le Droit de la nature et des gens*, trad.
S. Barbeyrac, 2 vol. (Amsterdam [Paris], 1712, BV2827), livre 4, ch.2, section 14,
p.472-73. Voltaire avait placé un signet à cette page (*CN*, t.7, p.174). Voir 2 Samuel
19:23 et 1 Rois 2:8-9.

[5] La 'restriction mentale' désigne la pratique casuistique prétendant éviter le
mensonge ou le parjure en apportant à une affirmation ou à un engagement explicite
une restriction mentale implicite. Pufendorf condamne cette doctrine sous le terme
de 'réservations mentales' (*Le Droit de la nature et des gens*, livre 4, ch.1, section 14,
p.443-44; chapitre annoté par Voltaire, *CN*, t.7, p.174) en citant la neuvième des
Provinciales de Pascal.

[6] Cet ouvrage était dédié au Grand Dauphin, Louis de France, fils de Louis XIV,
dont Bossuet avait été le précepteur. Il défendait le principe de l'absolutisme, tempéré
par la morale chrétienne, mais affirmait le principe de la monarchie de droit divin.

[7] Citation littérale de la *Politique tirée des propres paroles de l'Ecriture sainte* de
Bossuet, livre 2, proposition 9, p.64. Dans son exemplaire, Voltaire a marqué ce
passage d'une ligne verticale en marge (*CN*, t.1, p.410).

[8] Citation littérale du même passage de Bossuet.

Salomon, né d'un mariage fondé sur un double adultère et sur un meurtre,[9] fit assassiner au pied de l'autel son frère aîné,[10] son roi légitime, dont les droits étaient soutenus par le pontife Abiathar, et par le général Joab.[11] Après cela avouons qu'il est plus difficile qu'on ne pense de prendre des leçons du droit des gens et du gouvernement dans l'Ecriture sainte, donnée aux Juifs, et ensuite à nous pour des intérêts plus sublimes.

Que le salut du peuple soit la loi suprême,[12] telle est la maxime fondamentale des nations; mais on fait consister le salut du peuple à égorger une partie des citoyens dans toutes les guerres civiles. Le salut d'un peuple est de tuer ses voisins et de s'emparer de leurs biens dans toutes les guerres étrangères. Il est encore difficile de trouver là un droit des gens bien salutaire, et un gouvernement bien favorable à l'art de penser et à la douceur de la société.

Il y a des figures de géométrie très régulières et parfaites en leur genre; l'arithmétique est parfaite, beaucoup de métiers sont exercés d'une manière toujours uniforme et toujours bonne; mais pour le gouvernement des hommes, peut-il jamais en être un bon, quand tous sont fondés sur des passions qui se combattent?[13]

[9] Le 'double adultère' est celui de David, marié à Mikal, et de Bethsabée, épouse d'Urie (2 Samuel 11:3-4). David 'assassina' Urie en faisant en sorte qu'il meure au combat (2 Samuel 11:15-17), comme Voltaire le rappelle souvent dans son œuvre.

[10] Voir 1 Rois 2:25. Voltaire revient fréquemment sur l'assassinat d'Adonias à l'instigation de Salomon, notamment dans l'article 'Salomon' du *DP* (*OCV*, t.36, p.501-502). Adonias est un personnage de *Saül*, tragédie violemment anti-biblique où Voltaire fait dire au roi David sur son lit de mort: 'Salomon, je vous fais roi juif; souvenez-vous d'être clément et doux; ne manquez pas, dès que j'aurai les yeux fermés, d'assassiner mon fils Adonias, quand même il embrasserait les cornes de l'autel' (acte 5, scène 4, *OCV*, t.56A, p.538).

[11] Voir 1 Rois 2:26-34.

[12] Cicéron, *De legibus*, livre 3, ch.3, section 8: 'Ollis salus populi suprema lex esto' (*Traité des lois*, éd. G. de Plinval, Paris, 1959, p.85). Voltaire se méprend sur le sens de cette maxime fondatrice de l'école du droit naturel, opposée à la doctrine du droit divin. Le fait que l'intérêt supérieur du peuple constitue la loi suprême fait, d'une part, obligation au gouvernement de gouverner dans l'intérêt des citoyens et autorise, d'autre part, ceux-ci à résister au pouvoir attentant manifestement au bien public: voir R. Derathé, *Jean-Jacques Rousseau et la science politique de son temps* (Paris, 1988), p.47.

[13] Cette thèse exprime tout à la fois le scepticisme et le réalisme de Voltaire. Les

Il n'y a jamais eu de couvents de moines sans discorde; il est donc impossible qu'elle ne soit dans les royaumes. Chaque gouvernement est non seulement comme les couvents; mais comme les ménages: il n'y en a point sans querelles; et les querelles 60 de peuple à peuple, de prince à prince, ont toujours été sanglantes: celles des sujets avec leurs souverains n'ont pas quelquefois été moins funestes: comment faut-il faire? ou risquer, ou se cacher. [14]

Section seconde

Plus d'un peuple souhaite une constitution nouvelle; les Anglais voudraient changer de ministres tous les huit jours; mais ils ne 65 voudraient pas changer la forme de leur gouvernement.

Les Romains modernes sont tous fiers de l'église de Saint-Pierre, et de leurs anciennes statues grecques; mais le peuple voudrait être mieux nourri, mieux vêtu, dût-il être moins riche en bénédictions: les pères de famille souhaiteraient que l'Eglise eût 70 moins d'or, et qu'il y eût plus de blé dans leurs greniers: ils regrettent le temps où les apôtres allaient à pied, et où les citoyens romains voyageaient de palais en palais en litière.

On ne cesse de nous vanter les belles républiques de la Grèce: il est sûr que les Grecs aimeraient mieux le gouvernement des 75 Périclès et des Démosthène que celui d'un bacha; mais dans leurs temps les plus florissants ils se plaignaient toujours; la

---

passions de l'homme interdisent de concevoir un gouvernement idéal. La politique ne peut être doctrinaire: elle doit être pragmatique.

[14] Cette formule exprime les hésitations de la philosophie de Voltaire, tiraillée entre le retrait du monde auquel invite *Candide* ('cultiver notre jardin') et la guerre sans merci contre le fanatisme à laquelle appelle l'affaire Calas ('écrasons l'Infâme'). Ces hésitations apparaissent dans la correspondance, notamment dans la lettre à Damilaville du 2 avril 1764 où coexistent les deux maximes: 'Mon cœur est desséché quand je songe qu'il y a dans Paris une foule de gens d'esprit qui pensent comme nous, et qu'aucun d'eux ne sert la cause commune. Il faudra donc finir comme Candide par cultiver son jardin. Adieu, mon cher frère. Ecra[sons] l'inf[âme]' (D11808).

discorde, la haine étaient au dehors entre toutes les villes, et au dedans dans chaque cité. Ils donnaient des lois aux anciens Romains qui n'en avaient pas encore; mais les leurs étaient si 80 mauvaises qu'ils les changèrent continuellement.

Quel gouvernement que celui où le juste Aristide était banni, Phocion mis à mort, Socrate condamné à la ciguë après avoir été berné par Aristophane;[15] où l'on voit les Amphictions livrer imbécilement la Grèce à Philippe parce que les Phocéens avaient 85 labouré un champ qui était du domaine d'Apollon![16] Mais le gouvernement des monarchies voisines était pire.[17]

Puffendorf promet d'examiner quelle est la meilleure forme de gouvernement: il vous dit, (c) *que plusieurs prononcent en faveur de la monarchie, et d'autres au contraire se déchaînent furieusement contre* 90 *les rois, et qu'il est hors de son sujet d'examiner en détail les raisons de ces derniers.*

(c) Livre 7, ch.5.[18]

[15] Aristide avait été frappé d'ostracisme en 483 avant J.-C. à l'instigation de Thémistocle (voir Plutarque, *Vie d'Aristide*, ch.15). Accusé de trahison, Phocion fut condamné à mort en 318 avant J.-C. sans même avoir été autorisé à présenter sa défense (Plutarque, *Vie de Phocion*, ch.48-51). L'accusateur de Socrate, Anytos, avait excité 'contre lui l'entourage d'Aristophane' (Diogène Laërce, *Vie et doctrines des philosophes illustres*, livre 2, segment 38, Paris, 1998, p.242). Dans l'article 'Athéisme' des *QE*, Voltaire prétend qu''Aristophane fut le premier qui accoutuma les Athéniens à regarder Socrate comme un athée' (*OCV*, t.39, p.176).

[16] Allusion à la troisième guerre sacrée (356-346 av. J.-C.). Le conseil des amphictyons, alors dirigé par Thèbes, avait accusé les Phocidiens (et non les 'Phocéens', comme l'écrit Voltaire par mégarde), de cultiver des champs consacrés à Apollon. Condamnés à une énorme amende, les Phocidiens ravagèrent Delphes. Pour les contrer, les Thébains sollicitèrent l'intervention de Philippe II de Macédoine qui, après avoir battu les Phocidiens, obtint leurs sièges au conseil amphictyonique, ce qui lui assura un droit d'ingérence dans les affaires grecques.

[17] L'article 'Démocratie' des *QE* oppose de même les crimes odieux de la couronne macédonienne aux vertus morales des Athéniens qui, pour avoir également commis des crimes, surent s'en repentir (*OCV*, t.40, p.367-75).

[18] Pufendorf, *Droit de la nature et des gens*, livre 7, ch.5, section 22. Dans son exemplaire, Voltaire a marqué cette citation d'un signet (*CN*, t.7, p.175).

Si quelque lecteur malin attend ici qu'on lui en dise plus que Puffendorf, il se trompera beaucoup. [19]

Un Suisse, un Hollandais, un noble Vénitien, un pair d'Angle-   95
terre, un cardinal, un comte de l'empire disputaient un jour en voyage sur la préférence de leurs gouvernements; personne ne s'entendit, chacun demeura dans son opinion sans en avoir une bien certaine: et ils s'en retournèrent chez eux sans avoir rien conclu; chacun louant sa patrie par vanité, et s'en plaignant par sentiment. [20]   100

Quelle est donc la destinée du genre humain? presque nul grand peuple n'est gouverné par lui-même.

Partez de l'Orient pour faire le tour du monde, le Japon a fermé ses ports aux étrangers dans la juste crainte d'une révolution affreuse.   105

La Chine a subi cette révolution; elle obéit à des Tartares moitié mandchous, moitié huns; l'Inde a des Tartares mogols. L'Euphrate, le Nil, l'Oronte, la Grèce, l'Epire sont encore sous le joug des Turcs. Ce n'est point une race anglaise qui règne en Angleterre. C'est une famille allemande qui a succédé à un prince hollandais; et   110
celui-ci à une famille écossaise, laquelle avait succédé à une famille angevine, qui avait remplacé une famille normande, qui avait chassé une famille saxonne et usurpatrice. [21] L'Espagne obéit à une famille française, qui succéda à une race autrichienne; [22] cette autrichienne à des familles qui se vantaient d'être visigothes; ces   115

---

[19] Selon P. Gay, la philosophie politique de Voltaire relève du 'relativisme': elle prêche 'le despotisme éclairé' en Russie, 'l'absolutisme constitutionnel' en France et le 'républicanisme libéral' à Genève. La forme constitutionnelle d'un gouvernement lui importe moins que sa substance et ses pratiques: s'il s'oppose à l'intolérance et au cléricalisme, c'est un bon gouvernement (*Voltaire's politics*, Princeton, NJ, 1959, p.218).

[20] Même canevas dans l'article 'Etats, gouvernements' du *DP* qui mettait en scène deux voyageurs, un Européen et un brame, discutant des différentes formes de gouvernement et concluant qu'il faut chercher celui où l'on n'obéit qu'aux lois (*OCV*, t.36, p.72-78).

[21] Soit les Hanovre, Guillaume d'Orange, les Stuart, les Plantagenêt, la dynastie fondée par Guillaume le Conquérant et la famille d'Harold II.

[22] Soit respectivement les Bourbon et les Habsbourg.

Visigoths avaient été chassés longtemps par des Arabes, après avoir succédé aux Romains, qui avaient chassé les Carthaginois.

La Gaule obéit à des Francs après avoir obéi à des préfets romains.

Les mêmes bords du Danube ont appartenu aux Germains, aux 120 Romains, aux Abares, aux Slaves, aux Bulgares, aux Huns, à vingt familles différentes, et presque toutes étrangères.

Et qu'a-t-on vu de plus étranger à Rome que tant d'empereurs nés dans des provinces barbares, et tant de papes nés dans des provinces non moins barbares? Gouverne qui peut. Et quand on est 125 parvenu à être le maître, on gouverne comme on peut. Voyez 'Lois'.[23]

Section troisième

Un voyageur racontait ce qui suit en 1769: J'ai vu dans mes courses un pays assez grand et assez peuplé, dans lequel toutes les places s'achètent; non pas en secret et pour frauder la loi comme ailleurs, 130 mais publiquement et pour obéir à la loi. On y met à l'encan le droit de juger souverainement de l'honneur, de la fortune et de la vie des citoyens, comme on vend quelques arpents de terre.[24] (d) Il y a des

(d) Si ce voyageur avait passé dans ce même pays deux ans après, il aurait vu cette infâme coutume abolie.[25]

n.d   70, 71N, 71A: [note absente]
     K84, K12: abolie, et quatre ans encore après, il l'aurait trouvée rétablie.

[23] L'article 'Lois' des QE fait l'éloge du régime de Catherine II. Il est significatif que Voltaire n'évoque pas la Russie dans l'article 'Gouvernement'.
[24] Allusion à la vénalité des charges. Dans l'*Histoire du parlement de Paris*, Voltaire dénonce 'l'opprobre de la vénalité des charges' (*OCV*, t.68, p.560). Voir aussi *André Destouches à Siam* (*OCV*, t.62, p.121) et l'article 'Vénalité' des QE.
[25] Note ajoutée en 1774 par Voltaire pour saluer les réformes de Maupeou, qui avait aboli la vénalité des offices le 23 février 1771. Voir l'*Histoire du parlement de Paris* (*OCV*, t.68, p.560) et l'*EM*, ch.114 (éd. Pomeau, t.2, p.115).

commissions très importantes dans les armées, qu'on ne donne
qu'au plus offrant. Le principal mystère de leur religion se célèbre   135
pour trois petits sesterces; et si le célébrant ne trouve point ce
salaire, il reste oisif comme un gagne-denier sans emploi.

Les fortunes dans ce pays ne sont point le prix de l'agriculture;
elles sont le résultat d'un jeu de hasard que plusieurs jouent en
signant leurs noms, et en faisant passer ces noms de main en main. [26]   140
S'ils perdent, ils rentrent dans la fange dont ils sont sortis, ils
disparaissent. S'ils gagnent, ils parviennent à entrer de part dans
l'administration publique; ils marient leurs filles à des mandarins, et
leurs fils deviennent aussi espèces de mandarins.

Une partie considérable des citoyens a toute sa subsistance   145
assignée sur une maison qui n'a rien; et cent personnes ont acheté
chacune cent mille écus le droit de recevoir et de payer l'argent dû à
ces citoyens sur cet hôtel imaginaire; [27] droit dont ils n'usent jamais,
ignorant profondément ce qui est censé passer par leurs mains.

Quelquefois on entend crier par les rues une proposition faite à   150
quiconque a un peu d'or dans sa cassette, de s'en dessaisir pour
acquérir un carré de papier admirable, qui vous fera passer sans
aucun soin une vie douce et commode. Le lendemain on vous crie
un ordre qui vous force à changer ce papier contre un autre qui sera
bien meilleur. Le surlendemain on vous étourdit d'un nouveau   155
papier qui annule les deux premiers. Vous êtes ruiné; mais de
bonnes têtes vous consolent, en vous assurant que dans quinze
jours les colporteurs de la ville vous crieront une proposition plus
engageante. [28]

---

146   70, 71N, 71A: et trois cents personnes

[26] Allusion au système des loteries. Voltaire parle en connaissance de cause: il dut
l'essentiel de sa fortune à l'utilisation judicieuse d'un système de loterie mal conçu.
Voir *VST*, t.1, p.204-205.

[27] Les rentes sur l'hôtel de ville: voir leur suppression par Colbert dans *Le Siècle
de Louis XIV*, ch.30 (*OH*, p.966). Une première banqueroute avait eu lieu sous
Richelieu (voir l'*Histoire du parlement de Paris*, *OCV*, t.68, p.426).

[28] Souvenir de la faillite du système de Law, introducteur en France du papier

Vous voyagez dans une province de cet empire et vous y achetez   160
des choses nécessaires au vêtir, au manger, au boire, au coucher.
Passez-vous dans une autre province, on vous fait payer des droits
pour toutes ces denrées, comme si vous veniez d'Afrique. Vous en
demandez la raison, on ne vous répond point; ou si l'on daigne vous
parler, on vous répond que vous venez d'une province *réputée*   165
étrangère, [29] et que par conséquent il faut payer pour la commodité
du commerce. Vous cherchez en vain à comprendre comment des
provinces du royaume sont étrangères au royaume.

Il y a quelque temps qu'en changeant de chevaux et me sentant
affaibli de fatigue, je demandai un verre de vin au maître de la   170
poste; Je ne saurais vous le donner, me dit-il; les commis à la soif
qui sont en très grand nombre et tous fort sobres, me feraient payer
le *trop bu*; [30] ce qui me ruinerait. Ce n'est point trop boire, lui dis-je,
que de se sustenter d'un verre de vin; et qu'importe que ce soit vous
ou moi qui ait avalé ce verre?   175

---

monétaire. Voltaire y a consacré un chapitre du *Précis du siècle de Louis XV* (*OH*,
p.1308-11) et le chapitre 61 de l'*Histoire du parlement de Paris* (*OCV*, t.68, p. 479-82).

[29] Voltaire plaide pour l'uniformisation des lois en France. Voir par exemple le
Dialogue entre un plaideur et un avocat (*OCV*, t.32A, p.21-26), l'article 'Coutume' des
QE (*OCV*, t.40, p.282-83). Sur un autre plan, peu après la publication de cet article, il
demandera et obtiendra, le 12 décembre 1775, la franchise douanière du pays de Gex:
voir notamment le *Mémoire des Etats du pays de Gex* (*M*, t.29, p.391-92), le *Mémoire
du pays de Gex* (p.393-95), *A Monsieur Turgot* (p.397-98), *Mémoire à Monsieur
Turgot* (p.439-40) et la *Délibération des Etats de Gex* (p.445-47).

[30] Déjà critiqué dans *L'Homme aux quarante écus* (*OCV*, t.66, p.329), le 'trop bu'
est la désignation populaire du 'gros manquant', droit de détail et impôt très
impopulaire sous l'Ancien Régime qui frappait la consommation de vin de chaque
particulier excédant celle qui était réglementairement fixée. 'Il se lève sur les vins qui
se trouvent consommés chez les propriétaires au-delà de la quantité fixée pour leur
consommation, lorsque la vente de ces vins n'a point été déclarée, et que les droits
n'en ont point été payés. Le gros manquant se perçoit d'après l'inventaire des
boissons, qui se fait tous les ans chez les particuliers, dans les lieux où cette formalité
est établie' (article 'Gros', *Répertoire universel et raisonné de jurisprudence*, 64 vol.,
Paris, 1775-1783, t.28, p.386-87). Darigrand avait critiqué cet impôt dans *L'Anti-*
financier (Amsterdam [Paris], 1763, BV941) en tant qu'il portait atteinte à la
présomption d'innocence (p.11-12), critique approuvée par Voltaire (*CN*, t.3, p.54).

Monsieur, répliqua-t-il, nos lois sur la soif sont bien plus belles que vous ne pensez. Dès que nous avons fait la vendange, les locataires du royaume[31] nous députent des médecins qui viennent visiter nos caves.[32] Ils mettent à part autant de vin qu'ils jugent à propos de nous en laisser boire pour notre santé. Ils reviennent au bout de l'année: et s'ils jugent que nous avons excédé d'une bouteille l'ordonnance, ils nous condamnent à une forte amende: et pour peu que nous soyons récalcitrants on nous envoie à Toulon boire de l'eau de la mer.[33] Si je vous donnais le vin que vous me demandez, on ne manquerait pas de m'accuser d'avoir trop bu; vous voyez ce que je risquerais avec les intendants de notre santé.

J'admirai ce régime; mais je ne fus pas moins surpris lorsque je rencontrai un plaideur au désespoir qui m'apprit qu'il venait de perdre au-delà du ruisseau le plus prochain le même procès qu'il avait gagné la veille au-deçà.[34] Je sus par lui qu'il y a dans le pays autant de codes différents que de villes. Sa conversation excita ma curiosité. Notre nation est si sage, me dit-il, qu'on n'y a rien réglé. Les lois, les coutumes, les droits des corps, les rangs, les

[31] Les fermiers généraux. Voltaire cite ironiquement le cardinal de Fleury qui les appelait 'les colonnes de l'Etat' (*Plaidoyer de Ramponeau*, M, t.24, p.117; *Des païens et des sous-fermiers*, M, t.25, p.353).

[32] Agents des fermiers généraux, les 'commis aux aides' visitaient souvent les caves des vignerons, des détaillants tels que cabaretiers, aubergistes, et des particuliers, pour établir le montant du 'trop bu'. Si la consommation de ces contribuables 'excède celle qu'ils doivent naturellement faire, on leur fait payer des droits de *détail* sur cet excédent, de la même manière qu'aux cabaretiers. C'est cet excédent qu'on appelle, parmi le peuple, *le trop bu*' (article 'Détail (droits de)' de l'*Encyclopédie méthodique*. *Finances* (3 vol., Paris et Liège, 1784-1787, t.1, p.514-19).

[33] Euphémisme pour désigner une condamnation aux galères.

[34] Souvenir des *Pensées* de Pascal: 'Plaisante justice qu'une rivière borne. Vérité au-deçà des Pyrénées, erreur au-delà' (Pascal, *Pensées*, *Œuvres complètes*, Paris, 1980, p.1149: Chevalier, n° 229, ou Brunschvicg, n° 294). Dans ses annotations à l'*Eloge et Pensées de Pascal*, Voltaire commentera cette célèbre citation: 'Il n'est point ridicule que les lois de la France et de l'Espagne diffèrent; mais il est très impertinent que ce qui est juste à Romorantin soit injuste à Corbeil; qu'il y ait quatre cents jurisprudences diverses dans le même royaume; et surtout que, dans un même parlement, on perde dans une chambre le procès qu'on gagne dans une autre chambre' (*OCV*, t.80A, p.205).

prééminences, tout y est arbitraire, tout y est abandonné à la prudence de la nation.

J'étais encore dans le pays lorsque ce peuple eut une guerre avec quelques-uns de ses voisins. On appelait cette guerre *la ridicule*, [35] parce qu'il y avait beaucoup à perdre et rien à gagner. J'allai voyager ailleurs, et je ne revins qu'à la paix. La nation, à mon retour, paraissait dans la dernière misère; elle avait perdu son argent, ses soldats, ses flottes, son commerce. Je dis, Son dernier jour est venu, il faut que tout passe. Voilà une nation anéantie; c'est dommage, car une grande partie de ce peuple était aimable, industrieuse et fort gaie, après avoir été autrefois grossière, superstitieuse et barbare.

Je fus tout étonné qu'au bout de deux ans sa capitale et ses principales villes me parurent plus opulentes que jamais; le luxe était augmenté, et on ne respirait que le plaisir. Je ne pouvais concevoir ce prodige. Je n'en ai vu enfin la cause qu'en examinant le gouvernement de ses voisins; j'ai conçu qu'ils étaient tout aussi mal gouvernés que cette nation, et qu'elle était plus industrieuse qu'eux tous.

Un provincial de ce pays dont je parle, se plaignait un jour amèrement de toutes les vexations qu'il éprouvait. Il savait assez bien l'histoire; on lui demanda s'il se serait cru plus heureux il y a cent ans, lorsque dans son pays alors barbare on condamnait un citoyen à être pendu pour avoir mangé gras en carême? [36] il secoua

195

200

205

210

215

---

[35] Allusion à la guerre de Sept Ans, dont Voltaire fut un témoin attentif et au cours de laquelle, conscient des désastres français, il s'efforça de jouer un rôle d'intermédiaire entre Frédéric II et Choiseul.

[36] Même affirmation dans *Le Dîner du comte de Boulainvilliers* (*OCV*, t.63A, p.358 et n.6). Le 2 décembre 1765, Voltaire avait demandé à son ami Gabriel Christin: 'Il est si juste, Monsieur, de pendre un homme pour avoir mangé du mouton le vendredi, que je vous prie instamment de me chercher des exemples de cette pieuse pratique dans votre province' (D13020). C'est sans doute à Christin qu'il doit cette précision du *Commentaire sur le livre Des délits et des peines*: 'Les archives d'un petit coin de pays appelé Saint-Claude [...] conservent la sentence et le procès-verbal d'exécution d'un pauvre gentilhomme, nommé Claude Guillon, auquel on trancha la tête le 28 juillet 1629. Il était réduit à la misère, et pressé d'une faim dévorante, il mangea, un jour

la tête. Aimeriez-vous les temps des guerres civiles qui commencèrent à la mort de François II, ou ceux des défaites de Saint-Quentin
et de Pavie, [37] ou les longs désastres des guerres contre les Anglais,   220
ou l'anarchie féodale, et les horreurs de la seconde race, et les
barbaries de la première? [38] A chaque question il était saisi d'effroi.
Le gouvernement des Romains lui parut le plus intolérable de tous.
Il n'y a rien de pis, disait-il, que d'appartenir à des maîtres
étrangers. On en vint enfin aux druides. [39] Ah! s'écria-t-il, je me   225
trompais; il est encore plus horrible d'être gouverné par des prêtres
sanguinaires. [40] Il conclut enfin, malgré lui, que le temps où il
vivait, était à tout prendre, le moins odieux. [41]

Section quatrième

Un aigle gouvernait les oiseaux de tout le pays d'Oritnie. Il est vrai
qu'il n'avait d'autre droit que celui de son bec, et de ses serres. Mais   230
enfin après avoir pourvu à ses repas et à ses plaisirs, il gouverna
aussi bien qu'aucun autre oiseau de proie.

---

maigre, un morceau d'un cheval qu'on avait tué dans un pré voisin. Voilà son crime.
Il fut condamné comme un sacrilège. S'il eût été riche, et qu'il se fût fait servir à
souper pour deux cents écus de marée, en laissant mourir de faim les pauvres, il aurait
été regardé comme un homme qui remplissait tous ses devoirs' (*M*, t.25, p.559). Voir
également les articles 'Carême' du *DP* et des *QE*.

[37] Les batailles de Saint-Quentin (10 août 1557) et de Pavie (24 février 1525). Sur la
bataille de Pavie, voir l'*EM*, ch.124 (éd. Pomeau, t.2, p.186-87). Sur le désastre de
Saint-Quentin, voir l'*EM*, ch.163 (éd. Pomeau, t.2, p.434-35).

[38] La 'première race' désigne la dynastie des Capétiens et la deuxième, celle des
Valois.

[39] Chez Voltaire, les druides gaulois désignent souvent les prêtres catholiques:
voir l'article 'Druides' des *QE* (*OCV*, t.40, p.585-88).

[40] Si Voltaire a pu hésiter entre les formes monarchique et républicaine de
gouvernement, il n'a, en philosophie politique, qu'une seule certitude: le refus de la
théocratie et de toute subordination du pouvoir temporel au pouvoir spirituel.

[41] Affirmation fréquente chez Voltaire: si le pouvoir de l''Infâme' n'est pas
terrassé, il a été considérablement réduit par l'avènement des Lumières. Dans le
dernier chapitre de l'*EM* s'exprime l'espoir d'un progrès fondé sur 'un amour de
l'ordre qui anime en secret le genre humain, et qui a prévenu sa ruine totale' (éd.
Pomeau, t.2, p.808).

Dans sa vieillesse, il fut assailli par des vautours affamés qui vinrent du fond du Nord désoler toutes les provinces de l'aigle. Parut alors un chat-huant, né dans un des plus chétifs buissons de l'empire, et qu'on avait longtemps appelé *lucifugax*.[42] Il était rusé, il s'associa avec des chauves-souris; et tandis que les vautours se battaient contre l'aigle, notre hibou et sa troupe entrèrent habilement en qualité de pacificateurs dans l'aire qu'on se disputait.

L'aigle et les vautours après une assez longue guerre, s'en rapportèrent à la fin au hibou, qui avec sa physionomie grave sut en imposer aux deux partis.

Il persuada à l'aigle et aux vautours de se laisser rogner un peu les ongles, et couper le petit bout du bec pour se mieux concilier ensemble. Avant ce temps le hibou avait toujours dit aux oiseaux, Obéissez à l'aigle; ensuite il avait dit, Obéissez aux vautours. Il dit bientôt, Obéissez à moi seul. Les pauvres oiseaux ne surent à qui entendre; ils furent plumés par l'aigle, le vautour, le chat-huant et les chauves-souris. *Qui habet aures audiat.*[43]

Section cinquième

'J'ai un grand nombre de catapultes et de balistes des anciens Romains, qui sont à la vérité vermoulues, mais qui pourraient encore servir pour la montre. J'ai beaucoup d'horloges d'eau[44] dont la moitié sont cassées; des lampes sépulcrales, et le vieux modèle en cuivre d'une quinquérème;[45] je possède aussi des toges,

235

240

245

250

---

[42] 'Qui fuit la lumière'. Terme employé par Minutius Felix, *Octavius*, ch.8; la source de Voltaire est Middleton, *A Free Inquiry into the miraculous powers, which are supposed to have subsisted in the Christian Church* (*Miscellaneous Works*, 5 vol., Londres, 1755, BV2447), t.1, p.134-35, n.4 (voir l'article 'Christianisme' du *DP*, *OCV*, t.35, p.568 et n.84). Ce chat-huant représente le pape ou l'Eglise; les chauves-souris sont les prêtres, les moines et les théologiens. L'aigle désigne les monarques; les 'vautours' sont soit les grands seigneurs frondeurs, soit les parlements réactionnaires.

[43] 'Que celui qui a des oreilles pour entendre, entende' (Matthieu 11:15).

[44] Les horloges à eau ou clepsydres font l'objet d'un article du chevalier de Jaucourt dans l'*Encyclopédie* (t.8, p.298-99).

[45] Navire à cinq rangs de rameurs.

des prétextes, des laticlaves en plomb;[46] et mes prédécesseurs ont   255
établi une communauté de tailleurs qui font assez mal des robes
d'après ces anciens monuments. A ces causes à ce nous mouvants,
ouï le rapport de notre principal antiquaire, nous ordonnons que
tous ces vénérables usages soient en vigueur à jamais, et qu'un
chacun ait à se chausser et à penser dans toute l'étendue de nos Etats   260
comme on se chaussait et comme on pensait du temps de Cnidus
Rufillus propréteur de la province à nous dévolue par le droit de
bienséance, etc.'

On représenta au chauffe-cire[47] qui employait son ministère à
sceller cet édit, que tous les engins y spécifiés sont devenus inutiles.   265

Que l'esprit et les arts se perfectionnent de jour en jour, qu'il faut
mener les hommes par les brides qu'ils ont aujourd'hui, et non par
celles qu'ils avaient autrefois.

Que personne ne monterait sur les quinquérèmes de Son Altesse
Sérénissime.   270

Que ses tailleurs auraient beau faire des laticlaves, qu'on n'en
achèterait pas un seul, et qu'il était digne de sa sagesse de
condescendre un peu à la manière de penser actuelle des honnêtes
gens de son pays.

Le chauffe-cire promit d'en parler à un clerc, qui promit de s'en   275
expliquer au référendaire,[48] qui promit d'en dire un mot à Son
Altesse Sérénissime quand l'occasion pourrait s'en présenter. [49]

---

[46] Large bande de pourpre appliquée sur la tunique des sénateurs; voir l'article
'Laticlave' de l'*Encyclopédie*, du chevalier de Jaucourt (t.9, p.301-302). L'expression
'laticlave en plomb' s'explique par le fait que 'plusieurs savants se sont persuadés que
les bandes ou galons de ces tuniques étaient comme brochées de têtes de clous'. Mais
de Jaucourt remarque que Dacier n'est pas de cet avis, les anciens appelant 'clavus',
clou, tout ce qui était fait pour être appliqué sur quelque chose' (p.301).

[47] Officier de la chancellerie chargé de préparer la cire pour sceller les actes. Ils
étaient au nombre de quatre pour la Grande Chancellerie de France (voir l'article de
Boucher d'Argis, *Encyclopédie*, t.3, p.256).

[48] Officiers de chancellerie qui 'font le rapport des lettres de leur ministère'
(*Encyclopédie*, t.13, p.884, par Boucher d'Argis).

[49] Voltaire voudrait croire à l'irréversibilité du progrès. Il avait écrit à Charles
Bordes le 18 novembre 1768: 'La révolution s'opère sensiblement dans les esprits

Section sixième

Tableau du gouvernement anglais[50]

C'est une chose curieuse, de voir comment un gouvernement s'établit. Je ne parlerai pas ici du Grand Tamerlan, ou Timurleng, parce que je ne sais pas bien précisément quel est le mystère du gouvernement du Grand Mogol.[51] Mais nous pouvons voir plus clair dans l'administration de l'Angleterre: et j'aime mieux examiner cette administration que celle de l'Inde, attendu qu'on dit qu'il y a des hommes en Angleterre, et point d'esclaves; et que dans l'Inde on trouve, à ce qu'on prétend, beaucoup d'esclaves, et très peu d'hommes.

Considérons d'abord un bâtard normand qui se met en tête d'être roi d'Angleterre. Il y avait autant de droit que saint Louis en eut depuis sur le grand Caire. Mais saint Louis eut le malheur de ne pas commencer par se faire adjuger juridiquement l'Egypte en cour de Rome; et Guillaume le Bâtard ne manqua pas de rendre sa cause légitime et sacrée, en obtenant du pape Alexandre II un arrêt qui assurait son bon droit,[52] sans même avoir entendu la partie

---

malgré les cris du fanatisme. La lumière vient par cent trous qu'il sera impossible de boucher' (D15322). Il écrira à Thomasseau de Cursay le 3 juillet 1773: 'Il est encore un peu sot ce genre humain; mais à la fin la lumière pénétrera chez tous les honnêtes gens' (D18449). Mais que d'obstacles à surmonter! D'où l'ironie de cette page.

[50] La référence implicite de cette section est le chapitre 'De la constitution d'Angleterre' de *De l'esprit des lois* de Montesquieu (livre 11, ch.6) et, plus encore, le chapitre 27 du livre 19, auquel Voltaire renvoie dans un passage du présent article qu'il supprimera par la suite.

[51] Voltaire a pourtant consacré un chapitre de l'*EM* à Tamerlan (ch.88, *OCV*, t.24, p.359-78).

[52] Sur le Conquérant et la conquête de l'Angleterre, voir le chapitre 42 de l'*EM* (*OCV*, t.23, p.51-67), où Voltaire rapporte que le pape Alexandre II 'excommunia tous ceux qui s'opposeraient aux desseins de Guillaume' dit 'le Bâtard' ou 'le Conquérant', qui envahit l'Angleterre en 1066. 'Le vainqueur s'approcha de Londres, portant devant lui une bannière bénite que le pape lui avait envoyée. Cette bannière fut l'étendard auquel tous les évêques se rallièrent en sa faveur' (p.59-60).

adverse, et seulement en vertu de ces paroles: *Tout ce que tu auras lié sur la terre sera lié dans les cieux.*[53] Son concurrent Harald, roi très légitime, étant ainsi lié par un arrêt émané des cieux, Guillaume joignit à cette vertu du siège universel, une vertu un peu plus forte; ce fut la victoire d'Hasting.[54] Il régna donc par le droit du plus fort, ainsi qu'avaient régné Pépin et Clovis en France, les Goths et les Lombards en Italie, les Visigoths, et ensuite les Arabes en Espagne, les Vandales en Afrique, et tous les rois de ce monde les uns après les autres.

Il faut avouer encore que notre bâtard avait un aussi juste titre que les Saxons et les Danois, qui en avaient possédé un aussi juste que celui des Romains. Et le titre de tous ces héros était celui des *voleurs de grand chemin,*[55] ou bien, si vous voulez, celui des renards et des fouines quand ces animaux font des conquêtes dans les basses-cours.

Tous ces grands hommes étaient si parfaitement voleurs de grand chemin, que depuis Romulus jusqu'aux flibustiers, il n'est question que de dépouilles *opimes,* de butin, de pillage, de vaches et de bœufs volés à main armée. Dans la fable Mercure vole les vaches d'Apollon, et dans l'Ancien Testament le prophète Isaïe donne le nom de *voleur* au fils que sa femme va mettre au monde, et qui doit être un grand type. Il l'appelle Maher-salal-has-bas, *partagez vite les dépouilles.*[56] Nous avons déjà remarqué que les noms de *soldat* et de *voleur* étaient souvent synonymes.[57]

295

300

305

310

315

306-307   70, 71N, 71A: des fouines sur les

[53] Matthieu 16:19.
[54] Guillaume le Conquérant écrasa les forces d'Harold à Hastings le 14 octobre 1066, avant de se faire couronner roi à Westminster le 25 décembre de la même année.
[55] Voltaire applique fréquemment cette formule aux monarques, conquérants et fondateurs de dynastie. Voir, par exemple, l'article 'Cirus' des *QE* (*OCV*, t.40, p.117).
[56] Isaïe 8:1-3.
[57] Voltaire l'avait écrit dans le premier chapitre de *Dieu et les hommes:* 'les noms de voleur et de soldat étaient autrefois synonymes chez toutes les nations' (*OCV*, t.69,

Voilà bientôt Guillaume roi de droit divin. Guillaume le Roux qui usurpa la couronne sur son frère aîné,[58] fut aussi roi de droit divin sans difficulté; et ce même droit divin appartint après lui à Henri le troisième usurpateur.[59] 320

Les barons normands, qui avaient concouru, à leurs dépens, à l'invasion de l'Angleterre, voulaient des récompenses. Il fallut bien leur en donner; les faire grands vassaux, grands officiers de la couronne. Ils eurent les plus belles terres. Il est clair que Guillaume 325 aurait mieux aimé garder tout pour lui, et faire, de tous ces seigneurs, ses gardes, et ses estafiers. Mais il aurait trop risqué. Il se vit donc obligé de partager.[60]

A l'égard des seigneurs anglo-saxons, il n'y avait pas moyen de les tuer tous, ni même de les réduire tous à l'esclavage. On leur 330 laissa, chez eux, la dignité de seigneurs châtelains.[61] Ils relevèrent des grands vassaux normands, qui relevaient de Guillaume.

Par là tout était contenu dans l'équilibre, jusqu'à la première querelle.

---

p.278). Il le répétera dans l'article 'Guerre' (ci-dessous, p.162). Voir ses notes marginales sur Calmet: 'soldat / larron / synonyme' (*CN*, t.2, p.59). Dans *Dieu et les hommes*, il avait convoqué cinq autorités bibliques ou antiques pour affirmer l'identité du soldat et du pillard (*OCV*, t.69, p.278).

[58] Guillaume II dit 'le Roux' (1056-1100) n'a pas à proprement parler 'usurpé' le trône d'Angleterre: son père le lui transmit, réservant le duché de Normandie à son fils aîné, Robert Courteheuse. Guillaume II profita cependant du départ de son frère en croisade pour s'emparer de la Normandie. Sur la première croisade, voir l'*EM*, ch.54 (*OCV*, t.23, p.299).

[59] Henri Ier Beauclerc (1068-1135) était le fils cadet de Guillaume le conquérant. Il s'empara en 1100 de la monarchie anglo-normande à la mort de son frère Guillaume II, au détriment de son frère aîné Robert II Courteheuse, alors que celui-ci était à la croisade. Voir l'*EM*, ch.54 (*OCV*, t.23, p.293, n.24).

[60] 'Les Normands qui avaient eu part à sa victoire, partagèrent par ses bienfaits les terres des vaincus' (*EM*, ch.42, *OCV*, t.23, p.63 et n.29). Voltaire se souvient peut-être de Rapin de Thoyras qui dénonçait l'avidité de Guillaume le Conquérant.

[61] Les 'seigneurs châtelains' sont soumis à l'autorité de leurs suzerains, les seigneurs que Voltaire nomme 'paramonts' dans l'article 'Ezéchiel' du *DP* (*OCV*, t.36, p.94 et n.23).

Et le reste de la nation, que devint-il? ce qu'étaient devenus   335
presque tous les peuples de l'Europe; des serfs, des vilains.

Enfin, après la folie des croisades, les princes ruinés vendent la
liberté à des serfs de glèbe, qui avaient gagné quelque argent par le
travail et par le commerce. [62] Les villes sont affranchies. [63] Les
communes ont des privilèges. Les droits des hommes renaissent   340
de l'anarchie même.

Les barons étaient partout en dispute avec leur roi, et entre eux.
La dispute devenait partout une petite guerre intestine, composée
de cent guerres civiles. C'est de cet abominable et ténébreux chaos,
que sortit encore une faible lumière, qui éclaira les communes, et   345
qui rendit leur destinée meilleure.

Les rois d'Angleterre étant eux-mêmes grands vassaux de
France pour la Normandie, ensuite pour la Guienne et pour
d'autres provinces, prirent aisément les usages des rois dont ils
relevaient. Les états généraux furent longtemps composés, comme   350
en France, des barons et des évêques. [64]

La cour de chancellerie anglaise fut une imitation du conseil
d'Etat, auquel le chancelier de France préside. La cour du banc du
roi fut créée sur le modèle du parlement institué par Philippe le Bel.
Les plaids communs étaient comme la juridiction du Châtelet. La   355
cour de l'Echiquier ressemblait à celle des généraux des finances,
qui est devenue en France la cour des aides. [65]

La maxime, que le domaine royal est inaliénable, fut encore une
imitation visible du gouvernement français.

Le droit du roi d'Angleterre, de faire payer sa rançon par ses   360
sujets, s'il était prisonnier de guerre; celui d'exiger un subside

---

[62] Voir l'*EM*, ch.52 (*OCV*, t.23, p.202) et l'*Histoire du parlement de Paris* (*OCV*,
t.68, p.158).

[63] Voir l'*EM*, ch.52 (*OCV*, t.23, p. 202).

[64] Dans la neuvième lettre des *Lettres philosophiques*, Voltaire a évoqué ces
assemblées composées de 'tyrans ecclésiastiques et de pillards nommés barons' (t.1,
p.101).

[65] Sur la cour du banc du roi, la cour des plaids et la cour de l'Echiquier, voir
l'*Histoire du parlement de Paris* (*OCV*, t.68, p.161-62, n.11).

quand il mariait sa fille aînée, et quand il faisait son fils chevalier; tout cela rappelait les anciens usages d'un royaume dont Guillaume était le premier vassal.

A peine Philippe le Bel a-t-il rappelé les communes aux états généraux, que le roi d'Angleterre, Edouard, en fait autant pour balancer la grande puissance des barons. [66] Car c'est sous le règne de ce prince, que la convocation de la Chambre des communes est bien constatée. [67]

Nous voyons donc, jusqu'à cette époque du quatorzième siècle, le gouvernement anglais suivre pas à pas celui de la France. Les deux Eglises sont entièrement semblables; même assujettissement à la cour de Rome; mêmes exactions dont on se plaint, et qu'on finit toujours par payer à cette cour avide; mêmes querelles, plus ou moins fortes; mêmes excommunications; mêmes donations aux moines; même chaos; même mélange de rapines sacrées, de superstitions, et de barbarie.

La France, et l'Angleterre, ayant donc été administrées si longtemps sur les mêmes principes, ou plutôt sans aucun principe, et seulement par des usages tout semblables, d'où vient qu'enfin ces deux gouvernements sont devenus aussi différents que ceux de Maroc et de Venise?

N'est-ce point que, l'Angleterre étant une île, le roi n'a pas besoin d'entretenir continuellement une forte armée de terre, qui serait plutôt employée contre la nation que contre les étrangers?

N'est-ce point, qu'en général les Anglais ont dans l'esprit quelque chose de plus ferme, de plus réfléchi, de plus opiniâtre que quelques autres peuples?

N'est-ce point par cette raison que, s'étant toujours plaints de la

[66] Voltaire a commenté l'admission du Tiers état à une réunion des états généraux en 1302 sous Philippe le Bel dans l'*Histoire du parlement de Paris* (*OCV*, t.68, p.160) et dans l'*EM*, ch.47 (*OCV*, t.23, p.160). Edouard Ier Plantagenêt (1239-1307) 'donna du poids à la Chambre des Communes pour pouvoir balancer le pouvoir des barons' (*EM*, ch.75, *OCV*, t.24, p.118).

[67] Allusion au 'Parlement modèle' (1295), convoqué par Edouard Ier pour se concilier les barons.

cour de Rome, ils en ont entièrement secoué le joug honteux; [68]   390
tandis qu'un peuple plus léger l'a porté en affectant d'en rire, et en
dansant avec ses chaînes?

La situation de leur pays, qui leur a rendu la navigation
nécessaire, ne leur a-t-elle pas donné aussi des mœurs plus dures?

Cette dureté de mœurs qui a fait, de leur île, le théâtre de tant de   395
sanglantes tragédies, n'a-t-elle pas contribué aussi à leur inspirer
une franchise généreuse?

N'est-ce pas ce mélange de leurs qualités contraires, qui a fait
couler tant de sang royal dans les combats et sur les échafauds, [69] et
qui n'a jamais permis qu'ils employassent le poison dans leurs   400
troubles civils, tandis qu'ailleurs, sous un gouvernement sacerdo-
tal, le poison était une arme si commune?

L'amour de la liberté n'est-il pas devenu leur caractère
dominant, à mesure qu'ils ont été plus éclairés et plus riches?
Tous les citoyens ne peuvent être également puissants: mais ils   405
peuvent tous être également libres. Et c'est ce que les Anglais ont
obtenu enfin par leur constance.

Etre libre, c'est ne dépendre que des lois. [70] Les Anglais ont donc
aimé les lois, comme les pères aiment leurs enfants, parce qu'ils les
ont faits, ou qu'ils ont cru les faire.   410

Un tel gouvernement n'a pu être établi que très tard; parce qu'il
a fallu longtemps combattre des puissances respectées: la puissance
du pape, la plus terrible de toutes, puisqu'elle était fondée sur le
préjugé et sur l'ignorance; la puissance royale, toujours prête à se

---

414-15   71N: se dérober, et

[68] Voltaire, dans l'*EM*, rapporte en détail les dissensions de l'Angleterre et de la
papauté et salue la décision d'Elizabeth Ire de prendre le titre de chef de la religion
anglicane (ch.168, éd. Pomeau, t.2, p.470).

[69] Dans la huitième lettre des *Lettres philosophiques*, les horreurs et cruautés de
l'histoire de l'Angleterre sont rachetées par le gain final: 'c'est dans des mers de sang
qu'on a noyé l'idole du pouvoir despotique; mais les Anglais ne croient point avoir
acheté trop cher de bonnes lois' (t.1, p.90).

[70] 'La liberté consiste à ne dépendre que des lois', écrivait déjà Voltaire dans la
vingtième de ses *Pensées sur l'administration publique* (1752; *OCV*, t.32A, p.321).

déborder, et qu'il fallait contenir dans ses bornes; la puissance du   415
baronage, qui était une anarchie; la puissance des évêques, qui
mêlant toujours le profane au sacré, voulurent l'emporter sur le
baronage et sur les rois.[71]

Peu à peu la chambre des communes est devenue la digue qui
arrête tous ces torrents.   420

La chambre des communes est véritablement la nation: puisque
le roi qui est le chef, n'agit que pour lui, et pour ce qu'on appelle *sa
prérogative*; puisque les pairs ne sont en parlement que pour eux;
puisque les évêques n'y sont de même que pour eux. Mais la
chambre des communes y est pour le peuple; puisque chaque   425
membre est député du peuple. Or ce peuple est au roi comme
environ huit millions sont à l'unité. Il est aux pairs et aux évêques
comme huit millions sont à deux cents tout au plus. Et les huit
millions de citoyens libres sont représentés par la chambre basse.

De cet établissement, en comparaison duquel la république de   430
Platon n'est qu'un rêve ridicule, et qui semblerait inventé par
Locke, par Newton, par Halley, ou par Archimède, il est né des
abus affreux, et qui font frémir la nature humaine.[72] Les frotte-
ments inévitables de cette vaste machine, l'ont presque détruite du
temps de Fairfax[73] et de Cromwell. Le fanatisme absurde s'était   435
introduit dans ce grand édifice comme un feu dévorant, qui
consume un beau bâtiment, qui n'est que de bois.[74]

Il a été rebâti de pierres du temps de Guillaume d'Orange.[75] La
philosophie a détruit le fanatisme, qui ébranle les Etats les plus
fermes. Il est à croire qu'une constitution qui a réglé les droits du   440

---

[71] Sur la 'balance' anglaise, voir les célèbres déclarations de la huitième lettre des *Lettres philosophiques* (t.1, p.89).

[72] Allusion aux nombreuses guerres civiles qui ont déchiré l'Angleterre.

[73] Thomas Fairfax, général de la 'New Model Army', l'armée de Cromwell qui renversa Charles Ier. Voir l'*EM*, ch.180 (éd. Pomeau, t.2, p.668).

[74] Sur Cromwell, voir l'article des *QE* (*OCV*, t.40, p.320-22).

[75] Allusion au couronnement de Guillaume III suite à la 'Glorious Revolution' de 1688. Voltaire célèbre la monarchie constitutionnelle issue du 'Bill of Rights' de 1689.

roi, des nobles et du peuple, et dans laquelle chacun trouve sa sûreté, durera autant que les choses humaines peuvent durer. [76]

Il est à croire aussi que tous les Etats, qui ne sont pas fondés sur de tels principes, éprouveront des révolutions.

Voici à quoi la législation anglaise est enfin parvenue; à remettre chaque homme dans tous les droits de la nature dont ils sont dépouillés dans presque toutes les monarchies. Ces droits sont, liberté entière de sa personne, de ses biens, de parler à la nation par l'organe de sa plume, de ne pouvoir être jugé que par ses pairs en matière criminelle, de ne pouvoir être jugé en aucun cas que suivant les termes précis de la loi, de professer en paix quelque religion qu'on veuille en renonçant aux emplois dont les seuls anglicans peuvent être pourvus. Cela s'appelle des prérogatives. [77]

445

450

444-518   70, 71N, 71A: révolutions. ¶Après avoir écrit cet article, j'ai relu le dernier article du livre dix-neuvième de l'*Esprit des lois*, dans lequel l'auteur fait un portrait de l'Angleterre, sans la nommer. J'ai été sur le point de jeter au feu mon article; mais j'ai considéré que s'il n'a pas les traits d'esprit, la finesse, la profondeur qu'on admire dans le président de Montesquieu, il peut encore être utile. Il est fondé sur des faits incontestables; et on conteste quelquefois les idées les plus ingénieuses. // [78]

449-50   K84, K12: jugé en matière criminelle que par un *juré* formé d'hommes indépendants; de

[76] Passage à comparer à celui de Montesquieu dans le chapitre 'De la Constitution d'Angleterre' de *De l'Esprit des lois*, livre 11, ch.6: 'Comme toutes les choses humaines ont une fin, l'Etat dont nous parlons perdra sa liberté' (2 vol., Paris, 1979, t.1, p.304).

[77] Sur les libertés anglaises, voir l'éloge de la Grande Charte dans la neuvième lettre des *Lettres philosophiques* (t.1, p.104-105). Voltaire s'est émerveillé de la tolérance anglaise, découvrant 'le pays des sectes' (p.61) dont il vante les mérites: 'S'il n'y avait en Angleterre qu'une religion, le despotisme serait à craindre, s'il y en avait deux, elles se couperaient la gorge; mais il y en a trente, et elles vivent en paix heureuses' (p.74).

[78] Ce paragraphe formait la conclusion de l'article dans les premières éditions. Il fut supprimé dans w68 (1774), sans doute en raison de l'autodénigrement auquel il se livre, pour être remplacé par ce qui suit. Par l'éloge qu'il fait de Montesquieu, ce texte servait de réponse à ceux qui, depuis *L'A.B.C.*, accusaient Voltaire de critiquer trop durement le philosophe de La Brède. Voltaire y renvoie dans la *Lettre sur un écrit anonyme* datée du 20 avril 1772 (*OCV*, t.74A, p.186).

Et en effet, c'est une très grande et très heureuse prérogative par-
dessus tant de nations, d'être sûr en vous couchant que vous vous   455
réveillerez le lendemain avec la même fortune que vous possédiez
la veille; que vous ne serez pas enlevé des bras de votre femme, de
vos enfants, au milieu de la nuit pour être conduit dans un donjon
ou dans un désert; que vous aurez en sortant du sommeil le pouvoir
de publier tout ce que vous pensez; que si vous êtes accusé soit pour   460
avoir mal agi ou mal parlé, ou mal écrit, vous ne serez jugé que
suivant la loi. Cette prérogative s'étend sur tout ce qui aborde en
Angleterre. Un étranger y jouit de la même liberté de ses biens et de
sa personne; et s'il est accusé, il peut demander que la moitié des
jurés soit composée d'étrangers.   465

J'ose dire que si on assemblait le genre humain pour faire des
lois, c'est ainsi qu'on les ferait pour sa sûreté. Pourquoi donc ne
sont-elles pas suivies dans les autres pays? n'est-ce pas demander
que les cocos mûrissent aux Indes et ne réussissent point à Rome?
Vous répondez que ces cocos n'ont pas toujours mûri en Angle-   470
terre, qu'ils n'y ont été cultivés que depuis peu de temps; que la
Suède en a élevé à son exemple pendant quelques années et qu'ils
n'ont pas réussi; [79] que vous pourriez faire venir de ces fruits dans
d'autres provinces, par exemple en Bosnie, en Servie. [80] Essayez
donc d'en planter.   475

Et surtout, pauvre homme, si vous êtes bacha, effendi ou mollah,

---

[79] Allusion à 'l'Ere de la liberté' que connut la Suède sous le règne de Charles XII,
monarque que Voltaire a célébré dans l'*Histoire de Charles XII*. Au moment où
Voltaire écrit cet article, la Suède était plongée dans 'un véritable chaos' (Comte de
Creutz, *La Suède et les Lumières; lettres de France d'un ambassadeur à son roi (1771-
1783)*, éd. M. Molander Beyer, Paris, 2005, p.xli) causé par l'affrontement de 'deux
partis politiques [...], les Bonnets et les Chapeaux' (p.xxxii), les premiers étant
favorables au rétablissement de l'autorité monarchique et les seconds aux droits du
Parlement. Voltaire n'a pas modifié ce texte dans les éditions subséquentes des *QE*
pour saluer le triomphe le 21 juillet 1774 de Gustave III et des 'Bonnets', auxquels il
était favorable (voir C. Paillard, 'Ingérence censoriale et imbroglio éditorial: la
censure de la correspondance de Voltaire dans les éditions in-8° et in-12 de κ', *Revue
Voltaire* 7, 2007, p.294-96).
[80] Comprendre la 'Serbie'.

ne soyez pas assez imbécilement barbare pour resserrer les chaînes de votre nation. Songez que plus vous appesantirez le joug, plus vos enfants qui ne seront pas tous bachas, seront esclaves. Quoi! malheureux, pour le plaisir d'être tyran subalterne pendant quelques jours, vous exposez toute votre postérité à gémir dans les fers! Oh qu'il est aujourd'hui de distance entre un Anglais et un Bosniaque! 480

Section septième [81]

Vous savez, mon cher lecteur, qu'en Espagne vers les côtes de Malaga, on découvrit du temps de Philippe II une petite peuplade 485 jusqu'alors inconnue, cachée au milieu des montagnes de Las Alpuxarras. [82] Vous savez que cette chaîne de rochers inaccessibles est entrecoupée de vallées délicieuses, vous n'ignorez pas que ces vallées sont cultivées encore aujourd'hui par des descendants des Maures qu'on a forcés pour leur bonheur à être chrétiens, ou du 490 moins à le paraître. [83]

483a K84, K12: [ajoutent la 9ᵉ des Lettres philosophiques] / Section 8

[81] Cette section fut ajoutée en 1774 dans w68. Dans l'édition de Kehl, elle forme la huitième section de l'article, les éditeurs ayant interpolé sous le titre de 'Section 7' la neuvième lettre des Lettres philosophiques, comme le signale la variante. Cette addition recentre l'article sur la visée principale de la politique de Voltaire, l'antichristianisme.

[82] Les Alpujarras sont une région montagneuse du sud de l'Espagne sur les flancs sud de la Sierra Nevada.

[83] C'est dans l'ouvrage de Juan Alvarez de Colmenar, Annales d'Espagne et de Portugal, trad. Pierre Massuet (8 vol., Amsterdam, 1741, BV56; CN, t.1, p.91-92) que Voltaire a trouvé ces informations. Dans le t.3, p.36, sous le titre 'Las Alpuxarras', et de nouveau dans le t.5, p.95-96 où Voltaire a placé un signet, l'auteur prétend que cette région s'appelle Alpuxarras du nom du premier capitaine maure, Alpuxar, qui en a eu le commandement. C'est là qu'habitent des Maures, 'tristes restes de la dispersion et de la ruine de leur empire, qui, ayant embrassé la religion chrétienne, dont ils font profession, conservent néanmoins leur manière de vivre, leurs habits et leur langue particulière, mais fort corrompue' (t.5, p.95).

Parmi ces Maures, comme je vous le disais, il y avait sous Philippe II[84] une nation peu nombreuse qui habitait une vallée à laquelle on ne pouvait parvenir que par des cavernes. Cette vallée est entre Pitos et Portugos;[85] les habitants de ce séjour ignoré étaient presque inconnus des Maures mêmes; ils parlaient une langue qui n'était ni l'espagnole, ni l'arabe, et qu'on crut être dérivée de l'ancien carthaginois. 495

Cette peuplade s'était peu multipliée. On a prétendu que la raison en était que les Arabes leurs voisins, et avant eux les Africains, venaient prendre les filles de ce canton. 500

Ce peuple chétif, mais heureux, n'avait jamais entendu parler de la religion chrétienne, ni de la juive; connaissait médiocrement celle de Mahomet et n'en faisait aucun cas. Il offrait de temps immémorial du lait et des fruits à une statue d'Hercule. C'était là toute sa religion. Du reste, ces hommes ignorés vivaient dans l'indolence et dans l'innocence. Un familier de l'Inquisition[86] les découvrit enfin. Le grand inquisiteur les fit tous brûler; c'est le seul événement de leur histoire. 505

Les motifs sacrés de leur condamnation furent qu'ils n'avaient jamais payé d'impôt, attendu qu'on ne leur en avait jamais demandé, et qu'ils ne connaissaient point la monnaie, qu'ils n'avaient point de Bible, vu qu'ils n'entendaient point le latin, et que personne n'avait pris la peine de les baptiser. On les déclara sorciers et hérétiques; ils furent tous revêtus du san-benito et grillés en cérémonie. 510 515

---

[84] Dans l'*EM*, Voltaire dénonce le caractère cruel de Philippe II, allié du Saint-Siège, persécuteur de tous les hérétiques, et raconte une expédition punitive dans une vallée du Piémont (ch.163, éd. Pomeau, t.2, p.438). Juan Alvarez de Colmenar évoque une révolte des Maures qu'on veut convertir de force en 1610 (t.2, p.162-63).

[85] Ces noms sont empruntés à Alvarez de Colmenar, mais le premier a été déformé: 'entre deux lieux nommés Pitros et Portugos, on trouve un petit ruisseau' et une caverne qui exhale une vapeur maligne (*Annales d'Espagne et de Portugal*, t.5, p.95).

[86] La majeure partie du tome 7 des *Annales d'Espagne* est consacrée à une histoire de l'Inquisition.

Il est clair que c'est ainsi qu'il faut gouverner les hommes. Rien ne contribue davantage aux douceurs de la société. [87]

---

[87] Cette section 7 présente la seule certitude absolue de la politique voltairienne : le refus de toute ingérence religieuse dans le gouvernement des hommes.

GRÂCE

Section première

Toute la nature, tout ce qui existe, est une grâce de Dieu; il fait à tous les animaux la grâce de les former et de les nourrir. [1] La grâce de faire croître un arbre à soixante et dix pieds est accordée au sapin et refusée au roseau. Il donne à l'homme la grâce de penser, de parler et

a-b K84, K12: GRÂCE (DE LA) / Section 1 / [*ajoutent l'article 'Grâce' du fonds de Kehl*] / Section 2
3 K84, K12: arbre de soixante

* Voltaire est l'auteur d'un article 'Grâce' dans le *DP* (*OCV*, t.36, p.177-84) dont il reprend, dans la première section de cet article des *QE*, l'orientation générale, des exemples et même quelques phrases. Mais il rédige un texte qui, s'il n'expose pas d'idées nouvelles, du moins les présente différemment. Dans une seconde section, plutôt que d'argumenter sur ce sujet théologique aux multiples interprétations, il choisit la voie de la satire en illustrant les thèses jansénistes sur la prédestination par des caricatures, la première mettant en scène un représentant du diable, la seconde sous couvert d'une fiction orientalisante. Les thèmes de cet article sont souvent présents dans la pensée de Voltaire, sans qu'on puisse, pour autant, assigner une date précise à sa composition: réflexions humoristiques sur la grâce alors qu'il a reçu de Rome un brevet de père temporel des capucins auquel il fait grande publicité (voir par exemple D16170, D16257); allusions à l'*Iliade*, très fréquentes dans les *QE*, mais aussi dans D16478, D16509. Le renvoi à l'article 'Providence', qui paraîtra en novembre/décembre 1771 (70, t.8), montre que Voltaire, en écrivant cet article, veut affirmer l'un des principes qui gouvernent sa vision du monde, celui de lois universelles, invariables, immuables établies par Dieu de toute éternité. La notion de 'grâce' n'y trouve pas place. Sans doute Voltaire connaît-il l'article 'Grâce (Théol.)' de l'*Encyclopédie* (t.7, p.800-803), qui énumère et définit les différentes sortes de grâces selon les théologiens. L'a-t-il utilisé, on ne saurait le dire. Cet article paraît en septembre/octobre 1771 (70, t.6).

[1] C'est une idée dominante de la pensée voltairienne, déjà exprimée avec force dans l'article du *DP* (*OCV*, t.36, p.180). Le sapin et le roseau (lignes 3-4) remplacent le chêne et le roseau du *DP* (p.183, lignes 55-56), allusion directe à la fable de La Fontaine.

de le connaître; il m'accorde la grâce de n'entendre pas un mot de 5
tout ce que Tournéli, [2] Molina, [3] Soto, [4] etc. ont écrit sur la grâce.

Le premier qui ait parlé de la grâce efficace et gratuite, c'est sans
contredit Homère. Cela pourrait étonner un bachelier de théologie
qui ne connaîtrait que saint Augustin. Mais qu'il lise le troisième
livre de l'*Iliade*, il verra que Pâris dit à son frère Hector, 'Si les 10
dieux vous ont donné la valeur, et s'ils m'ont donné la beauté, ne
me reprochez pas les présents de la belle Vénus; nul don des dieux
n'est méprisable, il ne dépend pas des hommes de les obtenir.' [5]

Rien n'est plus positif que ce passage. Si on veut remarquer
encore que Jupiter selon son bon plaisir, donne la victoire tantôt 15
aux Grecs, tantôt aux Troyens, voilà une nouvelle preuve que tout
se fait par la grâce d'en haut.

[2] Honoré Tournely (1658-1729), docteur et professeur en Sorbonne, combatif à
l'égard des jansénistes, publia ses *Praelectiones theologicae*, un ouvrage qui comprend
plusieurs traités dont le premier est consacré à la grâce; il fut constamment réédité à
partir de 1725. Tournely figure dans une liste de théologiens dans l'*Instruction* [...] *à
frère Pédiculoso* (*OCV*, t.67, p.228).

[3] Pour un lecteur et un admirateur des *Provinciales* comme Voltaire, le nom du
jésuite espagnol Luis Molina (1536-1600) est une référence obligatoire sur
l'interprétation théologique de la grâce. Dans son *Accord du libre arbitre avec le
don de la grâce, la prescience divine, la providence, la prédestination et la réprobation*
(1588), Luis Molina veut à la fois sauvegarder la toute-puissance divine et le libre
arbitre humain. L'homme déchu a besoin d'une lumière divine; cette grâce suffisante
lui est accordée, mais il est libre de la refuser ou de la seconder par la prière, les
sacrements.

[4] Dominique Soto (1494-1560) entra dans l'ordre de Saint-Dominique en 1524. Il
occupait une chaire de théologie à l'Université de Salamanque (1532-1545). Charles-
Quint l'envoya au concile de Trente en qualité de son premier théologien. Il défendit
la position thomiste dans plusieurs ouvrages dont un *Traité de la nature et de la grâce*.

[5] Résumé des vers 38-66 du chant 3 de l'*Iliade*, qui ressemble beaucoup à la
traduction de Mme Dacier: 'Mais ne me reprochez pas les présents de la belle Vénus:
les glorieux présents des dieux ne sont pas à mépriser quand ils daignent nous les
faire; et il ne dépend pas des hommes de les obtenir' (*L'Iliade d'Homère, traduite en
français avec des remarques*, 4 vol., Paris, 1741, t.1, p.224, BV1670; *CN*, t.4, p.484-97).
Voltaire possède également les traductions de l'*Iliade* par La Motte, Bitaubé et
G. Dubois de Rochefort (la traduction par La Motte, Paris, 1714, BV1669, est
copieusement annotée: *CN*, t.4, p.470-84).

Sarpédon et ensuite Patrocle, sont des braves à qui la grâce a manqué tour à tour. [6]

Il y a eu des philosophes qui n'ont pas été de l'avis d'Homère. Ils ont prétendu que la providence générale ne se mêlait point immédiatement des affaires des particuliers, qu'elle gouvernait tout par des lois universelles, que Thersite [7] et Achille étaient égaux devant elle, et que ni Calchas, ni Thaltibius [8] n'avaient jamais eu de grâce versatile ou congrue. [9]

Selon ces philosophes le chiendent et le chêne, la mite et l'éléphant, l'homme, les éléments et les astres obéissent à des lois

[6] Sarpédon, fils de Zeus et de Laodamie, est tué par Patrocle (*Iliade*, chant 16, vers 419-568). Voltaire l'avait déjà cité dans les articles 'Chaîne des événements' et 'Le ciel des anciens' du *DP* (*OCV*, t.35, p.522-23 et 592-93), et 'Chaîne, ou génération des événements' et 'Le ciel des anciens' des *QE* (*OCV*, t.40, p.9 et 103). Plus tard il traduira le commencement de ce chant 16 (*OCV*, t.80c, p.367-402). Voltaire pastiche ici l'interprétation janséniste de *Phèdre*. Racine espérait, dans sa préface, 'réconcilier la tragédie avec quantité de personnes célèbres par leur piété et par leur doctrine', très probablement ses maîtres de Port-Royal. Ceux-ci, et en particulier Nicole, condamnaient le théâtre. Or le grand Arnauld trouva qu'il n'y avait rien à redire dans le caractère de Phèdre, victime d'une passion dévorante, qui apparaît comme l'expression de la fatalité et qui pourrait, dans un registre chrétien, évoquer une prédestination.

[7] *Iliade*, chant 2, vers 211-43. Après la dispute entre Agamemnon, commandant des armées grecques, et Achille, le meilleur de ses guerriers, Agamemnon met à l'épreuve la volonté de combattre des Grecs en leur proposant d'arrêter la guerre. Ceux-ci se précipitent vers les navires et Ulysse, qui a attrapé le sceptre d'Agamemnon, les empêche de fuir. C'est alors qu'intervient Thersite, dont le poète dépeint la malformation. Il incite les Grecs à rester dans leur patrie, Ulysse lui assène un coup de sceptre. Thersite fond en larmes. Il devient le symbole du démagogue méprisé des héros. Son nom signifie 'l'effronté' (*Iliade*, éd. P. Mazon, P. Chantraine, P. Collart, 4 vol., Paris, 1931, t.1, p.211, n.).

[8] *Iliade*, chant 1, vers 320. Thalthybios est le héraut d'Agamemnon au cours de la guerre de Troie.

[9] Ce n'est pas sans malice que Voltaire prive ces personnages de la grâce congrue, car le congruisme prétend que les hommes bénéficient d'une grâce appropriée aux circonstances. La grâce versatile fait intervenir la volonté humaine pour rendre une grâce efficace.

invariables, que Dieu, immuable, comme elles, établit de toute éternité. [10] Voyez 'Providence'. [11]

Ces philosophes n'auraient admis ni la grâce de santé de saint Thomas, ni la grâce médicinale de Cajetan. Ils n'auraient pu expliquer l'extérieure, l'intérieure, la coopérante, la suffisante, la congrue, la prévenante, etc. [12] Il leur aurait été difficile de se ranger à l'avis de ceux qui prétendent que le maître absolu des hommes donne un pécule à un esclave et refuse la nourriture à l'autre; qu'il ordonne à un manchot de pétrir de la farine, à un muet de lui faire la lecture, à un cul-de-jatte d'être son courrier. [13]

Ils pensent que l'éternel Demiourgos qui a donné des lois à tant de millions de mondes gravitant les uns vers les autres, et se prêtant mutuellement la lumière qui émane d'eux, les tient tous sous l'empire de ses lois générales, et qu'il ne va point créer des vents nouveaux pour remuer des brins de paille dans un coin de ce monde. [14]

Ils disent que si un loup trouve dans son chemin un petit chevreau pour son souper, et si un autre loup meurt de faim, Dieu ne s'est point occupé de faire au premier loup une grâce particulière. [15]

Nous ne prenons aucun parti entre ces philosophes et Homère,

30

35

40

45

29-53 K84, K12: 'Providence'. / Section 3 / Si

[10] Credo de Voltaire exprimé aussi dans le *DP* (*OCV*, t.36, p.180, lignes 17-19).

[11] L'article 'Providence' des *QE* paraîtra en novembre/décembre 1771 (70, t.8). Voltaire a donc prévu d'insérer cet article, peut-être l'a-t-il déjà écrit, lorsqu'il rédige 'Grâce'.

[12] Liste simplifiée par rapport à celle du *DP* (*OCV*, t.36, p.178-80, lignes 6-13, où les définitions des différentes grâces sont reprises de l'*Encyclopédie*), mais destinée également à produire un effet burlesque. N'ont pas été reprises ici la gratuite, la sanctifiante, l'actuelle, l'habituelle, l'efficace. La prévenante est ajoutée; elle apparaissait plus bas dans le *DP* (*OCV*, t.36, p.181, ligne 29). La versatile a été nommée ci-dessus (ligne 25). De même l'article 'Grâce' de l'*Encyclopédie* énumère différentes sortes de grâces (t.7, p.800-803).

[13] Reprise de l'exemple du *DP* (*OCV*, t.36, p.180, lignes 20-23).

[14] Comparaison reprise du *DP* (*OCV*, t.36, p.183, lignes 68-70).

[15] Exemple repris du *DP* où il s'agit d'un agneau et non d'un chevreau (*OCV*, t.36, p.180-81, lignes 26-29).

ni entre les jansénistes et les molinistes. Nous félicitons ceux qui croient avoir des grâces prévenantes; nous compatissons de tout notre cœur à ceux qui se plaignent de n'en avoir que de versatiles; et nous n'entendons rien au congruisme.

Si un Bergamasque reçoit le samedi une grâce prévenante [16] qui le délecte au point de faire dire une messe pour douze sous chez les carmes, célébrons son bonheur. Si le dimanche, il court au cabaret abandonné de la grâce, s'il bat sa femme, s'il vole sur le grand chemin, qu'on le pende. [17] Dieu nous fasse seulement la grâce de ne déplaire dans nos questions ni aux bacheliers de l'université de Salamanque, ni à ceux de la Sorbonne, ni à ceux de Bourges, qui tous pensent si différemment sur ces matières ardues, et sur tant d'autres; de n'être point condamné par eux, et surtout, de ne jamais lire leurs livres. [18]

Section seconde

Si quelqu'un venait du fond de l'enfer nous dire de la part du diable, Messieurs, je vous avertis que notre souverain seigneur a pris pour sa part tout le genre humain, excepté un très petit nombre de gens qui demeurent vers le Vatican et dans ses dépendances; nous prierions tous ce député de vouloir bien nous inscrire sur la liste des privilégiés; nous lui demanderions ce qu'il faut faire pour obtenir cette grâce.

S'il nous répondait, 'Vous ne pouvez la mériter; mon maître a fait la liste de tous les temps; il n'a écouté que son bon plaisir; il s'occupe continuellement à faire une infinité de pots de chambre, et

[16] La prévenante est une subdivision de la grâce actuelle définie comme 'une motion indélibérée de la volonté que Dieu opère en nous, sans nous, afin que nous voulions et que nous fassions le bien surnaturel' (*Encyclopédie*, t.7, p.801).

[17] Reprise d'un exemple du *DP* (*OCV*, t.36, p.182, lignes 42-51), dans une version différente.

[18] Le narrateur intervient, alors que dans le *DP* il prétend transcrire les réflexions de Marc-Aurèle.

quelques douzaines de vases d'or. Si vous êtes pot de chambre, tant pis pour vous.'

A ces belles paroles nous renverrions l'ambassadeur à coups de 75 fourches à son maître.

Voilà pourtant ce que nous avons osé imputer à Dieu, à l'Etre éternel souverainement bon.

On a toujours reproché aux hommes d'avoir fait Dieu à leur image. On a condamné Homère d'avoir transporté tous les vices et 80 tous les ridicules de la terre dans le ciel. Platon qui lui fait ce juste reproche, n'a pas hésité à l'appeler *blasphémateur*. [19] Et nous, cent fois plus inconséquents, plus téméraires, plus blasphémateurs que ce Grec qui n'y entendait pas finesse, nous accusons Dieu dévotement d'une chose dont nous n'avons jamais accusé le dernier 85 des hommes.

Le roi de Maroc Mulei-Ismaël, eut, dit-on, cinq cents enfants. [20] Que diriez-vous si un marabout du mont Atlas vous racontait que le sage et bon Mulei-Ismaël donnant à dîner à toute sa famille, parla ainsi à la fin du repas? 90

Je suis Mulei-Ismaël qui vous ai engendrés pour ma gloire; car je suis fort glorieux. Je vous aime tous tendrement; j'ai soin de vous comme une poule couve ses poussins. J'ai décrété qu'un de mes

[19] Remarque directement inspirée des notes marginales de Voltaire dans son exemplaire de *La République de Platon, ou du juste, et de l'injuste*, trad. F. La Pillonnière (Londres, 1726, BV2754) où, pour Socrate, 'un être bon, et bienfaisant de sa nature, se trouve par sa bonté même dans une heureuse impuissance de nuire' (livre 2, p.59). En face du dialogue entre Socrate et Adimante, sur un signet il écrit 'dieu ne fait pas le mal'. Puis dans le livre 3, p.71, il note 'critique d'homere' face à une déclaration de Socrate dénonçant Agamemnon qui 'vomit des blasphèmes horribles contre Apollon' (*CN*, t.6, p.440-41). Voir aussi les *Carnets* (*OCV*, t.82, p.593-94).

[20] Voltaire fait allusion à ce célèbre roi du Maroc (1634 ou 1635-1727) dans le chapitre 11 de *Candide* et dans l'*EM*, ch.162 (éd. Pomeau, t.2, p.430). On lui attribuait plus de 800 enfants, une longévité exceptionnelle (voir D9148). Les connaissances de Voltaire sur le Maroc viennent de Laugier de Tassy, auteur anonyme de l'*Histoire des Etats barbaresques qui exercent la piraterie, contenant l'origine, les révolutions et l'état présent des royaumes d'Alger, de Tunis, de Tripoli et de Maroc* (2 vol., Paris, 1757, BV1943; marque de lecture sur le chapitre 'Royaume de Fez et de Maroc', *CN*, t.5, p.228).

cadets aurait le royaume de Tafilet, qu'un autre posséderait à jamais Maroc; et pour mes autres chers enfants, au nombre de 95 quatre cent quatre-vingt-dix-huit, j'ordonne qu'on en roue la moitié et qu'on brûle l'autre; car je suis le seigneur Mulei-Ismaël?

Vous prendriez assurément le marabout pour le plus grand fou que l'Afrique ait jamais produit.

Mais si trois ou quatre mille marabouts entretenus grassement à 100 vos dépens, venaient vous répéter la même nouvelle, que feriez-vous? ne seriez-vous pas tenté de les faire jeûner au pain et à l'eau jusqu'à ce qu'ils fussent revenus dans leur bon sens?

Vous m'alléguez que mon indignation est assez raisonnable contre les supralapsaires [21] qui croient que le roi de Maroc ne fait 105 ces cinq cents enfants que pour sa gloire, et qu'il a toujours eu l'intention de les faire rouer et de les faire brûler, excepté deux qui étaient destinés à régner.

Mais j'ai tort, dites-vous, contre les infralapsaires [22] qui avouent que la première intention de Mulei-Ismaël n'était pas de faire périr 110 ses enfants dans les supplices; mais qu'ayant prévu qu'ils ne vaudraient rien, il a jugé à propos en bon père de famille de se défaire d'eux par le feu et par la roue.

Ah! supralapsaires, infralapsaires, gratuits, suffisants, effica-ciens, jansénistes, molinistes, devenez enfin hommes, et ne troublez 115 plus la terre pour des sottises si absurdes et si abominables.

---

116   70, 71N, 71A: sottises que vous n'entendez pas! //
      K84, K12: abominables. / Section 4 / [ajoutent l'article 'Grâce' du DP] //

[21] Les supralapsaires, comme Théodore de Bèze et Jérôme Zanchius, placent la prédestination avant la chute. Donc Dieu a décidé de l'élection ou de la réprobation dès la création de l'homme.
[22] Les infralapsaires affirment que ces décrets de Dieu ont succédé au péché originel. Cette position théologique a été exprimée lors du synode de Dordrecht en 1618.

GREC

Observation sur l'anéantissement de la langue grecque à Marseille

Il est bien étrange qu'une colonie grecque ayant fondé Marseille, il ne reste presque aucun vestige de la langue grecque en Provence ni

---

* Les problèmes d'ordre linguistique (surtout la grammaire, l'orthographe et la formation des langues), sont rarement absents dans la carrière de Voltaire. Il réagit de manière acerbe et déterminée aux questions d'étymologie. Dans les *QE* on relève par exemple des commentaires négatifs sur différents étymologistes et étymologies dans 'ABC ou Alphabet', 'Augure', 'Bouffon', 'Brahmanes, brames', 'Bulgares', 'Celtes', 'Dictionnaire', 'Esclaves', 'Esprit' (*OCV*, t.38, p.28, 122; t.39, p.205, 405, 476-82, 554; t.40, p.417; t.41, p.222-23, 240-44). Partout, Voltaire dénonçait les faux systèmes et les descriptions oiseuses où foisonnent les idées préconçues. Pour se prononcer de nouveau, pas besoin toutefois d'un aiguillon sous la forme de l'article 'Etymologie' de l'*Encyclopédie* (t.6, p.98-111). Car les points de vue qu'y expose Turgot sont trop semblables aux siens pour susciter de sa part une réaction autre qu'admirative. Un Président de Brosses était toutefois une autre affaire: auteur d'un *Traité de la formation mécanique des langues, et des principes physiques de l'étymologie* (2 vol., Paris, 1765, BV549) – dont Voltaire prit connaissance au mois d'août 1768 (D15193) et dont il reparle le 10 décembre 1770 (D16185; *CN*, t.1, p.514-16) – il avait par là réveillé une plaie (voir l'article 'Langues' des *QE*) en consacrant un long développement aux principes et aux règles critiques de l'art étymologique (t.2, p.418-88). Pour Voltaire, de Brosses prend ici la relève de cet 'illustre' prédécesseur qu'est Samuel Bochart qui égaie maintes pages des *QE* (voir 'Augure', 'Babel', 'Bdellium', 'Déluge universel', 'Enchantement', 'Esclaves', 'Langues', 'Samothrace', 'Scoliaste', 'Térélas', *OCV*, t.39, p.205, 263-64, 334-35; t.40, p.364; t.41, p.95, 222; *M*, t.19, p.553; t.20, p.394, 409, 498). Mais dans cet article où – prolongation de l'article 'Franc' qui sera complété dans 'Langues' – de Brosses se trouve en filigrane, il s'agit spécifiquement (et peut-être logiquement; voir 'Franc', *OCV*, t.41, p.502, 506 et 'Langues', *M*, t.19, p.553) de la destinée de la langue grecque en Provence. Dans ce texte, qui n'a rien à voir avec l'article 'Grec (Gram.)' de l'*Encyclopédie*, qui renvoie au *Dictionnaire de Trévoux* et à Chambers, Voltaire s'attaque aux successeurs et disciples d'Henri Estienne (*Traité de la conformité du langage français avec le grec*, Paris, 1569), dont principalement Claude Lancelot (*Jardin des racines grecques*, Paris, 1657) et Gilles Ménage (*Dictionnaire étymologique de la langue française*, Paris, 1694). Cet article paraît en septembre/octobre 1771 (70, t.6).

en Languedoc,[1] ni en aucun pays de la France; car il ne faut pas compter pour grecs les termes qui ont été formés très tard du latin, et que les Romains eux-mêmes avaient reçus des Grecs tant de siècles auparavant; nous ne les avons reçus que de la seconde main. Nous n'avons aucun droit de dire que nous avons quitté le mot de *Got* pour celui de *Theos* plutôt que pour celui de *Deus*, dont nous avons fait Dieu par une terminaison barbare.[2]

Il est évident que les Gaulois ayant reçu la langue latine avec les lois romaines, et depuis ayant encore reçu la religion chrétienne des mêmes Romains, ils prirent d'eux tous les mots qui concernaient cette religion. Ces mêmes Gaulois ne connurent que très tard les mots grecs qui regardent la médecine, l'anatomie, la chirurgie.

Quand on aura retranché tous ces termes originairement grecs, qui ne nous sont parvenus que par les latins, et tous les mots d'anatomie et de médecine connus si tard, il ne restera presque rien.[3] N'est-il pas ridicule de faire venir abréger de *brakus* plutôt que d'*abreviare*; acier d'*axi* plutôt que d'*acies*; acre d'*agros* plutôt que d'*ager*; aile d'*ily* plutôt que d'*ala*?[4]

---

[1] Marseille fut fondée par des Phocéens vers l'an 539 avant J.-C. Ici Voltaire montre à quel point il peut se contredire pour les besoins de l'argument du moment. Ailleurs il avait écrit: 'La colonie de Grecs qui fonda Marseille [...] ne put polir la Gaule. La langue grecque ne s'étendit pas même au delà de son territoire' (*EM*, Avant-propos, *OCV*, t.22, p.6). Dans les *Carnets*, il écrivit: 'Il n'y a de mots tirés du grec en français que ceux des arts. C'est une assez grande preuve que les Grecs avaient établi un comptoir, non une colonie à Marseille et que la langue celte y domina toujours' (*OCV*, t.82, p.577).

[2] Voir l'article 'Langues' (*M*, t.19, p.553) où les préoccupations de Voltaire recoupent celles-ci.

[3] Voltaire a déjà formulé cette réserve dans l'article 'Français' de l'*Encyclopédie*: 'A peine restait-il quelques vestiges de la langue grecque qu'on avait si longtemps parlée à Marseille' (t.7, p.286; *OCV*, t.33, p.101). Turgot ne pensait pas autrement ('Etymologie', *Encyclopédie*, t.6, p.100).

[4] Voltaire cite le *Jardin des racines grecques* de Claude Lancelot (vers 1615-1685), grammairien et théoricien de la rénovation de l'enseignement, qui participa dès 1645, avec Nicole, à la création matérielle des Petites écoles de Port-Royal. Lancelot donne ces étymologies: 'Abréger, *abbreviare*, de *brevis*', 'Acier, d'*acies*, pris d'*axis*, pointe',

On a été jusqu'à dire qu'omelette vient d'*ameilaton*, parce que *meli* en grec signifie du miel, et *oon* signifie un œuf. On a fait encore mieux dans le *Jardin des racines grecques*; on y prétend que dîner vient de *dipnein* qui signifie souper. [5]

Si on veut s'en tenir aux expressions grecques que la colonie de Marseille put introduire dans les Gaules indépendamment des Romains, la liste en sera courte.

Aboyer, peut-être de *bauzein*.

Affre, affreux, d'*afronos*.

Agacer, peut-être d'*anaxein*.

Alali, du cri militaire des Grecs.

Babiller, peut-être de *babazo*.

Balle, de *ballo*.

Bas, de *bathys*.

Blesser, de l'aoriste *blapto*.

Bouteille, de *bouttis*.

Coin, de *gonia*.

Entraille, d'*entera*.

Gargariser, de *gargarizein*.

Hermite, d'*eremos*.

Idiot, d'*idiotes*.

Cuisse, peut-être d'*ischis*.

'Acre, pour dire une mesure de terre, d'*ager*', 'Aile, ou pointe d'une armée, d'*ala*' (*Jardin des racines grecques*, 2ᵉ éd., Paris, 1664, p.301, 302, 303). Voltaire ne fait que reproduire son texte tout en refusant de remonter, pour ce qui est de l'étymologie des vocables en question, au delà du latin (voir les lignes 3-4, 16). Lancelot, dont on retrouvait le texte partout, dans de nombreuses rééditions, incarnait une approche étymologique que Voltaire réprouvait.

[5] Le 'on' désigne toujours Lancelot, *Jardin des racines grecques*, dont voici la définition du mot 'omelette': 'Amelette, d'*amulaton*, qui se trouve à peu près en cette signification dans le *Scoliaste* d'Aristoph[ane]. Ou d'*hama*, simul, et *auo*, battre, dissoudre, comme q[ui] d[irait] œufs battus et dissous ensemble. D'autres aiment mieux écrire omelette, du mot *oomelina*, pris de *oon*, ovum et *meli*, mel' (p.304). L'étymologie qu'on trouve ici du verbe 'dîner' est effectivement celle de Lancelot. 'Dîner, qu'on écrivait autrefois dipner, de *dipnein*, coena, souper' (p.331).

Tuer, de *thuein*.
Colle, de *colla*.
Colère, de *cholé*.   45
Bride, de *bryter*.
Brique, de *bryka*.
Couper, de *copto*.
Fier, de *fiaros*.
Orgueil, d'*orge*.   50
Maraud, de *miaros*.
Moquer, de *mokeuo*.
Page, de *païs*.
Siffler, peut-être de *siffloo*.
Moustache, de *mustax*. [6]   55

Je m'étonne qu'il reste si peu de mots d'une langue qu'on parlait
à Marseille du temps d'Auguste dans toute sa pureté; [7] et je m'étonne
surtout que la plupart des mots grecs conservés en Provence soient
des expressions de choses inutiles, tandis que les termes qui
désignaient les choses nécessaires sont absolument perdus. Nous   60
n'en avons pas un de ceux qui exprimaient la terre, la mer, le ciel, le
soleil, la lune, les fleuves, les principales parties du corps humain,

[6] L'étymologie de la majorité de ces vocables se retrouve telle quelle, soit chez
Lancelot, soit chez ses continuateurs. Le choix opéré par Voltaire est conjectural et
ne se fonde pas sur une approche qui est scientifiquement objective. Cela dit, le doute
quant au rôle joué par la langue grecque dans le devenir de la langue française
commençait à se généraliser dès les années 1750, où la cible principale est le célèbre
contemporain de Lancelot, Gilles Ménage (*Les Origines de la langue française*, 1650,
et le *Dictionnaire étymologique de la langue française* 1694, BV2416). A l'époque même
où Turgot le dénonçait dans l'*Encyclopédie* ('Etymologie', t.6, p.103, 105, 107),
Etienne de Barbazan écrivait, dans sa 'Dissertation sur l'origine de la langue
française' dans *L'Ordène de chevalerie* (Paris, 1759): 'M. Ménage [...] nous a donné
un volume in-folio d'étymologies: je l'ai examiné avec attention, et sans faire tort à sa
réputation, je dirai avec confiance qu'il n'y en a pas un quart de justes' (p.62).

[7] Voltaire ajoute sa voix à celle des admirateurs de la Marseille de l'antiquité. Voir,
par exemple, l'article 'Marseille' de l'*Encyclopédie*: 'Marseille peut se vanter [...]
d'avoir formé une des trois plus fameuses académies du monde. [...] Tite-Live dit que
Marseille était aussi polie que si elle avait été au milieu de la Grèce; et c'est pourquoi
les Romains y faisaient élever leurs enfants' (t.10, p.156).

mots qui semblaient devoir se perpétuer d'âge en âge. Il faut peut-
être en attribuer la cause aux Visigoths, aux Bourguignons, aux
Francs, à l'horrible barbarie de tous les peuples qui dévastèrent   65
l'empire romain; barbarie dont il reste encore tant de traces. [8]

[8] Chaque fois que Voltaire évoque ces peuples 'barbares' (voir par exemple,
l'*EM*, ch.11-12, 17, *OCV*, t.22, p.211-19, 220-27, 285-86, les *Annales de l'Empire*, *M*,
t.13, p.219-21 et, trente ans plus tard, le *Commentaire sur l'Esprit des lois*, *OCV*, t.80B,
p.385), c'est pour les stigmatiser comme de vulgaires vandales, incapables de quoi
que ce soit de positif. Cette opinion concernant Marseille n'est pas partagée par l'abbé
Dubos (*Histoire critique de l'établissement de la monarchie française dans les Gaules*,
3 vol., Amsterdam, 1734, BV1109). Citant Agathias, il écrit: 'Cette colonie grecque
qui s'est longtemps gouvernée suivant les coutumes et les usages de ses fondateurs,
obéit donc aujourd'hui à des princes barbares, sans qu'on puisse dire néanmoins que
ses citoyens soient devenus pour cela de pire condition. [...] Enfin pour des barbares,
ils sont très soumis aux lois, très polis, et ils ne diffèrent guère des Romains que par la
langue qu'ils parlent, et par l'habit qu'ils portent' (t.3, p.244-45).

GRÉGOIRE VII

Bayle lui-même en convenant que Grégoire fut le boutefeu de
l'Europe, (*a*) lui accorde le titre de grand homme. [1] *Que l'ancienne
Rome, dit-il, qui ne se piquait que de conquêtes et de la vertu militaire,
ait subjugué tant d'autres peuples, cela est beau et glorieux selon le*

(*a*) Voyez Bayle à l'article 'Grégoire'.

---

* Article consacré à Grégoire VII (Hildebrand), pape (1073-1085), évoqué à
plusieurs reprises par Voltaire, qui en fait un personnage emblématique, moins par
ses turpitudes morales (voir, ci-dessous, lignes 89-99), contrairement par exemple à
Alexandre VI, que par ses ambitions de puissance temporelle qui suscitent de
fréquents rapprochements avec Boniface VIII. Voltaire mentionne de manière
récurrente l'insolence et l'audace de celui qui est à l'origine d'un 'style devenu
ordinaire' depuis son pontificat: 'excommunier', 'vouloir détrôner', 'prétendre
exclure à jamais du trône', 'se constituer en juge des rois' (*EM*, ch.49, *OCV*, t.23,
p.192-93). Voltaire consacre l'essentiel du chapitre 46 de l'*EM* à l'histoire de ses
relations conflictuelles avec l'empereur germanique Henri IV (1084-1106), et retrace
une histoire personnelle marquée par un renversement que résume le 'Catalogue des
papes' des *Annales de l'Empire*: Grégoire VII fut 'le premier' qui 'rendit l'Eglise
romaine redoutable; il fut la victime de son zèle' (*M*, t.13, p.199). Si le pontificat de
Grégoire VII constitue un exemple historique des conséquences fâcheuses des
ingérences du spirituel dans le temporel, Voltaire souligne aussi le caractère
contingent de cette puissance du pape, qui doit beaucoup au 'temps', au 'lieu' et
aux 'circonstances' (lignes 61-62). Sans rapport avec l'*Encyclopédie* (dans l'article
'Soana', Jaucourt construit son développement à partir d'extraits de l'*EM*), cet
article est en revanche conçu comme une réfutation d'un passage de l'article
'Grégoire VII' de Pierre Bayle dans son *Dictionnaire historique et critique* (4 vol.,
Rotterdam, 1697, BV292), qui en constitue la source quasi exclusive. L'article paraît
en septembre/octobre 1771 (70, t.6).

[1] Bayle déclare qu''on ne saurait contester' à Grégoire VII 'les qualités d'un grand
homme' (*Dictionnaire historique et critique*, t.1, p.1293) et précise, à la fin de la
remarque A: 'Acquérir la liberté, secouer le joug, se mettre dans l'indépendance,
subjuguer ses propres maîtres, sont si l'on veut des actions très criminelles, mais non
pas l'ouvrage d'une personne dépourvue des plus grands talents de l'esprit et du
courage' (p.1294). Un semblable éloge peut en effet étonner de la part d'un
protestant. L'expression 'boutefeu de l'Europe' ne se trouve pas sous sa plume.

monde; mais on n'en est pas surpris quand on y fait un peu réflexion. 5
C'est bien un autre sujet de surprise quand on voit la nouvelle Rome, ne
se piquant que du ministère apostolique, acquérir une autorité sous
laquelle les plus grands monarques ont été contraints de plier. Car on
peut dire qu'il n'y a presque point d'empereur qui ait tenu tête aux
papes, qui ne se soit enfin très mal trouvé de sa résistance. Encore 10
aujourd'hui les démêlés des plus puissants princes avec la cour de
Rome, se terminent presque toujours à leur confusion.[2]

Je ne suis en rien de l'avis de Bayle. Il pourra se trouver bien des
gens qui ne seront pas de mon avis. Mais le voici, et le réfutera qui
voudra. 15

1°. Ce n'est pas à la confusion des princes d'Orange et des sept
Provinces-Unies que se sont terminés leurs différends avec Rome.[3]
Et Bayle se moquant de Rome dans Amsterdam, était un assez bel
exemple du contraire.

Les triomphes de la reine Elizabeth,[4] de Gustave Vasa en Suède,[5] 20
des rois de Dannemarck, de tous les princes du nord de
l'Allemagne, de la plus belle partie de l'Helvétie, de la seule
petite ville de Genève,[6] sur la politique de la cour romaine, sont

---

[2] Bayle, *Dictionnaire historique et critique*, article 'Grégoire VII', remarque B, t.1,
p.1294.

[3] Allusion au rôle joué par Guillaume Ier le Taciturne, stathouder de Hollande
(1559-1567, 1572-1584), dans la fondation de la république des Provinces-Unies (voir
l'*EM*, ch.164), qui s'inscrit toutefois principalement dans un conflit politique avec
l'Espagne de Philippe II, et à l'action de Guillaume III, stathouder de Hollande
(1672-1702), roi d'Angleterre, d'Ecosse et d'Irlande (1689-1702), qui devient le
champion du protestantisme contre la puissance catholique française (voir *Le Siècle
de Louis XIV*, ch.15).

[4] Sur Elisabeth Ire, reine d'Angleterre (1558-1603), excommuniée par le pape Pie V
en 1570, qui établit la religion anglicane, conduit une politique de soutien systématique
aux protestants, en particulier en Ecosse et en Hollande, et mène une guerre de dix
ans contre l'Espagne de Philippe II, voir notamment l'*EM*, ch.166 et 168-69.

[5] Sur Gustave Ier Vasa, roi de Suède (1523-1560), qui, après l'excommunication
des Etats de Suède par le pape Léon X, chasse de son pays les Danois et impose le
luthéranisme, voir l'*EM*, ch.119 (éd. Pomeau, t.2, p.146-50).

[6] Voltaire écrivait de même, dans le chapitre de l'*EM* consacré à Luther et à
Calvin, que 'l'Eglise latine a perdu plus de la moitié de l'Europe chrétienne, qu'elle

d'assez bons témoignages qu'il est aisé de lui résister en fait de
religion et de gouvernement. 25

2°. Le saccagement de Rome par les troupes de Charles-Quint,
le pape Clément VII prisonnier au château Saint-Ange;[7] Louis XIV
obligeant le pape Alexandre VII à lui demander pardon, et érigeant
dans Rome même un monument de la soumission du pape;[8] et de
nos jours les jésuites, cette principale milice papale détruite si 30
aisément en Espagne, en France, à Naples, à Goa et dans le
Paraguai,[9] tout cela prouve assez que quand les princes puissants
sont mécontents de Rome, ils ne terminent point cette querelle à
leur confusion; ils pourront se laisser fléchir, mais ils ne seront pas
confondus. 35

3°. Quand les papes ont marché sur la tête des rois, quand ils ont
donné des couronnes avec une bulle, il me paraît qu'ils n'ont fait
précisément dans ces temps de leur grandeur, que ce que faisaient
les califes successeurs de Mahomet dans le temps de leur
décadence.[10] Les uns et les autres en qualité de prêtres, donnaient 40
en cérémonie l'investiture des empires aux plus forts.

4°. Maimbourg dit, *ce qu'aucun pape n'avait encore jamais fait,*

32   70, 71N, 71A: quand des princes

---

avait eue presque tout entière en divers temps: car outre le pays immense qui s'étend
de Constantinople jusqu'à Corfou, et jusqu'à la mer de Naples, elle n'a plus ni la
Suède, ni la Norvège, ni le Danemark; la moitié de l'Allemagne, l'Angleterre,
l'Ecosse, l'Irlande, la Hollande, les trois quarts de la Suisse, se sont séparés d'elle'
(*EM*, ch.134, éd. Pomeau, t.2, p.249-50).

[7] Sur ces épisodes voir, par exemple, les *Annales de l'Empire*, 'Charles-Quint',
année 1527 (*M*, t.13, p.493).

[8] Voir *Le Siècle de Louis XIV*, ch.7 (*OH*, p.690-91) et l'article 'Alger' des *QE*
(*OCV*, t.38, p.194): Voltaire précise que le roi 'permit, quelques années après, la
destruction de la pyramide' (*OH*, p.691).

[9] Allusion à la suppression de la Compagnie de Jésus, d'abord au Portugal (1759),
en France (1764) puis en Espagne (1767); la suppression totale n'est effective qu'en
1773.

[10] Observation déjà formulée dans la dixième des *Remarques pour servir de
supplément à l'Essai sur les mœurs*, 'De la grandeur temporelle des califes et des
papes' (*EM*, éd. Pomeau, t.2, p.921).

Grégoire VII priva Henri IV de sa dignité d'empereur et de ses royaumes de Germanie et d'Italie. [11]

Maimbourg se trompe. [12] Le pape Zacharie longtemps auparavant 45
avait mis une couronne sur la tête de l'Austrasien Pépin usurpateur
du royaume des Francs, [13] puis le pape Léon III avait déclaré le fils
de ce Pépin empereur d'Occident et privé par là l'impératrice Irène
de tout cet empire; [14] et depuis ce temps il faut avouer qu'il n'y eut
pas un clerc de l'Eglise romaine qui ne s'imaginât que son évêque 50
disposait de toutes les couronnes.

On fit toujours valoir cette maxime quand on le put; on la
regarda comme une arme sacrée qui reposait dans la sacristie de
Saint-Jean de Latran, [15] et qu'on en tirait en cérémonie dans toutes
les occasions. Cette prérogative est si belle, elle élève si haut la 55
dignité d'un exorciste né à Velletri ou à Civita-Vecchia, [16] que si
Luther, Zuingle, Oecolampade, [17] Jean Chauvin, [18] et tous les
prophètes des Cévennes [19] étaient nés dans un misérable village

[11] Extrait de l'*Histoire de la décadence de l'Empire après Charlemagne*, cité par
Bayle dans son *Dictionnaire historique et critique*, article 'Grégoire VII', remarque E
(t.1, p.1295).

[12] Dans le chapitre 46 de l'*EM*, Voltaire écrivait, à propos de la déposition de
Henri IV par Grégoire VII, que 'c'est là le premier exemple d'un pape qui prétend
ôter la couronne à un souverain' (*OCV*, t.23, p.134 et n.55).

[13] Episode mentionné dans le chapitre 13 de l'*EM*, où Voltaire écrit que 'Zacharie
[...] reconnut Pépin [...], usurpateur du royaume de France, pour roi légitime' (*OCV*,
t.22, p.231).

[14] Episode mentionné dans le chapitre 16 de l'*EM*, où Voltaire précise que si
Léon III proclame Charlemagne empereur d'Occident, 'tout était concerté entre lui
et le pape' (*OCV*, t.22, p.273-74).

[15] Comme le rappelle fréquemment Voltaire, il s'agit de la 'première basilique
bâtie par les chrétiens' à Rome (*EM*, ch.8, *OCV*, t.22, p.169).

[16] Voltaire signale ailleurs que 'Velletri autrefois capitale des Volsques' est
'aujourd'hui la demeure des doyens du sacré collège' (*Précis du siècle de
Louis XV*, ch.13, *OH*, p.1370) et que Civita-Vecchia se trouve 'à cinq ou six
lieues de Rome' (*Aux auteurs de la Gazette littéraire*, 6 juin 1764, *M*, t.25, p.184).

[17] Sur ce théologien allemand, voir *Le Philosophe ignorant*, doute 49 (*OCV*, t.62,
p.98, n.213).

[18] Sur cette forme donnée par Voltaire au nom de Calvin, voir l'article 'Dogmes'
des *QE* (*OCV*, t.40, p.506, n.4).

[19] Sur cette expression fréquemment employée par Voltaire, voir l'article
'Prophètes' du *DP* (*OCV*, t.36, p.464, n.3); voir aussi l'article 'Prophéties' des *QE*.

auprès de Rome et y avaient été tonsurés, ils auraient soutenu cette Eglise avec la même rage qu'ils ont déployée pour la détruire. 60

5°. Tout dépend donc du temps, du lieu où l'on est né, et des circonstances où l'on se trouve. Grégoire VII était né dans un siècle de barbarie, d'ignorance et de superstition, et il avait à faire à un empereur jeune, débauché, sans expérience, manquant d'argent, et dont le pouvoir était contesté par tous les grands seigneurs 65 d'Allemagne. [20]

Il ne faut pas croire que depuis l'Austrasien Charlemagne le peuple romain ait jamais été fort aise d'obéir à des Francs ou à des Teutons; il les haïssait autant que les anciens vrais Romains auraient haï les Cimbres, si les Cimbres avaient dominé en Italie. 70 Les Othons n'avaient laissé dans Rome qu'une mémoire exécrable parce qu'ils y avaient été puissants; et depuis les Othons on sait que l'Europe fut dans une anarchie affreuse.

Cette anarchie ne fut pas mieux réglée sous les empereurs de la maison de Franconie. La moitié de l'Allemagne était soulevée 75 contre Henri IV; la grande-duchesse comtesse Mathilde sa cousine germaine plus puissante que lui en Italie, était son ennemie mortelle. [21] Elle possédait soit comme fiefs de l'empire, soit comme allodiaux tout le duché de Toscane, le Crémonois, le Ferrarois, le Mantouan, le Parmesan, une partie de la marche 80 d'Ancône, Reggio, Modène, Spolette, Vérone; [22] elle avait des droits, c'est-à-dire des prétentions, sur les deux Bourgognes. La chancellerie impériale revendiquait ces terres, selon son usage de tout revendiquer.

Avouons que Grégoire VII aurait été un imbécile s'il n'avait pas 85 employé le profane et le sacré pour gouverner cette princesse, et pour s'en faire un appui contre les Allemands. Il devint son directeur, et de son directeur son héritier.

---

[20] Sur la faiblesse politique de Henri IV, voir l'*EM*, ch.46 (*OCV*, t.23, p.122-25).

[21] Sur l'action de la comtesse Mathilde, qui s'inscrit dans le prolongement de celle de la duchesse de Toscane sa mère, violemment hostile à l'empereur germanique Henri III, père de Henri IV, voir l'*EM*, ch.46 (*OCV*, t.23, p.120-21 et n.10).

[22] Voir l'*EM*, ch.46 (*OCV*, t.23, p.146).

Je n'examine pas s'il fut en effet son amant, ou s'il feignit de l'être, ou si ses ennemis feignirent qu'il l'était, ou si dans des moments d'oisiveté ce petit homme très pétulant et très vif abusa quelquefois de sa pénitente qui était femme, faible et capricieuse. [23]

Rien n'est plus commun dans l'ordre des choses humaines. Mais comme d'ordinaire on n'en tient point registre, comme on ne prend point de témoins pour ces petites privautés de directeurs et de dirigées, comme ce reproche n'a été fait à Grégoire que par ses ennemis, [24] nous ne devons pas prendre ici une accusation pour une preuve. C'est bien assez que Grégoire ait prétendu à tous les biens de sa pénitente sans assurer qu'il prétendît encore à sa personne.

6°. La donation qu'il se fit faire en 1077 par la comtesse Mathilde, est plus que suspecte. Et une preuve qu'il ne faut pas s'y fier, c'est que non seulement on ne montra jamais cet acte; mais que dans un second acte on dit que le premier avait été perdu. On prétendit que la donation avait été faite dans la forteresse de Canosse; et dans le second acte on dit qu'elle avait été faite dans Rome. (Voyez l'article 'Donations'. [25]) Cela pourrait bien confirmer l'opinion de quelques antiquaires un peu trop scrupuleux, qui prétendent que de mille chartes de ces temps-là, (et ces temps sont bien longs) il y en a plus de neuf cents d'évidemment fausses. [26]

[23] Expressions comparables dans l'*EM*, ch.46 (*OCV*, t.23, p.138 et n.68).

[24] Bayle cite, entre autres, les 'paroles' de Maimbourg, 'qui ne sauraient être suspectes en cette occasion': 'les partisans de l'empereur, et les ennemis de Grégoire, et surtout les ecclésiastiques d'Allemagne, auxquels il voulait absolument que l'on ôtât les femmes, qu'ils avaient impudemment épousées contre les plus saintes lois de l'Eglise, prirent de cela même occasion de se déchaîner contre lui d'une étrange manière, de l'accuser d'une trop grande privauté avec cette comtesse'. Maimbourg juge ces accusations 'indignes d'aucune sorte de créance' et 'tout à fait contraires à la vérité, et à la vertu reconnue de l'un et de l'autre', tout en déclarant, dans un autre passage cité par Bayle, que ces 'faussetés' ont produit 'un mauvais effet' et ont nui 'à Grégoire en ce temps-là' (*Dictionnaire historique et critique*, article 'Grégoire VII', remarque G, t.1, p.1296-97).

[25] *OCV*, t.40, p.515 et n.18.

[26] Voltaire attribue un propos comportant des chiffres approchants à l'abbé de Longuerue dans l'article 'De l'histoire' des *QE* (ci-dessous, p.227); il prend

Il y eut deux sortes d'usurpateurs dans notre Europe, et surtout   110
en Italie, les brigands et les faussaires.

7°. Bayle, en accordant à Grégoire le titre de *grand homme*,[27]
avoue pourtant que ce brouillon décrédita fort son héroïsme par ses
prophéties.[28] Il eut l'audace de créer un empereur, et en cela il fit
bien, puisque l'empereur Henri IV avait créé un pape; Henri le   115
déposait, et il déposait Henri.[29] Jusque-là il n'y a rien à dire, tout
est égal de part et d'autre. Mais Grégoire s'avisa de faire le
prophète; il prédit la mort de Henri IV pour l'année 1080; mais
Henri IV fut vainqueur; et le prétendu empereur Rodolphe fut
défait et tué en Thuringe par le fameux Godefroi de Bouillon, plus   120
véritablement grand homme qu'eux tous.[30]

Cela prouve, à mon avis, que Grégoire était encore plus
enthousiaste qu'habile.

Je signe de tout mon cœur ce que dit Bayle, *Quand on s'engage à
prédire l'avenir on fait provision sur toute chose d'un front d'airain, et*   125
d'un magasin inépuisable d'équivoques.[31] Mais vos ennemis se
moquent de vos équivoques, leur front est d'airain comme le
vôtre, et ils vous traitent de fripon insolent et maladroit.

8°. Notre grand homme finit par voir prendre la ville de Rome
d'assaut en 1083; il fut assiégé dans le château nommé depuis Saint-   130

---

lui-même en charge une semblable affirmation dans l'article 'Ana, anecdotes' des *QE*
(*OCV*, t.38, p.322).

[27] Voir, ci-dessus, n.1.

[28] Bayle évoque le témoignage controversé de Du Plessis-Mornay concernant la
prédiction de la mort de Henri IV, évoquée plus loin, mais conclut que Grégoire VII
'se mêla de prophétiser des choses que l'événement confondit bientôt': de deux
choses l'une, soit il 'croyait' que 'sa prédiction arriverait', et 'il faut l'appeler faux
prophète'; soit 'il ne le croyait pas', et 'il faut l'appeler un imposteur' (*Dictionnaire
historique et critique*, article 'Grégoire VII', remarque N, t.1, p.1299).

[29] Grégoire VII donne la couronne de l'empire à Rodolphe de Souabe après avoir
excommunié Henri IV qui, de son côté, œuvre à l'élection de l'antipape Clément III
(1080-1100): voir l'*EM*, ch.46 (*OCV*, t.23, p.140-43).

[30] Épisode relaté dans l'*EM*, ch.46 (*OCV*, t.23, p.143-44).

[31] Bayle, *Dictionnaire historique et critique*, article 'Grégoire VII', remarque N (t.1,
p.1299).

Ange, par ce même empereur Henri IV qu'il avait osé déposséder. Il mourut dans la misère et dans le mépris à Salerne, sous la protection du Normand Robert Guiscard. [32]

J'en demande pardon à Rome moderne; mais quand je lis l'histoire des Scipions, des Catons, des Pompées et des Césars, 135 j'ai de la peine à mettre dans leur rang un moine factieux devenu pape sous le nom de Grégoire VII. [33]

On a donné depuis un plus beau titre à notre Grégoire, on l'a fait saint; du moins à Rome. [34] Ce fut le fameux cardinal Coscia qui fit cette canonisation sous le pape Benoît XIII. On imprima même un 140 office de saint Grégoire VII; dans lequel on dit que ce saint *délivra les fidèles de la fidélité qu'ils avaient jurée à leur empereur.* [35]

Plusieurs parlements du royaume voulurent faire brûler cette légende [36] par les exécuteurs de leurs hautes justices; mais le nonce

[32] Episodes relatés dans l'*EM*, ch.46 (*OCV*, t.23, p.148-49 et n.92).

[33] A la suite du passage cité plus haut (voir, ci-dessus, lignes 2-12 et n.2), Bayle ajoutait: 'Selon le monde cette conquête est un ouvrage plus glorieux que celle des Alexandres, et des Césars: et ainsi Grégoire VII, qui en a été le principal promoteur, doit avoir place parmi les grands conquérants, qui ont eu les qualités les plus éminentes' (*Dictionnaire historique et critique*, article 'Grégoire VII', remarque B, t.1, p.1294).

[34] Signalé par Bayle, *Dictionnaire historique et critique*, article 'Grégoire VII' (t.1, p.1301 et n.*); voir aussi l'*EM*, ch.46 (*OCV*, t.23, p.149), et l'article 'De l'histoire' des *QE* (ci-dessous, p.246).

[35] Voltaire tire peut-être cette information des *Nouvelles ecclésiastiques* du 25 juin 1729, qui annoncent que 'le 25 de ce mois on fera à Rome pour la première fois l'office double du pape Grégoire VII [...]. Sa Sainteté [Benoît XIII, pape de 1724 à 1730] ordonne la récitation de cet office', où l'on trouve, dans la cinquième leçon du second nocturne, que Grégoire VII excommunia l'empereur Henri IV, qu'il le déclara déchu de l'Empire, et délia ses sujets du serment de fidélité'. Les rédacteurs ajoutent que 'les ministres de l'empereur ont défendu d'introduire ce nouvel office dans le royaume de Naples' et que 'cette défense s'étendra apparemment dans tous les Etats de l'Empire': 'on peut aisément juger combien toutes les monarchies y sont intéressées' (*Nouvelles ecclésiastiques, ou mémoires pour servir à l'histoire de la Constitution Unigenitus, pour l'année M DCC XXIX*, s.l., 1729, p.94).

[36] 'On appelle ainsi le livre de la vie des saints' (*Dictionnaire de l'Académie*, 2 vol., Paris, 1762, t.2, p.22).

Bentivoglio qui avait pour maîtresse une actrice de l'Opéra qu'on   145
appelait la Constitution, et qui avait de cette actrice une fille qu'on
appelait la Légende, [37] homme d'ailleurs fort aimable et de la
meilleure compagnie, obtint du ministère qu'on se contenterait de
condamner la légende de Grégoire, de la supprimer, et d'en rire. [38]

149   K84, K12: rire. [*avec note*: Voyez dans l'*Essai sur les mœurs*, t.2, p.42 [K12: p.315], la note des éditeurs sur la canonisation de Grégoire VII. [39]] //

[37] Cornelio Bentivoglio (1668-1732), cardinal italien envoyé à Paris en 1712 en tant que nonce apostolique en France. Même anecdote dans les *Mémoires de Saint-Simon*, éd. Y. Coirault, 8 vol. (Paris, 1983-2000), t.5, p.311; voir la note p.1266 qui cite Barbier, *Journal*, 4 vol. (Paris, 1847-1856): 'On appelait la Constitution, Mlle Duval du Tillet l'aînée, de l'Opéra, prétendue fille du nonce Bentivoglio' (t.1, p.351). Voir aussi t.5, p.867, où il est question des deux filles du nonce nommées la Constitution et la Légende. Bentivoglio présenta au roi la nouvelle Constitution *Unigenitus* en octobre 1713.

[38] Les *Nouvelles ecclésiastiques*, datées de 'Rennes le 18 août [1729]', rapportent que 'le Parlement vient de rendre un arrêt [daté de la veille] sur les remontrances et conclusions de M. le Procureur général, qui supprime la légende de Grégoire VII et défend d'en faire aucun usage sous peine de saisie du temporel, et d'être procédé extraordinairement contre les contrevenants' (p.144). Les rédacteurs citent ensuite le texte du réquisitoire du Procureur général.

[39] Après avoir effectué une virulente sortie contre le Saint-Siège, les éditeurs de Kehl expliquent que 'le parlement de Paris voulut sévir contre cet attentat de Benoît XIII', mais que 'le cardinal de Fleuri trahit, en faveur de la cour de Rome, les intérêts de son prince et de la nation': 'Ce n'est pas que Fleuri fût dévot, ni même hypocrite; mais il aimait par goût les intrigues de prêtres, et il haïssait les parlements, que sa poltronnerie lui faisait croire dangereux pour l'autorité royale'.

GUERRE

Tous les animaux sont perpétuellement en guerre; chaque espèce est née pour en dévorer une autre. Il n'y a pas jusqu'aux moutons et aux colombes qui n'avalent une quantité prodigieuse d'animaux imperceptibles. Les mâles de la même espèce se font la guerre pour des femelles, comme Ménélas et Pâris.[1] L'air, la terre et les eaux sont des champs de destruction.   5

Il semble que Dieu ayant donné la raison aux hommes, cette raison doive les avertir de ne pas s'avilir à imiter les animaux, surtout quand la nature ne leur a donné ni armes pour tuer leurs semblables, ni instinct qui les porte à sucer leur sang.   10

Cependant la guerre meurtrière est tellement le partage affreux

---

* Voltaire reprend ici les trois-quarts environ de l'article du même intitulé du *DP*, en ajoutant en tête trois paragraphes portant sur l'omniprésence du combat dans le monde naturel, et en conclusion une critique de l'affirmation de Montesquieu selon laquelle une société serait en droit de déclarer une guerre préventive (voir H. Meyer, *Voltaire on war and peace*, *SVEC* 144, 1976). Du texte du *DP* sont retranchées quelques lignes sur les maladies et la famine, ainsi qu'un plus long développement sur les prédicateurs qui ne condamnent pas la guerre et quelquefois même la glorifient. Ces modifications peuvent témoigner à la fois d'un intérêt accru dans les années 1770 pour la médecine et l'étude des sociétés, et de l'éloignement dans le temps de la guerre de Sept Ans. Il n'est pas exclu que Voltaire ait repris le sujet des effets néfastes de la guerre en espérant que Catherine II mette un terme à la guerre russo-turque qui durait depuis 1768. La correspondance montre qu'en 1771 Voltaire songe à la paix (D17252) et qu'il projette de vendre en Russie et en Turquie la production des horlogers de Ferney (D16960, D17252): 'nous étendrions notre commerce en Turquie avec un grand avantage, s'il plaisait à Catherine 2de de faire la paix' (D16967). Les *QE* contenaient déjà des articles 'Armes, armées' et 'Du droit de la guerre', ce dernier publié lui aussi en 1771. Pour l'annotation des lignes 17-91 nous renvoyons au *DP* (*OCV*, t.36, p.186-94). Cet article paraît en septembre/octobre 1771 (70, t.6).

[1] Voltaire a beaucoup lu et commenté l'*Iliade*, dont il possédait plusieurs traductions (BV1669-74; *CN*, t.4, p.470-98) et qui fait l'objet de ses réflexions, notamment dans l'*Essay on epic poetry* (*OCV*, t.3B, p.315-19, 412-23), et plus récemment dans les *QE* à l'article 'Epopée' (*OCV*, t.41, p.154-59).

de l'homme, qu'excepté deux ou trois nations il n'en est point que leurs anciennes histoires ne représentent armées les unes contre les autres. Vers le Canada *homme* et *guerrier* sont synonymes;[2] et nous avons vu que dans notre hémisphère *voleur* et *soldat* étaient même chose.[3] Manichéens! voilà votre excuse.

Le plus déterminé des flatteurs conviendra sans peine,[4] que la guerre traîne toujours à sa suite la peste et la famine, pour peu qu'il ait vu les hôpitaux des armées d'Allemagne, et qu'il ait passé dans quelques villages où il se sera fait quelque grand exploit de guerre.

C'est sans doute un très bel art que celui qui désole les campagnes, détruit les habitations, et fait périr année commune quarante mille hommes sur cent mille. Cette invention fut d'abord cultivée par des nations assemblées pour leur bien commun; par exemple, la diète des Grecs déclara à la diète de la Phrygie et des peuples voisins, qu'elle allait partir sur un millier de barques de pêcheurs, pour aller les exterminer si elle pouvait.

Le peuple romain assemblé jugeait qu'il était de son intérêt d'aller se battre avant moisson, contre le peuple de Veïes, ou contre les Volsques. Et quelques années après, tous les Romains étant en colère contre tous les Carthaginois, se battirent longtemps sur mer et sur terre. Il n'en est pas de même aujourd'hui.

Un généalogiste prouve à un prince qu'il descend en droite ligne

[2] 'Les hommes, qui sont si désœuvrés dans leurs villages, ne se font une gloire de leur indolence que pour donner à entendre qu'ils ne sont proprement nés que pour les grandes choses, et surtout pour la guerre' (Joseph-François Lafitau, *Mœurs des sauvages américains, comparées aux mœurs des premiers temps*, 2 vol., Paris, 1724, t.2, p.161, BV1852; *CN*, t.5, p.123-37). 'La plupart des hommes sont grands guerriers, chasseurs et pêcheurs', affirmait déjà Gabriel Sagard-Théodat (*Grand Voyage du pays des Hurons*, Paris, 1632, p.73, BV3059), mais nulle indication dans le *Dictionnaire*, publié en annexe de cette relation, de cette prétendue synonymie, qui est cependant suggérée par l'auteur d'un article du *Mercure galant* de 1705: 'Le mot de guerrier est fort usité en Canada, surtout chez les sauvages, il signifie tout homme qui est brave, qui aime ou qui va à la guerre' ('De l'Ile de Montréal en Canada, le 30 octobre 1703', p.24-98, p.36, n.*b*).

[3] Voir ci-dessus l'article 'Gouvernement', qui contient une observation très similaire (p.129 et n.57).

[4] Les lignes 17-91 sont reprises du *DP*.

d'un comte, dont les parents avaient fait un pacte de famille il y a trois ou quatre cents ans avec une maison dont la mémoire même ne subsiste plus. Cette maison avait des prétentions éloignées sur une province dont le dernier possesseur est mort d'apoplexie. Le prince et son conseil voient son droit évident. Cette province [5] qui est à quelques centaines de lieues de lui, a beau protester qu'elle ne le connaît pas, qu'elle n'a nulle envie d'être gouvernée par lui; que pour donner des lois aux gens, il faut au moins avoir leur consentement. Ces discours ne parviennent pas seulement aux oreilles du prince, dont le droit est incontestable. Il trouve incontinent un grand nombre d'hommes qui n'ont rien à perdre; il les habille d'un gros drap bleu à cent dix sous l'aune, borde leurs chapeaux avec du gros fil blanc, les fait tourner à droite et à gauche, et marche à la gloire.

Les autres princes qui entendent parler de cette équipée, y prennent part chacun selon son pouvoir, et couvrent une petite étendue de pays de plus de meurtriers mercenaires, que Gengis-Kan, Tamerlan, Bajazet n'en traînèrent à leur suite.

Des peuples assez éloignés entendent dire qu'on va se battre, et qu'il y a cinq ou six sous par jour à gagner pour eux, s'ils veulent être de la partie; ils se divisent aussitôt en deux bandes comme des moissonneurs, et vont vendre leurs services à quiconque veut les employer.

Ces multitudes s'acharnent les unes contre les autres, non seulement sans avoir aucun intérêt au procès, mais sans savoir même de quoi il s'agit.

On voit à la fois [6] cinq ou six puissances belligérantes, tantôt trois contre trois, tantôt deux contre quatre, tantôt une contre cinq, se détestant toutes également les unes les autres, s'unissant et s'attaquant tour à tour; toutes d'accord en un seul point, celui de faire tout le mal possible.

[5] 'Le prince et son conseil concluent sans difficulté que cette province' dans le *DP* (*OCV*, t.36, p.187, lignes 36-37).
[6] 'Il se trouve à la fois' dans le *DP* (*OCV*, t.36, p.189, ligne 58).

Le merveilleux de cette entreprise infernale, c'est que chaque   65
chef des meurtriers fait bénir ses drapeaux et invoque Dieu
solennellement, avant d'aller exterminer son prochain. Si un chef
n'a eu que le bonheur de faire égorger deux ou trois mille hommes,
il n'en remercie point Dieu; mais lorsqu'il y en a eu environ dix
mille d'exterminés par le feu et par le fer, et que pour comble de   70
grâce quelque ville a été détruite de fond en comble, alors on chante
à quatre parties une chanson assez longue, composée dans une
langue inconnue à tous ceux qui ont combattu, et de plus toute
farcie de barbarismes. La même chanson sert pour les mariages et
pour les naissances, ainsi que pour les meurtres; ce qui n'est pas   75
pardonnable, surtout dans la nation la plus renommée pour les
chansons nouvelles. [7]

Que deviennent et que m'importent l'humanité, la bienfaisance,
la modestie, la tempérance, la douceur, la sagesse, la piété, tandis
qu'une demi-livre de plomb tirée de six cents pas me fracasse le   80
corps, et que je meurs à vingt ans dans des tourments inexprima-
bles, au milieu de cinq ou six mille mourants, tandis que mes yeux
qui s'ouvrent pour la dernière fois voient la ville où je suis né
détruite par le fer et par la flamme, et que les derniers sons
qu'entendent mes oreilles sont les cris des femmes et des enfants   85
expirant sous des ruines, le tout pour les prétendus intérêts d'un
homme que nous ne connaissons pas?

Ce qu'il y a de pis, c'est que la guerre est un fléau inévitable. Si
l'on y prend garde, tous les hommes ont adoré le dieu Mars.
Sabaoth chez les Juifs signifie *le dieu des armes*: mais Minerve chez   90
Homère appelle Mars un dieu furieux, insensé, infernal. [8]

Le célèbre Montesquieu, qui passait pour humain, a pourtant dit,
qu'il est juste de porter le fer et la flamme chez ses voisins, dans la

77-78   K84, K12: nouvelles. ¶[*ajoutent les lignes 76-121 de l'article 'Guerre' du
DP*]. ¶Que

[7] Voltaire omet les lignes 76-121 du *DP*, qui seront cependant restituées par les
éditeurs de Kehl (voir la variante).
[8] Ici se termine le texte du *DP*.

crainte qu'ils ne fassent trop bien leurs affaires. Si c'est là l'esprit des lois, c'est celui des lois de Borgia[9] et de Machiavel.[10] Si malheureusement il a dit vrai, il faut écrire contre cette vérité, quoiqu'elle soit prouvée par les faits.

Voici ce que dit Montesquieu. (a)

'Entre les sociétés le droit de la défense naturelle entraîne quelquefois la nécessité d'attaquer, lorsqu'un peuple voit qu'une plus longue paix en mettrait un autre en état de le détruire, et que l'attaque est dans ce moment le seul moyen d'empêcher cette destruction.'[11]

Comment l'attaque en pleine paix peut-elle être le seul moyen d'empêcher cette destruction? Il faut donc que vous soyez sûr que ce voisin vous détruira s'il devient puissant. Pour en être sûr, il faut qu'il ait fait déjà des préparatifs de votre perte. En ce cas c'est lui qui commence la guerre, ce n'est pas vous; votre supposition est fausse et contradictoire.

S'il y eut jamais une guerre évidemment injuste, c'est celle que vous proposez; c'est d'aller tuer votre prochain, de peur que votre prochain (qui ne vous attaque pas) ne soit en état de vous attaquer.[12]

C'est-à-dire, qu'il faut que vous hasardiez de ruiner le pays dans

(a) Esprit des lois, livre 10, ch.2.

113   70, 71N, 71A: ruiner votre pays

[9] Exemple déjà évoqué dans l'article 'Droit de la guerre' des *QE* (*OCV*, t.40, p.573), qui reprend le 11e entretien de *L'A.B.C.*

[10] Voltaire a applaudi au projet de Frédéric II de réfuter Machiavel avant d'accumuler à ce sujet maintes désillusions: voir *OCV*, t.19.

[11] Citation et référence exactes. Voltaire a annoté ses deux exemplaires de *De l'esprit des lois* (BV2496-97; *CN*, t.5, p.727-59), mais il ne se trouve ni note ni signet à cette page. La présence de Montesquieu et les critiques de *De l'esprit des lois* sont une caractéristique des *QE*.

[12] Pour Voltaire, la seule guerre juste est la guerre défensive. Pourtant, corrigeant l'*Anti-Machiavel* de Frédéric, il a reproduit, sans les modifier, les déclarations du prince sur les 'guerres de prévention' (*Anti Machiavel*, ch.26, *OCV*, t.19, p.402 pour le texte de Frédéric; p.257 pour le texte revu et publié par Voltaire).

l'espérance de ruiner sans raison celui d'un autre. Cela n'est assurément ni honnête, ni utile, car on n'est jamais sûr du succès; vous le savez bien. 115

Si votre voisin devient trop puissant pendant la paix, qui vous empêche de vous rendre puissant comme lui? s'il a fait des alliances, faites-en de votre côté. Si ayant moins de religieux, il en a plus de manufacturiers et de soldats, imitez-le dans cette sage 120 économie. S'il exerce mieux ses matelots, exercez les vôtres; tout cela est très juste. [13] Mais d'exposer votre peuple à la plus horrible misère, dans l'idée si souvent chimérique d'accabler votre cher frère le sérénissime prince limitrophe! ce n'était pas à un président honoraire d'une compagnie pacifique à vous donner un tel conseil. [14] 125

[13] Thème voltairien par excellence: la puissance d'un Etat n'est pas dans la conquête, mais dans le développement économique.
[14] Montesquieu fut de 1716 jusqu'à sa mort en 1755 président 'à mortier' au parlement de Bordeaux.

GUEUX MENDIANT

Tout pays où la gueuserie, la mendicité est une profession, est mal gouverné. La gueuserie, ai-je dit autrefois, est une vermine qui s'attache à l'opulence;[1] oui, mais il faut la secouer. Il faut que l'opulence fasse travailler la pauvreté; que les hôpitaux soient pour les maladies et la vieillesse;[2] les ateliers pour la jeunesse saine et vigoureuse.

Voici un extrait d'un sermon qu'un prédicateur fit il y a dix ans pour la paroisse Saint-Leu et Saint-Giles, qui est la paroisse des gueux et des convulsionnaires:[3]

---

* L'article 'Gueux' de l'*Encyclopédie*, dû au chevalier de Jaucourt, est purement historique: le mot, y lit-on, est un 'sobriquet qui fut donné aux confédérés des Pays-Bas en 1566' (t.7, p.799). C'est dans l'article 'Mendiant', également de Jaucourt, qu'on lit la définition suivante: 'un gueux ou vagabond de profession, qui demande l'aumône par oisiveté et par fainéantise, au lieu de gagner sa vie par le travail' (t.10, p.331). Voltaire a mené une véritable croisade contre la mendicité, déplorant, dès 1749, que les décrets qui l'interdisaient soient mal appliqués (*Des embellissements de Paris*, *OCV*, t.31B, p.232 et n.58). Il expose ses vues pour la supprimer dans le *Fragment des instructions pour le prince royal de* *** (*OCV*, t.63B, p.256-58). Il félicite Pierre le Grand d'en avoir délivré les villes (*Histoire de l'empire de Russie sous Pierre le Grand*, *OCV*, t.46, p.868). Dans cet article, à la voix de l'économiste ou du politique se substitue celle d'un prédicateur qui va dénoncer les ordres mendiants. L'article paraît en septembre/octobre 1771 (70, t.6).

[1] Voir *Sur Messieurs Jean Law, Melon, et Dutot*: 'C'est une vermine qui s'attache à la richesse; les fainéants accourent du bout du royaume à Paris, pour y mettre à contribution l'opulence et la bonté. C'est un abus difficile à déraciner, mais qui prouve seulement qu'il y a des hommes lâches, qui aiment mieux demander l'aumône que de gagner leur vie' (*OCV*, t.18A, p.241). Voir aussi *CN*, t.5, p.557. Selon B. Guyon, Voltaire revendique ici hautement la responsabilité de cette phrase incriminée autrefois par Rousseau dans *La Nouvelle Héloïse* (*Œuvres complètes*, 5 vol., Paris, 1959-1995, t.2, p.538-39, 1658-59).

[2] Même idée dans l'article 'Mendiant' de l'*Encyclopédie*: 'On n'a besoin d'hôpitaux fondés que pour les malades et pour les personnes que l'âge rend incapables de tout travail' (t.10, p.332).

[3] Eglise paroissiale située rue Saint-Denis dans le sixième arrondissement. Dans la

Pauperes evangelisantur, les pauvres sont évangélisés. [4]   10

Que veut dire évangile, gueux, mes chers frères? il signifie *bonne
nouvelle*. C'est donc une bonne nouvelle que je viens vous
apprendre; et quelle est-elle? c'est que si vous êtes des fainéants,
vous mourrez sur un fumier. Sachez qu'il y eut autrefois des rois
fainéants, du moins on le dit; et ils finirent par n'avoir pas un asile.   15
Si vous travaillez, vous serez aussi heureux que les autres hommes.

Messieurs les prédicateurs de Saint-Eustache et de Saint-Roc [5]
peuvent prêcher aux riches de fort beaux sermons en style fleuri,
qui procurent aux auditeurs une digestion aisée dans un doux
assoupissement; et mille écus à l'orateur. Mais je parle à des gens   20
que la faim éveille. Travaillez pour manger, vous dis-je; car
l'Ecriture a dit, qui ne travaille pas ne mérite pas de manger. [6]
Notre confrère Job qui fut quelque temps dans votre état, dit que
l'homme est né pour le travail comme l'oiseau pour voler. [7] Voyez
cette ville immense, tout le monde est occupé. Les juges se lèvent à   25
quatre heures du matin pour vous rendre justice et pour vous
envoyer aux galères, si votre fainéantise vous porte à voler
maladroitement.

Le roi travaille; il assiste tous les jours à ses conseils; il a fait des
campagnes. Vous me direz qu'il n'en est pas plus riche: d'accord;   30
mais ce n'est pas sa faute. Les financiers savent mieux que vous et
moi qu'il n'entre pas dans ses coffres la moitié de son revenu; il a été
obligé de vendre sa vaisselle pour vous défendre contre nos

14-15   w68: des fainéants

---

satire *Le Russe à Paris*, Voltaire prétend qu'Abraham Chaumeix, devenu con-
vulsionnaire, s'est fait crucifier le 2 mars 1749 'dans la rue Saint-Denis, vis-à-vis
Saint-Leu et Saint-Gilles' (*M*, t.10, p.127). Quant aux gueux, il fait peut-être allusion
au tombeau de Marie de Landes, bienfaitrice des pauvres.

[4] Matthieu 11:5. La traduction de Lemaître de Sacy est plus appropriée: 'l'Evangile
est annoncé aux pauvres'.

[5] Les églises paroissiales Saint-Roch et Saint-Eustache étaient situées respectivement dans le deuxième et le troisième arrondissement de Paris.

[6] 2 Thessaloniens 3:10.

[7] Job 5:7.

ennemis. [8] Nous devons l'aider à notre tour. L'ami des hommes ne lui accorde que soixante et quinze millions par an: [9] un autre ami lui en donne tout d'un coup sept cent quarante. [10] Mais de tous ces amis de Job il n'y en a pas un qui lui avance un écu. Il faut qu'on invente mille moyens ingénieux pour prendre dans nos poches cet écu qui n'arrive dans la sienne que diminué de moitié.

Travaillez donc, mes chers frères; agissez pour vous; car je vous avertis que si vous n'avez pas soin de vous-même, personne n'en aura soin; on vous traitera comme dans plusieurs graves remontrances on a traité le roi. On vous dira, Dieu vous assiste. [11]

Nous irons dans nos provinces, répondez-vous; nous serons nourris par les seigneurs des terres, par les fermiers, par les curés. Ne vous attendez pas, mes frères, à manger à leur table. Ils ont pour la plupart assez de peine à se nourrir eux-mêmes, malgré la *Méthode de s'enrichir promptement par l'agriculture* [12] et cent ouvrages de cette espèce qu'on imprime tous les jours à Paris pour l'usage de la campagne, que les auteurs n'ont jamais cultivée.

Je vois parmi vous des jeunes gens qui ont quelque esprit; ils disent qu'ils feront des vers, qu'ils composeront des brochures,

[8] Lors de la guerre de succession d'Espagne pendant le terrible hiver de 1709. Voir *Le Siècle de Louis XIV* (*OH*, p.857). Louis XV vendit aussi la vaisselle royale en 1759 (voir D8695). Voltaire fait allusion à ceux qui ont suivi l'exemple royal dans une lettre à Thiriot (D8771).

[9] Il s'agit de Victor Riqueti, marquis de Mirabeau, auteur de *L'Ami des hommes, ou traité de la population* (6 vol., Avignon, 1756-1758, BV2466). Mais Voltaire fait allusion à un passage de la *Théorie de l'impôt* (s.l., 1760, BV2468), p.286. Sur son exemplaire, Voltaire a griffonné: 'Il faut donner à l'auteur le premier prix en galimatias' (*CN*, t.5, p.653). Voir aussi *L'Homme aux quarante écus* (*OCV*, t.66, p.332 et n.10).

[10] Allusion à *La Richesse de l'Etat* de Roussel de La Tour (s.l., 1763, BV3041), p.5-6. Voir la lettre de Voltaire à Pierre-Samuel Dupont de Nemours (D11369) et *L'Homme aux quarante écus* (*OCV*, t.66, p.332 et n.9).

[11] 'Dieu vous assiste' et expressions similaires: 'Façons de parler ordinaires et familières, lorsque quelqu'un éternue, et lorsqu'on veut marquer à un pauvre qu'on n'a rien à lui donner' (*Dictionnaire de l'Académie*, 2 vol., Paris, 1762, t.1, p.535).

[12] Il s'agit de l'ouvrage de Mathieu Despommiers, *L'Art de s'enrichir promptement par l'agriculture, prouvé par des expériences* (Paris, 1762, BV1019).

comme Chiniac,[13] Nonotte,[14] Patouillet;[15] qu'ils travailleront
pour les Nouvelles ecclésiastiques,[16] qu'ils feront des feuilles
pour Fréron; des oraisons funèbres pour des évêques, des chansons   55
pour l'Opéra comique. C'est du moins une occupation; on ne vole
pas sur le grand chemin quand on fait l'*Année littéraire*,[17] on ne vole
que ses créanciers. Mais faites mieux, mes chers frères en Jésus-
Christ, mes chers gueux, qui risquez les galères en passant votre vie
à mendier;[18] entrez dans l'un des quatre ordres mendiants;[19] vous   60
serez riches et honorés.

[13] L'avocat au Parlement Pierre Chiniac de la Bastide Duclaux (1741-1804) est
l'auteur d'un *Nouveau Commentaire sur le Discours de Monsieur l'abbé Fleury touchant
les libertés de l'Eglise gallicane* (Paris, 1767, BV758).

[14] Le jésuite Claude-Adrien Nonnotte, auteur des *Erreurs de Voltaire* (2 vol.,
Avignon, 1762, BV2579) est sans cesse critiqué par Voltaire.

[15] Il s'agit du jésuite Louis Patouillet (1699-1779). Voir *La Guerre civile de Genève*
(*OCV*, t.63A, p.143-44) et *CN*, t.5, p.899-900, n.896-97.

[16] Sur ce célèbre journal janséniste, voir l'article de J. Sgard dans le *Dictionnaire
des journaux* (2 vol., Paris, 1991). Voltaire a multiplié ses sarcasmes sur les *Nouvelles
ecclésiastiques*, par exemple dans le *Remerciement sincère à un homme charitable* (*OCV*,
t.32A, p.177-208).

[17] Il s'agit du célèbre journal d'Elie-Catherine Fréron, l'un des ennemis intimes de
Voltaire. Voir J. Balcou, *Fréron contre les philosophes* (Genève, 1975). Dans la
bibliothèque de Voltaire figurent des extraits des années 1754-1758, 1760-1769 de
L'Année littéraire (BV77).

[18] 'La peine des galères est établie dans ce royaume contre les mendiants et les
vagabonds; mais cette loi n'est point exécutée, et n'a point les avantages qu'on
trouverait à joindre des maisons de travail à chaque hôpital' (article 'Mendiant' de
l'*Encyclopédie*, t.10, p.331-32).

[19] Voir l'article 'Mendiant (Hist. Ecclésiast.)' de l'*Encyclopédie*: 'mot consacré aux
religieux qui vivent d'aumônes, et qui vont quêter de porte en porte. Les quatre
ordres mendiants qui sont les plus anciens, sont les carmes, les jacobins, les cordeliers
et les augustins. Les religieux mendiants plus modernes, sont les capucins, récollets,
minimes, et plusieurs autres' (t.10, p.332). Voltaire les accuse de 'mettre le peuple à
contribution' dans le *Dialogue entre un philosophe et un contrôleur général des finances*
(*OCV*, t.32A, p.88), et rêve de voir des cordeliers 'la bêche, la truelle, l'équerre à la
main' (*Des embellissements de la ville de Cachemire*, *OCV*, t.31B, p.251).

HÉRÉSIE

Mot grec qui signifie *croyance, opinion de choix*.[1] Il n'est pas trop à l'honneur de la raison humaine qu'on se soit haï, persécuté, massacré, brûlé pour des opinions choisies; mais ce qui est encore fort peu à notre honneur, c'est que cette manie nous ait été particulière comme la lèpre l'était aux Hébreux, et jadis la   5
vérole aux Caraïbes.[2]

* L'*Encyclopédie* compte deux entrées pour le mot 'Hérésie': l'acception, en jurisprudence, de Boucher d'Argis, est précédée de l'entrée principale, qui se rattache à la critique sacrée, prise en charge par Jaucourt. Tout en se défendant de 'faire [...]' l'apologie des hérésies' et en désirant 'au contraire que les chrétiens n'eussent qu'une même foi', Jaucourt pose que 'puisque la chose n'est pas possible, on voudrait du moins qu'à l'exemple de leur Sauveur, ils fussent remplis les uns pour les autres de bienveillance et de charité' (t.8, p.158). Si 'l'un des articles du serment de nos rois est de détruire les hérésies', Jaucourt rappelle que, par un autre article, les rois 'promettent de conserver inviolablement la paix dans leur royaume', ce qui plaide en faveur d'une politique de 'douceur' et de 'tolérance' (p.158). Sans nécessairement s'inspirer de l'article de Jaucourt (le tome 8 de l'*Encyclopédie* ne se trouve pas dans la bibliothèque de Voltaire), le présent article s'inscrit dans la même perspective idéologique: posant une fois encore la distinction entre domaines ecclésiastique et civil, Voltaire revient sur la prolifération, historiquement attestée au sein de la chrétienté, des sectes, des dogmes et des usages, et présente la position dominante dont bénéficie l'orthodoxie sur les hérésies comme la conséquence d'un rapport de forces, non de l'existence d'une vérité intrinsèque. De là aussi, comme chez Jaucourt, un appel à la 'douceur', à la 'tolérance' (lignes 132, 194), à l''indulgence' et à la 'charité' (lignes 146-47). Voltaire réemploie ici le texte du *Commentaire sur le livre Des délits et des peines*, dont la 'section seconde' reprend le chapitre 4. L'article paraît en septembre/octobre 1771 (70, t.7).

[1] Jaucourt écrit de même que 'ce mot, qui se prend à présent en très mauvaise part, et qui signifie une erreur opiniâtre, fondamentale contre la religion, ne désignait dans son origine, qu'un simple choix, une secte bonne et mauvaise' (*Encyclopédie*, t.8, p.158).

[2] Idées récurrentes. La première s'inscrit dans une tradition historiographique (Manéthon, Diodore de Sicile, etc.) faisant des Juifs des descendants de lépreux chassés d'Egypte: voir *La Défense de mon oncle* (*OCV*, t.64, p.341, n.5; p.423, n.14). Voir aussi, par exemple, l'article 'Lèpre et vérole' des *QE* (*M*, t.19, p.574). La seconde est notamment exprimée dans le chapitre 75 de l'*EM* (*OCV*, t.24, p.149).

Nous savons bien, théologiquement parlant, que l'hérésie étant devenue un crime, ainsi que le mot une injure:[3] nous savons, dis-je, que l'Eglise latine pouvant seule avoir raison, elle a été en droit de réprouver tous ceux qui étaient d'une opinion différente de la sienne. 10

D'un autre côté l'Eglise grecque avait le même droit; (a) aussi réprouva-t-elle les Romains quand ils eurent choisi une autre opinion que les Grecs sur la procession du Saint-Esprit, sur les viandes de carême, sur l'autorité du pape, etc. etc. 15

Mais sur quel fondement parvint-on enfin à faire brûler quand on fut le plus fort, ceux qui avaient des opinions de choix? Ils étaient sans doute criminels devant Dieu, puisqu'ils étaient opiniâtres. Ils devaient donc, comme on n'en doute pas, être brûlés pendant toute l'éternité dans l'autre monde. Mais pourquoi 20 les brûler à petit feu dans celui-ci? Ils représentaient que c'était entreprendre sur la justice de Dieu; que ce supplice était bien dur de la part des hommes; que de plus il était inutile, puisqu'une heure de souffrances ajoutée à l'éternité est comme zéro.

Les âmes pieuses répondaient à ces reproches que rien n'était 25 plus juste que de placer sur des brasiers ardents quiconque avait une *opinion choisie*; que c'était se conformer à Dieu que de faire brûler ceux qu'il devait brûler lui-même; et qu'enfin puisqu'un bûcher d'une heure ou deux est zéro par rapport à l'éternité, il importait très peu qu'on brûlât cinq ou six provinces pour des 30 opinions de choix, pour des hérésies.

(a) Voyez les conciles de Constantinople à l'article 'Concile'.[4]

---

[3] Evolution signalée par l'*Encyclopédie*: Jaucourt indique que le mot 'se prend à présent en très mauvaise part'; Boucher d'Argis précise que ce 'crime contre la religion' est 'aussi considéré comme un cas royal' (t.8, p.158).

[4] Parmi les conciles qui se sont réunis à Constantinople, voir celui de 381, sur la procession du Saint-Esprit; celui de 680, qui condamne le pape Honorius Ier; ceux de 861, 869, 879, qui déposent puis rétablissent saint Ignace, élisent, déposent et rétablissent Photius (*OCV*, t.40, p.152-53, 155-56, 156-57). Sur la question des viandes de carême, voir aussi l'article 'Eglise' des *QE* (*OCV*, t.41, p.39).

On demande aujourd'hui chez quels anthropophages ces questions furent agitées, et leurs solutions prouvées par les faits? nous sommes forcés d'avouer que ce fut chez nous-mêmes, dans les mêmes villes où l'on ne s'occupe que d'opéra, de comédies, de bals, 35 de modes et d'amour.

Malheureusement ce fut un tyran qui introduisit la méthode de faire mourir les hérétiques; non pas un de ces tyrans équivoques qui sont regardés comme des saints dans un parti, et comme des monstres dans l'autre. C'était un Maxime, compétiteur de 40 Théodose Ier, tyran avéré par l'empire entier dans la rigueur du mot.

Il fit périr à Trèves par la main des bourreaux, l'Espagnol Priscillien et ses adhérents, dont les opinions furent jugées erronées par quelques évêques d'Espagne. (*b*) Ces prélats sollicitèrent le 45 supplice des priscillianistes avec une charité si ardente, que Maxime ne put leur rien refuser. Il ne tint pas même à eux qu'on ne fît couper le cou à saint Martin comme à un hérétique. Il fut bienheureux de sortir de Trèves, et de s'en retourner à Tours. [5]

Il ne faut qu'un exemple pour établir un usage. Le premier qui 50 chez les Scythes fouilla dans la cervelle de son ennemi et fit une coupe de crâne, fut suivi par tout ce qu'il y avait de plus illustre chez les Scythes. Ainsi fut consacrée la coutume d'employer des bourreaux pour couper des opinions.

On ne vit jamais d'hérésie chez les anciennes religions, parce 55

(*b*) *Histoire de l'Eglise* quatrième siècle. [6]

[5] Dans le chapitre 3 du *Commentaire sur le livre Des délits et des peines*, Voltaire mentionne l'ensemble de ces épisodes, qui sont également évoqués, entre autres, dans l'article 'Zèle' du fonds de Kehl (*M*, t.20, p.614-15).

[6] Dans l'*Histoire ecclésiastique*, 36 vol. (Paris, 1719-1738, BV1350), Fleury rapporte successivement les démarches entreprises par les évêques Idace et Ithace contre les priscillianistes, l'intercession de saint Martin en leur faveur, l'accusation d'hérésie contre ce dernier, son départ et l'exécution de Priscillien, influencée par les 'mauvais conseils' donnés à Maxime par les évêques Magnus et Rufus (livre 18, ch.29-30, t.4, p.458-60).

qu'elles ne connurent que la morale et le culte. Dès que la métaphysique fut un peu liée au christianisme, on disputa; et de la dispute naquirent différents partis comme dans les écoles de philosophie. Il était impossible que cette métaphysique ne mêlât pas ses incertitudes à la foi qu'on devait à Jésus-Christ. Il n'avait 60 rien écrit,[7] et son incarnation était un problème que les nouveaux chrétiens, qui n'étaient pas inspirés par lui-même, résolvaient de plusieurs manières différentes. *Chacun prenait parti*, comme dit expressément saint Paul; (*c*) *les uns étaient pour Apollos, les autres pour Céphas.* 65

Les chrétiens en général s'appelèrent longtemps *nazaréens*; et même les gentils ne leur donnèrent guère d'autre nom dans les deux premiers siècles.[8] Mais il y eut bientôt une école particulière de nazaréens qui eurent un Evangile différent des quatre canoniques. On a même prétendu que cet Evangile ne différait que très peu de 70 celui de saint Matthieu, et lui était antérieur.[9] Saint Epiphane et saint Jérôme placent les nazaréens dans le berceau du christianisme.[10]

Ceux qui se crurent plus savants que les autres prirent le titre de gnostiques, les *connaisseurs*; et ce nom fut longtemps si honorable,

(*c*) I aux Corinth. ch.1, versets 11 et 12.

[7] Affirmation très souvent mise en avant dans la critique voltairienne: voir, par exemple, les articles 'Du juste et de l'injuste' et 'Tolérance' du *DP* (*OCV*, t.36, p.283, 559); voir aussi l'article 'Conciles' du fonds de Kehl (*M*, t.18, p.206).

[8] Idée déjà présente dans l'article 'Christianisme' du *DP* (*OCV*, t.35, p.569); passage repris dans l'article 'Eglise' des *QE* (*OCV*, t.41, p.9).

[9] Dans l'article 'Nazaréens' du *Dictionnaire de la Bible*, Calmet explique que, avant de désigner des 'hérétiques' en tant que 'convertis au judaïsme', 'le nom de *nazaréens* d'abord n'eut rien d'odieux': 'on le donnait assez communément aux premiers chrétiens'. Calmet ajoute que 'les Pères parlent souvent de l'Evangile des *nazaréens*, qui ne diffère point de celui de saint Matthieu, qui était en hébreu ou en syriaque, entre les mains des premiers fidèles, et qui dans la suite fut corrompu par les ébionites' (t.3, p.20). Voir la *Collection d'anciens évangiles*, 'Notice et fragments de cinquante évangiles', n° 36 (*OCV*, t.69, p.98-99).

[10] Calmet mentionne respectivement saint Jérôme et saint Epiphane dans les articles 'Nazaréens' et 'Nazareth' du *Dictionnaire de la Bible* (t.3, p.20, 22).

que saint Clément d'Alexandrie dans ses *Stromates*, (*d*) appelle   75
toujours les bons chrétiens, vrais gnostiques. [11] *Heureux ceux qui*
sont entrés dans la sainteté gnostique! [12]

Celui qui mérite le nom de gnostique, (e) résiste aux séducteurs, et
donne à quiconque demande. [13]

Le cinquième et sixième livre des *Stromates* ne roulent que sur la   80
perfection du gnostique.

Les ébionites étaient incontestablement du temps des apôtres.
Ce nom qui signifie *pauvre*, leur rendant chère la pauvreté dans
laquelle Jésus était né. [14] (*f*)

(*d*) Livre 1, n° 7.

(*e*) Livre 4, n° 4.

(*f*) Il paraît peu vraisemblable que les autres chrétiens les aient

78   71N: *aux séductions, et*
83   70, 71N, 71A, K12: leur rendait chère

[11] Voir *L'Examen important de milord Bolingbroke*, ch.24 (*OCV*, t.62, p.273).

[12] Cf. Clément d'Alexandrie, *Stromates*, livre 4, ch.7: 'La fin que se propose le
véritable gnostique ne réside donc pas dans la vie de cette terre; il aspire de toutes ses
facultés à l'éternelle béatitude, à la royale amitié de Dieu' (dans *Les Pères de l'Eglise*
traduits en français [par M. de Genoude], 8 t. en 9 vol., Paris, 1837-1843, t.5, p.296).
Voltaire possédait deux tomes de Clément d'Alexandrie dont on ignore l'édition
(*Ferney catalogue*, n° 671).

[13] Cf. Clément d'Alexandrie, *Stromates*, livre 2, ch.19: 'Voilà le portrait du vrai
gnostique à l'image et à la ressemblance du Très-Haut; imitateur de Dieu autant qu'il
est en lui, ne négligeant rien pour atteindre à la ressemblance divine autant que le
comporte sa faiblesse; continent, patient, appliqué à la justice, maître de ses passions,
prodigue de ce qu'il a envers autrui, bienfaisant selon ses forces, en paroles et en
actions' (*Les Pères de l'Eglise traduits en français*, t.5, p.174). Cf. aussi livre 4, ch.7: 'le
véritable gnostique s'écrie: Seigneur, fournissez-moi l'occasion de combattre, et
recevez cette manifestation que je vous dois. Qu'il vienne cet ennemi redoutable.
Fort de mon amour pour vous, je méprise tous ses assauts' (t.5, p.298).

[14] L'étymologie figure dans les *Carnets* (*OCV*, t.82, p.601). Voir aussi l'article
'Apôtres' des *QE* (*OCV*, t.38, p.517).

Cérinthe était aussi ancien; (g) on lui attribuait l'Apocalypse de   85
saint Jean.[15] On croit même que saint Paul et lui eurent de
violentes disputes.[16]

Il semble à notre faible entendement que l'on devait attendre des
premiers disciples, une déclaration solennelle, une profession de foi
complète et inaltérable, qui terminât toutes les disputes passées, et   90
qui prévînt toutes les querelles futures: Dieu ne le permit pas. Le
symbole nommé *des apôtres*, qui est court, et où ne se trouvent ni la

---

appelés *ébionites* pour faire entendre qu'ils étaient *pauvres d'entendement*.[17] On prétend qu'ils croyaient Jésus fils de Joseph.[18]

(g) Cérinthe et les siens disaient que Jésus n'était devenu Christ
qu'après son baptême.[19] Cérinthe fut le premier auteur de la doctrine du
règne de mille ans,[20] qui fut embrassée par tant de Pères de l'Eglise.

[15] Mentionné par l'abbé Mallet dans l'article 'Cérinthiens' de l'*Encyclopédie* (t.2,
p.844). Voir l'article 'Apocalypse' du *DP* (*OCV*, t.35, p.366 et n.18).

[16] Il n'est pas question de ces disputes dans l'article 'Cérinthiens' de l'*Encyclopédie*.

[17] Voltaire vise sans doute l'étymologie proposée par Origène dans son *Traité* [...]
contre Celse (Amsterdam, 1700, BV2618), où il déclare que 'les Juifs qui croient en
Jésus' se sont vus 'donner un nom, pris de la pauvreté du sens littéral de la Loi': 'Car
Ebion, en hébreu, signifie *pauvre*: et ceux des Juifs qui reçoivent Jésus pour le Christ,
sont nommés ébionites' (livre 2, p.45; passage marqué d'un signet 'ébionites /
1ers chrétiens' dans l'exemplaire de Voltaire, *CN*, t.6, p.178). La formulation de
Voltaire est plus proche de celle utilisée dans le *Dictionnaire de Trévoux* (8 vol.,
Paris, 1771) lorsqu'il est question d'Origène: le 'mot hébreu *Ebion* [...] signifie
pauvre, parce qu'ils étaient, dit-il, pauvres de sens, et qu'ils manquaient d'esprit' (t.3,
p.521).

[18] Les rédacteurs du *Dictionnaire de Trévoux* signalent qu'Origène 'a distingué
deux sortes d'*ébionites* dans ses livres contre Celse': 'Les uns croyaient que Jésus-
Christ était né d'une vierge, et les autres croyaient que Jésus-Christ était né à la
manière de tous les autres hommes' (t.3, p.521). Voir Origène, *Traité* [...] *contre Celse*,
livre 5, p.226. Distinction que n'effectue pas l'abbé Mallet dans l'article 'Ebionites'
(1755) de l'*Encyclopédie*, qui écrit qu''ils soutenaient [...] que Jésus était né de Joseph
et de Marie par la voie de la génération' (t.5, p.214). Sur ce point, voir aussi l'article
'Trinité' des *QE* (*M*, t.20, p.539).

[19] Mentionné par Mallet dans l'*Encyclopédie* (t.2, p.844).

[20] Egalement signalé par Mallet (*Encyclopédie*, t.2, p.844).

176

consubstantiabilité, ni le mot *trinité*, ni les sept sacrements, ne parut que du temps de saint Jérôme, de saint Augustin et du célèbre prêtre d'Aquilée Rufin.[21] Ce fut, dit-on, ce saint prêtre ennemi de saint Jérôme qui le rédigea.[22]   95

Les hérésies avaient eu le temps de se multiplier; on en comptait plus de cinquante dès le cinquième siècle.[23]

Sans oser scruter les voies de la Providence impénétrables à l'esprit humain, et consultant autant qu'il est permis les lueurs de   100 notre faible raison, il semble que de tant d'opinions sur tant d'articles il y en eut toujours quelqu'une qui devait prévaloir. Celle-là était l'orthodoxe, *droit enseignement*. Les autres sociétés se disaient bien orthodoxes aussi; mais étant les plus faibles, on ne leur donna que le nom d'*hérétiques*.   105

Lorsque dans la suite des temps l'Eglise chrétienne orientale, mère de l'Eglise d'Occident, eut rompu sans retour avec sa fille, chacune resta souveraine chez elle; et chacune eut ses hérésies particulières, nées de l'opinion dominante.

Les barbares du Nord étant nouvellement chrétiens, ne purent   110 avoir les mêmes sentiments que les contrées méridionales, parce qu'ils ne purent adopter les mêmes usages. Par exemple, ils ne purent de longtemps adorer les images puisqu'ils n'avaient ni peintres, ni sculpteurs.[24] Il était bien dangereux de baptiser un enfant en hiver dans le Danube, dans le Veser, dans l'Elbe.[25]   115

[21] Sur les circonstances de la rédaction du 'symbole des apôtres', voir l'article 'Christianisme' du *DP* (*OCV*, t.35, p.567-68). Dans l'article 'Credo', Voltaire insiste aussi sur les différences entre les symboles successifs attestés par les Pères (*OCV*, t.35, p.649-52).

[22] Idée déjà avancée dans *L'Examen important de milord Bolingbroke*, ch.31, n.*a* (*OCV*, t.62, p.312 et n.295). Sur les querelles entre saint Jérôme et Rufin, voir l'article 'Libelle' des *QE* (*M*, t.19, p.577).

[23] Voir l'article 'Christianisme' des *QE* (*OCV*, t.40, p.83 et n.43).

[24] Voltaire met à plusieurs reprises cet argument en avant, à propos des Francs (l'*EM*, ch.20, *OCV*, t.22, p.312), des Scandinaves (l'*EM*, ch.21, *OCV*, t.22, p.331), des Gaulois, des Francs et des Germains (*Annales de l'Empire*, 'Charlemagne', année 794, *M*, t.13, p.236), ou encore des peuples de la 'partie septentrionale de l'Occident' (l'article 'Conspirations' des *QE*, *OCV*, t.40, p.224-25).

[25] Voltaire émet une idée voisine pour expliquer la substitution du baptême par

Ce n'était pas une chose aisée pour les habitants des bords de la mer Baltique, de savoir précisément les opinions du Milanais et de la marche d'Ancône. Les peuples du midi et du nord de l'Europe eurent donc des opinions choisies, différentes les unes des autres. C'est, ce me semble, la raison pour laquelle Claude évêque de Turin, conserva dans le neuvième siècle tous les usages et tous les dogmes reçus au huitième et au septième depuis le pays des Allobroges jusqu'à l'Elbe et au Danube. [26]

Ces dogmes et ces usages se perpétuèrent dans les vallées et dans les creux des montagnes, et vers les bords du Rhône chez des peuples ignorés, que la déprédation générale laissait en paix dans leur retraite et dans leur pauvreté, jusqu'à ce qu'enfin ils parurent sous le nom de *Vaudois* au douzième siècle, et sous celui d'*Albigeois* au treizième. On sait comme leurs *opinions choisies* furent traitées; comme on prêcha contre eux des croisades, quel carnage on en fit, [27] et comment depuis ce temps jusqu'à nos jours il n'y eut pas une année de douceur et de tolérance dans l'Europe.

C'est un grand mal d'être hérétique; mais est-ce un grand bien de soutenir l'orthodoxie par des soldats et par des bourreaux? ne vaudrait-il pas mieux que chacun mangeât son pain en paix à l'ombre de son figuier? [28] Je ne fais cette proposition qu'en tremblant.

Section seconde

De l'extirpation des hérésies [29]

Il faut, ce me semble, distinguer dans une hérésie l'opinion et la

---

aspersion au baptême par immersion dans l'article 'Baptême' des *QE* (*OCV*, t.39, p.310).

[26] Voir l'*EM*, ch.45 (*OCV*, t.23, p.97-98).

[27] Voir, en particulier, l'*EM*, ch.62. Voir aussi l'article 'Conspirations' des *QE* (*OCV*, t.40, p.224-26).

[28] Possible réminiscence de Michée 4:4.

[29] Cette section reprend le chapitre 4 du *Commentaire sur le livre Des délits et des peines*.

faction. Dès les premiers temps du christianisme les opinions furent partagées, comme nous l'avons vu. [30] Les chrétiens d'Alexandrie ne pensaient pas sur plusieurs points comme ceux d'Antioche. Les Achaïens étaient opposés aux Asiatiques. Cette diversité a duré dans tous les temps et durera vraisemblablement toujours. Jésus-Christ qui pouvait réunir tous ses fidèles dans le même sentiment, ne l'a pas fait; il est donc à présumer qu'il ne l'a pas voulu, et que son dessein était d'exercer toutes ses Eglises à l'indulgence et à la charité, en leur permettant des systèmes différents, qui tous se réunissaient à le reconnaître pour leur chef et leur maître. Toutes ces sectes longtemps tolérées par les empereurs ou cachées à leurs yeux, ne pouvaient se persécuter et se proscrire les unes les autres, puisqu'elles étaient également soumises aux magistrats romains; elles ne pouvaient que disputer. Quand les magistrats les poursuivirent, elles réclamèrent toutes également le droit de la nature; elles dirent, Laissez-nous adorer Dieu en paix; ne nous ravissez pas la liberté que vous accordez aux Juifs.

Toutes les sectes aujourd'hui peuvent tenir le même discours à ceux qui les oppriment. Elles peuvent dire aux peuples qui ont donné des privilèges aux Juifs, Traitez-nous comme vous traitez ces enfants de Jacob, laissez-nous prier Dieu comme eux selon notre conscience. Notre opinion ne fait pas plus de tort à votre Etat que n'en fait le judaïsme. Vous tolérez les ennemis de Jésus-Christ: tolérez-nous donc nous qui adorons Jésus-Christ, et qui ne différons de vous que sur des subtilités de théologie; ne vous privez pas vous-mêmes de sujets utiles. Il vous importe qu'ils travaillent à vos manufactures, à votre marine, à la culture de vos terres; et il ne vous importe point qu'ils aient quelques autres articles de foi que vous. C'est de leurs bras que vous avez besoin, et non de leur catéchisme.

La faction est une chose toute différente. Il arrive toujours, et nécessairement, qu'une secte persécutée dégénère en faction. Les

140

145

150

155

160

165

170

---

[30] Ce renvoi, qui ne se trouve pas dans le *Commentaire*, fait référence à la section précédente du présent article.

opprimés se réunissent et s'encouragent. Ils ont plus d'industrie pour fortifier leur parti que la secte dominante n'en a pour l'exterminer. Il faut ou qu'ils soient écrasés ou qu'ils écrasent. C'est ce qui arriva après la persécution excitée en 303 par le césar Galérius, les deux dernières années de l'empire de Dioclétien. Les chrétiens ayant été favorisés par Dioclétien pendant dix-huit années entières, étaient devenus trop nombreux et trop riches pour être exterminés. Ils se donnèrent à Constance Chlore, ils combattirent pour Constantin son fils, et il y eut une révolution entière dans l'empire.

On peut comparer les petites choses aux grandes, quand c'est le même esprit qui les dirige. Une pareille révolution est arrivée en Hollande, en Ecosse, en Suisse. Quand Ferdinand et Isabelle chassèrent d'Espagne les Juifs qui y étaient établis, non seulement avant la maison régnante, mais avant les Maures et les Goths, et même avant les Carthaginois; les Juifs auraient fait une révolution en Espagne, s'ils avaient été aussi guerriers que riches, et s'ils avaient pu s'entendre avec les Arabes.

En un mot, jamais secte n'a changé le gouvernement que quand le désespoir lui a fourni des armes. Mahomet lui-même n'a réussi que pour avoir été chassé de la Mecque, et parce qu'on y avait mis sa tête à prix.

Voulez-vous donc empêcher qu'une secte ne bouleverse un Etat, usez de tolérance; imitez la sage conduite que tiennent aujourd'hui l'Allemagne, l'Angleterre, la Hollande, le Danne-marck, la Russie. [31] Il n'y a d'autre parti à prendre en politique avec une secte nouvelle, que de faire mourir sans pitié les chefs et les adhérents, hommes, femmes, enfants sans en excepter un seul, ou de les tolérer quand la secte est nombreuse. Le premier parti est d'un monstre, le second est d'un sage.

Enchaînez à l'Etat tous les sujets de l'Etat par leur intérêt; que le quaker et le Turc trouvent leur avantage à vivre sous vos lois. La

---

[31] Dans le *Commentaire*, le Danemark et la Russie ne se trouvent pas au sein de l'énumération.

religion est de Dieu à l'homme; la loi civile est de vous à vos peuples.

HERMÈS, OU ERMÈS, OU MERCURE TRISMÉGISTE, OU THAUT, OU TAUT, OU THOT [1]

On néglige cet ancien livre de *Mercure Trismégiste*, et on peut

* Voltaire traite avec brièveté un sujet complexe, selon des enchaînements *a priori* déconcertants. Malgré le titre, il s'écarte de Jaucourt qui, dans l'article 'Mercure' de l'*Encyclopédie*, résumait les travaux des mythologistes et historiens sur la grandeur du second Mercure égyptien. L'article 'Trismégiste', anonyme, faisait de même, en expliquant ainsi le surnom 'trois fois grand': ce second Mercure était à la fois philosophe, prêtre et roi. Or c'est à des doctrines théologiques attribuées à Mercure Trismégiste, de datation incertaine, que Voltaire s'intéresse ici. Il avait évoqué ailleurs Hermès ou Mercure trismégiste (voir n.1); mais il s'était borné à souligner l'antiquité de ses écrits, dans le dix-septième entretien de *L'A.B.C.* ou les *Carnets*: il y juge l'auteur 'plus ancien que les pyramides' (*OCV*, t.82, p.615) et estime qu'on a négligé ces livres, comme le Zend et le Vedam, parce que notre religion n'était pas fondée sur eux (p.498); il les classe, cependant, parmi les 'livres supposés', comme les 'faux Bérose', 'fausses sibylles' etc. (p.558). Bien que la bibliothèque de Voltaire ne le contienne plus, elle renfermait autrefois un 'Hermes Trismegistus' (*Ferney catalogue*, n° 1416). Il s'agit de la traduction d'un livre grec, accompagnée de commentaires, donnée par l'évêque François de Foix de Candale (1512-1594), *Le Pimandre de Mercure Trismégiste, de la philosophie chrétienne, connaissance du verbe divin, et de l'excellence des œuvres de Dieu* (Bordeaux, 1579). Voltaire s'y réfère dans son article: dans la première moitié il accumule des arguments prouvant, selon lui, que l'auteur de l'original était Egyptien. Puis il insiste sur la pénétration des systèmes d'Hermès et de Platon dans les écoles juives, à l'époque hellénistique, et en souligne l'influence sur Philon d'Alexandrie. Il en trouve enfin des réminiscences chez Jean l'évangéliste, chez l'apôtre Paul et chez des hérétiques des premiers siècles, qui ont ainsi hérité d'une science confuse et bizarre. Il peut donc laisser entendre que les premiers chrétiens, loin d'annoncer une religion nouvelle, ont répercuté de vieilles croyances. Enfin l'évocation des quakers, connus pour leur comportement 'enthousiaste', lui permet de confondre toutes les pseudo-philosophies, les religions et sectes dont les adeptes, éblouis par une théologie extravagante, se seraient éloignés de la raison. Cet article paraît en septembre/octobre 1771 (70, t.7).

[1] Les Grecs identifiaient Thot, ancien dieu égyptien, au savoir illimité, à Hermès. Sa généalogie, élaborée au troisième ou au deuxième siècle avant J.-C., faisait commencer la série des Hermès par Thot, dont le fils Agathodé eut pour fils le deuxième Hermès, appelé plus tard Trismégiste. Au deuxième siècle avant J.-C., il fut assimilé à Mercure. Voltaire évoque Mercure Trismégiste dans l'article 'Idole' du

n'avoir pas tort. [2] Il a paru à des philosophes un sublime galimatias;

DP (*OCV*, t.36, p.215). Au chapitre 20 de *La Philosophie de l'histoire*, il mentionne deux colonnes gravées par Thot et s'interroge sur l'époque où il vivait; dans une addition de 1769, il le situe plus de huit cents ans avant le temps où l'on place Moïse (*OCV*, t.59, p.164). L'antériorité de huit cents ans à Sanchoniathon, indiquée par ailleurs, n'a pas pour garant Sanchoniathon lui-même (voir les affirmations de Voltaire dans *La Défense de mon oncle* et la mise au point de J.-M. Moureaux, *OCV*, t.64, p.249 et p.407-408, n.23). Toutefois, dans l'article 'Moïse' des *QE*, il rangera Mercure Trismégiste parmi les êtres fantastiques (*M*, t.20, p.95-97). L'article 'Livres' du fonds de Kehl mentionne le nombre fabuleux de livres qu'on lui attribua, 36 525 selon Jamblique (*M*, t.19, p.598). Voir le signet introduit dans l'ouvrage de Jamblique (*De mysteris liber*, Oxford, 1678) 'trois myriades / de volumes / hermes' (*CN*, t.4, p.583).

[2] Outre des textes occultistes, on attribuait à Mercure Trismégiste des ouvrages philosophiques (voir les traductions d'André-Jean Festugière, *Hermès Trismégiste*, 4 vol., Paris, 1945-1954, rééd. 2002-2003 et *La Révélation d'Hermès Trismégiste*, 4 vol., Paris, 1944-1954, rééd. 2006). Ces brefs traités en grec, rapportés de Macédoine à Florence par un moine, furent traduits en latin par Marsile Ficin, qui donna à l'ensemble, publié en 1471, le titre du premier traité, en grec *Poimandrès*: *M. Trismegisti Pimander seu liber de potestate ac sapientia Dei*. En 1507 parurent, encore en latin, *Les Définitions d'Asclepius au roi Ammon*. En 1767, Voltaire prie Damilaville de demander à Diderot 'de quel temps il croit qu'on ait écrit le *Mercure trismégiste* que nous avons en grec', ajoutant: 'Je ne sais si je me trompe mais ce livre me paraît de la plus haute antiquité' (D14355); aucune réponse n'a été conservée. Voltaire continue ici à juger ce texte très ancien. Or de la datation dépend la justesse de sa démonstration. Jusqu'à la fin du dix-septième siècle, en effet, on a estimé que Mercure avait écrit ces textes longtemps avant notre ère. Foix de Candale, à la suite de certains Pères de l'Eglise, y vit des révélations divines antérieures à Moïse, ce qui en faisait un ouvrage 'propre à la conjonction de la philosophie avec la religion chrétienne' (préface, non paginée). Mais, plus tard, Isaac Casaubon, humaniste érudit, dans *De rebus sacris et ecclesiasticis exercitationes XVI* (Londres, 1614, p.70-87), data ces textes du deuxième ou troisième siècle après J.-C.: on y trouve une doctrine venue, d'une part, des livres de Platon et des platoniciens et, d'autre part, des Ecritures chrétiennes. Cette datation finit par s'imposer. Louis Ellies Dupin, dont Voltaire possède et annote certains ouvrages (BV1159-71; *CN*, t.3, p.310-20) et auquel il se réfère souvent, y fait écho (*Dissertation préliminaire, ou prolégomènes sur la Bible*, ch.7, section 2; 2 vol., Paris, 1701, t.2, p.406-407). L'abbé de Prades, dans l'article 'Certitude' de l'*Encyclopédie*, connu de Voltaire (voir D6655 et l'article 'Certain, certitude' du *DP*, repris dans les *QE*), soutient la même opinion. Vers la fin de son article, il mentionne les écrits attribués à Mercure Trismégiste parmi les textes qui ne portent point le caractère de païen et que les chrétiens ont eu intérêt à supposer, comme ceux des sibylles. Voltaire ignore-t-il ces conclusions? Ou préfère-t-il les ignorer?

et c'est peut-être pour cette raison qu'on l'a cru l'ouvrage d'un grand platonicien.[3]

Toutefois, dans ce chaos théologique, que de choses propres à étonner et à soumettre l'esprit humain![4] Dieu dont la triple essence est sagesse, puissance et bonté;[5] Dieu formant le monde par sa pensée, par son verbe;[6] Dieu créant des dieux subalternes; Dieu ordonnant à ces dieux de diriger les orbes célestes, et de présider au monde;[7] le soleil fils de Dieu;[8] l'homme image de Dieu par la

[3] Le terme 'galimatias' à propos de Platon était déjà utilisé au chapitre 26 de *La Philosophie de l'histoire*, qui critiquait son inintelligibilité malgré la présence de 'très belles idées' (*OCV*, t.59, p.179-80). *Dieu et les hommes* évoque le 'style ampoulé' de 'l'obscur Platon, disert plus qu'éloquent, poète plus que philosophe, sublime parce qu'on ne l'entendait guère' (*OCV*, t.69, p.458). Voltaire voit en lui un 'sophiste' dans l'article des *QE* qui porte ce titre (*M*, t.20, p.435). Dans l'article 'Trinité' des *QE*, il évoquera le 'sublime galimatias' de Timée, ressuscité seulement par Platon (*M*, t.20, p.536-42). D'après la dernière phrase, Voltaire sait qu'a été proposée une datation plus tardive que celles qu'il suppose.

[4] Voltaire, dans le paragraphe qui suit, ne retient rien des formules étranges qu'on peut lire dans ce 'chaos théologique'. Des sections du premier chapitre du *Pimandre* (correspondant au premier fragment manuscrit), il ne garde qu'une terminologie assez familière à ses lecteurs.

[5] Selon le commentaire, par Foix de Candale, du chapitre 1, section 3, les actions et les mouvements des créatures manifestent la bonté de leur auteur. La section 26 cite cette prière de Mercure: 'Dieu est saint, père de toutes choses, duquel la volonté est accomplie par ses propres puissances. Tu es saint, qui par le Verbe as établi les choses qui sont [...]. Tu es saint, plus puissant que toute vertu' (*Pimandre*, p.94). Les termes cités par Voltaire rappellent l''espèce de Trinité' qu'il trouvait chez Platon: 'la puissance, la sagesse et la bonté' (*Dieu et les hommes*, *OCV*, t.69, p.459).

[6] 'C'est la sapience du Père, qui est le Saint Verbe, par lequel et son Saint-Esprit toutes créatures sont formées et conduites' (préface du *Pimandre*). Cf. l'évocation voltairienne du Dieu de Platon 'qui forma le monde par son verbe. Tantôt ce verbe est un fils de Dieu, tantôt c'est la sagesse de Dieu, tantôt c'est le monde qui est le fils de Dieu' (*OCV*, t.69, p.458).

[7] Il s'agit des sept 'gouverneurs, comprenant par leurs cercles le monde sensible' (*Pimandre*, ch.1, section 9, p.15).

[8] Le chapitre 16 (Esculape au roi Ammon) insiste sur l'excellence du soleil, 'principal instrument de Dieu ès choses matérielles' (*Pimandre*, préface): 'Dieu est père de toutes choses; mais l'opérateur est le soleil' (p.732).

pensée;[9] la lumière principal ouvrage de Dieu, essence divine;[10] toutes ces grandes et vives images éblouirent l'imagination subjuguée.

Il reste à savoir si ce livre aussi célèbre que peu lu, fut l'ouvrage d'un Grec ou d'un Egyptien.

Saint Augustin ne balance pas à croire que le livre est d'un Egyptien, (a)[11] qui prétendait être descendu de l'ancien Mercure, de cet ancien Thaut, premier législateur de l'Egypte.

Il est vrai que saint Augustin ne savait pas plus l'égyptien que le grec;[12] mais il faut bien que de son temps on ne doutât pas que l'Hermès dont nous avons la théologie, ne fût un sage de l'Egypte, antérieur probablement au temps d'Alexandre, et l'un des prêtres que Platon alla consulter.[13]

Il m'a toujours paru que la théologie de Platon ne ressemblait en rien à celle des autres Grecs, si ce n'est à celle de Timée qui avait voyagé en Egypte ainsi que Pythagore.[14]

(a) Cité de Dieu livre 8, ch.26.

[9] C'est le sujet de la douzième section du chapitre 1: 'La pensée, père de toutes choses, qui est vie et lumière, enfanta l'homme semblable à soi, lequel elle aima comme sa propre portée. De tant qu'il était beau, ayant la forme du père' (*Pimandre*, p.25-26). Voir aussi le douzième chapitre, section 1: 'La pensée [...] est de la même essence de Dieu. [...] Cette pensée donc dans les hommes est Dieu' (p.489). La section 2 l'assimile à l'âme (p.499).

[10] Les sections 6 et 7 du chapitre 1 insistent sur les liens entre la lumière et Dieu, la pensée, le Verbe: 'Cette lumière c'est moi, ton Dieu pensée. [...] Et le Verbe luisant de la pensée est le fils de Dieu. [...] La pensée est Dieu le Père' (*Pimandre*, p.9); 'Après qu'il eut remué son regard, je vois en ma pensée une lumière aux puissances innumérables' (p.12).

[11] Au livre 8, ch.26 de *La Cité de Dieu*, Augustin introduit effectivement un discours d'Hermès à Esculape par ces termes: 'Iste Aegyptius [...] ait inter cetera'. Voltaire a laissé des marques de lecture dans cet ouvrage (*CN*, t.1, p.172-73).

[12] Le jugement est peut-être excessif. Toutefois, malgré sa connaissance de Platon, Augustin est considéré comme un piètre helléniste.

[13] Dans l'article 'Purgatoire' des *QE* Voltaire jugera facile de constater, par la lecture du *Mercure Trismégiste*, 'que Platon avait pris chez les Egyptiens tout ce qu'il n'avait pas emprunté de Timée de Locres' (*M*, t.20, p.305 11).

[14] La bibliothèque de Voltaire contient plusieurs éditions des *Œuvres* de Platon,

L'*Hermès Trismégiste* que nous avons, est écrit dans un grec barbare, assujetti continuellement à une marche étrangère. C'est une preuve qu'il n'est qu'une traduction dans laquelle on a plus suivi les paroles que le sens. [15]

Joseph Scaliger qui aida le seigneur de Candale évêque d'Aire à traduire l'*Hermès* ou *Mercure Trismégiste*, ne doute pas que l'original ne fût égyptien. [16]

Ajoutez à ces raisons qu'il n'est pas vraisemblable qu'un Grec eût adressé si souvent la parole à Thaut. Il n'est guère dans la nature qu'on parle avec tant d'effusion de cœur à un étranger; du moins on n'en voit aucun exemple dans l'antiquité.

L'Esculape égyptien qu'on fait parler dans ce livre et qui peut-être en est l'auteur, écrit au roi d'Egypte Ammon, (*b*) *Gardez-vous bien de souffrir que les Grecs traduisent les livres de notre Mercure, de*

(*b*) Préface du *Mercure Trismégiste*.

---

annotées (BV2750-55; *CN*, t.6, p.337-445). Il possède aussi le *Timée de Locres en grec et en français*, par le marquis d'Argens (BV3301), qui porte des marques de lecture. D'après la *République* de Cicéron, Platon se serait rendu en Egypte, pour s'y instruire, et en Italie, où il aurait été intime de Timée de Locres. Tout ce qu'on sait de Timée nous est rapporté dans le dialogue de Platon qui porte son nom. Dans l'article 'Schisme' des *QE* Voltaire jugera que 'les Grecs qui voyagèrent en Egypte, comme Timée de Locres et Platon, eurent le cerveau un peu blessé' et que 'l'espèce de délire', 'souvent caché sous je ne sais quelle apparence de raison', 'devint chez nous une contagion effroyable' (*M*, t.20, p.401-403); il y voit la source de l'intolérance, des persécutions et des guerres de religion. En ce qui concerne Pythagore, né vers 580 avant J.-C., les historiens ont insisté sur les nombreuses initiations qu'il aurait reçues, en particulier en Egypte, où il serait allé vers le milieu du sixième siècle. Le pythagorisme a certainement été influencé par la pensée égyptienne.

[15] C'est ce qu'indique, dans sa préface, Foix de Candale. Mais il considère que le texte, primitivement écrit en égyptien 'grandement approchant du syriaque' a été traduit en un grec difficile car 's'amusaient les Grecs au son fort de leurs paroles plus qu'à l'expression de l'intelligence.'

[16] Voltaire s'inspire encore de la préface de Foix de Candale, où il précise qu'il s'est fait aider par Joseph de l'Escale, 'jeune gentilhomme de très grande et ancienne race' qui, par ses connaissances en grec, syriaque, latin, hébreu, 'nous a grandement soulagé à cette obscurité de langage en plusieurs endroits' et a trouvé plusieurs défauts dans la traduction grecque.

notre Thaut, parce qu'ils le défigureraient.[17] Certainement un Grec n'aurait pas parlé ainsi.

Toutes les vraisemblances sont donc que ce fameux livre est égyptien.[18]

Il y a une autre réflexion à faire, c'est que les systèmes d'Hermès 45 et de Platon conspiraient également à s'étendre chez les écoles juives dès le temps des Ptolomées.[19] Cette doctrine y fit bientôt de très grands progrès. Vous la voyez étalée tout entière chez le Juif Philon, homme savant à la mode de ces temps-là.

Il copie des passages entiers de *Mercure Trismégiste* dans son 50 chapitre de la formation du monde.[20] *Premièrement*, dit-il, *Dieu fit*

---

42   K84, K12: n'aurait point parlé

[17] Voltaire adapte cette phrase de la préface du *Pimandre*: 'Nous trouvons qu'Esculape a écrit au roi Ammon, en ses définitions, parlant des livres de Mercure son maître, lequel il priait sur toutes choses employer son autorité à garder que les Grecs ne tournassent aucun livre de Mercure en leur langue, à cause de la dissolution et superbe d'icelle. Qui empêchait qu'elle ne peut exprimer les substances des dictions égyptiennes.'

[18] Même certitude dans l'article 'Moïse' des *QE* (*M*, t.20, p.95-97). Voltaire écrit encore dans le *Commentaire sur l'Esprit des lois* de Montesquieu (article 21): 'le *Mercure Trismegiste*, traduit de l'égyptien en grec, seul livre qui nous reste de ces immenses bibliothèques de l'Egypte' (*OCV*, t.80B, p.351).

[19] La Judée fut soumise aux Lagides de 333 à 197. Ptolémée Ier Soter (323-285) installe des Juifs en Egypte. Ptolémée II Philadelphe (285-246) fait traduire en grec la Loi par les Septante, pour la bibliothèque d'Alexandrie. Une importante population juive y demeure et s'y élèvent des synagogues. Les intellectuels juifs sont en contact avec la culture grecque. Une active hellénisation se produit aussi en Palestine. Ptolémée III Evergète (246-221) et Ptolémée IV Philopator (221-205), après des victoires, offrent des sacrifices à Jérusalem. Un brassage des cultures existe donc dans cette période. Mais sous le règne de Ptolémée V Epiphane (205-180) la Judée passe sous la domination des Séleucides. Dans l'article 'Trinité' des *QE* Voltaire, évoquant Platon, indiquera qu''un vent grec poussa ces nuages philosophiques d'Athènes dans Alexandrie', puis que 'cette philosophie platonicienne perça des Juifs d'Alexandrie, jusqu'à ceux de Jérusalem' (*M*, t.20, p.538, 539).

[20] Philon d'Alexandrie (12 av. J.-C.-54 ap. J.-C.) lit la Bible dans la traduction des Septante, montre un grand attachement à la culture biblique, persuadé que le monothéisme juif est universel. Il veut redonner vie au judaïsme en puisant dans tout ce que l'hellénisme apportait. Il fait de certains personnages bibliques des allégories.

le monde intelligible, le ciel incorporel, et la terre invisible; après il créa
l'essence incorporelle de l'eau et de l'esprit, et enfin l'essence de la
lumière incorporelle patron du soleil et de tous les astres.[21]

Telle est la doctrine d'Hermès toute pure. Il ajoute *que le verbe ou* 55
la pensée invisible et intellectuelle est l'image de Dieu.[22]

Voilà la création du monde par le verbe, par la pensée, par le
logos, bien nettement exprimée.

Vient ensuite la doctrine des nombres qui passa des Egyptiens
aux Juifs. Il appelle la raison la *parente de Dieu*. Le nombre de *sept* 60
est l'accomplissement de toute chose; et c'est pourquoi, dit-il, la
lyre n'a que sept cordes.[23]

En un mot, Philon possédait toute la philosophie de son temps.

On se trompe donc quand on croit que les Juifs sous le règne
d'Hérode, étaient plongés dans la même espèce d'ignorance où ils 65
étaient auparavant.[24] Il est évident que saint Paul était très
instruit;[25] il n'y a qu'à lire le premier chapitre de saint Jean qui

---

Il a été grandement influencé par Platon et a peut-être influencé les premières
communautés chrétiennes. Voltaire possède et a annoté ses œuvres (BV2717; *CN*,
t.6, p.321-25), mais ses jugements ont varié. Dans *Dieu et les hommes* il le juge 'l'un
des plus savants Juifs et Juif de très bonne foi', 'platonicien zélé' (*OCV*, t.69, p.461).
Dans l'article 'Trinité' des *QE* c'est une 'tête toute métaphysique, toute allégorique,
toute mystique' (*M*, t.20, p.537). Les ressemblances entre certains textes d'Hermès
Trismégiste et ceux du *De opificio mundi* de Philon sont interprétées par Voltaire
comme une copie faite par Philon, puisqu'il estime le premier ouvrage bien antérieur.

[21] *De opificio mundi* (29). Dieu est, en effet, comparé à un architecte qui
construirait le monde présent à partir d'un plan. Il réalise d'abord le monde
intelligible pour produire, ensuite, le monde sensible.

[22] *De opificio mundi* (31).

[23] *De opificio mundi* (126). Philon a retenu la symbolique des nombres des
Pythagoriciens. Voltaire s'en est moqué en introduisant un signet, dans *De la création
du monde*, à propos du nombre 6: 'Ah pauvre philon ah juif imbécile' (*CN*, t.6, p.322).

[24] Hérode le Grand fut roi de Judée de 39 à 4 avant J.-C. Dans le *Sermon des
cinquante* Voltaire reconnaît les Juifs 'un peu plus éclairés du temps d'Auguste'
qu'auparavant (*OCV*, t.49A, p.117). Mais il juge que la raison ne 'perça pas davantage
chez ce misérable peuple dont est sortie cette secte chrétienne' (p.118), toujours prêt à
croire toutes les 'inepties', les 'choses puériles, absurdes et odieuses' (p.124).

[25] Ce jugement, apparemment élogieux, diffère de ce que Voltaire retient
habituellement de l'apôtre, son 'galimatias' et sa 'fureur de la domination'. Il parle

est si différent des autres, pour voir que l'auteur écrit précisément comme Hermès et comme Platon. *Au commencement était le verbe, et le verbe, le logos, était avec Dieu, et Dieu était le logos; tout a été* 70 *fait par lui, et sans lui rien n'est de ce qui fut fait. Dans lui était la vie; et la vie était la lumière des hommes.* [26]

C'est ainsi que saint Paul dit (*c*) que Dieu *a créé les siècles par son fils.* [27]

Dès le temps des apôtres vous voyez des sociétés entières de 75 chrétiens qui ne sont que trop savants, et qui substituent une philosophie fantastique à la simplicité de la foi. Les Simons, [28] les

(*c*) Epît. aux Hébreux, ch.1, verset 2.

'en énergumène insensé qui ne peut pas mettre deux idées cohérentes à côté l'une de l'autre' (*L'Examen important de milord Bolingbroke*, *OCV*, t.62, p.225, 227). Mais la suite de l'article montre l'aspect sournois de l'éloge, puisque la science de Paul, concernant les Ecritures, lui a ôté la raison.

[26] Jean 1:1-4. L'Evangile de Jean se distingue, en effet, des synoptiques. Moins narratif, retenant surtout la signification spirituelle des événements relatés, il insiste plus sur la mission de rédempteur de Jésus que sur les détails de sa vie. Voltaire ne cite que le début du premier chapitre. Or la suite marque une différence essentielle avec Hermès Trismégiste: au verset 14 est introduit le mystère de l'incarnation: 'Et le Verbe s'est fait chair et il a demeuré parmi nous'.

[27] Suivant une tradition encore vivante chez des écrivains de la Renaissance, Foix de Candale voit en l'auteur du *Pimandre* 'un vrai précurseur annonçant les principaux points de la religion chrétienne' (préface). Il commente ainsi ce début de l'Epître aux Hébreux: 'Par foi nous entendons les siècles être préparés par le verbe de Dieu'. On comprend aujourd'hui 'les siècles' comme un hébraïsme désignant 'le monde'. Dès l'antiquité l'authenticité de l'Epître aux Hébreux avait été mise en question. Elle est souvent attribuée, aujourd'hui encore, à Apollos, Juif alexandrin, de culture philonienne.

[28] Traitant de l'hérésie de Simon le Magicien, Louis Ellies Dupin la juge 'la première des hérésies du christianisme' (*Nouvelle Bibliothèque des auteurs ecclésiastiques*, 3e éd., 5 vol., Paris, 1698-1703, t.1, 2de partie, p.797; voir *CN*, t.3, p.314; Voltaire possédait une édition incomplète de cet ouvrage – BV1167). Simon, qui attirait les foules par ses sortilèges, est mentionné dans les Actes des apôtres (8:9-24), ainsi que dans de nombreux apocryphes. Il est considéré comme le fondateur du courant gnostique. Voir l'ouvrage d'Irénée de Lyon, *Contre les hérésies*, livre 1, ch.23, paragraphes 1-4. Voltaire l'évoque souvent: voir l'article 'Adorer' des *QE* (*OCV*, t.38, p.96-99).

Ménandre,[29] les Cérinthe[30] enseignaient précisément les dogmes d'Hermès. Leurs éons[31] n'étaient autre chose que les dieux subalternes créés par le Grand Etre. Tous les premiers chrétiens ne furent donc pas des hommes sans lettres comme on le dit tous les jours, puisqu'il y en avait plusieurs qui abusaient de leur littérature, et que même dans les *Actes* le gouverneur Festus dit à Paul; *Tu es fou, Paul, trop de science t'a mis hors de sens*[32].

Cérinthe dogmatisait du temps de saint Jean l'Evangéliste.[33] Ses erreurs étaient d'une métaphysique profonde et déliée. Les défauts qu'il remarquait dans la construction du monde, lui firent penser, comme le dit le docteur Dupin, que ce n'était pas le Dieu souverain qui l'avait formé,[34] mais une vertu inférieure à ce premier principe, laquelle n'avait pas connaissance du Dieu souverain. C'était vouloir corriger le système de Platon même; c'était se tromper

80

85

90

---

81   K84, K12: comme on dit

[29] Ménandre de Samarie eut pour maître Simon le Magicien. Il 'se disait, comme Simon, envoyé de Dieu et sauveur des hommes' (article 'Adorer' des *QE, OCV*, t.38, p.99). Voir *Contre les hérésies*, livre 1, ch.23, paragraphe 5, et Dupin, *Nouvelle Bibliothèque*, p.807.

[30] Disciple de Simon, il représente aussi une forme de l'hétérodoxie judéo-chrétienne. Selon Epiphane, il serait né à Alexandrie de parents juifs. Voir encore *Contre les hérésies*, livre 1, ch.26, paragraphe 1, et Dupin, *Nouvelle Bibliothèque*, p.830-31. Voir ci-dessus l'article 'Hérésie' (p.176).

[31] Sortes d'esprits, ils représentaient, chez les Gnostiques, des attributs divins, servant d'intermédiaires entre Dieu et le monde, ou entre le Dieu suprême et le Yahveh des Juifs, dont les Gnostiques faisaient une divinité secondaire, ou entre le Père et le fils, ou entre ce dernier et les hommes. On a pu les considérer comme des abstractions personnifiées (Sagesse, Foi, Prudence).

[32] Actes des apôtres 26:24. Ce jugement suit le discours de Paul devant le roi Agrippa, où il exprime la conformité de sa foi chrétienne avec la croyance des pharisiens à la résurrection des morts et sa conviction que le christianisme représente l'accomplissement des Ecritures.

[33] D'après Dupin, les Anciens estimaient qu'une des raisons qui avaient poussé Jean à écrire son Evangile était de confondre les erreurs de Cérinthe et d'autres hérétiques (*Dissertation préliminaire*, ch.2, section 6; t.2, p.144).

[34] Voltaire abrège légèrement les phrases mêmes de Dupin (*Nouvelle Bibliothèque*, p.831).

comme chrétien et comme philosophe. Mais c'était en même temps montrer un esprit très délié et très exercé.

Il en est de même des primitifs appelés *quakers*, dont nous avons tant parlé. [35] On les a pris pour des hommes qui ne savaient que parler du nez, et qui ne faisaient nul usage de leur raison. [36] Cependant, il y en eut plusieurs parmi eux qui employaient toutes les finesses de la dialectique. [37] L'enthousiasme n'est pas toujours le compagnon de l'ignorance totale; il l'est souvent d'une science erronée. [38]

95

100

[35] Voltaire leur a consacré les quatre premières des *Lettres philosophiques*, en y montrant leurs qualités et leurs ridicules. Il a pris l'un d'entre eux comme porteparole pour ses *Lettres d'un quaker à Jean George Lefranc de Pompignan* (1763, 1764). Il va encore leur consacrer un article dans les *QE*.

[36] Voir la seconde des *Lettres philosophiques*.

[37] Voltaire a pu remarquer cet 'art de discuter' pendant son séjour en Angleterre. La première des *Lettres philosophiques* mentionne l'ouvrage de Robert Barclay, *Theologiae vere christianae apologia* (1675). Edward Higginson, sous-maître d'école, fit étudier l'anglais à Voltaire dans ce livre. Higginson rapporta leur vive discussion sur 1 Corinthiens 1:17 ('Account of a conversation with Voltaire', *The Yorkshireman, religious and literary journal*, 1833, t.1, n° 11, p.167-69; voir les *Lettres philosophiques*, t.1, p.19-22).

[38] Voir l'article du *DP*: 'L'enthousiasme est surtout le partage de la dévotion mal entendue. [...] La chose la plus rare est de joindre la raison avec l'enthousiasme' (*OCV*, t.36, p.60). La critique ébauchée ici à partir d'une exagération ou d'une déformation de ressemblances réelles entre les textes fondateurs du christianisme et des textes d'autres origines, voire d'influences authentiques des seconds sur les premiers, se poursuivra, de façon plus insistante, dans l'article 'Trinité' (*M*, t.20, p.536-42), dont la première section s'achève en soulignant les équivoques, les expressions obscures qui abondent chez les Pères de l'Eglise: 'comment ne pas convenir avec douleur que personne ne s'entendait?' (*M*, t.20, p.539). Voltaire voit donc là l'origine de factions et de guerres.

HIPATHIE

Je suppose que Mme Dacier [1] eût été la plus belle femme de Paris, et que dans la querelle des anciens et des modernes les carmes eussent prétendu que le poème de la *Magdelaine*, [2] composé par un carme, était infiniment supérieur à Homère, et que c'était une impiété atroce de préférer l'*Iliade* à des vers d'un moine.

Je suppose que l'archevêque de Paris eût pris le parti des carmes

5

---

* Voltaire a pris connaissance de la philosophe et mathématicienne Hypathie d'Alexandrie (vers 370-415) au livre 23, ch.25 de l'*Histoire ecclésiastique* de Fleury, où il a placé un signet: 'hippatie' (*CN*, t.3, p.502). Son histoire est mentionnée pour la première fois dans *L'Examen important de milord Bolingbroke* (*OCV*, t.62, p.334-35), puis dans le *Discours de l'empereur Julien* (*OCV*, t.71B, p.261-62) et *De la paix perpétuelle* (*M*, t.28, p.124). La mort atroce d'Hypatie – elle fut littéralement mise en pièces à coups de tessons dans une église par une foule fanatisée – est rapportée par Socrate le Scolastique (*Histoire ecclésiastique*, livre 7, ch.15), qui laisse entendre que le patriarche Cyrille avait au moins cautionné le meurtre. On trouve, dans la *Continuation des mémoires de littérature et d'histoire* (11 vol., Paris, 1749) du P. Desmolets, une 'Dissertation sur Hypacie, où l'on justifie saint Cyrille d'Alexandrie sur la mort de cette savante' (t.5, p.139-87) ainsi qu'une 'Lettre à l'auteur de la dissertation sur Hypacie' (t.6, p.97-106) qui est de la même veine. L'article 'Hipathie' des *QE* est une réponse à l'*Histoire critique de l'éclectisme, ou des nouveaux platoniciens* (2 vol., s.l., 1766, BV2283) de Guillaume Maleville. Dans l'article 11 consacré à la mort d'Hypathie (t.1, p.285-301), l'auteur essaie de prouver que contrairement à ce qu'on lit dans l'article 'Eclectisme' de l'*Encyclopédie* (dû à Diderot), saint Cyrille n'a pas 'coopéré' à son meurtre. Sur Maleville, voir Bertram E. Schwarzbach, 'Guillaume Maleville et la Bible: homme d'Eglise et homme des Lumières', *Dix-huitième siècle* 35 (2003), p.419-38. Voltaire accorde de l'attention à G. Maleville parce que c'est, pour lui, l'occasion de défendre l'*Encyclopédie* et de rendre hommage à Diderot. Cet article paraît en septembre/octobre 1771 (70, t.7).

[1] La traduction d'Homère (l'*Iliade* en 1711 et l'*Odyssée* en 1716) par l'helléniste Anne Dacier (1647-1720) fut l'occasion d'une reprise de la querelle des Anciens et des Modernes. Voir l'article 'Anciens et modernes' des *QE* (*OCV*, t.38, p.330-31).

[2] Allusion à *La Magdeleine au désert de la Sainte-Baume, en Provence*, poème spirituel et chrétien, par le P. Pierre de S.-Louys [Jean Louis Barthélemy] (Lyon, 1668), que Voltaire a sans doute lu en 1738 (voir D1447).

contre le gouverneur de Paris partisan de la belle Mme Dacier, et
qu'il eût excité les carmes à massacrer cette belle dame dans l'église
de Notre-Dame, et de la traîner toute nue et toute sanglante dans la
place Maubert. Il n'y a personne qui n'eût dit que l'archevêque de   10
Paris aurait fait une fort mauvaise action dont il aurait dû faire
pénitence.

Voilà précisément l'histoire d'Hipathie. Elle enseignait Homère
et Platon dans Alexandrie du temps de l'empereur Théodose II.
Saint Cyrille déchaîna contre elle la populace chrétienne; c'est ainsi   15
que nous le racontent Damascius et Suidas; [3] c'est ce que prouvent
évidemment les plus savants hommes du siècle, tels que Bruker, [4]
La Croze, [5] Basnage (*a*); c'est ce qui est exposé très judicieusement
dans le grand Dictionnaire encyclopédique à l'article 'Eclectisme'. [6]

Un homme dont les intentions sont sans doute très bonnes, a fait   20
imprimer deux volumes contre cet article de l'Encyclopédie.

Encore une fois, mes amis, deux tomes contre deux pages, c'est

(*a*) Basnage, t.5, p.82. [7]

7   K84, K12: gouverneur de la ville, partisan
9   71A: Notre-Dame, de
n.*a* K84, K12: [*note absente*]

[3] 'Suidas parle de cette fille célèbre, et l'on ne doute point que ce qu'il en dit il ne
l'ait pris de Damascius, ou de quelque autre écrivain du paganisme. Or, sur ce
témoignage, Suidas impute à saint Cyrille d'avoir irrité la populace contre Hypatia'
(Maleville, *Histoire critique de l'éclectisme*, t.1, p.285).
[4] La référence à l'*Historia critica philosophiae* de J.-J. Brucker (t.2, p.353-54) se
trouve chez Maleville (*Histoire critique de l'éclectisme*, 5 vol., Leipzig, 1742-1744, t.1,
p.285).
[5] Allusion à l'*Histoire du christianisme des Indes* (La Haye, 1724, BV3437) de
Mathurin Veyssière de La Croze, citée par Maleville (*Histoire critique de l'éclectisme*,
t.1, p.287, 291-93).
[6] *Encyclopédie*, t.5, p.282-83. Présentation très élogieuse du grand article de
Diderot.
[7] Le nom de Basnage figure également dans l'ouvrage de Maleville (*Histoire
critique de l'éclectisme*, t.1, p.287). Voltaire semble avoir lu trop vite, car la note *a* de la
p.286 ('tom. V, pag. 282 et 283') cite non pas Basnage, mais l'*Encyclopédie*.

trop. Je vous l'ai dit cent fois, vous multipliez trop les êtres sans nécessité; deux lignes contre deux tomes, voilà ce qu'il faut. N'écrivez pas même ces deux lignes. Je me contente de remarquer 25 que saint Cyrille était homme, et homme de parti,[8] qu'il a pu se laisser trop emporter à son zèle; que quand on met les belles dames toutes nues ce n'est pas pour les massacrer; que saint Cyrille a sans doute demandé pardon à Dieu de cette action abominable; et que je prie le père des miséricordes d'avoir pitié de son âme. Celui qui a 30 écrit les deux volumes contre l'éclectisme, me fait aussi beaucoup de pitié.

[8] Défenseur de Julien l'Apostat, Voltaire a déjà maintes fois démontré que Cyrille, patriarche d'Alexandrie, était un homme de parti.

DE L'HISTOIRE

Comme nous avons déjà vingt mille ouvrages, la plupart en plusieurs volumes, sur la seule histoire de France, et qu'un lecteur qui vivrait cent ans n'aurait pas le temps d'en lire la moitié, je crois qu'il est bon de savoir se borner.

Nous sommes obligés de joindre à la connaissance de notre pays   5
celle de l'histoire de nos voisins. Il nous est encore moins permis d'ignorer les grandes actions des Grecs et des Romains, et leurs lois qui sont en grande partie les nôtres.

Mais si à cette étude nous voulions ajouter celle d'une antiquité plus reculée, nous ressemblerions alors à un homme qui abandon-   10
nerait Polybe pour étudier sérieusement les *Mille et une nuits.* Toutes les origines des peuples sont visiblement des fables; la raison en est que les hommes ont dû vivre longtemps en corps de peuple et apprendre à faire du pain et des habits (ce qui était fort

---

a-25a K84, K12: HISTOIRE / Section 1 / [*les lignes 1-24 sont imprimées par les éditeurs de Kehl dans une Section 2, placée après la ligne 208 ci-dessous, mais nous en donnons ici les variantes*] / *Définition*
2-3 K84, K12: qu'un homme studieux qui
3 K84, K12: temps de les lire, je
4-5 K84, K12: borner. Nous
8-9 K84, K12: sont encore les nôtres. Mais
10-11 K84, K12: qui quitterait Tacite et Tite-Live pour
14-15 K84, K12: était difficile)

---

* Le copieux article 'Histoire' de l'*Encyclopédie* est de Voltaire lui-même (t.8, p.220-25; *OCV*, t.33, p.164-86): il fut achevé en juin 1758. Le philosophe rédigea aussi un article 'Historiographe' non publié (*OCV*, t.33, p.215-20) et qui fut remplacé par un court article de Diderot (t.8, p.230). L'article des *QE* est pour l'essentiel une reprise de l'article 'Histoire' de l'*Encyclopédie* et surtout du *Pyrrhonisme de l'histoire* (1768; *OCV*, t.67, p.341-79): nous y renvoyons pour l'annotation. Vers la mi-juillet 1771, l'article 'De l'Histoire' est sur épreuve à Genève (D17306); il paraît en septembre/octobre 1771 (70, t.7).

difficile) avant d'apprendre à transmettre toutes leurs pensées à la   15
postérité, ce qui était plus difficile encore. L'art d'écrire n'a pas
probablement plus de six mille ans chez les Chinois, et quoi qu'en
aient dit les Chaldéens et les Egyptiens, il n'y a guère d'apparence
qu'ils aient su plus tôt écrire et lire couramment.

L'histoire des temps antérieurs ne put donc être transmise que de   20
mémoire, et on sait assez combien le souvenir des choses passées
s'altère de génération en génération. C'est l'imagination seule qui a
écrit les premières histoires. Non seulement chaque peuple inventa
son origine, mais il inventa aussi l'origine du monde entier.[1] Ne
nous perdons point dans cet abîme, et allons au fait.   25

16-17   K84, K12: pas certainement plus
24-770a   K84, K12: entier. ¶[*imprimement la suite du texte de De l'histoire (1764)*] /
Section 3 / *De*

---

[1] Les lignes 1-24 reproduisent avec quelques modifications le début de *De l'histoire*, publié en 1764 par Voltaire dans les *Contes de Guillaume Vadé* (s.l. [Genève, Cramer], 1764), p.222-23. Les variantes des éditions de Kehl qui se reportent à ces lignes représentent la version de 1764. Dans une note sur le premier paragraphe, Beuchot commentait: 'Le P. Lelong, de l'Oratoire, avait donné une *Bibliothèque historique de la France*, 1719, un volume in-folio, contenant 17 487 articles. La nouvelle édition en cinq volumes in-folio, publiée de 1768 à 1778, et conséquemment depuis que Voltaire a écrit ce morceau, donne les titres de 48 223 ouvrages relatifs à l'histoire de France, sans compter un volumineux supplément et des numéros doublés. Si l'on réfléchit que nécessairement plusieurs pièces ont échappé aux rédacteurs, que d'autres ont été omises volontairement ou forcément, qu'on n'y trouve rien de postérieur à 1774, que même les articles, depuis 1770, sont dans un nombre infiniment petit, que depuis lors les événements ont fait naître une immense quantité d'ouvrages ou opuscules, on doit s'en tenir plus que jamais à la remarque de Voltaire' (*M*, t.19, p.352, n.3). Voltaire possède une édition de 1719 de la *Bibliothèque historique de la France* (BV2020; *CN*, t.5, p.300), un ouvrage qu'il apprécie (voir le 'Catalogue des écrivains' du *Siècle de Louis XIV*, *OH*, p.1181).

Définition [2]

L'histoire est [3] le récit des faits donnés pour vrais, au contraire de la fable qui est le récit des faits donnés pour faux.

Il y a l'histoire des opinions qui n'est guère que le recueil des erreurs humaines.

L'histoire des arts, peut-être la plus utile de toutes, quand elle joint à la connaissance de l'invention et du progrès des arts la description de leur mécanisme.

L'histoire naturelle improprement dite *histoire*, est une partie essentielle de la physique. On a divisé l'histoire des événements en sacrée et profane; [4] l'histoire sacrée est une suite des opérations divines et miraculeuses, par lesquelles il a plu à Dieu de conduire autrefois la nation juive, et d'exercer aujourd'hui notre foi.

> Si j'apprenais l'hébreu, les sciences, l'histoire!
> Tout cela c'est la mer à boire. [5]

Premiers fondements de l'histoire

Les premiers fondements de toute histoire, sont les récits des pères aux enfants, transmis ensuite d'une génération à une autre; ils ne sont tout au plus que probables dans leur origine, quand ils ne

[2] Les sections 'Définition', 'Premiers fondements de l'histoire' et 'Des monuments' (lignes 26-116) proviennent de l'article 'Histoire' de l'*Encyclopédie*: nous renvoyons à son annotation (*OCV*, t.33, p.164-67). Les sous-titres sont originaux dans les *QE*, où l'on trouve aussi quelques menues variantes, réfections diverses, ajouts ou suppressions qui ne changent rien au sens général du texte.

[3] Dans l'*Encyclopédie*, 'L'histoire c'est'.

[4] Dans l'*Encyclopédie*, 'L'*histoire naturelle*, improprement dite *histoire*, et qui est une partie essentielle de la physique. / L'*histoire* des événements se divise en sacrée et profane'.

[5] La Fontaine, *Fables*, livre 8, fable 25: 'Les deux chiens et l'âne mort', vers 37-38 (*Œuvres complètes*, éd. Jean-Pierre Collinet, 2 vol., Paris, 1991, t.1, p.337). La citation est absente de l'*Encyclopédie* et remplace la phrase: 'Je ne toucherai point à cette matière respectable'.

choquent point le sens commun; et ils perdent[6] un degré de probabilité à chaque génération. Avec le temps la fable se grossit, et la vérité se perd: de là vient que toutes les origines des peuples sont absurdes. Ainsi les Egyptiens avaient été gouvernés par les dieux pendant beaucoup de siècles; ils l'avaient été ensuite par des demi-dieux; enfin ils avaient eu des rois pendant onze mille trois cent quarante ans; et le soleil dans cet espace de temps avait changé quatre fois d'orient et d'occident. [7]

Les Phéniciens du temps d'Alexandre[8] prétendaient être établis dans leur pays depuis trente mille ans; et ces trente mille ans étaient remplis d'autant de prodiges que la chronologie égyptienne. J'avoue qu'il est physiquement très possible que la Phénicie ait existé non seulement trente mille ans, mais trente mille milliards de siècles, et qu'elle ait éprouvé, ainsi que le reste du globe, trente millions de révolutions. Mais nous n'en avons pas de connaissance. [9]

On sait quel merveilleux ridicule règne dans l'ancienne histoire des Grecs.

Les Romains, tout sérieux qu'ils étaient, n'ont pas moins enveloppé de fables l'histoire de leurs premiers siècles. Ce peuple si récent en comparaison des nations asiatiques, a été cinq cents années sans historiens. Ainsi il n'est pas surprenant que Romulus ait été le fils de Mars, qu'une louve ait été sa nourrice, qu'il ait marché avec vingt mille hommes de son village de Rome contre vingt-cinq mille combattants du village des Sabins; qu'ensuite il soit devenu dieu; que Tarquin l'ancien ait coupé une pierre avec un rasoir, et qu'une vestale ait tiré à terre un vaisseau avec sa ceinture, etc.

Les premières annales de toutes nos nations modernes ne sont pas moins fabuleuses; les choses prodigieuses et improbables doivent être quelquefois rapportées, mais comme des preuves de

---

[6] Dans l'*Encyclopédie*: 'ils ne sont que probables dans leur origine, et perdent'.
[7] Dans l'*Encyclopédie*: 'et de couchant.'
[8] Ajout des *QE*: 'du temps d'Alexandre'.
[9] Les lignes 54-57 sont ajoutées dans les *QE*.

la crédulité humaine: elles entrent dans l'histoire des opinions et des sottises. Mais le champ est trop immense.

Des monuments

Pour connaître avec un peu de [10] certitude quelque chose de l'histoire ancienne, il n'est qu'un seul moyen; c'est de voir s'il reste quelques monuments incontestables. Nous n'en avons que trois par écrit; le premier est le recueil des observations astronomiques faites pendant dix-neuf cents ans de suite à Babilone, envoyées par Alexandre en Grèce. [11] Cette suite d'observations qui remonte à deux mille deux cent trente-quatre ans avant notre ère vulgaire, prouve invinciblement que les Babyloniens existaient en corps de peuple plusieurs siècles auparavant: car les arts ne sont que l'ouvrage du temps; et la paresse naturelle aux hommes les laisse des milliers d'années sans autres connaissances et sans autres talents que ceux de se nourrir, de se défendre des injures de l'air, et de s'égorger. Qu'on en juge par les Germains et par les Anglais du temps de César, par les Tartares d'aujourd'hui, par les deux tiers [12] de l'Afrique, et par tous les peuples que nous avons trouvés dans l'Amérique, en exceptant à quelques égards les royaumes du Pérou et du Mexique, et la république de Tlascala. Qu'on se souvienne que dans tout ce nouveau monde personne ne savait ni lire ni écrire. [13]

Le second monument est l'éclipse centrale du soleil calculée à la Chine deux mille deux cent cinquante-cinq ans avant notre ère vulgaire, et reconnue véritable par tous nos astronomes. Il faut dire des Chinois la même chose que des peuples de Babilone; ils composaient déjà sans doute un vaste empire policé. Mais ce qui met les

80   70, 71N, 71A: Grèce, et employées dans l'almageste de Ptolomée. Cette

[10] Ajout des *QE*: 'un peu de'.
[11] Suppression dans les *QE*: 'et employées dans l'almageste de Ptolomée'.
[12] Remplacement dans les *QE* de 'la moitié' par 'les deux tiers'.
[13] Cette phrase est un ajout des *QE*.

Chinois au-dessus de tous les peuples de la terre, c'est que ni leurs lois, ni leurs mœurs, ni la langue que parlent chez eux les lettrés, n'ont changé depuis environ quatre mille ans. Cependant cette nation et celle de l'Inde,[14] les plus anciennes de toutes celles qui subsistent aujourd'hui, celles qui possèdent le plus vaste et le plus beau pays, celles qui ont inventé presque tous les arts avant que nous en eussions appris quelques-uns, ont toujours été omises jusqu'à nos jours dans nos prétendues histoires universelles. Et quand un Espagnol et un Français faisaient le dénombrement des nations, ni l'un ni l'autre ne manquait d'appeler son pays la première monarchie du monde, et son roi le plus grand roi du monde, se flattant que son roi lui donnerait une pension dès qu'il aurait lu son livre.[15]

Le troisième monument, fort inférieur aux deux autres, subsiste dans les marbres d'Arondel: la chronique d'Athènes y est gravée deux cent soixante-trois ans avant notre ère; mais elle ne remonte que jusqu'à Cécrops, treize cent dix-neuf ans au-delà du temps où elle fut gravée. Voilà dans l'histoire de toute l'antiquité les seules époques[16] incontestables que nous ayons.[17]

Faisons une sérieuse attention à ces marbres rapportés de Grèce par le lord Arondel.[18] Leur chronique commence quinze cent

100

105

110

115

118-19 K12: cent quatre-vingt-deux ans

[14] L'Inde est un ajout des *QE*, ce qui entraîne le passage du singulier au pluriel dans toute la phrase.

[15] Depuis 'et son roi' (ligne 108), ajout des *QE*.

[16] Dans l'*Encyclopédie*, 'connaissances' au lieu d'"époques'.

[17] Fin de l'autocitation de l'article 'Histoire' de l'*Encyclopédie*.

[18] Les trois paragraphes suivants sont un commentaire original sur les 'marbres d'Arundel' signalés ci-dessus. Collectionneur d'antiques, Thomas Howard, 21e earl d'Arundel (1585-1646) avait fait rapporter de Paros à Londres le 'Marmor Parium' (Oxford, Ashmolean Museum), une table chronologique de 1582 à 264 avant J.-C., dont les inscriptions furent publiées l'année suivante par John Selden, *Marmora Arundelliana* (Londres, 1628-1629), nos 1-21, 59-119. L'ouvrage que Voltaire utilisa sans doute n'est plus dans sa bibliothèque à Saint-Pétersbourg. L'article 'Paros, chronique de' de l'*Encyclopédie* (t.12, p.79) signale le mémoire de Joseph-Balthasar

soixante et dix-sept ans avant notre ère. C'est aujourd'hui une antiquité de 3350 ans; et vous n'y voyez pas un seul fait qui tienne du miraculeux, du prodigieux. Il en est de même des olympiades, ce n'est pas là qu'on doit dire *Grecia mendax*,[19] la menteuse Grèce. Les Grecs savaient très bien distinguer l'histoire de la fable, et les faits réels des contes d'Hérodote; ainsi que dans leurs affaires sérieuses leurs orateurs n'empruntaient rien des discours des sophistes ni des images des poètes.

La date de la prise de Troye est spécifiée dans ces marbres, mais il n'y est parlé ni des flèches d'Apollon ni du sacrifice d'Iphigénie, ni des combats ridicules des dieux. La date des inventions de Triptolème et de Cérès s'y trouve; mais Cérès n'y est pas appelée *déesse*. On y fait mention d'un poème sur l'enlèvement de Proserpine; il n'y est point dit qu'elle soit fille de Jupiter et d'une déesse, et qu'elle soit femme du dieu des enfers.

Hercule est initié aux mystères d'Eleusine; mais pas un mot sur ses douze travaux, ni sur son passage en Afrique dans sa tasse, ni sur sa divinité, ni sur le gros poisson par lequel il fut avalé et qui le garda dans son ventre trois jours et trois nuits selon Licofron.

Chez nous, au contraire, un étendard est apporté du ciel par un ange aux moines de Saint-Denis; un pigeon apporte une bouteille d'huile dans une église de Rheims; deux armées de serpents se

120 · 70, 71A: de 3248 ans
        71N: de 3348 ans
        K12: ans, [*avec note*: L'auteur écrivait ceci en 1768.] et
136-38 · 70, 71N, 71A, w68, w75G: divinité. ¶Chez

Gibert sur ce marbre, complétant ou corrigeant l'ouvrage de Selden et publié sous le titre d'"Observations sur la chronique de Paros' dans les *Mémoires de littérature tirés des Registres de l'Académie royale des inscriptions et belles-lettres* (1749-1751; BV2415; voir l'*Histoire de l'Académie royale [...] avec les Mémoires de littérature tirés des registres de cette académie*, 51 vol., Paris, 1710-1843, t.23, p.61-81).

[19] Juvénal, satire 10, vers 174: 'Creditur olim / velificatus Athos et quidquid Graecia mendax / audet in historia': 'Nous ajoutons foi à l'histoire du mont Athos traversé par une flotte, à tous les récits impudents de ces menteurs de Grecs' (trad. et éd. Pierre de Labriolle et François Villeneuve, Paris, 1921, p.130).

livrent une bataille rangée en Allemagne; un archevêque de Mayence est assiégé et mangé par des rats: et pour comble, on a grand soin de marquer l'année de ces aventures. Et l'abbé Lenglet compile, compile ces impertinences;[20] et les almanachs les ont cent fois répétées; et c'est ainsi qu'on a instruit la jeunesse; et toutes ces fadaises sont entrées dans l'éducation des princes.

145

Toute histoire est récente.[21] Il n'est pas étonnant qu'on n'ait

147   71N: Toute l'histoire

[20] Voltaire en traitait déjà au chapitre 37 du *Pyrrhonisme de l'histoire*, 1768: 'Consultez les tables de Lenglet, vous y trouverez encore que Hatton, archevêque de Mayence, fut assiégé dans une tour par des rats, pris par des rats, et mangé par des rats, qu'on vit des armées célestes combattre en l'air, et que deux armées de serpents se livrèrent sur la terre une sanglante bataille' (*OCV*, t.67, p.362). Citation des *Tablettes chronologiques de l'histoire universelle sacrée et profane, ecclésiastique et civile*, année 969 (2 vol., La Haye, 1745, t.2, p.128, BV2042). Pour les exemples précédents, il semble s'inspirer du même ouvrage: si les armées de serpents qui se battirent près de Tournay (année 1059, p.134) s'y trouvent bien, ce qui concerne l'oriflamme royal apporté par un ange et destiné à la basilique de Saint-Denis, la sainte ampoule confiée par le Saint-Esprit – 'un pigeon' – à saint Remi et conservée à l'église éponyme de Reims ne se rencontrent pas à l'année 495 (p.67), qui traite du baptême de Clovis. *Le Grand Dictionnaire historique* de Moreri était lui-même très sceptique sur des événements miraculeux qui fondaient pourtant la légitimité mystique de la monarchie française (article 'Clovis', 10 vol., Paris, 1759: 'Quelques auteurs ont écrit sans fondement, que le Ciel, en faveur de sa conversion, l'honora, lui et les rois de France ses successeurs, de plusieurs grâces miraculeuses; que la sainte ampoule fut apportée à son baptême par une colombe; que l'écu semé de fleurs de lys et l'oriflamme furent déposés par un ange entre les mains d'un ermite dans la solitude de Joïenval', t.3, p.774). Dans son *Histoire critique de l'établissement de la monarchie française dans les Gaules* (3 vol., Amsterdam, 1734, BV1109), livre 4, ch.6, l'abbé Jean-Baptiste Dubos ne trouvait aucune source historique fiable à 'la sainte ampoule dont on se sert encore au sacre de nos rois'. Voir Chantal Grell, 'Clovis du Grand Siècle aux Lumières', *Bibliothèque de l'Ecole des chartes*, 154 (1996), p.173-218; sur l'oriflamme et l'ampoule, voir p.185-88. La littérature historique des dix-septième et dix-huitième siècles n'y accorde guère de créance, même chez un Claude Fleury ou un Paul-François Velly, écrivains ecclésiastiques généralement peu appréciés de Voltaire.

[21] A la suite, six paragraphes (lignes 147-208) extraits de l'article 'Histoire' de l'*Encyclopédie* (*OCV*, t.33, p.167-69). Le texte offre de minuscules réfections.

point d'histoire ancienne profane au-delà d'environ quatre mille[22] années. Les révolutions de ce globe, la longue et universelle ignorance de cet art qui transmet les faits par l'écriture, en sont cause. Il reste encore[23] plusieurs peuples qui n'en ont aucun usage. Cet art ne fut commun que chez un très petit nombre de nations policées; et même[24] était-il en très peu de mains. Rien de plus rare chez les Français et chez les Germains, que de savoir écrire, jusqu'au quatorzième siècle de notre ère vulgaire:[25] presque tous les actes n'étaient attestés que par témoins. Ce ne fut en France que sous Charles VII en 1454 que l'on commença à rédiger par écrit quelques coutumes de France.[26] L'art d'écrire était encore plus rare chez les Espagnols, et de là vient que leur histoire est si sèche et si incertaine, jusqu'au temps de Ferdinand et d'Isabelle. On voit par là combien le très petit nombre d'hommes qui savaient écrire, pouvaient en imposer,[27] et combien il a été facile de nous faire croire les plus énormes absurdités.

Il y a des nations qui ont subjugué une partie de la terre sans avoir l'usage des caractères. Nous savons que Gengis-Kan conquit une partie de l'Asie au commencement du treizième siècle; mais ce n'est ni par lui ni par les Tartares que nous le savons. Leur histoire écrite par les Chinois et traduite par le père Gaubil, dit que ces Tartares n'avaient point alors[28] l'art d'écrire.

Cet art[29] ne dut pas être moins inconnu au Scythe Ogus-Kan, nommé Madiès par les Persans et par les Grecs, qui conquit une partie de l'Europe et de l'Asie, si longtemps avant le règne de Cyrus. Il est presque sûr qu'alors sur cent nations, il y en avait à peine deux

[150]
[155]
[160]
[165]
[170]

---

[22] Dans l'*Encyclopédie*: 'trois mille'.
[23] Dans l'*Encyclopédie*: 'Il y a encore'.
[24] Dans l'*Encyclopédie*: 'et encore'.
[25] Dans l'*Encyclopédie*: 'jusqu'aux treizième et quatorzième siècles'.
[26] Dans l'*Encyclopédie*: 'en 1454 qu'on rédigea par écrit les coutumes'.
[27] Ajout dans les *QE* de la fin de la phrase après 'imposer'.
[28] Mot ajouté dans les *QE*.
[29] 'Il' dans l'*Encyclopédie*.

ou trois [30] qui employassent [31] des caractères. Il se peut que dans un ancien monde détruit, les hommes aient connu l'écriture et les autres arts. Mais dans le nôtre ils sont tous très récents. [32]

Il reste des monuments d'une autre espèce, qui servent à constater seulement l'antiquité reculée de certains peuples et qui précèdent toutes les époques connues, et tous les livres; ce sont les prodiges d'architecture, comme les pyramides et les palais d'Egypte qui ont résisté au temps. Hérodote qui vivait il y a deux mille deux cents ans et qui les avait vus, n'avait pu apprendre des prêtres égyptiens dans quel temps on les avait élevés.

Il est difficile de donner à la plus ancienne des pyramides moins de quatre mille ans d'antiquité; mais il faut considérer que ces efforts de l'ostentation des rois n'ont pu être commencés que longtemps après l'établissement des villes. [33] Mais pour bâtir des villes dans un pays inondé tous les ans, remarquons toujours qu'il avait fallu d'abord relever le terrain des villes sur des pilotis dans ce terrain de vase, et les rendre inaccessibles à l'inondation: il avait fallu avant de prendre ce parti nécessaire et avant d'être en état de tenter ces grands travaux, que les peuples se fussent pratiqué des retraites pendant la crue du Nil, au milieu des rochers qui forment deux chaînes à droite et à gauche de ce fleuve. Il avait fallu que ces peuples rassemblés eussent les instruments du labourage, ceux de l'architecture, une connaissance [34] de l'arpentage, avec des lois et une police. Tout cela demande nécessairement un espace de temps prodigieux. Nous voyons par les longs détails qui retardent tous les

175

180

185

190

195

189   70: terrain, les villes
195   71A: instruments de labourage
196   70, 71N, 71A: une grande connaissance

[30] L'*Encyclopédie* parle seulement de deux.
[31] Dans l'*Encyclopédie*: 'usassent'.
[32] Le paragraphe qui suit (lignes 177-83) est absent de l'*Encyclopédie*.
[33] Dans l'*Encyclopédie*: 'tous les ans, il avait fallu d'abord relever le terrain, fonder les villes'.
[34] Une 'grande connaissance' dans l'*Encyclopédie*.

jours nos entreprises les plus nécessaires et les plus petites, combien il est difficile de faire de grandes choses; et qu'il faut non seulement une opiniâtreté infatigable, mais plusieurs générations animées de cette opiniâtreté. [35]

Cependant que ce soit Ménès, Thaut ou Chéops, ou Ramessès, qui aient élevé une ou deux de ces prodigieuses masses, nous n'en serons pas plus instruits de l'histoire de l'ancienne Egypte: la langue de ce peuple est perdue. Nous ne savons donc autre chose, sinon qu'avant les plus anciens historiens il y avait de quoi faire une histoire ancienne.

De l'ancienne Egypte [36]

Comme l'histoire des Egyptiens n'est pas écrite par des auteurs sacrés, [37] il est permis de s'en moquer. On l'a déjà fait avec succès sur ses dix-huit mille villes, et sur Thèbes aux cent portes, par lesquelles sortait un million de soldats, outre des chariots armés; ce qui supposait cinq millions au moins [38] d'habitants dans la ville, tandis que l'Egypte entière ne contient aujourd'hui que trois millions d'âmes.

Presque tout ce qu'on raconte de l'ancienne Egypte a été écrit apparemment avec une plume tirée de l'aile du phénix, qui venait se brûler tous les cinq cents ans dans le temple d'Hiéropolis pour y renaître.

Les Egyptiens adoraient-ils en effet des bœufs, des boucs, des crocodiles, des singes, des chats et jusqu'à des oignons? Il suffit

---

208-770a K84, K12: ancienne. / Section 2 / [ajoutent les lignes 1-24 (voir ci-dessus, p.195-96, pour les variantes), avec la suite de De l'histoire (1764)] / Section 3 / De

[35] Fin de l'autocitation de l'article 'Histoire' de l'*Encyclopédie*.
[36] Section (lignes 209-79) tirée intégralement du *Pyrrhonisme de l'histoire*, ch.5, 'Les Egyptiens' (*OCV*, t.67, p.272-74).
[37] Dans *Le Pyrrhonisme de l'histoire*: 'n'est pas celle de Dieu'.
[38] Ajouts des *QE*: 'outre des chariots armés' et 'au moins'.

qu'on l'ait dit une fois pour que mille copistes l'aient redit en vers et en prose. Le premier qui fit tomber tant de nations en erreur sur les Egyptiens est Sanchoniaton, le plus ancien auteur que nous ayons parmi ceux dont les Grecs nous ont conservé des fragments. Il était voisin des Hébreux, et incontestablement plus ancien que Moïse, puisqu'il ne parle pas de Moïse, et qu'il aurait fait mention sans doute d'un si grand homme, et de ses épouvantables prodiges, s'il fût venu après lui, ou s'il avait été son contemporain. 225

Voici comment il s'exprime: 'Ces choses sont écrites dans l'histoire du monde de Thaut et dans ses mémoires. Mais ces premiers hommes consacrèrent des plantes et des productions de la terre; ils leur attribuèrent la divinité, ils révérèrent les choses qui les nourrissaient; ils leur offrirent leur boire et leur manger, cette religion étant conforme à la faiblesse de leurs esprits; etc.' 230 235

Il est très remarquable que Sanchoniaton, qui vivait avant Moïse, cite les livres de Thaut qui avaient huit cents ans d'antiquité; mais il est plus remarquable encore que Sanchoniaton s'est trompé, s'il a cru que les Egyptiens rendaient aux oignons le même hommage qu'ils rendaient à leur Isis. Ils ne les adoraient certainement pas comme des dieux suprêmes, puisqu'ils les mangeaient. [39] Cicéron, qui vivait dans le temps où César conquit l'Egypte, dit dans son livre de la Divination qu'*il n'y a point de superstition que les hommes n'aient embrassée; mais qu'il n'est encore aucune nation qui se soit avisée de manger ses dieux.* [40] 240 245

De quoi se seraient nourris les Egyptiens, s'ils avaient adoré tous les bœufs et tous les oignons? J'ose croire et même dire, que [41]

---

232   71A: et productions

[39] 'Sanchoniathon s'est trompé, en disant que les Egyptiens adoraient des oignons; ils ne les adoraient certainement pas, puisqu'ils les mangeaient' dans *Le Pyrrhonisme de l'histoire.*

[40] Ajout des lignes 242-45. Voltaire possédait *De la divination de Cicéron*, trad. F.-S. Régnier Desmarais (Amsterdam, 1741, BV772; *CN*, t.3, p.625-27).

[41] 'J'ose croire et même dire, que', ajout des *QE*.

l'auteur de l'*Essai sur l'histoire générale et sur les mœurs des nations* a dénoué le nœud de cette difficulté, en disant qu'il faut faire une grande différence entre un oignon consacré et un oignon dieu. Le bœuf Apis était consacré; mais les autres bœufs étaient mangés par les prêtres et par tout le peuple. 250

Une ville d'Egypte avait consacré un chat pour remercier les dieux d'avoir fait naître des chats qui mangent des souris. Diodore de Sicile rapporte que les Egyptiens massacrèrent[42] de son temps un Romain qui avait eu le malheur de tuer un chat par mégarde. Il est très vraisemblable que c'était le chat consacré. Je ne voudrais pas tuer une cigogne en Hollande; on y est persuadé qu'elles portent bonheur aux maisons sur le toit desquelles elles se perchent. Un Hollandais de mauvaise humeur me ferait payer cher sa cigogne. 255
260

Dans un nome d'Egypte, voisin du Nil, il y avait un crocodile sacré. C'était apparemment[43] pour obtenir des dieux que les crocodiles mangeassent moins de petits enfants.

Origène, qui vivait dans Alexandrie et qui devait être bien instruit de la religion du pays, s'exprime ainsi dans sa réponse à Celse, au livre III. 'Nous n'imitons point les Egyptiens dans le culte d'Isis et d'Osiris; nous n'y joignons point Minerve comme ceux du nome de Sais.' Il dit dans un autre endroit: 'Ammon ne souffre pas que les habitants de la ville d'Apis vers la Lybie mangent des vaches.' Il est clair par ces passages qu'on adorait Isis et Osiris. 265
270

Il dit encore: 'Il n'y aurait rien de mauvais à s'abstenir des animaux utiles aux hommes; mais épargner un crocodile, l'estimer consacré à je ne sais quelle divinité, n'est-ce pas une extrême folie?'

Il est évident par tous ces passages que les prêtres, les shoen, ou shotim[44] d'Egypte adoraient des dieux, et non pas des bêtes. Ce n'est pas que les manœuvres, les blanchisseuses, la racaille de toute espèce ne prissent communément pour une divinité la bête consacrée. Il est très vraisemblable même que des dévotes de 275

---

[42] Dans *Le Pyrrhonisme de l'histoire*: 'égorgèrent'.
[43] Ce mot est un ajout des *QE*.
[44] Ajout des *QE*: 'ou shotim'.

cour, encouragées dans leur zèle par quelques shoen d'Egypte, [45] aient cru le bœuf Apis un dieu; et lui aient fait des neuvaines.   280

Le monde est vieux, mais l'histoire est d'hier. [46] Celle que nous nommons *ancienne* et qui est en effet très récente, ne remonte guère qu'à quatre ou cinq mille ans: [47] nous n'avons avant ce temps que quelques probabilités: elles nous ont été transmises dans les annales des brahmanes, [48] dans la chronique chinoise, et dans l'Histoire   285 d'Hérodote. Les anciennes chroniques chinoises ne regardent que cet empire séparé du reste du monde. Hérodote plus intéressant pour nous, parle de la terre alors connue. En récitant aux Grecs les neufs livres de son Histoire, il les enchanta [49] par la nouveauté de cette entreprise et par le charme de sa diction, et surtout par les   290 fables.

283   71N: nous n'avions avant

[45] Fin de l'autocitation du *Pyrrhonisme de l'histoire*. Dans *Le Pyrrhonisme de l'histoire*: 'Ce n'est pas que les manœuvres et les blanchisseuses ne pussent très bien prendre pour une divinité la bête consacrée. Il se peut même que des dévotes même aient été encouragées dans leur zèle par quelques théologiens d'Egypte et qu'il y ait eu des hérésies.' La conclusion de la phrase a été ajoutée dans les *QE*. Le terme de 'shoen', qui remplace ici 'théologiens', apparaît déjà plus haut (ligne 274), mais ne désigne pas les prêtres égyptiens; il provient d'une mauvaise lecture faite par Voltaire de l'ouvrage de William Warburton, *The Divine Legation of Moses* (2 vol., Londres, 1758, t.2, 2ᵈᵉ partie, p.36, BV3827, qu'il possédait aussi dans des éditions de 1738-1741 et 1755, BV3825-26). Pierre-Henri Larcher l'avait signalée dans son *Supplément à la Philosophie de l'histoire* (Amsterdam, 1769), p.240-46. Voltaire n'en a pas tenu compte dans les *QE* et a même récidivé en redoublant le terme.

[46] Ce qui suit (lignes 281-91) est cité d'après l'article 'Histoire' de l'*Encyclopédie* (*OCV*, t.33, p.169) en préambule des sections 'D'Hérodote' et 'Usage qu'on peut faire d'Hérodote' (lignes 292-378) elles-mêmes reprises du même article (p.169-73).

[47] Trois mille ans dans l'*Encyclopédie*.

[48] Exemple absent de l'*Encyclopédie*.

[49] 'Il enchanta les Grecs en leur récitant les neuf livres de son Histoire' dans l'*Encyclopédie*.

D'Hérodote

Presque tout ce qu'il raconte sur la foi des étrangers est fabuleux; mais tout ce qu'il a vu est vrai. On apprend de lui par exemple, quelle extrême opulence et quelle splendeur régnait dans l'Asie Mineure, aujourd'hui (dit-on)[50] pauvre et dépeuplée. Il a vu à   295 Delphes les présents d'or prodigieux que les rois de Lydie avaient envoyés au temple;[51] et il parle à des auditeurs qui connaissaient Delphes comme lui. Or, quel espace de temps a dû s'écouler avant que des rois de Lydie eussent pu amasser assez de trésors superflus pour faire des présents si considérables à un temple étranger!   300

Mais quand Hérodote rapporte les contes qu'il a entendus, son livre n'est plus qu'un roman qui ressemble aux fables milésiennes.

C'est un Candaule qui montre sa femme toute nue à son ami Gigès; c'est cette femme qui par modestie ne laisse à Gigès que le choix de tuer son mari, d'épouser la veuve ou de périr.   305

C'est un oracle de Delphes qui devine que dans le même temps qu'il parle, Crésus à cent lieues de là fait cuire une tortue dans un plat d'airain.

C'est dommage que Rollin d'ailleurs estimable,[52] répète tous les contes de cette espèce. Il admire la science de l'oracle et la véracité   310 d'Apollon, ainsi que la pudeur de la femme du roi Candaule; et à ce sujet il propose à la police d'empêcher les jeunes gens de se baigner dans la rivière. Le temps est si cher, et l'histoire si immense, qu'il faut épargner aux lecteurs de telles fables et de telles moralités.

L'histoire de Cyrus est toute défigurée par des traditions   315 fabuleuses. Il y a grande apparence que ce Kiro ou Kosrou,[53] qu'on nomme Cyrus, à la tête des peuples guerriers d'Elam,

---

310   71N: espèce, admire

[50] Incise ajoutée dans les *QE*.
[51] Dans l'*Encyclopédie*, 'envoyés à Delphes'.
[52] Dans l'*Encyclopédie*, ce jugement nuancé est absent.
[53] 'Kosrou' est absent de l'*Encyclopédie*.

conquit en effet Babilone amollie par les délices. Mais on ne sait pas seulement quel roi régnait alors à Babilone; les uns disent Baltazar, les autres Anaboth. Hérodote fait tuer Cyrus dans une expédition contre les Massagètes. Xénophon dans son roman moral et politique le fait mourir dans son lit.

On ne sait autre chose dans ces ténèbres de l'histoire, sinon qu'il y avait depuis très[54] longtemps de vastes empires, et des tyrans dont la puissance était fondée sur la misère publique; que la tyrannie était parvenue jusqu'à dépouiller les hommes de leur virilité, pour s'en servir à d'infâmes plaisirs au sortir de l'enfance, et pour les employer dans leur vieillesse à la garde des femmes; que la superstition gouvernait les hommes; qu'un songe était regardé comme un avis du ciel, et qu'il décidait de la paix et de la guerre, etc.

A mesure qu'Hérodote dans son histoire se rapproche de son temps, il est mieux instruit et plus vrai. Il faut avouer que l'histoire ne commence pour nous qu'aux entreprises des Perses contre les Grecs. On ne trouve avant ces grands événements que quelques récits vagues, enveloppés de contes puérils. Hérodote devient le modèle des historiens quand il décrit ces prodigieux préparatifs de Xerxès pour aller subjuguer la Grèce et ensuite l'Europe. Il exagère sans doute le nombre de ses soldats; mais il les mène avec une exactitude géographique de Suze jusqu'à la ville d'Athènes.[55] Il nous apprend comment étaient armés tant de peuples différents que ce monarque traînait après lui: aucun n'est oublié du fond de l'Arabie et de l'Egypte jusqu'au-delà de la Bactriane et de l'extrémité septentrionale de la mer Caspienne, pays alors habité par des peuples puissants, et aujourd'hui par des Tartares vagabonds. Toutes les nations, depuis le Bosphore de Thrace jusqu'au Gange, sont sous ses étendards.

On voit avec étonnement que ce prince possédait plus[56] de terrain

---

[54] Ce 'très' est un ajout des *QE*.

[55] Phrase complétée par rapport à l'*Encyclopédie* qui écrit seulement: 'Il le mène, suivi de près de deux millions de soldats, depuis Suze jusqu'à Athènes'.

[56] Les *QE* remplacent 'autant' par 'plus'.

que n'en eut l'empire romain. Il avait tout ce qui appartient aujourd'hui au Grand Mogol en deçà du Gange; toute la Perse, et tout le pays des Usbecs, tout l'empire des Turcs si vous en exceptez la Romanie; mais en récompense il possédait l'Arabie. On voit par l'étendue de ses Etats quel est le tort des déclamateurs en vers et en prose, de traiter de fou Alexandre, (a) vengeur de la Grèce, pour avoir subjugué l'empire de l'ennemi des Grecs. Il alla en Egypte, à Tyr et dans l'Inde, mais il le devait; et Tyr, l'Egypte et l'Inde appartenaient à la puissance qui avait ravagé la Grèce. [57]

Usage qu'on peut faire d'Hérodote [58]

Hérodote eut le même mérite qu'Homère; il fut le premier historien comme Homère le premier poète épique, et tous deux saisirent les beautés propres d'un art qu'on croit [59] inconnu avant eux. C'est un spectacle admirable dans Hérodote que cet empereur de l'Asie, et de l'Afrique, qui fait passer son armée immense sur un pont de bateau d'Asie en Europe, qui prend la Thrace, la Macédoine, la Thessalie, l'Achaïe supérieure, et qui entre dans Athènes abandonnée et déserte. On ne s'attend point que les Athéniens sans ville, sans territoire, réfugiés sur leurs vaisseaux avec quelques autres Grecs, mettront en fuite la nombreuse flotte du grand roi; qu'ils rentreront chez eux en vainqueurs, qu'ils forceront Xerxès à ramener ignominieusement les débris de son armée, et qu'ensuite ils lui défendront par un traité de naviguer sur leurs mers. Cette supériorité d'un petit peuple généreux, libre sur toute l'Asie

350

355

360

365

370

(a) Voyez l'article 'Alexandre'. [60]

[57] 'Il n'alla en Egypte, à Tyr et dans l'Inde que parce qu'il le devait; et que Tyr, l'Egypte et l'Inde appartenaient à la domination qui avait dévasté la Grèce' dans l'*Encyclopédie*.
[58] Sous-titre ajouté dans les *QE*.
[59] Cette nuance est un ajout des *QE*.
[60] *OCV*, t.38, p.178-87.

esclave, est peut-être ce qu'il y a de plus glorieux chez les hommes. On apprend aussi par cet événement que les peuples de l'Occident ont toujours été meilleurs marins que les peuples asiatiques. Quand on lit l'histoire moderne, la victoire de Lépante fait souvenir de 375 celle de Salamine, et on compare Don Juan d'Autriche et Colone, à Thémistocle et à Euribiades. Voilà peut-être le seul fruit qu'on peut tirer de la connaissance de ces temps reculés. [61]

Il est toujours bien hardi de vouloir pénétrer dans les desseins de Dieu; mais cette témérité est mêlée d'un grand ridicule quand on 380 veut prouver que le Dieu de tous les peuples de la terre et de toutes les créatures des autres globes, ne s'occupait des révolutions de l'Asie, et qu'il n'envoyait lui-même tant de conquérants les uns après les autres, qu'en considération du petit peuple juif, tantôt pour l'abaisser, tantôt pour le relever, toujours pour l'instruire, et 385 que cette petite horde opiniâtre et rebelle était le centre et l'objet des révolutions de la terre. [62]

Si le conquérant mémorable [63] qu'on a nommé Cyrus se rend maître de Babilone, c'est uniquement [64] pour donner à quelques Juifs la permission d'aller chez eux. Si Alexandre est vainqueur de 390 Darius, c'est pour établir des fripiers juifs dans Alexandrie. Quand les Romains joignent la Syrie à leur vaste domination, et englobent le petit pays de Judée dans leur empire, c'est encore pour instruire les Juifs. Les Arabes et les Turcs ne sont venus que pour corriger ce

---

[61] Fin d'extrait de l'article 'Histoire' de l'*Encyclopédie*.

[62] Sans indiquer de source particulière, Voltaire renvoie, en la caricaturant, à la pensée téléologique du *Discours sur l'histoire universelle* (1681) de Bossuet: dans le chapitre 2 du *Pyrrhonisme de l'histoire*, il critique 'sa prétendue *Histoire universelle*, qui n'est que celle de quatre à cinq peuples, et surtout de la petite nation juive, ou ignorée, ou justement méprisée du reste de la terre, à laquelle pourtant il rapporte tous les événements, et pour laquelle il dit que tout a été fait; comme si un écrivain de Cornouailles disait que rien n'est arrivé dans l'empire romain qu'en vue de la province de Galles' (*OCV*, t.67, p.261-62). Le paragraphe suivant des *QE* (lignes 388-96), qui développe ironiquement le thème, se trouvait déjà, avec quelques variantes, dans *De l'histoire* des *Contes de Guillaume Vadé*, p.228.

[63] Dans les *QE*, 'conquérant mémorable' remplace 'roi'.

[64] Adverbe ajouté dans les *QE*.

peuple. [65] Il faut avouer qu'il a eu une excellente éducation; jamais   395
on n'eut tant de précepteurs, et jamais on n'en profita si mal! [66]

On serait aussi bien reçu à dire que Ferdinand et Isabelle ne
réunirent les provinces de l'Espagne que pour chasser une partie
des Juifs et pour brûler l'autre; que les Hollandais n'ont secoué le
joug du tyran Philippe II que pour avoir dix mille Juifs dans   400
Amsterdam, et que Dieu n'a établi le chef visible de l'Eglise
catholique au Vatican, que pour y entretenir des synagogues
moyennant finance. Nous savons bien que la providence s'étend
sur toute la terre; mais c'est par cette raison-là même qu'elle n'est
pas bornée à un seul peuple.   405

De Thucidide [67]

Revenons aux Grecs. [68] Thucidide, successeur d'Hérodote, se borne
à nous détailler l'histoire de la guerre du Péloponèse, pays qui n'est
pas plus grand qu'une province de France ou d'Allemagne, mais
qui a produit des hommes en tout genre dignes d'une réputation
immortelle: et comme si la guerre civile, le plus horrible des fléaux,   410
ajoutait un nouveau feu et de nouveaux ressorts à l'esprit humain,
c'est dans ce temps que tous les arts florissaient en Grèce. C'est
ainsi qu'ils commencent à se perfectionner ensuite à Rome dans
d'autres guerres civiles du temps de César; et qu'ils renaissent
encore dans notre quinzième et seizième siècle de l'ère vulgaire,   415
parmi les troubles de l'Italie.

---

[65] Peuple 'aimable' dans *De l'histoire*.

[66] La fin de la phrase, après 'précepteurs', remplace 'et voilà comme l'histoire est
utile' dans *De l'histoire*.

[67] Les deux sections suivantes (lignes 406-25) sont tirées de l'article 'Histoire' de
l'*Encyclopédie* (*OCV*, t.33, p.173): 'De Thucydide' – dont le contenu avait déjà été
republié dans *Le Pyrrhonisme de l'histoire* (*OCV*, t.67, p.374) – et 'Epoque
d'Alexandre' pour partie.

[68] Phrase de transition ajoutée dans les *QE*.

Epoque d'Alexandre[69]

Après cette guerre du Péloponèse, décrite par Thucidide, vient le temps célèbre d'Alexandre, prince digne d'être élevé par Aristote, qui fonde beaucoup plus de villes que les autres conquérants[70] n'en ont détruit, et qui change le commerce de l'univers.

De son temps et de celui de ses successeurs florissait Carthage, et la république romaine commençait à fixer sur elle les regards des nations. Tout le Nord et l'Occident sont ensevelis[71] dans la barbarie. Les Celtes, les Germains, tous les peuples du Nord sont inconnus.[72] (Voyez l'article 'Alexandre'.[73])

Si Quinte-Curce n'avait pas défiguré l'histoire d'Alexandre par mille fables,[74] que de nos jours tant de déclamateurs ont répétées, Alexandre serait le seul héros de l'antiquité dont on aurait une histoire véritable. On ne sort point d'étonnement quand on voit des historiens latins venus quatre cents ans après lui, faire assiéger par Alexandre des villes indiennes auxquelles ils ne donnent que des noms grecs, et dont quelques-unes n'ont jamais existé.

Quinte-Curce après avoir placé le Tanaïs au-delà de la mer Caspienne, ne manque pas de dire que le Gange en se détournant vers l'orient, porte aussi bien que l'Indus ses eaux dans la mer Rouge qui est à l'occident. Cela ressemble au discours de Trimalcion qui dit, qu'il a chez lui une Niobé enfermée dans le

420

425

430

435

[69] Sous-titre ajouté dans les *QE*.

[70] Le mot 'conquérants' ajouté dans les *QE*.

[71] Développement de 'Tout le reste est enseveli' dans l'*Encyclopédie*. Passage repris dans l'édition de Kehl (κ84) du *Pyrrhonisme de l'histoire* (*OCV*, t.67, p.276 et n.1).

[72] Fin de l'autocitation de l'*Encyclopédie*.

[73] *OCV*, t.38, p.178-87.

[74] La suite du texte sur Alexandre (lignes 426-86) vient du *Pyrrhonisme de l'histoire*, ch.6 (*OCV*, t.67, p.276-81). La critique de Quinte Curce est renouvelée de l'article 'Histoire' de l'*Encyclopédie* (*OCV*, t.33, p.183, 185). Voltaire possédait de l'historien latin *De la vie et des actions d'Alexandre le Grand*, 4e éd., 2 vol. (Lyon, 1705, BV924).

cheval de Troye; et qu'Annibal, au sac de Troye, ayant pris toutes les statues d'or et d'argent, en fit l'airain de Corinthe.

On suppose qu'il assiège une ville nommée Ara près du fleuve Indus, et non loin de sa source. C'est tout juste le grand chemin de la capitale de l'empire, à huit cents milles du pays où l'on prétend que séjournait Porus, à ce que prétendent nos missionnaires. [75]

Après cette petite excursion sur l'Inde, dans laquelle Alexandre porta ses armes par le même chemin que le Sha-Nadir prit de nos jours, c'est-à-dire par la Perse et le Candahar, continuons l'examen de Quinte-Curce.

Il lui plaît d'envoyer une ambassade des Scythes à Alexandre sur les bords du fleuve Jaxartes. Il leur met dans la bouche une harangue telle que les Américains auraient dû la faire aux premiers conquérants espagnols. Il peint ces Scythes comme des hommes paisibles et justes, tout étonnés de voir un voleur grec venu de si loin pour subjuguer des peuples que leurs vertus rendaient indomptables. Il ne songe pas que ces Scythes invincibles avaient été subjugués par les rois de Perse. Ces mêmes Scythes si paisibles et si justes se contredisent bien honteusement dans la harangue de Quinte-Curce; ils avouent qu'ils ont porté le fer et la flamme jusque dans la haute Asie. Ce sont en effet ces mêmes Tartares qui joints à tant de hordes du Nord, ont dévasté si longtemps l'univers connu, depuis la Chine jusqu'au mont Atlas.

Toutes ces harangues des historiens seraient fort belles dans un poème épique où l'on aime fort les prosopopées. Elles sont l'apanage de la fiction, et c'est malheureusement ce qui fait que les histoires en sont remplies; l'auteur se met sans façon à la place de son héros.

Quinte-Curce fait écrire une lettre par Alexandre à Darius. Le héros de la Grèce dit dans cette lettre que *le monde ne peut souffrir deux soleils ni deux maîtres*. Rollin trouve avec raison qu'il y a plus

---

[75] Après 'Porus', proposition ajoutée dans les *QE*. Le court paragraphe de transition suivant (lignes 444-47) est ajouté de même, avec la suppression de trois paragraphes sur Holwell. La ligne 448 reprend à la ligne 48 du chapitre 6 du *Pyrrhonisme de l'histoire* (*OCV*, t.67, p.278).

d'enflure que de grandeur dans cette lettre. Il pouvait ajouter qu'il y a encore plus de sottise que d'enflure.[76] Mais Alexandre l'a-t-il écrite? C'est là ce qu'il fallait examiner. Il n'appartient qu'à Don Japhet d'Arménie le fou de Charles-Quint, de dire que *deux soleils dans un lieu trop étroit, rendraient trop excessif le contraire du froid.* Mais Alexandre était-il un Don Japhet d'Arménie? 470

Un traducteur de l'énergique Tacite,[77] ne trouvant point dans cet historien la lettre de Tibère au sénat contre Séjan,[78] s'avise de la donner[79] de sa tête, et de se mettre à la fois à la place de l'empereur et de Tacite. Je sais que Tite-Live prête souvent des harangues à ses héros;[80] quel a été le but de Tite-Live? de montrer de l'esprit et de l'éloquence. Je lui dirais volontiers, Si tu veux haranguer, va plaider devant le sénat de Rome; si tu veux écrire l'histoire, ne nous dis que la vérité. 475

480

N'oublions pas la prétendue Thalestris reine des Amazones,[81] qui vint trouver Alexandre pour le prier de lui faire un enfant. Apparemment le rendez-vous fut donné sur les bords du prétendu Tanaïs.[82] 485

Des peuples nouveaux et particulièrement des Juifs[83]

C'est une grande question parmi plusieurs théologiens, si les livres purement historiques des Juifs ont été inspirés; car pour les livres de préceptes et pour les prophéties, il n'est point de chrétien qui en

---

[76] Phrase ajoutée dans les *QE*.

[77] 'Un abbé de la Bletterie traducteur pincé' dans *Le Pyrrhonisme de l'histoire*. Il s'agit de l'abbé Jean-Philippe de la Bléterie, auteur de la *Traduction de quelques ouvrages de Tacite*, 2 vol. (Paris, 1755) et surtout de *Tibère ou les six premiers livres des Annales de Tacite*, 3 vol. (Paris, 1768, BV3239), dont il sera question plus loin.

[78] 'Trajan' dans *Le Pyrrhonisme de l'histoire*.

[79] Dans *Le Pyrrhonisme de l'histoire*, 'composer'.

[80] Début de phrase ajouté dans les *QE*.

[81] Amazones 'prétendues' dans *Le Pyrrhonisme de l'histoire*.

[82] Fin de l'autocitation du *Pyrrhonisme de l'histoire*.

[83] Cette section vient à nouveau du *Pyrrhonisme de l'histoire*, chapitre 4: 'De l'histoire juive' (*OCV*, t.67, p.267-71).

doute; et les prophètes eux-mêmes disent tous qu'ils écrivent au 490
nom de Dieu. Ainsi on ne peut s'empêcher de les croire sur leur
parole sans une grande impiété. Mais il s'agit de savoir si Dieu a été
réellement dans tous les temps l'historien du peuple juif.

Nous avons dit, et il faut redire que[84] Le Clerc et d'autres
théologiens de Hollande, prétendent qu'il n'était pas nécessaire que 495
Dieu daignât dicter toutes les annales hébraïques, et qu'il aban-
donna cette partie à la science et à la foi humaine. Grotius, Simon,
Dupin ne s'éloignent pas de ce sentiment; ils pensent que
Dieu disposa seulement l'esprit des écrivains à n'annoncer que la
vérité. 500

On ne connaît point les auteurs du livre des Juges, ni de ceux des
Rois et des Paralipomènes. Les premiers écrivains hébreux citent
d'ailleurs d'autres livres qui ont été perdus, comme (b) celui des
guerres du Seigneur, le (c) Droiturier ou le livre des Justes, celui
(d) des jours de Salomon et (e) ceux des annales des rois d'Israël et 505
de Juda.

Il y a surtout des textes qu'il est difficile de concilier: par
exemple, on voit dans le Pentateuque que les Juifs sacrifièrent dans
le désert au Seigneur, et que leur seule idolâtrie fut celle du veau
d'or; il est dit dans Jérémie, (f) dans Amos (g) et dans le discours 510
de saint Etienne, (h) qu'ils adorèrent pendant quarante ans le dieu
Moloch et le dieu Remphan, et qu'ils ne sacrifièrent point au
Seigneur.

(b) Nomb. ch.21, verset 14.
(c) Josué ch.10, verset 13 et livre 2 des Rois, ch.10, verset 18.
(d) Livre 3 des Rois, ch.11, verset 41.
(e) Livre 3 des Rois, ch.14, versets 19, 29 et ailleurs.
(f) Ch.7, verset 22.
(g) Ch.5, verset 26.
(h) Actes des apôt., ch.7, verset 43.

490 71N: disent qu'ils

[84] Ajout des *QE*.

Il n'est pas aisé de comprendre comment Dieu aurait dicté[85] l'histoire des rois de Juda et d'Israël, puisque les rois d'Israël étaient hérétiques, et que même quand les Hébreux voulurent avoir des rois, Dieu leur déclara expressément par la bouche de son prophète Samuel, que (*i*) c'est rejeter Dieu que de vouloir obéir à des monarques. Or plusieurs savants ont été étonnés que Dieu voulût être l'historien d'un peuple qui avait renoncé à être gouverné immédiatement[86] par lui.

Quelques critiques trop hardis ont demandé, si Dieu peut avoir dicté (*j*) que le premier roi Saül remporta une victoire à la tête de trois cent mille[87] hommes, puisqu'il est dit (*k*) qu'il n'y avait que deux épées dans toute la nation, et (*l*) qu'ils étaient obligés d'aller chez les Philistins pour faire aiguiser leurs coignées et leurs serpettes?

Si Dieu peut avoir dicté que David qui (*m*) était selon son cœur, se mit (*n*) à la tête de quatre cents brigands chargés de dettes et de crimes;[88] si David peut avoir commis toutes les horreurs[89] que la raison peu éclairée par la foi ose lui reprocher?

Si Dieu a pu dicter les contradictions qui se trouvent entre l'histoire des Rois et les Paralipomènes?

On a encore prétendu que l'histoire des Rois ne contenant que des événements sans aucune instruction et même beaucoup de

515

520

525

530

535

(*i*) Livre 1 des Rois, ch.10, verset 19.
(*j*) Livre 1 des Rois, ch.11, verset 8.
(*k*) Livre 1 des Rois, ch.13, verset 22.
(*l*) Livre 1 des Rois, ch.13, verset 20.
(*m*) Livre 1 des Rois, ch.13, verset 14.
(*n*) Livre 1 des Rois, ch.22, verset 2.

[85] Dans *Le Pyrrhonisme de l'histoire*: 'dicta'.
[86] Adverbe ajouté dans les *QE*.
[87] Dans *Le Pyrrhonisme de l'histoire*: 'trois cent trente mille'.
[88] Ajout dans les *QE*: 'et de crimes'.
[89] Dans *Le Pyrrhonisme de l'histoire*: 'tous les crimes'.

crimes affreux, [90] il ne paraissait pas digne de l'Etre éternel d'écrire ces événements et ces crimes; mais nous sommes bien loin de vouloir descendre dans cet abîme théologique; nous respectons, comme nous le devons, sans examen tout ce que la synagogue et l'Eglise chrétienne ont respecté.

Qu'il nous soit seulement permis de demander encore une fois, [91] pourquoi les Juifs qui avaient une si grande horreur pour les Egyptiens, prirent pourtant toutes les coutumes égyptiennes, la circoncision, les ablutions, les jeûnes, les robes de lin, le bouc émissaire, la vache rousse, le serpent d'airain et cent autres usages dont nous avons déjà parlé? [92]

Quelle langue parlaient-ils dans le désert? Il est dit au psaume LXXX qu'ils n'entendirent pas l'idiome qu'on parlait au-delà de la mer Rouge. Leur langage au sortir de l'Egypte était-il égyptien? c'est donc en langue égyptienne que le Pentateuque aurait été écrit. [93] Mais pourquoi ne retrouve-t-on dans les caractères samaritains, qui sont ceux des anciens Juifs, [94] aucune trace des caractères d'Egypte? Pourquoi aucun mot égyptien dans leur patois mêlé de tyrien, d'azotien et de syriaque corrompu? [95]

Quel était le pharaon sous lequel ils s'enfuirent? Etait-ce l'Ethiopien Actisan, dont il est dit dans Diodore de Sicile, qu'il bannit une troupe de voleurs vers le mont Sina après leur avoir fait couper le nez?

Quel prince régnait à Tyr, lorsque les Juifs entrèrent dans le pays de Canaan? Le pays de Tyr et de Sidon était-il alors une république ou une monarchie?

540

545

550

555

560

---

536   71A: de l'Eternel d'écrire

[90] Adjectif ajouté dans les *QE*.
[91] Ajout des *QE*: 'encore une fois'.
[92] Proposition relative ajoutée dans les *QE*.
[93] Cette phrase qui répond à l'interrogation précédente est un ajout des *QE*.
[94] Dans *Le Pyrrhonisme de l'histoire*: 'dans les caractères dont il se servent'.
[95] Phrase ajoutée dans les *QE*. Voltaire désigne la langue des philistins par 'l'azotien'. Azot ou Achdod est une vieille cité cananéenne, puis philistine. D'après 1 Samuel 5, le peuple d'Azot s'empara de l'arche du Seigneur.

D'où vient que Sanchoniaton qui était de Phénicie ne parle point des Hébreux? S'il en avait parlé, Eusèbe qui rapporte des pages entières de Sanchoniaton, n'aurait-il pas fait valoir un si glorieux témoignage en faveur de la nation hébraïque, comme nous le remarquons ailleurs? [96]

Pourquoi ni dans les monuments qui nous restent de l'Egypte, ni dans le Shasta, ou dans le Védam des Indiens, ni dans les livres [97] des Chinois, ni dans les lois de Zoroastre, ni dans aucun ancien auteur grec ne trouve-t-on aucun des noms des premiers patriarches juifs qui sont la source du genre humain?

Comment Noé le restaurateur de la race des hommes, dont les enfants se partagèrent tout l'hémisphère, a-t-il été absolument inconnu dans cet hémisphère?

Comment Enoch, Seth, Caïn, Abel, Eve, Adam le premier homme, ont-ils été partout ignorés, excepté dans la nation juive?

Nous avons déjà rapporté une partie de ces questions. [98] On en fait mille autres encore plus épineuses que notre discrétion passe sous silence; mais les livres des Juifs ne sont pas comme les autres, un ouvrage des hommes. Ils sont d'une nature entièrement différente; ils exigent la vénération et ne permettent aucune

565

570

575

580

579-80   70, 71N, 71A: autres livres, un

[96] Proposition ajoutée dans les *QE*. Voltaire fait allusion à plusieurs textes plus ou moins récents: à *La Philosophie de l'histoire* (1765; *OCV*, t.59, p.133-36), à *La Défense de mon oncle*, 'Seconde diatribe de l'abbé Bazin: De Sanchoniaton' (1767; *OCV*, t.62, p.248-54) et à *L'Examen important de milord Bolingbroke* (1767; *OCV*, t.62, p.178-79), où il développait la même argumentation reprise en partie dans divers articles des *QE*: 'Adam', 'Annales', 'Bibliothèque' (*OCV*, t.38, p.83-84, 387; t.39, p.362). Voltaire a annoté par un 'Phénicien Sanconiaton' le chapitre 10 du livre 9, 'Phoenicum theologia' de son exemplaire de la *Preparatio evangelica* (Paris, 1628, p.33, BV1251; *CN*, t.3, p.449).

[97] Dans *Le Pyrrhonisme de l'histoire*: 'les cinq Kings'. Sur les cinq Kings, voir *La Philosophie de l'histoire* (*OCV*, t.59, p.154), et l'*EM*, ch.1, 'De la Chine' (*OCV*, t.22, p.25-26).

[98] Entre autres, dans de nombreux articles du *DP* et des *QE*, dont un article 'Adam' présent dans les deux ouvrages. Ce paragraphe est en partie réécrit du *Pyrrhonisme de l'histoire* (*OCV*, t.67, p.271).

critique. Le champ du pyrrhonisme est ouvert pour tous les autres peuples; mais il est fermé pour les Juifs. Nous sommes à leur égard comme les Egyptiens qui étaient plongés dans les plus épaisses ténèbres de la nuit, tandis que les Juifs jouissaient du plus beau soleil dans la petite contrée de Gessen ou Gossen. [99]

Ainsi n'admettons nul doute sur l'histoire de ce fameux peuple [100] réduit à deux hordes ou tribus et demi; tout y est mystère et prophétie, parce que ce peuple est le précurseur des chrétiens. Tout y est prodige, parce que c'est Dieu qui est à la tête de cette nation sacrée. En un mot, l'histoire juive est celle de Dieu même, [101] et n'a rien de commun avec la faible raison de toutes les nations de l'univers. Il faut quand on lit l'Ancien et le Nouveau Testament, commencer par imiter le père Canaye. [102]

Des villes sacrées [103]

Ce qu'il eût fallu bien remarquer dans l'histoire ancienne, c'est que toutes les capitales et même plusieurs villes médiocres furent appelées *sacrées*, *villes de Dieu*. La raison en est qu'elles étaient fondées sous les auspices de quelque Dieu protecteur.

Babilone signifiait la *ville de Dieu*, du père Dieu. [104] Combien de

585

590

595

593-94a   70, 71N, 71A: l'univers. / Des

[99] Ajout des *QE*: 'ou Gossen'.

[100] Dans *Le Pyrrhonisme de l'histoire*: 'l'histoire du peuple de Dieu'.

[101] Fin de l'autocitation du *Pyrrhonisme de l'histoire*, ch.4, avec ajout dans les *QE* de la fin de la phrase (lignes 592-94).

[102] Voir la variante et la note du *Pyrrhonisme de l'histoire* (*OCV*, t.67, p.271, n.8).

[103] Texte (lignes 595-655) repris dans l'édition de Kehl (k84) du *Pyrrhonisme de l'histoire* (*OCV*, t.67, p.374-76).

[104] Dans l'article 'Babel' des *QE* Voltaire avait traité de cette question d'étymologie qu'il avait souvent débattue auparavant (*OCV*, t.39, p.261, n.1), particulièrement dans *La Philosophie de l'histoire* (*OCV*, t.59, p.123) et *Dieu et les hommes* (*OCV*, t.69, p.323). Dans *La Philosophie de l'histoire*, Voltaire dit s'inspirer de la *Bibliothèque orientale* (Paris, 1697) de Barthélemy d'Herbelot publiée par Antoine Galland. il en possédait un exemplaire (BV1626). Il s'agit des deux articles 'Bab' ('porte' et 'père', p.157) de ce dictionnaire.

villes dans la Syrie, dans la Parthie, dans l'Arabie, dans l'Egypte 600
n'eurent point d'autre nom que celui de *ville sacrée?* Les Grecs les
appelèrent Diospolis, Hierapolis, [105] en traduisant leur nom exactement. Il y avait même jusqu'à des villages, jusqu'à des collines
sacrées, Hieracome, Hierabolis, Hierapetra. Les forteresses, surtout Hieragerma, étaient habitées par quelque dieu. 605

Illion, la citadelle de Troye, était toute divine; elle fut bâtie par
Neptune. Le Palladium lui assurait la victoire sur tous ses ennemis.
La Mecque devenue si fameuse, plus ancienne que Troye, était
sacrée. Aden ou Eden sur le bord méridional de l'Arabie, était aussi
sacrée que la Mecque, et plus antique. 610

Chaque ville avait ses oracles, ses prophéties, qui lui promet-
taient une durée éternelle, un empire éternel, des prospérités
éternelles; et toutes furent trompées. [106]

Outre le nom particulier que chaque métropole s'était donné, et
auquel elle joignait toujours les épithètes de divin, de sacré, elles 615
avaient un nom secret et plus sacré encore, qui n'était connu que
d'un petit nombre de prêtres auxquels il n'était permis de le
prononcer que dans d'extrêmes dangers; de peur que ce nom
connu des ennemis ne fût invoqué par eux, ou qu'ils ne
l'employassent à quelque conjuration, ou qu'ils ne s'en servissent 620
pour engager le dieu tutélaire à se déclarer contre la ville.

Macrobe nous dit, que le secret fut si bien gardé chez les
Romains, que lui-même n'avait pu le découvrir. L'opinion qui lui
paraît la plus vraisemblable est que ce nom était, *Opis consivia*, ou

[105] 'Les Grecs les appelèrent toutes [les capitales] *Hierapolis* et il y en eut plus
de trente de ce nom' (article 'Babel' des *QE*, *OCV*, t.39, p.261 et n.2 pour les
sources).

[106] Voir le chapitre 31, 'Des oracles', de *La Philosophie de l'histoire* (*OCV*, t.59,
p.191-95) dont la critique est largement tributaire de la célèbre *Histoire des oracles*
(Paris, 1686) de Fontenelle, réduction élégante de la pesante synthèse d'Antoine
Van Dale, *De oraculis ethnicorum dissertationes duae* (Amsterdam, 1683).

Ops consivia, (*o*) Angelo Politiano [107] prétend que ce nom était   625
Amarillis. Mais il en faut croire plutôt Macrobe qu'un étranger du
seizième siècle.

Les Romains ne furent pas plus instruits du nom secret de
Carthage, que les Carthaginois de celui de Rome. On nous a
seulement conservé l'évocation secrète prononcée par Scipion   630
contre Carthage: *S'il est un dieu ou une déesse qui ait pris sous sa
protection le peuple et la ville de Carthage, je vous vénère, je vous demande pardon, je vous prie de quitter Carthage, ses places, ses temples,
de leur laisser la crainte, la terreur et le vertige, et de venir à Rome avec
moi et les miens. Puissent nos temples, nos sacrifices, notre ville, notre*   635

(*o*) Macrob. livre 3, ch.9. [108]

---

[107] Angelo Ambrogini dit *il Poliziano* (Ange Politien) expose les différents noms
de Rome dans ses *Lettres* (1498, éd. et trad. Shane Butler, Cambridge et Londres,
2006, p.10-11). Politien s'inspire de Lydus (Philadelphus) né à Philadelphia en Lydie
au cinquième siècle, qui traite du nom de Rome dans son *De mensibus*, livre 4,
fragment 73 – texte fragmentaire qui analyse les fêtes du calendrier mois par mois.
Par ailleurs, Servius dans son commentaire de Virgile, *Bucoliques*, livre 1, vers 30 et
suivants affirme qu'Amaryllis est une représentation de Rome. Dans un ouvrage
périodique plus récent, l'*Historia litteraria: or, an exact and early account of the most
valuable books published in the several parts of Europe*, t.1, n° 1 (1730), t.2, n° 2 (1731),
Archibald Bower avait donné des précisions sur la légende en faisant de cette
Amaryllis fondatrice de Rome une princesse espagnole, fille du roi Hesper et de la
reine Leocadia.

[108] 'Nam propterea ipsi Romani et Deum, in cujus tutela Roma est, et ipsius urbis
Latinum nomen ignotum esse voluerunt. [...] alii autem, quorum fides mihi videtur
firmior Opem Consiviam esse dixerunt' ('C'est pour cette raison que les Romains
ont tenu caché le nom du dieu protecteur de Rome [...] D'autres enfin, dont
l'opinion me paraît la plus digne de confiance, ont dit que ce fut Ops-Consivia')
Macrobe, *Saturnales* (*Œuvres complètes*, éd. et trad. Charles Nisard, Paris, 1850,
p.265-66).

peuple, nos soldats, vous être plus agréables que ceux de Carthage! Si
vous en usez ainsi, je vous promets des temples et des jeux. [109]

Le dévouement des villes ennemies était encore d'un usage très
ancien. Il ne fut point inconnu aux Romains. Ils dévouèrent en
Italie Veies, Fidène, Gabie, et d'autres villes; hors de l'Italie   640
Carthage et Corinthe. Ils dévouèrent même quelquefois des
armées. [110] On invoquait dans ces dévouements Jupiter en élevant
la main droite au ciel, et la déesse Tellus en posant la main à terre.

C'était l'empereur seul, c'est-à-dire le général d'armée ou le
dictateur qui faisait la cérémonie du dévouement; il priait les dieux   645
d'*envoyer la fuite, la crainte, la terreur,* etc. et il promettait
d'immoler trois brebis noires. [111]

Il semble que les Romains aient pris ces coutumes des anciens
Etrusques, les Etrusques des Grecs, et les Grecs des Asiatiques. Il
n'est pas étonnant qu'on en trouve tant de traces chez le peuple juif. 650

Outre la ville sacrée de Jérusalem ils en avaient encore plusieurs
autres; par exemple, Lydda, parce qu'il y avait une école de

[109] Harangue tirée du chapitre de Macrobe cité plus haut: 'Si Deus si Dea est cui
populus civitasque carthaginiensis est in tutela teque maxime ille qui urbis hujus
populique tutelam recipisti; precor venerorque veniamque a vobis peto ut vos
populum civitatemque carthaginiensem deseratis loca templa sacra urbem que eorum
relinquatis absque his abeatis eique populo civitatique metum fortitudinem oblivio-
nem injiciatis proditque Romam ad me meosque veniatis nostraque vobis loca templa
sacra urbs acceptior probatiorque sit mihique populoque romano militibusque meis
praepositi sitis ut sciamus intelligamusque si ita feceritis voveo vobis templa
ludosque facturum' (*Saturnales*, p.266). Macrobe cite sa source, le cinquième livre
du traité des *Choses cachées* (*Res reconditae*) de Quintus Sammonicus Serenus.
Voltaire, qui possédait l'*Histoire de Scipion l'Africain* (Paris, 1738, BV3146) de l'abbé
Séran de la Tour, a simplifié la traduction de la harangue de Scipion à la rhétorique
très chargée. Une autre traduction se trouve dans l'*Histoire romaine* (1739-1748) de
Charles Rollin, livre 26 (Amsterdam, 1739-1748, BV3010; *Œuvres complètes*, 6 vol.,
Paris, 1845, t.5, p.432).

[110] Liste encore reprise de Macrobe (*Saturnales*, p.267).

[111] Toujours Macrobe: 'dictatores imperatoresque soli possunt devovere his
verbis: Dis Pater Vejovis Manes sive vos quo alio nomine fas est nominare [...]
sentio dicere fuga formidine terrore lue compleatis [...] factum esto ovibus atris
tribus' (*Saturnales*, p.266-67).

rabbins. Samarie se regardait aussi comme une ville sainte. Les Grecs donnèrent aussi à plusieurs villes le nom de Sebastos, *auguste, sacrée*.[112]   655

Des autres peuples nouveaux[113]

La Grèce et Rome sont des républiques nouvelles en comparaison des Chaldéens, des Indiens, des Chinois, des Egyptiens.

L'histoire de l'empire romain est ce qui mérite le plus notre attention, parce que les Romains ont été nos maîtres et nos législateurs. Leurs lois sont encore en vigueur dans la plupart de   660
nos provinces: leur langue se parle encore; et longtemps après leur chute elle a été la seule langue dans laquelle on rédigeât les actes publics en Italie, en Allemagne, en Espagne, en France, en Angleterre, en Pologne.

Au démembrement de l'empire romain en Occident, commence   665
un nouvel ordre de choses, et c'est ce qu'on appelle l'*histoire du Moyen Age*; histoire barbare de peuples barbares, qui devenus chrétiens n'en deviennent pas meilleurs.

Pendant que l'Europe est ainsi bouleversée, on voit paraître au septième siècle les Arabes jusque-là renfermés dans leurs déserts.   670
Ils étendent leur puissance et leur domination dans la haute Asie, dans l'Afrique, et envahissent l'Espagne: les Turcs leur succèdent, et établissent le siège de leur empire à Constantinople au milieu du quinzième siècle.

C'est sur la fin de ce siècle qu'un nouveau monde est découvert;   675
et bientôt après la politique de l'Europe et les arts prennent une forme nouvelle. L'art de l'imprimerie et la restauration des sciences, font qu'enfin on a quelques[114] histoires assez fidèles, au

---

[112] Fin du texte repris dans *Le Pyrrhonisme de l'histoire*.

[113] Ce qui suit est un extrait (lignes 656-732) de l'article 'Histoire' de l'*Encyclopédie* (*OCV*, t.33, p.173-76). La totalité de la section fut reprise dans l'édition de Kehl (κ84) du *Pyrrhonisme de l'histoire* (*OCV*, t.67, p.377-79).

[114] Dans l'*Encyclopédie*: 'des'.

lieu des chroniques ridicules renfermées dans les cloîtres depuis Grégoire de Tours. Chaque nation dans l'Europe a bientôt ses historiens. L'ancienne indigence se tourne en superflu: il n'est point de ville qui ne veuille avoir son histoire particulière. On est accablé sous le poids des minuties. Un homme qui veut s'instruire est obligé de s'en tenir au fil des grands événements, et d'écarter tous les petits faits particuliers qui viennent à la traverse; il saisit dans la multitude des révolutions, l'esprit des temps et les mœurs des peuples.

Il faut surtout s'attacher à l'histoire de sa patrie, l'étudier, la posséder, réserver pour elle les détails, et jeter une vue plus générale sur les autres nations. Leur histoire n'est intéressante que par les rapports qu'elles ont avec nous, ou par les grandes choses qu'elles ont faites: les premiers âges depuis la chute de l'empire romain, ne sont, comme on l'a remarqué ailleurs, que des aventures barbares, sous des noms barbares, excepté le temps de Charlemagne. Et que d'obscurités encore dans cette grande époque![115]

L'Angleterre reste presque isolée jusqu'au règne d'Edouard III. Le Nord est sauvage jusqu'au seizième siècle; l'Allemagne est longtemps une anarchie. Les querelles des empereurs et des papes désolent six cents ans l'Italie, et il est difficile d'apercevoir la vérité à travers les passions des écrivains peu instruits, qui ont donné les chroniques informes de ces temps malheureux.

La monarchie d'Espagne n'a qu'un événement sous les rois visigoths; et cet événement est celui de sa destruction. Tout est confusion jusqu'au règne d'Isabelle et de Ferdinand.

La France jusqu'à Louis XI est en proie à des malheurs obscurs sous un gouvernement sans règle. Daniel, et après lui le président Hénault,[116] ont beau prétendre que les premiers temps de la France sont plus intéressants que ceux de Rome: ils ne s'aperçoivent pas que les commencements d'un si vaste empire sont d'autant plus

680

685

690

695

700

705

710

---

[115] Phrase ajoutée dans les *QE*.
[116] La référence à Hénault est absente de l'*Encyclopédie*.

intéressants qu'ils sont plus faibles, et qu'on aime à voir la petite source d'un torrent qui a inondé près de la moitié de l'hémisphère. [117]

Pour pénétrer dans le labyrinthe ténébreux du Moyen Age, il faut le secours des archives, et on n'en a presque point. Quelques anciens couvents ont conservé des chartes, des diplômes, qui contiennent des donations, dont l'autorité est très suspecte. [118] L'abbé de Longuerue dit que de quinze cents chartes il y en a mille de fausses, et qu'il ne garantit pas les autres.

Ce n'est pas là un recueil où l'on puisse s'éclairer sur l'histoire politique et sur le droit public de l'Europe.

L'Angleterre est de tous les pays, celui qui a, sans contredit, les archives les plus anciennes et les plus suivies. Ces actes recueillis par Rimer, sous les auspices de la reine Anne, commencent avec le douzième siècle, et sont continués sans interruption jusqu'à nos jours. Ils répandent une grande lumière sur l'histoire de France. Ils font voir, par exemple, que la Guienne appartenait au Prince noir fils d'Edouard III [119] en souveraineté absolue, quand le roi de France Charles V la confisqua par un arrêt, et s'en empara par les armes. On y apprend quelles sommes considérables et quelle espèce de tribut paya Louis XI au roi Edouard IV qu'il pouvait combattre; et combien d'argent la reine Elizabeth prêta à Henri le Grand, pour l'aider à monter sur son trône, etc. [120]

De l'utilité de l'histoire [121]

Cet avantage consiste dans la comparaison qu'un homme d'Etat,

[117] Dans l'*Encyclopédie*: 'près de la moitié de la terre'.

[118] Le terme 'suspecte' remplace le 'quelquefois contestée' de l'*Encyclopédie*. La fin du paragraphe (lignes 717-18) est absente de l'article 'Histoire'. Voltaire possède de Louis Du Four de Longuerue la *Description historique et géographique de la France ancienne et moderne, enrichie de plusieurs cartes géographiques*, 2 vol. (s.l., 1722, BV2163; *CN*, t.5, p.440-43). Voltaire a rendu hommage à son érudition dans le 'Catalogue des écrivains' du *Siècle de Louis XIV* (*OH*, p.1182).

[119] Dans l'*Encyclopédie*: 'aux Anglais'.

[120] Fin de l'autocitation de l'article 'Histoire' de l'*Encyclopédie*.

[121] Cette section (lignes 733-70) vient de nouveau de l'article 'Histoire' de

un citoyen peut faire des lois et des mœurs étrangères avec celles de son pays: c'est ce qui excite les nations modernes à enchérir les unes sur les autres dans les arts, dans le commerce, dans l'agriculture. Les grandes fautes passées servent beaucoup en tout genre. On ne saurait trop remettre devant les yeux les crimes et les malheurs causés par des querelles absurdes. Il est certain qu'à force de renouveler et d'exposer à l'horreur publique [122] la mémoire de ces querelles, on les empêche de renaître.

Les exemples servent: [123] c'est pour avoir lu les détails des batailles de Créci, de Poitiers, d'Azincourt, de Saint-Quentin, de Gravelines, etc. que le célèbre maréchal de Saxe se déterminait à chercher, autant qu'il pouvait, ce qu'il appelait *des affaires de poste*.

Les exemples surtout doivent faire effet [124] sur l'esprit d'un prince qui lit avec attention. Il verra qu'Henri IV n'entreprenait sa grande guerre, qui devait changer le système de l'Europe, qu'après s'être assez assuré du nerf de la guerre, pour la pouvoir soutenir plusieurs années sans aucun secours de finances.

Il verra que la reine Elizabeth, par les seules ressources du commerce et d'une sage économie, résista au puissant Philippe II; et que de cent vaisseaux qu'elle mit en mer contre la flotte invincible, les trois quarts étaient fournis par les villes commerçantes d'Angleterre.

La France non entamée sous Louis XIV après neuf ans de la guerre la plus malheureuse, montrera évidemment l'utilité des places frontières qu'il construisit. En vain l'auteur des *Causes de la chute de l'empire romain* blâme-t-il Justinien, d'avoir eu la même politique que Louis XIV. Il ne devait blâmer que les empereurs qui négligèrent ces places frontières et qui ouvrirent les portes de l'empire aux barbares.

735

740

745

750

755

760

---

l'*Encyclopédie* (*OCV*, t.33, p.176-77) immédiatement à la suite du texte précédent. Elle avait déjà été republiée en 1765 au tome 3 des *Nouveaux Mélanges*.

[122] Ajout des *QE*: 'et d'exposer à l'horreur publique'.

[123] 'Les exemples servent': ajout des *QE*.

[124] Dans l'*Encyclopédie*: 'font un grand effet'.

Enfin la grande utilité de l'histoire moderne, et l'avantage qu'elle a sur l'ancienne, est d'apprendre à tous les potentats, que depuis le quinzième siècle on s'est toujours réuni contre une puissance trop prépondérante. Ce système d'équilibre a toujours été inconnu des anciens; et c'est la raison des succès du peuple romain, qui ayant formé une milice supérieure à celle des autres peuples, les subjugua l'un après l'autre, du Tibre jusqu'à l'Euphrate. [125]

765

770

De la certitude de l'histoire [126]

Toute certitude qui n'est pas démonstration mathématique, n'est qu'une extrême probabilité. Il n'y a pas d'autre certitude historique.

Quand Marc-Paul parla le premier, mais le seul, de la grandeur et de la population de la Chine, il ne fut pas cru, et il ne put exiger de croyance. Les Portugais qui entrèrent dans ce vaste empire plusieurs siècles après, commencèrent à rendre la chose probable. Elle est aujourd'hui certaine, de cette certitude qui naît de la déposition unanime de mille témoins oculaires de différentes nations, sans que personne ait réclamé contre leur témoignage.

775

780

Si deux ou trois historiens seulement avaient écrit l'aventure du roi Charles XII, qui s'obstinant à rester dans les Etats du sultan son bienfaiteur, malgré lui, se battit avec ses domestiques contre une armée de janissaires et de Tartares, j'aurais suspendu mon jugement. Mais ayant parlé à plusieurs témoins oculaires et n'ayant jamais entendu révoquer cette action en doute, il a bien fallu la croire; parce qu'après tout, si elle n'est ni sage ni ordinaire, elle n'est contraire ni aux lois de la nature ni au caractère du héros. [127]

785

[125] Fin de la section tirée de l'*Encyclopédie*.

[126] Nouvelle section (lignes 771-800) prise de l'article 'Histoire' de l'*Encyclopédie* à la suite de la précédente (*OCV*, t.33, p.177-79).

[127] Après cette évocation, Voltaire a supprimé un paragraphe de l'*Encyclopédie* consacré à 'l'histoire du masque de fer', largement traité par ailleurs dans l'article 'Ana, anecdotes' des *QE* (*OCV*, t.38, p.298-301).

Ce qui répugne au cours ordinaire de la nature ne doit point être cru, à moins qu'il ne soit attesté par des hommes animés   790
visiblement de l'esprit divin, et qu'il soit impossible de douter de leur inspiration.[128] Voilà pourquoi à l'article 'Certitude' du Dictionnaire encyclopédique,[129] c'est un grand paradoxe de dire qu'on devrait croire aussi bien tout Paris qui affirmerait avoir vu ressusciter un mort, qu'on croit tout Paris quand il dit qu'on a   795
gagné la bataille de Fontenoi. Il paraît évident que le témoignage de tout Paris sur une chose improbable, ne saurait être égal au témoignage de tout Paris sur une chose probable. Ce sont là les premières notions de la saine logique.[130] Un tel dictionnaire ne devait être consacré qu'à la vérité. (Voyez 'Certitude'.)[131]   800

Incertitude de l'histoire [132]

On a distingué les temps en fabuleux et historiques. Mais les historiques auraient dû être distingués eux-mêmes en vérités et en fables. Je ne parle pas ici des fables reconnues aujourd'hui pour

801   K84, K12: On distingue les temps
803   K84, K12: ici de fables

[128] Après 'l'esprit divin', proposition ajoutée au texte de l'*Encyclopédie*.
[129] Dans l'*Encyclopédie*: 'de ce dictionnaire'.
[130] Dans l'*Encyclopédie*: 'saine métaphysique'.
[131] Fin de la section prise de l'article 'Histoire' de l'*Encyclopédie*. La dernière phrase, ajoutée dans les *QE*, remplace un jugement plus mesuré sur l'*Encyclopédie*: 'Ce dictionnaire est consacré à la vérité; un article doit corriger l'autre et s'il se trouve ici quelque erreur, elle doit être relevée par un homme plus éclairé' (*OCV*, t.33, p.179). L'article 'Certitude' de l'*Encyclopédie* (t.2, p.845-62), qui fit scandale, était de l'abbé Jean-Martin de Prades (voir F. Moureau, *Le Roman vrai de l'Encyclopédie*, Paris, 1990, p.126). Il y contestait néanmoins (p.851-52) un passage pyrrhonien des *Pensées philosophiques* (1746) de Diderot: 'Tout Paris m'assurerait qu'un mort vient de ressusciter à Passy que je n'en croirais rien' (éd. R. Niklaus, Genève, 1965, p.33). Voltaire a critiqué cet article dans son article 'Certitude' du *DP* (*OCV*, t.35, p.512), qu'il a repris dans les *QE* (article 'Certain, certitude', *OCV*, t.39, p.575).
[132] Nouvelle section (lignes 801-40) republiée de l'article 'Histoire' de l'*Encyclopédie*, où elle est imprimée à la suite de la précédente (*OCV*, t.33, p.179-80).

telles; il n'est pas question, par exemple, des prodiges dont Tite-Live a embelli ou gâté son histoire. Mais dans les faits les plus reçus, que de raisons de douter!

Qu'on fasse attention que la république romaine a été cinq cents ans sans historiens, et que Tite-Live lui-même déplore la perte des autres monuments[133] qui périrent presque tous dans l'incendie de Rome, *pleraque interiere*; qu'on songe que dans les trois cents premières années, l'art d'écrire était très rare, *rarae per eadem tempora litterae*; il sera permis alors de douter de tous les événements qui ne sont pas dans l'ordre ordinaire des choses humaines.

Sera-t-il bien probable que Romulus, le petit-fils du roi des Sabins, aura été forcé d'enlever des Sabines pour avoir des femmes? L'histoire de Lucrèce sera-t-elle bien vraisemblable? Croira-t-on aisément sur la foi de Tite-Live, que le roi Porsenna s'enfuit plein d'admiration pour les Romains, parce qu'un fanatique avait voulu l'assassiner? Ne sera-t-on pas porté au contraire, à croire Polybe qui était antérieur à Tite-Live de deux cents années. Polybe dit que Porsenna subjugua les Romains? cela est bien plus probable que l'aventure de Scevola, qui se brûla entièrement la main parce qu'elle s'était méprise. J'aurais défié Poltrot d'en faire autant.[134]

L'aventure de Regulus, enfermé par les Carthaginois dans un

805

810

815

820

825

---

808   70, 71N, 71A: perte des annales des pontifes et des
       K84, K12: historiens, que

[133] Dans l'*Encyclopédie*: 'la perte des annales des pontifes et des autres documents'.

[134] Quelques remaniements stylistiques précèdent les deux dernières phrases et 'l'aventure de Scevola', qui ont été ajoutées dans les *QE*. Jean Poltrot de Méré, fanatique protestant, assassina à Orléans en 1563 le duc François de Guise, chef des armées catholiques, convaincu que pour son acte 'il aurait paradis'. Voir Pierre de Vaissière, 'Jean Poltrot, seigneur de Méré, assassin de M. de Guise-le-Grand', *Récits du temps des troubles (XVIe siècle). De quelques assassins* (Paris, 1912, p.1-92). Voltaire en parle au chapitre 171 de l'*EM*: 'Poltrot de Méré se crut un Aod envoyé de Dieu pour tuer un chef philistin' (éd. Pomeau, t.2, p.490).

tonneau garni de pointes de fer, mérite-t-elle qu'on la croie? Polybe contemporain n'en aurait-il pas parlé, si elle avait été vraie? Il n'en dit pas un mot. N'est-ce pas une grande présomption que ce conte ne fut inventé que longtemps après pour rendre les Carthaginois odieux?

Ouvrez le Dictionnaire de Moreri à l'article 'Regulus', il vous assure que le supplice de ce Romain est rapporté dans Tite-Live. Cependant la décade où Tite-Live aurait pu en parler, est perdue; on n'a que le supplément de Freinsemius; et il se trouve que ce dictionnaire n'a cité qu'un Allemand du dix-septième siècle, croyant citer un Romain du temps d'Auguste. On ferait des volumes immenses de tous les faits célèbres et reçus, dont il faut douter. Mais les bornes de cet article ne permettent pas de s'étendre. [135]

Les temples, les fêtes, les cérémonies annuelles, les médailles mêmes, sont-elles des preuves historiques? [136]

On est naturellement porté à croire qu'un monument érigé par une nation pour célébrer un événement, en atteste la certitude. Cependant, si ces monuments n'ont pas été élevés par des contemporains; s'ils célèbrent quelques faits peu vraisemblables, prouvent-ils autre chose, sinon qu'on a voulu consacrer une opinion populaire?

La colonne rostrale érigée dans Rome par les contemporains de Duillius, est sans doute une preuve de la victoire navale de Duillius. Mais la statue de l'augure Navius qui coupait un caillou avec un rasoir, prouvait-elle que Navius avait opéré ce prodige? Les statues de Cérès et de Triptolème, dans Athènes, étaient-elles

---

[135] Fin de l'extrait de l'*Encyclopédie*.

[136] Cette nouvelle section (lignes 841-87) reprend un texte de l'article 'Histoire' de l'*Encyclopédie* ('Les monuments, les cérémonies annuelles, les médailles mêmes sont-elles des preuves historiques?') qui fait suite au précédent (*OCV*, t.33, p.180-82).

des témoignages incontestables que Cérès était descendue de je ne sais quelle planète pour venir enseigner l'agriculture aux Athéniens?[137] Le fameux Laocoon, qui subsiste aujourd'hui si entier, atteste-t-il bien la vérité de l'histoire du cheval de Troye? 855

Les cérémonies, les fêtes annuelles établies par toute une nation, ne constatent pas mieux l'origine à laquelle on les attribue. La fête d'Arion porté sur un dauphin, se célébrait chez les Romains comme chez les Grecs. Celle de Faune rappelait son aventure avec Hercule et Omphale, quand ce dieu amoureux d'Omphale prit le lit 860 d'Hercule pour celui de sa maîtresse.

La fameuse fête des lupercales était établie en l'honneur de la louve qui allaita Romulus et Remus.

Sur quoi était fondée la fête d'Orion, célébrée le 5 des ides de mai? Le voici. Hirée reçut chez lui Jupiter, Neptune et Mercure; et 865 quand ses hôtes prirent congé, ce bonhomme qui n'avait point de femme, et qui voulait avoir un enfant, témoigna sa douleur aux trois dieux. On n'ose exprimer ce qu'ils firent sur la peau du bœuf qu'Hirée leur avait servi à manger; ils couvrirent ensuite cette peau d'un peu de terre, et de là naquit Orion au bout de neuf mois. 870

Presque toutes les fêtes romaines, syriennes, grecques, égyptiennes, étaient fondées sur de pareils contes, ainsi que les temples et les statues des anciens héros. C'étaient des monuments que la crédulité consacrait à l'erreur.

Un de nos plus anciens monuments est la statue de saint Denis 875 portant sa tête dans ses bras.[138]

Une médaille, même contemporaine, n'est pas quelquefois une preuve. Combien la flatterie n'a-t-elle pas frappé de médailles sur des batailles très indécises, qualifiées de victoires, et sur des entreprises manquées, qui n'ont été achevées que dans la légende? 880

874-77   70, 71N, 71A: l'erreur. ¶Une médaille

[137] Dans l'*Encyclopédie*: 'des témoignages incontestables que Cérès eût enseigné l'agriculture aux Athéniens?'.

[138] Exemple ajouté au texte de l'*Encyclopédie*. Cette statue de saint Denis se trouve à Notre-Dame de Paris sur le portail de la Vierge.

N'a-t-on pas, en dernier lieu, pendant la guerre de 1740 des Anglais contre le roi d'Espagne, frappé une médaille qui attestait la prise de Carthagène par l'amiral Vernon, tandis que cet amiral levait le siège?

Les médailles ne sont des témoignages irréprochables que lorsque 885 l'événement est attesté par des auteurs contemporains; alors ces preuves se soutenant l'une par l'autre, constatent la vérité. [139]

De quelques faits rapportés dans Tacite et dans Suétone [140]

Je me suis dit quelquefois en lisant Tacite et Suétone; toutes ces extravagances atroces imputées à Tibère, à Caligula, à Néron, sont-elles bien vraies? Croirai-je sur le rapport d'un seul homme 890 qui vivait longtemps après Tibère, que cet empereur presque octogénaire, qui avait toujours eu des mœurs décentes jusqu'à l'austérité, ne s'occupa dans l'île de Caprée que des débauches qui auraient fait rougir un jeune giton? Serai-je bien sûr qu'il changea le trône du monde connu en un lieu de prostitution, [141] tel qu'on en 895 a jamais vu chez les jeunes gens les plus dissolus? Est-il bien certain qu'il nageait dans ses viviers suivi de petits enfants à la mamelle, qui savaient déjà nager aussi, qui le mordaient aux fesses quoiqu'ils n'eussent pas encore de dents, [142] et qui lui léchaient ses vieilles et dégoûtantes parties honteuses? Croirai-je qu'il se fit entourer de 900 *spintriae*, c'est-à-dire, de bandes des plus abandonnés débauchés,

887-1217a K84, K12: vérité. / Doit-on

[139] Fin de l'extrait de l'*Encyclopédie*.
[140] Cette section (lignes 888-966) reprend en grande partie le chapitre 7, 'Des anecdotes de Tacite et de Suétone' du *Pyrrhonisme de l'histoire* (*OCV*, t.67, p.281-84).
[141] Après 'l'austérité' (ligne 893), 'ne s'était en effet retiré dans l'île de Caprée pour y mener la vie d'un jeune giton, et pour changer le trône du monde en un lieu de prostitution' dans *Le Pyrrhonisme de l'histoire*.
[142] Réécriture de cette phrase dans les *QE*.

hommes et femmes, partagés trois à trois, une fille sous un garçon et ce garçon sous un autre?

Ces turpitudes abominables [143] ne sont guère dans la nature. Un vieillard, un empereur épié de tout ce qui l'approche, et sur qui la terre entière porte des yeux d'autant plus attentifs qu'il se cache davantage, [144] peut-il être accusé d'une infamie si inconcevable, sans des preuves convaincantes? Quelles preuves rapporte Suétone? aucune. [145] Un vieillard peut avoir encore dans la tête des idées d'un plaisir que son corps lui refuse. Il peut tâcher d'exciter en lui les restes de sa nature languissante par des ressources honteuses, dont il serait au désespoir qu'il y eût un seul témoin. Il peut acheter les complaisances d'une prostituée *cui ore et manibus allaborandum est*; engagée elle-même au secret par sa propre infamie. Mais a-t-on jamais vu un vieux premier président, un vieux chancelier, un vieux archevêque, un vieux roi assembler une centaine de leurs domestiques pour partager avec eux ces obscénités dégoûtantes, pour leur servir de jouet, pour être à leurs yeux l'objet le plus ridicule et le plus méprisable? On haïssait Tibère; et certes si j'avais été citoyen romain je l'aurais détesté lui et Octave, puisqu'ils avaient détruit ma république: on avait en exécration le dur et fourbe Tibère; et puisqu'il s'était retiré à Caprée dans sa vieillesse, il fallait bien que ce fût pour se livrer aux plus indignes débauches: mais le fait est-il avéré? J'ai entendu dire des choses plus horribles d'un très grand

905

910

915

920

---

[143] 'De telles horreurs' dans *Le Pyrrhonisme de l'histoire*.

[144] Dans *Le Pyrrhonisme de l'histoire*: 'yeux jusque dans sa retraite'.

[145] La fin du paragraphe (lignes 909-26) est un ajout des *QE*, que l'on retrouve dans l'édition de Kehl du *Pyrrhonisme de l'histoire* (*OCV*, t.67, p.282, variante et n.5). L'allusion au 'très grand prince' et à sa fille concerne le régent Philippe, duc d'Orléans, et sa fille, Marie-Louise Elisabeth, duchesse de Berry, dont les pamphlétaires du temps – tel François-Joseph de Lagrange-Chancel et ses *Philippiques* – faisaient un couple incestueux. Voir aussi lignes 1115-24 et n.195. Or Voltaire fut accusé dans sa jeunesse d'avoir écrit des vers satiriques contre le Régent et sa fille, ce qui lui valut d'être emprisonné à la Bastille. Voir les deux poèmes de 1716 *Sur Monsieur le duc d'Orléans et Madame de Berri* ('Enfin votre esprit est guéri' et 'Ce n'est point le fils, c'est le père', *OCV*, t.1B, p.401-402), et le démenti de Voltaire: *Non, Monseigneur en vérité* (*OCV*, t.1B, p.403), enfin *Regnante Puero* (*OCV*, t.1B, p.505-509).

prince et de sa fille, je n'en ai jamais rien cru; et le temps a justifié   925
mon incrédulité.

Les folies de Caligula sont-elles beaucoup plus vraisemblables? [146] Que Caligula ait critiqué Homère et Virgile, je les
croirai sans peine. Virgile et Homère ont des défauts. S'il a méprisé
ces deux grands hommes, il y a beaucoup de princes qui en fait de   930
goût n'ont pas le sens commun. Ce mal est très médiocre: mais il ne
faut pas inférer de là qu'il ait couché avec ses trois sœurs, et qu'il les
ait prostituées à d'autres. De telles affaires de famille sont
d'ordinaire fort secrètes. Je voudrais du moins que nos compilateurs modernes, en ressassant les horreurs romaines pour l'instruc-   935
tion de la jeunesse, se bornassent à dire modestement, *on rapporte, le
bruit court, on prétendait à Rome, on soupçonnait*. Cette manière de
s'énoncer me semble infiniment plus honnête et plus raisonnable.

Il est bien moins croyable encore que Caligula ait institué une de
ses sœurs, Julia Drusilla, héritière de l'empire. La coutume de   940
Rome ne permettait pas plus que la coutume de Paris, de donner le
trône à une femme.

Je pense bien que dans le palais de Caligula il y avait beaucoup
de galanterie et de rendez-vous, comme dans tous les palais du
monde; mais qu'il ait établi dans sa propre maison des bordels où la   945
fleur de la jeunesse allait pour son argent, c'est ce qu'on me
persuadera difficilement.

On nous raconte que ne trouvant point un jour d'argent dans sa
poche pour mettre au jeu, il sortit un moment et alla faire assassiner
trois sénateurs fort riches, et revint ensuite en disant, *J'ai à présent*   950
de quoi jouer. Croira tout cela qui voudra; j'ai toujours quelque petit
doute. [147]

Je conçois que tout Romain avait l'âme républicaine dans son
cabinet, et qu'il se vengeait quelquefois [148] la plume à la main, de

---

954   70, 71N, 71A: vengeait, la plume

[146] Dans *Le Pyrrhonisme de l'histoire*: 'ne sont guère plus vraisemblables'.
[147] Dans *Le Pyrrhonisme de l'histoire*: 'ce ne sera pas moi'.
[148] L'adverbe est un ajout des *QE*.

l'usurpation de l'empereur. Je présume[149] que le malin Tacite, et que   955
le faiseur d'anecdotes Suétone goûtaient une grande consolation en
décriant leurs maîtres dans un temps où personne ne s'amusait à
discuter la vérité. Nos copistes de tous les pays répètent encore tous
les jours ces contes si peu avérés. Ils ressemblent un peu[150] aux
historiens de nos peuples barbares du Moyen Age qui ont copié les   960
rêveries des moines. Ces moines flétrissaient tous les princes qui ne
leur avaient rien donné; comme Tacite et Suétone s'étudiaient à
rendre odieuse toute la famille de l'oppresseur Octave.

Mais, me dira-t-on, Suétone et Tacite ne rendaient-ils pas
service aux Romains en faisant détester les Césars?... Oui, si   965
leurs écrits avaient pu ressusciter la république.[151]

De Néron et d'Agrippine [152]

Toutes les fois que j'ai lu l'abominable histoire de Néron et de sa
mère Agrippine, j'ai été tenté de n'en rien croire. L'intérêt du genre
humain est que tant d'horreurs aient été exagérées; elles font trop
de honte à la nature.   970

Tacite commence par citer un Cluvius. Ce Cluvius rapporte que
vers le milieu du jour, *medio diei*, Agrippine se présentait souvent à
son fils, déjà échauffé par le vin pour l'engager à un inceste avec
elle; qu'elle lui donnait des baisers lascifs, *lasciva oscula*; qu'elle
l'excitait par des caresses auxquelles il ne manquait que la   975
consommation du crime, *praenuntias flagitii*, *blanditas*, et cela en
présence des convives, *annotantibus proximis*; qu'aussitôt l'habile
Sénèque présentait le secours d'une autre femme contre les

---

[149] 'Je conçois' dans *Le Pyrrhonisme de l'histoire*.
[150] Ajout des *QE*: 'un peu'.
[151] Fin de l'extrait du *Pyrrhonisme de l'histoire*.
[152] Cette section (lignes 967-1075) suit immédiatement la précédente dans *Le Pyrrhonisme de l'histoire*, chapitre 8 (*OCV*, t.67, p.285-89).

empressements [153] d'une femme. *Senecam contra muliebres subsidium a foemina petivisse*; et substituait sur-le-champ la jeune affranchie   980
Acté à l'impératrice-mère Agrippine.

Voilà un sage précepteur que ce Sénèque! quel philosophe! [154]
Vous observerez qu'Agrippine avait alors environ cinquante
ans. [155] Elle était la seconde des six enfants de Germanicus, que
Tacite prétend, sans aucune preuve, avoir été empoisonné. Il   985
mourut l'an 19 de notre ère, et laissa Agrippine âgée de [156] dix ans.

Agrippine eut trois maris. Tacite dit que bientôt après l'époque
de ces caresses incestueuses, Néron prit la résolution de tuer sa
mère. Elle périt en effet l'an 59 de notre ère vulgaire. Son père
Germanicus était mort il y avait déjà quarante ans. Agrippine en   990
avait donc à peu près cinquante lorsqu'elle était supposée solliciter
son fils à l'inceste. Moins un fait est vraisemblable, plus il exige de
preuves. Mais ce Cluvius cité par Tacite, prétend que c'était une
grande politique, et qu'Agrippine comptait par là fortifier sa
puissance et son crédit. C'était au contraire s'exposer au mépris   995
et à l'horreur. Se flattait-elle de donner à Néron plus de plaisirs et
de désirs que de jeunes maîtresses? Son fils bientôt dégoûté d'elle
ne l'aurait-il pas accablée d'opprobre? N'aurait-elle pas été
l'exécration de toute la cour? Comment d'ailleurs ce Cluvius
peut-il dire qu'Agrippine voulait se prostituer à son fils en présence   1000
de Sénèque et des autres convives? De bonne foi une mère couche-
t-elle avec son fils devant son gouverneur et son précepteur en
présence des convives et des domestiques? [157]

---

979   70, 71N, 71A: *muliebres illecebras subsidium* [158]
1001-1004   70, 71N, 71A: convives? ¶Un

---

[153] Dans *Le Pyrrhonisme de l'histoire*: 'emportements'.
[154] Exclamation ajoutée dans les *QE*.
[155] Dans *Le Pyrrhonisme de l'histoire*: 'avait alors au moins quarante-huit à quarante-neuf ans'.
[156] Dans *Le Pyrrhonisme de l'histoire*: 'âgée d'environ'.
[157] La dernière phrase est un ajout des *QE*.
[158] Même texte dans *Le Pyrrhonisme de l'histoire*.

Un autre historien véridique de ces temps-là, nommé Fabius Rusticus, dit que c'était Néron qui avait des désirs pour sa mère, et qu'il était sur le point de coucher avec elle, lorsque Acté vint se mettre à sa place. Cependant ce n'était point Acté qui était alors la maîtresse de Néron, c'était Poppée; et soit Poppée, soit Acté, soit une autre, rien de tout cela n'est vraisemblable.

Il y a dans la mort d'Agrippine des circonstances qu'il est impossible de croire. D'où a-t-on su que l'affranchi Anicet, préfet de la flotte de Misène, conseilla de faire construire un vaisseau qui, en se démontant en pleine mer, y ferait périr Agrippine? Je veux qu'Anicet se soit chargé de cette étrange invention; mais il me semble qu'on ne pouvait construire un tel vaisseau sans que les ouvriers se doutassent qu'il était destiné à faire périr quelque personnage important. [159] Ce prétendu secret devait être entre les mains de plus de cinquante travailleurs. Il devait bientôt être connu de Rome entière; Agrippine devait en être informée. Et quand Néron lui proposa de monter sur ce vaisseau, elle devait bien sentir [160] que c'était pour la noyer.

Tacite se contredit certainement lui-même dans le récit de cette aventure inexplicable. Une partie de ce vaisseau, dit-il, se démontant avec art, devait la précipiter dans les flots, *cujus pars ipso in mari per artem soluta effunderet ignaram.*

Ensuite il dit qu'à un signal donné, le toit de la chambre, où était Agrippine, étant chargé de plomb, tomba tout à coup, et écrasa Crepereius l'un des domestiques de l'impératrice: *cum dato signo ruere tectum loci,* etc.

Or si ce fut le toit, le plafond de la chambre d'Agrippine qui tomba sur elle, le vaisseau n'était donc pas construit de manière qu'une partie se détachant de l'autre, dût jeter dans la mer cette princesse.

Tacite ajoute, qu'on ordonna alors aux rameurs de se pencher

---

[159] Dans *Le Pyrrhonisme de l'histoire*: 'sans que les ouvriers fussent informés de sa destination'.

[160] Dans *Le Pyrrhonisme de l'histoire*: 'savoir'.

d'un côté pour submerger le vaisseau; *unum in latus inclinare atque* 1035
ita navem submergere. Mais des rameurs en se penchant peuvent-ils
faire renverser une galère, un bateau même de pêcheurs? Et
d'ailleurs ces rameurs se seraient-ils volontiers exposés au naufrage? [161] Ces mêmes matelots assomment à coups de rames une
favorite d'Agrippine qui étant tombée dans la mer, criait qu'elle 1040
était Agrippine. Ils étaient donc dans le secret. Or confie-t-on un tel
secret à une trentaine de matelots? De plus, parle-t-on quand on est
dans l'eau?

Tacite ne manque pas de dire *que la mer était tranquille, que le ciel*
brillait d'étoiles, comme si les dieux avaient voulu que le crime fût plus 1045
manifeste: noctem sideribus illustrem etc.

En vérité, n'est-il pas plus naturel de penser que cette aventure
était un pur accident; et que la malignité humaine en fit un crime à
Néron, à qui on croyait ne pouvoir rien reprocher de trop horrible?
Quand un prince s'est souillé de quelques crimes, il les a commis 1050
tous. Les parents, les amis des proscrits, les seuls mécontents
entassent accusations sur accusations; on ne cherche plus la
vraisemblance. Qu'importe qu'un Néron ait commis un crime de
plus? Celui qui les raconte y ajoute encore; [162] la postérité est
persuadée; et le méchant prince a mérité jusqu'aux imputations 1055
improbables dont on charge sa mémoire. [163] Je crois avec horreur
que Néron donna son consentement au meurtre de sa mère; mais je
ne crois point à l'histoire de la galère. Je crois encore moins aux
Chaldéens qui, selon Tacite, avaient prédit que Néron tuerait
Agrippine; parce que ni les Chaldéens, ni les Syriens, ni les 1060
Egyptiens n'ont jamais rien prédit, non plus que Nostradamus et
ceux qui ont voulu exalter leur âme.

Presque tous les historiens d'Italie ont accusé le pape
Alexandre VI de forfaits qui égalent au moins ceux de Néron;

[161] La fin du paragraphe à partir de 'Ces mêmes' est un ajout des *QE*.
[162] Dans *Le Pyrrhonisme de l'histoire*: 'Celui qui les raconte y ajoute; celui qui les
entend y ajoute encore'.
[163] La suite du paragraphe a été ajoutée dans les *QE*; elle comprend une allusion à
Maupertuis, qui hante encore la mémoire de Voltaire.

mais Alexandre VI était coupable lui-même des erreurs dans 1065
lesquelles ces historiens sont tombés.

On nous raconte des atrocités non moins exécrables de plusieurs
princes asiatiques. Les voyageurs se donnent une libre carrière sur
tout ce qu'ils ont entendu dire en Turquie et en Perse. J'aurais
voulu à leur place mentir d'une façon toute contraire. Je n'aurais 1070
jamais vu que des princes justes et cléments, des juges sans passion,
des financiers désintéressés; et j'aurais présenté ces modèles aux
gouvernements de l'Europe. La *Cyropédie* de Xénophon est un
roman; mais des fables qui enseignent la vertu valent mieux que des
histoires mêlées de fables qui ne racontent que des forfaits.[164] 1075

Suite de l'article concernant les diffamations[165]

Dès qu'un empereur romain a été assassiné par les gardes
prétoriennes, les corbeaux de la littérature fondent sur le cadavre
de sa réputation. Ils ramassent tous les bruits de ville, sans faire
seulement réflexion que ces bruits sont presque toujours les mêmes.
On dit d'abord que Caligula avait écrit sur ses tablettes les noms de 1080
ceux qu'il devait faire mourir incessamment; et que ceux qui, ayant
vu ces tablettes, s'y trouvèrent eux-mêmes au nombre des
proscrits, le prévinrent et le tuèrent.

Quoique ce soit une étrange folie d'écrire sur ses tablettes, *nota
bene que je dois faire assassiner un tel jour tels et tels sénateurs*, 1085
cependant il se pourrait à toute force que Caligula ait eu cette
imprudence. Mais on en dit autant de Domitien; on en dit autant de
Commode. La chose devient alors ridicule et indigne de toute
croyance.

Tout ce qu'on raconte de ce Commode est bien singulier. 1090
Comment imaginer que lorsqu'un citoyen romain voulait se
défaire d'un ennemi, il donnait de l'argent à l'empereur qui se

---

[164] Fin du chapitre 8 du *Pyrrhonisme de l'histoire*.
[165] Les lignes 1076-104 sont reprises du chapitre 10 du *Pyrrhonisme de l'histoire*:
'Des contes absurdes intitulés histoires depuis Tacite' (*OCV*, t.67, p.295-96).

chargeait de l'assassinat pour le prix convenu? Comment croire que Commode, ayant vu passer un homme extrêmement gros, il se donna le plaisir de lui faire ouvrir le ventre, pour lui rendre la taille plus légère?   1095

Il faut être imbécile pour croire d'Héliogabale tout ce que raconte Lampride. Selon lui, cet empereur se fait circoncire pour avoir plus de plaisir avec les femmes. Quelle pitié![166] Ensuite il se fait châtrer, pour en avoir davantage avec les hommes. Il tue, il   1100 pille, il massacre, il empoisonne. Qui était cet Héliogabale? un enfant de treize à quatorze ans,[167] que sa mère et sa grand-mère avaient fait nommer empereur, et sous le nom duquel ces deux intrigantes se disputaient l'autorité suprême.[168]

L'auteur de l'*Essai sur l'histoire générale des mœurs et de l'esprit*   1105 *des nations* a dit qu'avant que les livres fussent communs, la réputation d'un prince dépendait d'un seul historien.[169] Rien n'est plus vrai. Un Suétone ne pouvait rien sur les vivants; mais il jugeait les morts; et personne ne se souciait d'appeler de ses jugements. Au contraire, tout lecteur les confirmait, parce que tout   1110 lecteur est malin.

Il n'en est pas tout à fait de même aujourd'hui. Que la satire couvre d'opprobres un prince; cent échos se répètent la calomnie, je l'avoue; mais il se trouve toujours quelque voix qui s'élève contre les échos, et qui à la fin les fait taire. C'est ce qui est arrivé à   1115 la mémoire du duc d'Orléans, régent de France. Les *Philippiques* de La Grange, et vingt libelles secrets lui imputaient les plus grands crimes. Sa fille était traitée comme l'a été Messaline par Suétone. Qu'une femme ait deux ou trois amants, on lui en donne bientôt

---

[166] Exclamation ajoutée dans les *QE*.

[167] Dans *Le Pyrrhonisme de l'histoire*: 'un enfant de quatorze ans'.

[168] Fin du chapitre 10 du *Pyrrhonisme de l'histoire*.

[169] Les paragraphes suivants (lignes 1105-45) sont tirés du chapitre 11, 'Des diffamations', du *Pyrrhonisme de l'histoire* (*OCV*, t.67, p.297-98). La première phrase, qui conserve son sens, est en partie réécrite. Voltaire y a supprimé un éloge personnel en miroir concernant l'auteur de l'*EM*, 'parce que je vois qu'il aime la vérité, et qu'il l'annonce courageusement'.

des centaines. En un mot, des historiens contemporains n'ont
pas manqué de répéter ces mensonges; et sans l'auteur du *Siècle
de Louis XIV*, ils seraient encore aujourd'hui accrédités dans
l'Europe.

On a écrit que Jeanne de Navarre, femme de Philippe le Bel,
fondatrice du collège de Navarre, admettait dans son lit les écoliers
les plus beaux, et les faisait jeter ensuite dans la rivière avec une
pierre au cou. Le public aime passionnément ces contes; et les
historiens le servaient selon son goût. Les uns tirent de leur
imagination les anecdotes qui pourront plaire; c'est-à-dire les
plus scandaleuses. Les autres de meilleure foi ramassent des
contes qui ont passé de bouche en bouche; ils pensent tenir de la
première main les secrets de l'Etat, et ne font nulle difficulté de
décrier un prince et un général d'armée pour gagner dix pistoles.
C'est ainsi qu'en ont usé Gratien de Courtils, Le Noble, la
Dunoier, La Baumelle et cent malheureux correcteurs d'imprimerie réfugiés en Hollande.[170]

Si les hommes étaient raisonnables, ils ne voudraient d'histoires
que celles qui mettraient les droits des peuples sous leurs yeux, les
lois suivant lesquelles chaque père de famille peut disposer de son
bien, les événements qui intéressent toute une nation, les traités qui
les lient aux nations voisines, les progrès des arts utiles, les abus qui
exposent continuellement le grand nombre à la tyrannie du petit.
Mais cette manière d'écrire l'histoire est aussi difficile que
dangereuse. Ce serait une étude pour le lecteur, et non un
délassement. Le public aime mieux des fables; on lui en donne.[171]

Des écrivains de parti[172]

Audi alteram partem est la loi de tout lecteur, quant il lit l'histoire

[170] Ces dénonciations ont été ajoutées dans les *QE*. Voir *OCV*, t.67, p.298, n.5.
[171] Fin de l'extrait du chapitre 11 du *Pyrrhonisme de l'histoire*.
[172] Cette section (lignes 1146-217) est le chapitre 12 du *Pyrrhonisme de l'histoire*
(*OCV*, t.67, p.300-303). Les lignes 1164-67 sont originales et seront reprises dans
l'édition de Kehl (K84) du *Pyrrhonisme de l'histoire*.

des princes qui se sont disputé une couronne, ou des communions qui se sont réciproquement anathématisées.

Si la faction de la Ligue avait prévalu, Henri IV ne serait connu aujourd'hui que comme un petit prince de Béarn débauché[173] et excommunié par les papes.

Si Arius l'avait emporté sur Athanase au concile de Nicée; si Constantin avait pris son parti, Athanase ne passerait aujourd'hui que pour un novateur, un hérétique, un homme d'un zèle outré, qui attribuait à Jésus ce qui ne lui appartenait pas.

Les Romains ont décrié la foi carthaginoise; les Carthaginois ne se louaient pas de la foi romaine. Il faudrait lire les archives de la famille d'Annibal pour juger. Je voudrais avoir jusqu'aux mémoires de Caïphe et de Pilate; je voudrais avoir ceux de la cour de Pharaon; nous verrions comment elle se défendait d'avoir ordonné à toutes les accoucheuses égyptiennes de noyer tous les petits mâles hébreux, et à quoi servait cet ordre pour des Juives qui n'employaient jamais que des sages-femmes juives.

Je voudrais avoir les pièces originales du premier schisme des papes de Rome entre Novatien et Corneille, de leurs intrigues, de leurs calomnies, de l'argent donné de part et d'autre, et surtout des emportements de leurs dévotes.[174]

C'est un plaisir de lire les livres des Whigs et des Toris. Ecoutez les Whigs; les Toris ont trahi l'Angleterre. Ecoutez les Toris; tout Whig a sacrifié l'Etat à ses intérêts. De sorte qu'à en croire les deux partis, il n'y a pas un seul honnête homme dans la nation.

C'était bien pis du temps de la Rose rouge et de la Rose blanche. M. de Walpole[175] a dit un grand mot dans la préface de ses *Doutes historiques* sur Richard III: *Quand un roi heureux est jugé, tous les historiens servent de témoins.*[176]

---

[173] Ajout de cet adjectif dans les *QE*.

[174] Paragraphe ajouté dans les *QE* et intégré au *Pyrrhonisme de l'histoire* par les éditeurs de Kehl (voir *OCV*, t.67, p.300, variante aux lignes 18-19).

[175] 'L'illustre M. Walpole' dans *Le Pyrrhonisme de l'histoire*.

[176] Paraphrase assez lointaine de la préface des *Historic Doubts on the life and reign of King Edward the Third* (Londres, 1768), p.iv. Le 6 juin 1768, Voltaire

Henri VII dur et avare, fut vainqueur de Richard III. Aussitôt toutes les plumes, qu'on commençait à tailler en Angleterre, peignent Richard III comme un monstre pour la figure et pour l'âme. Il avait une épaule un peu plus haute que l'autre; et d'ailleurs il était assez joli, comme ses portraits le témoignent: on en fait un vilain bossu, et on lui donne un visage affreux. Il a fait des actions cruelles; on le charge de tous les crimes, de ceux mêmes qui auraient été visiblement contre ses intérêts.

La même chose est arrivée à Pierre de Castille surnommé *le cruel*. Six bâtards de feu son père excitent contre lui une guerre civile, et veulent le détrôner. Notre Charles le Sage se joint à eux, et envoie contre lui son Bertrand du Guesclin. Pierre, à l'aide du fameux Prince noir, bat les bâtards et les Français; Bertrand est fait prisonnier; un des bâtards est puni. Pierre est alors un grand homme.

La fortune change; le grand Prince noir ne donne plus de secours au roi Pierre. [177] Un des bâtards ramène du Guesclin suivi d'une troupe de brigands qui même ne portaient pas d'autre nom; Pierre est pris à son tour: le bâtard Henri de Transtamare l'assassine indignement [178] dans sa tente: voilà Pierre condamné par les contemporains. Il n'est plus connu de la postérité que par le

1180

1185

1190

1195

écrivait à Horace Walpole: 'J'apprends dans ma retraite que vous avez fait un excellent ouvrage sur le pyrrhonisme de l'histoire, et que vous avez répandu une grande lumière sur l'obscurité qui couvre encore les temps des roses blanche et rouge, toutes deux sanglantes et fanées' (D15063). Le 19 juillet 1771, Voltaire recommanda à Mme Du Deffand: 'Si M. Walpole est à Paris, je vous prie de lui donner à lire la page 76 de la feuille que je vous envoie. Il y est dit un petit mot de lui. J'ai regardé son sentiment comme une autorité, et ses expressions comme un modèle. / Cette feuille est détachée du septième tome des *Questions sur l'Encyclo-pédie* que vous ne connaissez, ni ne voulez connaître. [...] Si vous daignez vous faire lire la feuille que je vous envoie (laquelle n'est qu'une épreuve d'imprimeur), vous verrez qu'on y foule aux pieds tous les préjugés historiques' (D17306). Voltaire resservira la citation dans l'article 'Tyran' des *QE*, puis dans le *Discours historique et critique sur la tragédie de Don Pèdre* (*OCV*, t.52, p.97-98).

[177] Proposition ajoutée dans les *QE*.
[178] Adverbe ajouté dans les *QE*.

surnom de *cruel*; et les historiens tombent sur lui comme des chiens sur un cerf aux abois. [179]

Donnez-vous la peine de lire les mémoires de Marie de Médicis; le cardinal de Richelieu est le plus ingrat des hommes, le plus fourbe [180] et le plus lâche des tyrans. Lisez, si vous pouvez, les épîtres dédicatoires adressées à ce ministre, c'est le premier des mortels, c'est un héros; c'est même un saint. [181] Et le petit flatteur Sarazin, singe de Voiture, l'appelle le *divin cardinal* dans son ridicule éloge de la ridicule tragédie de l'*Amour tyrannique*, composée par le grand Scudéri sur les ordres du cardinal divin. [182]

La mémoire du pape Grégoire VII est en exécration en France et en Allemagne. Il est canonisé à Rome. [183]

De telles réflexions ont porté plusieurs princes à ne se point soucier de leur réputation. Mais ceux-là ont eu plus grand tort que tous les autres; car il vaut mieux pour un homme d'Etat avoir une réputation contestée, que de n'en point avoir du tout.

Il n'en est pas des rois et des ministres comme des femmes dont on dit, que celles dont on parle le moins sont les meilleures. Il faut qu'un prince, un premier ministre aime l'Etat et la gloire. [184] Certaines gens disent que c'est [185] un défaut en morale; mais s'il n'a pas ce défaut, il ne fera jamais rien de grand. [186]

[179] Comparaison nouvelle dans les *QE*. Dans *Le Pyrrhonisme de l'histoire*: 'comme des corbeaux sur un cadavre'.

[180] Voltaire ajoute 'le plus fourbe' dans les *QE*.

[181] Dans *Le Pyrrhonisme*: 'c'est le premier des hommes, c'est un saint.'

[182] Ajout de cette dernière phrase dans les *QE*. *L'Amour tyrannique* de Georges de Scudéry (1638) avait pour dessein de surpasser *Le Cid*. Cette pièce fut conçue comme l'illustration de ses *Observations sur le ciel* (1637). Voltaire a pu la lire dans le *Théâtre français* (12 vol., Paris, 1637, BV3270). Sarasin loue cette tragi-comédie dans son *Discours sur la tragédie ou remarques sur l'Amour tyrannique de Monsieur de Scudéry* (*Les Œuvres de Monsieur Sarasin* [publiées par G. Ménage], Paris, 1696, BV3089). Dans l'"Epître dédicatoire' de *Sophonisbe* Voltaire prétend que *L'Amour tyrannique* corrigé pourrait faire de l'effet au théâtre (*OCV*, t.71B, p.51).

[183] Voir ci-dessus l'article 'Grégoire VII'.

[184] Dans *Le Pyrrhonisme de l'histoire*: 'aime l'éclat et la gloire'.

[185] 'C'est peut-être' dans *Le Pyrrhonisme de l'histoire*.

[186] Fin de l'autocitation du *Pyrrhonisme de l'histoire*, ch.12.

Doit-on dans l'histoire insérer des harangues, et faire des portraits?[187]

Si dans une occasion importante un général d'armée, un homme d'Etat a parlé d'une manière singulière et forte qui caractérise son génie et celui de son siècle, il faut sans doute rapporter son discours   1220 mot pour mot: de telles harangues sont peut-être la partie de l'histoire la plus utile. Mais pourquoi faire dire à un homme ce qu'il n'a pas dit? il vaudrait presque autant lui attribuer ce qu'il n'a pas fait. C'est une fiction imitée d'Homère! Mais ce qui est fiction dans un poème, devient à la rigueur mensonge dans un historien.   1225 Plusieurs anciens ont eu cette méthode! Cela ne prouve autre chose, sinon que plusieurs anciens ont voulu faire parade de leur éloquence aux dépens de la vérité.

Des portraits[188]

Les portraits montrent encore bien souvent plus d'envie de briller que d'instruire. Des contemporains sont en droit de faire le portrait   1230 des hommes d'Etat avec lesquels ils ont négocié, des généraux sous qui ils ont fait la guerre. Mais qu'il est à craindre que le pinceau ne soit guidé par la passion! Il paraît que les portraits qu'on trouve dans Clarendon sont faits avec plus d'impartialité, de gravité et de sagesse que ceux qu'on lit avec plaisir dans le cardinal de Retz.   1235
Mais vouloir peindre les anciens, s'efforcer de développer leurs âmes, regarder les événements comme des caractères avec lesquels on peut lire sûrement dans le fond des cœurs, c'est une entreprise bien délicate, c'est dans plusieurs une puérilité.

---

[187] Les trois sections suivantes et le début de la quatrième (lignes 1218-84) sont extraites de l'article 'Histoire' de l'*Encyclopédie* (*OCV*, t.33, p.182-84). La quatrième – 'De l'histoire satirique' – comporte un ajout original important (lignes 1285-331).
[188] Ce sous-titre a été ajouté.

De la maxime de Cicéron concernant l'histoire; que l'historien n'ose dire une fausseté, ni cacher une vérité

La première partie de ce précepte est incontestable; il faut examiner l'autre. Si une vérité peut être de quelque utilité à l'Etat, votre silence est condamnable. Mais je suppose que vous écriviez l'histoire d'un prince qui vous aura confié un secret, devez-vous le révéler? Devez-vous dire à la postérité ce que vous seriez incapable de dire en secret à un seul homme? le devoir d'un historien l'emportera-t-il sur un devoir plus grand? 1240 1245

Je suppose encore que vous ayez été témoin d'une faiblesse qui n'a point influé sur les affaires publiques, devez-vous révéler cette faiblesse? En ce cas l'histoire serait une satire.

Il faut avouer que la plupart des écrivains d'anecdotes sont plus indiscrets qu'utiles. Mais que dire de ces compilateurs insolents, qui se faisant un mérite de médire, impriment et vendent des scandales comme la Voisin [189] vendait des poisons! 1250

De l'histoire satirique

Si Plutarque a repris Hérodote de n'avoir pas assez relevé la gloire de quelques villes grecques, et d'avoir omis plusieurs faits connus dignes de mémoire, combien sont plus répréhensibles aujourd'hui ceux qui sans avoir aucun des mérites d'Hérodote, imputent aux 1255

1244-45   70, 71N, 71A, K84, K12: seriez coupable de
    w68, w75G: seriez capable de

[189] La Voisin, célèbre empoisonneuse du siècle de Louis XIV, remplace 'Lecauste' de l'article 'Histoire' de l'*Encyclopédie*. Selon l'édition de l'article dans les *OCV*, il s'agit de 'Locuste', une autre empoisonneuse célèbre du siècle d'Auguste (t.33, p.183, n.26): cela est peu vraisemblable, sauf si cela ressort d'une coquille non corrigée de l'*Encyclopédie*, qui donne aussi 'Lecauste'. La vie criminelle et l'exécution en février 1680 de Catherine Deshayes, dite la Voisin, sont évoquées au chapitre 25 du *Siècle de Louis XIV* (*OH*, p.924).

princes, aux nations, des actions odieuses, sans la plus légère apparence de preuve? La guerre de 1741 a été écrite en Angleterre. On trouve dans cette histoire, qu'à la bataille de Fontenoi *les* [1260] *Français tirèrent sur les Anglais avec des balles empoisonnées et des morceaux de verre venimeux, et que le duc de Cumberland envoya au roi de France une boîte pleine de ces prétendus poisons trouvés dans les corps des Anglais blessés.* Le même auteur ajoute que les Français ayant perdu quarante mille hommes à cette bataille, le parlement de [1265] Paris rendit un arrêt par lequel il était défendu d'en parler sous des peines corporelles.

Les Mémoires frauduleux imprimés depuis peu, sous le nom de Mme de Maintenon, sont remplis de pareilles absurdités. [190] On y trouve qu'au siège de Lille les alliés jetaient des billets dans la ville [1270] conçus en ces termes: *Français, consolez-vous, la Maintenon ne sera pas votre reine.*

Presque chaque page est souillée d'impostures et de termes offensants contre la famille royale et contre les familles principales du royaume, sans alléguer la plus légère vraisemblance qui puisse [1275] donner la moindre couleur à ces mensonges. Ce n'est point écrire l'histoire, c'est écrire au hasard des calomnies [191] qui méritent le carcan.

On a imprimé en Hollande, sous le nom d'*Histoire*, une foule de libelles, dont le style est aussi grossier que les injures, et les faits [1280] aussi faux qu'ils sont mal écrits. C'est, dit-on, un mauvais fruit de l'excellent arbre de la liberté. Mais si les malheureux auteurs de ces inepties ont eu la liberté de tromper les lecteurs, il faut user ici de la liberté de les détromper. [192]

---

[190] Dans l'*Encyclopédie*: 'Des mémoires frauduleux, imprimés depuis peu, sont remplis de pareilles absurdités insolentes'. En 1771, l'édition par Laurent Angliviel de La Beaumelle des *Mémoires pour servir à l'histoire de Madame de Maintenon et à celle du siècle passé* (1755; 6 vol., Avignon, 1757, BV1794, annotés 'rempli de faussetés ridicules', *CN*, t.5, p.26) n'était pas de la première nouveauté. Voltaire n'a pas corrigé.

[191] La fin de la phrase est un ajout des *QE*.

[192] Fin des extraits de l'article 'Histoire' de l'*Encyclopédie*.

L'appât d'un vil gain, joint à l'insolence des mœurs abjectes,   1285
furent les seuls motifs qui engagèrent ce réfugié languedochien
protestant nommé Langlevieux dit La Baumelle, à tenter la plus
infâme manœuvre qui ait jamais déshonoré la littérature. [193] Il vend
pour dix-sept louis d'or au libraire Eslinger de Francfort en 1753
l'histoire du siècle de Louis XIV, [194] qui ne lui appartient point; et   1290
soit pour s'en faire croire le propriétaire, soit pour gagner son
argent, il la charge de notes abominables contre Louis XIV, contre
son fils, contre le duc de Bourgogne son petit-fils, qu'il traite sans
façon de perfide et de traître envers son grand-père et la France. Il
vomit contre le duc d'Orléans régent les calomnies les plus   1295
horribles et les plus absurdes; personne n'est épargné, et cependant
il n'a jamais connu personne. Il débite sur les maréchaux de Villars,
de Villeroi, sur les ministres, sur les femmes, des historiettes
ramassées dans des cabarets; et il parle des plus grands princes

---

1287   70, 71A: nommé Angliviel dit

[193] Cette phrase marque le début d'un texte original des *QE* après de longues
reprises du *Pyrrhonisme de l'histoire*, ajout que Voltaire inaugure par la continuation
de son règlement de compte avec son vieil ennemi La Beaumelle, dont il
orthographie curieusement un patronyme 'Angliviel' qu'il connaît fort bien: le jeu
de mots est éclairci dans *Les Honnêtetés littéraires*: 'Il signait *Gonia Palaios*. *Gonia*
signifie angle; *Palaios* vieux. Son nom en effet est *l'angle vieux*' (seizième honnêteté,
OCV, t.63B, p.104). Voir Claude Lauriol, *La Beaumelle, un protestant cévenol entre
Montesquieu et Voltaire*, Genève, 1978) et *Correspondance générale de La Beaumelle
1726-1773*, éd. Hubert Bost, Claude Lauriol et Hubert Angliviel de La Beaumelle
(Oxford, 2005-).
[194] Johann Georg Esslinger (1710-1775) associé à sa belle-mère, veuve de
Friedrich Daniel Koch (Jean-Dominique Mellot et Elisabeth Queval, *Répertoire
d'imprimeurs/libraires (vers 1500-vers 1810)*, Paris, 2004, n° 1902), publia en 1753 trois
volumes du *Siècle de Louis XIV* 'augmenté d'un très grand nombre de remarques,
par M. de La B***' (dans une note manuscrite de son exemplaire, Voltaire stigmatise
'des calomnies les plus atroces et les plus ridicules' – voir la notice pour BV3786).
L'historien répliqua vertement et longuement dans le *Supplément au Siècle de
Louis XIV* (1753; *OH*, p.1223-74), dans *Les Honnêtetés littéraires* (1767; *OCV*, t.63B,
p.104-108) et, finalement, dans l'article 'Du mot Quisquis de Ramus, ou de la Ramée'
des *QE*. Les accusations qui suivent s'y retrouvent.

comme de ses justiciables. Il s'exprime en juge des rois: *Donnez-* 1300
moi, dit-il, *un Stuart, et je le fais roi d'Angleterre.*[195]

Cet excès de ridicule dans un inconnu n'a pas été relevé. Il eût été
sévèrement puni dans un homme dont les paroles auraient eu
quelque poids. Mais il faut remarquer que souvent ces ouvrages de
ténèbres ont du cours dans l'Europe; ils se vendent aux foires de 1305
Francfort et de Leipsick, tout le Nord en est inondé. Les étrangers
qui ne sont pas instruits croient puiser dans ces libelles les
connaissances de l'histoire moderne. Les auteurs allemands ne
sont pas toujours en garde contre ces mémoires, ils s'en servent
comme de matériaux; c'est ce qui est arrivé aux mémoires de 1310
Pontis, de Montbrun, de Rochefort, de Vordac;[196] à tous ces
prétendus testaments politiques des ministres d'Etat composés par
des faussaires;[197] à la *Dîme royale* de Boisguilbert impudemment

[195] Pour ces dénonciations assez maladroites et nettement controuvées, particulièrement contre la famille d'Orléans, La Beaumelle fit, du 24 avril au 12 octobre
1753, un premier séjour à la Bastille (Frantz Funck-Brentano, *Les Lettres de cachet à
Paris* [...] *(1659-1789)* (Paris, 1903, n° 4231). Voltaire n'y fut pas étranger par
l'intermédiaire de Mme Denis. Voir le tome 5 (1752-1753) de la *Correspondance* de
La Beaumelle et la propre correspondance de Voltaire à la date.

[196] Voltaire fait allusion à la floraison de faux mémoires publiés au tournant des
dix-septième et dix-huitième siècles, en particulier par Gatien Courtilz de Sandras
(1644-1711), au moment où se développait parallèlement la fiction à la première
personne qui brouillait le genre: parmi ces faux mémoires sont ceux de Pontis (1676)
par Pierre Thomas du Fossé; Montbrun (1701) et Rochefort (1687) par Courtilz de
Sandras; Vordac (1702-1723) par André Cavard (?) et Jean Olivier pour le second
volume. Voir Jean Lombard, *Courtilz de Sandras et la crise du roman à la fin du Grand
Siècle* (Paris, 1980), et p.229-31 sur Cavard.

[197] Dans les années 1680, se multiplièrent de faux 'testaments politiques', variantes
thématiques et de genre des faux mémoires signalés plus haut: Mazarin (1683),
Colbert (1693), Louvois (1695), ces deux derniers par Courtilz de Sandras. Mais
Voltaire pense surtout au *Testament politique d'Armand du Plessis cardinal duc de
Richelieu* (Amsterdam, 1688), dont il ne cesse, à tort, de contester l'authenticité. Voir
la section 'Anecdote sur le testament attribué au cardinal de Richelieu' de l'article
'Ana, anecdotes' des *QE* pour son argumentation et diverses références (*OCV*, t.38,
p.305-309). Voir aussi Laurent Avezou, 'Autour du *Testament politique* de Richelieu:
à la recherche de l'auteur perdu (1688-1778)', *Bibliothèque de l'Ecole des chartes*, 162,
n° 2 (juillet-décembre 2004), p.421-53. Jean-Henri Marchand avait publié l'année

donnée sous le nom du maréchal de Vauban,[198] et à tant de compilations d'ana et d'anecdotes.

L'histoire est quelquefois encore plus mal traitée en Angleterre. Comme il y a toujours deux partis assez violents qui s'acharnent l'un contre l'autre jusqu'à ce que le danger commun les réunisse, les écrivains d'une faction condamnent tout ce que les autres approuvent. Le même homme est représenté comme un Caton et comme un Catilina. Comment démêler le vrai entre l'adulation et la satire? Il n'y a peut-être qu'une règle sûre, c'est de croire le bien qu'un historien de parti ose dire des héros de la faction contraire, et le mal qu'il ose dire des chefs de la sienne, dont il n'aura pas à se plaindre.

A l'égard des mémoires réellement écrits par les personnages intéressés, comme ceux de Clarendon, de Ludlow, de Burnet en Angleterre, de La Rochefoucault, de Retz en France; s'ils s'accordent, ils sont vrais; s'ils se contrarient, doutez.[199]

1315

1320

1325

---

précédente un *Testament politique de M. de V*** (Genève et Paris, 1770) qui ne fut pas bien reçu à Ferney.

[198] Contrairement à ce que ne cesse de répéter Voltaire, le *Projet d'une dîme royale* (s.l., 1707) est bien de Sébastien Le Prestre de Vauban, certes inspiré par des travaux antérieurs de Pierre Le Pesant de Boisguilbert. Voir *Le Siècle de Louis XIV* (*OH*, p.1212), *Le Pyrrhonisme de l'histoire*, ch.36 (*OCV*, t.67, p.359 et n.2) et surtout l'article 'Agriculture' des *QE* qui développe ses arguments (*OCV*, t.38, p.135-36). Sur son exemplaire (BV3405), Voltaire a noté: 'Ce livre insensé est de Boisguilbert qui le publia impudemment sous le nom du maréchal de Vauban' (*CN*, t.9). Cet exemple et les précédents seront repris par Voltaire dans sa lettre du 2 mai 1776 sur les prétendues lettres du Pape Ganganelli, Clément XIV, par Louis-Antoine Caraccioli (D20099).

[199] Sur l'histoire des guerres civiles d'Angleterre, Voltaire cite Edward Hyde, earl of Clarendon, *History of the rebellion and civil wars in England* (Oxford, 1704), Edmund Ludlow, *Memoirs*, 3 vol. (Vevey, 1698-1699) – dont la traduction, *Les Mémoires d'Edmond Ludlow*, 3 vol. (Amsterdam, 1699-1707, BV2228) servit de source notable à l'histoire de Charles Ier dans l'*EM*, ch.179-81 –, Gilbert Burnet, *History of his own time*, 6 vol. (Londres, 1724-1734, BV593) et *Histoire de la réformation de l'Eglise d'Angleterre*, trad. [Jean-Baptiste] de Rosemond (Genève, 1693, BV592; *CN*, t.1, p.623-26). En parallèle, il cite les deux grands mémorialistes de la Fronde: François, duc de la Rochefoucauld (1662; BV1927) et Paul de Gondi, cardinal de Retz (1717; BV2967).

Pour les ana et les anecdotes, il y en a un sur cent qui peut   1330
contenir quelque ombre de vérité. [200]

De la méthode, de la manière d'écrire l'histoire, et du style [201]

On en a tant dit sur cette matière, qu'il faut ici en dire très peu. On
sait assez que la méthode et le style de Tite-Live, sa gravité, son
éloquence sage, conviennent à la majesté de la république romaine;
que Tacite est plus fait pour peindre des tyrans, Polybe pour   1335
donner des leçons de la guerre, Denis d'Halicarnasse pour
développer les antiquités.

Mais en se modelant en général sur ces grands maîtres, on a
aujourd'hui un fardeau plus pesant que le leur à soutenir. On exige
des historiens modernes plus de détails, des faits plus constatés, des   1340
dates précises, des autorités, plus d'attention aux usages, aux lois,
aux mœurs, au commerce, à la finance, à l'agriculture, à la
population: il en est de l'histoire comme des mathématiques et
de la physique; la carrière s'est prodigieusement accrue. Autant il
est aisé de faire un recueil de gazettes, autant il est difficile   1345
aujourd'hui d'écrire l'histoire. [202]

Daniel se crut un historien parce qu'il transcrivait des dates et
des récits de bataille où l'on n'entend rien [203]. Il devait m'apprendre
les droits de la nation; les droits des principaux corps de cette

---

1331-32   K84, K12: vérités. / Section 4 / *De la méthode,*

[200] Renvoi de Voltaire à son propre article 'Ana, anecdotes' des *QE* (*OCV*, t.38,
p.281-322).

[201] Nouvel extrait (lignes 1332-46) de l'article 'Histoire' de l'*Encyclopédie* (*OCV*,
t.33, p.184-85).

[202] Fin de l'extrait de l'article 'Histoire' de l'*Encyclopédie*.

[203] Gabriel Daniel, jésuite, avait publié une *Histoire de France, depuis l'établissement de la monarchie française dans les Gaules* (1713), dont Voltaire possédait l'édition
en 10 volumes (Paris, 1729, BV938) qu'il annota très largement (*CN*, t.3, p.25-43).
Voir le 'Catalogue des écrivains' du *Siècle de Louis XIV* (*OH*, p.1154).

nation, ses lois, ses usages, ses mœurs, et comment ils ont changé. 1350
Cette nation est en droit de lui dire, Je vous demande mon histoire
encore plus que celle de Louis le Gros et de Louis Hutin; vous me
dites d'après une vieille chronique écrite au hasard, que Louis VIII
étant attaqué d'une maladie mortelle, exténué, languissant, n'en
pouvant plus, les médecins ordonnèrent à ce corps cadavéreux de 1355
coucher avec une jolie fille pour se refaire; et que le saint roi rejeta
bien loin cette vilenie. [204] Ah! Daniel, vous ne saviez donc pas le
proverbe italien, *donna ignuda manda l'uomo sotto la terra*. [205] Vous
deviez avoir un peu plus de teinture de l'histoire politique et de
l'histoire naturelle. 1360

On exige que l'histoire d'un pays étranger ne soit point jetée
dans le même moule que celle de votre patrie. [206]

Si vous faites l'histoire de France, vous n'êtes pas obligé de
décrire le cours de la Seine et de la Loire; mais si vous donnez au
public les conquêtes des Portugais en Asie, on exige une topo- 1365
graphie des pays découverts. On veut que vous meniez votre
lecteur par la main le long de l'Afrique et des côtes de la Perse et de
l'Inde; on attend de vous des instructions sur les mœurs, les lois, les
usages de ces nations nouvelles pour l'Europe.

Nous avons vingt histoires de l'établissement des Portugais dans 1370

---

[204] Daniel, *Histoire de France*, t.3, p.618-19. L'anecdote développée sur Louis VIII
le Lion (1187-1226) est tirée d'un 'auteur contemporain' selon Daniel: il s'agit de
l'*Historia Albigensium* (vers 1273) de Guillaume de Puylaurens, chapitre 36, publiée
par Guillaume Catel sous le titre d'*Histoire des comtes de Tolose* [...] *Avec quelques
traités et chroniques anciennes concernant la même histoire* (Toulouse, 1623). 'J'ai
entendu raconter par une personne digne de foi que le roi pouvait se guérir, disait-on,
par la jouissance d'une femme' (*Chronique* [...] *sur la guerre des Albigeois*, trad.
Charles Lagarde, Béziers, 1864, p.195-96). Voir Yves Dossat, 'La Chronique de
Guillaume de Puylaurens', *Annales de Bretagne et des Pays de l'Ouest* 87, n° 2 (1980),
p.259-65.
[205] 'Une femme nue envoie l'homme au tombeau'. Sur divers proverbes italiens de
même tonalité, voir Jacques Dubois de Gomicourt, *Sentenze e proverbii italiani*
(Lyon, 1683), p.57-58.
[206] Nouvel extrait (lignes 1361-401) de l'article 'Histoire' de l'*Encyclopédie* (*OCV*,
t.33, p.185-86).

les Indes; [207] mais aucune ne nous a fait connaître les divers gouvernements de ce pays, ses religions, ses antiquités, les brames, les disciples de saint Jean, les Guèbres, les Banians. [208] On nous a conservé, il est vrai, les lettres de Xavier [209] et de ses successeurs. On nous a donné des histoires de l'Inde, faites à Paris d'après ces missionnaires qui ne savaient pas la langue des brames. On nous répète dans cent écrits que les Indiens adorent le diable. Des aumôniers [210] d'une compagnie de marchands partent dans ce préjugé; et dès qu'ils voient sur les côtes de Coromandel des figures symboliques, ils ne manquent pas d'écrire que ce sont des portraits du diable, qu'ils sont dans son empire, qu'ils vont le

1375

1380

[207] L'année précédente, Guillaume-Thomas Raynal avait publié la première édition de l'*Histoire philosophique des établissements et du commerce des Européens dans les deux Indes* (6 vol., Amsterdam [Paris], 1770). Le livre 1 est intitulé 'Découvertes, guerres et conquêtes des Portugais dans les Indes Orientales'. Voltaire ignorait alors que Raynal était l'auteur de l'ouvrage. Dans l'article 'Ana, anecdotes' des *QE*, il l'accusa de 'contredire la vérité avec ignorance' en rapportant des 'contes' pillés ici ou là (*OCV*, t.38, p.285-86). Sur la page de titre de son propre exemplaire (BV2880), il inscrivit, rageur: 'déclamation remplie d'erreurs mal entassées' (*CN*, t.8). Il s'en excusa cinq ans plus tard, quand il apprit l'identité de l'auteur (D19748). Et Raynal supprima, dans l'édition définitive (Genève, 1780), l'un des 'contes' signalés par Voltaire (p.285 et n.9). Voltaire avait aussi deux exemplaires de l'ouvrage du jésuite Joseph-François Lafitau, *Histoire des découvertes et des conquêtes des Portugais dans le Nouveau Monde* (2 vol., Paris, 1733, BV1850 et 4 vol., Paris, 1734, BV1851; *CN*, t.5, p.121-23), outre l'inévitable *Histoire générale des voyages* (48 vol., Paris, 1746-1754, BV1645; *CN*, t.4, p.397-402), dont plusieurs volumes compilés par l'abbé Antoine-François Prévost concernent précisément les 'établissements' portugais (t.1-5, 10 et 11 de l'édition en 19 vol., Paris, 1746-1770). Voir Sylviane Albertan-Coppola, 'Les voyages portugais dans l'*Histoire générale des voyages* de l'abbé Prévost', *Dix-huitième siècle* 31 (1999), p.491-506.

[208] Les lignes 1373-96 sont un ajout des *QE* qui remplace une phrase de l'*Encyclopédie*.

[209] Voltaire utilisait les *Lettres choisies de S. François Xavier. Traduction nouvelle par un père de la Compagnie de Jésus* (Varsovie, 1739, BV1379) qu'il a annotées de façon critique (*CN*, t.3, p.657-59). Il les cite dans l'*EM*, ch.142 (éd. Pomeau, t.2, p.315) et dans *Dieu et les hommes*, ch.6 (*OCV*, t.69, p.301-303). Il a consacré un article des *QE* à 'François Xavier' (*OCV*, t.41, p.539-47).

[210] Par exemple, les missionnaires protestants danois: Johan Lucas Niecamp, *Histoire des voyages que les Danois ont fait dans les Indes orientales depuis l'an 1705 jusqu'à la fin de l'année 1736*, trad. Benjamin Gaudard, 3 vol. (Genève, 1745, BV2575).

combattre. Ils ne songent pas que c'est nous qui adorons le diable Mammon, [211] et qui lui allons porter nos vœux à six mille lieues de notre patrie pour en obtenir de l'argent.

Pour ceux qui se mettent dans Paris aux gages d'un libraire de la rue Saint-Jacques, et à qui l'on commande une histoire du Japon, du Canada, des îles Canaries, sur des mémoires de quelques capucins, je n'ai rien à leur dire. [212]

C'est assez qu'on sache que la méthode convenable à l'histoire de son pays n'est point propre à décrire les découvertes du nouveau monde, qu'il ne faut pas écrire fur une petite ville comme sur un grand empire; qu'on ne doit point faire l'histoire privée d'un prince comme celle de France ou d'Angleterre. [213]

Si vous n'avez autre chose à nous dire sinon qu'un barbare a succédé à un autre barbare sur les bords de l'Oxus et de l'Iaxarte, en quoi êtes-vous utile au public?

1385

1390

1395

1396-97   70, 71N, 71A: public? ¶La méthode convenable à l'histoire de votre pays n'est pas propre à écrire les découvertes du nouveau monde. Vous n'écrirez point sur une ville comme sur un grand empire; vous ne ferez point la vie d'un particulier comme vous écrirez l'histoire d'Espagne ou d'Angleterre. ¶Ces

---

[211] 'On ne peut servir à la fois Dieu et Mammon' (Matthieu 6:24). Mammon est le démon des richesses dans la Bible; il apparaît aussi dans *Le Paradis perdu* de Milton, un poème dont il est longuement question dans l'article 'Epopée' des *QE* (*OCV*, t.41, p.31-37).

[212] Voltaire ne se privait pas, néanmoins, de les posséder: il avait dans sa bibliothèque une partie de la compilation du jésuite François-Marie de Marsy, *Histoire moderne des Chinois, des Japonais, des Indiens, des Persans, des Turcs, des Russiens etc., pour servir de suite à l'Histoire ancienne de Monsieur Rollin* (8 vol., Paris, 1754-1760, BV2340) et le *Recueil d'observations curieuses sur les mœurs, les coutumes, les usages, les différentes langues, le gouvernement, la mythologie, la chronologie, la géographie ancienne et moderne, les cérémonies, la religion, les mécaniques, l'astronomie, la médecine, la physique particulière, l'histoire naturelle, le commerce, la navigation, les arts et les sciences de différents peuples de l'Asie, de l'Afrique et de l'Amérique* (4 vol., Paris, 1749, BV2885) compilés par l'abbé Claude-François Lambert, ancien jésuite, pour un libraire du quartier Saint-Jacques, Michel-Etienne II David, rue de la Harpe (Mellot et Queval, *Répertoire d'imprimeurs/libraires*, n° 1474).

[213] Paragraphe en partie réécrit. L'ordre de ce paragraphe et du suivant est inversé par rapport à l'*Encyclopédie*.

Ces règles sont assez connues; mais l'art de bien écrire l'histoire sera toujours très rare. On sait assez qu'il faut un style grave, pur, varié, agréable. Il en est des lois pour écrire l'histoire comme de celles de tous les arts de l'esprit; beaucoup de préceptes, et peu de grands artistes.[214]

1400

De l'histoire ecclésiastique de Fleuri[215]

J'ai vu un édifice d'or et de boue.[216] J'ai séparé l'or, et j'ai jeté la boue. Cette statue est l'histoire ecclésiastique compilée par Fleuri, ornée de quelques discours détachés, dans lesquels on voit briller des traits de liberté et de vérité, tandis que le corps de l'histoire est souillé de contes qu'une vieille femme rougirait de répéter aujourd'hui.

1405

C'est là que nous revoyons la légende de Théodore.[217] C'est ce Théodore dont on changea le nom en celui de Grégoire-Thaumaturge, qui dans sa jeunesse étant pressé publiquement par une fille de joie de lui payer l'argent de leurs rendez-vous, vrais ou faux, lui fait entrer le diable dans le corps pour son salaire. Saint Jean et la Sainte Vierge viennent ensuite de l'empyrée[218] expliquer à Théodore, Grégoire-Thaumaturge, les mystères du christianisme. Dès qu'il est instruit, il écrit une lettre au diable, la met sur un autel païen; la lettre est rendue à son adresse, et le diable fait ponctuellement ce que Grégoire lui a commandé. Au sortir de là

1410

1415

1401-50 K84, K12: artistes. / Section 5 / [*ajoutent l'article 'Histoire des rois Juifs, et Paralipomènes' du DP, suivi de Des mauvaises actions consacrées ou excusées, des Nouveaux Mélanges (1765)*] //

[214] Fin de l'autocitation de l'article 'Histoire' de l'*Encyclopédie*.
[215] Nouvelle section (lignes 1402-34) reprise du chapitre 3 du *Pyrrhonisme de l'histoire* (*OCV*, t.67, p.264-66). On y relève diverses réécritures du texte qui n'en changent pas le sens général.
[216] Dans *Le Pyrrhonisme de l'histoire*: 'J'ai vu une statue de boue dans laquelle l'artiste avait mêlé quelques feuilles d'or'.
[217] Phrase ajoutée dans les *QE*.
[218] Ajout des *QE*: 'de l'empyrée'.

il fait marcher des pierres comme Amphion. Il est pris pour juge par deux frères qui se disputaient un étang; et il sèche l'étang pour les accorder. [219] Il se change en arbre comme Prothée. Pour surcroît, il change encore en arbre son compagnon. [220] Il rencontre un charbonnier, nommé Alexandre, et le fait évêque. Voilà probablement l'origine de *la foi du charbonnier*.

C'est là que nous retrouvons ce saint Romain que Dioclétien fait jeter au feu, [221] qui en sort comme d'un bain. On lui coupe la langue, et il n'en parle que mieux.

C'est ce fameux [222] cabaretier chrétien nommé Théodote qui prie Dieu de faire mourir sept vierges chrétiennes de soixante et dix ans chacune, condamnées à coucher avec les jeunes gens de la ville d'Ancire. [223] L'abbé de Fleuri devait au moins s'apercevoir que les jeunes gens étaient plus condamnés qu'elles. Ce sont cent contes de cette force. (Voyez 'Miracles'. [224])

Tout cela se trouve dans le second tome de l'histoire de Fleuri; et tous ses volumes sont remplis de pareilles inepties. [225] Disons pour sa justification qu'il les rapporte comme il les a trouvées, et qu'il ne dit jamais qu'il les croie. Il savait trop que des absurdités monacales ne sont pas des articles de foi, et que la religion consiste dans

1420

1425

1430

1435

---

[219] Dans *Le Pyrrhonisme de l'histoire*: 'et pour les mettre d'accord il fait disparaître l'étang'.

[220] Phrase absente du *Pyrrhonisme de l'histoire*.

[221] La suite de ce paragraphe n'est pas dans le *Pyrrhonisme de l'histoire*, qui fournit en revanche une plus longue anecdote sur saint Romain, absente des *QE*.

[222] Adjectif ajouté dans les *QE*.

[223] La suite du paragraphe est l'une de ces notes humoristiques et un peu lestes qui ne déplaisent jamais au patriarche. De fait, Voltaire reprend presque mot pour mot des anecdotes tirées de Claude Fleury pour l'article 'Martyre' du *DP* (*OCV*, t.36, p.335-37). Il avait annoté passionnément son exemplaire de l'*Histoire ecclésiastique* (36 vol., Paris, 1719-1738, BV1350; *CN*, t.3, p.479-610).

[224] La dernière phrase et le renvoi à l'article 'Miracles' des *QE* remplacent ici la suite de l'anecdote qu'on trouve dans *Le Pyrrhonisme de l'histoire*.

[225] Dans *Le Pyrrhonisme de l'histoire*: 'pareils contes'; fin de l'autocitation. La suite est neuve: elle sera reprise dans les éditions de Kehl du *Pyrrhonisme de l'histoire* (K84, K12).

l'adoration de Dieu, dans une vie pure, dans les bonnes œuvres, et
non dans une crédulité imbécile pour des sottises du *Pédagogue
chrétien*.[226] Enfin, il faut pardonner au savant Fleuri d'avoir payé ce   1440
tribut honteux. Il en a fait une assez belle amende honorable par ses
discours.[227]

L'abbé de Longuerue dit, que lorsque Fleuri commença à écrire
l'Histoire ecclésiastique, il la savait fort peu.[228] Sans doute il
s'instruisit en travaillant; et cela est très ordinaire. Mais ce qui n'est   1445
pas ordinaire, c'est de faire des discours aussi politiques et aussi
sensés après avoir écrit tant de sottises. Aussi qu'est-il arrivé? On a
condamné à Rome ses excellents discours, et on y a très bien
accueilli ses stupidités. Quand je dis qu'elles y sont bien accueillies,
ce n'est pas qu'elles y soient lues; car on ne lit point à Rome.   1450

[226] Constamment réédité jusqu'au milieu du dix-neuvième siècle, un grand
classique jésuite par le P. Philippe d'Outreman (1625).

[227] Rédigé en 1690, le *Discours sur les libertés de l'Eglise gallicane* de Claude Fleury
(1640-1723) circula d'abord sous forme manuscrite, puis fut publié posthume,
supprimé comme 'libelle' par le Conseil d'Etat (9 septembre 1723) et mis à l'index
par Rome. Il a souvent été réédité séparément (1733, 1750, 1753 et 1765), mais aussi
dans les dix *Discours sur l'histoire ecclésiastique* (Paris, 1763, 1771). Voir Brigitte
Basdevant-Gaudemet, 'Autorité du pape, du roi ou des évêques d'après le *Discours
sur les libertés de l'Eglise gallicane* de Claude Fleury', *Revue historique de droit français
et étranger* 86, n° 4 (2008), p.523-38.

[228] 'Quand l'abbé Fleury se mit à écrire l'*Histoire ecclésiastique*, il n'en avait jamais
fait la moindre étude, non plus que de chronologie et de critique' (*Longueruana ou
recueil de pensées, de discours et de conversations de feu Monsieur Louis Dufour de
Longuerue, abbé de Sept-Fontaines et de Saint-Jean-du-Jard* (Berlin [Paris], 1754,
BV2164), p.253 (voir *CN*, t.5, p.443), avec un développement sur la méthode de
travail de Fleury; voir aussi p.196. Ce recueil d'*ana* sur Longuerue (1652-1733),
grand érudit et historien, avait été publié par Jacques de Guijon et Jacques-Philibert
Rousselot de Surgy.

HOMME

Pour connaître le physique de l'espèce humaine, il faut lire les
ouvrages d'anatomie, les articles du Dictionnaire encyclopédique
par M. Venel,[1] ou plutôt faire un cours d'anatomie.

Pour connaître l'homme qu'on appelle *moral*, il faut surtout
avoir vécu, et réfléchi.   5

4   70, 71N, 71A: *moral*, il faut lire l'article de M. Le Roi.[2] Il faut
5-6 70, 71N, 71A: et réfléchir. ¶Tous

* Voltaire envoie une partie de cet article à Richelieu le 11 juillet 1770, en notant:
'Lisez je vous prie cette page que je détache d'une feuille d'une encyclopédie de ma
façon. Elle m'est apportée dans le moment: c'est le commencement d'un article où
l'on réfute une partie des extravagances absurdes de Jean-Jacques. Je déteste
l'insolence d'une telle philosophie autant que vous la méprisez. Le système de
l'égalité m'a toujours paru d'ailleurs l'orgueil d'un fou' (D16508). Il s'agit en effet de
la troisième partie d'un article qui se divise en sept parties de longueur inégale.
Voltaire insiste d'abord sur la fragilité de l'être humain, surtout dans son premier
état, répondant ainsi à l'article 'Homme (Hist. nat.)' de l'*Encyclopédie* (t.8, p.257-61),
rédigé par Diderot, avant d'aborder la question des différentes races d'hommes. Sa
thèse a déjà été développée dans *La Philosophie de l'histoire* (*OCV*, t.59, p.92-95).
Inspiré par ses réflexions sur Jean-Jacques Rousseau, Voltaire consacre les quatre
dernières parties de l'article à la nature de l'homme: 'L'homme est-il né méchant?',
'De l'homme dans l'état de pure nature', 'Examen d'une pensée de Pascal sur
l'homme' et 'Réflexion générale sur l'homme'. Dans l'économie des *QE*, ce texte doit
être lu en parallèle avec l'article 'Femme' (*OCV*, t.41, p.343-58). L'article paraît en
septembre/octobre 1771 (70, t.7) et sera complété dans w68 par une mise au point
sur les relations entre Voltaire et Helvétius. Le 20 mai 1772 (D17751, à Charles-
Georges Le Roy), Voltaire cite quelques phrases de cet article dans la version des
éditions antérieures à w68 (voir le fac-similé du manuscrit ci-après).

[1] Allusion à Gabriel-François Venel (1723-1775), célèbre chimiste et médecin; à
partir du troisième volume de l'*Encyclopédie*, presque tous les articles concernant la
chimie, la pharmacie, la physiologie et la médecine sont de lui, dont justement
l'article 'Homme (Matière médicale)' (t.8, p.274). Sur Venel, voir F. A. Kafker et
S. Kafker, *The Encyclopedists as individuals* (*SVEC* 257, 1988), p.382-86.

[2] Allusion à l'article 'Homme (Morale)' de l'*Encyclopédie* (t.8, p.274-78), rédigé
par Charles-Georges Le Roy, qui commence ainsi: 'Ce mot n'a de signification
précise, qu'autant qu'il nous rappelle tout ce que nous sommes; mais ce que nous
sommes ne peut pas être compris dans une définition' (p.274). Cette allusion flatteuse

Dans les questions sur lenciclopedie dont il y a quatre
editions on trouve *cesmots* a larticle homme tome 1 page 92
   " pour connaitre lhomme quon appelle moral
   " il faut lire larticle de Mr le Roy
on trouve page 95 meme tome meme article
   " dessein peu extraordinaire quon a harcele
   " honni lerudé un philosophe de nos jours tres
   " estimable pour avoir dit que si les *hommes* navaient
   " pas demains ils nauraient pu batir des maisons
   " et travailler en tapisserie

Dans quatre ou cinq autres endroits *lauteur* on a pris tres vivement
le parti de m helvetius et il a ete le seul qui ait eu le
courage de condamner la persecution quelessus
le meme auteur a *rendu* fait plus d'une fois leloge de
Mr le Roy.
Pour recompense Mr le Roy *faiten* libelle contre lui
et l'accuse detre flateur des gens en place et ingrat
envers son bienfaiteur. cependant celui que Mr le Roy
outrage si cruellement est le seul qui ait donné des
marques publiques de sa reconnaissance inviolable pour
le seigneur genereux dont mr le Roy entend parler.
il est a croire que si mr le Roy avait ete mieux informé
il naurait point fait cet outrage a un homme
dont il navait qua se louer, etilest a croire encore
que s'il reflechit sur son procedé, il en aura
quelque regret

Manuscrit autographe de D17751 (inconnu à Besterman)
concernant l'article 'Homme' (*Recueil d'ouvrages et fragments
autographes de Mr de Voltaire*, Genève, ImV: MS01, f.105r)

Tous les livres de morale ne sont-ils pas renfermés dans ces paroles de Job? *Homo natus de muliere, brevi vivens tempore, repletur multis miseriis, qui quasi flos egreditur, et conteritur, et fugit velut umbra.* [3] L'homme né de la femme vit peu; il est rempli de misères; il est comme une fleur qui s'épanouit, se flétrit, et qu'on écrase; il   10
passe comme une ombre.

Nous avons déjà vu que la race humaine n'a qu'environ vingt-deux ans à vivre, en comptant ceux qui meurent sur le sein de leurs nourrices, et ceux qui traînent jusqu'à cent ans les restes d'une vie imbécile et misérable. (Voyez 'Age'. [4])   15

C'est un bel apologue que cette ancienne fable du premier homme, qui était destiné d'abord à vivre vingt ans tout au plus: ce qui se réduisait à cinq ans, en évaluant une vie avec une autre. L'homme était désespéré; il avait auprès de lui une chenille, un papillon, un paon, un cheval, un renard, et un singe.   20

Prolonge ma vie, dit-il à Jupiter; je vaux mieux que tous ces animaux-là: il est juste que moi et mes enfants nous vivions très longtemps, pour commander à toutes les bêtes. Volontiers, dit Jupiter; mais je n'ai qu'un certain nombre de jours à partager entre tous les êtres à qui j'ai accordé la vie. Je ne puis te donner, qu'en   25

à Le Roy est supprimée dès l'édition w68 des *QE* en 1774, deux ans après la publication des *Réflexions sur la jalousie* de Le Roy. Voltaire a réagi avec la *Lettre sur un écrit anonyme*, qu'il date du 20 avril 1772 (*OCV*, t.74A, p.181-89). Dans une lettre qu'il adressa à Le Roy le 20 mai (D17751), il cite cette phrase, ainsi que les lignes 83-86 (voir le manuscrit reproduit ci-dessus, et ci-dessous, n.11).

[3] Job 14:1-2.

[4] *OCV*, t.38, p.125-32. Voir aussi la fin de l'article 'Lèpre et vérole' des *QE*. Dans l'article 'Bien' des articles du fonds de Kehl, Voltaire constate: 'La nature a donné à l'homme environ vingt-deux ans de vie l'un portant l'autre, c'est-à-dire que de mille enfants nés dans un mois, les uns étant morts au berceau, les autres ayant vécu jusqu'à trente ans, d'autres jusqu'à cinquante, quelques-uns jusqu'à quatre-vingts, faites ensuite une règle de compagnie, vous trouverez environ vingt-deux ans pour chacun' (*M*, t.17, p.580); voir aussi le seizième entretien de *L'A.B.C.* (*OCV*, t.65A, p.328) et le chapitre 'Aventure avec un Carme' de *L'Homme aux quarante écus* (*OCV*, t.66, p.325). Selon l'article 'Homme (Hist. nat.)' de l'*Encyclopédie*, rédigé par Diderot, 'en général l'homme qui ne meurt pas par intempérie ou par accident, vit partout quatre-vingt-dix ou cent ans' (t.8, p.260).

retranchant aux autres. Car ne t'imagine pas, parce que je suis
Jupiter, que je sois infini et tout-puissant. J'ai ma nature et ma
mesure. Ça, je veux bien t'accorder quelques années de plus, en les
ôtant à ces six animaux dont tu es jaloux, à condition que tu auras
successivement leurs manières d'être. L'homme sera d'abord   30
chenille, en se traînant, comme elle, dans sa première enfance. Il
aura jusqu'à quinze ans la légèreté d'un papillon; dans sa jeunesse la
vanité d'un paon. Il faudra dans l'âge viril, qu'il subisse autant de
travaux que le cheval. Vers les cinquante ans, il aura les ruses du
renard; et dans sa vieillesse, il sera laid et ridicule comme un singe. 35
C'est assez là en général le destin de l'homme.

Remarquez encore que, malgré les bontés de Jupiter, cet animal,
toute compensation faite, n'ayant que vingt-deux à vingt-trois ans
à vivre tout au plus, en prenant le genre humain en général, il en
faut ôter le tiers pour le temps du sommeil, pendant lequel on est   40
mort; reste à quinze, ou environ: de ces quinze retranchons au
moins huit pour la première enfance, qui est, comme on l'a dit, le
vestibule de la vie. Le produit net sera sept ans; de ces sept ans la
moitié, au moins, se consume dans les douleurs de toute espèce;
pose trois ans et demi pour travailler, s'ennuyer et pour avoir un   45
peu de satisfaction: et que de gens n'en ont point du tout! Eh bien,
pauvre animal, feras-tu encore le fier? [5]

Malheureusement, dans cette fable, Dieu oublia d'habiller cet
animal comme il avait vêtu le singe, le renard, le cheval, le paon, et
jusqu'à la chenille. L'espèce humaine n'eut que sa peau rase, qui   50

47-48   K84, K12: fier? [*avec note*: Voyez l'*Homme aux quarante écus*. [6] Romans,
t.2.] ¶Malheureusement,

[5] Il est à noter qu'une version anglaise de l'apologue (lignes 16-47) apparaît dans
le *Universal Magazine* en mai 1773 sous le titre 'The life of man: an apologue'
(p.236).
[6] Allusion au chapitre 'Entretien avec un géomètre' de *L'Homme aux quarante
écus* (*OCV*, t.66, p.306-307). Le personnage du géomètre est calqué sur Antoine
Deparcieux (1703-1768), auteur d'un *Essai sur les probabilités de la durée de la vie
humaine* (Paris, 1746, BV984), dans lequel il constate que la moyenne durée de vie de
l'homme est de vingt-deux à vingt-trois ans (p.69-70; *CN*, t.3, p.77).

continuellement exposée au soleil, à la pluie, à la grêle, devint gercée, tannée, truitée. [7] Le mâle dans notre continent, fut défiguré par des poils épars sur son corps, qui le rendirent hideux sans le couvrir. Son visage fut caché sous ses cheveux. Son menton devint un sol raboteux, qui porta une forêt de tiges menues, dont les 55 racines étaient en haut, et les branches en bas. Ce fut dans cet état, et d'après cette image, que cet animal osa peindre Dieu, quand dans la suite des temps il apprit à peindre.

La femelle, étant plus faible, [8] devint encore plus dégoûtante et plus affreuse dans sa vieillesse. L'objet de la terre le plus hideux est 60 une décrépite. Enfin, sans les tailleurs et les couturières, l'espèce humaine n'aurait jamais osé se montrer devant les autres. [9] Mais avant d'avoir des habits, avant même de savoir parler, il dut s'écouler bien des siècles. Cela est prouvé: mais il faut le redire souvent. 65

Cet animal non civilisé, abandonné à lui-même, dut être le plus sale et le plus pauvre de tous les animaux.

> Mon cher Adam, mon gourmand, mon bon père,
> Que faisais-tu dans les jardins d'Eden?
> Travaillais-tu pour ce sot genre humain? 70
> Caressais-tu madame Eve ma mère?
> Avouez-moi que vous aviez tous deux
> Les ongles longs, un peu noirs et crasseux,
> La chevelure assez mal ordonnée,
> Le teint bruni, la peau rude et tannée. 75
> Sans propreté l'amour le plus heureux
> N'est plus amour, c'est un besoin honteux.
> Bientôt lassés de leur belle aventure,
> Dessous un chêne ils soupent galamment

---

[7] Selon le *Dictionnaire de l'Académie*, ce mot 'n'est guère d'usage qu'en parlant de certains chevaux ou certains chiens dont le poil est marqué de la sorte' (2 vol., Paris, 1762, t.2, p.888).

[8] Selon l'article 'Homme (Hist. nat.)' de l'*Encyclopédie*, 'la femme n'est pas à beaucoup près aussi vigoureuse que l'homme' (t.8, p.260). A comparer également avec l'article 'Femme' des *QE* (*OCV*, t.41, p.343).

[9] Voir *Le Marseillois et le lion* (*OCV*, t.66, p.748-49).

Avec de l'eau, du millet et du gland. 80
Le repas fait, ils dorment sur la dure.
Voilà l'état de la pure nature. [10]

Il est un peu extraordinaire qu'on ait harcelé, honni, levraudé un
philosophe de nos jours très estimable, l'innocent, le bon Helvétius, pour avoir dit que si les hommes n'avaient pas de mains ils 85
n'auraient pu bâtir des maisons et travailler en tapisserie de haute
lice. [11] Apparemment que ceux qui ont condamné cette proposition

84-85   70, 71N, 71A: estimable, pour
85   K84, K12: pas des mains

[10] *Le Mondain*, vers 46-60 (*OCV*, t.16, p.297-99).
[11] Tout comme dans l'article 'Lettres, gens de lettres ou lettrés' du *DP* (*OCV*,
t.36, p.287), Voltaire fait allusion ici à *De l'esprit* (1758) d'Helvétius, discours 1, ch.1:
'Si la nature, au lieu de mains et de doigts flexibles, eût terminé nos poignets par un
pied de cheval; qui doute que les hommes, sans art, sans habitations, sans défense
contre les animaux, tout occupés du soin de pourvoir à leur nourriture et d'éviter les
bêtes féroces, ne fussent encore errants dans les forêts comme des troupeaux
fugitifs?' (Paris, 1758, p.2, BV1609; *CN*, t.4, p.280). Sur les condamnations du
parlement, de la Sorbonne et des instances royales dont souffrit *De l'esprit* en 1758,
voir D. W. Smith, *Helvétius: a study in persecution* (Oxford, 1965), p.38-44. En 1772
sont publiées les *Réflexions sur la jalousie, pour servir de commentaire aux derniers
ouvrages de M. de Voltaire* (Amsterdam [Paris], 1772) de Charles-Georges Le Roy,
satire mordante dans laquelle Le Roy, ami d'Helvétius, accuse Voltaire vieilli d'être
devenu, par jalousie, 'l'ennemi de tous les gens célèbres, uniquement à cause de leur
célébrité' (p.8), et de n'attaquer, parmi les auteurs renommés, que 'ceux qui étaient
morts ou, parmi les vivants, ceux qu'il a su disposés par caractère et par principes à
garder le silence sur ses satires, et même à les mépriser' (p.9); parmi les auteurs morts,
Le Roy cite Helvétius et, à l'appui, l'article 'Quisquis' des *QE*, dans lequel Voltaire
critique plusieurs passages de *De l'esprit* (p.20). Dans sa réponse à Le Roy, Voltaire
cite les lignes 83-86 de l'article 'Homme' dans la version des éditions antérieures à
w68 (voir la variante, et le manuscrit reproduit p.261) pour renforcer sa réfutation
des *Réflexions* et il note que Le Roy 'fait un libelle contre lui [Voltaire] [...] cependant
celui que M. le Roy outrage si cruellement est le seul qui ait donné des marques
publiques de sa reconnaissance inviolable pour le seigneur généreux [Helvétius] dont
Mr le Roy entend parler' (D17751; *OCV*, t.74A, p.191). La lettre porte la date du
20 avril 1772; le 29 avril, Voltaire demande à d'Argental le nom de 'l'ancien associé
d'Helvétius' qui est l'auteur des *Réflexions* (D17717); et dans une lettre adressée au
censeur Marin, que Besterman date du 15 mai, Voltaire mentionne sa 'réponse à M.
Le Roy' (D17740). Il reviendra sur les *Réflexions* dans une lettre à Saurin du

ont un secret pour couper les pierres et les bois, et pour travailler à l'aiguille avec les pieds.

J'aimais l'auteur du livre de *l'Esprit*. Cet homme valait mieux que tous ses ennemis ensemble; mais je n'ai jamais approuvé ni les erreurs de son livre, ni les vérités triviales qu'il débite avec emphase.[12] J'ai pris son parti hautement, quand des hommes absurdes l'ont condamné pour ces vérités mêmes.[13] 90

Je n'ai point de terme pour exprimer l'excès de mon mépris pour ceux qui, par exemple, ont voulu proscrire magistralement cette proposition, *Les Turcs peuvent être regardés comme des déistes*.[14] Eh! 95

89-106   70, 71N, 71A: pieds. ¶De

---

14 décembre 1772: 'J'ai toujours sur le cœur la belle tracasserie que m'a faite ce M. Le Roy sur le livre De l'Esprit. Vous savez que j'aimais l'auteur [Helvétius]; vous savez que je fus le seul qui osai m'élever contre ses juges, et les traiter d'injustes et d'extravagants comme ils le méritaient assurément' (D18084). Voir aussi à ce sujet la lettre que Le Roy adresse à Pierre-Michel Hennin le 26 mai 1772 (*Correspondance générale d'Helvétius*, éd. David Smith et al., 5 vol., Toronto et Buffalo, 1981-2004, t.3, p.405-10).

[12] Les réactions de Voltaire dans sa correspondance (voir D7912 et D7996, à Thiriot), la proposition qu'il fit à Helvétius le 16 juillet 1760 de corriger son texte dans une seconde édition (D9069) et ses nombreuses notes marginales sur son exemplaire (*CN*, t.4, p.279-326), illustrent parfaitement ce propos.

[13] Voltaire reprendra cette défense dans sa lettre à Saurin du 14 décembre 1772: 'Je pris son parti hautement, et quand il a fallu depuis analyser son livre, je l'ai critiqué très doucement' (D18084); et dans sa lettre à Condorcet du 28 janvier 1772, écrite après la mort d'Helvétius, il observe: 'Je n'aimais point du tout son livre, mais j'aimais sa personne' (D17572). Voltaire avait commandé un exemplaire de *De l'esprit* à Thiriot le 17 septembre 1758 (D7864). Le 18 octobre suivant, il lui déclare, en se référant à Helvétius: 'Ce sont des philosophes incapables de nuire qu'on persécute', et il dit se demander qui avait 'animé les fanatiques' contre lui, puisque dans son ouvrage 'il y a beaucoup de bon, et je n'y vois rien de dangereux' (D7912); d'autre part, il allait offrir à Helvétius un refuge à Ferney. Mais on ne sache pas que Voltaire se soit élevé contre les juges d'Helvétius pendant l'affaire *De l'esprit*, du moins dans ses écrits; le seul philosophe à avoir publié des ouvrages consacrés à la défense d'Helvétius au cours de cette période a été Le Roy: voir D. W. Smith, *Helvétius*, p.87-89.

[14] Helvétius, *De l'esprit*, discours 2, ch.24: 'L'exemple des turcs qui, dans leur religion, admettent le dogme de la nécessité, principe destructif de toute religion, et qui peuvent, en conséquence, être regardés comme des déistes' (p.233). Cette proposition figure dans la censure du livre que fit la Sorbonne.

cuistres, comment voulez-vous donc qu'on les regarde? comme
des athées, parce qu'ils n'adorent qu'un seul Dieu.

Vous condamnez cette autre proposition-ci: *L'homme d'esprit*   100
sait que les hommes sont ce qu'ils doivent être, que toute haine contre
eux est injuste, qu'un sot porte des sottises comme un sauvageon porte
des fruits amers.[15] Ah! sauvageons de l'école, vous persécutez un
homme parce qu'il ne vous hait pas.

Laissons là l'école et poursuivons.   105

De la raison, des mains industrieuses, une tête capable de
généraliser des idées, une langue assez souple pour les exprimer,
ce sont là les grands bienfaits accordés par l'Etre suprême à
l'homme, à l'exclusion des autres animaux.

Le mâle, en général, vit un peu moins longtemps que la femelle.   110

Il est toujours plus grand, proportion gardée. L'homme de la
plus haute taille a d'ordinaire deux ou trois pouces par-dessus la
plus grande femme.

Sa force est presque toujours supérieure, il est plus agile; et ayant
tous les organes plus forts, il est plus capable d'une attention   115
suivie.[16] Tous les arts ont été inventés par lui et non par la femme.
On doit remarquer que ce n'est pas le feu de l'imagination, mais la
méditation persévérante et la combinaison des idées qui ont fait
inventer les arts, comme les mécaniques, la poudre à canon,
l'imprimerie, l'horlogerie, etc.   120

L'espèce humaine est la seule qui sache qu'elle doit mourir,[17] et
elle ne le sait que par l'expérience. Un enfant élevé seul et
transporté dans une île déserte, ne s'en douterait pas plus qu'une
plante et un chat.

---

[15] Helvétius, *De l'esprit*, discours 2, ch.10 (p.114).

[16] Voir à ce propos le premier chapitre de *Dieu et les hommes*: 'Les femmes pour
l'ordinaire, nées avec des organes plus déliés et moins robustes que les hommes, sont
plus artificieuses et moins barbares' (*OCV*, t.69, p.275), et l'article 'Femme' des *QE*
(*OCV*, t.41, p.343-58).

[17] Voltaire constate dans ses *Carnets*: 'L'homme est le seul animal qui sache qu'il
doit mourir. Triste connaissance, mais nécessaire, puisqu'il a des idées. Il y a donc
des malheurs attachés nécessairement à la condition de l'homme' (*OCV*, t.82, p.502).

Un homme à singularités (*a*) a imprimé que le corps humain est   125
un fruit qui est vert jusqu'à la vieillesse, et que le moment de la mort
est la maturité. [18] Etrange maturité que la pourriture et la cendre! la
tête de ce philosophe n'était pas mûre. Combien la rage de dire des
choses nouvelles a-t-elle fait dire de choses extravagantes!

Les principales occupations de notre espèce sont le logement, la   130
nourriture et le vêtement; tout le reste est accessoire: et c'est ce
pauvre accessoire qui a produit tant de meurtres et de ravages.

Différentes races d'hommes

Nous avons vu ailleurs combien ce globe porte de races d'hommes
différentes, et à quel point le premier nègre et le premier blanc qui
se rencontrèrent, durent être étonnés l'un de l'autre. [19]   135

Il est même assez vraisemblable, que plusieurs espèces
d'hommes et d'animaux trop faibles ont péri. C'est ainsi qu'on
ne retrouve plus de murex, dont l'espèce a été dévorée probablement par d'autres animaux, qui vinrent après plusieurs siècles sur
les rivages habités par ce petit coquillage. [20]   140

Saint Jérôme, dans son *Histoire des Pères du désert*, parle d'un

(*a*) Maupertuis.

[18] Allusion à la onzième des lettres de Maupertuis ('Sur l'art de prolonger la vie'),
où Maupertuis compare le corps humain à une 'machine végétante [...] dont les
parties sont susceptibles de développement et d'augmentation; et qui, dès qu'elle a
été une fois mise en mouvement, tend continuellement à un certain point de maturité.
Cette maturité n'est point l'âge de la force, n'est pas l'âge viril, c'est la mort. [...] Le
dernier effet de la végétation et de la vie, est la mort' (*Œuvres*, 4 vol., Lyon, 1756, t.2,
p.310-11), et à laquelle Voltaire fait également allusion dans son *Histoire du docteur
Akakia* (*M*, t.23, p.564). Dans son édition des *Lettres* (Dresde, 1752, BV2358),
Voltaire plaça un signet pour marquer ce passage (*CN*, t.5, p.532). Les *Lettres* de
Maupertuis, publiées pour la première fois en 1752, furent très critiquées par Voltaire,
dont les attaques contre Maupertuis ne font que se multiplier à partir de 1767.

[19] Allusion au chapitre 1 du *Traité de métaphysique* (*OCV*, t.14, p.420-23).

[20] Voltaire semble se tromper sur le murex: voir l'article 'Chaîne des êtres créés'
du *DP* (*OCV*, t.35, p.516).

centaure qui eut une conversation avec saint Antoine l'ermite. Il rend compte ensuite d'un entretien beaucoup plus long, que le même Antoine eut avec un satyre.[21]

Saint Augustin, dans son XXXIIIe sermon, intitulé, *A ses frères dans le désert*, dit des choses aussi extraordinaires que Jérôme. 'J'étais déjà évêque d'Hippone quand j'allai en Ethiopie avec quelques serviteurs du Christ pour y prêcher l'Evangile. Nous vîmes dans ce pays beaucoup d'hommes et de femmes sans tête, qui avaient deux gros yeux sur la poitrine; nous vîmes dans des contrées encore plus méridionales, un peuple qui n'avait qu'un œil au front, etc.'[22]

Apparemment qu'Augustin et Jérôme parlaient alors par économie; ils augmentaient les œuvres de la création pour manifester davantage les œuvres de Dieu. Ils voulaient étonner les hommes par des fables, afin de les rendre plus soumis au joug de la foi. (Voyez 'Economie'.[23])

Nous pouvons être de très bons chrétiens sans croire aux centaures, aux hommes sans tête, à ceux qui n'avaient qu'un œil ou qu'une jambe, etc. Mais nous ne pouvons douter que la structure intérieure d'un nègre ne soit différente de celle d'un blanc, puisque le réseau muqueux ou graisseux est blanc chez les uns, et noir chez les autres. Je vous l'ai déjà dit; mais vous êtes sourds.[24]

[21] Allusion aux rencontres de saint Antoine rapportées dans la vie de saint Paul, premier ermite, par saint Jérôme: saint Antoine, qui chemine dans le désert, rencontre d'abord un centaure qui lui indique son chemin, puis un petit homme au nez crochu et courbé, le front cornu et ayant des pieds de chèvre (*Les Vies et les miracles des Saints Pères ermites*, trad. R. Gautier, Rouen, 1687, p.8-9). Voltaire, qui juge saint Jérôme comme un fanatique, ironise à plusieurs reprises sur ces histoires de satyres et de centaures: voir l'article 'Babel' du *DP* (*OCV*, t.35, p.393) et *Les Lois de Minos* (*OCV*, t.73, p.182).

[22] Citation tirée du sermon 37 des *Sermones ad fratres in eremo commorantes*, recueil de cinquante sermons apocryphes faussement attribués à saint Augustin: voir *Patrologia latina*, t.40, col.1304.

[23] Voltaire renvoie à l'article 'Economie de paroles' des *QE* (*OCV*, t.40, p.608-16).

[24] Allusion à l'*EM*, ch.141 (éd. Pomeau, t.2, p.305-306), où Voltaire se réfère aux expériences de Frederick Ruysch; voir aussi l'article 'Anatomie' des *QE* (*OCV*, t.38, p.326-27) et ci-dessous l'article 'Ignorance'.

Les albinos et les Dariens, les premiers originaires de l'Afrique, et les seconds du milieu de l'Amérique, sont aussi différents de nous que les nègres. [25] Il y a des races jaunes, rouges, grises. Nous avons déjà vu que tous les Américains sont sans barbe et sans aucun poil sur le corps, excepté les sourcils et les cheveux. [26] Tous sont également hommes; mais comme un sapin, un chêne et un poirier sont également arbres; le poirier ne vient point du sapin, et le sapin ne vient point du chêne.

Mais d'où vient qu'au milieu de la mer Pacifique, dans une île nommée Taïti, les hommes sont barbus? C'est demander pourquoi nous le sommes, tandis que les Péruviens, les Mexicains et les Canadiens ne le sont pas. C'est demander pourquoi les singes ont des queues, et pourquoi la nature nous a refusé cet ornement, qui du moins est parmi nous d'une rareté extrême. [27]

165

170

175

[25] Sur les albinos et les Dariens, voir aussi l'*EM*, ch.143, 146 (éd. Pomeau, t.2, p.319, 342) et *La Philosophie de l'histoire*, ch.2, 8 (*OCV*, t.59, p.93, 117); sur les albinos, voir également l'article 'Nègres blancs' de l'*Encyclopédie* (t.11, p.79), ainsi que la *Relation touchant à un maure blanc, amené d'Afrique à Paris en 1744* (*OCV*, t.28B, p.197-200).

[26] Voir l'article 'Barbe' des *QE* (*OCV*, t.39, p.319-21). Voir aussi *Des singularités de la nature*, ch.36 (*M*, t.27, p.185), où Voltaire cite également le *Telliamed ou entretiens d'un philosophe indien avec un missionnaire français sur la diminution de la mer, la formation de la Terre, l'origine de l'homme, etc.* (Bâle, 1749) de Benoît de Maillet; voir aussi *La Défense de mon oncle*, ch.18 (*OCV*, t.64, p.233).

[27] Dans le chapitre 36, 'Des monstres et des races diverses', des *Singularités de la nature*, Voltaire consacre un paragraphe à ces 'hommes à queue' qui auraient été vus dans les îles Philippines et les Marianes par les missionnaires jésuites et par Benoît de Maillet (*M*, t.27, p.186). Jan Janszoon Struys prétend également en avoir vus (Michèle Duchet, *Anthropologie et histoire au siècle des Lumières*, Paris, 1971, p.249). Or Voltaire possède deux éditions des *Voyages de Jean Struys en Moscovie, en Tartarie, en Perse, aux Indes et en plusieurs autres pays étrangers* (Amsterdam, 1681, BV3216 et 3 vol., Amsterdam, 1730, BV3217). Effectivement, à Formose, l'auteur raconte qu'un missionnaire s'étant écarté de leur groupe fut assassiné et que le meurtrier, condamné à être brûlé, était un homme à queue: 'Il fut attaché à un poteau où il demeura quelques heures avant l'exécution; ce fut alors que je vis ce que jusque-là je n'avais pu croire; sa queue était longue de plus d'un pied, toute couverte d'un poil roux et fort semblable à celle d'un bœuf'. Le condamné leur explique que cet appendice vient du climat et que tous les habitants du sud de l'île en sont pourvus (*Les Voyages de Jean Struys*, ch.10, 3 vol., Lyon, 1684, t.1, p.154).

Les inclinations, les caractères des hommes diffèrent autant que leurs climats et leurs gouvernements. Il n'a jamais été possible de composer un régiment de Lappons et de Samoyèdes,[28] tandis que les Sibériens leurs voisins, deviennent des soldats intrépides.

Vous ne parviendrez pas davantage à faire de bons grenadiers d'un pauvre Darien ou d'un albino. Ce n'est pas parce qu'ils ont des yeux de perdrix; ce n'est pas parce que leurs cheveux et leurs sourcils sont de la soie la plus fine et la plus blanche: mais c'est parce que leurs corps, et par conséquent leur courage est de la plus extrême faiblesse. Il n'y a qu'un aveugle, et même un aveugle obstiné qui puisse nier l'existence de toutes ces différentes espèces. Elle est aussi grande et aussi remarquable que celles des singes.

Que toutes les races d'hommes ont toujours vécu en société

Tous les hommes qu'on a découverts dans les pays les plus incultes et les plus affreux, vivent en société comme les castors, les fourmis, les abeilles, et plusieurs autres espèces d'animaux.

On n'a jamais vu de pays où ils vécussent séparés, où le mâle ne se joignît à la femelle que par hasard, et l'abandonnât le moment d'après par dégoût; où la mère méconnût ses enfants après les avoir élevés, où l'on vécût sans famille et sans aucune société. Quelques mauvais plaisants ont abusé de leur esprit jusqu'au point de hasarder le paradoxe étonnant que l'homme est originairement fait pour vivre seul comme un loup-cervier, et que c'est la société

180

185

190

195

[28] Il s'agit pour Voltaire des peuples les plus primitifs de la terre: voir *La Philosophie de l'histoire*, ch.3 (*OCV*, t.59, p.96) et les articles 'Armes, armées, etc.' et 'Du droit de la guerre' des *QE* (*OCV*, t.39, p.18; t.40, p.574), où il est question aussi des peuples du Kamtchatka, auxquels Voltaire se réfère plus loin dans cet article (lignes 382-94) ainsi que dans l'*Histoire de l'empire de Russie sous Pierre le Grand*, ch.1 (*OCV*, t.46, p.460-79).

qui a dépravé la nature. [29] Autant vaudrait-il dire que dans la mer 200
les harengs sont originairement faits pour nager isolés, et que c'est
par un excès de corruption qu'ils passent en troupe de la mer
Glaciale sur nos côtes. [30] Qu'anciennement les grues volaient en
l'air chacune à part, et que par une violation du droit naturel elles
ont pris le parti de voyager en compagnie. 205

Chaque animal a son instinct; et l'instinct de l'homme, fortifié
par la raison, le porte à la société comme au manger et au boire.
Loin que le besoin de la société ait dégradé l'homme, c'est
l'éloignement de la société qui le dégrade. Quiconque vivrait
absolument seul perdrait bientôt la faculté de penser et de 210
s'exprimer; il serait à charge à lui-même; il ne parviendrait qu'à
se métamorphoser en bête. L'excès d'un orgueil impuissant qui
s'élève contre l'orgueil des autres, peut porter une âme mélanco-
lique à fuir les hommes. C'est alors qu'elle s'est dépravée. Elle s'en
punit elle-même. Son orgueil fait son supplice; elle se ronge dans la 215
solitude du dépit secret d'être méprisée et oubliée; elle s'est mise
dans le plus horrible esclavage pour être libre. [31]

On a franchi les bornes de la folie ordinaire jusqu'à dire, *qu'il
n'est pas naturel qu'un homme s'attache à une femme pendant les neuf
mois de sa grossesse; l'appétit satisfait*, dit l'auteur de ces paradoxes, 220
*l'homme n'a plus besoin de telle femme, ni la femme de tel homme;
celui-ci n'a pas le moindre souci, ni peut-être la moindre idée des suites
de son action. L'un s'en va d'un côté, l'autre de l'autre; et il n'y a pas
d'apparence qu'au bout de neuf mois ils aient la mémoire de s'être*

---

[29] Allusion à la première partie du *Discours sur l'origine de l'inégalité* (1755) de
Jean-Jacques Rousseau, dans lequel il constate: 'Il est impossible d'imaginer
pourquoi dans cet état primitif un homme aurait plutôt besoin d'un autre homme
qu'un singe ou un loup de son semblable, ni, ce besoin supposé, quel motif pourrait
engager l'autre à y pourvoir, ni même, en ce dernier cas, comment ils pourraient
convenir entre eux des conditions' (*Œuvres complètes*, éd. B. Gagnebin et
M. Raymond, 5 vol., Paris, 1959-1995, t.3, p.151).

[30] Echo du *Traité de métaphysique*, ch.8 (*OCV*, t.14, p.468).

[31] Voltaire détourne le célèbre commencement de *Du contrat social* de Rousseau:
'L'homme est né libre, et partout il est dans les fers' (*Œuvres complètes*, t.3, p.351). Ce
portrait du solitaire par orgueil désigne Jean-Jacques.

connus. Pourquoi la secourra-t-il après l'accouchement? pourquoi lui   225
aidera-t-il à élever un enfant qu'il ne sait pas seulement lui appartenir? [32]

Tout cela est exécrable; mais heureusement rien n'est plus faux.
Si cette indifférence barbare était le véritable instinct de la nature,
l'espèce humaine en aurait presque toujours usé ainsi. L'instinct est
immuable; ses inconstances sont très rares. Le père aurait toujours   230
abandonné la mère; la mère aurait abandonné son enfant, et il y
aurait bien moins d'hommes sur la terre qu'il n'y a d'animaux
carnassiers: car les bêtes farouches mieux pourvues, mieux armées,
ont un instinct plus prompt, des moyens plus sûrs, et une nourriture
plus assurée que l'espèce humaine.   235

Notre nature est bien différente de l'affreux roman que cet
énergumène a fait d'elle. Excepté quelques âmes barbares entièrement abruties, ou peut-être un philosophe plus abruti encore, les
hommes les plus durs aiment par un instinct dominant l'enfant qui
n'est pas encore né, le ventre qui le porte, et la mère qui redouble   240
d'amour pour celui dont elle a reçu dans son sein le germe d'un être
semblable à elle. [33]

L'instinct des charbonniers de la Forêt-noire leur parle aussi
haut, les anime aussi fortement en faveur de leurs enfants, que
l'instinct des pigeons et des rossignols les force à nourrir leurs   245
petits. [34] On a donc bien perdu son temps à écrire ces fadaises
abominables.

Le grand défaut de tous ces livres à paradoxes, n'est-il pas de
supposer toujours la nature autrement qu'elle n'est? Si les satires de
l'homme et de la femme, écrites par Boileau, n'étaient pas des   250
plaisanteries, elles pècheraient par cette faute essentielle de supposer
tous les hommes fous et toutes les femmes impertinentes. [35]

[32] Rousseau, *Discours sur l'origine de l'inégalité*, note sur la première partie
(*Œuvres complètes*, t.3, p.217).

[33] Fin décembre 1764, dans *Le Sentiment des citoyens*, Voltaire a révélé au public
l'abandon des enfants de Rousseau.

[34] Echo de *La Philosophie de l'histoire*, ch.7 (*OCV*, t.59, p.112-13).

[35] Dans son *Mémoire sur la satire* de 1739, Voltaire consacre une section 'De
Despréaux' aux *Satires* de Boileau (*OCV*, t.20A, p.169-73). Grand admirateur de
l'*Art poétique*, Voltaire manifeste des réticences à l'égard des *Satires* (voir O. Ferret,

Le même auteur ennemi de la société, semblable au renard sans queue, qui voulait que tous ses confrères se coupassent la queue, [36] s'exprime ainsi d'un style magistral.   255

'Le premier qui ayant enclos un terrain, s'avisa de dire, *ceci est à moi*, et trouva des gens assez simples pour le croire, fut le vrai fondateur de la société civile. Que de crimes, de guerres, de meurtres, que de misères et d'horreurs n'eût point épargné au genre humain celui qui arrachant les pieux ou comblant le fossé, eût 260 crié à ses semblables, Gardez-vous d'écouter cet imposteur; vous êtes perdus si vous oubliez que les fruits sont à tous, et que la terre n'est à personne!' [37]

Ainsi, selon ce beau philosophe, un voleur, un destructeur aurait été le bienfaiteur du genre humain, et il aurait fallu punir un 265 honnête homme qui aurait dit à ses enfants: 'Imitons notre voisin, il a enclos son champ, les bêtes ne viendront plus le ravager; son terrain deviendra plus fertile; travaillons le nôtre comme il a travaillé le sien, il nous aidera et nous l'aiderons. Chaque famille cultivant son enclos, nous serons mieux nourris, plus sains, plus 270 paisibles, moins malheureux. Nous tâcherons d'établir une justice distributive qui consolera notre pauvre espèce, et nous vaudrons mieux que les renards et les fouines à qui cet extravagant veut nous faire ressembler.'

Ce discours ne serait-il pas plus sensé et plus honnête que celui 275 du fou sauvage qui voulait détruire le verger du bonhomme?

Quelle est donc l'espèce de philosophie qui fait dire des choses que le sens commun réprouve du fond de la Chine jusqu'au Canada? N'est-ce pas celle d'un gueux qui voudrait que tous les

---

'Voltaire et Boileau', *Voltaire et le Grand Siècle*, éd. J. Dagen et A.-S. Barrovecchio, *SVEC* 2006:10, p.205-22, ici p.209-12). Pourtant Voltaire les cite bien souvent.

[36] Allusion aux *Fables* de La Fontaine, livre 5, fable 5, 'Le renard ayant la queue coupée'.

[37] Rousseau, *Discours sur l'origine de l'inégalité*, seconde partie (*Œuvres complètes*, t.3, p.164).

riches fussent volés par les pauvres, afin de mieux établir l'union   280
fraternelle entre les hommes?

Il est vrai que si toutes les haies, toutes les forêts, toutes les
plaines étaient couvertes de fruits nourrissants et délicieux, il serait
impossible, injuste et ridicule de les garder.

S'il y a quelques îles où la nature prodigue les aliments et tout le   285
nécessaire sans peine, allons-y vivre loin du fatras de nos lois. Mais
dès que nous les aurons peuplées il faudra revenir au tien et au
mien, et à ces lois qui très souvent sont fort mauvaises, mais dont
on ne peut se passer.

L'homme est-il né méchant?

Ne paraît-il pas démontré que l'homme n'est point né pervers et   290
enfant du diable? [38] Si telle était sa nature, il commettrait des
noirceurs, des barbaries sitôt qu'il pourrait marcher; il se servirait
du premier couteau qu'il trouverait pour blesser quiconque lui
déplairait. Il ressemblerait nécessairement aux petits louveteaux,
aux petits renards qui mordent dès qu'ils le peuvent.   295

Au contraire, il est par toute la terre du naturel des agneaux tant
qu'il est enfant. Pourquoi donc, et comment devient-il si souvent
loup et renard? N'est-ce pas que n'étant né ni bon ni méchant,
l'éducation, l'exemple, le gouvernement dans lequel il se trouve
jeté, l'occasion enfin, le déterminent à la vertu ou au crime.   300

Peut-être la nature humaine ne pouvait-elle être autrement.
L'homme ne pouvait avoir toujours des pensées fausses, ni
toujours des pensées vraies, des affections toujours douces, ni
toujours cruelles.

---

[38] Voltaire revient à une question qu'il avait abordée dans l'article 'Méchant' du
DP, où il constate: 'On nous crie que la nature humaine est essentiellement perverse,
que l'homme est né enfant du diable, et méchant. Rien n'est plus mal avisé. [...]
L'homme n'est point né méchant, il le devient, comme il devient malade' (*OCV*, t.36,
p.345-46). Voir aussi le troisième entretien de *L'A.B.C.* (*OCV*, t.65A, p.236-37).

Il paraît démontré que la femme vaut mieux que l'homme; vous voyez cent *frères ennemis* contre une Clytemnestre. 305

Il y a des professions qui rendent nécessairement l'âme impitoyable; celle de soldat, celle de boucher, d'archer, de geôlier, et tous les métiers qui sont fondés sur le malheur d'autrui.

L'archer, le satellite, le geôlier, par exemple, ne sont heureux 310 qu'autant qu'ils font de misérables. Ils sont, il est vrai, nécessaires contre les malfaiteurs, et par là utiles à la société. Mais sur mille mâles de cette espèce il n'y en a pas un qui agisse par le motif du bien public, et qui même connaisse qu'il est un bien public.

C'est surtout une chose curieuse de les entendre parler de leurs 315 prouesses, comme ils comptent le nombre de leurs victimes, leurs ruses pour les attraper, les maux qu'ils leur ont fait souffrir, et l'argent qui leur en est revenu.

Quiconque a pu descendre dans le détail subalterne du barreau, quiconque a entendu seulement des procureurs raisonner fami- 320 lièrement entre eux, et s'applaudir des misères de leurs clients, peut avoir une très mauvaise opinion de la nature. [39]

Il est des professions plus affreuses, et qui sont briguées pourtant comme un canonicat.

Il en est qui changent un honnête homme en fripon, et qui 325 l'accoutument malgré lui à mentir, à tromper, sans qu'à peine il s'en aperçoive; à se mettre un bandeau devant les yeux, à s'abuser par l'intérêt et par la vanité de son état, à plonger sans remords l'espèce humaine dans un aveuglement stupide.

Les femmes sans cesse occupées de l'éducation de leurs enfants, 330 et renfermées dans leurs soins domestiques, sont exclues de toutes ces professions qui pervertissent la nature humaine, et qui la rendent atroce. Elles sont partout moins barbares que les hommes.

Le physique se joint au moral pour les éloigner des grands

---

311   71N: font des misérables.

[39] Sur ce discrédit jeté par Voltaire sur les professions du barreau et sur la magistrature, voir le portrait du juge dans l'article 'Torture' du *DP* (*OCV*, t.36, p.567-73).

276

crimes; leur sang est plus doux; elles aiment moins les liqueurs   335
fortes qui inspirent la férocité. Une preuve évidente, c'est que sur
mille victimes de la justice, sur mille assassins exécutés, vous
comptez à peine quatre femmes, ainsi que nous l'avons prouvé
ailleurs. [40] Je ne crois pas même qu'en Asie il y ait deux exemples de
femmes condamnées à un supplice public. (Voyez l'article   340
'Femme'. [41])

Il paraît donc que nos coutumes, nos usages ont rendu l'espèce
mâle très méchante.

Si cette vérité était générale et sans exception, cette espèce serait
plus horrible que ne l'est à nos yeux celle des araignées, des loups et   345
des fouines. Mais heureusement les professions qui endurcissent le
cœur et le remplissent de passions odieuses, sont très rares.
Observez que dans une nation d'environ vingt millions de têtes,
il y a tout au plus deux cent mille soldats. Ce n'est qu'un soldat par
deux cents individus. [42] Ces deux cent mille soldats sont tenus dans   350
la discipline la plus sévère. Il y a parmi eux de très honnêtes gens
qui reviennent dans leur village achever leur vieillesse en bons
pères et en bons maris.

Les autres métiers dangereux aux mœurs sont en petit nombre.

Les laboureurs, les artisans, les artistes, sont trop occupés pour   355
se livrer souvent au crime.

La terre portera toujours des méchants détestables. Les livres en
exagéreront toujours le nombre, qui, bien que trop grand, est
moindre qu'on ne le dit.

Si le genre humain avait été sous l'empire du diable, il n'y aurait   360
plus personne sur la terre.

Consolons-nous, on a vu, on verra toujours de belles âmes
depuis Pékin jusqu'à La Rochelle. Et quoi qu'en disent des

363-64   70, 71N, 71A: disent le licencié Riballier, et le bachelier Cogé, et le
récollet Hayet, gens fort connus dans l'Europe, [43] les Titus,

[40] Phrase quasiment identique dans *Dieu et les hommes* (*OCV*, t.69, p.275).
[41] *OCV*, t.41, p.343-58.
[42] En fait, un soldat sur cent.
[43] Ambroise Riballier (1712-1785), François-Marie Coger (1723-1780) et Jean-

licenciés et des bacheliers, les Titus, les Trajan, les Antonins et
Pierre Bayle[44] ont été de fort honnêtes gens.   365

De l'homme dans l'état de pure nature[45]

Que serait l'homme dans l'état qu'on nomme de *pure nature?* Un
animal fort au-dessous des premiers Iroquois qu'on trouva dans le
nord de l'Amérique.

Il serait très inférieur à ces Iroquois, puisque ceux-ci savaient
allumer du feu et se faire des flèches. Il fallut des siècles pour   370
parvenir à ces deux arts.

L'homme abandonné à la pure nature n'aurait pour tout langage
que quelques sons mal articulés. L'espèce serait réduite à un très
petit nombre, par la difficulté de la nourriture et par le défaut des
secours. Du moins, dans nos tristes climats, il n'aurait pas plus de   375
connaissance de Dieu et de l'âme que des mathématiques; ses idées
seraient renfermées dans le soin de se nourrir.[46] L'espèce des
castors serait très préférable.

Nicolas-Hubert Hayer (1708-1780) étaient tous des anti-philosophes: syndic de la
faculté de théologie de Paris et censeur royal, Riballier a critiqué *Bélisaire* dans sa
Lettre à Monsieur Marmontel (*Pièces relatives à Bélisaire*, Amsterdam [Genève],
1767, BV2731); professeur d'éloquence au Collège Mazarin et recteur de l'université
de Paris, Coger a critiqué *Bélisaire* dans son *Examen du Bélisaire de Monsieur
Marmontel* (1767; BV803, BV804); religieux récollet, Hayer a contribué à *La
Religion vengée, ou réfutation des auteurs impies* (1761; BV2932).

[44] La présence de Bayle, à la suite de cette liste des grands hommes de l'antiquité,
doit être soulignée.

[45] La charge de Voltaire contre Jean-Jacques Rousseau se poursuit. Mais le débat
sur l'état de pure nature traverse tout le siècle et Buffon y tient une place
considérable.

[46] Voltaire a dans sa bibliothèque l'*Histoire d'une jeune fille sauvage trouvée dans les
bois à l'âge de dix ans* (Paris, 1755, BV1815), attribuée à Charles-Marie de
La Condamine. Marie-Angélique Memmie Le Blanc fut capturée par ruse par les
gens de M. d'Epinay dans les bois et marais qui s'étendaient de Vitry-le-François à
Châlons-sur-Marne. La reconstitution de son passé donna lieu à maintes hypothèses.
Son histoire figure comme pièce à conviction dans les débats qui se nouent au dix-
huitième siècle sur l'état de pure nature. Linné citera son cas dans la douzième édition

C'est alors que l'homme ne serait précisément qu'un enfant robuste; et on a vu beaucoup d'hommes qui ne sont pas fort au-dessus de cet état.   380

Les Lappons, les Samoyèdes, les habitants du Kamshatka, les Cafres, les Hottentots sont à l'égard de l'homme en l'état de pure nature, ce qu'étaient autrefois les cours de Cyrus et de Sémiramis, en comparaison des habitants des Cévennes. Et cependant ces   385
habitants du Kamshatka et ces Hottentots de nos jours, si supérieurs à l'homme entièrement sauvage, sont des animaux qui vivent six mois de l'année dans des cavernes, où ils mangent à pleines mains la vermine dont ils sont mangés.

En général l'espèce humaine n'est pas de deux ou trois degrés   390
plus civilisée que les gens du Kamshatka. La multitude des bêtes brutes appelées *hommes*, comparée avec le petit nombre de ceux qui pensent, est au moins dans la proportion de cent à un chez beaucoup de nations.

Il est plaisant de considérer d'un côté le père Mallebranche qui   395
s'entretient familièrement avec le Verbe, [47] et de l'autre ces millions

386   71N: habitants de Kamshatka

---

de son *Système de la nature* en 1766 (voir *Histoire d'une jeune fille sauvage*, éd. Franck Tinland, Paris, 1970, p.8).

[47] Allusion au livre 3 de *De la recherche de la vérité* de Malebranche (sur 'l'esprit pur'), auquel Voltaire se réfère dans *Les Systèmes* (*OCV*, t.74B, p.223) et dans le *Dialogue de Pégase et du vieillard* (*M*, t.10, p.206). Voltaire est grand lecteur de Malebranche depuis longtemps puisqu'il fait mention de *La Recherche de la vérité* en 1725 (D240, à Thiriot). Il en possède deux éditions (5e éd., 3 vol., Paris, 1700, BV2276, et 7e éd., 4 vol., Paris, 1721, BV2277), toutes deux largement annotées (*CN*, t.5, p.485-507). Dans sa lettre à l'auteur du périodique *Le Pour et le contre*, d'août 1738, Voltaire écrit: 'Malebranche, non seulement admit les idées innées, mais il prétendit que nous voyons tout en Dieu. En effet, qui peut avoir lu la recherche de la vérité, sans avoir principalement remarqué le chap. iv du livre 3, de l'Esprit pur, seconde partie? J'en ai sous les yeux un exemplaire marginé de ma main, il y a près de quinze ans' (D1571). Voir *CN*, t.5, p.488. Il a consacré à Malebranche en 1769 la brochure *Tout en Dieu, commentaire sur Malebranche par l'abbé Tilladet* (*M*, t.28, p.91-102).

d'animaux semblables à lui qui n'ont jamais entendu parler de Verbe, et qui n'ont pas une idée métaphysique.

Entre les hommes à pur instinct et les hommes de génie, flotte ce nombre immense occupé uniquement de subsister. 400

Cette subsistance coûte des peines si prodigieuses, qu'il faut souvent dans le nord de l'Amérique qu'une image de Dieu coure cinq ou six lieues pour avoir à dîner, et que chez nous l'image de Dieu arrose la terre de ses sueurs toute l'année pour avoir du pain.

Ajoutez à ce pain ou à l'équivalent, une hutte et un méchant 405 habit; voilà l'homme tel qu'il est en général d'un bout de l'univers à l'autre. Et ce n'est que dans une multitude de siècles qu'il a pu arriver à ce haut degré.

Enfin, après d'autres siècles les choses viennent au point où nous les voyons. Ici on représente une tragédie en musique, là on se tue 410 sur la mer dans un autre hémisphère avec mille pièces de bronze: l'opéra, et un vaisseau de guerre du premier rang étonnent toujours mon imagination. Je doute qu'on puisse aller plus loin dans aucun des globes dont l'étendue est semée. Cependant, plus de la moitié de la terre habitable est encore peuplée d'animaux à deux pieds qui 415 vivent dans cet horrible état qui approche de la pure nature, ayant à peine le vivre et le vêtir; jouissant à peine du don de la parole; s'apercevant à peine qu'ils sont malheureux; vivant et mourant sans presque le savoir.

Examen d'une pensée de Pascal sur l'homme

Je puis concevoir un homme sans mains, sans pieds, et je le concevrais 420 *même sans tête, si l'expérience ne m'apprenait que c'est par là qu'il pense. C'est donc la pensée qui fait l'être de l'homme, et sans quoi on ne peut le concevoir.* (Pensées de Pascal. [48])

397-98   70, 71N, 71A: parler du Verbe

---

[48] Pascal, *Pensées*: 'Je puis bien concevoir un homme sans mains, pieds, tête, car ce n'est que l'expérience qui nous apprend que la tête est plus nécessaire que les pieds.

Comment concevoir un homme sans pieds, sans mains, et sans tête? ce serait un être aussi différent d'un homme que d'une citrouille. 425

Si tous les hommes étaient sans tête, comment la vôtre concevrait-elle que ce sont des animaux comme vous, puisqu'ils n'auraient rien de ce qui constitue principalement votre être? Une tête est quelque chose, les cinq sens s'y trouvent; la pensée aussi. 430 Un animal qui ressemblerait de la nuque du cou en bas à un homme, ou à un de ces singes qu'on nomme *orang-outang*, ou l'homme des bois, ne serait pas plus un homme qu'un singe ou qu'un ours à qui on aurait coupé la tête et la queue. [49]

C'est donc la pensée qui fait l'être de l'homme etc. En ce cas la 435 pensée serait son essence, comme l'étendue et la solidité sont l'essence de la matière. L'homme penserait essentiellement et toujours, comme la matière est toujours étendue et solide. Il penserait dans un profond sommeil sans rêves, dans un évanouissement, dans une léthargie, dans le ventre de sa mère. Je sais bien que 440 jamais je n'ai pensé dans aucun de ces états; je l'avoue souvent, et je me doute que les autres sont comme moi.

Si la pensée était essentielle à l'homme, comme l'étendue à la matière, il s'ensuivrait que Dieu n'a pu priver cet animal d'entendement, puisqu'il ne peut priver la matière d'étendue. 445 Car alors elle ne serait plus matière. Or si l'entendement est essentiel à l'homme, il est donc pensant par sa nature, comme Dieu est Dieu par sa nature.

429-30   71N: Une idée est

Mais je ne puis concevoir l'homme sans pensée. Ce serait une pierre ou une brute' (Lafuma III). Ce passage est marqué par un signet dans l'exemplaire de Voltaire (Paris, 1748, p.145, BV2654; *CN*, t.6, p.217). Tout en faisant écho à la vingt-cinquième des *Lettres philosophiques*, Voltaire anticipe ici sur son travail d'éditeur en 1778 à partir de l'édition des *Pensées* procurée par Condorcet en 1776 (*OCV*, t.80A).

[49] Le classement de l'orang-outang ou homme des bois a intéressé le dix-huitième siècle. Tandis que Buffon le classait parmi les singes, Linné inspirait Rousseau, qui se demande si cet animal ne serait pas un homme sauvage (voir Michèle Duchet, *Anthropologie et histoire au siècle des Lumières*, p.241-44).

Si je voulais essayer de définir Dieu, autant qu'un être aussi chétif que nous peut le définir, je dirais que la pensée est son être, son essence: mais l'homme! 450

Nous avons la faculté de penser, de marcher, de parler, de manger, de dormir; mais nous n'usons pas toujours de ces facultés, cela n'est pas dans notre nature.

La pensée chez nous n'est-elle pas un attribut? et si bien un attribut, qu'elle est tantôt faible, tantôt forte, tantôt raisonnable, tantôt extravagante? elle se cache; elle se montre; elle fuit, elle revient; elle est nulle; elle est reproduite. L'essence est tout autre chose; elle ne varie jamais. Elle ne connaît pas le plus ou le moins. 455

Que serait donc l'animal sans tête supposé par Pascal? un être de raison. Il aurait pu supposer tout aussi bien un arbre à qui Dieu aurait donné la pensée, comme on a dit que les dieux avaient accordé la voix aux arbres de Dodone. [50] 460

Réflexion générale sur l'homme

Il faut vingt ans pour mener l'homme de l'état de plante où il est dans le ventre de sa mère, et de l'état de pur animal qui est le partage de sa première enfance, jusqu'à celui où la maturité de la raison commence à poindre. Il a fallu trente siècles pour connaître un peu sa structure. Il faudrait l'éternité pour connaître quelque chose de son âme. Il ne faut qu'un instant pour le tuer. 465

463-69   70, 71N, 71A: Dodone. //
463-63a   K84: Dodone. / *Action de Dieu sur l'homme* / [ajoutent *De l'âme (1774)*] / *Réflexion*
             K12: Dodone. [*avec note*: Voyez le paragraphe intitulé, *Action de Dieu sur l'homme*, [51] Philosophie, t.1, p.238.] / *Réflexion*

[50] Dans la mythologie classique, le chêne est consacré à Jupiter; de grands chênes croissent dans la forêt de Dodone, en Epire, qui est consacrée à l'oracle de Jupiter: un prêtre interprétait le bruissement des feuilles au vent. Voltaire se réfère aux arbres de Dodone dans l'article 'Anciens et modernes' des *QE* (*OCV*, t.38, p.334-35) et dans la quatorzième lettre des *Questions sur les miracles* (*M*, t.25, p.421).
[51] Allusion à la cinquième partie de *De l'âme* (*M*, t.29, p.337-42).

HONNEUR

L'auteur des Synonymes de la langue française dit, *qu'il est d'usage dans le discours de mettre la gloire en antithèse avec l'intérêt, et le goût avec l'honneur.* [1]

* Voltaire passe en revue les différentes acceptions du terme 'honneur', avant de critiquer la thèse de Montesquieu sur l'honneur dans le domaine politique dans *De l'esprit des lois*, ouvrage qu'il avait comparé, dans une lettre à Thiriot du 27 février 1755, à 'un cabinet mal rangé avec de beaux lustres de cristal de roche' (D6185). Dès 1756, dans une note du chapitre 21 du *Siècle de Louis XIV* consacrée à l'examen des idées de Montesquieu, Voltaire avait constaté: 'L'auteur célèbre de l'*Esprit des lois* dit que l'honneur est le principe des gouvernements monarchiques, et la vertu le principe des gouvernements républicains. Ce sont là des idées vagues et confuses qu'on a attaquées d'une manière aussi vague; parce que rarement on convient de la valeur des termes, rarement on s'entend. L'honneur est le désir d'être honoré, d'être estimé: de là vient l'habitude de ne rien faire dont on puisse rougir. La vertu est l'accomplissement des devoirs, indépendamment du désir de l'estime: de là vient que l'honneur est commun, la vertu rare' (*OH*, p.862). Voltaire revient à sa critique de Montesquieu dans l'article 'Etats, gouvernements' du *DP* (*OCV*, t.36, p.75-77); dans ses *Idées républicaines par un membre d'un corps*, il fait remarquer: 'Les exemples sont trompeurs, les inductions qu'on en tire sont souvent mal appliquées; les citations pour faire valoir ces inductions sont souvent fausses. "La nature de l'honneur, dit Montesquieu, est de demander des préférences, des distinctions. L'honneur est donc, par la chose même, placé dans le gouvernement monarchique." L'auteur oublie que dans la république romaine on demandait le consulat, le triomphe, des ovations, des couronnes, des statues. Il n'y a si petite république où l'on ne recherche les honneurs' (*M*, t.24, p.427); et en mars 1767 il fait une observation similaire à Simon Nicolas Henri Linguet (D14039). Qui plus est, en profitant de l'occasion des *QE* pour répondre à Montesquieu, Voltaire répond en même temps à l'article 'Honneur' de l'*Encyclopédie*, rédigé par Saint-Lambert, qui, lui, parle aussi de Montesquieu: 'Il ne définit point l'honneur, et on ne peut en le lisant, attacher à ce mot une idée précise. [...] Je crois que le président de Montesquieu se serait exprimé avec plus de précision, s'il avait défini la vertu, l'amour de l'ordre politique et de la patrie' (t.8, p.288). Selon Raymond Naves, il est possible que l'article de Saint-Lambert ait remplacé un article demandé d'abord à Voltaire mais ensuite refusé par Diderot (*Voltaire et l'Encyclopédie*, Paris, 1938, p.115-16). Le présent article paraît en septembre/octobre 1771 (70, t.7).

[1] Gabriel Girard, *Synonymes français* (Genève, 1762), p.172 (article 'Gloire, Honneur'). Voltaire possédait un exemplaire de l'édition de Genève de 1753 (BV1471; *CN*, t.4, p.142).

Mais on croit que cette définition ne se trouve que dans les dernières éditions, lorsqu'il eut gâté son livre.

On lit ces vers-ci dans la satire de Boileau sur l'honneur:

> Entendons discourir sur les bancs des galères
> Ce forçat abhorré même de ses confrères,
> Il plaint par un arrêt injustement donné
> L'honneur en sa personne à ramer condamné. [2]

Nous ignorons s'il y a beaucoup de galériens qui se plaignent du peu d'égards qu'on a eu pour leur honneur.

Ce terme nous a paru susceptible de plusieurs acceptions différentes, ainsi que tous les mots qui expriment des idées métaphysiques et morales.

> Mais je sais ce qu'on doit de bontés et d'honneur
> A son sexe, à son âge, et surtout au malheur. [3]

Honneur signifie là *égard*, *attention*.

> L'amour n'est qu'un plaisir, l'honneur est un devoir, [4]

signifie dans cet endroit, *c'est un devoir de venger son père*.

> Il a été reçu avec beaucoup d'honneur.

Cela veut dire avec des marques de respect.

> Soutenir l'honneur du corps.

C'est soutenir les prééminences, les privilèges de son corps, de sa compagnie, et quelquefois ses chimères.

> Se conduire en homme d'honneur.

C'est agir avec justice, franchise et générosité.

> Avoir des honneurs, être comblé d'honneurs,

C'est avoir des distinctions, des marques de supériorité.

[2] Boileau, satire 11, vers 5-8.
[3] Voltaire, *Brutus*, acte 1, scène 2.
[4] Corneille, *Le Cid*, acte 3, scène 6.

Mais l'honneur en effet qu'il faut que l'on admire,   30
Quel est-il, Valincour, pourras-tu me le dire?
L'ambition le met souvent à tout brûler,
Un vrai fourbe à jamais ne garder sa parole. [5]

Comment Boileau a-t-il pu dire qu'un fourbe fait consister l'honneur à tromper? il nous semble qu'il met son intérêt à   35 manquer de foi, et son honneur à cacher ses fourberies.

L'auteur de l'*Esprit des lois* a fondé son système sur cette idée, que la vertu est le principe du gouvernement républicain, et l'honneur le principe des gouvernements monarchiques. [6] Y a-t-il donc de la vertu sans honneur? et comment une république est-   40 elle établie sur la vertu? [7]

[5] Boileau, satire 11, vers 49-51, 54

[6] Montesquieu, *De l'esprit des lois*, livre 3, chapitres 6-8. Voltaire en possédait deux éditions (Leyde, 1749, BV2496; *CN*, t.5, p.727-51, et Genève, 1753, BV2497; *CN*, t.5, p.751-59). Lorsque Montesquieu constate au chapitre 6 que dans un gouvernement monarchique, 'l'honneur, c'est-à-dire, le préjugé de chaque personne et de chaque condition prend la place de la *vertu*', Voltaire note en marge dans son édition de 1749: 'qu'entendez-vous donc par vertu? Un républicain n'avait-il pas de l'honneur', et au même endroit dans son édition de 1753, il note: 'distinction fausse et frivole. Les Romains ne se gouvernaient que par honneur' (*CN*, t.5, p.730, 755). Au chapitre 7, où Montesquieu juge que 'la nature de l'*honneur* est de demander des préférences et des distinctions; il est donc, par la chose même, placé dans ce gouvernement' – phrase que Voltaire citera dans *L'A.B.C.* (voir ci-dessous) –, Voltaire note en marge dans l'édition de 1753: 'il y en avait plus à Rome un sujet qui demanderait le triomphe et une statue se ferait siffler' (*CN*, t.5, p.755). Enfin au chapitre 8, où Montesquieu déclare que l'honneur n'existe pas dans les états despotiques, parce que tous les hommes sont égaux, et qu'il ne se trouve que 'dans des états où la constitution est fixe et qui ont des lois certaines', Voltaire note dans son exemplaire de 1749: 'le désir d'être honoré est dans chaque homme. Voilà tout', et au même endroit dans celui de 1753, il note tout simplement: 'faux' (*CN*, t.5, p.730, 755). Voltaire renouvellera sa critique de ces mêmes idées de Montesquieu aux articles 11, 12 et 18 de son *Commentaire sur l'Esprit des lois* en 1777 (*OCV*, t.80B, p.337-38, 362-63).

[7] Echo de l'*Arbitrage entre Monsieur de Voltaire et Monsieur de Foncemagne*, où Voltaire fait grief à Montesquieu d'être tombé 'dans une grande erreur, et surtout dans une erreur très odieuse, en supposant que la vertu n'entre jamais dans le gouvernement monarchique [...]. C'est encourager au crime que de représenter la vertu comme inutile ou comme impossible' (*M*, t.25, p.329). Voir aussi la lettre de Voltaire au chevalier de R...x du 20 septembre 1760 (D9247).

Mettons sous les yeux du lecteur ce qui a été dit sur ce sujet dans un petit livre. [8] Les brochures se perdent en peu de temps. La vérité ne doit point se perdre, il faut la consigner dans des ouvrages de longue haleine.

'On n'a jamais assurément formé des républiques par vertu. L'intérêt public s'est opposé à la domination d'un seul; l'esprit de propriété, l'ambition de chaque particulier, ont été un frein à l'ambition et à l'esprit de rapine. L'orgueil de chaque citoyen a veillé sur l'orgueil de son voisin. Personne n'a voulu être l'esclave de la fantaisie d'un autre. Voilà ce qui établit une république, et ce qui la conserve. Il est ridicule d'imaginer qu'il faille plus de vertu à un Grison qu'à un Espagnol.

'Que l'honneur soit le principe des seules monarchies, ce n'est pas une idée moins chimérique; et il le fait bien voir lui-même sans y penser. *La nature de l'honneur*, dit-il au chap. VII du liv. III *est de demander des préférences, des distinctions. Il est donc par la chose même placé dans le gouvernement monarchique.*

'Certainement par la chose même, on demandait dans la république romaine, la préture, le consulat, l'ovation, le triomphe, ce sont là des préférences, des distinctions qui valent bien les titres qu'on achète souvent dans les monarchies et dont le tarif est fixé.'

Cette remarque prouve à notre avis que le livre de l'*Esprit des lois*, quoique étincelant d'esprit, quoique recommandable par l'amour des lois, par la haine de la superstition et de la rapine, porte entièrement à faux. (Voyez 'Lois'. [9])

Ajoutons que c'est précisément dans les cours qu'il y a toujours le moins d'honneur.

> *L'ingannare, il mentir, la frode, il furto,*
> *E la rapina di pieta vestita,*
> *Crescer col' danno e precipizio altrui,*

45

50

55

60

65

70

66-67   70, 71N, 71A: faux. ¶Ajoutons

[8] Voltaire se cite, à savoir le premier entretien de *L'A.B.C.* (*OCV*, t.65A, p.221-23).
[9] *M*, t.19, p.613-18. Ajout de ce renvoi en 1774 (w68).

E far a se de l'altrui biasmo onore
Son' le virtu di quella gente infida.
(Pastor Fido atto V, scèna prima.) [10]

Ceux qui n'entendent pas l'italien peuvent jeter les yeux sur ces 75
quatre vers français, qui sont un précis de tous les lieux communs
qu'on a débités sur les cours depuis trois mille ans.

Ramper avec bassesse en affectant l'audace,
S'engraisser de rapine en attestant les lois,
Etouffer en secret son ami qu'on embrasse, 80
Voilà l'honneur qui règne à la suite des rois.

C'est en effet dans les cours que des hommes sans honneur
parviennent souvent aux plus hautes dignités; et c'est dans les
républiques qu'un citoyen déshonoré n'est jamais nommé par le
peuple aux charges publiques. 85

Le mot célèbre du duc d'Orléans régent suffit pour détruire le
fondement de l'Esprit des lois. *C'est un parfait courtisan, il n'a ni
humeur ni honneur.* [11]

Honorable, honnêteté, honnête, signifient souvent la même chose

[10] Giovan Battista Guarini, *Il Pastor fido*, acte 5, scène 1. La traduction semble être
de Voltaire.

[11] Voltaire reprendra ce mot, dont la source est inconnue mais auquel il avait déjà
fait allusion dans l'article 'Etats, gouvernements' du *DP* (*OCV*, t.36, p.76), dans la
lettre qu'il adresse le 20 juin 1777 à Pierre Louis Claude Gin, qui lui avait envoyé
(D20686) un exemplaire de son ouvrage *Les Vrais Principes du gouvernement français
démontrés par la raison et par les faits* (Genève, 1777, BV1467; *CN*, t.4, p.141): 'Vous
paraissez, monsieur, être de l'avis de l'Esprit des lois, ou plutôt de l'esprit sur les lois,
en accordant que le principe des monarchies est l'honneur, et le principe des
républiques la vertu. Si vous n'étiez pas de cette opinion je serais de celle de M. le duc
d'Orléans, régent, qui disait d'un de nos grands seigneurs, C'est l'homme le plus
parfait de la cour, il n'a ni humeur, ni honneur. Et je dirais au président de
Montesquieu, quand il veut prouver sa thèse en disant que dans un royaume, on
recherche les honneurs: On les recherche encore plus dans les républiques. On
courait après les honneurs de l'ovation, du triomphe et de toutes les dignités. On veut
même être doge à Venise, quoique ce soit *vanitas vanitatum*' (D20702); la lettre est
reprise dans l'édition de 1780 du texte de Gin (Genève, 1780, p.1-6), ainsi que la
réponse que lui envoya Gin le 28 juin 1777 (p.7-10; voir D20711).

qu'honneur. *Une compagnie honorable, de gens d'honneur. On lui fit* 90
beaucoup d'honnêtetés, on lui dit des choses honnêtes. C'est-à-dire, on
le traita de façon à le faire penser honorablement de lui-même.

D'honneur on a fait *honoraire.* Pour honorer une profession au-
dessus des arts mécaniques, on donne à un homme de cette
profession un honoraire au lieu de salaire et de gages qui 95
offenseraient son amour-propre. Ainsi *honneur, faire honneur,
honorer,* signifient faire accroire à un homme qu'il est quelque
chose, qu'on le distingue.

> Il me vola pour prix de mon labeur
> Mon honoraire en me parlant d'honneur. [12] 100

---

[12] Voltaire, *Le Pauvre Diable.* La plupart des éditions portent 'pour fruit de mon
labeur' (*M*, t.10, p.104).

HORLOGE

Horloge d'Achas

Il est assez connu que tout est prodige dans l'histoire des Juifs. Le miracle fait en faveur du roi Ezéchias sur son horloge appelée l'*horloge d'Achas*, est un des plus grands qui se soient jamais opérés. [1] Il dut être aperçu de toute la terre, avoir dérangé à jamais tout le cours des astres et particulièrement les moments des éclipses du soleil et de la lune; il dut brouiller toutes les éphémérides. [2] C'est

* En choisissant de composer un article 'Horloge', Voltaire semble vouloir rivaliser avec l'*Encyclopédie* dans un de ses domaines de prédilection, à savoir les arts mécaniques. En effet, l'*Encyclopédie* compte une dizaine d'articles traitant de l'horlogerie, signés par Diderot, Jaucourt, Bellin, D'Alembert et d'autres et, au tome 21, 65 planches qui illustrent les différentes parties des pendules et les outils des horlogers. Que Voltaire se soit entretenu d'horlogerie n'aurait rien eu de surprenant, puisque c'est exactement au début des années 1770 qu'il fonde la fabrique de montres à Ferney (voir D16508, D16960, D17187...). Mais c'est encore à la critique biblique qu'il a affaire dans ce bref article sur le miracle de la rétrogradation du soleil, lequel fait l'objet d'un signet annoté 'ombre / cadran' dans son exemplaire du *Commentaire littéral* de Dom Calmet (*CN*, t.2, p.81). Voltaire complète donc, de façon indirecte, l'article 'Gnomonique' de l'*Encyclopédie*, par D'Alembert, qui écrit: 'il paraît qu'il y a eu des cadrans chez les Juifs beaucoup plus tôt que chez les nations dont nous venons de parler; témoin le cadran d'Achaz [...] peut-être, au reste, ce cadran n'était-il qu'un simple méridien. Quoi qu'il en soit, la rétrogradation de l'ombre du soleil sur ce cadran d'Achaz, est un miracle bien surprenant, qu'il faut croire sans l'expliquer' (t.7, p.725). Voltaire s'intéresse à cet épisode depuis longtemps, et l'a évoqué pour la première fois dans le *Sermon des cinquante*, où il ne fait cependant que ridiculiser l'histoire. Ce n'est qu'une vingtaine d'années plus tard, avec le présent article, qu'il développe la critique des difficultés pratiques que le miracle entraîne au point d'en devenir non sens. Ce discours reviendra en 1776 dans *Un chrétien contre six Juifs*, puis en 1777 avec *La Bible enfin expliquée*. Cet article paraît en février / mars 1772 (70, t.9, 'Supplément').

[1] 2 Rois 20:1-11. Voir le *Sermon des cinquante* (*OCV*, t.49A, p.109), *Un chrétien contre six Juifs* (*M*, t.29, p.503-504) et *La Bible enfin expliquée* (*M*, t.30 p.242).

[2] Dom Calmet emploie une tournure similaire dans sa 'Dissertation sur la rétrogradation du soleil', *Dissertations qui peuvent servir de prolégomènes de l'Ecriture Sainte*, 3 vol. (Paris, 1720, BV616; *CN*, t.2, p.324-46), t.2, 2e partie, p.204.

pour la seconde fois que ce prodige arriva. Josué avait arrêté à midi le soleil sur Gabaon, et la lune sur Aialon pour avoir le temps de tuer une troupe d'Amorrhéens déjà écrasée par une pluie de pierres tombées du ciel. [3]

Le soleil, au lieu de s'arrêter pour le roi Ezéchias, retourna en arrière, ce qui est à peu près la même aventure, mais différemment combinée.

D'abord Isaïe dit à Ezéchias qui était malade, (a) *Voici ce que dit le Seigneur Dieu, Mettez ordre à vos affaires, car vous mourrez, et alors vous ne vivrez plus.* [4]

Ezéchias pleura, Dieu en fut attendri. Il lui fit dire par Isaïe qu'il vivrait encore quinze ans, et que dans trois jours il irait au temple. *Alors Isaïe se fit apporter un cataplasme de figues, on l'appliqua sur les ulcères du roi, et il fut guéri*; et curatus est. [5]

Calmet n'a point traduit l'*et curatus est*. [6]

Ezéchias demanda un signe comme quoi il serait guéri. *Isaïe lui dit, Voulez-vous que l'ombre du soleil s'avance de dix degrés, ou*

(a) Rois livre 4, ch.20.

20-22   K84, K12: est. ¶Ezéchias

[3] Josué 10:11-13. Voir le *Sermon des cinquante* (*OCV*, t.49A, p.107-108 et n.65). Cet épisode est évoqué maintes fois dans l'œuvre de Voltaire, notamment dans *Les Questions de Zapata* (*OCV*, t.62, p.391) et *Dieu et les hommes* (*OCV*, t.69, p.354-55).

[4] 2 Rois 20:1. La traduction est très proche de celle de Dom Calmet: 'Voici ce que dit le Seigneur: Mettez ordre à votre maison; car vous ne vivrez pas davantage, et vous mourrez' (*Commentaire littéral*, 8 t. en 9 vol., Paris, 1724-1726, t.2, p.914).

[5] 2 Rois 20:7. Voltaire cite sans doute de mémoire, ou traduit lui-même à partir du latin; sa version est plus proche de Lemaître de Sacy que de Calmet: Lemaître de Sacy inclut les mots 'et il fut guéri' dans sa traduction (voir la note suivante).

[6] En effet, chez Dom Calmet le verset est traduit ainsi: 'Alors Isaïe dit aux serviteurs du roi: Apportez-moi une masse de figues. Ils la lui apportèrent, et la mirent sur l'ulcère du roi'. Dans le texte latin, en face de sa traduction, cependant, Calmet fait imprimer le 'curatus est' (*Commentaire littéral*, t.2, p.915).

qu'elle recule de dix degrés? Ezéchias dit, Il est aisé que l'ombre avance
de dix degrés, je veux qu'elle recule. Le prophète Isaïe invoqua le   25
Seigneur, et il ramena l'ombre en arrière dans l'horloge d'Achas, par
les dix degrés par lesquels elle était déjà descendue. [7]

On demande ce que pouvait être cette horloge d'Achas, si elle
était de la façon d'un horloger nommé Achas, ou si c'était un
présent fait autrefois au roi du même nom. [8] Ce n'est là qu'un objet   30
de curiosité. On a disputé beaucoup sur cette horloge; [9] les savants
ont prouvé que les Juifs n'avaient jamais connu ni horloge, ni
gnomon avant leur captivité à Babilone, seul temps où ils apprirent
quelque chose des Chaldéens, et où même le gros de la nation
commença, dit-on, à lire et à écrire. [10] On sait même que dans leur   35
langue ils n'avaient aucun terme pour exprimer horloge, cadran,
géométrie, astronomie; et dans le texte du livre des Rois, l'horloge
d'Achas est appelée *l'heure de la pierre.* [11]

Mais la grande question est de savoir comment le roi Ezéchias,
possesseur de ce gnomon ou de ce cadran au soleil, de cette heure   40
de la pierre, pouvait dire qu'il était aisé de faire avancer le soleil de

[7] 2 Rois 20:9-11. Voltaire condense ces trois versets.

[8] Ces hypothèses semblent être voltairiennes.

[9] Calmet résume les multiples hypothèses qui tentent d'expliquer ce miracle
(*Dissertations*, t.2, p.202-203, 204-207), et Gilbert Charles Le Gendre l'évoque dans
son *Traité de l'opinion, ou mémoires pour servir à l'histoire de l'esprit humain* (6 vol.,
Paris, 1735, t.3, p.322), que Voltaire possédait et a lu (5 t. en 10 vol., Paris, 1733,
BV2005; *CN*, t.5, p.287-89; voir D1669). La controverse est de même reprise par
Antoine Gachet d'Artigny dans ses *Nouveaux Mémoires d'histoire, de critique et de
littérature* (7 vol., Paris, 1749-1753, BV1409; *CN*, t.4, p.17-22), t.3, p.123-26.

[10] Voir Calmet, *Dissertations*, t.2, p.211. Dans sa note *a*, Calmet renvoie aux
Dissertations sur l'existence de Dieu (3 vol., Paris, 1744) de Jaquelot. Voltaire les a-t-il
lues? Il demande le livre à Cramer au moment où il retravaille le premier tome des
QE ([mars/avril 1770], D16268; voir *OCV*, t.38, p.221, n.14). On trouve une
déclaration similaire dans *L'Examen important de milord Bolingbroke*, ch.4 (*OCV*,
t.62, p.186), et il a sans doute lu, comme le signale R. Mortier, la 'Dissertation, où l'on
examine, si Esdras a changé les anciens caractères hébreux, pour leur substituer les
lettres chaldéennes' de Calmet (*Dissertations*, t.1, p.31-40).

[11] Chez Calmet, '*une pierre d'heures*, une pierre qui marque les heures' (*Dissertations*, t.2, p.202).

dix degrés. Il est certainement aussi difficile de le faire avancer contre l'ordre du mouvement ordinaire, que de le faire reculer.

La proposition du prophète paraît aussi étrange que le propos du roi. Voulez-vous que l'ombre avance en ce moment ou recule de dix heures? Cela eût été bon à dire dans quelque ville de la Lapponie, où le plus long jour de l'année eût été de vingt heures; mais à Jérusalem, où le plus long jour de l'année est d'environ quatorze heures et demie, cela est absurde. [12] Le roi et le prophète se trompaient tous deux grossièrement. Nous ne nions pas le miracle, nous le croyons très vrai; nous remarquons seulement qu'Ezéchias et Isaïe ne disaient pas ce qu'ils devaient dire. Quelque heure qu'il fût alors, c'était une chose impossible qu'il fût égal de faire reculer ou avancer l'ombre du cadran de dix heures. S'il était deux heures après midi, le prophète pouvait très bien, sans doute, faire reculer l'ombre à quatre heures du matin. Mais en ce cas il ne pouvait pas la faire avancer de dix heures, puisque alors il eût été minuit, et qu'à minuit il est rare d'avoir l'ombre du soleil.

Il est difficile de deviner le temps où cette histoire fut écrite, mais ce ne peut être que vers le temps où les Juifs apprirent confusément qu'il y avait des gnomons et des cadrans au soleil. Or il est de fait qu'ils n'eurent une connaissance très imparfaite de ces sciences qu'à Babilone. [13]

Il y a encore une plus grande difficulté, c'est que les Juifs ne comptaient point par heures comme nous; [14] c'est à quoi les commentateurs n'ont pas pensé.

---

[12] Calmet indique que 'comme la plus ancienne manière de diviser les heures, n'en comptait que douze en chaque jour, ces heures étaient nécessairement inégales, à cause de l'inégalité du jour en chaque saison' (*Dissertations*, t.2, p.202). Jaquelot, pour sa part, écrit: 'on ne trouvera pas, si je ne me trompe dans l'histoire du Vieux Testament, que le jour ait été partagé en douze ou vingt-quatre parties, qu'on ait nommées *heures*, comme on fit depuis' (*Dissertations sur l'existence de Dieu*, t.1, p.351). Nous ne savons pas où Voltaire a trouvé cette durée de quatorze heures et demie, mais dans *La Bible enfin expliquée*, il dit que 'le plus long jour de l'année, en Palestine, n'est que de quatorze heures' (*M*, t.30, p.242).

[13] Voir ci-dessus, n.10.

[14] Selon l'abbé Mallet, dans l'*Encyclopédie*, 'heures judaïques, planétaires ou

Le même miracle était arrivé en Grèce le jour qu'Atrée fit servir les enfants de Thieste pour le souper de leur père. [15]

Le même miracle s'était fait encore plus sensiblement lorsque Jupiter coucha avec Alcmène. Il fallait une nuit double de la nuit naturelle pour former Hercule. [16] Ces aventures sont communes dans l'antiquité, mais fort rares de nos jours, où tout dégénère. 70

---

antiques, sont la douzième partie du jour et de la nuit. Comme ce n'est qu'au temps des équinoxes que le jour artificiel est égal à la nuit, ce n'est aussi que dans ce temps que les heures du jour et de la nuit sont égales entre elles. Elles augmentent ou diminuent dans tous les autres temps de l'année. On les appelle heures antiques ou judaïques, parce que les anciens et les Juifs s'en sont servis, et que ces derniers s'en servent encore' (t.8, p.194-94). Ces détails se trouvent de même chez Le Gendre (*Traité de l'opinion*, t.3, p.364).

[15] Banier, dans sa *Mythologie et les fables expliquées par l'histoire*, livre 6, ch.1, dit: 'le soleil, ajoute-t-on, se cacha pour ne pas éclairer un repas si barbare' (3 vol., Paris, t.3, p.435-36, BV257; *CN*, t.1, p.209-10). Voltaire connaissait depuis longtemps l'*Atrée et Thyeste* de Crébillon père (1707; voir Paul O. LeClerc, *Voltaire and Crébillon père: history of an enmity*, *SVEC* 115, 1973, p.140). Il a relu la pièce en janvier 1771 (D16955) et composé tout de suite sa propre version, *Les Pélopides* (1771), tragédie qui précédait donc de peu le présent article.

[16] L'*Encyclopédie* est muette sur la durée des amours de Jupiter et d'Alcmène. La question fait cependant l'objet d'un long développement dans le *Dictionnaire historique et critique* de Bayle (BV292; *CN*, t.1, p.233-34), où, à l'entrée 'Alcmène', il écrit que Jupiter 'fit durer cette nuit-là trois fois plus qu'à l'ordinaire'. La note *C* précise: 'Il y a bien des auteurs, qui assurent que cette nuit ne fut pas triplée, mais doublée seulement [Ovide, Propertius, Capella (n.12)]. D'autres disent qu'elle dura neuf fois plus que de coutume. Saint Jérôme, qui avait pu lire cela dans les écrits de deux Pères de l'Eglise [Clément d'Alexandrie, Arnobe (n.13)], ne s'en servit point pourtant; il s'en tint à la tradition de la double nuit' (*Dictionnaire historique et critique*, 4 vol., Amsterdam et Leyde, 1730, t.1, p.145-46, n.*C*).

HUMILITÉ

Des philosophes ont agité si l'humilité est une vertu; mais vertu ou non, tout le monde convient que rien n'est plus rare. Cela s'appelait chez les Grecs *Tapeinesis*, ou *Tapeineia*. Elle est fort recommandée dans le quatrième livre des *Lois* de Platon; il ne veut point d'orgueilleux; il veut des humbles. [1]   5

Epictète en vingt endroits prêche l'humilité. Si tu passes pour un personnage dans l'esprit de quelques-uns, défie-toi de toi-même.

Point de sourcil superbe.

Ne sois rien à tes yeux.

Si tu cherches à plaire, te voilà déchu.   10

* Ce texte ne doit rien au bref article 'Humilité' de l'*Encyclopédie*, qui serait l'œuvre de Diderot. Il s'inspire, sans le dire, de la traduction du *Manuel d'Epictète* par André Dacier (2 vol., Paris, 1715, BV1225), auquel il emprunte la plupart de ses citations. Comme à son habitude, Dacier entendait établir la 'conformité' des principes de la philosophie grecque avec le christianisme. Si Voltaire se moque ordinairement de ce travers, il prête ici une oreille attentive. Dans sa préface, Dacier réfutait Pascal, qui accusait les Stoïciens 'de n'avoir pas connu l'humilité, et d'avoir été les victimes de l'orgueil et de l'amour-propre' (t.1, p.xiv). Voltaire retourne cette accusation contre les théologiens catholiques qui, prêchant une humilité de façade, font preuve d'une insigne arrogance. Le 'funeste contraste' entre 'l'humilité de Jésus, et l'orgueil de ceux qui se sont parés de son nom' (*Homélies prononcées à Londres*, *OCV*, t.62, p.481) constitue un *topos* de son combat contre 'l'Infâme' dans les années 1760 et 1770. 'Ah! mon cher ami, où est l'humilité chrétienne? l'humilité, cette vertu si nécessaire aux douceurs de la société? L'humilité, que Platon et Epictète appellent tapeinè, et qu'ils recommandent si souvent aux sages?', s'interrogeait-il en 1767 dans la *Lettre d'un avocat au nommé Nonnotte ex-jésuite* (*OCV*, t.63B, p.348). Plutôt que d'évoquer cette contradiction en général, Voltaire l'applique ici à ses ennemis de plume et aux ecclésiastiques qui avaient l'impudence de réfuter ses 'erreurs'. Il érige ainsi l'humilité en vertu cardinale d'une morale laïque. Cet article paraît en septembre/octobre 1771 (70, t.7).

[1] Platon, *Les Lois*, livre 4, 716a: cité par Dacier dans la préface du *Manuel d'Epictète*, t.1, p.xiii. Dans son exemplaire, Voltaire avait marqué cette page d'un signet: 'papeina / humilitas' (*CN*, t.3, p.426-27). Voir sa note dans l'*Eloge et Pensées de Pascal*, article 121: 'Cela s'appelait tepeneia chez les Grecs: Platon la recommande. Epictète, encore davantage' (*OCV*, t.80A, p.273).

Cède à tous les hommes; préfère-les tous à toi; supporte-les tous.[2]

Vous voyez par ces maximes que jamais capucin n'alla si loin qu'Epictète.

Quelques théologiens qui avaient le malheur d'être orgueilleux, ont prétendu que l'humilité ne coûtait rien à Epictète qui était esclave; et qu'il était humble par état, comme un docteur ou un jésuite peut être orgueilleux par état.

Mais que diront-ils de Marc-Antonin qui sur le trône recommande l'humilité? Il met sur la même ligne Alexandre et son muletier.

Il dit que la vanité des pompes n'est qu'un os jeté au milieu des chiens.

Que faire du bien et s'entendre calomnier, est une vertu de roi.[3]

Ainsi le maître de la terre connue veut qu'un roi soit humble. Proposez seulement l'humilité à un musicien, vous verrez comme il se moquera de Marc-Aurèle.

Descartes, dans son traité des *Passions de l'âme*, met dans leur rang l'humilité.[4] Elle ne s'attendait pas à être regardée comme une passion.

---

24 K84, K12: veut qu'on soit

---

[2] Voltaire emprunte ces cinq citations à la préface de la traduction d'Epictète par Dacier (*Manuel d'Epictète*, t.1, p.xiv-xv: voir *CN*, t.3, p.426-27 et n.469). Seules la première, la deuxième et la quatrième sont à proprement parler d'Epictète (*Manuel d'Epictète*, ch.13, 22 et 23).

[3] Soit respectivement Marc-Aurèle, *Pensées*, livre 6, ch.26; livre 7, ch.3 et 36. Après Epictète (*Entretiens*, livre 4, ch.6, section 20), Marc-Aurèle emprunte la troisième référence à Antisthène (Diogène Laërce, *Vies et opinions des illustres philosophes*, livre 6, ch.3, Paris, 1999, p.682). Voltaire a marqué d'un papillon les deuxième et troisième citations dans son exemplaire de l'édition Dacier des *Réflexions morales de l'empereur Marc Antonin* (2 vol., Paris, 1691, BV2312; *CN*, t.5, p.516).

[4] Descartes, *Les Passions de l'âme*, livre 2, article 54 (*Œuvres de Descartes*, éd. Charles Adam et Paul Tannery, 11 vol., Paris, 1996, t.11, p.374). Voltaire a lu et annoté *Les Passions de l'âme, le monde, ou traité de la lumière et la géométrie* (Paris, 1726, BV998; *CN*, t.3, p.114).

Il distingue entre l'humilité vertueuse et la vicieuse.[5] Voici   30
comme Descartes raisonnait en métaphysique et en morale.

'Il n'y a rien en la générosité qui ne soit compatible avec
l'humilité vertueuse, (a) ni rien ailleurs qui puisse changer; ce qui
fait que leurs mouvements sont fermes, constants et toujours fort
semblables à eux-mêmes. Mais ils ne viennent pas tant de surprise,   35
pour ce que ceux qui se connaissent en cette façon, connaissent
assez quelles sont les causes qui font qu'ils s'estiment. Toutefois on
peut dire que ces causes sont si merveilleuses (à savoir la puissance
d'user de son libre arbitre qui fait qu'on se prise soi-même, et les
infirmités du sujet en qui est cette puissance, qui font qu'on ne   40
s'estime pas trop), qu'à toutes les fois qu'on se les représente de
nouveau, elles donnent toujours une nouvelle admiration.'[6]

Voici maintenant comme il parle de l'humilité vicieuse.

'Elle consiste principalement en ce qu'on se sent faible et peu
résolu, et comme si on n'avait pas l'usage entier de son libre arbitre.   45
On ne se peut empêcher de faire des choses dont on sait qu'on se
repentira par après. Puis aussi en ce qu'on croit ne pouvoir
subsister par soi-même, ni se passer de plusieurs choses dont
l'acquisition dépend d'autrui, ainsi elle est directement opposée à la
générosité, etc.'[7]   50

(*a*) Descartes *Traité des passions*.

33   70, 71N, 71A: ailleurs qui les puisse
50-52   70, 71N, 71A: etc.' ¶Nous

[5] Dans le même article, Descartes oppose l'humilité, qui a valeur positive, à la
'bassesse', qui est négative. L'article intitulé 'De l'humilité vicieuse' (*Les Passions de
l'âme*, livre 3, article 159), identifie 'l'humilité vicieuse' à la 'bassesse' et l'oppose à la
'générosité', vertu cardinale de la morale cartésienne (*Œuvres de Descartes*, t.11,
p.450).

[6] *Les Passions de l'âme*, livre 3, article 160, citation presque littérale (*Œuvres de
Descartes*, t.11, p.452), article marqué d'un signet dans l'exemplaire de Voltaire
(BV998; *CN*, t.3, p.114).

[7] Citation assez fidèle de Descartes, *Les Passions de l'âme*, livre 3, article 159.

C'est puissamment raisonner.[8]

Nous laissons aux philosophes plus savants que nous le soin d'éclaircir cette doctrine. Nous nous bornerons à dire que l'humilité est la modestie de l'âme.[9]

C'est le contrepoison de l'orgueil.[10] L'humilité ne pouvait pas empêcher Rameau de croire qu'il savait plus de musique que ceux auxquels il l'enseignait; mais elle pouvait l'engager à convenir qu'il n'était pas supérieur à Lulli dans le récitatif.

Le révérend père Viret cordelier, théologien et prédicateur, tout humble qu'il est, croira toujours fermement qu'il en sait plus que ceux qui apprennent à lire et à écrire.[11] Mais son humilité chrétienne, sa modestie de l'âme l'obligera d'avouer dans le fond de son cœur, qu'il n'a écrit que des sottises. O frères Nonottes, Guyon, Patouillet, écrivains des halles, soyez bien humbles! ayez toujours la modestie de l'âme en recommandation!

55

60

65

58-59 K12: récitatif. [*avec note*: C'est aussi ce qu'il a fait. Voyez la préface des Indes galantes.] ¶Le

[8] Phrase ajoutée en 1774, dans w68. Serait-ce un éloge de la philosophie morale de Descartes? C'est plus vraisemblablement une ironie.

[9] Même définition dans l'article 'Catéchisme chinois' du *DP* (*OCV*, t.35, p.472).

[10] Propos légèrement différents dans l'article 'Catéchisme chinois' du *DP*, où Voltaire écrit que l'humilité 'est le correctif de l'amour-propre, comme la modestie est le correctif de l'orgueil' (*OCV*, t.35, p.472).

[11] Louis Viret aurait été un 'cordelier conventuel'. Il a critiqué *La Philosophie de l'histoire* et *Le Dîner du comte Boulainvilliers*, voir l'article 'Auteurs' des *QF* (*OCV*, t.39, p.253, n.23) et, ci-dessus, l'article 'Gargantua'.

JAPON

Je ne fais point de question sur le Japon pour savoir si cet amas d'îles est beaucoup plus grand que l'Angleterre, l'Ecosse, l'Irlande et les Orcades ensemble; si l'empereur du Japon est plus puissant que l'empereur d'Allemagne, et si les bonzes japonais sont plus riches que les moines espagnols. 5

J'avouerai même sans hésiter que, tout relégués que nous sommes aux bornes de l'Occident, nous avons plus de génie qu'eux, tout favorisés qu'ils sont du soleil levant. Nos tragédies et nos comédies passent pour être meilleures; nous avons poussé plus loin l'astronomie, les mathématiques, la peinture, la sculpture 10 et la musique. De plus, ils n'ont rien qui approche de nos vins de Bourgogne et de Champagne. [1]

* L'article 'Japon' de l'*Encyclopédie*, rédigé par Jaucourt, commence par insister sur la géographie du Japon ('C'est un composé de quantité d'îles': t.8, p.453); Voltaire se détourne explicitement de ces questions d'ordre purement physique, préférant faire la critique des missionnaires jésuites qui ont voulu y imposer la religion chrétienne. Voltaire semble s'inspirer à cet égard de l'*Histoire naturelle, civile et ecclésiastique de l'empire du Japon* d'Engelbert Kämpfer, traduite par J. G. Scheuchzer (2 vol., La Haye, 1729, BV1771), à laquelle il se réfère explicitement aux chapitres 142 et 196 de l'*EM* (éd. Pomeau, t.2, p.315, 795) et au chapitre 4 du *Traité sur la tolérance* (*OCV*, t.56c, p.151, et n.*d*). Mais les anecdotes qu'il rapporte sont relatées dans l'*Histoire de l'établissement, des progrès et de la décadence du christianisme dans l'empire du Japon* de P.-F.-X. de Charlevoix (3 vol., Rouen, 1715). Bien que cet ouvrage ne figure ni dans sa bibliothèque, ni dans le catalogue de Ferney, Voltaire l'a commandé à Lambert en 1749 (D3926) et il se peut qu'il l'ait également consulté pour le présent article. Celui-ci paraît en septembre/octobre 1771 (70, t.7).

[1] Ces comparaisons rappellent la fin du chapitre 142 de l'*EM*, que Jaucourt cite à la fin de son article de l'*Encyclopédie*, du moins sous une forme quelque peu déguisée: 'Le Japon, aussi peuplé que la Chine à proportion, et non moins industrieux, tandis que la nation y est plus fière et plus brave, possède presque tout ce que nous avons, et presque tout ce qui nous manque. Les peuples de l'Orient étaient autrefois bien supérieurs à nos peuples occidentaux, dans tous les arts de l'esprit et de la main. Mais que nous avons regagné le tems perdu, ajoute M. de Voltaire! les pays où le Bramante

Mais pourquoi avons-nous si longtemps sollicité la permission d'aller chez eux, et que jamais aucun Japonais n'a souhaité seulement faire un voyage chez nous? Nous avons couru à Meako,[2] à la terre d'Yesso,[3] à la Californie;[4] nous irions à la lune avec Astolphe si nous avions un hippogriffe.[5] Est-ce curiosité, inquiétude d'esprit? est-ce besoin réel?

Dès que les Européens eurent franchi le cap de Bonne-Espérance, la Propagande se flatta de subjuguer tous les peuples voisins des mers orientales, et de les convertir. On ne fit plus le commerce d'Asie que l'épée à la main; et chaque nation de notre Occident fit partir tour à tour des marchands, des soldats et des prêtres.

Gravons dans nos cervelles turbulentes, ces mémorables paroles de l'empereur Yontchin quand il chassa tous les missionnaires

15   70, 71N, 71A: seulement de faire

---

et Michel Ange ont bâti Saint Pierre de Rome, où Raphaël a peint, où Newton a calculé l'infini, où Leibnitz partagea cette gloire, où Huygens appliqua la cycloïde aux pendules à secondes, où Jean de Bruges trouva la peinture à l'huile, où *Cinna* et *Athalie* ont été écrits; ces pays, dis-je, sont devenus les premiers pays de la terre' (t.8, p.455; cf. l'*EM*, éd. Pomeau, t.2, p.317). En ce qui concerne les sciences, Voltaire n'a pas retenu les indications de Kämpfer sur le goût des Japonais pour les disciplines scientifiques (*Histoire [...] du Japon*, t.1, p.15-17).

 [2] Actuellement Kyoto, Meako fut l'ancienne capitale du Japon où pénétra saint François Xavier en 1549 (voir l'*EM*, ch.142, éd. Pomeau, t.2, p.315, ainsi que l'article 'François Xavier' des *QE*, *OCV*, t.41, p.533-47). Jaucourt consacre un article de l'*Encyclopédie* à Meako (t.10, p.218), dans lequel il cite Kämpfer, lequel décrit la ville (*Histoire [...] du Japon*, t.1, p.85).

 [3] Actuellement Hokkaido, île au nord du Japon, découverte par les Hollandais en 1644, comme le fait remarquer Voltaire dans la vingt-deuxième des *Honnêtetés littéraires* (*OCV*, t.63B, p.128). Sur Yeso, voir Kämpfer (*Histoire [...] du Japon*, t.1, p.56-58).

 [4] Voltaire savait-il que Chappe d'Auteroche était mort en Californie en 1769? Les périodiques annoncent la nouvelle en 1770 (voir Chappe d'Auteroche, *Voyage en Sibérie*, éd. M. Mervaud, *SVEC* 2004:03, p.37, n.185).

 [5] Allusion à Astolphe, personnage de l'*Orlando furioso* d'Arioste qui monte sur un hippogriffe. Voltaire fait également allusion à lui dans les articles 'Amérique', 'Epopée' et 'Imagination' des *QE*.

jésuites et autres de son empire; qu'elles soient écrites sur les portes
de tous nos couvents. *Que diriez-vous si nous allions sous le prétexte*
de trafiquer dans vos contrées, dire à vos peuples que votre religion ne
vaut rien, et qu'il faut absolument embrasser la nôtre? [6]   30

C'est là cependant ce que l'Eglise latine a fait par toute la terre. Il
en coûta cher au Japon; il fut sur le point d'être enseveli dans les
flots de son sang comme le Mexique et le Pérou.

Il y avait dans les îles du Japon douze religions qui vivaient
ensemble très paisiblement. [7] Des missionnaires arrivèrent de   35
Portugal; ils demandèrent à faire la treizième; on leur répondit
qu'ils seraient les très bien venus, et qu'on n'en saurait trop avoir.

Voilà bientôt des moines établis au Japon avec le titre d'*évêques.*
A peine leur religion fut-elle admise pour la treizième qu'elle
voulut être la seule. Un de ces évêques ayant rencontré dans son   40
chemin un conseiller d'Etat, lui disputa le pas; (*a*) il lui soutint qu'il
était du premier ordre de l'Etat, et que le conseiller n'étant que du

(*a*) Ce fait est avéré par toutes les relations.

[6] Les paroles de Yong-Tching, empereur chinois de 1723 à 1736, à qui Voltaire se
réfère au chapitre 39 du *Siècle de Louis XIV* et dans l'article 'De la Chine' des *QE*
(*OCV*, t.40, p.68, et voir p.67, n.30), sont rapportées dans les *Lettres édifiantes* (34 vol.,
Paris, 1707-1776), t.17 (1738), p.268 (BV2104; *CN*, t.5, p.335-51); Voltaire les cite à son
tour au chapitre 195 de l'*EM* (éd. Pomeau, t.2, p.792) et elles reviennent dans une
version des *Entretiens chinois* (*OCV*, t.49A, p.437, variante aux lignes 193-93a).

[7] Au sujet de Meako, Voltaire note au chapitre 196 de l'*EM* qu'il y avait 'douze
religions dans cette capitale, qui vivaient toutes en paix' (éd. Pomeau, t.2, p.795).
Voir aussi le chapitre 4 du *Traité sur la tolérance*: 'Les Japonais étaient les plus
tolérants de tous les hommes; douze religions paisibles étaient établies dans leur
empire: les jésuites vinrent faire la treizième; mais bientôt n'en voulant pas souffrir
d'autre, on sait ce qui en résulta; une guerre civile, non moins affreuse que celle de la
Ligue, désola ce pays' (*OCV*, t.56C, p.151). Voltaire fait également la satire des
jésuites à cet égard dans la *Relation du bannissement des jésuites de la Chine par l'auteur*
du Compère Mathieu (*OCV*, t.67, p.120-21). Dans l'article 'Japon' de l'*Encyclopédie*,
Jaucourt constate: 'Si les Portugais et les Espagnols s'étaient contentés de la tolérance
dont ils jouissaient, ils auraient été aussi paisibles dans cet empire, que les douze
sectes établies à Méaco, et qui composaient ensemble dans cette seule ville au-delà de
quatre cent mille âmes' (t.8, p.455). La source de Voltaire est Kämpfer, *Histoire* [...]
du Japon, t.2, p.198.

second lui devait beaucoup de respect. L'affaire fit du bruit. [8] Les Japonais sont encore plus fiers qu'indulgents. On chassa le moine évêque et quelques chrétiens dès l'année 1586. [9] Bientôt la religion chrétienne fut proscrite. Les missionnaires s'humilièrent, demandèrent pardon, obtinrent grâce et en abusèrent. 45

Enfin en 1637, les Hollandais ayant pris un vaisseau espagnol qui faisait voile du Japon à Lisbonne, ils trouvèrent dans ce vaisseau des lettres d'un nommé Moro, consul d'Espagne à Nangazaqui. Ces lettres contenaient le plan d'une conspiration des chrétiens du Japon pour s'emparer du pays. On y spécifiait le nombre des vaisseaux qui devaient venir d'Europe et d'Asie appuyer cette entreprise. 50

Les Hollandais ne manquèrent pas de remettre les lettres au gouvernement. On saisit Moro; il fut obligé de reconnaître son écriture, et condamné juridiquement à être brûlé. 55

Tous les néophytes des jésuites et des dominicains prirent alors les armes, au nombre de trente mille. Il y eut une guerre civile affreuse. Ces chrétiens furent tous exterminés. [10] 60

Les Hollandais pour prix de leur service obtinrent seuls, comme on sait, la liberté de commercer au Japon, à condition qu'ils n'y

[8] Jaucourt y fait allusion dans son article 'Japon' de l'*Encyclopédie*: 'Nos prêtres y étaient honorés plus que parmi nous; à présent leur tête y est à prix, et ce prix même y est fort considérable: il est d'environ douze mille livres. / L'indiscrétion d'un prêtre portugais, qui refusa de céder le pas à un des officiers de l'empereur, fut la première cause de cette révolution' (t.8, p.455). La source est Charlevoix, qui relate cet incident et ses conséquences (*Histoire* [...] *du christianisme dans l'empire du Japon*, livre 4, t.2, p.54-55).

[9] D'après Charlevoix, cette première persécution eut lieu en 1596 (*Histoire* [...] *du christianisme dans l'empire du Japon*, livre 4, t.2, p.55). Voltaire a-t-il lu trop vite ou a-t-il trouvé ailleurs la date de 1586?

[10] Voir le récit de cette affaire que donne Voltaire au chapitre 196 de l'*EM* (éd. Pomeau, t.2, p.795-96); voir aussi l'article 'Christianisme' du *DP* (*OCV*, t.35, p.587) ainsi que le chapitre 5 de *Candide* (*OCV*, t.48, p.135-36) et l'article 'François-Xavier' des *QE* (*OCV*, t.41, p.545). Voltaire recopie Charlevoix, *Histoire* [...] *du christianisme dans l'empire du Japon*, livre 4, t.2, p.56-57. D'après l'édition de 1637, ceux qui dénoncent des prêtres reçoivent une récompense.

feraient jamais aucun acte de christianisme; et depuis ce temps ils ont été fidèles à leur promesse.

Qu'il me soit permis de demander à ces missionnaires, quelle était leur rage après avoir servi à la destruction de tant de peuples en Amérique, d'en aller faire autant aux extrémités de l'Orient pour la plus grande gloire de Dieu? 65

S'il était possible qu'il y eût des diables déchaînés de l'enfer pour venir ravager la terre, s'y prendraient-ils autrement? Est-ce donc là le commentaire du *Contrains-les d'entrer?* [11] est-ce ainsi que la douceur chrétienne se manifeste? est-ce là le chemin de la vie éternelle? 70

Lecteur, joignez cette aventure à tant d'autres, réfléchissez et jugez. 75

[11] Luc 14:23. Pour Voltaire, il s'agit de l'un de ces passages de l'Evangile qui 'étant mal entendus, peuvent inspirer la violence', comme il le dit dans l'article 'Esséniens' des *QE* (*OCV*, t.41, p.259); voir aussi le chapitre 14 du *Traité sur la tolérance* (*OCV*, t.56C, p.220). Bayle y consacre son célèbre *Commentaire philosophique* (1686).

IDÉE

Section première

Qu'est-ce qu'une idée? [1]

C'est une image qui se peint dans mon cerveau.

Toutes vos pensées sont donc des images? [2]

Assurément; car les idées les plus abstraites ne sont que les suites de tous les objets que j'ai aperçus. Je ne prononce le mot d'*être* en général que parce que j'ai connu des êtres particuliers. Je ne prononce le nom d'*infini* que parce que j'ai vu des bornes et que je

5

---

* Voltaire se porta volontaire en 1756 pour rédiger l'article 'Idée' de l'*Encyclopédie* (voir D7067) mais D'Alembert lui répondit que 'quelqu'un' – le chevalier de Jaucourt – 's'est chargé du mot *Idée*' (D7079). Voltaire se rattrapa en composant pour l'édition dite 'Varberg' du *DP* (1765) l'article 'Idée', dont le présent article constitue une amplification. Il se compose de deux sections, dont la première définit la notion et dont la seconde expose l'origine des idées. Il entretient peu de rapport avec l'article homonyme de l'*Encyclopédie*, dont les articles 'Ame' et 'Immatérialisme' lui ont cependant inspiré les noms des théologiens affirmant la corporalité de l'âme. La première section recycle de larges extraits de l'article 'Idée' du *DP* et la seconde du *Tout en Dieu* paru en 1769. L'addition modifie en profondeur l'économie de l'article. Alors que le texte de 1765 mettait l'accent sur les conceptions patristiques de l'âme, celui-ci approfondit la thématique de la vision en Dieu, certes présente dans le *DP* mais qui ne fut pleinement thématisée qu'avec *Tout en Dieu*. Voltaire ne reprend pas ici les modifications qu'il avait proposées dans *La Raison par alphabet* (2 vol., [Genève, Cramer], 1769, t.1, p.333-35 – voir *OCV*, t.36, p.201, n.1). Cet article paraît en septembre/octobre 1771 (70, t.7).

[1] Cet alinéa et les cinq suivants sont repris de l'article 'Idée' du *DP* (*OCV*, t.36, p.201-202), dont on consultera l'annotation.

[2] Critiquant *De l'Esprit* d'Helvétius dans l'article 'Quisquis (du) de Ramus ou La Ramée', Voltaire écrit: 'il est faux que les mots nous rappellent des images ou des idées: car les images sont des idées' (*M*, t.20, p.321). Le mot 'idée' vient du grec *ἰδέα* qui signifie 'forme visible, aspect'. Voltaire reste fidèle à la première édition du *Dictionnaire de l'Académie* qui définit 'l'idée' comme 'la notion, et l'image que l'esprit se forme de quelque chose' (2 vol., Paris, 1694, t.1, p.582), définition non reprise dans l'édition de 1762.

recule ces bornes dans mon entendement autant que je le puis; [3] je n'ai des idées que parce que j'ai des images dans la tête.

Et quel est le peintre qui fait ce tableau? 10

Ce n'est pas moi; je ne suis pas assez bon dessinateur: c'est celui qui m'a fait, qui fait mes idées. [4]

Et d'où savez-vous que ce n'est pas vous qui faites des idées?

De ce qu'elles me viennent très souvent malgré moi quand je veille, et toujours malgré moi quand je rêve en dormant. 15

Vous êtes donc persuadé que vos idées ne vous appartiennent que comme vos cheveux qui croissent, qui blanchissent, et qui tombent sans que vous vous en mêliez?

Rien n'est plus évident; tout ce que je puis faire c'est de les friser, de les couper, de les poudrer, mais il ne m'appartient pas de les 20 produire.

Vous [5] seriez donc de l'avis de Mallebranche, qui disait que nous voyons tout en Dieu?

Je suis bien sûr au moins que si nous ne voyons pas les choses dans le grand Etre, nous les voyons par son action puissante et présente. [6] 25

Et comment cette action se fait-elle?

Je vous ai dit cent fois dans nos entretiens que je n'en savais pas un mot, et que Dieu n'a dit son secret à personne. J'ignore ce qui fait battre mon cœur, courir mon sang dans mes veines: j'ignore le principe de tous mes mouvements; et vous voulez que je vous dise 30 comment je sens, et comment je pense? cela n'est pas juste.

---

[3] Voir ci-dessous l'article 'Infini' des *QE* (p.411).

[4] Les quatre alinéas qui suivent ont été composés pour les *QE*. Ils renforcent la visée de l'article, l'idée de la 'vision en Dieu'.

[5] Depuis ce mot jusqu'à 'champ de bataille' (lignes 51-52), le texte est repris de l'article 'Idée' du *DP* (*OCV*, t.36, p.202-203).

[6] 'Action toute-puissante' dans l'article 'Idée' du *DP* (*OCV*, t.36, p.202, ligne 16). Modification significative. Dans les années 1770, le 'Dieu' de Voltaire n'a rien d'un créateur mais tout d'un démiurge; il n'est pas par conséquent tout-puissant (voir les *Dialogues d'Evhémère*, *OCV*, t.80C, p.92-93 et p.139), et il est au reste moins transcendant qu'immanent (voir l'article 'Eternité' des *QE*, *OCV*, t.41, p.265-72).

Mais vous savez au moins si votre faculté d'avoir des idées est jointe à l'étendue?[7]

Pas un mot. Il est bien vrai que Tatien, dans son discours aux Grecs, dit que l'âme est composée manifestement d'un corps. Irénée, dans son chap. XXVI du second livre, dit, que le Seigneur a enseigné que nos âmes gardent la figure de notre corps pour en conserver la mémoire. Tertullien assure, dans son second livre de l'*Ame*, qu'elle est un corps. Arnobe, Lactance, Hilaire, Grégoire de Nice, Ambroise n'ont point une autre opinion. On prétend que d'autres Pères de l'Eglise assurent que l'âme est sans aucune étendue,[8] et qu'en cela ils sont de l'avis de Platon, ce qui est très douteux.[9] Pour moi, je n'ose être d'aucun avis; je ne vois qu'incompréhensibilité dans l'un et dans l'autre système; et après y avoir rêvé toute ma vie, je suis aussi avancé que le premier jour.

Ce n'était donc pas la peine d'y penser?

Il est vrai; celui qui jouit, en sait plus que celui qui réfléchit, ou du moins il sait mieux, il est plus heureux; mais que voulez-vous? il n'a pas dépendu de moi ni de recevoir, ni de rejeter dans ma cervelle toutes les idées qui sont venues y combattre les unes contre les autres, et qui ont pris mes cellules médullaires pour leur champ de bataille. Quand elles se sont bien battues, je n'ai recueilli de leurs dépouilles que l'incertitude.[10]

---

[7] Comprendre la 'matière'. La question est de savoir si la pensée résulte de l'activité d'une âme immatérielle ou de la disposition des organes corporels. Depuis les *Lettres philosophiques* (t.2, p.170-71), Voltaire ne s'oppose pas au matérialisme en soi mais au matérialisme athée: ce serait borner la puissance de Dieu que de prétendre qu'il ne pourrait donner la faculté de penser à une matière convenablement organisée.

[8] Comprendre 'immatérielle'.

[9] Voltaire suit ici les articles 'Ame' et 'Immatérialisme' de l'*Encyclopédie*. Ce dernier article soulignait, à tort, le 'matérialisme de Platon' qui serait l'inspirateur de la 'corporéité spirituelle' défendue par les Pères de l'Eglise cités ici par Voltaire (*Encyclopédie*, t.8, p.571-72). On se référera à l'annotation du *DP* pour identifier chacune des citations (*OCV*, t.36, p.202-204, n.6-12).

[10] La dernière phrase de cet alinéa et les deux suivants formaient la conclusion de l'article 'Idée' du *DP*.

Il est bien triste d'avoir tant d'idées, et de ne savoir pas au juste la nature des idées! 55

Je l'avoue; mais il est bien plus triste, et beaucoup plus sot de croire savoir ce qu'on ne sait pas.

Mais si vous ne savez pas positivement ce que c'est qu'une idée, si vous ignorez d'où elles vous viennent, vous savez du moins par où elles vous viennent? [11] 60

Oui, comme les anciens Egyptiens qui ne connaissaient pas la source du Nil, savaient très bien que les eaux du Nil leur arrivaient par le lit de ce fleuve. Nous savons très bien que les idées nous viennent par les sens; [12] mais nous ignorons toujours d'où elles partent. La source de ce Nil ne sera jamais découverte. [13] 65

S'il est certain que toutes les idées vous sont données par les sens, pourquoi donc la Sorbonne qui a si longtemps embrassé cette doctrine d'Aristote, l'a-t-elle condamnée avec tant de virulence dans Helvétius? [14]

57-70a 70, 71N, 71A: pas. ¶ *Section*
59 w68: elles nous viennent
64 K12: sens; nous

[11] Cet alinéa et les trois suivants ont été composés pour les *QE*.

[12] Alors que Locke affirmait que les idées pouvaient venir à l'homme par les sens ou par la 'réflexion' (*Essai philosophique concernant l'entendement humain*, livre 2, ch.1, 4-5), Voltaire développe un point de vue radicalement empiriste en n'admettant d'autre source de connaissance que la sensibilité.

[13] Voltaire appliquera la même métaphore au problème de l'origine de la vie dans les *Dialogues d'Evhémère* (*OCV*, t.80c, p.231). Au dix-huitième siècle, on ne connaît pas la source du Nil (voir ci-dessus l'article 'Géographie', p.62, n.1).

[14] Allusion à la condamnation du *De l'esprit* d'Helvétius par plusieurs autorités, dont la Faculté de théologie de la Sorbonne le 9 avril 1759. Ces docteurs tenaient rigueur à Helvétius de sa 'réduction des facultés de l'âme à la sensibilité et à la mémoire' (A. Keim, *Helvétius, sa vie et son œuvre*, Paris, 1907, p.392-94). L'accusation était de mauvaise foi, remarque ici Voltaire, dans la mesure où la théologie scolastique, d'inspiration thomiste, ne condamnait pas l'empirisme aristotélicien.

C'est que la Sorbonne est composée de théologiens.   70

Section seconde

Tout en Dieu

In[15] *Deo vivimus movemur, et sumus.*

Tout se meut, tout respire, et tout existe en Dieu.[16]

Aratus cité et approuvé par saint Paul,[17] fit donc cette confession de foi chez les Grecs.

Le vertueux Caton dit la même chose, *Jupiter est quodcumque vides,*   75
quocumque moveris.[18]

Mallebranche est le commentateur d'Aratus, de saint Paul et de Caton. Il réussit d'abord en montrant les erreurs des sens et de l'imagination;[19] mais quand il voulut développer ce grand système que tout est en Dieu, tous les lecteurs dirent que le commentaire est plus obscur que le texte.   80

70b   K12: *Tout en Dieu.* [*avec note*: Cette section est un extrait (fait par l'auteur) du *Commentaire sur Mallebranche.*[20] Voyez Philosophie, t.i.]
80   K12: les docteurs dirent

---

[15] A partir de ce mot et jusqu'à la ligne 80, Voltaire recycle, avec de légères variantes, l'introduction de *Tout en Dieu* (*M*, t.28, p.91).

[16] Actes 17:28.

[17] Astronome d'origine stoïcienne, Aratos de Soles est l'auteur du poème didactique *Les Phénomènes* dont saint Paul cite un extrait dans son discours aux Athéniens (Actes 17:28).

[18] Lucain, *Pharsale*, livre 9, vers 580. La traduction de ce vers par Brébeuf (*La Pharsale de Lucain*, Paris, 1670, p.346, BV2213) est peu éclairante: Voltaire l'avait cependant marquée d'un signet (*CN*, t.5, p.446). On lui préférera la traduction de Marmontel que Voltaire possédait également dans une édition de 1766 (BV2214): 'Jupiter est tout ce que tu vois, tout ce que tu sens en toi-même' (Marmontel, *Œuvres complètes*, 18 vol., Paris, 1818-1820, t.11, p.479).

[19] Malebranche, *De la recherche de la vérité*, livre 1, ch.4-20 (les sens); livre 2 (l'imagination). Voir les traces de lecture de Voltaire dans ses deux éditions de Malebranche (*CN*, t.5, p.485-507).

[20] L'errata de K84 contient déjà cette note.

Enfin,[21] en creusant cet abîme, la tête lui tourna; il eut des conversations avec le Verbe, il sut ce que le Verbe a fait dans les autres planètes; il devint tout à fait fou.[22] Cela doit nous donner de terribles alarmes, à nous autres chétifs qui faisons les entendus.

Pour bien entrer au moins dans la pensée de Mallebranche, dans le temps qu'il était sage, il faut d'abord n'admettre que ce que nous concevons clairement, et rejeter ce que nous n'entendons pas. N'est-ce pas être imbécile que d'expliquer une obscurité par des obscurités?

Je sens invinciblement que mes premières idées, et mes sensations me sont venues malgré moi. Je conçois très clairement que je ne puis me donner aucune idée. Je ne puis me rien donner; j'ai tout reçu. Les objets qui m'entourent ne peuvent me donner ni idée ni sensation par eux-mêmes; car comment se pourrait-il qu'un morceau de matière eût[23] en soi la vertu de produire dans moi une pensée?

Donc je suis mené malgré moi à penser que l'Etre éternel qui donne tout, me donne mes idées,[24] de quelque manière que ce puisse être.

Mais, qu'est-ce qu'une idée? qu'est-ce qu'une sensation, une volonté etc.? c'est moi apercevant, moi sentant, moi voulant.

On sait enfin qu'il n'y a pas plus d'être réel appelé *idée*, que d'être réel nommé *mouvement*; mais il y a des corps mus.

De même il n'y a point d'y être particulier nommé *mémoire*, *imagination*, *jugement*: mais nous nous souvenons, nous imaginons, nous jugeons.[25]

85

90

95

100

---

[21] Malebranche, *Méditations chrétiennes et métaphysiques*, dont Voltaire possédait la quatrième édition; il y avait placé des signets (Lyon, 1707, BV2279; *CN*, t.5, p.507). Malebranche se proposait de 'faire parler dans ces méditations' le Verbe éternel 'comme le véritable *Maître*, qui enseigne tous les hommes par l'autorité de sa parole, et par l'évidence de ses lumières' (p.[1] de l'*Avertissement*) tout en prenant la précaution d'affirmer qu''il ne faut pas attribuer à notre Maître commun toutes les réponses que je donne dans cet ouvrage comme de sa part. Les vérités, qui y sont répandues, sont de lui, les erreurs sont de moi' (p.[3]). Voltaire se moque fréquemment de Malebranche 'dont le système a été de s'entretenir avec le Verbe' (*Dialogues d'Evhémère*, *OCV*, t.80C, p.207-208).

[22] Après ce mot et jusqu'à 'eux-mêmes' (ligne 93), passage composé pour les *QE*.

[23] Présent du subjonctif, 'ait', dans *Tout en Dieu*.

[24] Telle est en effet la thèse de Malebranche dans les *Méditations chrétiennes et métaphysiques*, livre 1: 'Pourquoi juges-tu que tu es la cause de tes idées?' (p.4); l'entendement humain n'est pas 'lumière illuminante' mais 'lumière illuminée' (p.16).

[25] Expression classique du nominalisme voltairien qu'on retrouve également dans le traité *De l'âme* (*M*, t.29, p.337-38), le *Il faut prendre un parti*, ch.10 (*OCV*, t.74B,

Tout cela est d'une vérité triviale; [26] mais il est nécessaire de rebattre souvent cette vérité; car les erreurs contraires sont plus triviales encore.

Lois de la nature

Maintenant, [27] comment l'Etre éternel et formateur produirait-il tous ces modes dans des corps organisés? 105

A-t-il mis deux êtres dans un grain de froment dont l'on fera germer l'autre? a-t-il mis deux êtres dans un cerf, dont l'un fera courir l'autre? non sans doute. Tout ce qu'on en sait est que le grain est doué de la faculté de végéter, et le cerf de celle de courir. 110

C'est évidemment une mathématique générale qui dirige toute la nature, et qui opère toutes les productions. Le vol des oiseaux, le nagement des poissons, la course des quadrupèdes, sont des effets démontrés des règles du mouvement connues. [28] *Mens agitat molem*. [29]

Les sensations, les idées de ces animaux peuvent-elles être autre chose 115 que des effets plus admirables des lois mathématiques plus cachées? [30]

Mécanique des sens, et des idées [31]

C'est par ces lois que tout animal se meut pour chercher [32] sa nourriture. Vous devez donc conjecturer qu'il y a une loi par laquelle il a l'idée de sa nourriture, sans quoi il n'irait pas la chercher.

L'intelligence éternelle [33] a fait dépendre d'un principe [34] toutes les 120

---

p29), les *Questions proposées à qui voudra et pourra les résoudre* (*M*, t.25, p.257) ou les *Dialogues d'Evhémère* (*OCV*, t.80C, p.145-46).

[26] Vérité 'incontestable' dans *Tout en Dieu* (*M*, t.28, p.92); la suite de cette phrase fut composée pour les *QE*.

[27] Les lignes 105-10 reprennent mot pour mot un passage de *Tout en Dieu*.

[28] Tout ce qui précède de cet alinéa est repris de *Tout en Dieu* (*M*, t.28, p.92).

[29] Virgile, *Enéide*, livre 6, vers 727: 'L'esprit meut la matière'.

[30] Paragraphe repris de *Tout en Dieu* (*M*, t.28, p.92-93).

[31] 'Mécanique des sens' dans *Tout en Dieu* (*M*, t.28, p.93).

[32] D'ici jusqu'à 'causent ces actions', le texte est repris, avec quelques variantes, de *Tout en Dieu* (*M*, t.28, p.93).

[33] 'Dieu' dans *Tout en Dieu*.

[34] *Tout en Dieu* porte 'de la mécanique'.

actions de l'animal. Donc l'intelligence éternelle a fait dépendre du même principe[35] les sensations qui causent ces actions.

L'auteur de la nature aura-t-il disposé avec un art si divin les instruments merveilleux des sens? aura-t-il mis des rapports si étonnants entre les yeux et la lumière, entre l'atmosphère et les oreilles, pour qu'il aît encore besoin d'accomplir son ouvrage par un autre secours? La nature agit toujours par les voies les plus courtes. La longueur du procédé est impuissance; la mulitiplicité des secours est faiblesse.[36] Donc il est à croire que tout marche par le même ressort.

Le grand Etre fait tout[37]

Non seulement[38] nous ne pouvons nous donner aucune sensation; nous ne pouvons même en imaginer au-delà de celles que nous avons éprouvées. Que toutes les académies de l'Europe proposent un prix pour celui qui imaginera un nouveau sens; jamais on ne gagnera ce prix. Nous ne pouvons donc rien purement par nous-mêmes, soit qu'il y ait un être invisible et intangible dans notre cervelet, ou répandu dans notre corps, soit qu'il n'y en ait pas. Et il faut convenir que dans tous les systèmes l'auteur de la nature nous a donné tout ce que nous avons, organes, sensations, idées qui en sont la suite.

Puisque nous sommes ainsi sous sa main, Mallebranche, malgré toutes ses erreurs, aurait donc raison de dire philosophiquement, que nous sommes dans Dieu, et que nous voyons tout dans Dieu; comme saint Paul le dit dans le langage de la théologie, et Aratus et Caton dans celui de la morale.

Que pouvons-nous donc entendre par ces mots, *voir tout en Dieu?*

Ou ce sont des paroles vides de sens, ou elles signifient que Dieu nous donne toutes nos idées.

Que veut dire, recevoir une idée? ce n'est pas nous qui la créons quand nous la recevons; donc il n'est pas si antiphilosophique qu'on l'a cru de dire: C'est Dieu qui fait des idées dans ma tête, de même qu'il fait le

---

[35] *Tout en Dieu* porte 'de la mécanique'.

[36] Les lignes 123-28 sont reprises de *Tout en Dieu*.

[37] 'Dieu fait tout' dans *Tout en Dieu*. Les cinq alinéas suivants sont repris de ce traité (*M*, t.28, p.96).

[38] 'Il est sûr que' dans *Tout en Dieu* (*M*, t.28, p.96).

mouvement dans tout mon corps. Tout est donc une action de Dieu sur les créatures. 150

Comment tout est-il action de Dieu?[39]

Il n'y a dans la nature qu'un principe universel, éternel et agissant; il ne peut en exister deux; car ils seraient semblables ou différents. S'ils sont différents ils se détruisent l'un l'autre; s'ils sont semblables c'est comme s'il n'y en avait qu'un. L'unité de dessein dans le grand tout infiniment 155 varié annonce un seul principe; ce principe doit agir sur tout être; ou il n'est plus principe universel.

S'il agit sur tout être, il agit sur tous les modes de tout être. Il n'y a donc pas un seul mouvement, un seul mode, une seule idée qui ne soit l'effet immédiat d'une cause universelle toujours présente. 160

La matière de l'univers appartient donc à Dieu tout autant que les idées, et les idées tout autant que la matière. [40]

Dire que quelque chose est hors de lui, ce serait dire qu'il y a quelque chose hors du grand tout. [41] Dieu étant le principe universel de toutes les choses, toutes existent donc en lui et par lui. [42] 165

Ce système renferme celui de la *prémotion physique*, [43] mais comme une roue immense renferme une petite roue qui cherche à s'en écarter. Le principe que nous venons d'exposer est trop vaste pour admettre aucune vue particulière. [44]

---

[39] Ce titre et les deux alinéas suivants sont repris de *Tout en Dieu* (*M*, t.28, p.97).

[40] Cet alinéa et le suivant sont repris de *Tout en Dieu* (*M*, t.28, p.97), avec une variante.

[41] *Tout en Dieu* porte 'de l'infini'.

[42] Tous les alinéas suivants ont été rédigés pour les *QE*.

[43] Système développé par Laurent-François Boursier (1679-1749) dans *De l'action de Dieu sur les créatures* (6 vol., Paris, 1713, BV522; *CN*, t.1, p.507). Etant lui-même un janséniste convaincu, Boursier estimait 'que Malebranche peut servir la cause du jansénisme'. Il manifestait la proximité métaphysique de l'Oratoire et de Port-Royal ('Préface' contemporaine d'A. Roux à L. Ollé-Laprune, *La Philosophie de Male-branche*, 1870; rééd. Paris, 2009, p.xciii).

[44] Embarrassé par ce disciple trop proche du jansénisme, Malebranche réfuta Boursier dans ses *Réflexions sur la prémotion physique* (Paris, 1715, BV2280; *CN*, t.6, p.508) où, pour 'faire contrepoids' au Dieu janséniste qui a recours à des voies

La *prémotion physique* occupe l'être universel des changements qui se   170
passent dans la tête d'un janséniste et d'un moliniste. Mais pour nous
autres nous *n'occupons l'Etre des êtres que des lois de l'univers. La prémotion*
physique fait une affaire importante à Dieu de cinq propositions[45] *dont une*
sœur converse aura entendu parler; et nous faisons à Dieu l'affaire la plus
simple de l'arrangement de tous les mondes.   175

La prémotion physique est fondée sur ce principe à la grecque, que *si*
un être pensant se donnait une idée il augmenterait son être. Or nous ne
savons ce que c'est qu'augmenter son être; nous n'entendons rien à cela.
Nous disons qu'un être pensant se donnerait de nouveaux modes, et non
pas une addition d'existence. De même que quand vous dansez, vos   180
coulés, vos entrechats, et vos attitudes ne vous donnent pas une existence
nouvelle; ce qui nous semblerait absurde. Nous ne sommes d'accord avec
la prémotion physique qu'en étant convaincus que nous ne nous donnons
rien.

On crie contre le système de la prémotion, et contre le nôtre, que nous   185
ôtons aux hommes la liberté. Dieu nous en garde. Il n'y a a qu'à
s'entendre sur ce mot *Liberté.* Nous en parlerons en son lieu.[46] En
attendant, le monde ira comme il est allé toujours, sans que les thomistes
ni leurs adversaires, ni tous les disputeurs du monde y puissent rien
changer; et nous aurons toujours des idées sans savoir précisément ce que   190
c'est qu'une idée.[47]

---

182   K84, K12: nouvelle, qui

---

particulières, voire miraculeuses, il invoquait 'sa propre théorie de la généralité des
voies de la Providence' (A. Roux, 'Préface', *La Philosophie de Malebranche*, p.xcv).
Voltaire prend donc ici le parti de Malebranche contre celui de Boursier; son Dieu
n'est pas un Dieu personnel mais un grand architecte, recourant à des lois constantes
et générales.

[45] Allusion aux cinq propositions extraites de l'*Augustinus* de Jansénius qui furent
condamnées le 31 mai 1653 par la bulle *Cum occasione* du pape Alexandre VII. Selon
Voltaire, ces propositions 'étaient extraites du livre très fidèlement quant au sens,
mais non pas quant aux propres paroles' de Jansénius (*Le Siècle de Louis XIV*, ch.37,
OH, p.1066).

[46] Voir l'article 'Liberté' des *QE* (*M*, t.19, p.578-83).

[47] Bien qu'empiriste dans le domaine épistémologique, Voltaire se rattache au
rationalisme chrétien d'un Leibniz ou d'un Malebranche en affirmant la simplicité et
la généralité des voies de Dieu.

IDENTITÉ

Ce terme scientifique ne signifie que *même chose*. Il pourrait être rendu en français par mêmeté. [1] Ce sujet est bien plus intéressant

---

* Les réflexions de Voltaire semblent prendre leur source dans l'article 'Identité' de l'*Encyclopédie*, que l'auteur anonyme a presque littéralement recopié sur un chapitre du *Traité des premières vérités et de la source de nos jugements* (1724) du P. Claude Buffier (2e partie, ch.11, articles 242-45), qui prend lui-même son inspiration dans l'*Essai philosophique concernant l'entendement humain* de Locke (livre 2, ch.27). Du point de vue empiriste, c'est le mot seul, et donc le langage, qui restitue une identité à une multiplicité et une diversité de sensations; c'est la notion de temps et de lieu qui différencie unité et identité: 'identité et unité ne diffèrent point, sinon par certain regard de temps et de lieu. Une chose considérée en divers lieux, ou en divers temps, se retrouvant ce qu'elle était, est alors dite la même chose. Si vous la considériez sans nulle différence de temps ni de lieu, vous la diriez simplement *une chose*; car par rapport au même temps et au même lieu, on dit voilà *une chose*, et non voilà la *même chose*' (t.8, p.494-95). Mais la question qui intéresse véritablement Voltaire, c'est l'identité personnelle. Fidèle à Buffier, l'article 'Identité' de l'*Encyclopédie* en défend une conception dualiste: 'nous trouvons une substance intelligente, toujours précisément la même, à raison de son unité ou indivisibilité, quelques modifications qu'il y survienne, telles que ses pensées ou ses sentiments. Une même âme n'en est pas moins précisément la même, pour éprouver des changements d'augmentation ou de diminution de pensées ou de sentiments; au lieu que dans les êtres corporels, une portion de matière n'est plus dite précisément la même, quand elle reçoit continuellement augmentation ou altération dans ses modifications, telles que sa figure et son mouvement' (t.8, p.494). En revanche, marchant sur les traces de Locke, qui avait assigné à la conscience de soi le fondement de l'identité personnelle, Voltaire fait plus particulièrement de la mémoire l'outil de la permanence identitaire. Pour un exposé des différentes conceptions du 'moi' en France au XVIIIe siècle, voir J. A. Perkins, *The Concept of the Self in the French Enlightenment* (Genève, 1969). Le présent article paraît en septembre/octobre 1771 (70, t.7).

[1] Voltaire a pu emprunter ce mot au *Dictionnaire néologique* de Desfontaines (Amsterdam, 1728, BV1006; *CN*, t.3, p.125-27), qui l'avait recueilli dans les *Mémoires de Trévoux* (avril 1725, p.705). Il n'a pas fait fortune. On le retrouve chez Louis-Sébastien Mercier, qui cite Voltaire (*Néologie*, éd. J.-C. Bonnet, Paris, 1801, rééd. 2009, p.320), puis dans le *Complément du Dictionnaire de l'Académie française* (Bruxelles, 1843): 'Qualité de ce qui est semblable à une autre chose. [...] Ce

qu'on ne pense. On convient qu'on ne doit jamais punir que la personne coupable, le même individu, et point un autre. Mais un homme de cinquante ans n'est réellement point le même individu que l'homme de vingt; il n'a plus aucune des parties qui formaient son corps; et s'il a perdu la mémoire du passé, il est certain que rien ne lie son existence actuelle à une existence qui est perdue pour lui. 5

Vous n'êtes le même que par le sentiment continu de ce que vous avez été et de ce que vous êtes. Vous n'avez le sentiment de votre être passé que par la mémoire. Ce n'est donc que la mémoire qui établit l'identité, la mêmeté de votre personne. [2] 10

Nous sommes réellement physiquement comme un fleuve dont toutes les eaux coulent dans un flux perpétuel. C'est le même fleuve par son lit, ses rives, sa source, son embouchure, par tout ce qui n'est pas lui; mais changeant à tout moment son eau qui constitue son être, il n'y a nulle identité, nulle mêmeté pour ce fleuve. [3] 15

S'il y avait un Xerxès tel que celui qui fouettait l'Hellespont pour lui avoir désobéi, et qui lui envoyait une paire de menottes; si le fils de ce Xerxès s'était noyé dans l'Euphrate, et que Xerxès voulût punir ce fleuve de la mort de son fils, l'Euphrate aurait raison de lui répondre, Prenez-vous-en aux flots qui roulaient dans le temps que votre fils se baignait. Ces flots ne m'appartiennent point du tout, ils sont allés dans le golfe Persique, une partie s'y est salée, une autre s'est convertie en vapeurs, et s'en est allée dans les 20 25

---

mot, proposé par Voltaire, dans la phrase qu'on vient de lire, n'a pas été adopté' (p.644). Même remarque chez Littré: 'Mot proposé par Voltaire en place du mot scientifique identité, mais qui n'a pu s'établir' (4 vol., Paris, 1873-1874, t.3, p.502).

[2] A comparer avec Locke: 'comme c'est la même conscience qui fait qu'un homme est le même à lui-même, l'identité personnelle ne dépend que de là' (trad. P. Coste, éd. G. J. D. Moyal, Paris, 2004, p.477). Voltaire avait déjà affirmé dans *Le Philosophe ignorant* que la mémoire fondait l'identité (*OCV*, t.62, p.72).

[3] Même idée dans l'article 'Identité' de l'*Encyclopédie*, qui conserve le vocabulaire spiritualiste du P. Buffier: 'la substance de la rivière de Seine change tous les jours imperceptiblement, et par là on dit que c'est toujours la même rivière, bien que la substance de l'eau qui forme cette rivière change et s'écoule à chaque instant' (t.8, p.494).

Gaules par un vent de sud-est; elle est entrée dans les chicorées et dans les laitues que les Gaulois ont mangées: prenez le coupable où vous le trouverez.[4]

Il en est ainsi d'un arbre dont une branche cassée par le vent aurait fendu la tête de votre grand-père. Ce n'est plus le même arbre, toutes ses parties ont fait place à d'autres. La branche qui a tué votre grand-père n'est point à cet arbre: elle n'existe plus.[5]

On a donc demandé comment un homme qui aurait absolument perdu la mémoire avant sa mort, et dont les membres seraient changés en d'autres substances, pourrait être puni de ses fautes, ou récompensé de ses vertus quand il ne serait plus lui-même? J'ai lu dans un livre connu[6] cette demande et cette réponse.

Demande

Comment pourrai-je être récompensé ou puni quand je ne serai plus, quand il ne restera rien de ce qui aura constitué ma personne? ce n'est que par ma mémoire que je suis toujours moi. Je perds ma mémoire dans ma dernière maladie; il faudra donc après ma mort un miracle pour me la rendre; pour me faire rentrer dans mon existence perdue?

---

[4] L'anecdote provient d'Hérodote, *Histoires*, livre 7, ch.35; le passage est souligné par Voltaire dans son exemplaire (BV1631; *CN*, t.4, p.383). Il l'a peut-être lue également dans le récit fait par Rollin (*Histoire ancienne*, livre 6, ch.2, section 3). Voir aussi l'article 'Dénombrement' des *QE* (*OCV*, t.40, p.392, n.15) et *La Défense de mon oncle*, ch.9 (*OCV*, t.64, p.215 et n.24, p.317).

[5] Contrairement à Voltaire, l'article 'Identité' de l'*Encyclopédie* embrasse l'opinion de Locke (voir livre 2, ch.27, articles 3-4): 'M. Loke me paraît définir juste l'identité d'une plante, en disant que l'organisation qui lui a fait commencer d'être plante subsiste: il applique la même idée au corps humain' (t.8, p.495).

[6] Voir l'article 'Catéchisme chinois' du *DP*, troisième entretien (*OCV*, t.35, p.449, 457), ainsi que l'article 'Ame' du *DP* (*OCV*, t.35, p.310). La demande condense le raisonnement de Kou, la réponse cite textuellement l'argumentation de Cu-Su dans le *DP*.

Réponse

C'est-à-dire que si un prince avait égorgé sa famille pour régner, s'il avait tyrannisé ses sujets, il en serait quitte pour dire à Dieu, Ce n'est pas moi, j'ai perdu la mémoire; vous vous méprenez, je ne suis plus la même personne. Pensez-vous que Dieu fût bien content de ce sophisme?

Cette réponse est très louable, mais elle ne résout pas entièrement la question.

Il s'agit d'abord de savoir si l'entendement et la sensation sont une faculté donnée de Dieu à l'homme, ou une substance créée; ce qui ne peut guère se décider par la philosophie qui est si faible et si incertaine.

Ensuite il faut savoir si l'âme étant une substance, et ayant perdu toute connaissance du mal qu'elle a pu faire, étant aussi étrangère à tout ce qu'elle a fait avec son corps qu'à tous les autres corps de notre univers, peut, et doit, selon notre manière de raisonner, répondre dans un autre univers des actions dont elle n'a aucune connaissance; s'il ne faudrait pas en effet un miracle pour donner à cette âme le souvenir qu'elle n'a plus, pour la rendre présente aux délits anéantis dans son entendement, pour la faire la même personne qu'elle était sur terre; ou bien, si Dieu la jugerait à peu près comme nous condamnons sur la terre un coupable, quoiqu'il ait absolument oublié ses crimes manifestes. Il ne s'en souvient plus; mais nous nous en souvenons pour lui; nous le punissons pour l'exemple. Mais Dieu ne peut punir un mort pour qu'il serve d'exemple aux vivants. Personne ne sait si ce mort est condamné ou absous. Dieu ne peut donc le punir que parce qu'il sentit et qu'il exécuta autrefois le désir de mal faire. Mais si quand il se présente mort au tribunal de Dieu il n'a plus rien de ce désir, s'il l'a entièrement oublié depuis vingt ans, s'il n'est plus du tout la même personne, qui Dieu punira-t-il en lui?

Ces questions ne paraissent guère du ressort de l'esprit humain. Il paraît qu'il faut dans tous ces labyrinthes recourir à la foi seule; c'est toujours notre dernier asile.

Lucrèce avait en partie senti ces difficultés quand il peint, dans son troisième livre,[7] un homme qui craint ce qui lui arrivera lorsqu'il ne sera plus le même homme,

> *Non radicitus e vita se tollit et evit;* 80
> *Sed facit esse sui quiddam super inscius ipse.*

> Sa raison parle en vain; sa crainte le dévore
> Comme si n'étant plus il pouvait être encore.

Mais ce n'est pas à Lucrèce qu'il faut s'adresser pour connaître l'avenir. 85

Le célèbre Toland qui fit sa propre épitaphe la finit par ces mots: *Idem futurus Tolandus nunquam*: il ne sera jamais le même Toland.[8] Cependant il est à croire que Dieu l'aurait bien su retrouver s'il avait voulu; mais il est à croire aussi que l'Etre qui existe nécessairement est nécessairement bon. 90

---

[7] *De rerum natura*, livre 3, vers 877-78 (il faut lire *et eicit*): 'ce n'est pas radicalement qu'il s'arrache et se retranche de la vie, mais à son insu même il suppose qu'il survit quelque chose de lui' (trad. A. Ernout, Paris, 1966, p.117).

[8] L'épitaphe entière se trouve dans *The Miscellaneous Works of Mr. John Toland* (Londres, 1747, BV3314), p.lxxxviii-lxxxix.

IDOLE, IDOLÂTRE, IDOLÂTRIE

Idole, du grec[1] *Eidos*, figure, *Eidolos*, représentation d'une figure. *Latreuein*, servir, révérer, adorer. Ce mot adorer a, comme on sait, beaucoup[2] d'acceptions différentes: il signifie porter la main à la bouche en parlant avec respect: se courber, se mettre à genoux, saluer, et enfin communément, rendre un culte suprême. Toujours des équivoques.[3]

5

* Cet article, repris du *DP* (*OCV*, t.36, p.205-28) sous une forme légèrement réécrite, avait été composé dans un premier temps au début de 1757 pour l'*Encyclopédie* (*OCV*, t.33, p.187-203). L'article parut d'abord en 1764 dans le *DP*, avant de paraître en 1765 dans le t.8 de l'*Encyclopédie* (un des volumes retardés par la censure). Une version réduite de l'article constitue le chapitre 30 ('De l'idolâtrie') de *La Philosophie de l'histoire* (1765). L'article traite évidemment un sujet de prédilection de Voltaire, qui avait même demandé à D'Alembert, fin 1756, la permission de traiter ce thème: 'Le sujet est délicat, mais il comporte de bien bonnes vérités qu'on peut dire' (D7098). Il ne s'agit donc pas ici d'une *question* sur l'*Encyclopédie* mais de la réitération d'un article conçu pour l'*Encyclopédie*; on pourrait penser même qu'il s'agit de la réédition d'un article préféré. Voltaire apporte quelques révisions par rapport à la version parue dans le *DP* (qui, elle, n'est pas identique à la version publiée dans l'*Encyclopédie*: voir *OCV*, t.33, p.187, n.1). Il abrège certains passages; il clarifie la structure de l'article en introduisant trois sections numérotées, chacune portant son propre titre; et il apporte quelques ajouts. Ces ajouts sont de deux types. Parfois ils consistent en un mot ou une simple expression. Un tic de style caractérise cette réécriture: Voltaire aime ajouter une phrase, souvent concise, ironique, à la fin d'un paragraphe, par exemple 'Toujours des équivoques' (lignes 5-6), ou 'C'était notre sainte ampoule' (ligne 59); voir deux autres exemples, lignes 351 et 362-64. Deuxièmement, Voltaire ajoute deux paragraphes nouveaux, le premier pour initier la 'section seconde' (lignes 74-79), et le second, une anecdote qui clôt l'article (lignes 383-88). Ces deux passages servent à inculquer la leçon de relativisme implicite dans tout l'article: l'idolâtre est souvent l'autre. En général, les révisions, quoique mineures, tendent aussi à renforcer le ton personnel de l'article. A l'exception des ajouts, nous renvoyons pour l'annotation de cet article au *DP* (*OCV*, t.36, p.205-28). La version des *QE* paraît en septembre/ octobre 1771 (70, t.7).

[1] Dans le *DP*: 'Idole, vient du grec' (ligne 1).

[2] Dans le *DP*: 'Ce mot adorer est latin, et a beaucoup' (lignes 2-3).

[3] 'Toujours des équivoques': ajout dans les *QE*.

Il est utile de remarquer ici que le Dictionnaire de Trévoux commence cet article par dire que tous les païens étaient idolâtres, et que les Indiens sont encore des peuples idolâtres. Premièrement, on n'appela personne *païen* avant Théodose le Jeune. Ce nom fut donné alors aux habitants des bourgs d'Italie, *pagorum incolae pagani*, qui conservèrent leur ancienne religion. Secondement, l'Indoustan est mahométan: et les mahométans sont les implacables ennemis des images et de l'idolâtrie. Troisièmement, on ne doit point appeler *idolâtres* beaucoup de peuples de l'Inde qui sont de l'ancienne religion des Parsis, ni certaines castes qui n'ont point d'idole.

Section première

Y a-t-il jamais eu un gouvernement idolâtre?[4]

Il paraît que jamais il n'y a eu aucun peuple sur la terre qui ait pris ce nom d'*idolâtre*. Ce mot est une injure, un terme outrageant, tel que celui de *gavache* que les Espagnols donnaient autrefois aux Français, et celui de *maranes* que les Français donnaient aux Espagnols. Si on avait demandé au sénat de Rome, à l'aréopage d'Athènes, à la cour des rois de Perse, *Etes-vous idolâtres?* ils auraient à peine entendu cette question. Nul n'aurait répondu, Nous adorons des images, des idoles. On ne trouve ce mot, *idolâtre*, *idolâtrie*, ni dans Homère, ni dans Hésiode, ni dans Hérodote, ni dans aucun auteur de la religion des gentils. Il n'y a jamais eu aucun édit, aucune loi qui ordonnât qu'on adorât des idoles, qu'on les servît en dieux, qu'on les regardât comme des dieux.

Quand les capitaines romains et carthaginois faisaient un traité, ils attestaient tous leurs dieux. C'est en leur présence, disaient-ils, que nous jurons la paix. Or les statues de tous ces dieux, dont le dénombrement était très long, n'étaient pas dans la tente des

---

[4] Dans le *DP*: 'EXAMEN / *S'il y a jamais eu un gouvernement idolâtre?*' (lignes 16a-b).

généraux. Ils regardaient ou feignaient[5] les dieux comme présents aux actions des hommes, comme témoins, comme juges. Et ce n'est pas assurément le simulacre qui constituait la divinité.

De quel œil voyaient-ils donc les statues de leurs fausses divinités dans les temples? Du même œil, s'il est permis de s'exprimer ainsi, que les catholiques voient les images, objets de leur vénération.[6] L'erreur n'était pas d'adorer un morceau de bois ou de marbre, mais d'adorer une fausse divinité représentée par ce bois et ce marbre. La différence entre eux et les catholiques[7] n'est pas qu'ils eussent des images et que les catholiques n'en aient point. La différence est que leurs images figuraient des êtres fantastiques dans une religion fausse, et que les images chrétiennes[8] figurent des êtres réels dans une religion véritable. Les Grecs avaient la statue d'Hercule, et nous celle de saint Christophe: ils avaient Esculape et sa chèvre, et nous saint Roch et son chien; ils avaient Mars et sa lance,[9] et nous saint Antoine de Padoue, et saint Jacques de Compostelle.

Quand le consul Pline adresse les prières *aux dieux immortels*, dans l'exorde du Panégyrique de Trajan, ce n'est pas à des images qu'il les adresse. Ces images n'étaient pas immortelles.

Ni les derniers temps du paganisme, ni les plus reculés, n'offrent un seul[10] fait qui puisse faire conclure qu'on adorât une idole. Homère ne parle que des dieux qui habitent le haut Olympe. Le palladium, quoique tombé du ciel, n'était qu'un gage sacré de la

35

40

45

50

55

[5] Dans le *DP*: 'regardaient les dieux' (ligne 35).

[6] Dans le *DP*: 'ainsi, que nous voyons les images des objets de notre vénération' (lignes 40-41). Ici, comme dans d'autres variantes qui suivent, Voltaire prend ses distances par rapport aux catholiques.

[7] Dans le *DP*: 'entre eux et nous n'est pas qu'ils eussent des images et que nous n'en ayons point' (lignes 43-44).

[8] Dans le *DP*: 'et que les nôtres' (ligne 46).

[9] Dans les *QE*, 'ils avaient Mars et sa lance' remplace 'Jupiter armé du tonnerre' du *DP* (ligne 49).

[10] Dans le *DP*: 'n'offrent pas un seul' (lignes 54-55).

protection de Pallas; c'était elle qu'on vénérait dans le palladium. C'était notre sainte ampoule. [11]

Mais les Romains et les Grecs se mettaient à genoux devant des statues, leur donnaient des couronnes, de l'encens, des fleurs, les promenaient en triomphe dans les places publiques. Les catholiques ont sanctifié ces coutumes, et ne se disent point idolâtres. [12]

Les femmes en temps de sécheresse portaient les statues des dieux, après avoir jeûné. Elles marchaient pieds nus, les cheveux épars; et aussitôt il pleuvait à seaux, comme dit Pétrone, *et statim urceatim pluebat*. N'a-t-on pas consacré cet usage, illégitime chez les gentils, et légitime parmi les catholiques? [13] Dans combien de villes ne porte-t-on pas nu-pieds des charognes pour obtenir les bénédictions du ciel par leur intercession? Si un Turc, un lettré chinois était témoin de ces cérémonies, il pourrait par ignorance accuser les Italiens de mettre leur confiance dans les simulacres qu'ils promènent ainsi en procession. [14]

Section seconde

Examen de l'idolâtrie ancienne

Du temps de Charles Ier on déclara la religion catholique, idolâtre en Angleterre. Tous les presbytériens sont persuadés que les catholiques adorent un pain qu'ils mangent et des figures qui sont l'ouvrage de leurs sculpteurs et de leurs peintres. [15] Ce qu'une

---

[11] 'C'était notre sainte ampoule': ajout des *QE*.

[12] Dans le *DP*: 'Nous avons sanctifié ces coutumes, et nous ne sommes point idolâtres' (lignes 61-62).

[13] Dans le *DP*: 'N'avons-nous pas consacré cet usage illégitime chez les gentils, et légitime sans doute parmi nous?' (lignes 66-67).

[14] Dans le *DP*: 'par ignorance nous accuser d'abord de mettre notre confiance dans les simulacres que nous promenons ainsi en procession, mais il suffirait d'un mot pour le détromper.' (lignes 71-73). Le sous-titre et l'alinéa qui suivent ici sont un ajout des *QE*.

[15] La référence historique semble incertaine, et Voltaire confond peut-être des événements et des lectures différentes. Les presbytériens ici ressemblent en tout cas

partie de l'Europe reproche aux catholiques, ceux-ci le reprochent eux-mêmes aux gentils.

On est surpris du nombre prodigieux de déclamations débitées dans tous les temps contre l'idolâtrie des Romains, et des Grecs; et ensuite on est surpris[16] encore quand on voit qu'ils n'étaient pas idolâtres.

Il y avait des temples plus privilégiés que les autres. La grande Diane d'Ephèse avait plus de réputation qu'une Diane de village. Il se faisait plus de miracles dans le temple d'Esculape à Epidaure, que dans un autre de ses temples. La statue de Jupiter Olimpien attirait plus d'offrandes que celle de Jupiter Paphlagonien. Mais puisqu'il faut toujours opposer ici les coutumes d'une religion vraie, à celles d'une religion fausse, n'avons-nous pas eu depuis plusieurs siècles plus de dévotion à certains autels qu'à d'autres? Ne portons-nous pas plus d'offrandes à Notre-Dame de Lorette qu'à Notre-Dame des Neiges? C'est à nous à voir si on doit saisir ce prétexte pour nous accuser d'idolâtrie?

82   70, 71N, 71A: est plus surpris
88   K84: celle du Jupiter
91-95   K84, K12: d'autres? ¶Notre-Dame de Lorette n'a-t-elle pas été préférée à Notre-Dame des Neiges, à celle des Ardens, à celle de Hall, etc.? ce n'est pas à dire qu'il y ait plus de vertu dans une statue à Lorette que dans une statue du village de Hall, mais nous avons eu plus de dévotion à l'une qu'à l'autre; nous avons cru que celle qu'on invoquait aux pieds de ses statues daignait du haut du ciel répandre plus de faveurs, opérer plus de miracles dans Lorette que dans Hall; cette multitude d'images de la même personne prouve même que ce ne sont point ces images qu'on vénère, et que le culte se rapporte à la personne qui est représentée; car il n'est pas possible que chaque image soit la chose même: il y a mille images de saint François, qui même ne lui ressemblent point, et qui ne se ressemblent point entre elles; et toutes indiquent un seul saint François, invoqué le jour de sa fête par ceux qui ont dévotion à ce saint. ¶Il en était absolument de même chez les païens: on

---

aux puritains. Voltaire se souvient peut-être de sa lecture de Hume, *Histoire de la maison de Stuart, sur le trône d'Angleterre* (BV1701), qui décrit une loi votée sous Charles II, 'où la religion catholique fut traitée d'idolâtrie': et Voltaire de noter en marge: 'religion catholique déclarée idolâtre' (*CN*, t.4, p.561). Un passage du chapitre 182 de l'*EM* (éd. Pomeau, t.2, p.692) s'inspire directement de ce texte.

[16] Le *DP* contient ici le même texte que les éditions 70, 71N et 71A.

On n'avait imaginé qu'une seule Diane, un seul Apollon, un seul   95
Esculape; non pas autant d'Apollons, de Dianes et d'Esculapes
qu'ils avaient de temples et de statues. Il est donc prouvé, autant
qu'un point d'histoire peut l'être, que les anciens ne croyaient pas
qu'une statue fût une divinité, que le culte ne pouvait être rapporté
à cette statue, à cette idole, et que par conséquent les anciens   100
n'étaient point idolâtres. [17]

Les Grecs et les Romains augmentèrent le nombre de leurs dieux
par des apothéoses; les Grecs divinisaient les conquérants, comme
Bacchus, Hercule, Persée. Rome dressa des autels à ses empereurs. [18]

95-97   K84, K12: seule divinité, un seul Apollon, et non pas autant d'Apollons
et de Dianes qu'ils

100   K84, K12: et par

101-102   K84, K12: idolâtres. ¶C'est à nous à voir si on doit saisir ce prétexte
pour nous accuser d'idolâtrie? ¶Une populace grossière et superstitieuse qui ne
raisonnait point, qui ne savait ni douter, ni nier, ni croire, qui courait au temple par
oisiveté, et parce que les petits y sont égaux aux grands, qui portait son offrande par
coutume, qui parlait continuellement de miracles sans en avoir examiné aucun, et qui
n'était guère au-dessus des victimes qu'elle amenait; cette populace, dis-je, pouvait
bien, à la vue de la grande Diane, et de Jupiter tonnant, être frappée d'une horreur
religieuse, et adorer sans le savoir la statue même. C'est ce qui est arrivé quelquefois
dans nos temples à nos paysans grossiers, et on n'a pas manqué de les instruire que
c'est aux bienheureux, aux immortels [K12: mortels] reçus dans le ciel qu'ils doivent
demander leur intercession, et non à des figures de bois et de pierre. ¶Les Grecs

103   K84, K12: par leurs apothéoses. Les Grecs

104-17   K84, K12: empereurs. Nos apothéoses sont d'un genre différent; nous
avons infiniment plus de saints qu'ils n'avaient de ces dieux secondaires, mais nous

[17] Le paragraphe qui suit à cet endroit dans le *DP* a été laissé de côté dans les *QE*,
mais intégré à l'article tel que les éditeurs de Kehl l'ont rapiécé (voir la variante). La
reprise de la phrase commençant par 'C'est à nous à voir [...]' ne se trouve toutefois
pas dans le *DP*; il s'agit d'un ajout de Kehl.

[18] D'ici jusqu'à la ligne 112, le *DP* porte un développement qui ressemble à celui
de Kehl, sans qu'il soit identique: 'Nos apothéoses sont d'un genre différent. Nous
avons des saints au lieu de leurs demi-dieux, de leurs dieux secondaires; mais nous
n'avons égard ni au rang, ni aux conquêtes. Nous avons élevé des temples à des
hommes simplement vertueux, qui seraient la plupart ignorés sur la terre, s'ils
n'étaient placés dans le ciel. Les apothéoses des anciens sont faites par la flatterie, les
nôtres par le respect de la vertu. Mais ces anciennes apothéoses [...]' (lignes 112-18).

323

Les apothéoses de Rome moderne sont d'un genre différent. Elle a   105
des saints au lieu de ses demi-dieux, et même elle a beaucoup plus
de saints adorés du culte de dulie, sans compter l'hyperdulie, qu'il
n'en fut jamais dans la Rome des Scipions. Outre ces saints, nous
avons juste ici-bas deux fois autant d'anges qu'il y a d'hommes sur
la terre; car nous avons chacun notre bon et notre mauvais ange; et   110
il faut bien les prier tous deux, l'un pour qu'il nous serve, l'autre
pour qu'il ne nuise pas.

Les anciennes apothéoses sont encore une preuve convaincante
que les Grecs et les Romains n'étaient point proprement idolâtres.
Il est clair qu'ils n'admettaient pas plus une vertu divine dans la   115
statue d'Auguste et de Claudius, que dans leurs médailles.

Cicéron dans ses ouvrages philosophiques, ne laisse pas
soupçonner seulement qu'on puisse se méprendre aux statues des
dieux et les confondre avec les dieux mêmes. Ses interlocuteurs
foudroient la religion établie; mais aucun d'eux n'imagine d'accu-   120
ser les Romains de prendre du marbre et de l'airain pour des
divinités. Lucrèce ne reproche cette sottise à personne, lui qui
reproche tout aux superstitieux. Donc, encore une fois, cette
opinion n'existait pas; on n'en avait aucune idée. Il n'y avait
point d'idolâtre.   125

Horace fait parler une statue de Priape; il lui fait dire, *J'étais
autrefois un tronc de figuier; un charpentier ne sachant s'il ferait de moi
un dieu ou un banc, se détermina enfin à me faire dieu, etc.* Que
conclure de cette plaisanterie? Priape était de ces petites divinités
subalternes, abandonnées aux railleurs; et cette plaisanterie même   130
est la preuve la plus forte que cette figure de Priape qu'on mettait
dans les potagers pour effrayer les oiseaux, n'était pas fort révérée.

---

n'avons égard ni au rang, ni aux conquêtes. Nous avons élevé des temples à des
hommes simplement vertueux, qui seraient ignorés sur la terre s'ils n'étaient placés
dans le ciel. Les apothéoses des anciens sont faites par la flatterie, les nôtres par le
respect pour la vertu. ¶Cicéron

106-13   70, 71N, 71A: demi-dieux. ¶Ces anciennes
128   K12: *dieu.* Que
129   K84, K12: ces divinités

Dacier en se livrant à l'esprit commentateur, n'a pas manqué d'observer que Baruch avait prédit cette aventure en disant, *Ils ne seront que ce que voudront les ouvriers*; mais il pouvait observer aussi qu'on en peut dire autant de toutes les statues. Baruch aurait-il eu une vision sur les Satires d'Horace? [19]

On peut d'un bloc de marbre tirer tout aussi bien une cuvette qu'une figure d'Alexandre, ou de Jupiter, ou de quelque autre chose plus respectable. La matière dont étaient formés les chérubins du Saint des Saints aurait pu servir également à faire des pots de chambre. [20] Un trône, un autel en sont-ils moins révérés, parce que l'ouvrier en pouvait faire une table de cuisine?

Dacier au lieu de conclure que les Romains adoraient la statue de Priape, et que Baruch l'avait prédit, devait donc conclure que les Romains s'en moquaient. Consultez tous les auteurs qui parlent des statues de leurs dieux, vous n'en trouverez aucun qui parle d'idolâtrie; ils disent expressément le contraire. Vous voyez dans Martial:

> *Qui finxit sacros auro vel marmore vultus,*
> *Non facit ille deos; qui colit ille facit.* [21]

> L'artisan ne fait point les dieux,
> C'est celui qui les prie.

Dans Ovide:

> *Colitur pro Jove forma Jovis.*

> Dans l'image de Dieu c'est Dieu seul qu'on adore.

135

140

145

150

155

141-42   K84, K12: également aux fonctions les plus viles. Un trône

---

[19] Cette dernière phrase est un ajout des *QE*.

[20] Dans le *DP*: 'aurait pu servir également aux fonctions les plus viles.' (lignes 146-47). Voltaire remplace une périphrase par une allusion burlesque; le changement de registre accentue l'effet de désacralisation qui est central dans l'argumentation de l'article.

[21] La deuxième moitié du vers, et les traductions françaises de Martial, d'Ovide, de Stace et de Lucain, sont des ajouts dans les *QE*.

Dans Stace:

> *Nulla autem effigies, nulli commissa metallo.*
> *Forma dei mentes habitare ac numina gaudet.*

Les dieux ne sont jamais dans une arche enfermés: 160
Ils habitent nos cœurs.

Dans Lucain:

> *Estne dei sedes, nisi terra et pontus et aer?*
> L'univers est de Dieu la demeure et l'empire.

On ferait un volume de tous les passages qui déposent que des 165
images n'étaient que des images.

Il n'y a que le cas où les statues rendaient des oracles, qui ait pu
faire penser que ces statues avaient en elles quelque chose de divin.
Mais certainement l'opinion régnante était que les dieux avaient
choisi certains autels, certains simulacres pour y venir résider 170
quelquefois, pour y donner audience aux hommes, pour leur
répondre. On ne voit dans Homère et dans les chœurs des tragédies
grecques, que des prières à Apollon qui rend ses oracles sur les
montagnes, en tel temple, en telle ville; il n'y a pas dans toute
l'antiquité la moindre trace d'une prière adressée à une statue. 175

Ceux qui professaient la magie, qui la croyaient une science, ou
qui feignaient de croire,[22] prétendaient avoir le secret de faire
descendre les dieux dans les statues, non pas les grands dieux, mais
les dieux secondaires, les génies. C'est ce que Mercure Trismégiste

---

165-66 K12: que les images

175-76 K84, K12: statue; si on croyait que l'esprit divin préférait quelques
temples, quelques images, comme on croyait aussi qu'il préférait quelques hommes,
la chose était certainement possible; ce n'était qu'une erreur de fait. Combien avons-
nous d'images miraculeuses! Les anciens se vantaient d'avoir ce que nous possédons
en effet; et si nous ne sommes point idolâtres, de quel droit dirons-nous qu'ils l'ont
été? ¶Ceux

177 70, 71N, 71A, K12: feignaient de le croire,

---

[22] Le texte du *DP* est ici de nouveau comme celui de 70, 71N, 71A et K12. Voir la
variante.

appelait faire des dieux; et c'est ce que saint Augustin réfute dans sa 180
Cité de Dieu. Mais cela même montre évidemment que les
simulacres n'avaient rien en eux de divin, puisqu'il fallait qu'un
magicien les animât. Et il me semble qu'il arrivait bien rarement
qu'un magicien fût assez habile pour donner une âme à une statue
pour la faire parler. 185

En un mot, les images des dieux n'étaient point des dieux;
Jupiter, et non pas son image, lançait le tonnerre; ce n'était pas la
statue de Neptune qui soulevait les mers, ni celle d'Apollon qui
donnait la lumière. Les Grecs et les Romains étaient des gentils, des
polythéistes, et n'étaient point des idolâtres. 190

Section troisième

*Si les Perses, les Sabéens, les Egyptiens, les Tartares, les Turcs ont été
idolâtres? et de quelle antiquité est l'origine des simulacres appelés
idoles. Histoire de leur culte*

C'est une grande erreur d'appeler *idolâtres* les peuples qui rendirent
un culte au soleil et aux étoiles. Ces nations n'eurent longtemps ni
simulacres ni temples. Si elles se trompèrent, c'est en rendant aux
astres ce qu'ils devaient au créateur des astres. Encore le dogme de
Zoroastre ou Zerdust, recueilli dans le Sadder, enseigne-t-il un 195
Etre suprême, vengeur et rémunérateur: et cela est bien loin de
l'idolâtrie. Le gouvernement de la Chine n'a jamais eu aucune
idole; il a toujours conservé le culte simple du maître du ciel
Kingtien.

Gengis-Kan chez les Tartares n'était point idolâtre, et n'avait 200
aucun simulacre. Les musulmans qui remplissent la Grèce, l'Asie
Mineure, la Syrie, la Perse, l'Inde et l'Afrique, appellent les
chrétiens idolâtres, *giaours*, parce qu'ils croient que les chrétiens

190-90a   K84, K12: idolâtres. ¶Nous leur prodiguâmes cette injure quand nous
n'avions ni statues ni temples, et nous avons continué dans notre injustice depuis que
nous avons fait servir la peinture et la sculpture à honorer nos vérités, comme ils s'en
servaient pour honorer leurs erreurs. / Section

rendent un culte aux images. Ils brisèrent plusieurs statues qu'ils trouvèrent à Constantinople dans Sainte-Sophie, et dans l'église des Saints-Apôtres, et dans d'autres qu'ils convertirent en mosquées. L'apparence les trompa comme elle trompe toujours les hommes, et leur fit croire que des temples dédiés à des saints qui avaient été hommes autrefois, des images de ces saints révérées à genoux, des miracles opérés dans ces temples, étaient des preuves invincibles de l'idolâtrie la plus complète.[23]

On ne sait pas qui inventa les habits et les chaussures, et on veut savoir qui le premier inventa les *idoles*? Qu'importe un passage de Sanchoniaton qui vivait avant la guerre de Troye? que nous apprend-il, quand il dit que le chaos, l'esprit, c'est-à-dire *le souffle*, amoureux de ses principes, en tira le limon, qu'il rendit l'air lumineux, que le vent Colp et sa femme Baü engendrèrent Eon, qu'Eon engendra Genos? que Cronos leur descendant avait deux yeux par derrière comme par devant, qu'il devint dieu, et qu'il donna l'Egypte à son fils Thaut? Voilà un des plus respectables monuments de l'antiquité.

Orphée[24] ne nous en apprendra pas davantage dans sa Théogonie, que Damascius nous a conservée. Il représente le principe du monde sous la figure d'un dragon à deux têtes, l'une de taureau, l'autre de lion, un visage au milieu, qu'il appelle *visage-dieu*, et des ailes dorées aux épaules.

205

210

215

220

225

211-12 K84, K12: complète; cependant il n'en est rien. Les chrétiens n'adorent en effet qu'un seul Dieu, et ne révèrent dans les bienheureux que la vertu même de Dieu qui gît dans ses saints. Les iconoclastes et les protestants ont fait le même reproche d'idolâtrie à l'Eglise, et on leur a fait la même réponse. ¶Comme les hommes ont eu très rarement des idées précises, et ont encore moins exprimé leurs idées par des mots précis et sans équivoque, nous appelâmes du nom d'idolâtres les gentils et surtout les polythéistes. On a écrit des volumes immenses, on a débité des sentiments divers sur l'origine de ce culte rendu à Dieu ou à plusieurs dieux sous des figures sensibles: cette multitude de livres et d'opinions ne prouve que l'ignorance. ¶On ne

[23] Un passage du *DP* (lignes 211-22), omis des *QE*, est repris à quelques mots près par les éditeurs de Kehl (voir la variante).

[24] Dans le *DP*: 'Orphée, antérieur à Sanchoniaton, ne nous apprend' (ligne 233).

Mais vous pouvez de ces idées bizarres tirer deux grandes vérités, l'une que les images sensibles et les hiéroglyphes sont de l'antiquité la plus haute; l'autre que tous les anciens philosophes ont reconnu un premier principe. 230

Quant au polythéisme, le bon sens vous dira que dès qu'il y a eu des hommes, c'est-à-dire des animaux faibles, capables de raison et de folie, sujets à tous les accidents, à la maladie et à la mort, ces hommes ont senti leur faiblesse et leur dépendance. Ils ont reconnu aisément qu'il est quelque chose de plus puissant qu'eux. Ils ont 235 senti une force dans la terre qui fournit leurs aliments; une dans l'air qui souvent les détruit; une dans le feu qui consume, et dans l'eau qui submerge. Quoi de plus naturel dans des hommes ignorants que d'imaginer des êtres qui présidaient à ces éléments? Quoi de plus naturel que de révérer la force invisible qui faisait luire aux 240 yeux le soleil et les étoiles? Et dès qu'on voulut se former une idée de ces puissances supérieures à l'homme, quoi de plus naturel encore que de les figurer d'une manière sensible? Pouvait-on s'y prendre autrement? La religion juive qui précéda la nôtre, et qui fut donnée par Dieu même, était toute remplie de ces images sous 245 lesquelles Dieu est représenté. Il daigne parler dans un buisson le langage humain; il paraît sur une montagne. Les esprits célestes qu'il envoie, viennent tous avec une forme humaine; enfin le sanctuaire est couvert de chérubins, [25] qui sont des corps d'hommes avec des ailes et des têtes d'animaux. C'est ce qui a donné lieu à 250 l'erreur de Plutarque, de Tacite, d'Appien, et de tant d'autres, de reprocher aux Juifs d'adorer une tête d'âne. Dieu, malgré sa défense de peindre et de sculpter aucune figure, a donc daigné se proportionner à la faiblesse humaine, qui demandait qu'on parlât aux sens par des images. 255

Isaïe dans le chap. VI voit le Seigneur assis sur un trône, et le bas de sa robe qui remplit le temple. Le Seigneur étend sa main, et touche la bouche de Jérémie au chap. I de ce prophète. Ezéchiel au chap. III voit un trône de saphir, et Dieu lui paraît comme un homme assis sur ce trône. Ces images n'altèrent point la pureté de 260

---

[25] Dans le *DP*: 'est rempli de chérubins' (ligne 260).

la religion juive, qui jamais n'employa les tableaux, les statues, les idoles, pour représenter Dieu aux yeux du temple. [26]

Les lettrés chinois, les Parsis, les anciens Egyptiens n'eurent point d'idoles; mais bientôt Isis et Osiris furent figurés; bientôt Bel à Babilone fut un gros colosse. Brama fut un monstre bizarre dans 265 la presqu'île de l'Inde. Les Grecs surtout multiplièrent les noms des dieux, les statues et les temples; mais en attribuant toujours la suprême puissance à leur Zeus nommé par les Latins Jupiter, maître des dieux et des hommes. Les Romains imitèrent les Grecs. Ces peuples placèrent toujours tous les dieux dans le ciel, sans savoir ce 270 qu'ils entendaient par le ciel. (Voyez 'Ciel'.) [27]

Les Romains eurent leurs douze grands dieux; six mâles et six femelles, qu'ils nommèrent *dii majorum gentium*. Jupiter, Neptune, Apollon, Vulcain, Mars, Mercure; Junon, Vesta, Minerve, Cérès, Vénus, Diane. Pluton fut alors oublié; Vesta prit sa place. 275

Ensuite venaient les dieux *minorum gentium*, les dieux indigètes, les héros, comme Bacchus, Hercule, Esculape; les dieux infernaux, Pluton, Proserpine; ceux de la mer, comme Thétis, Amphitrite, les Néréides, Glaucus; puis les Driades, les Naïades; les dieux des jardins, ceux des bergers; il y en avait pour chaque profession, pour 280 chaque action de la vie, pour les enfants, pour les filles nubiles, pour les mariées, pour les accouchées; on eut le dieu *Pet*. On divinisa enfin les empereurs. Ni ces empereurs, ni le dieu *Pet*, ni la déesse Pertunda, ni Priape, ni Rumilia la déesse des tétons, ni Stercutius le dieu de la garde-robe, ne furent à la vérité regardés comme les 285 maîtres du ciel et de la terre. Les empereurs eurent quelquefois des

---

262-63   70, 71N, 71A, W68, K84, K12: du peuple ¶Les lettrés

[26] Dans le *DP*: 'aux yeux du peuple' (ligne 273). Coquille dans w75G.

[27] Dans les *QE*, le renvoi à l'article 'Ciel' remplace la suite de la précédente phrase et un passage du *DP*: 'ce qu'ils entendaient par ciel et par leur Olimpe: il n'y avait pas d'apparence que ces êtres supérieurs habitassent dans les nuées qui ne sont que de l'eau. On en avait placé d'abord sept dans les sept planètes, parmi lesquelles on comptait le soleil; mais depuis, la demeure de tous les dieux fut l'étendue du ciel.' (lignes 282-86). Dans les *QE*, figurent deux articles: 'Ciel matériel' et 'Le ciel des Anciens' (*OCV*, t.40, p.93-100, p.101-104).

temples, les petits dieux pénates n'en eurent point; mais tous eurent leur figure, leur idole.

C'étaient de petits magots dont on ornait son cabinet. C'étaient les amusements des vieilles femmes et des enfants, qui n'étaient autorisés par aucun culte public. On laissait agir à son gré la superstition de chaque particulier. On retrouve encore ces petites idoles dans les ruines des anciennes villes.

Si personne ne sait quand les hommes commencèrent à se faire des idoles, on sait qu'elles sont de l'antiquité la plus haute. Tharé père d'Abraham en faisait à Ur en Chaldée. Rachel déroba et emporta les idoles de son beau-père Laban. On ne peut remonter plus haut. [28]

Les idoles parlaient assez souvent. On faisait commémoration à Rome le jour de la fête de Cibèle, des belles paroles que la statue avait prononcées, lorsqu'on en fit la translation du palais du roi Attale.

> *Ipsa pati volui, ne sit mora, mitte volentem,*
> *Dignus Roma locus, quo deus omnis eat.*

298-99 K84, K12: haut. ¶Mais quelle notion précise avaient les anciennes nations de tous ces simulacres? Quelle vertu, quelle puissance leur attribuait-on? croyait-on que les dieux descendaient du ciel pour venir se cacher dans ces statues? ou qu'ils leur communiquaient une partie de l'esprit divin, ou qu'ils ne leur communiquaient rien du tout? c'est encore sur quoi on a très inutilement écrit; il est clair que chaque homme en jugeait selon le degré de sa raison, ou de sa crédulité, ou de son fanatisme. Il est évident que les prêtres attachaient le plus de divinité qu'ils pouvaient à leurs statues, pour s'attirer plus d'offrandes. On sait que les philosophes réprouvaient ces superstitions, que les guerriers s'en moquaient, que les magistrats les toléraient, et que le peuple toujours absurde ne savait ce qu'il faisait. C'est en peu de mots l'histoire de toutes les nations à qui Dieu ne s'est pas fait connaître. ¶On se peut faire la même idée du culte que toute l'Egypte rendit à un bœuf, et que plusieurs villes rendirent à un chien, à un singe, à un chat, à des oignons. Il y a grande apparence que ce furent d'abord des emblèmes. Ensuite un certain bœuf Apis, un certain chien nommé Annubis, furent adorés; on mangea toujours du bœuf et des oignons: mais il est difficile de savoir ce que pensaient les vieilles femmes d'Egypte des oignons sacrés et des bœufs. ¶Les

[28] Deux paragraphes du *DP* (lignes 314-35) sont omis dans les *QE*, mais seront repris par les editeurs de Kehl (voir la variante).

'J'ai voulu qu'on m'enlevât, emmenez-moi vite; Rome est digne   305
que tout dieu s'y établisse.'

La statue de la Fortune avait parlé; les Scipions, les Cicérons, les
Césars, à la vérité, n'en croyaient rien; mais la vieille à qui Encolpe
donna un écu pour acheter des oies et des dieux, pouvait fort bien le
croire.   310

Les idoles rendaient aussi des oracles, et les prêtres cachés dans
le creux des statues parlaient au nom de la divinité.

Comment au milieu de tant de dieux et de tant de théogonies
différentes, et de cultes particuliers, n'y eut-il jamais de guerre de
religion chez les peuples nommés *idolâtres?* Cette paix fut un bien   315
qui naquit d'un mal, de l'erreur même. Car chaque nation
reconnaissant plusieurs dieux inférieurs, trouva bon que ses voisins
eussent aussi les leurs. Si vous exceptez Cambyse à qui on reprocha [29]
d'avoir tué le bœuf Apis, on ne voit dans l'histoire profane aucun
conquérant qui ait maltraité les dieux d'un peuple vaincu. Les   320
gentils n'avaient aucune religion exclusive, et les prêtres ne
songèrent qu'à multiplier les offrandes et les sacrifices. [30]

322-23   K84, K12: sacrifices. ¶Les premières offrandes furent des fruits. Bientôt
après il fallut des animaux pour la table des prêtres; ils les égorgeaient eux-mêmes: ils
devinrent bouchers et cruels; enfin ils introduisirent l'usage horrible de sacrifier des
victimes humaines, et surtout des enfants et des jeunes filles. Jamais les Chinois, ni les
Parsis, ni les Indiens ne furent coupables de ces abominations; mais à Hiéropolis en
Egypte, au rapport de Porphire, on immola des hommes. ¶Dans la Tauride, on
sacrifiait des étrangers; heureusement les prêtres de la Tauride ne devaient pas avoir
beaucoup de pratiques. Les premiers Grecs, les Cypriotes, les Phéniciens, les
Tyriens, les Carthaginois eurent cette superstition abominable. Les Romains eux-
mêmes tombèrent dans ce crime de religion; et Plutarque rapporte qu'ils immolèrent
deux Grecs et deux Gaulois, pour expier les galanteries de trois vestales. Procope,
contemporain du roi des Francs Théodebert, dit que les Francs immolèrent des
hommes quand ils entrèrent en Italie avec ce prince. Les Gaulois, les Germains
faisaient communément de ces affreux sacrifices. On ne peut guère lire l'histoire sans
concevoir de l'horreur pour le genre humain. ¶Il est vrai que chez les Juifs Jephté

[29] Dans le *DP*: 'reproche' (ligne 355).
[30] Trois paragraphes du *DP* (lignes 360-89) sont omis dans les *QE*, mais seront
repris par les éditeurs de Kehl (voir la variante).

Nous parlons ailleurs des victimes humaines sacrifiées dans toutes les religions.

Pour consoler le genre humain de cet horrible tableau, de ces pieux sacrilèges, il est important de savoir que chez presque toutes les nations nommées *idolâtres*, il y avait la théologie sacrée et l'erreur populaire, le culte secret et les cérémonies publiques, la religion des sages et celle du vulgaire. On n'enseignait qu'un seul dieu aux initiés dans les mystères: il n'y a qu'à jeter les yeux sur l'hymne attribué à l'ancien Orphée, qu'on chantait dans les mystères de Cérès Eleusine, si célèbre en Europe et en Asie. 'Contemple la nature divine, illumine ton esprit, gouverne ton cœur, marche dans la voie de la justice, que le dieu du ciel et de la terre soit toujours présent à tes yeux; il est unique, il existe seul par lui-même, tous les êtres tiennent de lui leur existence: il les soutient tous; il n'a jamais été vu des mortels, et il voit toutes choses.'

Qu'on lise encore ce passage du philosophe Maxime de Madaure, que nous avons déjà cité:[31] 'Quel homme est assez grossier, assez stupide pour douter qu'il soit un dieu suprême éternel, infini, qui n'a rien engendré de semblable à lui-même, et qui est le père commun de toutes choses?'

Il y a mille témoignages que les sages abhorraient non seulement l'idolâtrie, mais encore le polythéisme.

Epictète, ce modèle de résignation et de patience, cet homme si grand dans une condition si basse, ne parle jamais que d'un seul dieu. Relisez encore cette maxime:[32] 'Dieu m'a créé, Dieu est au-dedans de moi, je le porte partout. Pourrais-je le souiller par des pensées obscènes, par des actions injustes, par d'infâmes désirs?

325

330

335

340

345

---

sacrifia sa fille, et que Saül fut prêt d'immoler son fils; il est vrai que ceux qui étaient voués au Seigneur par anathème ne pouvaient être rachetés ainsi qu'on rachetait les bêtes, et qu'il fallait qu'ils périssent. ¶Nous

323   71N: Nous parlerons ailleurs

[31] Dans le *DP*: 'Maxime de Madaure, dans sa lettre à St Augustin' (lignes 404-405).

[32] Dans le *DP*: 'Voici une de ses maximes' (ligne 413).

Mon devoir est de remercier Dieu de tout, de le louer de tout, et de   350
ne cesser de le bénir, qu'en cessant de vivre.' Toutes les idées
d'Epictète roulent sur ce principe. Est-ce là un idolâtre?[33]

Marc-Aurèle, aussi grand peut-être sur le trône de l'empire
romain, qu'Epictète dans l'esclavage, parle souvent, à la vérité, des
dieux, soit pour se conformer au langage reçu, soit pour exprimer   355
des êtres mitoyens entre l'Etre suprême et les hommes; mais en
combien d'endroits ne fait-il pas voir qu'il ne reconnaît qu'un dieu
éternel, infini? 'Notre âme, dit-il, est une émanation de la divinité.
Mes enfants, mon corps, mes esprits me viennent de Dieu.'

Les stoïciens, les platoniciens, admettaient une nature divine et   360
universelle: les épicuriens la niaient. Les pontifes ne parlaient que
d'un seul dieu dans les mystères. Où étaient donc les idolâtres?
Tous nos déclamateurs crient à l'idolâtrie comme de petits chiens
qui jappent quand ils entendent un gros chien aboyer.[34]

Au reste, c'est une des plus grandes erreurs du Dictionnaire de   365
Moreri, de dire que du temps de Théodose le Jeune, il ne resta plus
d'idolâtres que dans les pays reculés de l'Asie et de l'Afrique. Il y
avait dans l'Italie beaucoup de peuples encore gentils, même au
septième siècle. Le nord de l'Allemagne depuis le Vézer, n'était pas
chrétien du temps de Charlemagne. La Pologne et tout le   370
septentrion restèrent longtemps après lui dans ce qu'on appelle
idolâtrie. La moitié de l'Afrique, tous les royaumes au-delà du
Gange, le Japon, la populace de la Chine, cent hordes de Tartares
ont conservé leur ancien culte. Il n'y a plus en Europe que quelques
Lapons, quelques Samoyèdes, quelques Tartares qui aient persé-   375
véré dans la religion de leurs ancêtres.

Finissons par remarquer que dans les temps qu'on appelle parmi
nous *le Moyen Age*, nous appelions le pays des mahométans *la
Paganie*. Nous traitions d'*idolâtres*, d'*adorateurs d'images*, un
peuple qui a les images en horreur. Avouons encore une fois,   380

___

365   70, 71N, 71A: des grandes

[33] 'Est-ce là un idolâtre?': ajout des *QE*.
[34] A partir de 'Où étaient donc [...]': ajout des *QE*.

que les Turcs sont plus excusables de nous croire idolâtres, quand ils voient nos autels chargés d'images et de statues.

Un gentilhomme du prince Ragotsky m'a assuré sur son honneur qu'étant entré dans un café à Constantinople, la maîtresse ordonna qu'on ne le servît point parce qu'il était idolâtre. Il était protestant; il lui jura qu'il n'adorait ni hostie ni image. Ah! si cela est, lui dit cette femme, venez chez moi tous les jours, vous serez servi pour rien. [35]

385

---

[35] L'anecdote racontée dans cet ultime paragraphe, un ajout des *QE*, est sûrement inventée. Le nom de Ferenc (François) II Rákóczi, prince hongrois (1676-1735), figure dans un fragment de cahier contenant des notes historiques (*OCV*, t.82, p.675). Il figure également dans *Candide*, comme maître de l'esclave Cunégonde (*OCV*, t.48, p.244). C'est toujours dans un contexte fictif qu'il reparaît ici.

JEOVA

Jeovah, ancien nom de Dieu.[1] Aucun peuple n'a jamais prononcé *Geova*, comme font les seuls Français, ils disaient *Iëvo*;[2] c'est ainsi que vous le trouvez écrit dans Sanchoniaton cité par Eusèbe prep. liv. 10, dans Diodore liv. 2, dans Macrobe sati. liv. 1er, etc.[3] toutes les nations ont prononcé *ie* et non pas *g*. C'est du nom des quatre voyelles, i, e, o, u, que se forma ce nom sacré dans l'Orient. Les uns prononçaient ï a o h, en aspirant, ï, e, o, va; les autres *yeaou*.[4] Il fallait toujours quatre lettres; quoique nous en mettions ici cinq, faute de pouvoir exprimer ces quatre caractères.

Nous avons déjà observé que selon Clément d'Alexandrie, en

---

* Largement fondé sur la lecture de l'article 'Jehovah' de Calmet (*Dictionnaire de la Bible*, BV615, et *Commentaire littéral*, BV613), l'article fait écho à l'article 'Jehova ou Jehovah' de l'*Encyclopédie* (t.8, p.507) que Diderot avait liquidé en deux lignes, moquant les volumes composés notamment sur la 'prononciation' des voyelles du mot. Alors que toute la tradition s'interrogeait sur l'interdiction de prononcer le nom de Dieu, le présent article apparaît tout entier centré sur cette question tournée en ridicule par l'accumulation de transcriptions et d'étymologies plus ou moins fantaisistes de ce nom. La rédaction est antérieure au mois de janvier 1772, date à laquelle Voltaire demande à Cramer 'qu'on mette à leur place les articles du *Supplément*' (D17560). L'article paraît en février/mars 1772 (70, t.9, 'Supplément' – voir D17640).

[1] Cf. l'*Encyclopédie*: 'nom propre de Dieu dans la tradition hébraïque' (t.8, p.507).

[2] Cf. Calmet, *Dictionnaire de la Bible*, article 'Jehovah': 'Que l'on écrit par jod, hé, vau, hé' (t.2, p.298).

[3] Eusèbe, *Preparatio evangelica*, livre 10, ch.9 (BV1251); Diodore de Sicile, *Bibliothèque historique*, livre 1, section 94, ch.2; Macrobe, *Saturnales*, livre 1, ch.18, qui évoquent 'Iao' sont sans doute ici cités de seconde main d'après Calmet (*Dictionnaire de la Bible*, t.2, p.298). Mais ce sont des questions qui retiennent l'attention de Voltaire. Dans son exemplaire de l'*Histoire universelle* de Diodore de Sicile (trad. J. Terrasson, 7 vol., Paris, 1758, t.1, p.198, BV1041), il a écrit en haut d'un signet 'moyse / jao' (*CN*, t.3, p.143).

[4] Pour Calmet, la prononciation s'est perdue suite à l'interdit portant sur la prononciation du nom de Dieu (*Dictionnaire de la Bible*, t.2, p.298 et *Commentaire littéral* à Exode 6:5).

saisissant la vraie prononciation de ce nom, on pouvait donner la mort à un homme. Clément en rapporte un exemple.[5]

Longtemps avant Moïse, Seth avait prononcé le nom de Jeova comme il est dit dans la Genèse chap. 4; et même selon l'hébreu, Seth s'appela Jeova. Abraham fit serment au roi de Sodome par Jeova ch. 14, v. 22.[6]

Du mot ïova les Latins firent ïov, jovis, jovispiter, jupiter.[7] Dans le buisson l'Eternel dit à Moïse, Mon nom est ïoüa.[8] Dans les ordres qu'il lui donna pour la cour de Pharaon, il lui dit, *j'apparus à Abraham, Isaac et Jacob dans le Dieu puissant, et je ne leur révélai point mon nom Adonaï, et je fis un pacte avec eux.*[9] (a)

(a) Exode ch.6, verset 3.

19   70, 71N, 71A: qu'il lui donne pour

[5] Cf. Clément d'Alexandrie, *Stromates*, livre 5 (et non 1, comme Voltaire l'écrit ailleurs), cité de seconde main ici, comme dans l'article 'ABC' des *QE* (*OCV*, t.38, p.30), le ch.35 de *La Philosophie de l'histoire* (*OCV*, t.59, p.209), le ch.5 de *L'Examen important de milord Bolingbroke* (*OCV*, t.62, p.190) et *Un chrétien contre six Juifs* (*M*, t.29, p.569), d'après Calmet (*Dictionnaire de la Bible*, t.2, p.299), qui rapporte que 'ceux des Egyptiens à qui il était permis d'entrer dans le temple du Soleil, portaient autour d'eux le nom de Jaou' en guise de talisman, sans mentionner cependant l'effet mortel d'une certaine prononciation de ce nom sur ceux qui l'entendaient.

[6] Respectivement Genèse 4:26 et 14:22, références bibliques empruntées à Calmet (*Dictionnaire de la Bible*, article 'Jehovah' et *Commentaire littéral* à Exode 6:2-4): toutefois, ce n'est pas Seth qui est surnommé Jehovah mais ses descendants. Voltaire a sans doute pris la peine de remonter au texte biblique car Calmet n'évoque nulle part explicitement le roi de Sodome.

[7] D'après Calmet qui s'intéresse aussi à l'étymologie du nom: 'Les Latins avaient apparemment pris leur Jovis, ou Jovis Pater de Jehovah' (*Dictionnaire de la Bible*, t.2, p.298); cf. Chastellux, *De la félicité publique* (2 vol., Amsterdam, 1772, t.1, p.162, n.9, BV722): 'Quelques-uns veulent que le mot Jupiter vienne de Tao Pater, Jehova Pater; mais cette alliance du mot grec Pater avec le mot hébreu Jehova ne me paraît pas trop naturelle' (*CN*, t.2, p.553: passage annoté en bas de page).

[8] Exode 3:14. Transcription inconnue de Calmet qui, lorsqu'il s'intéresse à l'étymologie du nom de Dieu, écrit 'Eheieh' (*Commentaire littéral* à Exode 3:14, 24 vol., Paris, 1715-1734, [*Exode et Lévitique*], p.35) ou encore 'Javo, Jaho, Jaou, Jevo, Javé, Jehvah etc.' (*Dictionnaire de la Bible*, article 'Jehovah') mais nulle part 'ïoüa'.

[9] En fait Exode 6:3-4, où Dieu annonce à Moïse qu'il va contraindre Pharaon à

Les Juifs ne prononcent point ce nom depuis longtemps. [10] Il était commun aux Phéniciens et aux Egyptiens. Il signifiait ce qui est; [11] et de là vient probablement l'inscription d'Isis. *Je suis tout ce qui est.* [12]

25

---

libérer les Israélites. Voltaire ne reprend pas la traduction de Lemaître de Sacy et semble plutôt résumer approximativement Calmet: 'Le Seigneur ajouta: Je suis le Seigneur, qui ai apparu à Abraham, à Isaac, et à Jacob, comme le Dieu tout-puissant: mais je ne leur ai point révélé mon nom Adonai. Et j'ai fait alliance avec eux' (*Commentaire littéral* à Exode 6:2-4, p.61). Le nom d'Adonaï est celui choisi par la Vulgate (Calmet, *Commentaire littéral* à Exode 6:2-4, p.62).

[10] Calmet, *Dictionnaire de la Bible*: 'C'est le nom de Dieu, nom ineffable et mystérieux, que le Seigneur n'a point déclaré aux anciens patriarches avant Moïse' (t.2, p.298, incipit).

[11] Cf. *L'Examen important de milord Bolingbroke*, ch.5 (*OCV*, t.62, p.190). Pluche avait écrit: 'chez la plupart des Orientaux, comme Phéniciens, Hébreux, Arabes, et autres, avec la langue desquels celle de l'Egypte avait affinité, le mot hevé ou hava signifie également la vie, et un serpent. Le nom de *celui qui est*; le grand nom de Dieu *Jov* ou *Jehova* en est tiré. *Hévé*, ou le nom de la mère commune des vivants, provient du même mot' (*Histoire du ciel considéré selon les idées des poètes, des philosophes et de Moïse*, 2 vol., Paris, 1739, t.1, p.57, BV2763; annotation de Voltaire dans son exemplaire: '[...] vie et serpen[t] même chose jeova. iava n'a nul rapport au mot heve', *CN*, t.7, p.11). Cf. aussi Chastellux, *De la félicité publique*, t.1, p.162, où Voltaire a noté: 'jeova n'est point hébreu' (*CN*, t.2, p.553).

[12] Peut-être d'après Plutarque, *Œuvres morales et mêlées*, trad. Amyot (Paris, 1575, p.318, BV2771; *CN*, t.7, p.111) qui évoque le temple d'Isis, l'Ision, 'c'est-à-savoir l'intelligence et connaissance de ce qui est' mais plus sûrement encore d'après Calmet: 'Les Egyptiens avaient mis sur un des leurs [temples], celle-ci [cette inscription]: Je suis' (*Dictionnaire de la Bible*, t.2, p.299-300). Dans l'*Encyclopédie*, on trouve: 'il vient du mot *être*; *Jehovah* est celui qui est' (article 'Jehova ou Jehovah', t.8, p.507).

JEPHTÉ

Il y a donc des gens à qui rien ne coûte, qui falsifient un passage de l'Ecriture aussi hardiment que s'ils en rapportaient les propres mots; et qui sur leur mensonge qu'ils ne peuvent méconnaître, espèrent qu'ils tromperont les hommes. Et s'il y a aujourd'hui de tels fripons, il est à présumer qu'avant l'invention de l'imprimerie il 5 y en avait cent fois davantage.

Un des plus impudents falsificateurs a été l'auteur d'un infâme

---

a   K84, K12: Jephté / Section 1 / [*ajoutent l'article 'Jephté' du DP.*] / Section 2

---

* L'article 'Jephté ou des sacrifices de sang humain' du *DP* en 1764 (*OCV*, t.36, p.240-42) a été vivement critiqué par Louis-Mayeul Chaudon dans son *Dictionnaire anti-philosophique, pour servir de commentaire et de correctif au Dictionnaire philosophique et aux autres livres, qui ont paru de nos jours contre le christianisme* (Avignon, 1767, BV728; *CN*, t.2, p.605-609), qui reprend l'intitulé de Voltaire et réfute ce dernier point par point (p.140-42). Chaudon prétend que Voltaire a mal interprété le verset des Juges 11:39 en disant que Jephté a immolé sa fille pour accomplir sa promesse: 'la consécration qu'il en fit n'était pas la mort, mais pour l'état de virginité'. Il se scandalise que Voltaire ait condamné la cruauté de Samuel coupant en morceaux le roi Agag, car les Amalécites, dont il était le roi, poursuivaient les Israélites depuis quatre cents ans; de plus, Agag était 'un tyran sanguinaire et cruel'. Dans cet article des *QE*, dont la dimension polémique est à souligner, Voltaire répond à Chaudon en utilisant la 'Dissertation sur le vœu de Jephté' de Dom Calmet, mise en tête du *Commentaire littéral* consacré au livre des *Juges*. Il oppose donc à l'auteur du *Dictionnaire anti-philosophique* le très orthodoxe Calmet qui, d'ailleurs, précise que son interprétation de l'histoire de Jephté est celle de l'Eglise et qui énumère une liste impressionnante de Pères de l'Eglise et de saints ayant cru en ce sacrifice. Chaudon, dans sa préface très agressive, se présentait en défenseur de la religion contre les impies. Il s'efforçait, dans cet article, de dédouaner les Hébreux de l'accusation de sacrifices humains. Voltaire transforme cet apologiste chrétien en falsificateur de la Bible. Il répond aux détracteurs du *DP* sans reprendre ici le texte visé par eux, mais en invitant, par ce débat, à le relire. Sur la réfutation du *DP* par Chaudon, voir C. Mervaud, Introduction au *DP* (*OCV*, t.35, p.204-10). Cet article paraît en septembre/octobre 1771 (70, t.7).

libelle intitulé *Dictionnaire antiphilosophique*, et justement intitulé.[1]
Les lecteurs me diront, Ne te fâche pas tant, que t'importe un
mauvais livre? Messieurs, il s'agit de Jephté; il s'agit de victimes   10
humaines, c'est du sang des hommes sacrifiés à Dieu que je veux
vous entretenir.[2]

L'auteur quel qu'il soit,[3] traduit ainsi le 39e verset du chapitre II
de l'histoire de Jephté;

Elle retourna dans la maison de son père qui fit la consécration qu'il   15
avait promise par son vœu, et sa fille resta dans l'état de virginité.[4]

Oui, falsificateur de Bible, j'en suis fâché; mais vous avez menti
au Saint-Esprit, et vous devez savoir que cela ne se pardonne pas.

Il y a dans la Vulgate, *Et reversa est ad patrem suum, et fecit ei*
sicut voverat quae ignorabat virum. Exinde mos increbuit in Israël et   20
consuetudo servata est ut post anni circulum conveniant in unum filiae
Israël, et plangant filiam Jephté Galaaditae.

Elle revint à son père, et il lui fit comme il avait voué, à elle qui
n'avait point connu d'homme; et de là est venu l'usage, et la coutume
s'est conservée, que les filles d'Israël s'assemblent tous les ans pour   25
pleurer la fille de Jephté le Galadite, pendant quatre jours.[5]

13-14   K12: chap. XI de
20   70, 71A: *virum exinde*
22-23   K12: *Galaaditae diebus quatuor.* ¶*Elle*

[1] Chaudon, *Dictionnaire anti-philosophique*. Voltaire a déjà réagi violemment,
dans *Le Pyrrhonisme de l'histoire*, à cette 'rapsodie *Antiphilosophique*', qu'il faudrait
intituler 'Antihumaine, Antichrétienne' (*OCV*, t.67, p.365-66).

[2] Voltaire a maintes fois accusé les Hébreux de sacrifices humains (voir *OCV*,
t.36, p.240, n.1).

[3] Chaudon, dans la préface de son ouvrage, met en cause nommément Voltaire.
Celui-ci a d'abord attribué le *Dictionnaire anti-philosophique* à trois jésuites,
Nonnotte, Cerruti et Patouillet (D14652).

[4] Reproduction textuelle de la traduction par Chaudon de Juges 11:39 (*Dictionnaire anti-philosophique*, p.140).

[5] Juges 11:35-40. Jephté promet au Seigneur, s'il est victorieux, de lui offrir en
holocauste la première personne qui, à son retour, sortira de sa maison. Ce fut sa fille
qui lui demanda un sursis de deux mois pour pleurer sa virginité. Jephté accomplit
son vœu. Les traductions du verset 39 reflètent deux interprétations, longuement
exposées par Calmet dans le *Commentaire littéral* (23 vol., Paris, 1707-1716, [*Josué, les*

Or, dites-nous, homme antiphilosophe, si on pleure tous les ans pendant quatre jours une fille pour avoir été consacrée?

Dites-nous, s'il y avait des religieuses chez un peuple qui regardait la virginité comme un opprobre? [6]

Dites-nous, ce que signifie, il lui fit comme il avait voué, *fecit ei sicut voverat?* Qu'avait voué Jephté? qu'avait-il promis par serment? D'égorger sa fille, de l'immoler en holocauste; et il l'égorgea.

Lisez la dissertation de Calmet sur la témérité du vœu de Jephté et sur son accomplissement; [7] lisez la loi qu'il cite, cette loi terrible du Lévitique au chapitre XXVII, qui ordonne que tout ce qui sera dévoué au Seigneur ne sera point racheté, mais mourra de mort; *non redimetur sed morte morietur.* [8]

Voyez les exemples en foule attester cette vérité épouvantable. Voyez les Amalécites et les Cananéens. Voyez le roi d'Arad et tous les siens soumis à ce dévouement. [9] Voyez le prêtre Samuel égorger de ses mains le roi Agag et le couper en morceaux comme un boucher débite un bœuf dans sa boucherie. [10] Et puis corrompez,

---

Juges et Ruth], p.188-90) et dans la 'Dissertation sur le vœu de Jephté' (p.xxiv-xxx). Pour les uns, dont Chaudon, la fille de Jephté, consacrée au Seigneur, vit dans le célibat; pour les autres, dont un grand nombre d'autorités et Calmet, elle a été sacrifiée. La traduction de Voltaire est proche de celle de Calmet ('Il accomplit ce qu'il avait voué, et sa fille demeura vierge', p.191).

[6] Cet argument est développé par Dom Calmet (*Commentaire littéral*, [*Juges*], p.191).

[7] Il s'agit de la 'Dissertation sur le vœu de Jephté'.

[8] Lévitique 27:28-29, cité par Calmet, *Commentaire littéral*, [*Juges*], p.xxvii, et par Voltaire dans l'article 'Jephté' du *DP*: 'tout ce qui est voué au Seigneur est mis à mort sans rémission'. Dans le *Commentaire littéral* du Lévitique, Voltaire a mis un signet annoté: 'que tout ce qui est voué meure', face à ce verset (*CN*, t.2, p.54-55).

[9] Nombres 21:1-3. Voltaire répète les propos de Calmet (*Commentaire littéral*, [*Juges*], p.xxvi).

[10] 1 Rois, ch.15 chez Lemaître de Sacy; 1 Samuel de nos jours. C'est un leitmotiv voltairien. Pour Chaudon, il s'agit d'un châtiment et non d'un sacrifice, car le motif de la condamnation d'Agag est sa 'cruauté barbare' (p.141). Contrairement à Voltaire pensant que Saül a respecté le droit des gens, Chaudon le condamne pour avoir désobéi à l'ordre exprès de Samuel. Donc, pour Chaudon, il faut adorer 'le jugement de Dieu' dans la punition d'Agag.

falsifiez, niez l'Ecriture sainte pour soutenir votre paradoxe;   45
insultez à ceux qui la révèrent, quelque chose étonnante qu'ils y
trouvent. Donnez un démenti à l'historien Joseph qui la transcrit,
et qui dit positivement que Jephté immola sa fille. [11] Entassez injure
sur mensonge, et calomnie sur ignorance; les sages en riront; et ils
sont aujourd'hui en grand nombre ces sages. Oh! si vous saviez   50
comme ils méprisent les Routh quand ils corrompent la sainte
Ecriture, et qu'ils se vantent d'avoir disputé avec le président de
Montesquieu à sa dernière heure, et de l'avoir convaincu qu'il faut
penser comme les frères jésuites! [12]

[11] Cette référence est signalée par Calmet, *Commentaire littéral*, [*Juges*], p.xxviii; il
renvoie en note aux *Antiquités judaïques*, livre 5, ch.9. Voltaire a sans doute consulté
son exemplaire de Flavius Josèphe (BV1743; *CN*, t.4, p.591-607), car l'historien juif,
après avoir reproduit l'histoire de Jephté, précise: 'il sacrifia cette innocente victime'
en voulant 'accomplir son vœu sans s'arrêter au jugement que les hommes en
pourraient faire' (*Histoire des Juifs écrite par Flavius Josèphe sous le titre Antiquités
judaïques*, trad. A. d'Andilly, 5 vol., Paris, 1706, t.1, p.327).
[12] Le jésuite Bernard Routh est l'auteur d'une *Lettre à Monseigneur Gualterio,
nonce de Sa Sainteté à Paris* (1755) relative à la mort de Montesquieu que reproduit
Chaudon et que Voltaire marque d'un signet (*CN*, t.2, p.609). Routh se vantait
d'avoir converti Montesquieu sur son lit de mort. Voltaire l'évoque plus longuement
dans l'article 'Jésuites, ou orgueil' des *QE* (voir ci-dessous, p.349-50).

JÉSUITES, OU ORGUEIL

On a tant parlé des jésuites, qu'après avoir occupé l'Europe pendant deux cents ans, ils finissent par l'ennuyer, soit qu'ils écrivent eux-mêmes, soit qu'on écrive pour ou contre cette singulière société, dans laquelle il faut avouer qu'on a vu et qu'on voit encore des hommes d'un rare mérite.

On leur a reproché dans six mille volumes leur morale relâchée,

5

* L'article 'Jésuite' de l'*Encyclopédie* a été attribué à Diderot par Naigeon. Ecrit 'dans l'euphorie de la victoire d'août 1762' (J. Proust, *Diderot et l'Encyclopédie*, Paris, 1962, p.494), il est postérieur à l'arrêt du parlement de Paris du 6 août 1762 supprimant la Société de Jésus, et antérieur au 26 novembre 1764, date de la publication de l'édit royal supprimant la Compagnie dans le royaume de France. Il est composé en grande partie de comptes rendus faits par des procureurs généraux des cours de justice, de mémoires imprimés par ordre des parlements, plusieurs édits et autres ouvrages qui venaient tous d'être publiés en grand nombre. Ces productions, il est inutile de le dire, étaient un peu tendancieuses et erronées à certains égards; tous les crimes imaginables y étaient imputés aux jésuites, du vol à l'irréligion, en passant par la pédérastie, la magie et l'homicide. L'article de Voltaire paraît bien plus mesuré. Son attention fut peut-être retenue par un passage de l'article de l'*Encyclopédie* citant la missive du troisième général de la Société, François Borgia, où l'on lit: 'Il viendra un temps où vous ne mettrez plus de bornes à votre orgueil et à votre ambition' (t.8, p.515). Ce reproche d'orgueil se rencontre sous la plume de Voltaire pour la première fois en 1759 dans sa *Relation de la maladie, de la confession, de la mort et de l'apparition du jésuite Berthier* (*OCV*, t.49B, p.390). Dix ans plus tard, le dernier chapitre du *Pyrrhonisme de l'histoire*, intitulé 'Absurdité et horreur', critiquera vivement les théologiens, 'un genre d'hommes funestes au genre humain qui subsiste encore tout détesté qu'il est, et qui peut-être subsistera encore quelques années. Cette espèce bâtarde est nourrie dans les disputes de l'école, qui rendent l'esprit faux, et qui gonflent le cœur d'orgueil' (*OCV*, t.67, p.364). Parmi les théologiens, souligne Voltaire, ce sont les jésuites qui ont poussé 'l'impudence aux derniers excès, quand ils furent puissants; lorsqu'ils n'écrivaient pas des lettres de cachet, ils écrivirent des libelles' (p.365). Ici, comme dans les *Honnêtetés littéraires*, Voltaire ne manque pas de citer les 'énergumènes' comme Patouillet, Nonnotte, Chaudon et autres Garasse, mais convient aussi qu'il y a eu parmi les jésuites des 'hommes respectables' (p.365). En 1769, Voltaire raconta la suppression des jésuites au chapitre 68 de l'*Histoire du parlement de Paris* (*OCV*, t.68, p.547-54). Cet article paraît en septembre/octobre 1771 (70, t.7).

qui n'était pas plus relâchée que celle des capucins, [1] et leur doctrine sur la sûreté de la personne des rois; doctrine qui après tout n'approche ni du manche de corne du couteau de Jacques Clément, ni de l'hostie saupoudrée qui servit si bien frère Ange de Montepulciano autre jacobin, et qui empoisonna l'empereur Henri VII. [2]

Ce n'est point la grâce versatile [3] qui les a perdus, ce n'est pas la banqueroute frauduleuse du révérend père La Valette préfet des missions apostoliques. [4] On ne chasse point un ordre entier de France, d'Espagne, des deux Siciles, parce qu'il y a eu dans cet ordre un banqueroutier. Ce ne sont pas les fredaines du jésuite Giot Desfontaines, ni du jésuite Fréron, [5] ni du révérend père Marsi, lequel estropia par ses énormes talents un enfant charmant de la première noblesse du royaume. [6] On ferma les yeux sur ces imitations grecques et latines d'Anacréon et d'Horace.

Qu'est-ce donc qui les a perdus? L'orgueil.

---

[1] Thème ressassé depuis *Les Provinciales* de Pascal.

[2] Quand Voltaire parle en historien, il est moins affirmatif. On lit, dans l'*EM*, chapitre 68: 'On n'a point de preuves juridiques que Henri VII ait péri par cet empoisonnement sacrilège. Frère Bernard Politien de Montepulciano en fut accusé, et les dominicains obtinrent, trente ans après, du fils de Henri VII, Jean, roi de Bohême, des lettres qui les déclaraient innocents' (*OCV*, t.24, p.10). On sait que Jacques Clément fut l'assassin du roi Henri III. Sur les deux régicides, voir les *Anecdotes sur Bélisaire* (*OCV*, t.63A, p.203 et n.2 et 3).

[3] C'est la grâce sans laquelle on ne peut agir. Elle fut identifiée par Molina à la grâce suffisante. Voir l'article 'Grâce' du *DP* (*OCV*, t.36, p.177-84) et ci-dessus l'article 'Grâce' des *QE*.

[4] Voir l'*Histoire du parlement de Paris* (*OCV*, t.68, p.549-50 et n.3).

[5] Sur les 'fredaines' de l'abbé Guyot Desfontaines et de Fréron, voir *La Défense de mon oncle* (*OCV*, t.64, p.204-205, 212).

[6] D'après une lettre bien plus explicite de Voltaire à D'Alembert du 16 mars 1765 (D12466), il faut comprendre que Marsy aurait sexuellement abusé de Jules Hercule Meriadec de Rohan, prince de Guéméné (1726-1788). Selon Condorcet, les choses n'allèrent pas tout à fait si loin (voir D12466, n.2). En 1763, Bachaumont se contenta de noter: 'M. l'abbé de Marsy vient de mourir. Il avait été jésuite, et s'était distingué alors par plusieurs poésies d'une élégance et d'un goût exquis. Il était sorti de cet ordre d'une façon assez désagréable, et il en courait de très mauvais bruits' (*Mémoires secrets*, 4 vol., Paris, 1830, t.1, p.241-42).

Quoi! les jésuites étaient-ils plus orgueilleux que les autres moines? Oui, ils l'étaient au point qu'ils firent donner une lettre de cachet à un ecclésiastique qui les avait appelés *moines*. Le frère 25 Croust,[7] le plus brutal de la société, frère du confesseur de la seconde dauphine, fut prêt de battre en ma présence le fils de M. G.[8] depuis préteur royal à Strasbourg, pour lui avoir dit qu'il irait le voir dans son couvent.

C'était une chose incroyable que leur mépris pour toutes les 30 universités dont ils n'étaient pas, pour tous les livres qu'ils n'avaient pas faits, pour tout ecclésiastique qui n'était pas *un homme de qualité*; c'est de quoi j'ai été témoin cent fois. Ils s'expriment ainsi dans leur libelle intitulé, (*a*) Il est temps de parler: '*Que dire à un magistrat qui dit que les jésuites sont des* 35 *orgueilleux, il faut les humilier?*'[9] Ils étaient si orgueilleux qu'ils ne voulaient pas qu'on blâmât leur orgueil.

(*a*) Page 341.

27 K12: fut près de

[7] Le P. François Antoine Croust ou Kr(o)ust, directeur de la Congrégation des Messieurs et de la Confrérie de l'Agonie du Christ à Colmar, y faisait des misères à Voltaire en 1753-1754 (*VST*, t.1, p.765-66). Il sera épinglé dans *Candide* (*OCV*, t.48, p.173) alors que son frère Jean Michel, confesseur de Marie-Josèphe de Saxe, la mère du futur roi Louis XVI, de 1748 à 1763, apparaît dans la *Relation du voyage du frère Garassise* (*OCV*, t.49B, p.399 et n.5).

[8] On lit 'M. de Guyot' depuis le dix-neuvième siècle. Il s'agit de François-Marie Gayot (1699-1776), nommé préteur royal, c'est-à-dire président du magistrat de Strasbourg, en 1763; son fils Félix-Louis lui succéda en 1768 mais décéda un an plus tard, le 17 mars 1769, à l'âge de 36 ans. Voir E. Muller, *Le Magistrat de la ville de Strasbourg, les Stettmeisters et Ammeisters de 1674 à 1790, et les préteurs royaux de 1685 à 1790 et notices généalogiques des familles de l'ancienne noblesse d'Alsace depuis la fin du XVII*e *siècle* (Strasbourg, 1862), p.60-62. Le 2 septembre 1753, Voltaire informe la comtesse de Lützelbourg dans une lettre écrite de Strasbourg qu'une certaine madame de Gaiot est 'venue dans [sa] solitude' (D5499).

[9] *Il est temps de parler, ou compte rendu au public des pièces légales de Monsieur Ripert de Montclar, et de tous les événements arrivés en Province, à l'occasion de l'affaire des jésuites*, 2 vol. (Anvers [Avignon], 1763, BV953), t.2, p.341. Voltaire a d'abord attribué cet ouvrage de l'abbé Dazès à Caveirac. Voir *CN*, t.3, p.673-74, n.51.

D'où leur venait ce péché de la superbe? De ce que frère Guignard avait été pendu. [10] Cela est vrai à la lettre.

Il faut remarquer qu'après le supplice de ce jésuite sous Henri IV, et après leur bannissement du royaume, ils ne furent rappelés qu'à condition qu'il y aurait toujours à la cour un jésuite qui répondrait de la conduite des autres. Coton fut donc mis en otage auprès de Henri IV; et ce bon roi qui ne laissait pas d'avoir ses petites finesses, crut gagner le pape en prenant son otage pour son confesseur. [11]

Dès lors chaque frère jésuite se crut solidairement confesseur du roi. Cette place de premier médecin de l'âme d'un monarque, devint un ministère sous Louis XIII, et surtout sous Louis XIV. Le frère Vadblé valet de chambre du père de la Chaise, [12] accordait sa protection aux évêques de France; et le père Le Tellier gouvernait avec un sceptre de fer ceux qui voulaient bien être gouvernés ainsi. Il était impossible que la plupart des jésuites ne s'enflassent du vent de ces deux hommes, et qu'ils ne fussent aussi insolents que les laquais du marquis de Louvois. Il y eut parmi eux des savants, des hommes éloquents, des génies; ceux-là furent modestes, mais les médiocres faisant le grand nombre, furent atteints de cet orgueil attaché à la médiocrité et à l'esprit de collège.

Depuis leur père Garasse, presque tous leurs livres polémiques respirèrent une hauteur indécente qui souleva toute l'Europe. [13]

39-40   70, 71N, 71A: pendu. ¶II

[10] Le P. Guignard fut exécuté en 1595 pour avoir souhaité l'assassinat du roi Henri IV. Voir l'*Histoire du parlement de Paris*, ch.36 (*OCV*, t.68, p.349-50 et n.16) ainsi que les *Honnêtetés littéraires* (*OCV*, t.63B, p.156-59).

[11] Cette remarque provient de l'article 'Cotton' du *Grand Dictionnaire historique* de Moreri (t.3, p.663).

[12] Le frère Vatblé ou Vatebled apparaît dès 1767 dans les *Honnêtetés littéraires* (*OCV*, t.63B, p.137) et *L'Ingénu* (*OCV*, t.63C, p.318).

[13] Allusion à *La Doctrine curieuse des beaux esprits de ce temps, ou prétendus tels, contenant plusieurs maximes pernicieuses à la religion, à l'Etat, et aux bonnes mœurs, combattue et renversée par le P. François Garassus, de la Compagnie de Jésus* (Paris, 1624, BV1429). Sur l'appréciation de Garasse par Voltaire, voir *CN*, t.4, p.676, n.37.

Cette hauteur tomba souvent dans la bassesse du plus énorme ridicule; de sorte qu'ils trouvèrent le secret d'être à la fois l'objet de l'envie et du mépris. Voici, par exemple, comme ils s'exprimaient sur le célèbre Pâquier avocat général de la chambre des comptes. [14]

'Pâquier est un porte-panier, un maraud de Paris, petit galant   65
bouffon, plaisanteur, petit compagnon vendeur de sornettes, simple regage qui ne mérite pas d'être le valeton des laquais; bélître, coquin qui rote, pète et rend sa gorge, fort suspect d'hérésie ou bien hérétique, ou bien pire, un sale et vilain satyre, un archi-maître, sot par nature, par bécarre, par bémol, sot à la plus haute   70
gamme, sot à triple semelle, sot à double teinture, et teint en cramoisi, sot en toutes sortes de sottises.'

Ils polirent depuis leur style; mais l'orgueil, pour être moins grossier, n'en fut que plus révoltant.

On pardonne tout hors l'orgueil. Voilà pourquoi tous les   75
parlements du royaume, dont les membres avaient été pour la plupart leurs disciples, ont saisi la première occasion de les anéantir: et la terre entière s'est réjouie de leur chute.

Cet esprit d'orgueil était si fortement enraciné dans eux, qu'il se déployait avec la fureur la plus indécente dans le temps même qu'ils   80
étaient tenus à terre sous la main de la justice, et que leur arrêt n'était pas encore prononcé. On n'a qu'à lire le fameux mémoire intitulé, *Il est temps de parler*, imprimé dans Avignon en 1762, sous le nom supposé d'Anvers. [15] Il commence par une requête ironique

---

[14] La citation qui suit est extraite de l'ouvrage de S.-N.-H. Linguet, *Histoire impartiale des jésuites, depuis leur établissement jusqu'à leur première expulsion* (2 vol., s.l., 1768, BV2125), t.2, p.100. Voltaire répétera ce passage, qu'il a marqué d'un trait à la marge (*CN*, t.5, p.404), dans l'article 11 du *Prix de la justice et de l'humanité* (*OCV*, t.80B, p.27), où il l'attribue par erreur à Garasse. Linguet, quant à lui, l'a vraisemblablement trouvé dans l'*Histoire des religieux de la Compagnie de Jésus* (3 vol., Utrecht, 1741 [1740], BV2844, t.3, p.82) de Pierre Quesnel, où il est attribué à l'ouvrage anonyme intitulé *La Chasse du renard Pasquin*. On y lit 'ragage' et non 'regage' comme chez Linguet et Voltaire. 'Ragage' ou 'ragace' signifie goujat. Etienne Pasquier a lui-même rapporté ces injures dans les *Lettres* (2 vol., Paris, 1619, t.2, p.796).

[15] Erreur de Voltaire: l'ouvrage date de 1763. Voir plus haut, n.9.

347

aux gens tenant la cour de parlement. On leur parle dans cette   85
requête avec autant de mépris que si on faisait une réprimande à des
clercs de procureur. On traite continuellement l'illustre M. de
Montclar procureur général, l'oracle du parlement de Provence, de
maître Ripert; et on lui parle comme un régent en chaire parlerait à
un écolier mutin et ignorant. On pousse l'audace jusqu'à dire (*b*)   90
que M. de Montclar *a blasphémé* en rendant compte de l'institut des
jésuites. [16]

Dans leur mémoire qui a pour titre, *Tout se dira*, ils insultent
encore plus effrontément le parlement de Metz, et toujours avec ce
style qu'on puise dans les écoles. [17]   95

Ils ont conservé le même orgueil sous la cendre dans laquelle la
France, l'Espagne les ont plongés. Le serpent coupé en tronçons a
levé encore la tête du fond de cette cendre. On a vu je ne sais quel
misérable, nommé Nonotte, s'ériger en critique de ses maîtres, et
cet homme fait pour prêcher la canaille dans un cimetière, parler à   100
tort et à travers des choses dont il n'avait pas la plus légère notion. [18]
Un autre insolent de cette société nommé Patouillet, insultait dans
des mandements d'évêque, des citoyens, des officiers de la maison du
roi, dont les laquais n'auraient pas souffert qu'il leur parlât. [19]

(*b*) Tome 2, p.399.

[16] Voltaire fait allusion à l'Institut des jésuites défini comme il suit par Ripert de
Montclar: 'Chez les jésuites les Constitutions sont la Règle elle-même, puisqu'ils les
tiennent, à ce qu'ils disent, de la main de leur fondateur. Mais comme ils ont le
pouvoir abusif de changer sans cesse ces Constitutions, chaque nouveau décret
s'incorpore à la Règle. De là vient que l'ensemble de toutes ces lois éparses forme ce
qu'ils appellent leur Institut' (*Plaidoyer de Monsieur Ripert de Montclar, procureur
général du roi au parlement de Provence, dans l'affaire des soi-disant jésuites*, s.l., 1763,
p.10, BV2990).

[17] Allusion à l'ouvrage *Tout se dira, ou l'esprit des magistrats destructeurs, analysé
dans la demande en profit de défaut de M^e le Goullon, procureur général du parlement de
Metz* (Amsterdam, 1763, BV247) d'André-Christophe Balbany. Voltaire le citera de
nouveau dans le *Discours de maître Belleguier* (*OCV*, t.75A, p.29).

[18] Voltaire s'en est pris longuement à l'abbé Nonnotte dans les *Honnêtetés
littéraires* et la *Lettre d'un avocat au nommé Nonnotte ex-jésuite* (*OCV*, t.63B,
p.114-47, 333-51).

[19] L'ex-jésuite Patouillet est accusé d'avoir collaboré à la rédaction d'une *Lettre*

Une de leurs principales vanités était de s'introduire chez les   105
grands dans leurs dernières maladies, comme des ambassadeurs de
Dieu, qui venaient leur ouvrir les portes du ciel sans les faire passer
par le purgatoire. Sous Louis XIV il n'était pas du bon air de
mourir sans passer par les mains d'un jésuite; et le croquant allait
ensuite se vanter à ses dévotes qu'il avait converti un duc et pair,   110
lequel sans sa protection aurait été damné.

Le mourant pouvait lui dire; De quel droit, excrément de
collège, viens-tu chez moi quand je me meurs? me voit-on venir
dans ta cellule quand tu as la fistule ou la gangrène, et que ton corps
crasseux est prêt à être rendu à la terre. Dieu a-t-il donné à ton âme   115
quelques droits sur la mienne? ai-je un précepteur à soixante et dix
ans? portes-tu les clefs du paradis à ta ceinture? Tu oses dire que tu
es ambassadeur de Dieu; montre-moi tes patentes; et si tu n'en as
point, laisse-moi mourir en paix. Un bénédictin, un chartreux, un
prémontré ne viennent point troubler mes derniers moments; ils   120
n'érigent point un trophée à leur orgueil sur le lit d'un agonisant; ils
restent dans leur cellule; reste dans la tienne; qu'y a-t-il entre toi et
moi?

Ce fut une chose comique dans une triste occasion, que
l'empressement de ce jésuite anglais nommé Routh, à venir   125
s'emparer de la dernière heure du célèbre Montesquieu. Il vint,
dit-il, rendre cette âme vertueuse à la religion, comme si Montesquieu n'avait pas mieux connu la religion qu'un Routh, comme
si Dieu eût voulu que Montesquieu pensât comme un Routh.[20] On

115   K12: est près d'être

---

pastorale (BV2505) de Mgr de Montillet-Grenaud, archevêque d'Auch, en faveur des
jésuites, où Voltaire est attaqué. Voir CN, t.5, p.899, n.896 et la vingt-troisième
honnêteté des Honnêtetés littéraires (OCV, t.63B, p.147-50). Voltaire s'en prendra de
nouveau à Patouillet dans l'article 'Quisquis de Ramus, ou de la Ramée' des QE.

[20] Montesquieu est mort en présence de deux jésuites, son vieil ami le P. Castel et
le P. Routh. Dans un ajout à l'"Eloge de Montesquieu' publié initialement en tête du
t.5 de l'Encyclopédie, D'Alembert cite une lettre de la duchesse d'Aiguillon, qui
assista aussi aux derniers instants du philosophe, d'après laquelle les deux jésuites

le chassa de la chambre, et il alla crier dans tout Paris, J'ai converti   130
cet homme illustre, je lui ai fait jeter au feu ses *Lettres persanes* et
son *Esprit des lois*. On eut soin d'imprimer la relation de la
conversion du président de Montesquieu par le révérend père
Routh, dans ce libelle intitulé *Antiphilosophique*.[21]

Un autre orgueil des jésuites était de faire des missions dans les   135
villes comme s'ils avaient été chez des Indiens et chez des Japonais.
Ils se faisaient suivre dans les rues par la magistrature entière. On
portait une croix devant eux, on la plantait dans la place publique;
ils dépossédaient le curé, ils devenaient les maîtres de la ville. Un
jésuite nommé Aubert, fit une pareille mission à Colmar, et obligea   140
l'avocat général du conseil souverain de brûler à ses pieds son

---

134-35   κ84, κι2: *Anti-philosophique*. [*avec note*: Nous avons observé déjà que
l'on n'osa le chasser; il attendit l'instant de la mort de Montesquieu pour voler ses
papiers; on l'en empêcha; mais il s'en vengea sur son vin, et l'on fut obligé de le
renvoyer ivre-mort dans son couvent.] ¶Un

---

pressaient le mourant 'de leur remettre les corrections qu'il avait faites aux *Lettres
persanes*'. Montesquieu lui aurait alors remis son manuscrit en disant: 'Je veux tout
sacrifier à la raison et à la religion, mais rien à la Société' (D'Alembert, *Œuvres
complètes*, 5 vol., Paris, 1821-1822, t.3, p.464). Le récit de Voltaire s'inspire d'une note
parue dans l'édition des *Lettres familières de Montesquieu* (Florence, 1767, BV2500;
CN, t.5, p.759) où l'on lit que 'le père Routh, jésuite irlandais, qui l'avait confessé,
étant venu; et ayant trouvé le malade seul avec son secrétaire, fit sortir celui-ci de la
chambre, et s'y enferma sous clef. Mme d'Aiguillon revenue d'abord après dîner [...]
entendit la voix du malade qui parlait avec émotion, elle frappa; et le jésuite ouvrit:
Pourquoi tourmenter cet homme mourant? lui dit-elle alors: M. de Montesquieu
reprenant lui-même la parole, dit: *Voilà, Madame, le père Routh qui voudrait
m'obliger de lui livrer la clef de mon armoire pour enlever mes papiers.* Mme d'Aiguillon
fit des reproches de cette violence au confesseur, qui s'excusa, en disant: *Madame, il
faut que j'obéisse à mes supérieurs*; et il fut renvoyé sans rien obtenir' (*Lettres familières
du président de Montesquieu*, Florence et Paris, 1768, p.231-32).

[21] Voltaire a déjà exprimé son indignation au sujet de la publication dans le
Dictionnaire anti-philosophique de dom Chaudon (Avignon, 1767, BV728), de la
Lettre du R. P. Routh, jésuite, à Monseigneur Gualterio, nonce de Sa Sainteté à Paris
(p.386-90), dans *Le Pyrrhonisme de l'histoire* (*OCV*, t.67, p.367), *L'Homme aux
quarante écus* (*OCV*, t.66, p.393) et l'article 'Jephté' ci-dessus (p.342).

Bayle, qui lui avait coûté cinquante écus.[22] J'aurais mieux aimé brûler frère Aubert. Jugez comme l'orgueil de cet Aubert fut gonflé de ce sacrifice, comme il s'en vanta le soir avec ses confrères, comme il en écrivit à son général.

O moines! ô moines! soyez modestes, je vous l'ai déjà dit; soyez modérés si vous ne voulez pas que malheur vous arrive.

145

[22] Résidant à Colmar entre 1753 et 1754, Voltaire rapporte dans plusieurs lettres (D5682, D5705, D5706) l'autodafé des ouvrages de Bayle qui a eu lieu quatre ou cinq ans auparavant dans cette 'ville de Hottentots gouvernée par des jésuites allemands' (D5706). L'avocat général était Georg Ignaz Müller (D5682).

IGNACE DE LOYOLA

Voulez-vous acquérir un grand nom, être fondateur? soyez
complètement fou; mais d'une folie qui convienne à votre siècle.
Ayez dans votre folie un fonds de raison qui puisse servir à diriger
vos extravagances; et soyez excessivement opiniâtre. Il pourra
arriver que vous soyez pendu; mais si vous ne l'êtes pas, vous   5
pourrez avoir des autels.

En conscience y a-t-il jamais eu un homme plus digne des
petites-maisons que saint Ignace, ou saint Inigo le Biscaïen, car
c'est son véritable nom:[1] la tête lui tourne à la lecture de la *Légende
dorée*,[2] comme elle tourna depuis à Don Quichotte de la Manche   10

---

* Voltaire a déjà raconté l'histoire de saint Ignace dans le même esprit, sinon dans
les mêmes termes, au chapitre 139 de l'*EM*. Sa source n'est pas *La Vie de saint Ignace*
du P. Bouhours (1679), qu'il cite dans le *Petit Avis à un jésuite* (*OCV*, t.56A, p.261),
mais le récit burlesque, fait d'après l'hagiographie de Bouhours, de Pierre Quesnel,
*Histoire de l'admirable dom Inigo de Guipuscoa, chevalier de la Vierge, et fondateur de
la monarchie des Inighistes; avec une description abrégée de l'établissement et du
gouvernement de cette formidable monarchie.* Voltaire a peut-être consulté l'édition
augmentée de *L'Anti-Cotton*, par César de Plaix, et de l'*Histoire de ce fameux ouvrage*,
par Prosper Marchand (2 t. en 1 vol., La Haye, 1738). Nous citons d'après cette
édition. Dans la bibliothèque de Voltaire figure l'*Histoire des religieux de la
Compagnie de Jésus, contenant ce qui s'est passé dans cet ordre depuis son établissement
jusqu'à présent* (3 vol., Utrecht, 1741, BV2844) de Pierre Quesnel. Le livre 1 du t.1,
dans lequel Voltaire a laissé des signets (*CN*, t.7, p.187) est consacré à la vie d'Ignace
de Loyola et rapporte les extravagances du fondateur de l'ordre des jésuites. Le
présent article paraît en septembre/octobre 1771 (70, t.7).

[1] Ignace de Loyola s'appelait effectivement Íñigo López de Loyola. Il est né en
1491 à Azpeitia, dans la province de Guipuscoa située au pays basque espagnol, et
mort en 1556 à Rome. Il a laissé une autobiographie intitulée *Récit du pèlerin*, publiée
pour la première fois par les bollandistes en 1731. Y a-t-il un écho, dans l'évocation
du nom basque de saint Ignace, de la métaphysico-théologo-cosmolonigologie
enseignée par Pangloss, autre nigaud devant l'Eternel?

[2] Inigo 'se mit à réfléchir attentivement sur les actions les plus extraordinaires qu'il
avait remarquées en relisant la *Légende*, et la *Vie des Saint Pères des Déserts*'
(Quesnel, *Histoire de l'admirable dom Inigo de Guipuscoa*, p.14).

pour avoir lu des romans de chevalerie. Voilà mon Biscaïen qui se fait d'abord chevalier de la Vierge, et qui fait la veille des armes à l'honneur de sa dame. [3] La Sainte Vierge lui apparaît, et accepte ses services; elle revient plusieurs fois, elle lui amène son fils. [4] Le diable qui est aux aguets, et qui prévoit tout le mal que les jésuites lui feront un jour, vient faire un vacarme de lutin dans la maison, casse toutes les vitres; le Biscaïen le chasse avec un signe de croix; le diable s'enfuit à travers la muraille et y laisse une grande ouverture que l'on montrait encore aux curieux cinquante ans après ce bel événement. [5]

Sa famille voyant le dérangement de son esprit, veut le faire enfermer et le mettre au régime: [6] il se débarrasse de sa famille ainsi que du diable, et s'enfuit sans savoir où il va. Il rencontre un Maure et dispute avec lui sur l'Immaculée Conception. Le Maure qui le prend pour ce qu'il est, le quitte au plus vite. Le Biscaïen ne sait s'il tuera le Maure ou s'il priera Dieu pour lui; il en laisse la décision à son cheval, qui, plus sage que lui, reprit la route de son écurie. [7]

Mon homme après cette aventure prend le parti d'aller en

[3] 'Il se souvint [...] de ce qu'il avait lu dans Amadis, et dans d'autres histoires romanesques, que les nouveaux chevaliers, avant que de recevoir l'ordre de la chevalerie, veillaient une nuit tout armés; ce qui s'appelle, en style paladin, *faire la veillée des armes*' (Quesnel, *Histoire de l'admirable dom Inigo de Guipuscoa*, p.25).

[4] 'Il s'imagina, pendant une nuit très obscure, qu'il voyait la Vierge, tenant le petit Jésus entre ses bras' (Quesnel, *Histoire de l'admirable dom Inigo de Guipuscoa*, p.16).

[5] Inigo 'entendit un bruit horrible, la maison trembla, toutes les vitres de sa chambre se cassèrent. C'était, sans doute, le diable, qui, enragé de se voir abandonné par notre héros, excitait ce tremblement, afin de le faire périr sous les ruines du château de Loyola. Mais, l'intrépide Inigo lança un grand signe de croix au noir esprit, qui l'obligea de se sauver par la muraille, à laquelle il fit, en se retirant, cette large brèche, qu'on y voit encore aujourd'hui, et qu'on n'a jamais pu réparer' (Quesnel, *Histoire de l'admirable dom Inigo de Guipuscoa*, p.13-14).

[6] Inigo 'eut beau se contraindre, il lui échappait tant de choses qui marquaient un dérangement d'esprit, que dom Martin Garcie, son frère aîné, [...] le soupçonna d'avoir en tête quelque projet extravagant' (Quesnel, *Histoire de l'admirable dom Inigo de Guipuscoa*, p.17).

[7] L'histoire du Maure est racontée par Quesnel (*Histoire de l'admirable dom Inigo de Guipuscoa*, p.22-24). Mais la mule se dirige dans son récit vers Montserrat.

pèlerinage à Bethléem en mendiant son pain;[8] sa folie augmente en
chemin; les dominicains prennent pitié de lui à Menrèse, ils le   30
gardent chez eux pendant quelques jours; et le renvoient sans
l'avoir pu guérir.[9]

Il s'embarque à Barcelone, arrive à Venise, on le chasse de
Venise, il revient à Barcelone toujours mendiant son pain, toujours
ayant des extases, et voyant fréquemment la Sainte Vierge et Jésus-   35
Christ.

Enfin, on lui fait entendre que pour aller dans la Terre sainte
convertir les Turcs, les chrétiens de l'Eglise grecque, les Armé-
niens et les Juifs, il fallait commencer par étudier un peu de
théologie. Mon Biscaïen ne demande pas mieux; mais pour être   40
théologien il faut savoir un peu de grammaire et un peu de latin;
cela ne l'embarrasse point, il va au collège à l'âge de trente-trois
ans; on se moque de lui, et il n'apprend rien.[10]

Il était désespéré de ne pouvoir aller convertir des infidèles: le
diable eut pitié de lui cette fois-là, il lui apparut, et lui jura foi de   45
chrétien que s'il voulait se donner à lui il le rendrait le plus savant
homme de l'Eglise de Dieu. Ignace n'eut garde de se mettre sous la
discipline d'un tel maître: il retourna en classe, on lui donna le fouet
quelquefois, et il n'en fut pas plus savant.

Chassé du collège de Barcelone, persécuté par le diable qui le   50

---

[8] 'Notre chevalier, en arrivant à Manrèze, [...] mendiait son pain de porte en porte'
(Quesnel, *Histoire de l'admirable dom Inigo de Guipuscoa*, p.27). On se souvient qu'au
début de l'*Histoire de Jenni*, le narrateur raconte que les habitants de Barcelone
faisaient des neuvaines à la sainte Vierge de Manrèze à l'arrivée des ennemis anglais.
Plus loin, le chapelier de l'armée anglaise, Freind, s'entretient avec un bachelier de
Salamanque, don Inigo y Medreso y Comodios y Papalamiendo, apparemment un
avatar d'Ignace de Loyola. Manreza est le lieu d'un sanctuaire célèbre près de
Montserrat.

[9] 'Les dominicains de Manrèze, touchés de l'état déplorable où ils le voyaient,
eurent la charité de le retirer chez eux; et tâchèrent de le guérir de sa frénésie; mais, ils
n'y purent réussir' (Quesnel, *Histoire de l'admirable dom Inigo de Guipuscoa*, p.37).

[10] 'Il avait trente-trois ans, lorsqu'il commença à apprendre les premiers principes
de la langue latine: étude, peu convenable à cet âge; mais, qui lui était nécessaire,
pour parvenir au but qu'il se proposait' (Quesnel, *Histoire de l'admirable dom Inigo de
Guipuscoa*, p.70-71). Il sera effectivement perturbé dans ses études par le diable.

punissait de ses refus, abandonné par la Vierge Marie, qui ne se mettait point du tout en peine de secourir son chevalier, il ne se rebute pas; il se met à courir le pays avec des pèlerins de Saint Jacques, il prêche dans les rues de ville en ville. On l'enferme dans les prisons de l'Inquisition. Délivré de l'Inquisition, on le met en prison dans Alcala; il s'enfuit après à Salamanque, et on l'y enferme encore. Enfin, voyant qu'il n'était pas prophète dans son pays, Ignace prend la résolution d'aller étudier à Paris; il fait le voyage à pied précédé d'un âne, qui portait son bagage, ses livres et ses écrits. [11] Don Quichotte du moins eut un cheval et un écuyer; mais Ignace n'avait ni l'un ni l'autre.

Il essuie à Paris les mêmes avanies qu'en Espagne: on lui fait mettre culottes bas au collège de Sainte Barbe, et on veut le fouetter en cérémonie. [12] Sa vocation l'appelle enfin à Rome.

Comment s'est-il pu faire qu'un pareil extravagant ait joui enfin à Rome de quelque considération, se soit fait des disciples, et ait été le fondateur d'un ordre puissant, dans lequel il y a eu des hommes très estimables? C'est qu'il était opiniâtre et enthousiaste. Il trouva des enthousiastes comme lui, auxquels il s'associa. Ceux-là ayant plus de raison que lui, rétablirent un peu la sienne: il devint plus avisé sur la fin de sa vie; et il mit même quelque habileté dans sa conduite.

Peut-être Mahomet commença-t-il à être aussi fou qu'Ignace dans les premières conversations qu'il eut avec l'ange Gabriel; et peut-être Ignace à la place de Mahomet aurait fait d'aussi grandes choses que le prophète. Car il était tout aussi ignorant, aussi visionnaire et aussi courageux.

On dit d'ordinaire que ces choses-là n'arrivent qu'une fois: cependant il n'y a pas longtemps qu'un rustre anglais [13] plus

[11] Voltaire résume un long passage de Quesnel (*Histoire de l'admirable dom Inigo de Guipuscoa*, p.75-88).

[12] Ce châtiment, qui ne sera pas exécuté, est raconté par Quesnel (*Histoire de l'admirable dom Inigo de Guipuscoa*, p.94-96). C'est ici que s'arrêtent les emprunts de Voltaire au livre de Quesnel.

[13] Voltaire a raconté l'histoire de George Fox dans la troisième des *Lettres philosophiques*.

ignorant que l'Espagnol Ignace, a établi la société de ceux qu'on   80
nomme *quakers*, société fort au-dessus de celle d'Ignace. Le comte
de Sinzendorf a de nos jours fondé la secte des moraves; [14] et les
convulsionnaires de Paris ont été sur le point de faire une
révolution. [15] Ils ont été bien fous, mais ils n'ont pas été assez
opiniâtres.   85

---

[14] Voltaire parle très favorablement de la secte des moraves ou Herrnhuter dans
une lettre à la duchesse de Saxe-Gotha du 14 juillet 1760 (D9065). Le comte
Zinzendorf (1700-1760) n'est pas le fondateur de la secte des moraves; il a accueilli,
en 1722, sur ses terres en Haute-Lusace le frère morave Christian David qui y fonda
le village de Herrnhut où s'installa une communauté semblable à celle des frères
moraves. Voir Carola Wessel, 'Nikolaus Ludwig von Zinzendorf et la Confrérie
morave. Introduction', dans *Les Piétismes à l'âge classique: crise, conversion, institutions*, éd. Anne Lagny (Villeneuve d'Ascq, 2001), p.129-43, et Pierre Deghaye, *La
Doctrine ésotérique de Zinzendorf (1700-1760)* (Paris, 1969).

[15] Voir l'article 'Convulsions' des *QE*, ainsi que *L'Examen important de milord
Bolingbroke*: 'J'ai vu en France les convulsionnaires instituer une petite secte parmi la
canaille d'un faubourg de Paris. Tous les sectaires commencent ainsi dans toute la
terre. Ce sont pour la plupart des gueux qui crient contre le gouvernement, et qui
finissent ou par être chefs de parti, ou par être pendus' (*OCV*, t.62, p.212).

IGNORANCE

Il y a bien des espèces d'ignorances; la pire de toutes est celle des critiques. Ils sont obligés, comme on sait, d'avoir doublement raison, comme gens qui affirment, et comme gens qui condamnent. Ils sont donc doublement coupables quand ils se trompent.

* Dans l'*Encyclopédie*, il y a deux articles sous l'intitulé 'Ignorance', le sujet étant traité successivement comme terme de métaphysique (par Diderot) et comme terme de morale (anonyme). L'article de Voltaire n'y répond cependant pas. Voltaire avait lui-même publié un court texte *Les Ignorances*, qui traite du scepticisme, dans les *Nouveaux Mélanges* (1765). Dans le cas du présent article, il s'agit d'un règlement de comptes plutôt banal (même si, en se défendant, Voltaire défend aussi la cause encyclopédique). L'abbé Laurent François (1698-1782), doyen de la faculté de théologie d'Angers, fut l'auteur de nombreux livres qui défendaient les valeurs chrétiennes contre les philosophes. Parmi ses publications nous trouvons un *Examen du 'Catéchisme de l'honnête homme, ou dialogue entre un caloyer et un homme de bien'* (1764) – Voltaire ne semble pas avoir répondu à cette première attaque restée sans doute très obscure – et une *Réponse aux difficultés proposées contre la religion chrétienne par J.-J. Rousseau [...] dans la 'Confession de foi du vicaire savoyard'* (1765). En 1770, l'abbé François publie en deux tomes ses *Observations sur La Philosophie de l'histoire et le Dictionnaire philosophique; avec des réponses à plusieurs difficultés*, dans lesquelles il répond, chapitre par chapitre, aux deux œuvres de Voltaire. Voltaire possède les *Observations*, et son exemplaire porte cinq traits marginaux (BV1376; *CN*, t.3, p.654-56). Voltaire s'intéresse nécessairement aux attaques contre le *DP* (voir *OCV*, t.35, p.198, 210-11), et cette fois il répond à l'abbé François. Voltaire l'attaque une première fois dans l'*Epître à Monsieur D'Alembert* (1771): 'Il y a en effet un abbé nommé François, des ouvrages duquel le fleuve Léthé s'est chargé entièrement. C'est un pauvre imbécile qui a fait un livre en deux volumes contre les philosophes; livre que personne ne connaît ni ne connaîtra' (*OCV*, t.73, p.460; voir aussi p.458). Ensuite il revient à la charge dans le présent article. Ces commentaires au sujet de François sont en quelque sorte des notes marginales prolongées; et parmi les 'ignorances', trois (les 2ᵉ, 4ᵉ et 6ᵉ) dérivent directement de passages marqués d'un trait dans l'exemplaire de Voltaire. Voltaire s'est vite fatigué dans sa lecture, car les marques marginales ne vont pas au-delà de la page 29 du premier tome; les citations des 'ignorances' de l'abbé François viennent toutes de ces premières pages. Cet article paraît en septembre/octobre 1771 (70, t.7).

Première ignorance

Par exemple, un homme fait deux gros volumes sur quelques pages 5
d'un livre utile qu'il n'a pas entendu. [1] Il examine d'abord ces
paroles;

La mer a couvert des terrains immenses. − Les lits profonds de
coquillages qu'on trouve en Touraine et ailleurs, ne peuvent y avoir été
déposés que par la mer. [2] 10

Oui, si ces lits de coquillages existent en effet. Mais le critique
devait savoir que l'auteur lui-même a découvert ou cru découvrir
que ces lits réguliers de coquillages n'existent point, [3] qu'il n'y en a
nulle part dans le milieu des terres; mais soit que le critique le sût,
soit qu'il ne le sût pas, il ne devait pas imputer (généralement 15
parlant) des couches de coquilles supposées régulièrement placées
les unes sur les autres à un déluge universel qui aurait détruit toute
régularité; c'est ignorer absolument la physique.

Il ne devait pas dire, *le déluge universel est raconté par Moïse avec le*
consentement de toutes les nations. [4] 1°. Parce que le Pentateuque fut 20
longtemps ignoré, non seulement des nations, mais des Juifs eux-
mêmes.

2°. Parce qu'on ne trouva qu'un exemplaire de la loi au fond
d'un vieux coffre du temps du roi Josias.

---

6   K84, K12:   entendu. [*avec note*: L'abbé François, auteur d'un livre absolument
ignoré contre ceux que dans les sacristies on appelle athées, déistes, matérialistes, etc.
etc. etc. ¶Ce livre est intitulé *Preuves de la religion de notre Seigneur Jésus-Christ.*] Il
13   70, 71N, 71A: lits de

[1] Voltaire ne donne pas le titre de l'œuvre qu'il prend pour cible, et pour l'instant il
n'en nomme même pas l'auteur. On remarque l'erreur des éditeurs de Kehl dans
l'identification du titre (voir la variante).
[2] Cité par l'abbé François, *Observations sur La Philosophie de l'histoire et le*
Dictionnaire philosophique; avec des réponses à plusieurs difficultés, 2 vol. (Paris et
Rouen, 1770), t.1, p.1. François cite *La Philosophie de l'histoire,* ch.1 (*OCV,* t.59, p.89).
[3] Voir *La Défense de mon oncle* (1767; *OCV,* t.64, p.238-39) et *Des singularités de la*
nature (1768; *M,* t.27, p.152-54).
[4] *Observations,* t.1, p.2. La citation est approximative: François écrit 'le consentement presque de toutes les nations'; Voltaire ajoute l'adjectif 'universel'.

3°. Parce que ce livre fut perdu pendant la captivité.

4°. Parce qu'il fut restauré par Esdras.

5°. Parce qu'il fut toujours inconnu à toute autre nation jusqu'au temps de la traduction des Septante.

6°. Parce que même depuis la traduction attribuée aux Septante, nous n'avons pas un seul auteur parmi les gentils qui cite un seul endroit de ce livre, jusqu'à Longin qui vivait sous l'empereur Aurélien.

7°. Parce que nulle autre nation n'a jamais admis un déluge universel jusqu'aux Métamorphoses d'Ovide, et qu'encore dans Ovide il ne s'étend qu'à la Méditerranée.

8°. Parce que saint Augustin avoue expressément que le déluge universel fut ignoré de toute l'antiquité.

9°. Parce que le premier déluge dont il est question chez les gentils, est celui dont parle Bérose, et qu'il fixe à quatre mille quatre cents ans environ avant notre ère vulgaire; ce déluge qui ne s'étendit que vers le Pont-Euxin. [5]

10°. Parce qu'enfin il ne nous est resté aucun monument d'un déluge universel chez aucune nation du monde.

Il faut ajouter à toutes ces raisons, que le critique n'a pas seulement compris l'état de la question. Il s'agit uniquement de savoir si nous avons des preuves physiques que la mer ait abandonné successivement plusieurs terrains. Et sur cela, M. l'abbé François [6] dit des injures à des hommes qu'il ne peut ni connaître ni entendre. Il eût mieux valu se taire et ne pas grossir la foule des mauvais livres.

29 70, 71N, 71A: traduction des Septante
42-43 71N: monument du déluge chez
43 70, 71A: déluge chez

[5] La réponse de Voltaire s'efforce de démontrer que le Pentateuque fut ignoré, même des Juifs (arguments 1-6) et qu'il en est de même du Déluge (arguments 7-10), thèmes souvent développés dans son œuvre. Rien de neuf sur ce point.

[6] Voltaire finit par nommer celui qu'il a appelé jusqu'ici 'le critique'.

Seconde ignorance

Le même critique, pour appuyer de vieilles idées assez universellement méprisées, mais qui n'ont pas le plus léger rapport à Moïse,
s'avise de dire, (*a*) *que Bérose est parfaitement d'accord avec Moïse
dans le nombre des générations avant le déluge.*[7]

Remarquez, mon cher lecteur, que ce Bérose est celui-là même   55
qui nous apprend que le poisson Oannès sortait tous les jours de
l'Euphrate pour venir prêcher les Chaldéens; et que le même
poisson écrivit avec une de ses arêtes un beau livre sur l'origine des
choses. Voilà l'écrivain que M. l'abbé François prend pour le
garant de Moïse.   60

Troisième ignorance

(*b*) *N'est-il pas constant qu'un grand nombre de familles européennes
transplantées dans les côtes d'Afrique, y sont devenues sans aucun
mélange aussi noires que les naturelles du pays?*[8]

Monsieur l'abbé, c'est le contraire qui est constant. Vous ignorez
que les nègres ont le *reticulum mucosum* noir, quoique je l'aie dit   65
vingt fois.[9] Sachez que vous auriez beau faire des enfants en Guinée,

(*a*) Page 6.
(*b*) Page 5.

[7] *Observations*, t.1, p.6. Voir *CN*, t.3, p.655, où la phrase précédente est marquée
d'un trait. Le poisson Oannès fait partie du bestiaire sacré de Voltaire (voir par
exemple le troisième entretien de l'article 'Catéchisme chinois' du *DP* (*OCV*, t.35,
p.463, n.65).

[8] *Observations*, t.1, p.5. François écrit 'familles européennes et surtout portu-
gaises'.

[9] Voltaire exagère en disant 'vingt fois', mais à peine. Ce détail a déjà été évoqué
dans l'*EM*, ch.141 (éd. Pomeau, t.2, p.305-306), dans *La Philosophie de l'histoire*
(*OCV*, t.59, p.92), dans *Des singularités de la nature* (*M*, t.27, p.184), dans *La Défense
de mon oncle* (*OCV*, t.64, p.234)... et le sera encore dans l'article 'Homme' des *QE*
(ci-dessus, p.269).

vous ne feriez jamais que des Welches qui n'auraient ni cette belle peau noire huileuse, ni ces lèvres noires et lippues, ni ces yeux ronds, ni cette laine frisée sur la tête qui font la différence spécifique des nègres. Sachez que votre famille welche, établie en Amérique, aura toujours de la barbe, tandis qu'aucun Américain n'en aura. Après cela tirez-vous d'affaire comme vous pourrez avec Adam et Eve.

Quatrième ignorance

(c) *Le plus idiot ne dit point, moi pied, moi tête, moi main; il sent donc qu'il y a en lui quelque chose qui s'approprie son corps.* [10]

Hélas! mon cher abbé, cet idiot ne dit pas non plus, moi âme. Que pouvez-vous conclure vous et lui? qu'il dit, mon pied parce qu'on peut l'en priver; car alors il ne marchera plus. Qu'il dit ma tête; on peut la lui couper; alors il ne pensera plus. Eh bien, que s'ensuit-il? ce n'est pas ici une ignorance des faits.

Cinquième ignorance

(d) *Qu'est-ce que ce Melchom qui s'était emparé du pays de Gad? plaisant dieu que le Dieu de Jérémie devait faire enlever pour être traîné en captivité.* [11]

Ah ah! monsieur l'abbé, vous faites le plaisant. Vous demandez quel est ce Melchom; je vais vous le dire. Melk ou Melkom signifiait le Seigneur, ainsi qu'Adoni ou Adonaï, Baal ou Bel, Adad, Shadaï, Eloï ou Eloa. Presque tous les peuples de Syrie donnaient de tels

(c) Page 10.
(d) Page 20.

[10] *Observations*, t.1, p.10-11. Voltaire abrège le texte de François: voir *CN*, t.3, p.655, où ce passage est marqué d'un trait.
[11] *Observations*, t.1, p.20. Voir Jérémie 49:1-3.

noms à leurs dieux. Chacun avait son seigneur, son protecteur, son dieu. Le nom même de Jehova était un nom phénicien et particulier; témoin Sanchoniaton antérieur certainement à Moïse; témoin Diodore. 90

Nous savons bien que Dieu est également le Dieu, le maître absolu des Egyptiens et des Juifs, et de tous les hommes, et de tous les mondes; mais ce n'est pas ainsi qu'il est représenté quand Moïse paraît devant Pharaon. Il ne lui parle jamais qu'au nom du Dieu des Hébreux, comme un ambassadeur apporte les ordres du roi son maître. Il parle si peu au nom du maître de toute la nature, que Pharaon lui répond, *Je ne le connais pas.* [12] Moïse fait des prodiges au nom de ce Dieu; mais les sorciers de Pharaon font précisément les mêmes prodiges au nom des leurs. [13] Jusque-là tout est égal. On combat seulement à qui sera le plus puissant, mais non pas à qui sera le seul puissant. Enfin, le Dieu des Hébreux l'emporte de beaucoup; il manifeste une puissance beaucoup plus grande, mais non pas une puissance unique. Ainsi, humainement parlant, l'incrédulité de Pharaon semble très excusable. C'est la même incrédulité que celle de Motézuma devant Cortez, et d'Atabalipa devant les Pizaro. [14] 95 100 105

Quand Josué assemble les Juifs; *Choisissez,* leur dit-il, (*e*) *ce qu'il vous plaira, ou les dieux auxquels ont servi vos pères dans la Mésopotamie, ou les dieux des Amorrhéens au pays desquels vous habitez. Mais pour ce qui est de moi et de ma maison, nous servirons Adonaï.* [15] 110

(*e*) Josué ch.24.

110   K84, K12: *Amorrhéens aux pays*

[12] Exode 5:2.
[13] Exode 7:10-12.
[14] Sur les Espagnols pris pour des dieux au Mexique, voir l'*EM*, ch.147 (éd. Pomeau, t.2, p.350). Sur la conquête du Pérou, voir ch.148 (t.2, p.357).
[15] Josué 24:15.

Le peuple s'était donc déjà donné à d'autres dieux, et pouvait servir qui il voulait.

Quand la famille de Michas dans Ephraïm prend un prêtre lévite 115 pour servir un dieu étranger; (ƒ) quand toute la tribu de Dan sert le même dieu que la famille Michas; lorsqu'un petit-fils même de Moïse se fait prêtre de ce dieu étranger pour de l'argent, personne n'en murmure. Chacun a son dieu paisiblement; et le petit-fils de Moïse est idolâtre sans que personne y trouve à redire; donc alors 120 chacun choisissait son dieu local, son protecteur. [16]

Les mêmes Juifs après la mort de Gédéon, adorent Baal-bérith, qui signifie précisément la même chose qu'Adonaï, le *Seigneur*, le *protecteur*. Ils changent de protecteur. [17]

Adonaï, du temps de Josué, se rend maître des montagnes; (g) 125 mais il ne peut vaincre les habitants des vallées, parce qu'ils avaient des chariots armés de faux. [18]

Y a-t-il rien qui ressemble plus à un dieu local, qui est puissant en un lieu, et qui ne l'est point en un autre?

Jephté, fils de Galaad et d'une concubine, dit aux Moabites; (h) 130 *Ce que votre dieu Chamos possède ne vous est-il pas dû de droit? Et ce que le nôtre s'est acquis par ses victoires ne doit-il pas être à nous?* [19]

Il est donc prouvé invinciblement que les Juifs grossiers, quoique choisis par le Dieu de l'univers, le regardèrent pourtant comme un dieu local, un dieu particulier tel que le dieu des 135

(ƒ) Juges ch.8 et 9.
(g) Josué ch.1.
(h) Juges ch.11

n.ƒ K12: ch.17 et 18.
n.g K12: ch.17.

[16] Juges 17-18.
[17] Juges 8:33.
[18] Juges 1:19. Voltaire cite le passage en question dans sa *Profession de foi des théistes* (1768; *M*, t.27, p.58).
[19] Juges 11:24.

Ammonites, celui des Moabites, celui des montagnes, celui des vallées.

Il est clair qu'il était malheureusement indifférent au petit-fils de Moïse de servir le dieu de Michas ou celui de son grand-père. Il est clair, et il faut en convenir, que la religion juive n'était point 140 formée; qu'elle ne fut uniforme qu'après Esdras; il faut encore en excepter les Samaritains.

Vous pouvez savoir maintenant ce que c'est que le seigneur Melchom. Je ne prends point son parti, Dieu m'en garde; mais quand vous dites que c'était *un plaisant dieu que Jérémie menaçait de* 145 *mettre en esclavage*;[20] je vous répondrai, Monsieur l'abbé, de votre maison de verre vous ne devriez pas jeter des pierres à celle de votre voisin.

C'étaient les Juifs qu'on menait alors en esclavage à Babilone; c'était le bon Jérémie lui-même qu'on accusait d'avoir été 150 corrompu par la cour de Babilone, et d'avoir prophétisé pour elle. C'était lui qui était l'objet du mépris public, et qui finit, à ce qu'on croit, par être lapidé par les Juifs mêmes. Croyez-moi, ce Jérémie n'a jamais passé pour un rieur.[21]

Le Dieu des Juifs, encore une fois, est le Dieu de toute la nature. 155 Je vous le redis afin que vous n'en prétendiez cause d'ignorance, et que vous ne me défériez pas à votre official. Mais je vous soutiens que les Juifs grossiers ne connurent très souvent qu'un dieu local.

[20] Voltaire cite faux. Chez François on lit: 'Plaisant Dieu, que le Dieu de Jérémie devait faire enlever pour être traîné en captivité!' (*Observations*, t.1, p.20).

[21] Sous le règne de Joachim, Jérémie subit la domination égyptienne et voit l'établissement de la suprématie de Babylone. Adversaire de l'alliance avec l'Egypte, le prophète, inspiré par Dieu, exhorte ses concitoyens à se soumettre à Babylone. Il fut donc accusé de traîtrise (Jérémie 37:8-10). Il est roué de coups, incarcéré (Jérémie 38:4-6). Ses prédictions se réalisent. Par deux fois, Jérusalem est prise par les Chaldéens et les Juifs emmenés en captivité à Babylone. Selon une tradition chrétienne, Jérémie aurait péri, lapidé par des Juifs irrités de ses reproches.

Sixième ignorance

(*i*) *Il n'est pas naturel d'attribuer les marées aux phases de la lune. Ce ne sont pas les grandes marées en pleine lune qu'on attribue aux phases de cette planète.*[22]   160

Voici des ignorances d'une autre espèce.

Il arrive quelquefois à certaines gens d'être si honteux du rôle qu'ils jouent dans le monde, que tantôt ils veulent se déguiser en beaux esprits, et tantôt en philosophes.   165

Il faut d'abord apprendre à monsieur l'abbé, que rien n'est plus naturel que d'attribuer un effet à ce qui est toujours suivi de cet effet. Si un tel vent est toujours suivi de la pluie, il est naturel d'attribuer la pluie à ce vent. Or sur toutes les côtes de l'Océan, les marées sont toujours plus fortes dans les sigigées de la lune que   170 dans ses quadratures. (Savez-vous ce que c'est que sigigées, ou syzygies?) La lune retarde tous les jours son levé; la marée retarde aussi tous les jours. Plus la lune approche de notre zénith, plus la marée est grande; plus la lune approche de son périgée, plus la marée s'élève encore. Ces expériences et beaucoup d'autres, ces   175 rapports continuels avec les phases de la lune, ont donc fondé l'opinion ancienne et vraie, que cet astre est une principale cause du flux et du reflux.

Après tant de siècles le grand Newton est venu. Connaissez-vous Newton? avez-vous jamais ouï dire qu'ayant calculé le carré   180 de la vitesse de la lune autour de son orbite dans l'espace d'une minute, et ayant divisé ce carré par le diamètre de l'orbite lunaire, il trouva que le quotient était quinze pieds; que de là il démontra que

(*i*) Page 20.

[22] *Observations*, t.1, p.28 (la référence de page que donne Voltaire est fausse). Voltaire fusionne une phrase du texte et une phrase d'une note de bas de page annoncée comme étant du censeur. Le texte et la note sont tous les deux marqués d'un trait dans l'exemplaire de Voltaire: voir *CN*, t.3, p.655-56.

la lune gravite sur la terre trois mille six cents fois moins que si elle était près de la terre; que de là il démontra que sa gravitation est la cause des trois quarts de l'élévation de la mer au temps du flux, et que la gravitation du soleil fait l'élévation de l'autre quart? [23] Vous voilà tout étonné; vous n'avez jamais rien lu de pareil dans le *Pédagogue chrétien.* [24] Tâchez, dorénavant, vous et les loueurs de chaise de votre paroisse, de ne jamais parler des choses dont vous n'avez pas la plus légère idée.

Vous ne sauriez croire quel tort vous faites à la religion par votre ignorance, et encore plus par vos raisonnements. On devrait vous défendre d'écrire, à vous et à vos pareils, pour conserver le peu de foi qui reste dans ce monde.

Je vous ferais ouvrir de plus grands yeux, si je vous disais que ce Newton était persuadé et a écrit que Samuel est l'auteur du Pentateuque. [25] Je ne dis pas qu'il l'ait démontré comme il a calculé la gravitation. Mais apprenez à douter, et soyez modeste. Je crois au Pentateuque, entendez-vous, mais je crois que vous avez imprimé des sottises énormes.

Je pourrais transcrire ici un gros volume de vos ignorances, et plusieurs de celles de vos confrères. Je ne m'en donnerai pas la peine. Poursuivons nos questions.

185

190

195

200

---

184   K84, K12: gravite vers la
185   K84, K12: sa force attractive est
187   K84, K12: la force du
204   K84, K12: questions. / Section 2 / [*ajoutent Les Ignorances des Nouveaux Mélanges (1765)*] / /

[23] L'auteur des *Eléments de la philosophie de Newton* se plaît à faire montre de son savoir.

[24] *Le Pédagogue chrétien, ou la manière de vivre saintement*, livre de dévotion populaire par le jésuite Philippe d'Outreman, parut en 1622 et fut souvent réimprimé jusqu'en 1742.

[25] Voir ci-dessus l'article 'Genèse', p.46, n.71.

IMAGINATION

Les bêtes en ont comme vous, témoin votre chien qui chasse dans ses rêves. [1]

Les choses se peignent en la fantaisie, dit Descartes, comme les autres. [2] Oui; mais qu'est-ce que c'est que la fantaisie? Et comment

a   K84, K12: IMAGINATION / Section 1 / [*ajoutent l'article 'Imagination' de l'Encyclopédie*] / Section 2

* Sur cette faculté décriée qui l'intéresse sur un plan esthétique depuis l'*Essay on epic poetry* au moins, Voltaire dialogue avec Descartes et Malebranche (avec qui il polémique), avec Locke (dont il partage l'idée selon laquelle l'imagination résulte d'une combinaison d'idées) mais plus encore avec lui-même. Il reprend en effet ici l'article 'Imagination, imaginer' qu'il avait rédigé pour l'*Encyclopédie* dès la fin du mois de décembre 1756 probablement (D7067, D7079), mais qui n'avait paru qu'en 1765 (t.8, p.560-64; *OCV*, t.33, p.204-14). S'ils partagent la même approche empiriste, certains arguments et quelques exemples, les deux articles sont assez différents, Voltaire donnant ici un texte à la fois plus hétéroclite et plus polémique où l'opposition entre imagination active et imagination passive, héritée de Descartes (*Les Passions de l'âme*, 1re partie, articles 20 et 21; BV998) et de Malebranche (*De la recherche de la vérité*, livre 2; BV2276 et BV2277) apparaît au service d'une dénonciation du fanatisme. L'article, qui intègre quatre vers des *Géorgiques* dont l'abbé Delille venait de donner une nouvelle traduction, est vraisemblablement postérieur au 6 février 1770, date à laquelle Voltaire écrit avoir 'lu une partie' de cette traduction (D16136). Il paraît en septembre/octobre 1771 (70, t.7).

[1] Cf. l'article 'Bêtes' du *DP* dans lequel Voltaire, contre Descartes, avait contesté que les animaux fussent des machines 'privées de connaissance et de sentiment' (*OCV*, t.35, p.411). Cette comparaison entre les rêves du chasseur et son chien, reprise de l'article 'Imagination, imaginer' de l'*Encyclopédie* (t.8, p.561; *OCV*, t.33, p.206), donne d'emblée la tonalité empiriste du nouvel article.

[2] La plupart des philosophes, depuis l'empirisme aristotélicien. Voltaire résume ici la théorie de la perception formulée par Descartes dans ses premiers textes, les *Regulae* et *Le Monde, ou traité de la lumière*, où l'imagination apparaît comme 'une vraie partie du corps' qui accueille les impressions transmises par les sens externes à travers le système nerveux et le sens commun (*Œuvres*, éd. C. Adam et P. Tannery, 11 t. en 13 vol., Paris, 1974, t.10, p.414). Voltaire a lu *Le Monde, ou traité sur la lumière* (BV998).

les choses s'y peignent-elles? est-ce avec de la matière subtile? *Que* 5
sais-je! est la réponse à toutes les questions touchant les premiers
ressorts. [3]

Rien ne vient dans l'entendement sans une image. [4] Il faut pour
que vous acquériez cette idée si confuse d'un espace infini, que vous
ayez eu l'image d'un espace de quelques pieds. Il faut pour que 10
vous ayez l'idée de Dieu, que l'image de quelque chose de plus
puissant que vous ait longtemps remué votre cerveau. [5]

Vous ne créez aucune idée, aucune image, je vous en défie.
L'Arioste n'a fait voyager Astolphe dans la lune que longtemps
après avoir entendu parler de la lune, de saint Jean et des paladins. [6] 15

On ne fait aucune image, on les assemble, on les combine. Les
extravagances des *Mille et une nuits* et des contes des fées, etc. etc.
ne sont que des combinaisons. [7]

Celui qui prend le plus d'images dans le magasin de la mémoire,
est celui qui a le plus d'imagination. 20

La difficulté n'est pas d'assembler ces images avec prodigalité et
sans choix. Vous pourriez passer un jour entier à représenter sans
effort et sans presque aucune attention un beau vieillard avec une

---

[3] Dans l'article 'Fantaisie' de l'*Encyclopédie* dont il est également l'auteur,
Voltaire n'aborde à aucun moment le terme dans son sens cartésien.

[4] Affirmation contraire à la théorie de la connaissance développée par Descartes
dans la célèbre analyse du morceau de cire de la deuxième des *Méditations
métaphysiques* (BV997), où le philosophe disjoint la formation des idées dans
l'entendement de celle des images dans l'imagination. Voir le signet annoté '[je]
demande pardon à Descartes, mais toutes ses méditations me paraissent des rêveries,
ainsi que sa physique me paraît une chimère' (*CN*, t.3, p.113).

[5] Voltaire vise cette fois Malebranche qui, dans *De la recherche de la vérité*, avait
écrit: 'Mais non seulement l'esprit a l'idée de l'infini, il l'a même avant celle du fini'
(5e éd., Paris, 1700, p.414, BV2276; *CN*, t.5, p.500, en marge: 'erreur').

[6] Allusion à L'Arioste, *Orlando furioso*, chant 34, strophe 48, auquel Voltaire
venait encore de consacrer plusieurs pages dans l'article 'Epopée' des *QE* (*OCV*,
t.41, p.163-75). Le vol d'Astolphe et de l'hippogriffe est de longue date l'un des
passages préférés de Voltaire. Voir *La Pucelle*, chant 2, vers 245 (*OCV*, t.7, p.287).

[7] Idée empruntée à Locke et sur laquelle reposait tout l'article rédigé par Voltaire
pour l'*Encyclopédie*. Voltaire a peu d'estime pour les contes de fées mais il possède
une édition des *Mille et une nuits*, traduit par A. Galland (BV2457).

grande barbe blanche, vêtu d'une ample draperie, porté au milieu
d'un nuage sur des enfants joufflus qui ont de belles paires d'ailes,   25
ou sur une aigle d'une grandeur énorme, tous les dieux et tous les
animaux autour de lui, des trépieds d'or qui courent pour arriver à
son conseil, des roues qui tournent d'elles-mêmes, qui marchent en
tournant, qui ont quatre faces, qui sont couvertes d'yeux, d'o-
reilles, de langues et de nez; entre ces trépieds et ces roues une foule   30
de morts qui ressuscitent au bruit du tonnerre, les sphères célestes
qui dansent et qui font entendre un concert harmonieux etc. etc.
etc.;[8] les hôpitaux des fous sont remplis de pareilles imaginations.

On distingue l'imagination qui dispose les événements d'un
poème, d'un roman, d'une tragédie, d'une comédie, qui donne aux   35
personnages des caractères, des passions; c'est ce qui demande le
plus profond jugement et la connaissance la plus fine du cœur
humain; talents nécessaires avec lesquels pourtant on n'a encore
rien fait, ce n'est que le plan de l'édifice.

L'imagination qui donne à tous ces personnages l'éloquence   40
propre de leur état, et convenable à leur situation, c'est là le grand
art et ce n'est pas encore assez.

L'imagination dans l'expression, par laquelle chaque mot peint
une image à l'esprit sans l'étonner, comme dans Virgile;

Remigium alarum[9]   45
Moerentem abjungens fraterna morte juventum[10]

32-33   K12:   harmonieux etc.: les

---

[8] Vision syncrétique inspirée d'Ezéchiel 1:15 ('Lorsque je regardais ces animaux,
je vis paraître près d'eux une roue qui était sur la terre, et qui avait quatre faces') où
convergent aussi des éléments de l'imagerie chrétienne et de la religion grecque: le
trépied d'or, que le souffle d'Apollon était supposé faire vibrer, appartenait à l'attirail
de la pythie de Delphes.

[9] Virgile, *Enéide*, livre 6, vers 19, littéralement 'les rames de ses ailes', que Dédale
aurait consacrées à Phébus. Voltaire venait de relire dans la toute récente traduction
de Delille les *Géorgiques* de Virgile (Paris, 1770, BV3420) dont il cite ici quatre vers.

[10] Virgile, *Géorgiques*, livre 3, vers 518: 'dételant le jeune taureau affligé par la
mort de son frère'.

Velorum pandimus alas.[11]
   Pendent circum oscula nati,[12]
Immortale jecur tundens, fecundaque poenis, viscera.[13]
Et caligantem nigra formidine lucum.[14]   50
Fata vocant conditque natantia lumina lethum.[15]

Virgile est plein de ces expressions pittoresques dont il enrichit
la belle langue latine, et qu'il est si difficile de bien rendre dans nos
jargons d'Europe, enfants bossus et boiteux d'un grand homme de
belle taille, mais qui ne laissent pas d'avoir leur mérite, et d'avoir 55
fait de très bonnes choses dans leur genre.

Il y a une imagination étonnante dans la mathématique pratique.
Il faut commencer par se peindre nettement dans l'esprit la machine
qu'on invente et ses effets. Il y avait beaucoup plus d'imagination
dans la tête d'Archimède que dans celle d'Homère.[16]   60

De même que l'imagination d'un grand mathématicien doit être
d'une exactitude extrême, celle d'un grand poète doit être très
châtiée. Il ne doit jamais présenter d'images incompatibles,
incohérentes, trop exagérées, trop peu convenables au sujet.

57-58 K84, K12: dans les mathématiques. Il
58 K84, K12: l'esprit la figure, la
59 K84, K12: invente, ses propriétés ou ses

---

[11] Virgile, *Enéide*, livre 3, vers 520: 'nous déployons les ailes de nos voiles'.

[12] Virgile, *Géorgiques*, livre 2, vers 523: 'ses enfants sont suspendus à son cou entourés de baisers'.

[13] Virgile, *Enéide*, livre 6, vers 598-99: 'rongeant son foie immortel et ses entrailles fécondes en supplices'.

[14] Virgile, *Géorgiques*, livre 4, vers 468: 'et le bois s'enténébrant de noire épouvante'.

[15] Virgile, *Géorgiques*, livre 4, vers 496: 'les destins m'appellent et la mort ensevelit mes yeux qui se noient'.

[16] Comparaison reprise de l'article 'Imagination, imaginer' de l'*Encyclopédie* (t.8, p.561; *OCV*, t.33, p.209) mais l'exemple de la machine a été ajouté ici, sans doute après la rédaction de l'article 'Force en physique' des *QE* (*OCV*, t.41, p.486-87), lequel décrit l'invention d'Archimède qui était parvenue à mettre en mouvement une galère du roi Hiéron.

Pulchérie dans la tragédie d'*Héraclius*, dit à Phocas: 65

> La vapeur de mon sang ira grossir la foudre
> Que Dieu tient déjà prête à te réduire en poudre. [17]

Cette exagération forcée ne paraît pas convenable à une jeune princesse, [18] qui supposé qu'elle ait ouï dire que le tonnerre se forme des exhalaisons de la terre, ne doit pas présumer que la vapeur d'un   70
peu de sang répandu dans une maison ira former la foudre. C'est le poète qui parle, et non la jeune princesse. Racine n'a point de ces imaginations déplacées; cependant, comme il faut mettre chaque chose à sa place, on ne doit pas regarder cette image exagérée comme un défaut insupportable, ce n'est que la fréquence de ces   75
figures qui peut gâter entièrement un ouvrage.

Il serait difficile de ne pas rire de ces vers:

> Quelques noires vapeurs que puissent concevoir
> Et la mère et la fille ensemble au désespoir,
> Tout ce qu'elles pourront enfanter de tempêtes   80
> Sans venir jusqu'à nous crèvera sur nos têtes;
> Et nous érigerons dans cet heureux séjour
> De leur haine impuissante un trophée à l'amour. [19]

Ces vapeurs de la mère et de la fille qui enfantent des tempêtes, ces tempêtes qui ne viennent point jusqu'à Placide, et qui crèvent sur les   85
têtes pour ériger un trophée d'une rage, sont assurément des

---

86   71N: *trophée de rage,*
　　 K84, K12: *d'une haine,* sont

---

[17] Corneille, *Héraclius*, acte 1, scène 3, vers 301-302. L'exemple est repris de l'article 'Imagination, imaginer' de l'*Encyclopédie* (t.8, p.562; *OCV*, t.33, p.211).

[18] Argument déjà avancé dans les *Commentaires sur Corneille* où Voltaire avait non seulement dénoncé cette figure 'outrée' et 'recherchée' comme impropre à une jeune fille mais aussi comme 'hors de nature' et par là-même incapable de toucher (*OCV*, t.55, p.651).

[19] Corneille, *Théodore*, acte 1, scène 1, vers 117-22. Voltaire se trompe dans le dernier vers, qui parle de 'rage impuissante', comme dans la paraphrase en prose qui suit la citation. Les *Commentaires sur Corneille* n'avaient pas commenté ce passage.

imaginations aussi incohérentes, aussi étranges que mal exprimées. Racine, Boileau, Molière, les bons auteurs du siècle de Louis XIV, ne tombent jamais dans ce défaut puéril. [20]

Le grand défaut de quelques auteurs qui sont venus après le siècle de Louis XIV, c'est de vouloir toujours avoir de l'imagination et de fatiguer le lecteur par cette vicieuse abondance d'images recherchées, autant que par des rimes redoublées, dont la moitié au moins est inutile. [21] C'est ce qui a fait tomber enfin tant de petits poèmes comme *Verd verd*, la *Chartreuse*, les *Ombres*, qui eurent la vogue pendant quelque temps. [22]

Omne super vacuum pleno de pectore manat. [23]

On a distingué dans le grand Dictionnaire encyclopédique l'imagination active et la passive. L'active est celle dont nous avons traité; [24] c'est ce talent de former des peintures neuves de toutes celles qui sont dans notre mémoire.

La passive n'est presque autre chose que la mémoire, même dans un cerveau vivement ému. Un homme d'une imagination active et dominante, un prédicateur de la Ligue en France, [25] ou des puritains

---

[20] Accusation souvent portée dans les *Commentaires sur Corneille*, qui dénoncent les métaphores outrées, les comparaisons fausses et les pointes du poète normand: voir par exemple les remarques sur *Médée* (*OCV*, t.54, p.18).

[21] La critique des 'rimes redoublées' est ancienne. Voir par exemple *Le Temple du goût* (*OCV*, t.9, p.123).

[22] Dès les années 1730, Voltaire ne semblait guère séduit par les 'vers heureux et faciles' (D1452) de Jean-Baptiste Gresset qui lui étaient 'tomb[és] des mains' (D915). Il possédait cependant encore à Ferney, outre une édition de ses *Œuvres* (BV1535), tous les textes cités ici qui avaient fait le succès du poète (*Ver-vert, ou les voyages du perroquet de Nevers*, BV1541; *La Chartreuse*, BV1537; *Les Ombres*, BV1540).

[23] Horace, *Art poétique*, vers 337: 'Tout ce qui est superflu est rejeté de l'esprit trop plein' (*Œuvres de Horace*, trad. Leconte de Lisle, 2 t. en 1 vol., Paris, 1873, t.1, p.252).

[24] Cf. l'article 'Imagination, imaginer': 'Il y a deux sortes d'imagination, l'une qui consiste à retenir une simple impression des objets; l'autre qui arrange ces images reçues, et les combine en mille manières' (t.8, p.561; *OCV*, t.33, p.206). Après la définition de l'imagination, cette opposition structurait de fait tout l'article rédigé par Voltaire pour l'*Encyclopédie*.

[25] Par exemple Jean Boucher, prédicateur 'séditieux emporté jusqu'à la démence', évoqué au chapitre 34 de l'*Histoire du parlement de Paris* (*OCV*, t.68, p.334)?

en Angleterre,[26] harangue la populace d'une voix tonnante, d'un   105
œil enflammé et d'un geste d'énergumène, représente Jésus-Christ
demandant justice au Père éternel des nouvelles plaies qu'il a
reçues des royalistes, des clous que ces impies viennent de lui
enfoncer une seconde fois dans les pieds et dans les mains. Vengez
Dieu le Père, vengez le sang de Dieu le Fils, marchez sous les   110
drapeaux du Saint-Esprit; c'était autrefois une colombe; c'est
aujourd'hui un aigle qui porte la foudre. Les imaginations passives
ébranlées par ces images, par la voix, par l'action de ces charlatans
sanguinaires, courent du prône et du prêche, tuer des royalistes et
se faire pendre.[27]   115

Les imaginations passives vont s'émouvoir tantôt aux sermons,
tantôt aux spectacles, tantôt à la Grève, tantôt au sabbat.[28]

[26] Voltaire pense sans doute à Cromwell, 'le plus terrible de tous nos charlatans',
dont il venait d'écrire qu'il débitait d'''inintelligibles absurdités' 'devant d'autres
fanatiques, qui l'écoutaient la bouche béante, et les yeux égarés au nom du Seigneur'
(articles 'Charlatan' et 'Cromwell' des *QE*, *OCV*, t.40, p.39, 320-21).

[27] Dans *De la recherche de la vérité* (livre 2, 3ᵉ partie, ch.1), Malebranche avait attiré
l'attention sur 'la communication contagieuse des dérèglements et des maladies de
l'imagination' (*Œuvres*, éd. G. Rodis-Lewis, 2 vol., Paris, 1979, t.1, p.251; Paris,
1721, BV2277; *CN*, t.5, p.506: signet). L'article 'Imagination, imaginer' proposait
déjà une lecture politique de cette contagion: 'Cette faculté passive, indépendante de
la réflexion, est la source de nos passions et de nos erreurs. [...] Cette espèce
d'imagination servile, partage ordinaire du peuple ignorant, a été l'instrument dont
l'imagination forte de certains hommes s'est servie pour dominer' (t.8, p.561; *OCV*,
t.33, p.207-208). Voltaire réoriente cette lecture dans un sens polémique.

[28] Le motif du sabbat est emprunté à Malebranche, qui voit dans cette tradition –
et plus généralement dans la sorcellerie – un exemple du pouvoir de la suggestion sur
l'imagination (*De la recherche de la vérité*, livre 2, 3ᵉ partie, ch.6). Dans l'article
'Imagination, imaginer' de l'*Encyclopédie*, Voltaire avait déjà donné comme un
exemple de la force de l'enthousiasme sur l'imagination passive des 'cervelles faibles'
la conviction de certains 'qu'ils allaient effectivement au sabbat, parce qu'on leur
disait qu'ils y allaient' (t.8, p.561; *OCV*, t.33, p.208).

IMPIE

Quel est l'impie? c'est celui qui donne une barbe blanche, des pieds et des mains à l'Etre des êtres,[1] au grand Demiourgos,[2] à l'intelligence éternelle par laquelle la nature est gouvernée. Mais ce n'est qu'un impie excusable, un pauvre impie contre lequel on ne doit pas se fâcher.   5

Si même il peint le grand Etre incompréhensible porté sur un nuage qui ne peut rien porter; s'il est assez bête pour mettre Dieu

---

* Un court article 'Impie' est publié par Diderot dans l'*Encyclopédie*. Il distingue l'impie de l'incrédule, met en garde contre cette épithète qui vaut dénonciation, et propose de ne pas considérer comme impie ('hérétique inconséquent') un homme qui doute. Dans une perspective similaire, Voltaire tente dans cet article de faire oublier les nombreuses accusations d'impiété contre les philosophes (dont il dresse la liste dans le *DP*), tout comme les phénomènes de stigmatisation de l'hétérodoxie dont les religions offrent pléthore d'exemples, comme en témoigne encore le *DP*. Voltaire retourne l'accusation contre tous ceux qui au nom de la religion blasphèment contre Dieu, qui est ici le Dieu déiste. La question initiale et le dernier paragraphe incitent à penser que Voltaire a écrit cet article en songeant à l'affaire du chevalier de La Barre, exécuté pour 'avoir chanté des chansons impies', comme le dit l'article 'Torture' du *DP*, ajouté en 1769. On pourrait alors imaginer que cet article, qui par ailleurs est une synthèse agressive de beaucoup des points essentiels du *DP*, a été écrit dans la foulée des articles revus et ajoutés pour sa dernière édition. L'article est construit sur une gradation des arguments et de la violence rhétorique à l'encontre des fanatiques. Il paraît en septembre/octobre 1771 (70, t.7).

[1] Cette critique de la figuration des lois qui régissent l'univers se trouve déjà dans le *DP*, en particulier dans l'article 'Dieu', dans lequel Voltaire dénonce l'anthropomorphisme de beaucoup de religions ('pourquoi peignez-vous Dieu avec une barbe blanche?', demande l'humble Dondindac à Logomachos, *OCV*, t.36, p.27). Il y revient dans son article 'Dieu, dieux' des *QE* (surtout en reprenant la critique que Maxime de Tyr fait d'Homère, imaginant Jupiter avec 'les sourcils noirs et les cheveux d'or', *OCV*, t.40, p.424). Voir aussi l'article 'Anthropomorphites' des *QE* (*OCV*, t.38, p.421-23).

[2] Le terme, synonyme des deux autres désignations d'une entité créatrice abstraite, régulant l'univers par des lois générales, figure déjà dans le *DP* (article 'Grâce', *OCV*, t.36, p.183).

374

dans un brouillard, dans la pluie ou sur une montagne,[3] et pour
l'entourer de petites faces rondes joufflues enluminées, accom-
pagnées de deux ailes,[4] je ris et je lui pardonne de tout mon cœur.   10

L'impie qui attribue à l'Etre des êtres des prédictions déraison-
nables et des injustices, me fâcherait, si ce grand Etre ne m'avait fait
présent d'une raison qui réprime ma colère. Ce sot fanatique me
répète après d'autres, que ce n'est pas à nous à juger de ce qui est
raisonnable et juste dans le grand Etre, que sa raison n'est pas   15
comme notre raison, que sa justice n'est pas comme notre justice.
Eh! comment veux-tu, mon fou d'énergumène,[5] que je juge
autrement de la justice et de la raison que par les notions que
j'en ai? veux-tu que je marche autrement qu'avec mes pieds, et que
je te parle autrement qu'avec ma bouche?[6]   20

L'impie qui suppose le grand Etre jaloux, orgueilleux, malin,

---

[3] Ces figurations naturalistes de Dieu et de son univers renvoient clairement à
l'article 'Ciel des anciens (Le)' du *DP*, qui réfléchit sur de telles représentations peu
au fait des lois de la physique (*OCV*, t.35, p.589-99). Voltaire s'attaque à cette
'physique d'enfants et de vieilles' (p.591) qu'il ridiculise, aux peintres, qui à partir de
la mythologie peignent les dieux antiques 'encore aujourd'hui assis sur une nuée'
(p.589), aux Grecs, qui placèrent les dieux à l'imitation des humains puissants sur une
citadelle (en particulier le mont Olympe, 'dont le sommet est quelquefois caché dans
les nues', p.590). Ce texte a été repris dans les *QE* (*OCV*, t.40, p.101-104).

[4] La représentation des anges est une autre cible des moqueries de Voltaire, en
particulier dans les articles 'Ange' du *DP* et des *QE* (*OCV*, t.35, p.337-43 et t.38,
p.365-77). Dans le *DP*, il rappelle que chez les Juifs 'les anges étaient corporels, ils
avaient des ailes au dos' (*OCV*, t.35, p.338).

[5] Le terme d''énergumène' est récurrent dans le *DP* (articles 'Esprit faux', 'Secte',
par exemple), où il est en concurrence avec les mots d'insensé, d'extravagant, de fou,
d'absurde. La violence de son usage polémique se fonde sur l'établissement du lien
que fait Voltaire entre l'erreur de la raison et l'aveuglement dogmatique des religieux
qu'il appelle 'fanatiques'.

[6] Ce paragraphe marque les limites de l'entendement humain, telles que Voltaire
les souligne dans le *DP*, face à un Dieu créateur, qu'à l'encontre de toute
métaphysique-théologie, il n'est pas question de 'connaître' (article 'Bornes de
l'esprit humain', *OCV*, t.35, p.429-30). Ces 'bornes' sont à rattacher aussi à la
détermination matérielle de nos capacités de compréhension et de représentation, qui
sont définies par exemple dans l'article 'Sensation' du *DP* (*OCV*, t.36, p.528-31).

vindicatif, est plus dangereux. [7] Je ne voudrais pas coucher sous même toit avec cet homme.

Mais comment traiterez-vous l'impie qui vous dit, Ne vois que par mes yeux, ne pense point; je t'annonce un Dieu tyran qui m'a fait pour être ton tyran; je suis son bien-aimé; il tourmentera pendant toute l'éternité des millions de ses créatures qu'il déteste pour me réjouir; je serai ton maître dans ce monde, et je rirai de tes supplices dans l'autre.

Ne vous sentez-vous pas une démangeaison de rosser ce cruel impie? et si vous êtes né doux, ne courez-vous pas de toutes vos forces à l'occident quand ce barbare débite ses rêveries atroces à l'orient?

A l'égard des impies qui manquent à se laver le coude vers Alep et vers Erivan, [8] ou qui ne se mettent pas à genoux devant une procession de capucins à Perpignan, [9] ils sont coupables sans doute; mais je ne crois pas qu'on doive les empaler. [10]

[7] La progression de la critique vise ici les représentations judéo-chrétiennes du Dieu de courroux (dans l'Ancien Testament) et le dogme du péché originel, tels que Voltaire les a souvent contestés, au profit d'un Dieu bon. La notion de péché originel est développée dans le paragraphe suivant, à travers l'évocation de l'enfer, et sous la figure du fanatique, tyran sadique qui se réjouit de nos tourments.

[8] Se 'laver le coude vers Alep et vers Erivan' renvoie ici à la pratique musulmane; voir également l'article 'Croire' des *QE*: 'Moustapha [...] va se laver en l'honneur d'Alla, en commençant son ablution par le coude, et en finissant par le doigt index' (*OCV*, t.40, p.319). L'annotation de cet article renvoie aux rites tels qu'ils sont décrits dans le Coran ou en particulier dans Reeland, *De religione mohammedica libri duo*, que Voltaire possède (BV2909). Les pratiques lustrales étant innombrables, Voltaire vise ici une pratique générale, sans conséquence. Il en est de même pour la procession.

[9] La procession de capucins de Perpignan peut évoquer le Toulouse des Calas comme l'affaire La Barre, toute situation où l'impie' n'est coupable que de peccadilles. A ce point de l'article, sa structure fondée sur la gradation a permis de renverser l'ordre des culpabilités, pour faire ressortir la gravité de la responsabilité des dogmatiques fanatiques, face à l'innocuité de pratiques hétérodoxes ou d'inobservances de détail. L'impie n'est plus celui qui est accusé d'hétérodoxie, mais devient celui qui se targue (dangereusement pour les autres) du maximum d'orthodoxie.

[10] Cette fin rappelle l'appel à la tolérance qui clôt *Des Juifs* (1756): '*Il ne faut pourtant pas les brûler*' (*OCV*, t.45B, p.138).

IMPÔT

Section première

On a fait tant d'ouvrages philosophiques sur la nature de l'impôt,[1] qu'il faut bien en dire ici un petit mot. Il est vrai que rien n'est

a-69   70, 71N, 71A: IMPÔT / Section 1 ¶Si

* Voltaire répond parfois à certains collaborateurs de l'*Encyclopédie* sous le coup de l'irritation ou de la déception (voir, par exemple, 'De Caton, ou du suicide', 'Donations', 'Droit', 'Economie'). L'article 'Impôt', signé par le chevalier de Jaucourt (t.8, p.601-604) n'est toutefois pas de ceux-là. Reconnaissant, comme il se devait, la nécessité de l'impôt, Jaucourt dénonce le caractère néfaste du système de recouvrement en vigueur, d'où des jugements sévères. Son texte est parsemé de vocables tels que: arbitraire, exactions, inégalité, injustice, misère, servitude. En revanche, ayant mis la main sur la plaie, et tirant profit 'des écrits lumineux d'excellents citoyens' (p.601), il indique le remède, et établit les principes humanitaires à la base d'un régime fiscal dont le but devrait être la tranquillité et le bonheur des sujets. C'est l'esprit de justice et non moins l'intérêt social bien entendu qui dictent ses réflexions: 'Ayons donc pour maxime fondamentale de ne point mesurer les impôts à ce que le peuple peut donner, mais à ce qu'il doit donner équitablement' (p.603). C'est évidemment un philosophe engagé qui parle dans cet article où, pour terminer, Jaucourt dresse une liste des dix injonctions que le législateur, père de ses peuples, se doit de respecter (p.603). Jusque là Voltaire eût pu lui-même signer la majeure partie de cette dénonciation. Mais quelques détails laissaient à désirer: d'une part Voltaire n'y trouvait, quoique fermement et courageusement énoncés, que des principes généraux; d'autre part, Jaucourt n'avait pas répondu à la question qu'il s'était posée au seuil de son article: 'Mais comment la perception des impôts doit-elle être faite? Faut-il la porter sur les personnes, sur les terres, sur la consommation, sur les marchandises, ou sur d'autres objets? [...] Chacune de ces questions, et celles qui s'y rapportent dans les discussions de détails, demanderaient un traité profond' (p.601). Rompu aux questions fiscales depuis quarante ans, Voltaire ne pouvait se contenter de ces pirouettes. Nulle raison donc de s'étonner s'il vient remédier à de telles 'défaillances' en proposant les réponses qui s'imposaient. Cet article paraît en septembre/octobre 1771 (70, t.7). La section 1 est ajoutée en 1774 (w68, t.4).

[1] Allusion aux années 1750-1760 qui virent un véritable foisonnement d'écrits consacrés aux finances, et plus généralement aux impôts, occasionnés par les querelles interminables du parlement de Paris avec Louis XV. Devant l'effervescence

moins philosophique que cette matière; mais elle peut rentrer dans la philosophie morale, en représentant à un surintendant des finances, ou à un tefterdar[2] turc qu'il n'est pas selon la morale universelle de prendre l'argent de son prochain, et que tous les receveurs, douaniers, commis des aides et gabelles, sont maudits dans l'Evangile.[3]

Tout maudits qu'ils sont, il faut pourtant convenir qu'il est impossible qu'une société subsiste sans que chaque membre paie quelque chose pour les frais de cette société. Et puisque tout le monde doit payer, il est nécessaire qu'il y ait un receveur. On ne voit pas pourquoi ce receveur est maudit, et regardé comme un idolâtre.[4] Il n'y a certainement nulle idolâtrie à recevoir l'argent des convives pour payer leur souper.

Dans les républiques, et dans les Etats qui avec le nom de *royaume*, sont des républiques en effet,[5] chaque particulier est taxé suivant ses forces, et suivant les besoins de la société.

Dans les royaumes despotiques, ou pour parler plus poliment, dans les Etats monarchiques, il n'en est pas tout à fait de même. On taxe la nation sans la consulter.[6] Un agriculteur qui a douze cents

---

croissante des traités, brochures et pamphlets, le gouvernement fut enfin obligé de réprimer ce genre d'activité (voir, par exemple, Bachaumont, *Mémoires secrets* (36 vol., Londres, 1780-1789, t.1, p.224-25, 230, 234, etc.).

[2] Dans l'*EM*, ch.105 (éd. Pomeau, t.2, p.72), on apprend que le *tefterdar* est le grand-trésorier chez le Grand Turc. Voir l'article 'Teftardar' de l'*Encyclopédie* par Jaucourt (t.16, p.4-5).

[3] Le publicain, ou collecteur d'impôts, était l'agent des Romains et en tant que tel était à la fois profondément méprisé, et assimilé aux pécheurs publics (voir Matthieu 9:11). Luc, qui parle de Zachée, le chef des publicains, rapporte que la foule, scandalisée par le bon accueil que lui faisait Jésus, murmurait: 'il est allé loger chez un homme pécheur' (19:2-7).

[4] 'Il faut le traiter comme un païen et comme un publicain' (Matthieu 18:17).

[5] A la lumière de ce que Voltaire entend par république/républicain, il faut placer en tête de sa liste la Grande Bretagne.

[6] Référence à peine voilée à la doctrine de la nécessité du consentement national pour la levée de l'impôt qui, jusqu'en 1614, ne put être donné (en théorie) que par les états généraux. Avec leur déchéance, ce fut le parlement qui, prétendant désormais assumer tous les droits et les devoirs de ces derniers, représentait cette vision légaliste

livres de revenu est tout étonné qu'on lui en demande quatre cents. Il en est même plusieurs qui sont obligés de payer plus de la moitié de ce qu'ils recueillent.

A quoi est employé tout cet argent? l'usage le plus honnête   25
qu'on puisse en faire, est de le donner à d'autres citoyens.

Le cultivateur demande, pourquoi on lui ôte la moitié de son bien pour payer des soldats tandis que la centième partie suffirait? on lui répond, qu'outre les soldats il faut payer les arts et le luxe, que rien n'est perdu, que chez les Perses on assignait à la reine des   30 villes et des villages pour payer sa ceinture, ses pantoufles et ses épingles. 7

Il réplique qu'il ne sait point l'histoire de la Perse, et qu'il est très fâché qu'on lui prenne la moitié de son bien pour une ceinture, des épingles et des souliers, qu'il les fournirait à bien meilleur marché,   35 et que c'est une véritable écorcherie.

On lui fait entendre raison en le mettant dans un cachot, et en faisant vendre ses meubles. S'il résiste aux exacteurs que le Nouveau Testament a damnés, on le fait pendre; et cela rend tous ses voisins infiniment accommodants.   40

24-25   K84, K12: recueillent. [*avec note*: Avouons que s'il y a quelques républiques où l'on fasse semblant de consulter la nation, il n'y en a peut-être pas une seule où elle soit réellement consultée. ¶Avouons encore qu'en Angleterre, à l'exemption près de tout impôt personnel, il y a dans les taxes autant de disproportion, de gêne, de faux frais, de poursuites violentes que dans aucune   5 monarchie. Avouons enfin qu'il est très possible que dans une république le corps législatif soit intéressé à maintenir une mauvaise administration d'impôts, tandis qu'un monarque ne peut y avoir aucun intérêt. Ainsi le peuple d'une république peut avoir à craindre et l'erreur et la corruption de ses chefs, au lieu que les sujets d'un monarque n'ont que ses erreurs à redouter.] ¶A   10

(qui n'est pas celle de Voltaire). Voir l'*Histoire du parlement de Paris* (*OCV*, t.68, p.43-44, 68-69, 300-301, 467-68).

7 La *ceinture de la reine*, malgré le contexte exotique que Voltaire lui prête, était un impôt bien français: c'était autrefois le droit de dix deniers, payable sur chaque muid de vin entrant à Paris, qui était destiné à l'entretien de la maison de la reine. Elle est censée dater de l'époque du couronnement d'Isabeau de Bavière, femme de Charles VI (juillet 1385).

Si tout cet argent n'était employé par le souverain qu'à faire venir des épiceries de l'Inde, du café de Moka, des chevaux anglais et arabes, des soies du Levant, des colifichets de la Chine, il est clair qu'en peu d'années il ne resterait pas un sou dans le royaume. Il faut donc que l'impôt serve à entretenir les manufactures, et que ce qui a été versé dans les coffres du prince retourne aux cultivateurs. Ils souffrent, ils se plaignent. Les autres parties de l'Etat souffrent et se plaignent aussi; mais au bout de l'année il se trouve que tout le monde a travaillé et a vécu bien ou mal. [8]

Si par hasard l'homme agreste va dans la capitale, il voit avec des yeux étonnés une belle dame vêtue d'une robe de soie brochée d'or traînée dans un carrosse magnifique par deux chevaux de prix, suivie de quatre laquais, habillés d'un drap à vingt francs l'aune, il s'adresse à un des laquais de cette belle dame, et lui dit, Monseigneur, où cette dame prend-elle tant d'argent pour faire une si grande dépense? Mon ami, lui dit le laquais, le roi lui fait une pension de quarante mille livres. Hélas! dit le rustre, c'est mon village qui paie cette pension. Oui, répond le laquais; mais la soie que tu as recueillie, et que tu as vendue, a servi à l'étoffe dont elle est habillée, mon drap est en partie de la laine de tes moutons; mon boulanger a fait mon pain de ton blé, tu as vendu au marché les poulardes que nous mangeons; ainsi la pension de madame est revenue à toi et à tes camarades. [9]

[8] Depuis longtemps, Voltaire – lecteur de Melon et de son *Essai politique sur le commerce* (BV2386; *CN*, t.5, p.555-61) – est convaincu que l'argent a pour mission essentielle de circuler car condition *sine qua non* de tout essor généralisé tant économique que culturel. Dans la *Défense du Mondain* (1736), on trouve: 'Ainsi l'on voit, en Angleterre, en France, / Par cent canaux circuler l'abondance, / Le goût du luxe entre dans tous les rangs; / le pauvre y vit des vanités des grands' (*OCV*, t.16, p.306), et dans son texte *Sur Messieurs Jean Law, Melon et Dutot*, on lit de même: 'L'argent est fait pour circuler, pour faire éclore tous les arts, pour acheter l'industrie des hommes. Qui le garde est mauvais citoyen' (*OCV*, t.18A, p.246). Il répétera le même credo pendant quarante ans encore, jusqu'à sa *Défense de Louis XIV* (*OH*, p.1291, texte repris dans les *Fragments sur l'histoire générale*), et sa *Diatribe à l'auteur des Ephémérides* (*M*, t.29, p.363).

[9] Exemple pointu de l'intime rapport qu'il y a entre le luxe (haïssable à première vue) et le bien-être de la nation à condition que la nature circulaire du phénomène

Le paysan ne convient pas tout à fait des axiomes de ce laquais philosophe. Cependant, une preuve qu'il y a quelque chose de vrai dans sa réponse, c'est que le village subsiste, et qu'on y fait des enfants, qui tout en se plaignant feront aussi des enfants qui se plaindront encore. 65

Section seconde

Si on était obligé d'avoir tous les édits des impôts, et tous les livres faits contre eux, ce serait l'impôt le plus rude de tous. 70

On sait bien que les taxes sont nécessaires, et que la malédiction prononcée dans l'Evangile contre les publicains, ne doit regarder que ceux qui abusent de leur emploi pour vexer le peuple. Peut-être le copiste oublia-t-il un mot, comme l'épithète de *pravus*. [10] On aurait pu dire *pravus publicanus*. Ce mot était d'autant plus nécessaire, que 75 cette malédiction générale est une contradiction formelle avec les paroles qu'on met dans la bouche de Jésus-Christ, *Rendez à César ce qui est à César*. [11] Certainement celui qui recueille les droits de César ne doit pas être en horreur; c'eût été insulter l'ordre des chevaliers romains, et l'empereur lui-même. Rien n'aurait été plus mal avisé. 80

Dans tous les pays policés les impôts sont très forts, parce que les

soit absolue. Sur le plan historique Voltaire est conscient de cet argumentaire dès l'époque de la *Fable of the bees* de Bernard de Mandeville (Londres, 1724, BV2300 et Londres, 1729, BV2301). Il le fera sien, avec d'importantes nuances, dans son *Traité de métaphysique* (*OCV*, t.14, p.378-81), et sur une période de quarante ans: voir *Le Mondain* et la *Défense du Mondain* (*OCV*, t.16, p.295-303, 304-309); *Sur Messieurs Jean Lass, Melon et Dutot* (*OCV*, t.18A, p.244-45 et n.12, 247-48); *L'Antimachiavel* (*OCV*, t.19, p.192-93, 498); *Lettre à l'occasion de l'impôt du vingtième* (*OCV*, t.31B, p.307-308, 312-13); l'*EM*, ch.81 et 127 (éd. Pomeau, t.1, p.760-61; t.2, p.213); *Le Siècle de Louis XIV* (*OH*, p.618, 623, 629, etc.); l'article 'Luxe' du *DP* (*OCV*, t.36, p.324-29) et, dans les *QE*, une dizaine d'articles, à commencer par 'Economie' (*OCV*, t.40, p.596-97).

[10] La signification de 'pravus' varie suivant les époques. A l'origine il voulait dire 'irrégulier'. Chez les écrivains classiques (Cicéron, Tite-Live, Tacite), il était synonyme de 'pervers', 'dépravé'.

[11] Matthieu 22:21.

charges de l'Etat sont très pesantes. En Espagne, les objets de commerce qu'on envoie à Cadix et de là en Amérique, paient plus de trente pour cent avant qu'on ait fait votre compte. [12]

En Angleterre, tout impôt sur l'importation est très considé- 85 rable; cependant on le paie sans murmure; [13] on se fait même une gloire de le payer. Un négociant se vante de faire entrer quatre à cinq mille guinées par an dans le trésor public.

Plus un pays est riche, plus les impôts y sont lourds.

Des spéculateurs voudraient que l'impôt ne tombât que sur les 90 productions de la campagne. [14] Mais quoi! j'aurai semé un champ de lin qui m'aura rapporté deux cents écus; et un gros manufacturier aura gagné deux cent mille écus en faisant convertir mon lin en dentelles; ce manufacturier ne paiera rien, et ma terre paiera tout, parce que tout vient de la terre? La femme de ce manufacturier 95 fournira la reine et les princesses de beau point d'Alençon; elle aura de la protection; son fils deviendra intendant de justice, police et

---

[12] Voltaire est bien informé en ce qui concerne les modalités diverses du commerce de Cadix et de l'Amérique étant donné son implication personnelle qu'a mise en lumière Robert Champoredon ('Des placements de Voltaire à Cadix', *Cahiers Voltaire* 7, 2008, p.41-72). Sur le commerce de Cadix, voir *L'Homme aux quarante écus* (*OCV*, t.66, p.297).

[13] Pure propagande: l'importance de l'impôt, outre-Manche, sur les marchandises importées était tellement 'considérable' que les Britanniques devinrent les consommateurs de contrebande par excellence.

[14] Le mot 'spéculateurs', n'étant employé qu'une seule fois par Voltaire dans ses œuvres, il n'est pas possible d'en proposer ici une définition précise. Or, 'spéculation', dans le sens moderne, étant attestée dès 1740 (Pierre Girardeau, *La Banque rendue facile*, Genève, 1740), il ne serait pas excessif de proposer que Voltaire vise ceux qui achètent certaines marchandises à bas prix pour les revendre après transformation et au moment opportun, au prix fort. Evidemment il ne s'agit pas ici des marchandises de première nécessité. Mais il se pourrait aussi que le mot 'spéculateurs' soit pris ici par Voltaire au sens le plus largement répandu au dix-huitième siècle: ceux qui se livrent à des considérations théoriques. Etant donné l'exemple choisi, Voltaire s'adresserait ici aux physiocrates, qu'il a vivement dénoncés dans *L'Homme aux quarante écus*, sur le seul revenu de la terre. Voir par exemple ses réactions à la lecture de la *Théorie de l'impôt* de Victor Riqueti, marquis de Mirabeau (s.l., 1760, BV2468; *CN*, t.5, p.653). Cet ouvrage lui paraît absurde (D9498, D9540). Voir Patrick Neiertz, 'Voltaire et les économistes', *Revue Voltaire* 11 (2011), p.287-319.

finance, et augmentera ma taille dans ma misérable vieillesse! Ah! Messieurs les spéculateurs, vous calculez mal; et vous êtes injustes.

Le point capital serait qu'un peuple entier ne fût point dépouillé 100 par une armée d'alguazils, pour qu'une vingtaine de sangsues de la cour ou de la ville s'abreuvât de leur sang.

Le duc de Sulli raconte dans ses *Economies politiques*, qu'en 1585 il y avait juste vingt seigneurs intéressés au bail des fermes, à qui les adjudicataires donnaient trois millions deux cent quarante-huit 105 mille écus. [15]

C'était encore pis sous Charles IX et sous François Ier; ce fut encore pis sous Louis XIII. Il n'y eut pas moins de déprédation dans la minorité de Louis XIV. La France, malgré tant de blessures, est en vie. Oui; mais si elle ne les avait pas reçues, elle 110 serait en meilleure santé. Il en est ainsi de plusieurs autres Etats.

Section troisième

Il est juste que ceux qui jouissent des avantages de l'Etat, en supportent les charges. Les ecclésiastiques et les moines qui possèdent de grands biens, devraient par cette raison contribuer aux impôts en tout pays comme les autres citoyens. [16] 115

99-100 K84, K12: mal; vous êtes injustes. [*avec note*: Voyez les notes de *l'Homme aux quarante écus*, Romans, t.2.] ¶Le

[15] Ici Sully, citant une lettre de François d'O (surintendant des finances de 1578 à 1594), datée du 27 octobre 1585, attire l'attention sur les 'rapines et concussions' dans le domaine de la gabelle. On y trouve (*Economies royales*, éd. Joseph Chailley-Bert, Paris, 1820, p.18-20) une liste de vingt personnes 'de la cour et du conseil qui avaient été intéressés au parti du sel, du temps de Champin et Noël de Here'; mais la somme citée par Sully ne s'élève qu'à 1 107 000 écus. Les 'adjudicataires' (voir la *Conversation de Monsieur l'Intendant des menus en service avec Monsieur l'abbé Grizel*, M, t.24, p.244) sont évidemment les fermiers à qui on avait adjugé la perception de cet impôt.

[16] A cette époque Voltaire est solidement préoccupé par les injustices du pays de Gex. Dans les terres appartenant au chapitre de Saint-Claude sévissait le servage le

Dans des temps que nous appelons *barbares*, les grands bénéfices et les abbayes ont été taxés en France au tiers de leurs revenus. (*a*)

Par une ordonnance de l'an 1188, Philippe-Auguste imposa le dixième des revenus de tous les bénéfices. [18]

Philippe le Bel fit payer le cinquième, ensuite le cinquantième, et enfin le vingtième de tous les biens du clergé. [19]

Le roi Jean par une ordonnance du 12 mars 1355, taxa au dixième des revenus de leurs bénéfices et de leurs patrimoines, les évêques, les abbés, les chapitres et généralement tous les ecclésiastiques. (*b*)

Le même prince confirma cette taxe par deux autres ordonnances, l'une du 3 mars, l'autre du 28 décembre 1358. [20] (*c*)

(*a*) Aimon livre 5, ch.54. Lebret plaid. 2. [21]

(*b*) Ord. du Louvre tome 4. [22]

(*c*) Ibid.

---

plus caractérisé: les plus riches, qui ne payaient rien, rançonnaient les plus pauvres. Voir à ce propos l'article 'Esclaves' (*OCV*, t.41, p.232-35, lignes 174-243), et les deux articles: 'Gex' (de J. et S. Spica) et 'Serfs du Mont-Jura' (de J.-D. Candaux) du *Dictionnaire général de Voltaire* (Paris, 2003), p.547-49, 1111-13.

[18] Ici il s'agit de la dîme ou décime Saladine, imaginée pour financer la Troisième Croisade (voir Fleury, *Histoire ecclésiastique*, année 1188, article 15, 'Décime Saladine'). Mais le clergé racheta sa part en versant 5000 marcs d'argent. Voir le *Recueil général des anciennes lois françaises*, 29 vol. (Paris, 1821-1833), t.1, p.171-75.

[19] Suivant des lettres patentes du 10 octobre 1305, Philippe leva une double décime ou le cinquième sur toutes les églises du royaume. L'*Ordonnance ou établissement* [...] *pour la levée du 50ᵉ de la valeur des biens* [...] *sur les clercs et les laïcs* est du 13 janvier 1295 (voir le *Recueil général*, t.2, p.701). Le vingtième ne s'y trouve pas mentionné. Ces impôts avaient servi pour financer les guerres en Guyenne et Flandre.

[20] Ce n'est pas le roi Jean II qui confirma cette taxe, mais son fils, Charles, en tant que lieutenant général du roi. La première ordonnance est celle du 3 mars 1355 (*Recueil général*, t.4, p.848-49); la seconde (*Recueil général*, t.5, p.21) est celle du 28 décembre 1355 (et non de 1358).

[21] Cardin le Bret (1558-1655), avocat général au parlement de Paris, dont on possède les *Œuvres* (contenant ses *Plaidoyers*) en plusieurs éditions (1635, 1642, 1689). Ces références viendraient-elles de Christin?

[22] Les *Ordonnances des rois de France de la troisième race*, ouvrage entrepris par Eusèbe de Laurière, fut continué par Denis-François Secousse (1691-1754), qui

Dans les lettres patentes de Charles V, du 22 juin 1372, il est statué que les gens d'Eglise paieront les tailles et les autres impositions réelles et personnelles.[23] (*d*)

Ces lettres patentes furent renouvelées par Charles VI en 1390.[24]

Comment ces lois ont-elles été abolies, tandis que l'on a conservé tant de coutumes monstrueuses, et d'ordonnances sanguinaires?

Le clergé paie à la vérité une taxe sous le nom de *don gratuit*;[25] et, comme l'on sait, c'est principalement la partie la plus utile et la plus pauvre de l'Eglise, les curés, qui paient cette taxe. Mais pourquoi cette différence et cette inégalité de contributions entre les citoyens d'un même Etat? Pourquoi ceux qui jouissent des plus grandes prérogatives et qui sont quelquefois inutiles au bien public, paient-ils moins que le laboureur qui est si nécessaire?

La république de Venise vient de donner des règlements sur

(*d*) Ibid. tome 5.

---

publia les tomes 2-8 avant sa mort. Comme elles étaient sorties de l'Imprimerie Royale, on les appela couramment les *Ordonnances du Louvre* (*Recueil général*, t.4, p.766). Ici c'est le cinquième de dix ordonnances selon laquelle 'le clergé' et 'les personnes d'Eglise [...] feront [...] aide de leurs revenues [...] et les revenues de leurs bénéfices seront prisées et estimées selon le taux du dixième; et se ils ont rentes ou revenues de patrimoine ou d'autre que d'Eglise.'

[23] On ne trouve que l'intitulé de ces lettres, et non leur texte: *Lettres portant que les nobles, les ecclésiastiques, et autres personnes privilégiées, paieront les tailles et autres impositions réelles et personnelles par rapport aux fiefs et autres biens qui leur viendraient, à quelque titre que ce soit, de personnes roturières* (*Recueil général*, t.5, p.374).

[24] Aucune trace de ces 'lettres patentes'.

[25] Le clergé prétendait qu'il était exempt, de droit divin, de toute contribution aux charges pécuniaires de l'Etat. S'il en prenait sa part, c'était pure libéralité, ou complaisance bénévole, d'où don 'gratuit' (c'est-à-dire: librement consenti). Voltaire considère la pratique comme le vestige honteux d'une époque bel et bien révolue: 'Ce mot et ce privilège de *don gratuit* se sont conservés comme une trace de l'ancien usage où étaient tous les seigneurs de fiefs d'accorder des dons gratuits aux rois dans les besoins de l'Etat. Les évêques et les abbés étant seigneurs de fiefs, par un ancien abus, ne devaient que des soldats dans le temps de l'anarchie féodale. [...] Lorsque tout changea depuis, le clergé ne changea pas; il conserva l'usage d'aider l'Etat par des dons gratuits' (*Le Siècle de Louis XIV*, *OH*, p.1029).

cette matière, qui paraissent faits pour servir d'exemple aux autres
Etats de l'Europe. [26]

Section quatrième

Non seulement les gens d'Eglise se prétendent exempts d'impôts,
ils ont encore trouvé le moyen dans plusieurs provinces, de mettre   145
des taxes sur le peuple, et de se les faire payer comme un droit
légitime.

Dans quelques pays les moines s'y étant emparés des dîmes au
préjudice des curés, les paysans ont été obligés de se taxer eux-
mêmes pour fournir à la subsistance de leurs pasteurs; et ainsi dans   150
plusieurs villages, surtout en Franche-Comté, outre la dîme que les
paroissiens paient à des moines ou à des chapitres, ils paient
encore par feux trois ou quatre mesures de blé à leurs curés.

On appelle cette taxe *droit de moisson* dans quelques provinces,
et *boisselage* dans d'autres. [27]   155

Il est juste sans doute que les curés soient bien rétribués; mais il
vaudrait beaucoup mieux leur rendre une partie de la dîme que les
moines leur ont enlevée, que de surcharger de pauvres paysans.

Depuis que le roi de France a fixé les portions congrues par son
édit du mois de mai 1768, et qu'il a chargé les décimateurs de les   160
payer, [28] il semble que les paysans ne devraient plus être tenus de

156   K84, K12: bien payés; mais

[26] Depuis la fin des années 1760, Voltaire est conscient du mouvement de réforme
anticléricale à Venise (voir l'article 'Droit canonique' des *QE*, *OCV*, t.40, p.541;
D14752, D15884, D16080).

[27] Sur ce problème, consulter John McManners, 'Tithes in eighteenth-century
France: a focus for rural anticlericalism', *History, society and the Churches: essays in
honour of Owen Chadwick* (Cambridge, 1985), p.147-68. Le 'droit de moisson' se
percevait surtout en Franche-Comté, alors que le boisselage se pratiquait dans le
Poitou, le Maine et la Vendée.

[28] Seul l'intitulé de l'édit (enregistré au parlement le 13 mai 1768) figure dans le
Recueil général (t.23, p.482). Le texte se trouve dans Jean-Baptiste Denisart, sous la

payer une seconde dîme à leurs curés; taxe à laquelle ils ne s'étaient obligés que volontairement et dans le temps où le crédit et la violence des moines avaient ôté aux pasteurs tous les moyens de subsister.

165

Le roi a aboli cette seconde dîme dans le Poitou par des lettres patentes du mois de juillet 1769, enregistrées au parlement de Paris le 11 du même mois.[29]

Il serait bien digne de la justice et de la bienfaisance de Sa Majesté, de faire une loi semblable pour les autres provinces qui se trouvent dans le même cas que celle du Poitou, comme la Franche-Comté, etc.

170

Par M. Chr. avocat de Besançon.[30]

---

rubrique 'Portion congrue' de la *Collection de décisions nouvelles et de notions relatives à la jurisprudence actuelle*, 4 vol. (Paris, 1777), t.3, p.537-39.

[29] Le boisselage était remplacé par la dîme se levant sur chaque seizième gerbe. Mais en Poitou, les imposables protestèrent si vigoureusement que l'édit en question fut annulé en 1771 (*Edit du roi portant rétablissement du droit de boisselage qui se perçoit par les curés d'un grand nombre de paroisses de notre province de Poitou*, enregistré au Parlement le 15 mai 1771). Voir Marcel Faucheux, *Un ancien droit ecclésiastique perçu en Bas Poitou: le boisselage* (La Roche-sur-Yon, 1953), p.19-21, 44, 57, 63, 66.

[30] Cet article est-il réellement sorti de la plume de Christin? Sur les rapports entre celui-ci et Voltaire, et son apport intellectuel et philosophique aux *QE*, voir Nicholas Cronk, 'Voltaire et Christin: "Amis intimes de l'humanité" ', *Voltaire, la tolérance et la justice*, *La République des Lettres* 41, éd. J. Renwick (Peeters, Louvain, Paris et Walpole, MA, 2011), p.375-87.

IMPUISSANCE

Je commence par cette question en faveur des pauvres impuissants *frigidi et maleficiati*, comme disent les décrétales.[1] Y a-t-il un médecin, une matrone experte qui puisse assurer qu'un jeune homme bien conformé, qui ne fait point d'enfants à sa femme, ne lui en pourra pas faire un jour? la nature le sait; mais certainement 5 les hommes n'en savent rien. Si donc il est impossible de décider que le mariage ne sera pas consommé, pourquoi le dissoudre?

On attendait deux ans chez les Romains. Justinien, dans ses *Novelles*, (*a*) veut qu'on attende trois ans. Mais si on accorde trois

(*a*) Collat 4, tit. 1. Novel. 22, ch.6.[2]

* Il existe deux articles 'Impuissance' dans l'*Encyclopédie* (t.8, p.632-34): le premier, qui reflète le sens médical du terme, est de Jean-Joseph Menuret de Chambaud; le second, en jurisprudence, est d'Antoine-Gaspard Boucher d'Argis. L'article 'Impuissant (Jurisprud.)' est encore de ce dernier (p.635). Boucher d'Argis propose une bibliographie sur l'impuissance qui put être utile à Voltaire: 'Voyez au code le titre *de frigidis et castratis*, et aux décrétales le titre *de frigidis et malefaciatis*, les *conférences* de Caseneuve, Hotman et Tagerau, *traités de l'impuissance*. Voyez aussi le *traité de la dissolution du mariage pour cause d'impuissance*, par M. Bouhier' (p.634). C'est une question qui, manifestement, intéresse Voltaire (voir ses *Carnets*, *OCV*, t.81, p.336-37, 370, qui relèvent des cas où des hommes déclarés impuissants ont eu des enfants). Voltaire traite ce sujet à la fois du point de vue théologique, en se moquant une fois encore de Sanchez, et d'un point de vue historique, en rappelant des exemples célèbres de rois que, pour des raisons politiques, on a fait passer pour impuissants. Cet article paraît en septembre/octobre 1771 (70, t.7). Un paragraphe a été ajouté en 1774 (w68).

[1] Voltaire tirait son information d'une édition des décrétales qu'il possédait: *Corpus juris canonici academicum, emendatum et notis p.* [*Giovanni Paolo*] *Lancelloti illustratum*, 2 vol. (Bâle, 1757, BV871). Une note marginale autographe inachevée au t.2 concerne une cause particulière mise en débat: 'La décrétale de Célestin III en 1195 est la première si je ne me trompe qui ordonne que dans toute la chrétienté, la femme qui traduira son mari devant l'Eglise pour impuissance soit tenue d'avoir sept témoins de ses parents non...' (*CN*, t.2, p.757 et n.574).

[2] Dans la bibliothèque de Voltaire: *Corpus juris civilis Romani, in quo institutiones, digesta, ad codicem Florentinum emendata. Codex item et novellae, nec non Justiniani*

ans à la nature pour se guérir, pourquoi pas quatre, pourquoi pas   10
dix, ou même vingt?

On a connu des femmes qui ont reçu dix années entières les
embrassements de leurs maris sans aucune sensibilité, et qui ensuite
ont éprouvé les stimulations les plus violentes. Il peut se trouver
des mâles dans ce cas; il y en a eu quelques exemples.   15

La nature n'est en aucune de ses opérations si bizarre que dans la
copulation de l'espèce humaine; elle est beaucoup plus uniforme
dans celle des autres animaux.

C'est chez l'homme seul que le physique est dirigé et corrompu
par le moral; la variété et la singularité de ses appétits et de ses   20
dégoûts est prodigieuse. On a vu un homme qui tombait en
défaillance à la vue de ce qui donne des désirs aux autres. Il est
encore dans Paris quelques personnes témoins de ce phénomène.

Un prince, héritier d'une grande monarchie, n'aimait que les
pieds. On a dit qu'en Espagne ce goût avait été assez commun. Les   25
femmes, par le soin de les cacher, avaient tourné vers eux
l'imagination de plusieurs hommes.

Cette imagination passive a produit des singularités dont le
détail est à peine compréhensible. Souvent une femme, par son
incomplaisance, repousse le goût de son mari et déroute la nature.   30
Tel homme qui serait un Hercule avec des facilités, devient un
eunuque par des rebuts. C'est à la femme seule qu'il faut alors s'en
prendre. Elle n'est pas en droit d'accuser son mari d'une
impuissance dont elle est cause. Son mari peut lui dire, Si vous
m'aimez, vous devez me faire les caresses dont j'ai besoin pour   35
perpétuer ma race. Si vous ne m'aimez pas, pourquoi m'avez-vous
épousé?

---

edicta, leonis et aliorum imperatorum novellae, 2 vol. (Bâle, 1756, BV872). Les
'Novellae' forment la quatrième partie et l'annexe du code Justinien. Au 'caput' 6
de la 'novella' 22, intitulée 'De nuptiis', on lit en effet: 'Hanc itaque legem corrigimus
brevi quadam adiectione: non enim biennium numerari solum ex ipso tempore
copulationis, sed triennium volumus' (t.2, p.526: 'Nous amendâmes cette loi en y
ajoutant une certaine clause: car nous souhaitons compter à partir du moment du coït
non seulement deux ans, mais trois ans').

Ceux qu'on appelait les *maléficiés* étaient souvent réputés ensorcelés. Ces charmes étaient fort anciens. Il y en avait pour ôter aux hommes leur virilité, il en était de contraires pour la leur rendre.[3] Dans Pétrone, Crisis croit que Polienos qui n'a pu jouir de Circé, a succombé sous les enchantements des magiciennes appelées *Manicae*, et une vieille veut le guérir par d'autres sortilèges.[4]

Cette illusion se perpétua longtemps parmi nous; on exorcisa au lieu de désenchanter; et quand l'exorcisme ne réussissait pas, on démariait.

Il s'éleva une grande question dans le droit canon sur les maléficiés. Un homme que les sortilèges empêchaient de consommer le mariage avec sa femme, en épousait une autre et devenait père. Pouvait-il, s'il perdait cette seconde femme, répouser la première? la négative l'emporta suivant tous les grands canonistes, Alexandre de Nevo, André Albéric, Turrecramata, Soto, Ricard, Henriquès, Rozella et cinquante autres.[5]

On admire avec quelle sagacité les canonistes, et surtout des religieux de mœurs irréprochables, ont fouillé dans les mystères de la jouissance. Il n'y a point de singularité qu'ils n'aient devinée. Ils ont discuté tous les cas où un homme pouvait être impuissant dans une situation, et opérer dans une autre. Ils ont recherché tout ce que l'imagination pouvait inventer pour favoriser la nature: et dans l'intention d'éclaircir ce qui est permis et ce qui ne l'est pas, ils ont révélé de bonne foi tout ce qui devait être caché dans le secret des nuits. On a pu dire d'eux, *nox nocti indicat scientiam*.[6]

Sanchez[7] surtout, a recueilli et mis au grand jour tous ces cas de

[3] Menuret de Champeaux donne divers exemples de prétendus sortilèges maléfiques pratiqués par les 'noueurs d'aiguillette' (*Encyclopédie*, t.8, p.633).

[4] Pétrone, *Satyricon*, ch.128-34.

[5] Jean Gaudemet, *Eglise et cité. Histoire du droit canonique* (Paris, 1994). Voir l'article 'Droit canonique' des *QE* (*OCV*, t.40, p.538-71, particulièrement p.570-71 sur 'les dispenses de mariage').

[6] Psaume 18, vers 3: 'la nuit apprend la science à la nuit'.

[7] Voltaire possédait l'ouvrage du jésuite espagnol Tomas Sanchez (1550-1610), *De sancto matrimonii sacramento disputationum* (3 vol., Lyon, 1739, BV3081). Voir

conscience, que la femme la plus hardie ne confierait qu'en 65
rougissant à la matrone la plus discrète. Il recherche attentivement.
*Utrum liceat extra vas naturale semen emittere. – De altera femina
cogitare in coitu cum sua uxore. – Seminare consulto separatim. –
Congredi cum uxore sine spe seminandi. – Impotentiae tactibus et
illecebris opitulari. – Se retrahere quando mulier seminavit. – Virgam* 70
alibi intromittere dum in vase debito semen effundat, etc.[8]

Chacune de ces questions en amène d'autres; et enfin, Sanchez
va jusqu'à discuter, *Utrum Virgo Maria semen emiserit in copulatione cum Spiritu Sancto.*[9]

Ces étonnantes recherches n'ont jamais été faites dans aucun lieu 75
du monde que par nos théologiens; et les causes d'impuissance
n'ont commencé que du temps de Théodose. Ce n'est que dans la
religion chrétienne que les tribunaux ont retenti de ces querelles
entre les femmes hardies et les maris honteux.

Il n'est parlé de divorce dans l'Evangile que pour cause 80
d'adultère.[10] La loi juive permettait au mari de renvoyer celle de

_____

l'article 'Sanchez' du *Dictionnaire historique et critique* de Pierre Bayle (3 vol.,
Rotterdam, 1715, t.3, p.502-503), concernant la polémique autour de la 'multitude
incroyable de questions sales et horribles' des *Disputationum de sancto matrimonii
sacramento* (1602).

[8] Traduction: 'S'il est permis [à l'homme] d'éjaculer sa semence en dehors du vase
naturel [de la femme]'; 'de penser à une autre femme lors du coït avec son épouse'; 'de
répandre séparément à dessein de la semence'; 'd'avoir des rapports avec son épouse
sans espérance d'engendrer'; 'de remédier à l'impuissance par des attouchements et
des excitations'; 'de se retirer quand la femme a produit de la semence'; 'd'introduire
ailleurs sa verge jusqu'au moment de répandre sa semence dans le vase prévu de la
femme' (Sanchez, *De sancto matrimonii sacramento*, liber 2, disputatio 21, questio 1,
n° 1-10, p.294-97).

[9] Traduction: 'si la Vierge Marie a émis de la semence en copulant avec le Saint-
Esprit' (Sanchez, *De sancto matrimonii sacramento*, liber 2; disputatio 21, questio 2,
n° 11, p.297-98). Voltaire cite maintes fois ce texte: voir *L'Homme aux quarante écus*
(*OCV*, t.66, p.349); la *Relation de la maladie [...] du jésuite Berthier* (*OCV*, t.49B,
p.389, n.*b*) et, dans les *QE*, l'article 'Femme' (*OCV*, t.41, p.345).

[10] Les Evangiles parlent plutôt du remariage après répudiation qui est alors conçu
comme un adultère (Marc 10:11-12; Mathieu 5:32 et 19:9; 1 Corinthiens 7:10-11).

ses femmes qui lui déplaisait, sans spécifier la cause. (*b*) *Si elle ne trouve pas grâce devant ses yeux, cela suffit.* [11] C'est la loi du plus fort. C'est le genre humain dans sa pure et barbare nature. Mais d'impuissance, il n'en est jamais question dans les lois juives. Il [85] semble, dit un casuiste, que Dieu ne pouvait permettre qu'il y eût des impuissants chez un peuple sacré qui devait se multiplier comme les sables de la mer, à qui Dieu avait promis par serment de lui donner le pays immense qui est entre le Nil et l'Euphrate, et à qui ses prophètes faisaient espérer qu'il dominerait un jour sur [90] toute la terre. Il était nécessaire pour remplir ces promesses divines que tout digne Juif fût occupé sans relâche au grand œuvre de la propagation. Il y a certainement de la malédiction dans l'impuissance; le temps n'était pas encore venu de se faire eunuque pour le royaume des cieux. [12] [95]

Le mariage ayant été dans la suite des temps élevé à la dignité de sacrement, de mystère, les ecclésiastiques devinrent insensiblement les juges de tout ce qui se passait entre mari et femme; et même de tout ce qui ne s'y passait pas.

Les femmes eurent la liberté de présenter requête pour être [100] *embesognées*, [13] c'était le mot dont elles se servaient dans notre

---

(*b*) Deutéron. ch.24, verset 1.

85-96   70, 71N, 71A: question. Le

[11] 'Lorsqu'un homme aura pris et épousé une femme qui viendrait à ne pas trouver grâce à ses yeux, parce qu'il a découvert en elle quelque chose de honteux, il écrira pour elle une lettre de divorce, et, après la lui avoir remise en main, il la renverra de sa maison' (Deutéronome 24:1).

[12] Allusion claire au célibat ecclésiastique. Sur cette question voir l'article 'Catéchisme chinois' du *DP* (*OCV*, t.35, p.466 et n.72) et la chute de cet article, lignes 220-22.

[13] Antoine Furetière (*Dictionnaire universel*, 2 vol., La Haye et Rotterdam, 1690) donne de 'Embesogner' une définition plus générale: 'Vieux mot qui signifiait autrefois: Occuper à quelque besogne. Il n'est plus en usage qu'au participe. Un homme *embesogné*, pour dire occupé, affairé' (t.1, sans pagination). Dans son historique du terme 'Embesogné', Emile Littré ne signale pas le sens proposé par Voltaire (*Dictionnaire de la langue française*, 4 vol., Paris, 1877, t.2, p.1336). Le

gaulois; car d'ailleurs on instruisait les causes en latin. Des clercs plaidaient; des prêtres jugeaient. Mais de quoi jugeaient-ils? des objets qu'ils devaient ignorer; et les femmes portaient des plaintes qu'elles ne devaient pas proférer.

Ces procès roulaient toujours sur ces deux objets. Sorciers qui empêchaient un homme de consommer son mariage, femmes qui voulaient se remarier.

Ce qui semble très extraordinaire, c'est que tous les canonistes conviennent qu'un mari à qui on a jeté un sort pour le rendre impuissant, (c) ne peut en conscience détruire ce sort, ni même prier le magicien de le détruire. Il fallait absolument du temps des sorciers exorciser. Ce sont des chirurgiens qui ayant été reçus à Saint-Côme,[14] ont le privilège exclusif de vous mettre un emplâtre, et vous déclarent que vous mourrez si vous êtes guéri par la main qui vous a blessé. Il eût mieux valu d'abord se bien assurer si un sorcier peut ôter et rendre la virilité à un homme. On pouvait encore faire une autre observation. Il s'est trouvé beaucoup d'imaginations faibles qui redoutaient plus un sorcier qu'ils

105

110

115

(c) Voyez Pontas *empêchement de l'impuissance*.[15]

---

moyen français ne connaît que l'expression 'embesogné au fait d'amour': Rose M. Bidler, *Dictionnaire érotique, ancien français, moyen français, Renaissance* (Montréal, 2002), p.253. En revanche, 'besogne' et 'besogner' concernent l'acte sexuel et le verbe actif qui le définit (p.66-67).

[14] Jean Pitard, premier chirurgien de saint Louis, avait créé la Confrérie de saint Côme et saint Damien, première association professionnelle des chirurgiens. Les saints martyrs Côme et Damien passaient pour avoir soigné gratuitement les malades.

[15] Cas 17: 'Henri, qui est impuissant *ex malificio*, a découvert celui qui lui a donné le maléfice, peut-il s'en délivrer, contraindre cette personne à brûler la chose, à laquelle il sait que le maléfice est attaché, ou la brûler lui-même, ou la détruire en quelque autre manière, afin de devenir par ce moyen puissant à l'égard de sa femme, comme il l'est à l'égard de toute autre. RÉPONSE. [...] on ne peut sans péché mortel ôter ou détruire un maléfice par un autre maléfice' (Jean Pontas, *Dictionnaire des cas de conscience*, 3 vol., Paris, 1724, t.2, col.231). Voltaire possédait la 'nouvelle édition' (3 vol., Paris, 1734, BV2791; *CN*, t.7, p.129: signet annoté 'Impuissance' au t.2, col.217, section 'Empêchement de l'impuissance').

n'espéraient en un exorciste. Le sorcier leur avait noué l'aiguillette, et l'eau bénite ne la dénouait pas. Le diable en imposait plus que l'exorcisme ne rassurait.

Dans les cas d'impuissance dont le diable ne se mêlait pas, les juges ecclésiastiques n'étaient pas moins embarrassés. Nous avons dans les décrétales le titre fameux *de frigidis et maleficiatis*, qui est fort curieux, mais qui n'éclaircit pas tout.

Le premier cas discuté par Brocardié [16] ne laisse aucune difficulté; les deux parties conviennent qu'il y en a une impuissante; le divorce est prononcé.

Le pape Alexandre III décide une question plus délicate. (*d*) Une femme mariée tombe malade. *Instrumentum ejus impeditum est.* Sa maladie est naturelle; les médecins ne peuvent la soulager; *nous donnons à son mari la liberté d'en prendre une autre.* [17] Cette décrétale paraît d'un juge plus occupé de la nécessité de la population que de l'indissolubilité du sacrement. Comment cette loi papale est-elle si peu connue? comment tous les maris ne la savent-ils pas par cœur?

120

125

130

135

(*d*) Décrétales, livre 4, tit. 15.

127 K84, K12: cas disputé par
136 K84, K12: savent-ils point par

[16] *Brocardica juris seu verius, communes jurium sententiae, serie alphabetica digestae: post multa tandem secula natalibus velut suis restitutae, hoc est, a mendis librariorum repurgatae* (Paris, 1566): répertoire juridique de décisions fondées sur le droit civil et sur le droit canon à destination des praticiens. Le nom viendrait d'un évêque de Worms du onzième siècle, Burchard, compilateur des *Regulae ecclesiasticae*. Voir John Webster Spargo, 'The etymology and early evolution of *Brocard*', *Speculum* 23, n° 3 (juillet 1948), p.472-76. Voltaire a pris pour un ouvrage original de 'Brocardié' ce qui n'était qu'une compilation qui eut de multiples éditions et qui est attribuée à Azo de Ramenghis, professeur de droit canon à Bologne au quatorzième siècle. 'On appelle *Brocard de Droit*, des principes ou premières maximes du droit, tels que ceux qu'a fait Azo, qu'il appelle *Brocardica Juris*' (Antoine Furetière, *Dictionnaire universel*, t.1, sous l'entrée 'Brocard', sans pagination).
[17] Pontas, *Dictionnaire*, t.2, col.220-21, cas 4 de l''Empêchement de l'impuissance'. Voltaire a déjà évoqué cette décision papale dans l'article 'Femme' des *QE* (*OCV*, t.41, p.354). Il l'attribuait à Grégoire VII, pape de 715 à 731. Elle serait donc confirmée par Alexandre III, pape de 1159 à 1181.

La décrétale d'Innocent III n'ordonne des visites de matrones qu'à l'égard de la femme que son mari a déclarée en justice être trop étroite pour le recevoir? C'est peut-être pour cette raison que la loi n'est pas en vigueur. [18]

Honorius III ordonne qu'une femme qui se plaindra de l'impuissance du mari, demeurera huit ans avec lui jusqu'à divorce.

On n'y fit pas tant de façon pour déclarer le roi de Castille Henri IV impuissant dans le temps qu'il était entouré de maîtresses, et qu'il avait de sa femme une fille héritière de son royaume. Mais ce fut l'archevêque de Tolède qui prononça cet arrêt: le pape ne s'en mêla pas. [19]

On ne traita pas moins mal Alphonse roi de Portugal au milieu du dix-septième siècle. Ce prince n'était connu que par sa férocité, ses débauches et sa force de corps prodigieuse. L'excès de ses fureurs révolta la nation. La reine sa femme, princesse de Nemours, qui voulait le détrôner et épouser l'infant Don Pedre son frère, sentit combien il serait difficile d'épouser les deux frères l'un après l'autre, après avoir couché publiquement avec l'aîné. L'exemple de Henri VIII d'Angleterre l'intimidait: elle prit le parti de faire déclarer son mari impuissant par le chapitre de la cathédrale de Lisbonne en 1667; après quoi elle épousa au plus vite son beau-frère, avant même d'obtenir une dispense du pape. [20]

La plus grande épreuve à laquelle on ait mis les gens accusés d'impuissance, a été le congrès. [21] Le président Bouhier prétend

[18] Pontas, *Dictionnaire*, t.2, col.219-22, cas 1, 2 et 5 de l''Empêchement de l'impuissance'.

[19] Voir le chapitre 102 de l'*EM* (éd. Pomeau, t.2, p.53-54). L'archevêque de Tolède s'appelle Carillo.

[20] Récit déjà fait dans *Le Siècle de Louis XIV*, ch.10 (*OH*, p.705-706).

[21] Boucher d'Argis a rédigé l'article 'Congrès (Jurispr.)' de l'*Encyclopédie*: 'c'était une preuve juridique à laquelle on avait recours autrefois, dans les causes de mariage, lorsqu'on en prétendait la nullité pour fait d'impuissance. Cette sorte de preuve, inconnue dans le droit civil aussi bien que dans le droit canonique, avait été introduite dans les officialités vers le milieu du seizième siècle. On en attribue l'origine à l'effronterie d'un jeune homme, lequel étant accusé d'impuissance, offrit de faire preuve du contraire en présence de chirurgiens et de matrones. L'official trop facile ayant déféré à sa demande, cette preuve, toute contraire qu'elle était à la pureté de nos

que ce combat en champ clos fut imaginé en France au quatorzième siècle. [22] Il est sûr qu'il n'a jamais été connu qu'en France.

Cette épreuve dont on a fait tant de bruit, n'était point ce qu'on imagine. On se persuade que les deux époux procédaient, s'ils pouvaient, au devoir matrimonial sous les yeux des médecins, chirurgiens et sages-femmes. Mais non, ils étaient dans leur lit à l'ordinaire, les rideaux fermés. Les inspecteurs retirés dans un cabinet voisin, n'étaient appelés qu'après la victoire ou la défaite du mari. Ainsi ce n'était au fond qu'une visite de la femme dans le moment le plus propre à juger l'état de la question. Il est vrai qu'un mari vigoureux pouvait combattre et vaincre en présence de témoins. Mais peu avaient ce courage.

Si le mari en sortait à son honneur, il est clair que sa virilité était démontrée. S'il ne réussissait pas, il est évident que rien n'était décidé, puisqu'il pouvait gagner un second combat; que s'il le perdait il pouvait en gagner un troisième, et enfin un centième.

On connaît le fameux procès du marquis de Langeais jugé en 1659; (par appel à la chambre de l'édit, parce que lui et sa femme Marie de Saint-Simon étaient de la religion protestante) il demanda le congrès. [23] Les impertinences rebutantes de sa femme le firent

---

mœurs, devint en usage dans les officialités, et fut même autorisée par les arrêts. Cette preuve scandaleuse se faisait en présence de chirurgiens et de matrones, nommés par l'official' (t.3, p.869). Il signale l'arrêt du parlement de Paris qui l'abolit le 18 février 1677.

[22] Jean Bouhier, *Traité de la dissolution du mariage pour cause d'impuissance avec quelques pièces curieuses sur le même sujet* (Luxembourg [Genève ou Neuchâtel], 1735): il cite à ce propos 'Joannes Andréas, savant canoniste qui mourut au milieu du quatorzième siècle' (p.101). Ouvrage réédité par Boucher d'Argis avec ses propres commentaires: *Principes sur la nullité du mariage, pour cause d'impuissance. Par M*** avocat en Parlement, avec le traité de Monsieur le président Bouhier, sur les procédures qui sont en usage en France, pour la preuve de l'impuissance de l'homme. Et quelques pièces curieuses, sur le même sujet* (Londres [Paris], 1756). Voir la n.* et, de Jean-Baptiste Fromageot, la *Consultation* [...] *sur le 'Traité de la dissolution du mariage pour cause d'impuissance'*, avec des remarques sur cet écrit (s.l. [Dijon], 1739), réponse au président Bouhier.

[23] 'Madame de Langey' est l'objet d'une 'historiette' très documentée de Gédéon Tallemant des Réaux, que Voltaire ne put connaître, car l'œuvre ne fut publiée qu'au

succomber. Il présenta un second cartel. Les juges fatigués des cris des superstitieux, des plaintes des prudes et des railleries des plaisants, refusèrent la seconde tentative, qui pourtant était de droit naturel. Puisqu'on avait ordonné un conflit, on ne pouvait légitimement, ce semble, en refuser un autre. 185

La chambre déclara le marquis impuissant et son mariage nul, lui défendit de se marier jamais, et permit à sa femme de prendre un autre époux. [24]

La chambre pouvait-elle empêcher un homme qui n'avait pu être excité à la jouissance par une femme, d'y être excité par une 190 autre? Il vaudrait autant défendre à un convive qui n'aurait pu manger d'une perdrix grise, d'essayer d'une perdrix rouge. Il se maria malgré cet arrêt avec Diane de Navailles, et lui fit sept enfants. [25]

Sa première femme étant morte, le marquis se pourvut en 195 requête civile à la grand'chambre contre l'arrêt qui l'avait déclaré impuissant, et qui l'avait condamné aux dépens. La grand'chambre sentant le ridicule de tout ce procès et celui de son arrêt de 1659, confirma le nouveau mariage qu'il avait contracté avec Diane de

---

dix-neuvième siècle (*Historiettes*, éd. Antoine Adam, 2 vol., Paris, 1960-1961, t.2, p.887-96). Marie de Saint-Simon avait épousé en 1653 René de Cordouan, marquis de Langey. Voltaire put s'inspirer de François Gayot de Pitaval, *Causes célèbres et intéressantes* (1737), section 'Réfutation de l'apologie du congrès' (20 vol., Paris, 1739-1754, BV1442), mais il n'a pas annoté son exemplaire pour ces pages (*CN*, t.4, p.79). Dans les *Carnets*, Voltaire a pris note de ce procès (*OCV*, t.81, p.370). Il a déjà raconté, avec des détails différents, l'histoire du marquis de Langeais dans la *Sottise des deux parts* (*OCV*, t.3A, p.230-31 et n.29).

[24] Arrêt du 8 février 1659, reproduit dans le *Répertoire général des causes célèbres françaises, anciennes et modernes*, éd. Edme Théodore Bourg, 16 vol. (Paris, 1835), t.4, p.230.

[25] Langey épousa le 25 août 1661 Diane de Montaut de Navailles, 'fille de trente ans, huguenote, [...] sœur de M. le duc de Navailles, [...] vieille, maigre et noire' (Tallemant, *Historiettes*, p.895-96). En 1663, Tallemant assista dans le temple de Charenton au baptême de leur 'second enfant' (p.896). L'arrêt de 1677 ci-dessous parle de leurs cinq enfants vivants en 1676.

Navailles malgré la cour, le déclara très puissant, refusa les dépens, 200
mais abolit le congrès.[26]

Il ne resta donc pour juger de l'impuissance des maris que
l'ancienne cérémonie de la visite des experts, épreuve fautive à tous
égards; car une femme peut avoir été déflorée sans qu'il y paraisse;
et elle peut avoir sa virginité avec les prétendues marques de la 205
défloration. Les jurisconsultes ont jugé pendant quatorze cents ans
des pucelages, comme ils ont jugé des sortilèges et de tant d'autres
cas, sans y rien connaître.

Le président Bouhier publia l'apologie du congrès quand il fut
hors d'usage; il soutint que les juges n'avaient eu le tort de l'abolir 210
que parce qu'ils avaient eu le tort de le refuser pour la seconde fois
au marquis de Langeais.[27]

Mais si ce congrès peut manquer son effet, si l'inspection des
parties génitales de l'homme et de la femme peut ne rien prouver du
tout, à quel témoignage s'en rapporter dans la plupart des procès 215
d'impuissance? Ne pourrait-on pas répondre, à aucun? ne pourrait-on pas comme dans Athènes remettre la cause à cent ans? Ces
procès ne sont que honteux pour les femmes, ridicules pour les
maris, et indignes des juges. Le mieux serait de ne les pas souffrir.
Mais voilà un mariage qui ne donnera pas de lignée. Le grand 220
malheur! tandis que vous avez dans l'Europe trois cent mille
moines et quatre-vingt mille nonnes qui étouffent leur postérité.

[26] Par arrêt du 18 février 1677, le parlement de Paris, sous l'influence de son
premier président, Guillaume de Lamoignon, décida la suppression de 'l'épreuve
inutile et infâme du congrès' (reproduit par Bourg, *Répertoire général*, t.4, p.234-37).
Voir Pierre Darmon, *Le Tribunal de l'impuissance. Virilité et défaillances conjugales
dans l'ancienne France* (Paris, 1979).

[27] 'L'affaire du marquis de Langey, qui donna lieu à cet arrêt, avait surtout révolté
les esprits, et les magistrats, qui l'avaient condamné sur la foi du congrès, étaient sans
doute fâchés, de s'y être laissés trompés. [...] Il y avait eu d'ailleurs trop de rigueur, à
refuser au mari un second congrès' (*Traité de la dissolution*, p.121).

INALIÉNATION, INALIÉNABLE

Le domaine des empereurs romains étant autrefois inaliénable, c'était le sacré domaine; les barbares vinrent, et il fut très aliéné. Il est arrivé même aventure au domaine impérial grec.

Après le rétablissement de l'empire romain en Allemagne, [1] le sacré domaine fut déclaré inaliénable par les juristes, de façon qu'il ne reste pas aujourd'hui un écu de domaine aux empereurs.

Tous les rois de l'Europe qui imitèrent autant qu'ils purent les empereurs, eurent leur domaine inaliénable. François Ier, ayant racheté sa liberté par la concession de la Bourgogne, ne trouve point d'autre expédient que de faire déclarer cette Bourgogne incapable d'être aliénée; et il fut assez heureux pour violer son traité et sa parole d'honneur impunément. [2] Suivant cette jurisprudence, chaque prince pouvant acquérir le domaine d'autrui, et ne pouvant jamais rien perdre du sien, tous auraient à la fin le bien des autres; la

5

10

9-10   70, 71N, 71A: ne trouva point

* Le mot 'inaliénation' est presque un néologisme: il ne figure pas dans le *Dictionnaire de l'Académie* de 1762, mais il est attesté en 1764 (Grand Robert). 'Inaliénable' date de 1539. L'article 'Inaliénable' de l'*Encyclopédie* est de Boucher d'Argis, paru en 1765 (t.9, p.641). Alors que ce juriste affirmait que 'le domaine de la Couronne est inaliénable de sa nature', que 'les biens d'Eglise et les mineurs ne peuvent aussi être aliénés sans nécessité ou utilité évidente', et renvoyait aux articles 'Domaine', 'Eglise', 'Mineurs', ce qui préservait les droits des souverains et du clergé, Voltaire fait un historique démontrant que les biens d'un prince sont inaliénables jusqu'à ce qu'un autre s'en empare: la loi du plus fort l'emporte sur la jurisprudence. Il ne dit rien ici des biens du clergé, question traitée dans l'article 'Biens d'Eglise' des *QE* (*OCV*, t.39, p.367-81). Le présent article paraît en février/mars 1772 (70, t.9, 'Supplément').

[1] Le Saint-Empire romain germanique a été fondé par Othon Ier en 962. Voir les *Annales de l'Empire* (*M*, t.13, p.268-77). On sait qu'il a été dissous en 1806.

[2] Après la défaite de Pavie (1525), François Ier dut céder la Bourgogne au traité de Madrid en 1526. Il la récupéra en 1529 au traité de Cambrai. En fait, le traité de Madrid ne fut pas appliqué. Voir le ch.124 de l'*EM*.

399

chose est absurde; donc la loi non restreinte est absurde aussi. Les   15
rois de France et d'Angleterre n'ont presque plus de domaine
particulier; [3] les contributions sont leur vrai domaine; [4] mais avec
des formes très différentes. [5]

18   K84, K12: différentes. [*avec note*: Le principe de l'inaliénabilité des domaines
n'a jamais empêché en France ni de le [K12: les] donner aux courtisans ni de l'engager
[K12: les engager] à vil prix dans les besoins de l'Etat. Il sert seulement à priver la
nation obérée de la ressource immense que lui offrirait la vente de ces domaines, qui,
par le désordre d'une administration nécessairement très mauvaise, ne rapportent
qu'un faible revenu.] //

[3] L'article 'Inaliénable' de l'*Encyclopédie* renvoie à l'article 'Domaine' par
Boucher d'Argis (t.5, p.19-28), qui distingue le domaine de la Couronne, inaliénable,
et le domaine particulier du roi, différent de celui de la Couronne.

[4] Le domaine de la Couronne comprend, en premier lieu, les différentes
contributions (*Encyclopédie*, article 'Domaine', t.5, p.21).

[5] Dans les *Lettres philosophiques* (lettre 9, 'Sur le gouvernement'), Voltaire avait
comparé les systèmes d'imposition mis en place en France et en Angleterre, en
critiquant les privilèges de la noblesse et du clergé (t.1, p.106-107). Il ajoute en 1774
une nouvelle section à l'article 'Impôt' dans les *QE* (voir ci-dessus, p.377).

INCESTE

Les Tartares, dit l'Esprit des lois, [1] *qui peuvent épouser leurs filles,* [2] *n'épousent jamais leurs mères.* [3]

On ne sait de quels Tartares l'auteur veut parler. [4] Il cite trop souvent au hasard. [5] Nous ne connaissons aujourd'hui aucun peuple

---

* L'article est écrit dans la continuité de l'article 'Amour nommé socratique' du *DP* ainsi que du chapitre 6, 'De l'inceste', de *La Défense de mon oncle* (*OCV*, t.64, p.206-208). Comme pour l'homosexualité, Voltaire nie que l'inceste ait pu être permis par les lois, parce qu'*en raison* il ne saurait en être ainsi. Les arguments historiques ne sont allégués que pour appuyer cette intime conviction. L'article 'Inceste' de l'*Encyclopédie* définit celui-ci comme 'conjonction illicite entre des personnes qui sont parentes jusqu'aux degrés prohibés par les lois de Dieu ou de l'Eglise' (t.8, p.645). On sait que la loi mosaïque interdit toutes les formes d'union incestueuse: 'Nul de vous ne s'approchera de sa parenté, pour découvrir sa nudité' (Lévitique 18:6). C'est en se fondant sur cette tradition scripturaire que la législation canonique a interdit le mariage en ligne directe à l'infini et en ligne collatérale, pour un nombre de degrés qui a évolué avec le temps. Voltaire avait déjà mis en scène un double inceste, dans des conditions exceptionnelles, dans la seconde section de l'article 'Des lois' du *DP* (*OCV*, t.36, p.306-11). Après avoir dénoncé dans cet article des *QE* le 'terrible Welche', Muyart de Vouglans, il consacrera au problème de l'inceste l'article 24 du *Prix de la justice et de l'humanité* (*OCV*, t.80B, p.144-47). Cet article paraît en septembre/octobre 1771 (70, t.7).

[1] Montesquieu, *De l'esprit des lois*, livre 26, ch.14.

[2] Montesquieu insère ici une note sur Priscus citée plus loin par Voltaire.

[3] Montesquieu termine cette phrase par: 'comme nous le voyons dans les relations', puis insère cette note: '*Histoire des Tartares*, partie 3, p.256' (*De l'esprit des lois*, 2 vol., Paris, 1979, t.2, p.190). Il se réfère plus précisément à l'*Histoire généalogique des Tatars* d'Aboulgasi Bayadur Chan (Leyde, 1726, p.235-36, n.*a*).

[4] Dans l'*Histoire générale des Huns, des Turcs, des Mogols et des autres Tartares occidentaux, etc.* (4 vol., Paris, 1756-1758, BV1573), Joseph de Guignes distingue entre les Tartares orientaux et occidentaux auxquels il consacre respectivement les livres 4 et 5 du premier tome.

[5] Voltaire déplorera de nouveau l'inexactitude de Montesquieu dans l'article 'Lois' des *QE* (section 'Des citations fausses dans l'*Esprit des lois*, des conséquences fausses que l'auteur en tire, et de plusieurs erreurs qu'il est important de découvrir', *M*, t.20, p.1-15). Voir aussi la lettre à Linguet (D14039), en réponse à *La Théorie des lois civiles* (1767), dans laquelle Linguet critiquait Montesquieu.

depuis la Crimée jusqu'aux frontières de la Chine, où l'on soit dans   5
l'usage d'épouser sa fille. Et s'il était permis à la fille d'épouser son
père, on ne voit pas pourquoi il serait défendu au fils d'épouser sa
mère.

Montesquieu cite un auteur nommé Priscus. Il s'appelait Priscus
Panetes. [6] C'était un sophiste qui vivait du temps d'Attila, et qui dit   10
qu'Attila se maria avec sa fille Esca selon l'usage des Scythes. Ce
Priscus n'a jamais été imprimé, il pourrit en manuscrit dans la
bibliothèque du Vatican; [7] et il n'y a que Jornandès qui en fasse
mention. Il ne convient pas d'établir la législation des peuples sur
de telles autorités. Jamais on n'a connu cette Esca: jamais on   15
n'entendit parler de son mariage avec son père Attila. [8]

J'avoue que la loi qui prohibe de tels mariages est une loi de
bienséance; et voilà pourquoi je n'ai jamais cru que les Perses aient
épousé leurs filles. [9] Du temps des Césars, quelques Romains les en
accusaient pour les rendre odieux. [10] Il se peut que quelque prince   20
de Perse eût commis un inceste, et qu'on imputât à la nation entière
la turpitude d'un seul. C'est peut-être le cas de dire *quidquid delirant
reges plectuntur achivi.* [11]

Je veux croire qu'il était permis aux anciens Perses de se marier
avec leurs sœurs, ainsi qu'aux Athéniens, aux Egyptiens, aux   25

[6] Il s'agit de l'historien et sophiste grec Priscus Panites (cinquième siècle). Seuls
des fragments nous en sont parvenus, en grande partie préservés dans les *Gétiques* de
Jordanès (ou Jornandès).

[7] Cette affirmation de Voltaire semble dénuée de tout fondement.

[8] Priscus (*Fragmenta historicorum Graecorum*, fragment 8) parle bien du mariage
d'Attila avec sa fille Esca(m). Voir aussi Charles Le Beau, *Histoire du Bas-Empire*,
livre 33, ch.42 (29 vol., Paris, 1757-1817, BV1960 – il manque des tomes à cet ouvrage
dans la bibliothèque de Voltaire), t.7, p.348. Certains érudits préfèrent cependant la
lecture: 'la fille d'Escam'. Voir le compte rendu de l'*Apparatus ad historiam Hungariae*
de Matthias Bel dans les *Nova acta eruditorum* (avril 1737), p.157.

[9] Voir la remarque de J.-M. Moureaux sur un passage similaire de *La Défense de
mon oncle* (*OCV*, t.64, p.295, n.1).

[10] Dans *La Défense de mon oncle*, Voltaire cite Ovide et Catulle.

[11] 'Quand les rois sont fous furieux, les Achiviens souffrent' (Horace, *Epîtres*,
livre 1, épître 2, vers 14, *Œuvres de Horace*, trad. Leconte de Lisle, 2 t. en 1 vol., Paris,
1873, t.2, p.165).

Syriens, et même aux Juifs.[12] De là on aura conclu qu'il était commun d'épouser son père et sa mère. Mais le fait est que le mariage entre cousins est défendu chez les Guèbres aujourd'hui; et ils passent pour avoir conservé la doctrine de leurs pères aussi scrupuleusement que les Juifs. Voyez Tavernier,[13] si pourtant vous vous en rapportez à Tavernier.

Vous me direz que tout est contradiction dans ce monde; qu'il était défendu par la loi juive de se marier aux deux sœurs,[14] que cela était fort indécent, et que cependant Jacob épousa Rachel du vivant de sa sœur aînée,[15] et que cette Rachel est évidemment le type de l'Eglise catholique, apostolique et romaine.[16] Vous avez raison; mais cela n'empêche pas que si un particulier couchait en Europe avec les deux sœurs, il ne fût grièvement censuré. Pour les hommes puissants constitués en dignité, ils peuvent prendre pour le bien de leurs états toutes les sœurs de leurs femmes, et même leurs propres sœurs de père et de mère, selon leur bon plaisir.[17]

37   70, 71N, 71A: si on couchait
38-42   70, 71N, 71A: sœurs, on ne fût grièvement censuré. ¶C'est
39-40   w68, w75G: pour leurs états

[12] Dans *La Défense de mon oncle*, Voltaire mentionne les mêmes peuples à l'exception des Syriens.

[13] Dans *La Défense de mon oncle*, Voltaire cite le livre 4. On lit, dans les *Six Voyages de Jean-Baptiste Tavernier* (2 vol., Paris, 1681, BV3251), que 'le mariage leur est défendu jusqu'au troisième degré' (t.1, p.396). En revanche, Anquetil-Duperron rapporte que le mariage entre cousins germains est recommandé, chez les Guèbres, 'comme une action qui mérite le Ciel' (*Zend-Avesta*, 2 t. en 3 vol., Paris, 1771, t.2, p.612).

[14] Voir Lévitique 18:18.

[15] Voir Genèse 29:23-30.

[16] D'après le *Dictionnaire de l'Académie* de 1762 (2 vol., Paris), le mot 'type' signifie 'modèle, figure originale [...] en parlant de l'Ancien Testament par rapport au Nouveau, *type* se dit de ce qui est regardé comme la figure, le symbole des mystères de la Loi nouvelle' (t.2, p.892). Voltaire a beaucoup plaisanté sur les interprétations figuristes de la Bible.

[17] Dans *La Défense de mon oncle*, Voltaire explique qu''on peut épouser sa nièce avec la permission du pape, moyennant la taxe ordinaire', mais doute qu'une

403

C'est bien pis quand vous aurez à faire avec votre commère ou avec votre marraine; c'était un crime irrémissible par les capitulaires de Charlemagne. Cela s'appelle un inceste spirituel.[18]

Une Andovère[19] qu'on appelle reine de France, parce qu'elle était femme d'un Chilpéric régule de Soissons, fut vilipendée par la justice ecclésiastique, censurée, dégradée, divorcée, pour avoir tenu son propre enfant sur les fonts baptismaux, et s'être faite ainsi la commère de son propre mari. Ce fut un péché mortel, un sacrilège, un inceste spirituel; elle en perdit son lit et sa couronne. Cela contredit un peu ce que je disais tout à l'heure, que tout est permis aux grands en fait d'amour, mais je parlais de notre temps présent et non pas du temps d'Andovère.

Quant à l'inceste charnel, lisez l'avocat Vouglan,[20] partie VIII,

45

50

50-54   70, 71N, 71A: couronne. ¶Quant

---

dispense ait jamais été accordée pour épouser son père ou sa mère (*OCV*, t.64, p.206). Sur ces dispenses, voir l'article 'Expiation' des *QE* (*OCV*, t.41, p.301-303).

[18] Allusion probable à la capitulaire 421 du livre 6, intitulée *Quod maximum peccatum sit spiritalis commatris conjunctio*: 'Sciendum est omnibus quod conjunctio spiritalis commatris maximum peccatum sit, et divortio separandum, atque capitali sententia multandum, vel peregrinatione perpetua delendum' ('*Que l'union avec la marraine spirituelle est un péché gravissime*. Tous doivent savoir que l'union avec la marraine spirituelle est un péché gravissime, qu'elle doit être réparée par le divorce et punie par la peine capitale, ou anéantie par le bannissement perpétuel'). Cité dans Etienne Baluze, *Capitularia regum Francorum* (1677; 2 vol., Paris, 1780), t.1, col.1005. La question est également traitée dans les *Institutes au droit criminel* [...] *Avec un traité particulier des crimes* de Muyart de Vouglans (Paris, 1757, BV2541), p.506. Voltaire illustre cette interdiction dans *L'Ingénu*.

[19] Voltaire a déjà raconté l'histoire malheureuse de la reine Audovère dans l'article 'Divorce' des *QE* (*OCV*, t.40, p.501).

[20] Auteur d'une *Réfutation des principes hasardés dans le traité Des délits et des peines de Beccaria* (Lausanne et Paris, 1767, BV2543), Pierre-François Muyart de Vouglans (1713-1791) incarne l'archaïsme de la justice monarchique. Défenseur de la justice et de la religion, il s'est opposé avec force et constance au réformisme pénal des Lumières, s'attaquant notamment à l'ingérence des philosophes dans les affaires des juristes. Voir A. Laingui, 'Sentiments et opinions d'un jurisconsulte à la fin du XVIIIe siècle, Pierre-François Muyart de Vouglans', *Travaux juridiques et économiques de*

titre III, chap. IX; il veut absolument qu'on brûle le cousin et la 55
cousine qui auront eu un moment de faiblesse. L'avocat Vouglan
est rigoureux. Quel terrible Welche!

---

l'Université de Rennes 25 (1964), p.179-277. Voltaire se réfère à un passage des
Institutes au droit criminel, CN, t.5, p.806), où l'inceste entre cousins et cousines est
considéré comme un crime contre le droit civil et canonique, passible de la mort.
C'est l'inceste spirituel, parce qu'il est joint au sacrilège, qui doit être sanctionné par
le feu. Sur Voltaire et Muyart de Vouglans, voir C. Mervaud, 'Sur le testament
judiciaire de Voltaire: le *Prix de la justice et de l'humanité* et le *Traité des crimes* de
Pierre-François Muyart de Vouglans', *Voltaire, la tolérance et la justice*, éd.
J. Renwick (Louvain et Paris, 2011), p.389-409.

INCUBES

Y a-t-il eu des incubes et des succubes? tous nos savants jurisconsultes démonographes[1] admettaient également les uns et les autres.

Ils prétendaient que le diable toujours alerte, inspirait des songes lascifs aux jeunes messieurs et aux jeunes demoiselles; qu'il ne manquait pas de recueillir le résultat des songes masculins, et qu'il le portait proprement et tout chaud dans le réservoir féminin qui leur[2] est naturellement destiné.[3] C'est ce qui produisit tant de héros et de demi-dieux dans l'antiquité.

Le diable prenait là une peine fort superflue; il n'avait qu'à laisser faire les garçons et les filles. Ils auraient bien sans lui fourni le monde de héros.

---

* Cet article n'est pas sans rapport avec l'article homonyme de l'*Encyclopédie*. Comme celui-ci, il s'inspire des *Disquisitionum magicarum libri sex* de Martin-Antonio Delrío (3 vol., Louvain, 1599-1600, BV2984; *CN*, t.7, p.381-94), démono-logue jésuite (1551-1608), pour tourner en ridicule la croyance aux incubes et aux succubes. Ce texte des *QE* s'intègre à une série d'articles sur la sorcellerie, thème peu présent dans le *DP*, qu'ouvre l'article 'Béker', auquel Voltaire renvoie ici, et que complètent les articles 'Bouc', 'Démoniaques', 'Enchantement', 'Impuissance', 'Magie' et 'Possédés'. La stratégie argumentative est à chaque fois identique: il s'agit de lutter contre 'l'Infâme' en prenant à partie les pires superstitions chrétiennes. La critique de la magie est prétexte à ridiculiser la religion. L'article paraît en septembre/octobre 1771 (70, t.7).

[1] Le substantif 'démonographe' est attesté dans le *Dictionnaire de l'Académie* depuis 1762. Le chapitre 31 du *Siècle de Louis XIV* saluait l'effacement, très relatif, des 'démonographes' devant les progrès de la raison (*OH*, p.1001).

[2] L'*errata* de Kehl corrige 'leur' en 'lui' (K84, t.70, p.476). Cette coquille apparaît dans toutes les éditions parues du vivant de Voltaire.

[3] L'article 'Incube' de l'*Encyclopédie* relate que, selon Delrío, les incubes ne peuvent produire de semence 'de leur propre nature, puisque ce sont des esprits', et qu'ils doivent par conséquent 'enlever subtilement celle que des hommes répandent dans des illusions nocturnes ou autrement, et en imiter l'éjaculation dans la matrice' (t.8, p.660).

On conçoit les incubes par cette explication du grand Del Rio, [4] de Boguet, [5] et des autres savants en sorcellerie; mais elle ne rend point raison des succubes. Une fille peut faire accroire qu'elle a 15 couché avec un génie, avec un dieu, et que ce dieu lui a fait un enfant. [6] L'explication de Del Rio lui est très favorable. Le diable a déposé chez elle la matière d'un enfant prise du rêve d'un jeune garçon; elle est grosse, elle accouche sans qu'on ait rien à lui reprocher; le diable a été son incube. Mais si le diable se fait 20 succube, c'est tout autre chose; il faut qu'il soit diablesse, il faut que la semence de l'homme entre dans elle; c'est alors cette diablesse qui est ensorcelée par un homme, c'est elle à qui nous faisons un enfant.

Que les dieux et les déesses de l'antiquité s'y prenaient d'une 25 manière bien plus nette et plus noble! Jupiter en personne avait été l'incube d'Alcmène et de Sémélé. Thétis en personne avait été la succube de Pelée, et Vénus la succube d'Anchise, [7] sans avoir recours à tous les subterfuges de notre diablerie.

23   70, 71N, 71A: c'est à elle

[4] Delrío traite des 'incubes' et des 'succubes' dans la quinzième question du livre 1 des *Disquisitionum magicarum*, que Voltaire n'a pas annotée. La source de ce dernier semble être l'article de l'*Encyclopédie*, qui fournit cette même référence de Delrío.

[5] Voltaire avait emprunté en mai 1736 à la bibliothèque du roi le *Discours exécrable des sorciers: ensemble leur procès, faits depuis deux ans en ça, en divers endroits de la France* d'Henry Boguet (2ᵈᵉ éd., Lyon, 1605), dont il possédait vraisemblablement une édition dans sa bibliothèque (voir BV, p.1073, n.5, qui indique une mention biffée). Intitulé 'De l'accouplement du démon avec la sorcière, et le sorcier', le onzième des *Discours* traitait des incubes et succubes.

[6] Reprenant à son compte une note de l'entrée 'Schomberg (Charles de)' du *Dictionnaire historique et critique* de Bayle (3ᵉ éd., 4 vol., Rotterdam, 1720, t.3, p.2549), Voltaire rapporte que, selon certains, Jésus serait né de l'union de Marie avec un certain 'Panther' ou 'Pander' (voir l'*Épître sur la calomnie*, OCV, t.9, p.297 et variante de la ligne 51; *L'Examen important de milord Bolingbroke*, OCV, t.62, p.213-14; la *Collection d'anciens évangiles*, OCV, t.69, p.61-62, 414, et l'article 'Généalogie' du fonds de Kehl, M, t.19, p.218). De là à prétendre que la paternité divine de Jésus n'est qu'une fiction destinée à masquer cette paillardise, il n'y a qu'un pas.

[7] Ovide, *Les Métamorphoses*, livre 8, vers 23 (Alcmène), livre 3, vers 261 (Sémélé)

Remarquons seulement que les dieux se déguisaient fort souvent 30
pour venir à bout de nos filles, tantôt en aigle, tantôt en pigeon[8] ou
en cygne, en cheval, en pluie d'or; mais les déesses ne se
déguisaient jamais; elles n'avaient qu'à se montrer pour plaire.
Or je soutiens que si les dieux se métamorphosèrent pour entrer
sans scandale dans les maisons de leurs maîtresses, ils reprirent leur 35
forme naturelle dès qu'ils y furent admis. Jupiter ne put jouir de
Danaé quand il n'était que de l'or; il aurait été bien embarrassé avec
Léda et elle aussi, s'il n'avait été que cygne; mais il redevint dieu,
c'est-à-dire, un beau jeune homme; et il jouit.

Quant à la manière nouvelle d'engrosser les filles par le 40
ministère du diable, nous ne pouvons en douter, car la Sorbonne
décida la chose dès l'an 1318.

*Per tales artes et ritus impios et invocationes daemonum, nullus
unquam sequatur effectus ministerio daemonum; error.*[9]

C'est une erreur de croire que ces arts magiques et ces invocations des 45
diables soient sans effet.

Elle n'a jamais révoqué cet arrêt; ainsi nous devons croire aux
incubes et aux succubes, puisque nos maîtres y ont toujours cru.

---

38   70, 71A: il devint dieu

---

et livre 9, vers 425 (Anchise). A l'appui de la thèse affirmant l'existence d'êtres issus
des rapports d'un incube et d'une femme, Delrío alléguait les demi-dieux nés, aux
dires de la mythologie, de l'union d'une divinité et d'un être humain: Hercule,
Sarpédon, Enée... et jusqu'à Merlin (*Disquisitionum magicarum*, livre 2, question 15,
Mainz, 1617, p.160). L'article 'Incubes' de l'*Encyclopédie* s'était gentiment moqué de
voir l'enchanteur Merlin érigé en autorité; non moins ironique, Voltaire remarque
que les mythes grecs sont à tout prendre plus beaux et crédibles que les récits des
démonologues chrétiens.

[8] Allusion anti-chrétienne glissée dans cette énumération: voir les plaisanteries de
la *Relation du bannissement des jésuites à la Chine* (1768) sur le dieu pigeon (*OCV*,
t.67, p.106).

[9] Citation abrégée que Voltaire tire de la fin de la préface de Jean Bodin, *De la
démonomanie des sorciers* (BV431), citant *in extenso* un arrêt de la Faculté de théologie
de Paris daté du 19 septembre 1318. Bodin affirme l'existence des incubes dans le
chapitre 7 du livre 2, intitulé 'Si les sorciers ont copulation avec les démons' (Paris,
1580, p.104-109).

Il y a bien d'autres maîtres. Bodin, dans son livre des sorciers, (a) dédié à Christophe de Thou, premier président du parlement de 50 Paris, rapporte que Jeanne Hervilier native de Verberie, fut condamnée par ce parlement à être brûlée vive pour avoir prostitué sa fille au diable qui était un grand homme noir, dont la semence était à la glace. [10] Cela paraît contraire à la nature du diable. Mais enfin notre jurisprudence a toujours admis que le sperme du diable 55 est froid; et le nombre prodigieux des sorcières qu'il a fait brûler si longtemps est toujours convenu de cette vérité.

Le célèbre Pic de la Mirandole [11] (un prince ne ment point) dit (b) qu'il a connu un vieillard de quatre-vingts ans qui avait couché la moitié de sa vie avec une diablesse, [12] et un autre de soixante et 60

(a) Page 104, édition in-4°.
(b) *In libro de promotione.* [13]

56   71N: des sorciers qu'il
n.a   K84, K12: *In libro de promotione.*
n.b   70, 71N, 71A: *de praenotione.*
      K84, K12: Page 104, édition in-4°.

[10] Voir J. Bodin, *De la démonomanie des sorciers*, livre 2, ch.7: le Diable coucha avec Jeanne Harvillier 'charnellement, en la même sorte et manière que font les hommes, hormis que la semence était froide' (p.105).

[11] Voltaire semble confondre Jean-François Pic de la Mirandole (vers 1469-1533), dont il est ici question, avec son 'célèbre' oncle, Jean Pic de la Mirandole (1463-1494), l'auteur des thèses 'De omni re scibili'. Jean-François était prince de la Mirandole et de Concordia.

[12] Voltaire tire l'anecdote de Bodin, *De la démonomanie des sorciers* (p.107), qu'il suit assez fidèlement. Pour plus de détails non repris par Bodin, voir Jean-François Pic de la Mirandole, *La Sorcière. Dialogue en trois livres sur la tromperie des démons*, trad. Alfredo Perifano (Turnhout, 2007). Agé de 72 ans, le moine Benedetto Berni fut brûlé sur le bûcher le 22 août 1522 (p.172, n.56, p.178 et n.81). Selon les actes du procès, il aurait reconnu des relations avec les 'démons succubes' et 'il se délectait plus en couchant avec ce démon appelé Armellina qu'avec toutes les femmes avec qui il s'était uni'; ce démon 'l'accompagnait souvent sur la place publique, sans être vue des autres'. Un autre condamné, Marco Piva, adorait une succube nommée Florina: 'il aurait préféré mourir plutôt que d'abandonner cette très belle femme, comme il la qualifie, dont l'intimité et les charmes le délectaient depuis quarante ans' (p.176).

[13] Contrairement à ce qu'indique Bodin, l'anecdote ne se trouve aucunement dans

dix qui avait eu le même avantage. Tous deux furent brûlés à Rome.[14] Il ne nous apprend pas ce que devinrent leurs enfants.

Voilà les incubes et les succubes démontrés.

Il est impossible du moins de prouver qu'il n'y en a point; car s'il est de foi qu'il y a des diables qui entrent dans nos corps, qui les empêchera de nous servir de femmes, et d'entrer dans nos filles? S'il est des diables, il est probablement des diablesses. Ainsi pour être conséquent, on doit croire que les diables masculins font des enfants à nos filles, et que nous en faisons aux diables féminins. 65

Il n'y a jamais eu d'empire plus universel que celui du diable. Qui l'a détrôné? la raison. (Voyez l'article 'Beker'.[15]) 70

---

le *De rerum praenotione libri novem pro veritate religionis contra superstitiosas vanitates* (1506-1507). Elle est relatée dans le deuxième dialogue du *Dialogus in tres libros divisus: titulus est Strix, sive de ludificatione daemonum* (Bologne, 1523): voir Pic de la Mirandole, *La Sorcière*, dont le but avoué 'était de montrer la réalité des phénomènes liés à la pratique de la sorcellerie et du sabbat' dans 'le contexte agité qui précéda et suivit les procès en sorcellerie advenus dans le comté de la Mirandole entre 1522 et 1523' (p.9).

[14] Extrapolation voltairienne: Bodin ne donne pas le lieu de leur mort. Berni et Piva furent condamnés au bûcher et exécutés à la Mirandole (Pic de la Mirandole, *La Sorcière*, p.21).

[15] *OCV*, t.39, p.342-54.

INFINI

Qui me donnera une idée nette de l'infini? je n'en ai jamais eu qu'une idée très confuse. N'est-ce pas parce que je suis excessivement fini?

Qu'est-ce que marcher toujours sans avancer jamais? compter toujours sans faire son compte? diviser toujours pour ne jamais trouver la dernière partie?

Il semble que la notion de l'infini soit dans le fond du tonneau des Danaïdes.

Cependant il est impossible qu'il n'y ait pas un infini. Il est démontré qu'une durée infinie est écoulée. [1]

Commencement de l'être est absurde; car le rien ne peut commencer une chose. Dès qu'un atome existe, il faut conclure qu'il y a quelque être de toute éternité. [2] Voilà donc un infini en durée rigoureusement démontré. Mais qu'est-ce qu'un infini qui est

---

* Cet article semble répondre à l'article 'Infini' de l'*Encyclopédie*, signé par D'Alembert et divisé en deux entrées, l'une métaphysique, qui identifie Dieu au 'seul infini souverainement un, vrai et parfait' (t.8, p.703), et l'autre mathématique, présentant la '*Géométrie de l'infini*, [qui] est proprement la nouvelle géométrie des infiniment petits, contenant les règles du calcul différentiel et intégral' (t.8, p.703). L'ambition de Voltaire est ici plus générale, puisqu'il évoque également les aspects cosmologique (infinité de l'univers) et physique (divisibilité de la matière à l'infini) de la question. Si l'on ne doit pas s'attendre à des prouesses en matière de mathématiques, matière dans laquelle Voltaire se sent mal à l'aise, l'originalité de l'article consiste à nier l'identification théologique de Dieu à 'l'infini'. Voltaire se démarque par là-même du théisme: à la notion d'un créateur infini et tout-puissant il substitue celle d'un démiurge fini et au pouvoir limité. Cet article paraît en septembre/octobre 1771 (70, t.7).

[1] Voir l'article 'Eternité' des *QE* (*OCV*, t.41, p.265-72). Contre le christianisme, Voltaire affirme l'éternité de l'univers: 'Les esprits les plus soumis ont adopté la création dans le temps, et les plus hardis ont admis la création de tout temps' (article 'Atomes' des *QE*, *OCV*, t.39, p.198).

[2] Comme le montrera la suite de l'article, le Dieu de Voltaire n'est pas un Créateur tout-puissant qui crée la matière *ex nihilo* mais un démiurge au pouvoir limité qui façonne une matière éternelle et parfois rétive à son information.

passé, un infini que j'arrête dans mon esprit au moment que je 15
veux? Je dis, Voilà une éternité écoulée; allons à une autre. Je
distingue deux éternités, l'une ci-devant, et l'autre ci-après.

Quand j'y réfléchis, cela me paraît ridicule. Je m'aperçois que
j'ai dit une sottise en prononçant ces mots; une éternité est passée,
j'entre dans une éternité nouvelle. 20

Car au moment que je parlais ainsi, l'éternité durait, la fluente[3]
du temps courait. Je ne pourrais la croire arrêtée. La durée ne peut
se séparer. Puisque quelque chose a été toujours, quelque chose est
et sera toujours.

L'infini en durée est donc lié d'une chaîne non interrompue. Cet 25
infini se perpétue dans l'instant même où je dis qu'il est passé. Le
temps a commencé et finira pour moi; mais la durée est infinie.

Voilà déjà un infini de trouvé sans pouvoir pourtant nous en
former une notion claire.

On nous présente un infini en espace. Qu'entendez-vous par 30
espace? est-ce un être? est-ce rien?[4]

Si c'est un être, de quelle espèce est-il? vous ne pouvez me le
dire. Si c'est *rien*, ce rien n'a aucune propriété: et vous dites qu'il est
pénétrable, immense! Je suis si embarrassé que je ne puis ni
l'appeler néant, ni l'appeler quelque chose. 35

Je ne sais cependant aucune chose qui ait plus de propriétés que
le *rien*, le néant. Car en partant des bornes du monde, s'il y en a,
vous pouvez vous promener dans le rien, y penser, y bâtir si vous
avez des matériaux; et ce rien, ce néant ne pourra s'opposer à rien

---

21   71N: je parlai ainsi,
22   K12: ne pouvais la croire

---

[3] L'errata de Kehl corrige 'fluente' en 'fluence' (K84, t.70, p.476). Cette coquille
est présente dans toutes les éditions des *QE* parues du vivant de Voltaire.

[4] Voir l'article 'Espace' des *QE* (*OCV*, t.41, p.236-39) qui renvoie dos à dos les
deux conceptions de l'espace qui s'opposaient dans la philosophie des Lumières, le
réalisme newtonien (l'espace existe réellement, indépendamment des corps qui y
subsistent) et l'idéalisme leibnizien (l'espace n'est que le simple rapport qui existe
entre les corps).

de ce que vous voudrez faire; car n'ayant aucune propriété il ne   40
peut vous apporter aucun empêchement. Mais aussi puisqu'il ne
peut vous nuire en rien, il ne peut vous servir.

On prétend que c'est ainsi que Dieu créa le monde dans le rien,
et de rien. Cela est abstrus; il vaut mieux sans doute penser à sa
santé qu'à l'espace infini.   45

Mais nous sommes curieux, et il y a un espace. [5] Notre esprit ne
peut trouver ni la nature de cet espace, ni sa fin. Nous l'appelons
immense, parce que nous ne pouvons le mesurer. Que résulte-t-il de
tout cela? que nous avons prononcé des mots.

> Etranges questions, qui confondent souvent   50
> Le profond s'Gravesande et le subtil Mairant. [6]

De l'infini en nombre

Nous avons beau désigner l'infini arithmétique par un lacs d'amour
en cette façon ∞, nous n'aurons pas une idée plus claire de cet
infini numéraire. Cet infini n'est comme les autres que l'impuissance de trouver le bout. Nous appelons l'*infini en grand*, un   55
nombre quelconque qui surpassera quelque nombre que nous
puissions supposer.

Quand nous cherchons l'infiniment petit, nous divisons; et nous
appelons *infini* une quantité moindre qu'aucune quantité assignable. [7] C'est encore un autre nom donné à notre impuissance.   60

---

[5] Sur la difficulté qu'il y a à concevoir l'"espace", voir l'article 'Espace' des *QE*
(*OCV*, t.41, p.239).

[6] Alexandrins repris du deuxième des *Discours en vers sur l'homme* (*OCV*, t.17,
p.478, vers 143-44).

[7] Voir l'article 'Infini' de l'*Encyclopédie*: 'La quantité infinie est proprement celle
qui est plus grande que toute grandeur assignable; et comme il n'existe pas de telle
quantité dans la nature, il s'ensuit que la quantité infinie n'est proprement que dans
notre esprit, et n'existe dans notre esprit que par une espèce d'abstraction, dans
laquelle nous écartons l'idée de bornes' (t.8, p.703).

La matière est-elle divisible à l'infini?

Cette question revient précisément à notre incapacité de trouver le dernier nombre. Nous pourrons toujours diviser par la pensée un grain de sable, mais par la pensée seulement. Et l'incapacité de diviser toujours ce grain, est appelée *infini*.

On ne peut nier que la matière ne soit toujours divisible par le 65 mouvement qui peut la broyer toujours. Mais s'il divisait le dernier atome, ce ne serait plus le dernier, puisqu'on le diviserait en deux. Et s'il était le dernier, il ne serait plus divisible.[8] Et s'il était divisible, où seraient les germes, où seraient les éléments des choses? cela est encore fort abstrus. 70

De l'univers infini

L'univers est-il borné? son étendue est-elle immense? les soleils et les planètes sont-ils sans nombre? quel privilège aurait l'espace qui contient une quantité de soleils et de globes sur une autre partie de l'espace qui n'en contiendrait pas? Que l'espace soit un être ou qu'il soit rien, quelle dignité a eue l'espace où nous sommes pour être 75 préféré à d'autres?

Si notre univers matériel n'est pas infini, il n'est qu'un point dans l'étendue. S'il est infini, qu'est-ce qu'un infini actuel[9] auquel je puis toujours ajouter par la pensée?

---

62   70, 71N, 71A: pensée une ligne, un

[8] A comparer à l'article 'Atomes' des *QE*: 'Le mot d'atome signifie *non partagé*, sans parties. Vous le divisez par la pensée; car si vous le divisiez réellement, il ne serait plus atome' (*OCV*, t.39, p.201).

[9] Depuis Aristote (*Physique*, livre 3, ch.4-5), la philosophie distingue l'infini actuel et potentiel. Selon le *Vocabulaire technique et critique de la philosophie* d'A. Lalande (Paris, 1988, p.511), est 'infini' ce 'qui n'a pas de borne, soit en ce sens qu'il est actuellement plus grand que toute quantité donnée de même nature (*infini actuel*), soit en ce sens qu'il peut devenir tel (*infini potentiel*)'. Dans leur édition des *Dialogues d'Evhémère*, les rédacteurs de Kehl – probablement Condorcet –

De l'infini en géométrie

On admet en géométrie, comme nous l'avons indiqué, non 80
seulement des grandeurs infinies, c'est-à-dire plus grandes qu'aucune assignable, mais encore des infinis infiniment plus grands les
uns que les autres. Cela étonne d'abord notre cerveau qui n'a
qu'environ six pouces de long sur cinq de large, et trois de hauteur
dans les plus grosses têtes. Mais cela ne veut dire autre chose, sinon 85
qu'un carré plus grand qu'aucun carré assignable l'emporte sur une
ligne conçue plus longue qu'aucune ligne assignable, et n'a point de
proportion avec elle.

C'est une manière d'opérer; c'est la manipulation de la géométrie, et le mot d'*infini* est l'enseigne. 90

De l'infini en puissance, en action, en sagesse, en bonté, etc.

De même que nous ne pouvons nous former aucune idée positive
d'un infini en durée, en nombre, en étendue, nous ne pouvons nous
en former une en puissance physique, ni même en morale.

Nous concevons aisément qu'un être puissant arrangea la
matière, [10] fit circuler des mondes dans l'espace, forma les animaux, 95
les végétaux, les métaux. Nous sommes menés à cette conclusion
par l'impuissance où nous voyons tous ces êtres de s'être arrangés
eux-mêmes. [11] Nous sommes forcés de convenir que ce grand Etre

---

reprocheront à Voltaire d'avoir cru que les géomètres admettent un 'infini actuel'
alors qu'ils ne reconnaissent qu'un 'infini potentiel' (*OCV*, t.80c, p.156). Comme
l'écrit D'Alembert dans l'article 'Espace', 'la quantité infinie est proprement celle qui
est plus grande que toute grandeur assignable; et comme il n'existe pas de telle
quantité dans la nature, il s'ensuit que la quantité infinie n'est proprement que dans
notre esprit, et n'existe dans notre esprit que par une espèce d'abstraction, dans
laquelle nous écartons l'idée de bornes' (*Encyclopédie*, t.8, p.703).

[10] Loin de créer la matière, le Dieu de Voltaire se borne à l'*arranger*.

[11] Voltaire recourt fréquemment à la prétendue 'preuve physico-théologique' de

existe éternellement par lui-même, puisqu'il ne peut être sorti du néant. Mais nous ne découvrons pas si bien son infini en étendue, en pouvoir, en attributs moraux. [12]

Comment concevoir une étendue infinie dans un être qu'on dit simple? et s'il est simple, quelle notion pouvons-nous avoir d'une nature simple? Nous connaissons Dieu par ses effets, [13] nous ne pouvons le connaître par sa nature. [14]

S'il est évident que nous ne pouvons avoir d'idée de sa nature, n'est-il pas évident que nous ne pouvons connaître ses attributs?

Quand nous disons qu'il est infini en puissance, avons-nous d'autre idée sinon que sa puissance est très grande? Mais de ce qu'il y a des pyramides de six cents pieds de haut, s'ensuit-il qu'on ait pu en construire de la hauteur de six cent milliards de pieds? [15]

Rien ne peut borner la puissance de l'Etre éternel existant nécessairement par lui-même; d'accord, il ne peut avoir d'antagoniste qui l'arrête. Mais comment me prouverez-vous qu'il n'est pas circonscrit par sa propre nature? [16]

Tout ce qu'on a dit sur ce grand objet est-il bien prouvé?

---

l'existence divine, à laquelle la *Critique de la raison pure* de Kant reprochera de 'pouvoir tout au mieux démontrer un *architecte du monde*, qui serait toujours très limité par les aptitudes de la matière qu'il travaillerait, mais non un *créateur du monde*, à l'idée duquel tout est soumis' (Kant, *Œuvres philosophiques*, 3 vol., Paris, 1980, t.1, p.1235). Mais Voltaire s'accommode parfaitement d'un simple architecte.

[12] Dans la suite de cet article, Voltaire se démarque de l'article 'Infini (Métaphysiq.)' de l'*Encyclopédie* où D'Alembert ne reconnaissait qu'un seul 'infini réel' ou actuel, celui de l'existence divine (t.8, p.703).

[13] Nouvelle allusion à la preuve physico-théologique.

[14] Position constante de la théologie voltairienne: la raison peut connaître l'existence mais non l'essence de Dieu.

[15] Nouvelle allusion au Dieu de Voltaire qui est un démiurge dont la puissance est bornée par la matière avec laquelle il doit composer. Voir les *Dialogues d'Evhémère*: Dieu 'est véritablement tout-puissant, puisque c'est lui qui a tout formé, mais il n'est pas extravagamment puissant. De ce qu'un architecte a élevé une maison de cinquante pieds bâtie de marbre, ce n'est pas à dire qu'il ait pu en faire une de cinquante lieues de confitures' (*OCV*, t.80c, p.139).

[16] Loin d'être infini, le Dieu de Voltaire est 'circonscrit dans sa nature' (*Dialogues d'Evhémère*, *OCV*, t.80c, p.139).

Nous parlons de ses attributs moraux, mais nous ne les avons jamais imaginés que sur le modèle des nôtres;[17] et il nous est impossible de faire autrement. Nous ne lui avons attribué la justice, la bonté etc., que d'après les idées du peu de justice et de bonté que nous apercevons autour de nous.

Mais au fond, quel rapport de quelques-unes de nos qualités si incertaines et si variables avec les qualités de l'Etre suprême éternel?

Notre idée de justice n'est autre chose que l'intérêt d'autrui respecté par notre intérêt. Le pain qu'une femme a pétri de la farine dont son mari a semé le froment, lui appartient. Un sauvage affamé lui prend son pain et l'emporte; la femme crie que c'est une injustice énorme: le sauvage dit tranquillement qu'il n'est rien de plus juste, et qu'il n'a pas dû se laisser mourir de faim lui et sa famille pour l'amour d'une vieille.

Au moins il semble que nous ne pouvons guère attribuer à Dieu une justice infinie, semblable à la justice contradictoire de cette femme et de ce sauvage. Et cependant quand nous disons Dieu est juste, nous ne pouvons prononcer ces mots que d'après nos idées de justice.

Nous ne connaissons point de vertu plus agréable que la franchise, la cordialité. Mais si nous allions admettre dans Dieu une franchise, une cordialité infinie, nous risquerions de dire une grande sottise.

Nous avons des notions si confuses des attributs de l'Etre suprême, que des écoles admettent en lui une prescience, une prévision infinie, qui exclut tout événement contingent, et d'autres écoles admettent une prévision qui n'exclut pas la contingence.[18]

Enfin, depuis que la Sorbonne a déclaré que Dieu peut faire qu'un bâton n'ait pas deux bouts, qu'une chose peut être à la fois et

---

[17] Voir l'article 'Anthropomorphites' des *QE* (*OCV*, t.38, p.421-23). On connaît le mot célèbre de Voltaire: 'Si Dieu nous a faits à son image, nous le lui avons bien rendu' (*Carnets*, *OCV*, t.81, p.363).

[18] Allusion au molinisme et au thomisme.

n'être pas, on ne sait plus que dire. On craint toujours d'avancer une hérésie. (*a*)[19]

Ce qu'on peut affirmer sans crainte, c'est que Dieu est infini, et que l'esprit de l'homme est bien borné.

L'esprit de l'homme est si peu de chose, que Pascal a dit: *Croyez-vous qu'il soit impossible que Dieu soit infini et sans parties? Je veux vous faire voir une chose infinie et indivisible; c'est un point mathématique se mouvant partout d'une vitesse infinie, car il est en tous lieux et tout entier dans chaque endroit.*[20]

On n'a jamais rien avancé de plus complètement absurde; et cependant c'est l'auteur des *Lettres provinciales* qui a dit cette énorme sottise.[21] Cela doit faire trembler tout homme de bon sens.

(*a*) *Histoire de l'université* par Duboulai.

[19] Qu'un 'bâton' n'ait qu'un bout est un exemple proverbial d'impossibilité physique présent notamment chez Helvétius: voir *De l'Esprit*, livre 4, ch.15 (Paris, 1988, p.539) et *De l'Homme*, section 9, ch.15, où 'un théologien catholique se propose de prouver qu'il est des bâtons sans deux bouts' (2 vol., Paris, 1989, t.2, p.809). Dans l'*Historia Universitatis Parisiensis* de César Egasse du Boulay (6 vol., Paris, 1665-1683), nous n'avons pas trouvé trace d'une déclaration de la Sorbonne selon laquelle Dieu pourrait 'faire qu'un bâton n'ait pas deux bouts', dont Voltaire se gaussait dans l'article 'Dieu' du *DP* (*OCV*, t.36, p.23-24). Boulay expose cependant la condamnation en mars 1277 par l'évêque de Paris, Etienne Tempier, de plus de 200 propositions tirées de l'aristotélisme de Thomas d'Aquin, soupçonné d'averroïsme (*Historia*, t.3, p.433-43). Une des propositions condamnées était la suivante: 'Ce qui est impossible absolument ne peut pas être fait par Dieu, ou par un autre agent – c'est une erreur, si on pense à l'impossible selon la nature' (D. Piché, *La Condamnation parisienne de 1277*, Paris, 1999, p.125). Or le fait qu'un bâton ait au moins deux bouts est un fait naturel... Voltaire avait annoté un des volumes de l'*Examen du fatalisme* de l'abbé Pluquet évoquant la condamnation de 1277 (3 vol., Paris, 1757, BV2769): 'Sorbonne condamne la proposition / Dieu ne peut faire qu'une chose soit et ne soit pas' (*CN*, t.7, p.71).

[20] Citation à peu près exacte des *Pensées* de Pascal (*Œuvres complètes*, Paris, 1980, p.1211; Brunschvicg 231; Chevalier 443), que Voltaire avait réfutée dans une 'Suite des remarques sur Pascal' datées 'ce 10 mai 1738', dans les *Lettres philosophiques* (t.2, p.241) ainsi que dans *Le Philosophe ignorant* (*OCV*, t.62, p.65).

[21] Si Voltaire condamne en Pascal le philosophe, le janséniste et le théologien, il fait le plus grand cas de ses *Provinciales*, 'modèle d'éloquence et de plaisanterie. Les meilleures comédies de Molière n'ont pas plus de sel que les premières lettres provinciales: Bossuet n'a rien de plus sublime que les dernières' (*Le Siècle de Louis XIV*, ch.37, *OH*, p.1071).

INFLUENCE

Tout ce qui vous entoure, influe sur vous, en physique, en morale.
Vous le savez assez.

Peut-on influer sur un être sans toucher, sans remuer cet être?

On a démontré enfin cette étonnante propriété de la matière de
graviter sans contact, d'agir à des distances immenses. [1]   5

* Parue au tome 8 de l'*Encyclopédie*, l'entrée 'Influence' à laquelle Voltaire réagit
ici comporte trois articles: le mot est d'abord étudié dans son acception métaphysique
et physique, puis, dans le long article 'Influence ou influx des astres', du point de vue
médical (p.729-38). 'Influence (Métaphysiq.)' examine le 'commerce entre l'âme et le
corps' (p.728). L'auteur anonyme rejette avec Leibniz l'influence directe d'une
substance sur l'autre, puis présente sous un jour assez favorable le système
malebranchien des causes occasionnelles. Le très court article 'Influence (Phys.)'
traite de l''effet réel ou prétendu que les astres produisent sur la Terre et sur les corps'
(p.729). Pour expliquer comment le Soleil et la Lune peuvent exercer une influence
sur notre corps et notre tête, l'auteur également anonyme propose de considérer
comme agent intermédiaire l'atmosphère, car 'on sait à quel point les changements de
l'atmosphère agissent sur les corps terrestres'. L'auteur de l'article 'Influence ou
influx des astres (Méd. Physique générale, partie thérapeut.)', Jean-Joseph Menuret
de Chambaud, le plus important des collaborateurs médicaux de l'*Encyclopédie*,
commence par expliquer comment l'astrologie, puis l'alchimie et la médecine, ont
fait un usage de plus en plus abusif de la notion d'influence astrale: les médecins ont
construit des systèmes chimériques à partir des 'noms que les poètes avaient donnés
aux planètes, en divinisant pour ainsi dire, les vertus ou les vices de quelques
personnes' (p.732). Menuret estime que ces délires ont non seulement disqualifié
l'astrologie mais produit l'excès opposé, un rationalisme étroit. A l'instar de Boissier
de Sauvages, il distingue entre trois types d'influences: l'influence morale, sur
laquelle s'appuient les faiseurs d'horoscopes et autres devins, qu'il est loin de rejeter
en bloc; l'influence physique, qui désigne les effets des astres, notamment du Soleil et
de la Lune; l'influence mécanique, qui s'identifie à l'attraction universelle découverte
par Newton. Ajoutons que le mot latin 'influentia' désignait déjà l'action des astres
sur la destinée; 'influxus' est plus proche du sens étymologique d'écoulement. Le
présent article paraît en septembre/octobre 1771 (70, t.7).

[1] La démonstration de la loi d'attraction universelle de Newton fut réalisée par
l'expédition en Laponie (1736-1737) dirigée par Maupertuis, qui avait pour but de
mesurer la longueur d'un degré d'arc de méridien. En comparant avec une mesure
analogue effectuee au Pérou par une expédition conduite par Bouguer et

419

Une idée influe sur une idée; chose non moins compréhensible.
Je n'ai point au mont Krapac[2] le livre de l'*Empire du soleil et de la lune*, composé par le célèbre médecin Meade[3] qu'on prononce *Mid*.[4] Mais je sais bien que ces deux astres sont la cause des marées; et ce n'est point en touchant les flots de l'océan qu'ils opèrent ce flux et ce reflux, il est démontré que c'est par les lois de la gravitation.

Mais quand vous avez la fièvre, le soleil et la lune influent-ils sur vos jours critiques? votre femme n'a-t-elle ses règles qu'au premier

10

La Condamine, on a conclu que la Terre est aplatie aux pôles, comme l'avait prévu Newton cinquante ans plus tôt. Voltaire pense peut-être aussi au retour de la comète de Halley, prédit, grâce aux calculs de Newton revus par Clairaut, pour 1759.

[2] Rappel de la fiction du mont Krapac, mise en place dans les *QE* dans l'article 'Dévot' et poursuivie dans 'Ezourvédam', 'Langues', etc. (*OCV*, t.40, p.407; t.41, p.310; *M*, t.19, p.553) jusqu'à la 'Déclaration des amateurs' (*M*, t.20, p.621). Dans la correspondance de Voltaire, trois lettres contiennent cette formule, l'une à Catherine II, du 18 novembre 1771 (D17455), une autre à Dompierre d'Hornoy, du 21 février 1772 (D17612), et la troisième à Cramer, où Voltaire annonce des 'questions du mont Krapac', apparemment dès 1762, à l'époque des *Commentaires sur Corneille* (D10766), à moins que le billet, daté conjecturalement par Besterman, ne provienne plutôt des années 1770-1771.

[3] 'Quelques observations bien constatées firent apercevoir au docteur Mead une certaine correspondance entre quelques phénomènes de l'économie animale et les périodes de la Lune. Il suivit cette matière, fit des recherches ultérieures, et se convainquit de la réalité d'un fait qu'on n'osait plus soupçonner. Il communiqua ses idées dans une petite mais excellente dissertation, dont le titre est *De l'empire du Soleil et de la Lune sur le corps humain*' ('Influence ou influx des astres', *Encyclopédie*, t.8, p.732). Publié en 1704, *De imperio solis ac lunae* de Richard Mead, un disciple de Newton, inspira la thèse de médecine du célèbre 'magnétiseur' viennois Franz-Anton Mesmer, intitulée *Dissertatio physico-medica de planetarum influxu* (1766), qui s'intéressait aux implications médicales de l'influence des astres. Mesmer était convaincu de l'existence d'une force universelle, active dans le corps humain comme dans l'univers, et il pensait cette force en termes de fluide, d'écoulement, et non de puissance gravitationnelle (*imperium*). Son système des influences élaboré par la suite visait une totalisation permettant, autour de la notion d''influence', d'établir le rapport de causalité sur des bases nouvelles. Voir A. Spiquel, 'Mesmer et l'influence', *Romantisme* 98 (1997), p.33-40.

[4] Cette remarque s'explique par le fait que le nom du médecin anglais est orthographié Méad dans l'article 'Influence' de l'*Encyclopédie* (t.8, p.736).

quartier de la lune? [5] les arbres que vous coupez dans la pleine lune pourrissaient-ils plus tôt que s'ils avaient été coupés dans le décours? [6] non pas que je sache; mais des bois coupés quand la sève circulait encore, ont éprouvé la putréfaction plus tôt que les autres; et si par hasard c'était en pleine lune qu'on les coupa, on aura dit, C'est cette pleine lune qui a fait tout le mal.

Votre femme aura eu ses menstrues dans le croissant; mais votre voisine a les siens [7] dans le dernier quartier.

Les jours critiques de la fièvre que vous avez pour avoir trop mangé, arrivent vers le premier quartier: votre voisin a les siens vers le décours.

Il faut bien que tout ce qui agit sur les animaux et sur les végétaux agisse pendant que la lune marche.

Si une femme de Lyon a remarqué qu'elle a eu trois ou quatre fois ses règles les jours que la diligence arrivait de Paris, son apothicaire, homme à système, sera-t-il en droit de conclure que la diligence de Paris a une influence admirable sur les canaux excrétoires de cette dame?

Il a été un temps où tous les habitants des ports de mer de l'océan, étaient persuadés qu'on ne mourait jamais quand la marée montait, et que la mort attendait toujours le reflux. [8]

14-15   70, 71N, 71A, K12: pleine lune pourrissent-ils

---

[5] 'Le retour périodique des règles dans les femmes, est si exactement d'accord avec le mois lunaire, qu'il y a eu presque une voix sur ce point dans tous les siècles, chez tous les médecins et chez les femmes même' (*Encyclopédie*, t.8, p.736).

[6] Exemple rapporté par Menuret (*Encyclopédie*, t.8, p.736).

[7] Le mot 'menstrues' se trouve en effet au masculin. Voir par exemple Daniel Le Clerc, *Histoire de la médecine* (Amsterdam, 1723), p.171: 'menstrues trop abondants, retenus, purulents, etc.'. Par ailleurs, il existe, en chimie, le mot 'menstrue' au masculin (voir Furetière).

[8] 'Il arrive aussi quelquefois que les redoublements dans les maladies aiguës suivent les alternatives du flux et reflux; et cela s'observe principalement dans les villes maritimes. Charles Pison dit que les malades se trouvaient très mal lorsque le flux de la mer se rencontrait dans la pleine lune; c'est un fait connu, dit-il, que plusieurs sont morts pendant le tems du reflux' (*Encyclopédie*, t.8, p.736). Menuret

421

Plusieurs médecins ne manquaient pas de fortes raisons pour   35
expliquer ce phénomène constant. La mer en montant commu-
nique aux corps la force qui l'élève. Elle apporte des particules
vivifiantes qui raniment tous les malades. Elle est salée, et le sel
préserve de la pourriture attachée à la mort. Mais quand la mer
s'affaisse et s'en retourne, tout s'affaisse comme elle; la nature   40
languit, le malade n'est plus vivifié, il part avec la marée. Tout cela
est bien expliqué, comme on voit, et n'en est pas plus vrai.

Les éléments, la nourriture, la veille, le sommeil, les passions,
ont sur vous de continuelles influences. Tandis que ces influences
exercent leur empire sur votre corps, les planètes marchent et les   45
étoiles brillent. Direz-vous que leur marche et leur lumière sont la
cause de votre rhume, de votre indigestion, de votre insomnie, de
la colère ridicule où vous venez de vous mettre contre un mauvais
raisonneur, de la passion que vous sentez pour cette femme?

Mais la gravitation du soleil et de la lune a rendu la terre un peu   50
plate au pôle, et élève deux fois l'océan entre les tropiques en vingt-
quatre heures; donc elle peut régler vos accès de fièvre et
gouverner toute votre machine. Attendez au moins que cela soit
prouvé, pour le dire.

Le soleil agit beaucoup sur nous par ses rayons qui nous   55
touchent et qui entrent dans nos pores. C'est là une très sûre et
très bénigne influence. [9] Il me semble que nous ne devons admettre

---

54-55   K84, K12: dire. [*avec note*: Cette seule ligne contient tout ce qu'on peut
dire de raisonnable sur ces influences, et en général sur tous les faits qui paraissent
s'éloigner de l'ordre commun des phénomènes. Si l'existence de cet ordre est certaine
pour nous; c'est que l'expérience nous la fait observer constamment. Attendons
qu'une constance égale ait pu s'observer dans ces influences prétendues; alors nous y
croirons de même, et avec autant de raison.] ¶Le

---

fait allusion au *Selectiorum observationum et consiliorum de praetervisis hactenus morbis*
affectibusque praeter naturam ab aqua, seu serosa colluvie et diluvie ortis liber singularis
de Carolus Piso (Pont-à-Mousson, 1618).

[9] 'Le Soleil est de tous les astres celui dont l'action *physique* sur les hommes est la
plus apparente: personne n'ignore que la lumière et la chaleur en sont les effets
primitifs' (*Encyclopédie*, t.8, p.733).

en physique aucune action sans contact, jusqu'à ce que nous ayons trouvé quelque puissance bien reconnue qui *agisse en distance*, comme celle de la gravitation, et comme celle de vos pensées sur les 60 miennes quand vous me fournissez des idées. Hors de là je ne vois jusqu'à présent que des influences de la matière qui touche à la matière.

Le poisson de mon étang et moi nous existons chacun dans notre séjour. L'eau qui le touche de la tête à la queue agit continuellement 65 sur lui. L'atmosphère qui m'environne et qui me presse, agit sur moi. Je ne dois attribuer à la lune qui est à quatre-vingt-dix mille lieues de moi, rien de ce que je dois naturellement attribuer à ce qui touche sans cesse ma peau. C'est pis que si je voulais rendre la cour de la Chine responsable d'un procès que j'aurais en France. 70 N'allons jamais au loin quand ce que nous cherchons est tout auprès.

Je vois que le savant M. Menuret est d'un avis contraire dans l'Encyclopédie à l'article 'Influence'. C'est ce qui m'oblige à me défier de tout ce que je viens de proposer. L'abbé de Saint-Pierre 75 disait qu'il ne faut jamais avoir raison, mais dire, *Je suis de cette opinion quant à présent.* [10]

Influence des passions des mères sur leur fœtus

Je crois, quant à présent, que les affections violentes des femmes enceintes font quelquefois un prodigieux effet sur l'embryon qu'elles portent dans leur matrice, [11] et je crois que je le croirai 80

---

[10] Ce mot se trouve dans l'*Eloge de Saint-Pierre* par D'Alembert: 'C'est pour cela qu'il ne faut presque jamais soutenir qu'on a raison, mais dire avec modestie: Je suis de cette opinion quant à présent' (*Histoire des membres de l'Académie française, morts depuis 1700 jusqu'en 1771*, 6 vol., Paris, 1785-1787, t.5, p.201).

[11] Ce 'témoignage', plutôt étonnant sous la plume de Voltaire, doit être replacé dans son contexte scientifique. Au début du siècle, les meilleurs périodiques comme le *Journal des savants* ou les *Philosophical Transactions* rapportaient encore des faits surprenants, même extravagants. D'après J. Roger (*Les Sciences de la vie dans la pensée française du XVIIIᵉ siècle*, Paris, 1963), 'les prodiges les plus generalement

toujours; ma raison est que je l'ai vu. Si je n'avais pour garant de mon opinion que le témoignage des historiens qui rapportent l'exemple de Marie Stuart et de son fils Jacques Ier, [12] je suspendrais mon jugement, parce qu'il y a deux cents ans entre cette aventure et moi; (ce qui affaiblit ma croyance) parce que je puis attribuer l'impression faite sur le cerveau de Jacques à d'autres causes qu'à l'imagination de Marie. Des assassins royaux, à la tête desquels est son mari, entrent l'épée à la main dans le cabinet où elle soupe avec son amant, et le tuent à ses yeux: la révolution subite qui s'opère dans ses entrailles passe jusqu'à son fruit, et Jacques Ier, avec beaucoup de courage, sentit toute sa vie un frémissement involontaire quand on tirait une épée du fourreau. Il se pourrait après tout que ce petit mouvement dans ses organes eût une autre cause.

Mais on amène en ma présence, dans la cour d'une femme grosse, un bateleur qui fait danser un petit chien coiffé d'une espèce de toque rouge; la femme s'écrie qu'on fasse retirer cette figure; elle nous dit que son enfant en sera marqué; elle pleure, rien ne la rassure. C'est la seconde fois, dit-elle, que ce malheur m'arrive. Mon premier enfant porte l'empreinte d'une terreur pareille que j'ai éprouvée; je suis faible, je sens qu'il m'arrivera un malheur. Elle

85

90

95

100

96   71N: femme nous dit qu'on

---

acceptés sont ceux qui mettent en cause les forces de l'imagination maternelle. Des œufs de poule produisent des milans, un enfant ressemble à une vache, à un loup, à un singe, voire, se trouve "parfaitement semblable à un crucifix", sans que cela paraisse incroyable. La très grave *Histoire de l'Académie royale des sciences* nous raconte comment un enfant est né avec un rognon de bœuf en place de tête, parce que sa mère n'avait pu satisfaire une envie de rognon', et ainsi de suite (p.187). Aux yeux de Voltaire, l'imagination blessée peut tout au plus produire des monstres; au chapitre 8 de *La Philosophie de l'histoire*, il rejette l'opinion du P. Lafitau selon lequel 'les négresses, voyant leurs maris teints en noir, en eurent l'imagination si frappée que leur race s'en ressentit pour jamais' (*OCV*, t.59, p.116).

[12] Cet exemple est cité par Malebranche dans *De la recherche de la vérité*, livre 2, ch.7, section 4, qui le tient lui-même de l'ouvrage du chevalier Kenelm Digby, *Discours fait en une célèbre assemblée touchant la guérison des plaies et la composition de la poudre de sympathie* (Utrecht, 1681 [1658]), p.85-86.

424

n'eut que trop raison. Elle accoucha d'un enfant qui ressemblait à cette figure dont elle avait été tant épouvantée. La toque surtout était très aisée à reconnaître; ce petit animal vécut deux jours.

Du temps de Mallebranche, personne ne doutait de l'aventure qu'il rapporte de cette femme qui ayant vu rouer un malfaiteur, mit au jour un fils dont les membres étaient brisés aux mêmes endroits où le patient avait été frappé.[13] Tous les physiciens convenaient alors que l'imagination de cette mère avait eu sur son fœtus une influence funeste.

On a cru depuis être plus raffiné; on a nié cette influence. On a dit, Comment voulez-vous que les affections d'une mère aillent déranger les membres du fœtus? Je n'en sais rien; mais je l'ai vu. Philosophes nouveaux, vous cherchez en vain comment un enfant se forme, et vous voulez que je sache comment il se déforme!

105

110

---

105   71N: vu rompre un

114   K84, K12: déforme. [*avec note*: Il faut appliquer ici la règle que M. de Voltaire a donnée dans l'article précédent. Mais il tombe ici dans une faute très commune aux meilleurs esprits, c'est d'être plus frappé du fait positif qu'on a vu, ou qu'on a cru voir, que de mille faits négatifs.] //

---

[13] Voir Malebranche, *De la recherche de la vérité*, livre 2, ch.7, section 6. Voltaire possède deux éditions de cet ouvrage (BV2776, BV2777) qu'il a largement annotées (*LN*, t.5, p.485-507).

INITIATION

Anciens mystères

L'origine des anciens mystères ne serait-elle pas dans cette même faiblesse qui fait parmi nous les confréries, et qui établissait des congrégations sous la direction des jésuites? n'est-ce pas ce besoin d'association qui forma tant d'assemblées secrètes d'artisans dont il ne nous reste presque plus que celle des francs-maçons? [1] Il n'y   5

* Prolongeant explicitement l'article 'Eleusinies' de l'abbé Mallet, Jaucourt évoque, dans l'article 'Mystères' de l'*Encyclopédie*, les 'mystères qu'on célébrait en l'honneur de Cérès à Eleusis' (t.10, p.922), retrace les étapes de l'initiation et mentionne le silence qui entourait ces cérémonies ainsi que les représailles à l'encontre de ceux qui le rompent (Diagoras, Eschyle mais aussi Alcibiade). La source principale de Voltaire semble cependant être ici l'ouvrage de William Warburton, *The Divine Legation of Moses demonstrated* (3 vol., Londres, 1738-1741, BV3825; Londres, 1755, BV3826; 2 vol., Londres, 1758, BV3827). Alors qu'il avait pu, dans le chapitre 37 de *La Philosophie de l'histoire*, présenter mystères et expiations comme 'une institution salutaire', destinée à 'inspirer la vertu aux hommes' (*OCV*, t.59, p.215, 218), Voltaire adopte ici une perspective dépréciative: ces cérémonies, ramenées à des 'simagrées religieuses' (ligne 25) et à des 'facéties' (lignes 38, 73), ne 'méritent' pas l'attention (lignes 16, 25). Loin de s'en tenir à un contexte historique et géographique spécifique, Voltaire envisage l'initiation en tant que phénomène qui appelle des rapprochements avec les 'mystères chrétiens' (ligne 146), déjà effectués, en particulier, dans les articles du *DP* 'Baptême' (*OCV*, t.35, p.401; repris dans l'article 'Eglise' des *QE*, *OCV*, t.41, p.10), 'Confession' (*OCV*, t.35, p.632-33), 'Credo' (*OCV*, t.35, p.649-50) et 'Religion' (*OCV*, t.36, p.477). C'est l'occasion de rappeler les 'abominations' (ligne 184) reprochées aux premiers chrétiens, partant les origines peu glorieuses de 'notre religion' (ligne 126), dans le droit fil de cette question rhétorique formulée dans l'article 'Baiser' des *QE*: 'comment sauver le berceau de notre Eglise triomphante des horreurs d'un tel scandale?' (*OCV*, t.39, p.294, n.*d*). Le présent article paraît en septembre/octobre 1771 (70, t.7).

[1] Sur les confréries et l'origine de la 'société des francs-maçons', voir l'*EM*, ch.82 (éd. Pomeau, t.1, p.771-72). Le rapprochement est également effectué par exemple dans *La Philosophie de l'histoire* (ch.37, *OCV*, t.59, p.219).

avait pas jusqu'aux gueux qui n'eussent leurs confréries, leurs
mystères, leur jargon particulier, dont j'ai vu un petit dictionnaire
imprimé au seizième siècle.[2]

Cette inclination naturelle de s'associer, de se cantonner, de se
distinguer des autres, de se rassurer contre eux, produisit proba-   10
blement toutes ces bandes particulières, toutes ces initiations
mystérieuses qui firent ensuite tant de bruit, et qui tombèrent
enfin dans l'oubli, où tout tombe avec le temps.

Que les dieux cabires, les hiérophantes de Samothrace,[3] Isis,
Orphée, Cérès-Eleusine[4] me le pardonnent; je soupçonne que leurs   15
secrets sacrés ne méritaient pas au fond plus de curiosité que
l'intérieur des couvents de carmes et de capucins.

Ces mystères étant sacrés, les participants le furent bientôt. Et
tant que le nombre fut petit il fut respecté, jusqu'à ce qu'enfin
s'étant trop accru, il n'eut pas plus de considération que les barons   20
allemands quand le monde s'est vu rempli de barons.

On payait son initiation comme tout récipiendaire paie sa
bienvenue;[5] mais il n'était pas permis de parler pour son argent.
Dans tous les temps ce fut un grand crime de révéler le secret de ces
simagrées religieuses. Ce secret sans doute ne méritait pas d'être   25

6-7   70, 71N, 71A, W68, W75G: confréries, leur jargon

[2] Quoique cette édition date du siècle suivant, Voltaire fait sans doute allusion à
l'ouvrage attribué à Ollivier Chereau, *Le Jargon, ou langage de l'argot réformé,
comme il est à présent en usage parmi les bons pauvres*, 'composé par un pilier de
boutanche, qui maquille en molanche en la vergne de Tours' (Lyon, 1634, BV743).
Voir l'édition critique par D. Delaplace (Paris, 2008).

[3] Sur les dieux cabires et les hiérophantes de Samothrace, voir l'article 'Samothrace' des *QE* (*M*, t.20, p.393-95).

[4] Sur les 'mystères de Cérès Eleusine', voir *La Philosophie de l'histoire*, ch.37.

[5] Warburton cite un passage du commentateur d'Hermogènes qui fait état de
l'instauration légale de cette redevance: 'Aristogiton [...] in a great scarcity of public
money, procured a law, that in Athens everyone should pay a certain sum for his
initiation' (*The Divine Legation*, livre 2, section 4, éd. de 1755, t.1, p.147). Il
mentionne l'impératif du secret qui s'impose aux initiés: 'Everything in these rites
was mysteriously conducted, and under the most solemn obligations to secrecy'.
Note marginale dans l'exemplaire de Voltaire: 'on payait l'initiation' (*CN*, t.9).

connu, puisque l'assemblée n'était pas une société de philosophes, mais d'ignorants, dirigés par un hiérophante. On faisait serment de se taire; et tout serment fut toujours un lien sacré. Aujourd'hui même encore nos pauvres francs-maçons jurent de ne point parler de leurs mystères. Ces mystères sont bien plats, mais on ne se $\quad$ 30 parjure presque jamais.

Diagoras fut proscrit par les Athéniens pour avoir fait de l'hymne secrète d'Orphée un sujet de conversation. [6] Aristote nous apprend (a) qu'Eschyle risqua d'être déchiré par le peuple, ou du moins bien battu, pour avoir donné dans une de ses pièces $\quad$ 35 quelque idée de ces mêmes mystères, [7] auxquels alors presque tout le monde était initié.

Il paraît qu'Alexandre ne faisait pas grand cas de ces facéties révérées; elles sont fort sujettes à être méprisées par les héros. Il

(a) *Suidas Athenagoras Meursius eleus.*

34-35 $\quad$ 70, 71N, 71A: qu'Eschyle fut menacé par le peuple d'être mis en pièces pour

[6] Anecdote rapportée dans l'article 'Mystères' de l'*Encyclopédie*, à la suite de laquelle Jaucourt, sans mentionner Aristote, évoque aussi la mésaventure d'Eschyle (t.10, p.922-23). Mais Voltaire s'inspire sans doute encore de Warburton, qui, en se fondant sur les témoignages de Meursius (auteur d'*Eleusinia, sive de Cereris Eleusinae sacro ac festo liber singularis*, Leyde, 1619), du lexicographe Suidas (dixième siècle) et du philosophe grec converti au christianisme Athénagoras (deuxième siècle; voir, ci-dessus, n.a), évoque les poursuites engagées à l'encontre de Diagoras de Mélos, philosophe grec de la fin du cinquième siècle avant J.-C.: 'This man had revealed the Orphic and Eleusinian mysteries: and so, passed with the people for an atheist [...]. He likewise dissuaded his friends from being initiated into these rites: the consequence of which was, that the city of Athens proscribed him, and set a price upon his head' (*The Divine Legation*, livre 2, section 4, t.1, p.180-81 et n.*l* et n.*o*).

[7] L'anecdote est couramment répandue, mais elle est à nouveau rapportée par Warburton, d'après Clément d'Alexandrie et Aristote (*Ethique à Nicomaque*, livre 3, ch.1): 'Aeschylus, on a mere imagination of his having given a hint in his scenes of something in the mysteries, had like to have been torn in pieces on the stage by the people; and only escaped by an appeal to the areopagus' (*The Divine Legation*, livre 2, section 4, t.1, p.181 et n.*r*).

428

révéla le secret à sa mère Olimpias, mais il lui recommanda de n'en   40
rien dire; tant la superstition enchaîne jusqu'aux héros mêmes. [8]

On frappe dans la ville de Busiris, dit Hérodote, (*b*) *les hommes et les femmes après le sacrifice; mais de dire où on les frappe, c'est ce qui ne m'est pas permis.* [9] Il le fait pourtant assez entendre.

Je crois voir une description des mystères de Cérès-Eleusine   45
dans le poème de Claudien, du rapt de Proserpine, [10] beaucoup plus
que dans le sixième livre de l'*Enéide*. [11] Virgile vivait sous un
prince [12] qui joignait à toutes ses méchancetés celle de vouloir
passer pour dévot, qui était probablement initié lui-même, pour en
imposer au peuple, et qui n'aurait pas toléré cette prétendue   50
profanation. Vous voyez qu'Horace son favori regarde cette
révélation comme un sacrilège.

(*b*) Hérod. livre 2, ch.41.

[8] L'anecdote, déjà mentionnée dans le chapitre 37 de *La Philosophie de l'histoire* (*OCV*, t.59, p.218), est rapportée par Warburton, qui cite saint Augustin (voir *De la cité de Dieu*, livre 8, ch.27, trad. L. Giry, 2 vol., Paris, 1665-1667, t.2, p.285, BV218): 'the priest being under great fears and apprehensions [...], as conscious that he was betraying the SECRET OF THE MYSTERIES, begged of Alexander, when he found that he intended to communicate it to his mother, that he would enjoin her to burn the letter, as soon as she had read it' (*The Divine Legation*, t.1, p.158; signet dans l'exemplaire de Voltaire).

[9] Cf. *Les Histoires d'Hérodote, traduites en français, par Monsieur Du Ryer*, 3 vol. (Paris, 1714), livre 2: 'tous les hommes et toutes les femmes qui s'y [à Busiris, pendant la fête d'Isis] rencontrent en grand nombre, se battent après le sacrifice, mais je n'en dirai pas la raison, parce qu'il n'est pas honnête de la dire' (t.1, p.253). Voltaire possédait cet ouvrage (3 vol., Paris, 1713, BV1631).

[10] Claudius Claudianus, *Opera* (Paris, 1602, BV788), 'De raptu Proserpinae'. Dans l'exemplaire de Voltaire, un signet et un papillon marquent un passage du livre 3 (*CN*, t.2, p.658).

[11] Warburton consacre une grande partie de la section 4 du livre 2 à une analyse de ce passage considéré comme une représentation des mystères. Voir *The Divine Legation*, t.1, p.210-96; signet annoté de Bigex entre les p.278-79, 'Enfer de Virgile' (*CN*, t.9).

[12] Sur l'image dépréciative d'Auguste véhiculée par Voltaire jusque dans les *QE*, voir l'article 'Auguste Octave' (*OCV*, t.39, p.211, n.*).

Vetabo qui Cereris sacrum
Vulgarit arcanae sub iisdem
Sit trabibus, vel fragilem mecum   55
Solvat phazelum.[13]

Je me garderai bien de loger sous mes toits
Celui qui de Cérès a trahi les mystères.

D'ailleurs, la sibylle de Cumes, et cette descente aux enfers,
imitée d'Homère beaucoup moins qu'embellie,[14] la belle prédic-   60
tion des destins des Césars et de l'empire romain,[15] n'ont aucun
rapport aux fables de Cérès, de Proserpine et de Triptolême. Ainsi
il est fort vraisemblable que le sixième livre de l'*Enéide* n'est point
une description des mystères. Si je l'ai dit[16] je me dédis; mais je
tiens que Claudien les a révélés tout au long. Il florissait dans un   65
temps où il était permis de divulguer les mystères d'Eleusis et tous
les mystères du monde. Il vivait sous Honorius dans la décadence
totale de l'ancienne religion grecque et romaine, à laquelle
Théodose Ier avait déjà porté des coups mortels.[17]

---

64   K84, K12: dédis; [*avec note*: *Essai sur la poésie épique.*] mais

---

[13] Horace, *Odes*, livre 3, ode 2, vers 26-29, avec les différences suivantes: '*volgarit*
[...] *sub isdem*' (ligne 54); '*trabibus, fragilemque*' (ligne 55); '*phaselon*' (ligne 56). 'Je
défendrai que l'homme qui aura divulgué les rites de la mystérieuse Cérès habite sous
les mêmes poutres que moi ou détache de la rive le même fragile esquif' (*Odes et
épodes*, trad. F. Villeneuve, Paris, 2001, p.99). La traduction versifiée qui suit est celle
de Voltaire. Ces vers d'Horace sont également cités par Warburton (*The Divine
Legation*, livre 2, section 4, t.1, p.241).

[14] Dans le chapitre 3 de l'*Essai sur la poésie épique*, Voltaire effectue un parallèle
entre Homère et Virgile qui tourne à l'avantage de ce dernier: voir *OCV*, t.3B, p.429-
31.

[15] Episodes successivement traités dans le chant 6 de l'*Enéide*.

[16] Idée en effet exprimée, non pas dans l'*Essai sur la poésie épique*, comme le
suggèrent les éditeurs de Kehl (voir la variante), mais dans le chapitre 45 de l'*EM*
(*OCV*, t.23, p.107) et dans les chapitres 21 et 37 de *La Philosophie de l'histoire* (*OCV*,
t.59, p.166, 216).

[17] Sur le contexte historique du quatrième siècle, voir le chapitre 51 de *La
Philosophie de l'histoire*.

Horace n'aurait pas craint alors d'habiter sous le même toit avec 70
un révélateur des mystères. Claudien en qualité de poète était de
cette ancienne religion, plus faite pour la poésie que la nouvelle. Il
peint les facéties des mystères de Cérès telles qu'on les jouait
encore révérencieusement en Grèce jusqu'à Théodose II. C'était
une espèce d'opéra en pantomimes, tel que nous en avons vu de très 75
amusants, où l'on représentait toutes les diableries du docteur
Faustus, la naissance du monde et celle d'Arlequin qui sortaient
tous deux d'un gros œuf aux rayons du soleil. C'est ainsi que toute
l'histoire de Cérès et de Proserpine était représentée par tous les
mystagogues. [18] Le spectacle était beau; il devait coûter beaucoup; 80
et il ne faut pas s'étonner que les initiés payassent les comédiens.
Tout le monde vit de son métier.

Voici les vers ampoulés de Claudien.

Inferni raptoris equos, afflataque curru
Sidera tenario, caligantesque profundae 85
Junonis Thalamos audaci promere cantu
Mens congesta jubet. Gressus removete prophani.
Jam furor humanos nostro de pectore sensus
Expulit, et totum spirant praecordia Phoebum.
Jam mihi cernuntur trepidis delubra moveri 90
Sedibus, et claram dispergere culmina lucem,
Adventum testata Dei: jam magnus ab imis
Auditur fremitus terris, templumque remugit
Cecropidum, sanctasque faces extollit Eleusis:
Angues Triptolemi strident et squammea curvis 95
Colla levant attrita jugis, lapsuque sereno
Erecti roseas tendunt ad carmina cristas.
Ecce procul ternis Hecate variata figuris
Exoritur, lenisque simul procedit Iacchus,

---

[18] Dans l'article 'Céréales' du *Grand Dictionnaire historique* (8 vol., Amsterdam,
1740, BV2523), Moreri évoque brièvement les jeux ou fêtes célébrés à l'honneur de
Cérès sans fournir tous ces détails: il signale, d'après Macrobe, qu'''on y portait un
œuf qui était un des mystères de Cérès' (t.2, p.244).

Crinali florens hedera, quem Parthica velat   100
Tigris, et auratos in nodum colligit angues. [19]

Je vois les noirs coursiers du fier dieu des enfers;
Ils ont percé la terre, ils font mugir les airs.
Voici ton lit fatal, ô triste Proserpine!
Tous mes sens ont frémi d'une fureur divine;   105
Le temple est ébranlé jusqu'en ses fondements;
L'enfer a répondu par ses mugissements:
Cérès a secoué ses torches menaçantes;
D'un nouveau jour qui luit les clartés renaissantes
Annoncent Proserpine à nos regards contents.   110
Triptolême la suit. Dragons obéissants
Traînez sur l'horizon son char utile au monde.
Hécate des enfers fuyez la nuit profonde.
Brillez, reine des temps. Et toi, divin Bacchus,
Bienfaiteur adoré de cent peuples vaincus,   115
Que ton superbe thyrse amène l'allégresse.

Chaque mystère avait ses cérémonies particulières, mais tous
admettaient les veilles, les vigiles, où les garçons et les filles ne
perdirent pas leur temps. Et ce fut en partie ce qui décrédita à la fin
ces cérémonies nocturnes, instituées pour la sanctification. On   120
abrogea ces cérémonies de rendez-vous en Grèce dans le temps de
la guerre du Péloponèse. On les abolit à Rome dans la jeunesse de
Cicéron, dix-huit ans avant son consulat. [20] Elles étaient si dange-

---

[19] Claudius Claudianus, 'De raptu Proserpinae' (*Opera*, p.4). Ces vers se trouvent
au début du livre 1, avec les différences suivantes: '*Sidera Taenario*' (ligne 85),
'*prodere cantu*' (ligne 86), '*colligit ungues*' (ligne 101). La traduction versifiée qui suit
est celle de Voltaire. Ces vers de Claudien sont partiellement cités par Warburton
(*The Divine Legation*, livre 2, section 4, t.1, p.239).

[20] Warburton évoque l'interdiction des cérémonies nocturnes tout en signalant,
d'après Cicéron (*De legibus*, livre 2, ch.14-15: voir *Opera*, 9 vol., Genève, 1758, t.3,
p.207-10, BV771), l'exception que constituent les mystères de Cérès: 'in the law
where he [Cicéron] forbids nocturnal sacrifices offered by women, he makes an
express exception for the mysteries of Ceres, as well as for the sacrifices to the *good
Goddess*' (*The Divine Legation*, livre 2, section 4, t.1, p.185; signet dans l'exemplaire
de Voltaire). Warburton signale aussi l'abolition des rites de Bacchus: 'The

reuses que dans l'*Aulularia* de Plaute, Liconide dit à Euclion, *Je vous avoue que dans une vigile de Cérès je fis un enfant à votre fille.*[21]   125

Notre religion qui purifia beaucoup d'instituts païens en les adoptant, sanctifia le nom d'initiés, les fêtes nocturnes, les vigiles qui furent longtemps en usage, mais qu'on fut enfin obligé de défendre quand la police fut introduite dans le gouvernement de l'Eglise, longtemps abandonnée à la piété et au zèle qui tenaient lieu   130 de police.

La formule principale de tous les mystères était partout, *Sortez, profanes.* Les chrétiens prirent aussi dans les premiers siècles cette formule. Le diacre disait, *Sortez, catéchumènes, possédés, et tous les non-initiés.*[22]   135

C'est en parlant du baptême des morts que saint Chrysostome dit, *Je voudrais m'expliquer clairement, mais je ne le puis qu'aux initiés. On nous met dans un grand embarras. Il faut ou être inintelligibles, ou publier les secrets qu'on doit cacher.*[23]

---

consequence of this discovery [que les cérémonies donnèrent lieu à toutes les débauches qui suivirent] was the abolition of the rites of Bacchus throughout Italy, by a decree of the Senate' (p.194-95). Entre-temps, il cite, à propos de la Grèce, le témoignage de Zosime (p.188-89).

[21] Dans *L'Aululaire*, acte 4, scène 10, le jeune Liconide 'avoue' au vieil Euclion qu'étant ivre, 'pendant les veilles de Cérès', il a violé sa fille, qui attend un enfant de lui: voir *Les Comédies de Plaute, nouvellement traduites en style libre, naturel et naïf* [...] *par Monsieur Gueudeville*, 10 vol. (Leyde, 1719, BV2757), t.2, p.142.

[22] Warburton évoque la 'formule principale de tous les mystères' après avoir mentionné les paroles de la Sibylle dans le poème de Claudien (voir, ci-dessus, n.10): 'The PROCUL, O PROCUL ESTE, PROFANI of the sybil, is a literal translation of the formula used by the mystagogue, at the opening of the mysteries' (*The Divine Legation*, livre 2, section 4, t.1, p.240). Ces rapprochements entre les rites de l'antiquité profane et ceux des premiers chrétiens se retrouvent, par exemple, dans l'article 'Confession' du *DP* (*OCV*, t.35, p.632-33).

[23] Voir les *Homélies ou sermons de saint Jean Chrysostome, archevêque de Constantinople*, 3 vol. (Paris, 1693). Voltaire paraphrase librement un passage de l'homélie 40 sur 1 Corinthiens: 'Je voudrais bien m'expliquer mieux, mais je ne l'ose à cause de ceux qui ne sont pas encore instruits. Ces personnes seront cause que ce que je dis sera un peu plus obscur, parce qu'ils me contraindront de taire ce qui ne doit pas leur etre encore révélé. Ainsi je couvrirai tout le plus qu'il me sera possible, et

On ne peut désigner plus clairement la loi du secret et   140
l'initiation. Tout est tellement changé que si vous parliez
aujourd'hui d'initiation à la plupart de vos prêtres, à vos habitués
de paroisse, il n'y en aurait pas un qui vous entendît, excepté ceux
qui par hasard auraient lu ce chapitre.

Vous verrez dans Minutius Felix les imputations abominables   145
dont les païens chargeaient les mystères chrétiens. On reprochait
aux initiés de ne se traiter de frères et de sœurs que pour profaner ce
nom sacré; (c) ils baisaient, disait-on, les parties génitales de leurs
prêtres;[24] (comme on en use encore avec les santons d'Afrique) ils
se souillaient de toutes les turpitudes dont on a depuis flétri les   150
Templiers.[25] Les uns et les autres étaient accusés d'adorer une
espèce de tête d'âne.[26]

Nous avons vu[27] que les premières sociétés chrétiennes se
reprochaient tour à tour les plus inconcevables infamies. Le
prétexte de ces calomnies mutuelles était ce secret inviolable que   155
chaque société faisait de ses mystères. C'est pourquoi dans
Minutius Felix, Caecilius l'accusateur des chrétiens s'écrie, Pourquoi cachent-ils avec tant de soin ce qu'ils font et ce qu'ils adorent?
l'honnêteté veut le grand jour, le crime seul cherche les ténèbres.

(c) Minutius Felix, p.22, édition in-4°.

---

garderai le secret' (t.2, p.942). La citation de Voltaire se retrouve à l'identique dans
l'*Histoire de l'établissement du christianisme*, ch.10 (*M*, t.31, p.74).

[24] Voir Minucius Felix, *De idolorum vanitate* (Paris, 1643, BV2463), p.22 (passage
marqué d'un signet dans l'exemplaire de Voltaire, *CN*, t.5, p.646).

[25] Accusations mentionnées dans le chapitre 66 de l'*EM* (*OCV*, t.23, p.540). Voir
aussi l'article 'Conspirations' des *QE* (*OCV*, t.40, p.215).

[26] Voir Minucius Felix, *De idolorum vanitate*, p.22. Dans l'exemplaire de Voltaire,
passage marqué par un signet annoté: 'chrétiens accusés d'adorer un âne / on ne
s'adore point soi-même' (*CN*, t.5, p.646).

[27] Idée exposée dans l'article 'Baiser' des *QE* (*OCV*, t.39, p.292-94), qui exploite
également l'ouvrage de Minucius Felix. Voir aussi *L'Examen important de milord
Bolingbroke*, ch.20 (*OCV*, t.62, p.254-55, n.*a*).

Cur occultare et abscondere quidquid colunt magnopere nituntur? cum   160
honesta semper publico gaudeant, scelera secreta sint. [28]

Il n'est pas douteux que ces accusations universellement
répandues, n'aient attiré aux chrétiens plus d'une persécution.
Dès qu'une société d'hommes, quelle qu'elle soit est accusée par la
voix publique, en vain l'imposture est avérée, on se fait un mérite   165
de persécuter les accusés.

Comment n'aurait-on pas eu les premiers chrétiens en horreur
quand saint Epiphane lui-même les charge des plus exécrables
imputations? Il assure que les chrétiens phibionites [29] offraient à
trois cent soixante et cinq anges la semence qu'ils répandaient sur   170
les filles et sur les garçons; (*d*) et qu'après être parvenus sept cent
trente fois à cette turpitude, ils s'écriaient, Je suis le Christ. [30]

Selon lui, ces mêmes phibionites, les gnostiques et les stratio-
tistes, [31] hommes et femmes répandant leur semence dans les mains
les uns des autres, l'offraient à Dieu dans leurs mystères, en lui   175
disant, Nous vous offrons le corps de Jésus-Christ. (*e*) Ils
l'avalaient ensuite, et disaient, C'est le corps de Christ, c'est la

(*d*) Epiphane édition de Paris 1574, p.40.
(*e*) Page 38.

[28] Minucius Felix, *De idolorum vanitate*, p.24-25.

[29] L'article 'Phibionite' du *Dictionnaire de Trévoux* (8 vol., Paris, 1771, t.6, p.733),
tout comme l'article 'Phibionites' de l'*Encyclopédie*, non signé, se borne à signaler
qu'il s'agit d'"une branche des gnostiques' (t.12, p.501).

[30] Voltaire résume les turpitudes ('turpitudines') détaillées par Epiphane, *Contra
octoginta haereses opus* (Paris, 1564, f.40, BV1226 – passage marqué par un papillon
décollé dans l'exemplaire de Voltaire, *CN*, t.3, p.429).

[31] Le *Dictionnaire de Trévoux* enregistre la forme 'stratiotique': 'nom de secte. [...]
Les stratiotiques étaient des Valentiniens, d'Egypte, ou du moins ils étaient sortis des
Valentiniens. C'était ceux qu'on nommait autrement borborites ou borboriens, à
cause des impuretés et des ordures affreuses auxquelles ils s'abandonnaient' (t.7,
p.856). Aucune de ces formes n'est attestée dans l'*Encyclopédie*.

Pâque. Les femmes qui avaient leurs ordinaires [32] en remplissaient aussi leurs mains, et disaient, C'est le sang du Christ. [33]

Les carpocratiens, [34] selon le même Père de l'Eglise, (*f*) commettaient le péché de sodomie dans leurs assemblées, et abusaient de toutes les parties du corps des femmes, après quoi ils faisaient des opérations magiques. [35]

Les cérinthiens [36] ne se livraient pas à ces abominations, (*g*) mais ils étaient persuadés que Jésus-Christ était fils de Joseph. [37]

Les ébionites, [38] dans leur Evangile, prétendaient que saint Paul ayant voulu épouser la fille de Gamaliel, et n'ayant pu y parvenir, s'était fait chrétien dans sa colère, et avait établi le christianisme pour se venger. (*h*)

(*f*) Feuillet 46 au revers.
(*g*) Page 49.
(*h*) Feuillet 62 au revers. [39]

n.*h* w68: [*note absente*]

[32] Selon le *Dictionnaire de l'Académie* (2 vol., Paris, 1762), 'on appelle *ordinaires*, au pluriel, les purgations ordinaires des femmes. [...] *Quand les femmes perdent leurs ordinaires, elles sont sujettes à de grandes maladies*' (t.2, p.259).

[33] Voir Epiphane, *Contra octoginta haereses opus*, f.38. Dans l'exemplaire de Voltaire, passage marqué par une barre en marge et un signet annoté: 'impuretés horribles' (*CN*, t.3, p.429).

[34] Selon le *Dictionnaire de Trévoux*, 'Anciens hérétiques qui tirent leur nom de Carpocrate, auteur d'une branche de gnostiques, sous l'empereur Hadrien, c'est-à-dire, au second siècle de l'Eglise' (t.2, p.281). Diderot est l'auteur de l'article 'Carpocratiens' de l'*Encyclopédie* (t.2, p.698).

[35] Voir Epiphane, *Contra octoginta haereses opus*, f.46v. Dans l'exemplaire de Voltaire, passage marqué par une barre en marge et un signet annoté: 'impuretés' (*CN*, t.3, p.430).

[36] Selon le *Dictionnaire de Trévoux*, 'Anciens hérétiques qui ont pris leur nom de Cérinthe, contemporain de saint Jean' (t.2, p.378). Sur Cérinthe, voir l'article 'Hérésie' des *QE* (ci-dessus, p.176 et n.19-20).

[37] Voir Epiphane, *Contra octoginta haereses opus*, f.49.

[38] Voir l'article 'Hérésie' des *QE* (ci-dessus, p.176 et n.18).

[39] Voir Epiphane, *Contra octoginta haereses opus*, f.66v. Dans l'exemplaire de Voltaire, passage marqué par un signet annoté: 'ébionites / Paul, fille de Gamaliel'

Toutes ces accusations ne parvinrent pas d'abord au gouverne-   190
ment. Les Romains firent peu d'attention aux querelles et aux
reproches mutuels de ces petites sociétés de Juifs, de Grecs,
d'Egyptiens, cachées dans la populace, de même qu'aujourd'hui
à Londres le parlement ne s'embarrasse point de ce que font les
mennonites, [40] les piétistes, les anabaptistes, les millénaires, [41] les   195
moraves, [42] les méthodistes. On s'occupe d'affaires plus pressantes,
et on ne porte des yeux attentifs sur ces accusations secrètes que
lorsqu'elles paraissent enfin dangereuses par leur publicité.

Elles parvinrent avec le temps aux oreilles du sénat, soit par les
Juifs qui étaient les ennemis implacables des chrétiens, soit par les   200
chrétiens eux-mêmes; et de là vint qu'on imputa à toutes les
sociétés chrétiennes les crimes dont quelques-unes étaient accu-
sées. De là vint que leurs initiations furent calomniées si longtemps. De là vinrent les persécutions qu'ils essuyèrent. Ces
persécutions mêmes les obligèrent à la plus grande circonspection;   205
ils se cantonnèrent, ils s'unirent, ils ne montrèrent jamais leurs
livres qu'à leurs initiés. Nul magistrat romain, nul empereur n'en
eut jamais la moindre connaissance, comme on l'a déjà prouvé. [43]

(*CN*, t.3, p.430). Idée déjà exploitée notamment dans le *DP* (articles 'Christianisme'
et 'Paul', *OCV*, t.35, p.553 et n.22; t.36, p.417 et n.5-8) et dans les *QE* (articles
'Apocryphes', 'Apôtres' et 'Eglise', *OCV*, t.38, p.464-65 et n.33, 518; t.41, p.4,
passage qui reprend l'article 'Christianisme' du *DP*).

[40] Voir l'article 'Esséniens' des *QE* (*OCV*, t.41, p.259, n.12).

[41] Selon l'article 'Millénaires', non signé, de l'*Encyclopédie*, 'secte du second et
troisième siècle, dont la croyance était que Jésus-Christ reviendrait sur la terre, et y
régnerait l'espace de mille ans, pendant lesquels les fidèles jouiraient de toutes sortes
de félicités temporelles; et au bout duquel temps arriverait le jugement dernier' (t.10,
p.516). Définition équivalente dans le *Dictionnaire de Trévoux*, t.5, p.999.

[42] Selon l'article 'Moraves ou frères unis' de l'*Encyclopédie*, qui retient aussi la
forme 'moravites', il s'agit d'une 'secte particulière et reste de hussites, répandus en
bon nombre sur les frontières de Pologne, de Bohème et de Moravie; d'où, selon
toute apparence, ils ont pris le nom de *moraves*' (t.10, p.704). Voir ci-dessus l'article
'Hérésie'.

[43] A plusieurs reprises, Voltaire présente les premiers chrétiens comme des
hommes 'obscurs' (*Traité sur la tolérance*, ch.9, *OCV*, t.56c, p.168; l'*EM*, ch.8,
OCV, t.22, p.164, ajout de 1769) voire 'inconnus' (l'article 'Christianisme' des *QE*,
OCV, t.40, p.85).

La Providence augmenta pendant trois siècles leur nombre et leurs richesses, jusqu'à ce qu'enfin Constance Clore les protégea ouvertement, et Constantin son fils embrassa leur religion. [44] 210

Cependant les noms d'*initiés* et de *mystères* subsistèrent, et on les cacha aux gentils autant qu'on le put. Pour les mystères des gentils, ils durèrent jusqu'au temps de Théodose.

[44] Sur la protection apportée aux chrétiens par Constance Chlore et la conversion de Constantin, voir, entre autres, l'article 'Eglise' des *QE* (*OCV*, t.41, p.16-18), qui reprend partiellement l'article 'Christianisme' du *DP*.

INNOCENTS

Massacre des innocents

Quand on parle du massacre des innocents, on n'entend ni les Vêpres siciliennes, [1] ni les matines de Paris, connues sous le nom de Saint-Barthélemi, ni les habitants du nouveau monde égorgés parce qu'ils n'étaient pas chrétiens, ni les autodafés d'Espagne et de Portugal, etc. etc. etc. On entend d'ordinaire les petits enfants qui   5

---

a-b K84, K12: INNOCENTS (MASSACRE DES)

---

* Hanté depuis toujours par la Saint-Barthélemy à laquelle l'épisode des innocents est souvent associé au dix-huitième siècle comme ici, Voltaire semble n'avoir longtemps vu dans ce massacre qu'un motif pictural. C'est vraisemblablement la publication de l'*Extrait des sentiments de Jean Meslier* (1762), puis celle de l'*Analyse de la religion chrétienne* de Du Marsais (s.l.n.d, BV1141, éditée dans le *Recueil nécessaire*, Leipzig, 1765 [Genève 1766], BV3748) qui renouvelle son intérêt pour cet épisode du Nouveau Testament rapporté par le seul Evangile de Matthieu. Dès le début des années 1750 (voir le *Sermon des cinquante*, Introduction de J. P. Lee et G. Pink, *OCV*, t.49A, p.18-19 et n.65) Voltaire avait probablement lu le *Mémoire* de Meslier, dont la seconde contradiction porte sur les mages, le voyage en Egypte et le massacre des innocents, mais il n'avait alors retenu que les discordances concernant la généalogie de Marie et l'"adoration des mages, étoiles' (*Carnets*, *OCV*, t.81, p.428). Il ne commence à exploiter la contradiction des Evangiles de Matthieu et de Luc sur l'enfance du Christ qu'après 1765, année où paraît l'article 'Mages' de l'*Encyclopédie* (t.9, p.847-49), qu'on a confondu à tort avec un article homonyme (par un 'prêtre de Lausanne') que Voltaire envoya effectivement à D'Alembert en mai 1757 et qui 'trait[ait] l'étoile des mages cavalièrement' (D7267, D7320). C'est cependant surtout avec le *Commentaire littéral* sur l'Evangile de Matthieu (BV613) et la 'Dissertation sur les mages' du même ouvrage qu'il polémique ici en reprenant des arguments déjà présentés dans *L'Examen important de milord Bolingbroke* (1766), *Les Questions de Zapata* (1767) et *Dieu et les hommes* (1769) et qui seront encore repris dans l'*Histoire de l'établissement du christianisme*. L'article paraît en février/mars 1772 (70, t.9, 'Supplément').

[1] Sur le soulèvement des Siciliens contre les Provençaux (1282) déjà évoqué sous ce nom dans l'article 'Conspirations' des *QE* (*OCV*, t.40, p.214-15), voir aussi les *Annales de l'Empire* (*M*, t.13, p.371) et l'*EM*, ch.61 (*OCV*, t.23, p.623-24).

furent tués dans la banlieue de Bethléem par ordre d'Hérode le Grand, et qui furent ensuite transportés à Cologne, où l'on en trouve encore. [2]

Toute l'Eglise grecque a prétendu qu'ils étaient au nombre de quatorze mille. [3]

10

Les difficultés élevées par les critiques sur ce point d'histoire, ont toutes été résolues par les sages et savants commentateurs. [4]

On a incidenté [5] sur l'étoile qui conduisit les mages du fond de l'Orient à Jérusalem. On a dit que le voyage étant long, l'étoile

6   w68: ordre d'Hercule le

[2] Voltaire confond avec les reliques des mages que Frédéric Barberousse aurait fait transférer à Cologne en 1164. Dans le chapitre 94 de l'*EM*, il avait lui-même évoqué la 'sot[te]' croyance qu'on avait à Cologne de 'posséder les os pourris de trois prétendus rois qui vinrent, dit-on, du fond de l'Orient apporter de l'or à l'enfant Jésus dans une étable' et 'dont il n'est pas même parlé dans les Evangiles' (*OCV*, t.24, p.466). Dans son *Commentaire littéral* sur Matthieu 2:16, Calmet avait présenté le culte ancien des 'reliques des saints innocents que l'on montre en plusieurs endroits' comme 'incertain' sans autre précision (23 vol., Paris, 1707-1716, [*Matthieu*], p.39).

[3] Chiffre donné comme 'fort incertain' par Calmet (*Commentaire littéral*, [*Matthieu*], p.39) d'après le calendrier des Grecs et la liturgie des Ethiopiens et mentionné avec le même scepticisme dans l'article 'Innocents' du *Grand Dictionnaire historique* de Moreri (8 vol., Paris, 1740, BV2523; 10 vol., Paris, 1759, t.6, p.332). Cf. *Les Questions de Zapata* (*OCV*, t.62, p.401-402) et *La Bible enfin expliquée* (*M*, t.30, p.303).

[4] Voltaire pense peut-être à l'abbé d'Houtteville, auteur de *La Religion chrétienne prouvée par les faits* (Paris, 1749, BV1684) ou à Jacques Abbadie, auteur du *Traité de la vérité de la religion chrétienne* (La Haye, 1750, BV6) tous deux cités dans l'article 'Mages' de l'*Encyclopédie* (t.9, p.849), mais plus certainement à Calmet (*Commentaire littéral*, [*Matthieu*], p.39). Dans une note du chapitre 6 de l'*Histoire de l'établissement du christianisme*, il qualifiera ceux qui soutiennent l'historicité du massacre d''esprits faibles, ou faux, ou ignorants, ou fourbes' (*M*, t.31, p.59).

[5] Terme de palais signifiant 'faire naître un ou plusieurs incidents durant le cours d'un procès pour retarder le jugement' (*Dictionnaire de l'Académie*, 1694, p.593). Voltaire entend-il désigner quelqu'un de précis? Il souligne à deux reprises l'origine anglaise de cette idée, qu'il attribue tantôt à Bolingbroke, tantôt à ses disciples, dans *Dieu et les hommes* (ch.31; *OCV*, t.69, p.412-13) et dans l'*Histoire de l'établissement du christianisme* (ch.6; *M*, t.31, p.59).

avait dû paraître fort longtemps sur l'horizon.[6] Que cependant   15
aucun historien, excepté saint Matthieu, n'a jamais parlé de cette
étoile extraordinaire;[7] que si elle avait brillé si longtemps dans le
ciel, Hérode et toute sa cour, et tout Jérusalem devaient l'avoir
aperçue, aussi bien que ces trois mages ou ces trois rois;[8] que par
conséquent Hérode n'avait pas pu *s'informer diligemment de ces rois*   20
en quel temps ils avaient vu cette étoile.[9] Que si ces trois rois avaient
fait des présents d'or, de myrrhe et d'encens à l'enfant nouveau-né,
ses parents auraient dû être fort riches; qu'Hérode n'avait pas pu
croire que cet enfant né dans une étable à Bethléem fût roi des Juifs,
puisque ce royaume appartenait aux Romains, et était un don de   25
César; que si trois rois des Indes venaient aujourd'hui en France,
conduits par une étoile, et s'arrêtaient chez une femme de
Vaugirard, on ne ferait pourtant jamais croire au roi régnant que
le fils de cette villageoise fût roi de France.[10]

On a répondu pleinement à ces difficultés, qui sont les   30
préliminaires du massacre des innocents; et on a fait voir que ce
qui est impossible aux hommes, n'est pas impossible à Dieu.

[6] Selon certains Pères, l'étoile avait accompagné les mages de sa première
apparition en Orient jusqu'à Jérusalem. Calmet avait indiqué, en commentant
Matthieu 2:1, que le fait n'était 'nullement certain par l'Ecriture' (*Commentaire
littéral*, [*Matthieu*], p.26) mais dans sa 'Dissertation sur les mages' il avait aussi
affirmé que c'était 'comme un feu qui marchait devant et au dessus d'eux, à peu près
comme la nuée qui conduisait les Hébreux dans le désert' (p.cxlii).

[7] Argument déjà avancé dans l'article 'Christianisme' du *DP* (*OCV*, t.35, p.547):
après Calmet ('Dissertation sur les mages', *Commentaire littéral*, [*Matthieu*], p.cxlii),
le *Journal helvétique* (avril 1766, p.328-29) avait réfuté l'argument en rappelant que le
philosophe platonicien Chalcidius avait mentionné l'étoile.

[8] Calmet avait tenté d'affaiblir cet argument en affirmant que si les mages n'étaient
'sans doute pas les seuls qui [avaient vu] l'étoile, [...] tout le monde n'avait pas reçu la
connaissance de ce mystère; eux seuls avaient suivi le mouvement de la grâce et les
lumières de la foi' (commentaire sur Matthieu 2:2, *Commentaire littéral*, [*Matthieu*],
p.27).

[9] Matthieu 2:7.

[10] Même argument selon lequel Hérode ne pouvait croire à la naissance du roi des
Juifs dans une étable dans *La Bible enfin expliquée* (*M*, t.30, p.303) et dans le 4e doute
du chapitre 6 de l'*Histoire de l'établissement du christianisme* (*M*, t.31, p.59). Le village
de Vaugirard fut réuni à Paris en 1859.

A l'égard du carnage des petits enfants, soit que le nombre ait été de quatorze mille, ou plus, ou moins grand, on a montré que cette horreur épouvantable et unique dans le monde, n'était pas incompatible avec le caractère d'Hérode;[11] qu'à la vérité ayant été confirmé roi de Judée par Auguste, il ne pouvait rien craindre d'un enfant né de parents obscurs et pauvres dans un petit village; mais qu'étant attaqué alors de la maladie dont il mourut, il pouvait avoir le sang tellement corrompu qu'il en eût perdu la raison et l'humanité;[12] qu'enfin tous ces événements incompréhensibles, qui préparaient des mystères plus incompréhensibles, étaient dirigés par une providence impénétrable.

On objecte que l'historien Joseph presque contemporain, et qui a raconté toutes les cruautés d'Hérode, n'a pourtant pas plus parlé du massacre des petits enfants que de l'étoile des trois rois.[13] Que ni Philon le Juif, ni aucun autre Juif, ni aucun Romain n'en ont rien dit; que même trois évangélistes ont gardé un profond silence sur ces objets importants.[14] On répond que saint Matthieu les a annoncés, et que le témoignage d'un homme inspiré est plus fort que le silence de toute la terre.

[11] L'argument du caractère d'Hérode avait été mis en avant dans l'article 'Mages' de l'*Encyclopédie* (t.9, p.847), après Calmet (*Commentaire littéral*, [*Matthieu*], p.30).

[12] Dans une note de *L'Examen important de milord Bolingbroke*, Voltaire avait déjà ouvertement qualifié les deux arguments du caractère d'Hérode et de sa folie de 'bêtises [...] au dessous de Robert le Diable et de Jean de Paris' (*OCV*, t.62, p.237).

[13] Cf. les *Instructions à Antoine-Jacques Rustan* où Voltaire est plus précis: 'l'arrivée des mages, leur étoile, le massacre des innocents, ne se lisent dans aucun auteur Juif, pas même chez Flavius Josèphe, parent de Mariamne, femme d'Hérode' (*M*, t.27, p.121). Dans son commentaire sur Matthieu 2:16, Calmet avait expliqué le silence de Josèphe par la censure opérée par Nicolas de Damas dont Josèphe avait suivi les mémoires, et il avait rappelé que Macrobe, auteur païen de la fin du quatrième siècle, parlait de l'étoile (*Commentaire littéral*, [*Matthieu*], p.39).

[14] Du silence des autres évangélistes, Meslier avait déduit qu''il y a tout sujet de croire que ce qui en est rapporté dans l'Evangile de saint Mathieu n'est qu'une imposture, et que ce qui est dit de la fuite en Egypte n'est qu'un mensonge' (*Œuvres*, éd. R. Desné, J. Deprun, A. Soboul, 3 vol., Paris 1970-1972, t.1, p.136). Cf. l'article 'Contradiction' des *QE* où Voltaire avait déjà noté ironiquement que 'le silence n'est pas une contradiction' (*OCV*, t.40, p.248).

Les censeurs ne se sont pas rendus; ils ont osé reprendre saint Matthieu lui-même sur ce qu'il dit que ces enfants furent massacrés, *afin que les paroles de Jérémie fussent accomplies. Une voix s'est entendue dans Rama, une voix de pleurs et de gémissements, Rachel pleurant ses fils et ne se consolant point parce qu'ils ne sont plus.* [15]

Ces paroles historiques, disent-ils, s'étaient accomplies à la lettre dans la tribu de Benjamin, descendante de Rachel, quand Nabuzardan fit périr une partie de cette tribu vers la ville de Rama. Ce n'était pas plus une prédiction, disent-ils, que ne le sont ces mots, *il sera appelé Nazaréen.* [16] *Et il vint demeurer dans une ville nommée Nazareth, afin que s'accomplît ce qui a été dit par les prophètes, il sera appelé Nazaréen.* Ils triomphent de ce que ces mots ne se trouvent dans aucun prophète, de même qu'ils triomphent de ce que Rachel pleurant les Benjamites dans Rama n'a aucun rapport avec le massacre des innocents sous Hérode.

Ils osent prétendre que ces deux allusions étant visiblement fausses, sont une preuve manifeste de la fausseté de cette histoire; ils concluent qu'il n'y eut ni massacre des enfants, ni étoile nouvelle, ni voyage des trois rois.

Ils vont bien plus loin; ils croient trouver une contradiction aussi grande entre le récit de saint Matthieu et celui de saint Luc, qu'entre les deux généalogies rapportées par eux. (Voyez l'article 'Contradiction'. [17]) Saint Matthieu dit que Joseph et Marie transportèrent

---

[15] Matthieu 2:17-18 avait rapproché les pleurs des mères des enfants massacrés par Hérode des lamentations de Rachel déplorant la déportation des fils d'Israël dans Jérémie 31:15. C'est Calmet lui-même qui avait contesté Matthieu en précisant 'le sens littéral et historique du passage de Jérémie' qui, selon lui, parlait visiblement d'une chose passée – la captivité d'Ephraïm – et non d'une chose à venir – la captivité future de Juda (*Commentaire littéral*, [*Matthieu*], p.41). Du Marsais n'avait pas manqué de reprendre l'argument (*Analyse de la religion chrétienne*, s.l.n.d, p.53).

[16] Matthieu 2:23. Calmet s'était efforcé d'expliquer l'adjectif en résumant: 'Il [Jésus] était nazaréen, par le rapport que sa vie avait à la sainteté des nazaréens, qui se consacraient au Seigneur. Il était nazaréen, parce qu'il était connu dans les prophètes sous le nom de nézer, une fleur; et enfin par sa demeure à Nazareth' (*Commentaire littéral*, [*Matthieu*], p.43).

[17] *OCV*, t.40, p.241-45.

Jésus en Egypte, de crainte qu'il ne fût enveloppé dans le massacre.[18] 75
Saint Luc au contraire dit, *qu'après avoir accompli toutes les cérémonies de la loi, Joseph et Marie retournèrent à Nazareth leur ville, et qu'ils allaient tous les ans à Jérusalem pour célébrer la pâque.*[19]

Or, il fallait trente jours avant qu'une accouchée se purifiât, et accomplît toutes les cérémonies de la loi.[20] C'eût été exposer 80
pendant ces trente jours l'enfant à périr dans la proscription générale. Et si ses parents allèrent à Jérusalem accomplir les ordonnances de la loi, ils n'allèrent donc pas en Egypte.[21]

Ce sont là les principales objections des incrédules. Elles sont assez réfutées par la croyance des Eglises grecque et latine. S'il 85
fallait continuellement éclaircir les doutes de tous ceux qui lisent l'Ecriture, il faudrait passer sa vie entière à disputer sur tous les articles. Rapportons-nous-en plutôt à nos maîtres, à l'université de Salamanque, quand nous serons en Espagne; à celle de Coïmbre, si nous sommes en Portugal; à la Sorbonne en France, à la sacrée 90
congrégation dans Rome. Soumettons-nous toujours de cœur et d'esprit à ce qu'on exige de nous pour notre bien.

[18] D'après Matthieu 2:14, c'est Joseph seul qui prend l'initiative de la fuite.

[19] Luc 2:39 et 41. Voltaire avait déjà souligné la double contradiction des Evangiles de Matthieu et de Luc quant à la généalogie de Jésus et aux jours qui suivirent sa naissance dans le chapitre 14 de *L'Examen important de milord Bolingbroke* (*OCV*, t.62, p.230-31).

[20] 'Sept jours immondes et trente-trois d'attente' (*Encyclopédie*, article 'Mages', t.9, p.848), selon les prescriptions du Lévitique 12:2-3, qui prévoyait pour la femme une période de quarante jours de purification après l'accouchement.

[21] Pour résoudre la contradiction entre les deux Evangiles, Calmet avait proposé à propos de Luc 2:39 une chronologie serrée qui plaçait l'adoration des mages avant l'arrivée de Marie à Jérusalem et la période de purification, et la fuite en Egypte immédiatement après le voyage de Jérusalem 'en sorte que le retour à Nazareth ne regard[ait] que le temps qui [avait] suiv[i] le voyage d'Egypte' (*Commentaire littéral*, [*Luc*], p.61; cf. 'Dissertation sur les mages', [*Matthieu*], p.cxlv).

INSTINCT

Instinctus, impulsus, impulsion; mais quelle puissance nous pousse?
Tout sentiment est *instinct*. [1]

Une conformité secrète de nos organes avec les objets forme notre instinct. [2]

Ce n'est que par instinct que nous faisons mille mouvements involontaires: de même que c'est par instinct que nous sommes curieux, [3] que nous courons après la nouveauté, que la menace nous

---

* Ce bref article entretient peu de rapport, et pour cause, avec le long article homonyme de l'*Encyclopédie* (t.8, p.795-99) par Charles-Georges Le Roy, qui était lieutenant des chasses à Versailles et à Marly. Celui-ci avait fait paraître des *Réflexions sur la jalousie pour servir de commentaire aux derniers ouvrages de Monsieur de Voltaire* (Amsterdam, 1772). A Diderot, qui s'était empressé de faire savoir à Ferney qu'il n'était pas l'auteur de cette charge, Voltaire, le 18 mai 1772, répond qu'il en connaît l'auteur, mais qu'il apprécie cet article de Le Roy et déplore que ce dernier le calomnie (D17749). Voltaire a publié une *Lettre de Monsieur de V*** sur un écrit anonyme*, datée du 20 avril 1772 (*OCV*, t.74A, p.167-202). Si ces deux articles 'Instinct' évoquent élogieusement la notion d'instinct, l'*Encyclopédie* l'applique classiquement à l'étude du monde animal, tandis que Voltaire s'intéresse à l'espèce humaine. Cet article est caractéristique de l'évolution philosophique de Voltaire qui, à la fin de sa vie, élabore une psychologie considérant chacune des facultés psychiques comme l'expression de la vie instinctuelle. Voir, à ce propos, le cinquième des *Dialogues d'Evhémère* (*OCV*, t.80C, p.164-80). Dans ces *Dialogues*, comme dans le présent article, l'affirmation de la prééminence psychologique des tendances instinctives permet d'assigner à Dieu – ou ici, à 'quelque chose de divin' – la cause des actions humaines. Contrairement à ce qu'écrivent les rédacteurs de l'édition de Kehl, cet article n'a pas été 'imprimé en 1771' (voir la variante à la ligne 26); il parut pour la première fois en 1774 (w68, t.23).

[1] A comparer aux *Dialogues d'Evhémère*: 'les passions sont la production de l'instinct; et les passions régneront toujours' (*OCV*, t.80C, p.171).

[2] Voltaire définira positivement l'instinct dans les *Dialogues d'Evhémère* comme 'tout sentiment et tout acte qui prévient la réflexion' (*OCV*, t.80C, p.169). Le *Dictionnaire de l'Académie* définit l'instinct: 'Certain sentiment, certain mouvement que la nature a donné aux animaux, pour leur faire connaître et chercher ce qui leur est bon, et éviter ce qui est mauvais. [...] Il se dit aussi de l'homme, et se prend pour un premier mouvement sans réflexion' (2 vol., Paris, 1762, t.1, p.938).

[3] Voir l'article 'Curiosité' des *QE*: 'La curiosité est naturelle à l'homme, aux singes et aux chiens' (*OCV*, t.40, p.346).

effraie, que le mépris nous irrite, que l'air soumis nous apaise, que les pleurs nous attendrissent.

Nous sommes gouvernés par l'instinct, comme les chats et les chèvres. C'est encore une ressemblance que nous avons avec les animaux: ressemblance aussi incontestable que celle de notre sang, de nos besoins, des fonctions de notre corps.

Notre instinct n'est jamais aussi industrieux que le leur; il n'en approche pas. Dès qu'un veau, un agneau est né, il court à la mamelle de sa mère: l'enfant périrait, si la sienne ne lui donnait pas son mamelon, en le serrant dans ses bras.

Jamais femme, quand elle est enceinte ne fut déterminée invinciblement par la nature à préparer de ses mains un joli berceau d'osier pour son enfant, comme une fauvette en fait un avec son bec et ses pattes. Mais le don que nous avons de réfléchir, joint aux deux mains industrieuses, dont la nature nous a fait présent, nous élève jusqu'à l'instinct des animaux, et nous place avec le temps infiniment au-dessus d'eux, soit en bien soit en mal: proposition condamnée par messieurs de l'ancien parlement, et par la Sorbonne, grands philosophes naturalistes, et qui ont beaucoup contribué, comme on sait, à la perfection des arts. [4]

Notre instinct nous porte d'abord à rosser notre frère qui nous chagrine, si nous sommes colères et si nous nous sentons plus forts que lui. Ensuite notre raison sublime nous fait inventer les flèches, l'épée, la pique, et enfin le fusil, avec lesquels nous tuons notre prochain.

---

26   K84, K12: naturalistes, [*avec note: Imprimé en 1771.*] et

---

[4] Allusion à la condamnation du livre *De l'esprit* d'Helvétius en 1758. Charles-Georges Le Roy, ancien ami d'Helvétius mort en 1771, furieux des critiques de Voltaire à l'encontre de Buffon, de Montesquieu, d'Helvétius, accusait le patriarche de Ferney de jalousie. Dans plusieurs articles des *QE*, Voltaire répond à cette accusation: voir ci-dessus, 'Homme', 'Idée' et aussi 'Lettres, gens de lettres, lettrés', 'Pourquoi (Les)'.

L'instinct seul nous porte tous également à faire l'amour: *amor omnibus idem*;[5] mais Virgile, Tibulle et Ovide le chantent.

C'est par le seul instinct qu'un jeune manœuvre s'arrête avec 35 admiration et respect devant le carrosse surdoré d'un receveur des finances. La raison vient au manœuvre; il devient commis, il se polit, il vole, il devient grand seigneur à son tour; il éclabousse ses anciens camarades, mollement étendu dans un char plus doré que celui qu'il admirait. 40

Qu'est-ce que cet instinct qui gouverne tout le règne animal, et qui est chez nous fortifié par la raison, ou réprimé par l'habitude? Est-ce *divinae particula aurae*?[6] Oui, sans doute, c'est quelque chose de divin; car tout l'est. Tout est l'effet incompréhensible d'une cause incompréhensible.[7] Tout est déterminé par la nature. 45 Nous raisonnons de tout; et nous ne nous donnons rien.

[5] Virgile, *Géorgiques*, livre 3, vers 244, qu'on peut traduire: 'l'amour est le même pour tous'. Voltaire avait déjà cité ces vers dans l'article 'Amour' des *QE* (*OCV*, t.38, p.250).

[6] Horace, *Satires*, livre 2, satire 2, vers 79: 'divinae particulam aurae' ou 'parcelle du souffle divin' (trad. C. Batteux, *Œuvres complètes d'Horace*, 3 vol., Paris, 1823, t.3, p.25).

[7] Aussi les *Dialogues d'Evhémère* considèrent-ils l'instinct comme une 'qualité occulte' (*OCV*, t.80c, p.169).

INTÉRÊT

Nous n'apprendrons rien aux hommes nos confrères quand nous leur dirons qu'ils font tout par intérêt. [1] Quoi! c'est par intérêt que ce

---

* Trois courts paragraphes envisagent la notion de l'intérêt sous l'angle de la morale. Mais l'essentiel de l'article est consacré à l'aspect économique, sous la forme d'un débat qui oppose un janséniste représentant la tradition dogmatique chrétienne de l'interdit de l'intérêt, à un marchand hollandais, incarnant la laïcisation de la question économique. Il est écrit en écho à deux (des quatre) articles de l'*Encyclopédie* sur l'intérêt', celui de D'Alembert, 'Intérêt (Arith. et Algèb.)' (t.8, p.819) et celui de Boucher d'Argis, 'Intérêt (Jurisprud.)', t.8, p.823); Voltaire y renvoie explicitement dans le corps de l'article. Plus curieux est son silence sur les articles 'Intérêt (Econ. polit.)' et 'Intérêt (Morale)' par Saint-Lambert, mais surtout sur les articles 'Prêt à intérêt (Droit canonique, Droit civil)' de Jaucourt (t.13, p.333) et 'Usure, usure légale ou intérêt légitime (Morale)' de Faiguet (t.17, p.529), parus dans l'*Encyclopédie* en 1765, certes tributaires des articles précédents, mais dont Voltaire semble utiliser l'argumentation polémique et les exemples concrets. L'article de Jaucourt récuse pourtant fort 'philosophiquement' tous les arguments contre le prêt à intérêt tirés de la Bible. A l'époque scolastique, il n'y a pas de différence entre l'intérêt et l'usure: dans la tradition classique, juive et chrétienne, le terme désigne toutes les formes de prêts rémunérés. C'est ainsi que l'entend aussi l'article 'Usure', qui parle d''usure légale'. Une différence apparaît avec la réforme catholique. La majorité des canonistes, papes et théologiens catholiques considèrent comme un péché tout argent perçu au-delà de la somme prêtée. Les jansénistes, depuis Nicole (*Traité de l'usure*, 1720), condamnent le prêt à intérêt, tandis que Calvin le légitime (*Lettre sur l'usure* qui entra dans les règles des Eglises sous le titre *Concilium de usuris*: voir *Opera Selecta*, 5 vol., Munich, 1926-1936, t.2, p.391, 394). Toute l'époque moderne fait du prêt à intérêt un sujet de débat. Voltaire possède maints ouvrages sur le commerce ou les questions économiques, qui l'intéressent depuis *Le Mondain* et les textes sur le luxe. Ces questions sont d'actualité en 1769-1770, avec les tentatives physiocrates, l'affaire de la Compagnie des Indes, et plus généralement avec le mouvement de publicité de la réflexion sur l'économie, au cœur de la pensée politique des Lumières. On sait aussi que Voltaire était riche, que cette richesse, qui lui conférait son indépendance, avait été acquise par divers moyens de spéculation financière, dont la loterie ou ses actions dans la Compagnie des Indes, mais aussi par l'usage massif du viager; il a aussi prêté de l'argent, à intérêt. La correspondance de Voltaire le montre en homme d'affaire avisé, informé, aidé de conseillers spécialisés. L'article paraît en septembre/octobre 1771 (70, t.7).

[1] Cette affirmation ne va pas de soi, car elle considère pour acquise toute une

malheureux fakir se tient tout nu au soleil, chargé de fers, mourant de faim, mangé de vermine et la mangeant? Oui sans doute, nous l'avons dit ailleurs;[2] il compte aller au dix-huitième ciel, et il regarde en pitié celui qui ne sera reçu que dans le neuvième.[3]

L'intérêt de la Malabare qui se brûle sur le corps de son mari est de le retrouver dans l'autre monde, et d'y être plus heureuse que ce fakir.[4] Car avec leur métempsycose les Indiens ont un autre monde; ils sont comme nous; ils admettent les contradictoires.[5]

Avez-vous connaissance de quelque roi ou de quelque répu-

---

tradition philosophique des matérialistes et des moralistes, et plus encore la logique anthropologique de l'intérêt dans le système d'Helvétius (*De l'esprit*), où l'intérêt personnel est à la fois une loi qui s'impose à nous et une règle positive du fonctionnement social. Pour Voltaire comme pour Helvétius, l'intérêt est synonyme d'amour-propre, qui n'est plus considéré comme un vice. Le sens du mot est alors fort éloigné de la première signification qui lui est attribuée dans l'article 'Intérêt (Morale)' par Saint-Lambert (t.8, p.818): la passion vicieuse de l'argent, l'avarice, placée sous l'égide d'un vers de *La Pucelle*!

[2] Même exemple dans l'article 'Amour-propre' du *DP* (*OCV*, t.35, p.334-35), repris dans les *QE* (*OCV*, t.38, p.256-57). Voltaire assimile ainsi amour-propre, amour de soi et intérêt. La proximité avec un passage du bref conte intitulé *Lettre d'un Turc sur les fakirs et sur son ami Bababec* (1750) est mentionnée (*OCV*, t.35, p.334).

[3] Dans la *Lettre d'un Turc*, le fakir Bababec a la prétention d'atteindre le trente-cinquième ciel, mais n'envisage pas que le bon musulman Omri puisse dépasser le dix-neuvième (*OCV*, t.32A, p.157-58). Une des qualités du musulman Omri consiste à ne pas faire de prêt à intérêt; dans le présent article, au contraire, ce point de comparaison entre les religions n'est pas évoqué, sans doute pour ne pas compliquer la confrontation simplifiée entre le janséniste opposé au prêt à intérêt et le marchand hollandais qui le défend.

[4] Sur ce sujet, la tragédie de Antoine-Marin Le Mierre, *La Veuve du Malabar, ou l'empire des coutumes*, représentée en juillet 1770, échoue et est retirée à la sixième représentation (*Mémoires secrets*, 17 juillet 1770, addition, 11 août 1770, Paris, 2009- , t.3, p.1372, 1384).

[5] L'article 'Métamorphose, métempsycose' du *DP* évoque le cycle des réincarnations dans la religion des Indiens. Voir aussi *Dieu et les hommes*, ch.6. La courte dix-huitième lettre, 'De la métempsycose', des *Lettres de Memmius à Cicéron* dit l'impossibilité de concevoir rationnellement ce processus: 'un charbonnier me dit qu'il a été Cyrus et Hercule, cela m'étonne; et je le prie de m'en donner des preuves convaincantes' (*OCV*, t.72, p.263).

blique qui ait fait la guerre ou la paix, ou des édits, ou des conventions par un autre motif que celui de l'intérêt?

A l'égard de l'intérêt de l'argent, consultez dans le grand Dictionnaire encyclopédique cet article de M. D'Alembert pour le calcul, et celui de M. Boucher pour la jurisprudence.[6] Osons ajouter quelques réflexions. 15

1°. L'or et l'argent sont-ils une marchandise? Oui; l'auteur de l'Esprit des lois n'y pense pas lorsqu'il dit, (a) l'*argent qui est le prix des choses se loue et ne s'achète pas.*[7] 20

Il se loue et s'achète. J'achète de l'or avec de l'argent, et de l'argent avec de l'or; et le prix en change tous les jours chez toutes les nations commerçantes.

La loi de la Hollande[8] est qu'on paiera les lettres de change en

(a) Livre 22, ch.19.

[6] D'Alembert, mathématicien, propose les principes mathématiques et les modes de calcul de l'intérêt; l'avocat au parlement de Paris Boucher d'Argis en propose une histoire juridique qui vise à le légitimer, en particulier par la contestation des discours religieux des canonistes, de la patristique, ou des théologiens. L'intérêt n'est légitime que par exception, comme le rappelle l'article 'Usure' de l'*Encyclopédie* par Faiguet de Villeneuve: 'C'est une maxime constante dans la morale chrétienne, qu'on peut recevoir l'intérêt d'une somme, toutes les fois que le prêt qu'on en fait entraîne un profit cessant ou un dommage naissant, *lucrum cessans aut damnum emergens*' (t.17, p.538). Les cas de risque de perte d'un fonds (investissements maritimes par exemple) entrent dans cette logique du dédommagement ou d'une perte.

[7] Montesquieu est ici maltraité, comme souvent chez Voltaire à partir de cette période. Voir l'article 'Argent' des *QE* (*OCV*, t.38, p.581). Ici Voltaire passe sous silence son accord fondamental avec Montesquieu qui, dans le chapitre 19 ('Des prêts à intérêt') du livre 22 (consacré à l'argent) de l'*Esprit des lois*, dit que 'c'est bien une action très bonne de prêter à un autre son argent sans intérêt, mais on sent que ce ne peut être qu'un conseil de religion, et non une loi civile.' La phrase est citée dans l'article 'Usure' de Faiguet. Qui plus est, le point de détail ici souligné fait mine de ne pas comprendre que Montesquieu parle précisément de la valeur d'usage de l'argent, et non de sa valeur; il fait fi de la note dans laquelle l'auteur précisait: 'On ne parle point des cas où l'or et l'argent sont considérés comme marchandises' (2 vol., Paris, 1990, t.2, p.91).

[8] Le choix de la Hollande en tant que symbole du commerce reflète l'ordre économique mondial au dix-huitième siècle. Mais ce choix manifeste également, par

argent monnayé du pays et non en or, si le créancier l'exige. [9] Alors 25
j'achète de la monnaie d'argent, et je la paie ou en or, ou en drap, ou
en blé, ou en diamants.

J'ai besoin de monnaie, ou de blé, ou de diamants pour un an: le
marchand de blé, de monnaie ou de diamants, me dit: 'Je pourrais
pendant cette année vendre avantageusement ma monnaie, mon 30
blé, mes diamants. Evaluons à quatre, à cinq, à six pour cent, selon
l'usage du pays, [10] ce que vous me faites perdre. Vous me rendrez
par exemple, au bout de l'année vingt-et-un carats de diamants
pour vingt que je vous prête, vingt-et-un sacs de blé pour vingt;
vingt-et-un mille écus pour vingt mille écus. Voilà l'intérêt. Il est 35
établi chez toutes les nations par la loi naturelle; [11] le taux dépend de
la loi particulière du pays. A Rome on prête sur gages à deux et

37   K12: pays. [*avec note*: Le taux de l'intérêt doit être libre, et la loi n'est en droit
de le fixer que dans les cas où il n'a pas été déterminé par une convention.] A

---

opposition à ce que représente le janséniste, la légalité de l'intérêt dans les pays
protestants, depuis la *Lettre sur l'usure* de Calvin, écrite en 1545 (se fondant sur l'idée
que le capital emprunté sert à investir).

[9] L'article 'Lettre de change' de l'*Encyclopédie*, par Boucher d'Argis, précise:
'Lettre de change, est une espèce de mandement qu'un banquier, marchand ou
négociant donne à quelqu'un pour faire payer dans une autre ville à celui qui sera
porteur de ce mandement la somme qui y est exprimée' (t.9, p.417).

[10] Les pourcentages ici cités sont ceux que tous les traités et articles économiques
évoquent en général, pour ce qui est du taux d'intérêt légal pratiqué par les Etats,
pour encadrer l'usure. La correspondance de Voltaire révèle une vive conscience des
différents taux pratiqués en Europe. Sa relation avec le duc de Wurtemberg repose en
partie sur la gestion des intérêts du viager. L'article 'Intérêt (Econ. polit.)' de
l'*Encyclopédie* (t.8, p.825-27), détaille les raisons pour lesquelles l'intérêt doit en
France être de cinq pour cent.

[11] Cette proposition, qui peut étonner, est pourtant reprise des démonstrations de
l'article de l'*Encyclopédie*. L'article 'Prêt à intérêt' affiche ainsi son programme:
'Prouvons que cet intérêt est légitime, et qu'il n'est contraire ni à la religion, ni au
droit naturel' (t.13, p.334). L'article 'Usure' prouve 'que l'intérêt légal est conforme à
l'équité naturelle, et qu'il facilite le commerce entre les citoyens', que 'le contrat
usuraire, ou le prêt lucratif, n'attaque point la divinité; les hommes l'ont imaginé
pour le bien de leurs affaires, et cette négociation n'a de rapport qu'à eux dans l'ordre
de l'équité civile' (t.17, p.542, 540).

demi pour cent suivant la loi, et on vend vos gages si vous ne payez pas au temps marqué. [12] Je ne prête point sur gages et je ne demande que l'intérêt usité en Hollande. Si j'étais à la Chine, je vous demanderais l'intérêt en usage à Macao et à Kanton.'   40

2°. Pendant qu'on fait ce marché à Amsterdam, arrive de Saint-Magloire un janséniste, (et le fait est très vrai, il s'appelait l'abbé des Issarts [13]) ce janséniste dit au négociant hollandais; Prenez garde, vous vous damnez; l'argent ne peut produire de l'argent, *nummus   45 nummum non parit*. [14] Il n'est permis de recevoir l'intérêt de son argent que lorsqu'on veut bien perdre le fonds. [15] Le moyen d'être sauvé est de faire un contrat avec monsieur; et pour vingt mille écus que vous ne reverrez jamais, vous et vos hoirs recevrez pendant toute l'éternité mille écus par an. [16]   50

41-42   71A: Kanton.' [*avec note*: *Légitimité de l'usure légale*. 8 vol. Amst. 1770. Rey.] ¶2°.

[12] L'article 'Usure' montre comment les théologiens catholiques ont à Rome contourné leur propre prohibition de l'usure, en particulier par l'institution des Monts de piété, qui assurent un intérêt pour un bien gagé (*Encyclopédie*, t.17, p.540).

[13] Saint-Magloire était le séminaire janséniste (Oratoriens), situé dans le faubourg Saint-Jacques. Le frère de Voltaire y fit ses études. Le choix d'un interlocuteur janséniste est sans doute dû à la position militante de l'ordre contre le prêt à intérêt, depuis le traité de Nicole. Voir R. Tavenaux, *Jansénisme et prêt à intérêt* (Paris, 1977). Quant à la 'vérité' de l'abbé des Issarts, on peut seulement signaler que Voltaire connut un certain Charles Hyacinthe de Gallean, marquis Des Issarts, ambassadeur français à Dresde, qui n'était pas abbé.

[14] L'argent est stérile de sa nature, telle est la théorie depuis Aristote et la scolastique. La formule est citée par Boucher d'Argis dans l'*Encyclopédie*.

[15] Le risque de perte du fonds (*damnum emergens*) relève de la logique même de l'intérêt autorisé exceptionnellement par les textes religieux. Il concerne l'usure maritime, ainsi définie par l'*Encyclopédie*: '*nauticum foenus*, est l'intérêt que l'on stipule dans un contrat à la grosse ou à la grosse aventure; cet intérêt peut excéder le taux de l'ordonnance, à cause du risque notable que court le prêteur de perdre son fonds' (t.17, p.555). Dans le *Dictionnaire de l'Académie* (2 vol., Paris, 1762), le viager est aussi un mode d'investissement qui correspond à la définition d'un 'fonds perdu': 'Qui est à vie, dont on ne doit jouir que durant sa vie' (t.2, p.930). D'après Dumarsais, 'Fond' est un terme qui 'se dit pour le capital d'une somme d'argent' (*Encyclopédie*, t.7, p.52).

[16] La critique de l'argument théologique passe ici par le soulignement du paradoxe économique des cas autorisés par exception. Dans l'article 'Usure' de

Vous faites le plaisant, répond le Hollandais; vous me proposez là une usure qui est tout juste un infini du premier ordre. [17] J'aurais déjà reçu moi ou les miens mon capital au bout de vingt ans, le double en quarante, le quadruple en quatre-vingts; vous voyez bien que c'est une série infinie. [18] Je ne puis d'ailleurs prêter que pour douze mois, et je me contente de mille écus de dédommagement.

55

---

l'*Encyclopédie*, Faiguet écrit: 'On objecte enfin qu'il est aisé de faire valoir son argent au moyen des rentes constituées, sans recourir à des pratiques réputées criminelles. A quoi je réponds que cette forme de contrat n'est qu'un palliatif de l'usure', ou encore: 'je ne puis guère me dispenser de dire un mot sur ce qu'on appelle communément les *trois contrats*. C'est proprement une négociation ou plutôt une fiction subtilement imaginée pour assurer le profit ordinaire de l'argent prêté, sans encourir le blâme d'injustice ou d'usure: car ces deux termes sont synonymes dans la bouche de nos adversaires' (t.17, p.537).

[17] Le 2 décembre 1766, Voltaire remercie D'Alembert pour ses *Eclaircissements sur différents endroits des Eléments de philosophie*, en soulignant un passage de géométrie consacré à l'infini (D13710). Dans son article 'Infini (Géom.)' de l'*Encyclopédie*, D'Alembert définit ainsi l'infini du premier ordre: 'On admet en géométrie, du moins par la manière de s'exprimer, des quantités infinies du second, du troisième, du quatrième ordre; par exemple, on dit que dans l'équation d'une parabole, si on prend x infinie, y sera infinie du second ordre, c'est-à-dire aussi infinie par rapport à l'infinie x, que x l'est elle-même par rapport à a' (t.8, p.703).

[18] La série infinie (sans bornes), s'applique ici aux cas d'intérêt pour des biens à fonds perdu. Voltaire utilise les 'arguments' mathématiques de D'Alembert pour montrer le paradoxe des exceptions autorisées par l'Eglise: non pas casuistique raisonnable, mais aberration économique et logique, qui relève davantage de la pire usure que du prêt, puisqu'elle condamne le prêteur à perdre beaucoup. La série infinie peut renvoyer ici au dernier descendant vivant auquel le 'viager par tontine' engage le prêteur à verser l'argent. 'Les rentes viagères en tontine, ou rentes en tontine, sont celles qui sont constituées sur plusieurs personnes de même âge ou approchant, à condition qu'à la mort de chaque associé, la rente qu'il avait se repartit aux survivants de la société, en tout ou en partie, jusqu'au dernier vivant, qui jouit seul de toute la rente de la société ou de toutes les parties de rentes qui étaient réversibles aux survivants; ce qui fait distinguer deux sortes de tontines, l'une simple et l'autre composée' (*Encyclopédie*, article 'Rentes viagères', t.14, p.119). Dans le cas de Voltaire, la série n'est pas infinie, comme une lettre à l'homme d'affaire du duc de Wurtemberg le montre: 'Son Altesse Electorale daigne avoir la bonté de faire passer sur ma tête l'intérêt de ce capital à dix pour-cent, en faveur de mon âge, qui est de soixante et trois ans. Ma nièce est âgée de quarante-cinq ans. Votre Excellence ne trouverait-elle pas qu'un intérêt viager d'environ 6 pour cent accordé à ma nièce

L'ABBÉ DES ISSARTS

J'en suis fâché pour votre âme hollandaise. Dieu défendit aux Juifs de prêter à intérêt;[19] et vous sentez bien qu'un citoyen d'Amsterdam doit obéir ponctuellement aux lois du commerce, données dans un désert à des fugitifs errants qui n'avaient aucun commerce. 60

LE HOLLANDAIS

Cela est clair, tout le monde doit être Juif; mais il me semble que la loi permet à la horde hébraïque la plus forte usure avec les étrangers;[20] et cette horde y fit très bien ses affaires dans la suite.[21]

---

après ma mort serait proportionnel à son âge? Le gouvernement de France donne sept pour-cent dans sa dernière loterie et rembourse le capital. J'abandonne le capital et je ne demande qu'autour de six pour-cent pour la vie de ma nièce' (D7255, à Anton von Beckers, 4 mai 1757).

[19] Voir l'*Encyclopédie*, article 'Intérêt' (t.8, p.823), et Deutéronome 23:19. Deutéronome 23:20 concerne la possibilité de prêter aux non-Juifs: 'Tu pourras tirer un intérêt de l'étranger, mais tu n'en tireras point de ton frère, afin que l'Eternel, ton Dieu, te bénisse dans tout ce que tu entreprendras au pays dont tu vas entrer en possession'. L'interdiction du prêt à intérêt figure également dans l'Exode 22:24, le Lévitique 25:35-37 et Ezéchiel 18:8, 13:7, 22:12. Pourtant, dans le Nouveau Testament, l'interdiction du prêt à intérêt est peu explicite. Dans l'Evangile de Luc, le prêt est mentionné, mais sans parler explicitement d'intérêt: 'et si vous prêtez à ceux de qui vous espérez recevoir, quel gré vous en saura-t-on? Les pécheurs aussi prêtent aux pécheurs, afin de recevoir la pareille' (6:34).

[20] Chez Voltaire, le terme péjoratif de 'horde', désignant un peuple primitif, barbare (sans civilisation) et sans localisation fixe, est appliqué à d'autres peuples, par exemple aux Tartares (*DP*, article 'Genèse'). Mais Voltaire l'emploie de préférence pour désigner la 'horde hébraïque', ou dans ses variations multiples, la 'horde juive' (*DP*, article 'Genèse', *OCV*, t.36, p.154), la 'horde vagabonde des Arabes nommés Juifs' (*DP*, article 'Abraham', *OCV*, t.35, p.298), la 'horde de voleurs et d'usuriers' (*DP*, article 'Etats', *OCV*, t.35, p.73). L'antijudaïsme de Voltaire vise à fragiliser le socle dogmatique du judéo-christianisme en désenchantant ses 'mythes', ici celui du peuple élu fondateur du monothéisme et de l'Histoire; il n'empêche que les formules sont de plus en plus agressives au fil des années, et la réduction polémique assez peu sensible aux inévitables effets induits par de tels discours.

[21] La question de l'usure des Juifs renvoie à un poncif culturel bien ancré, comme peut en témoigner l'article 'Juif' du *Dictionnaire de l'Académie* (1762). Dans l'article 'Juif' du *Dictionnaire universel du commerce* de Jacques Savary des Brûlons, on lit de manière similaire: 'On appelle aussi un vrai Juif, un marchand usurier ou trop

D'ailleurs, il fallait que la défense de prendre de l'intérêt de Juif à Juif fût bien tombée en désuétude, puisque notre Seigneur Jésus prêchant à Jérusalem, dit expressément, que l'intérêt était de son temps à cent pour cent.[22] Car dans la parabole des talents il dit, que le serviteur qui avait reçu cinq talents en gagna cinq autres dans Jérusalem, que celui qui en avait deux en gagna deux, et que le troisième qui n'en avait eu qu'un, qui ne le fit point valoir, fut mis au cachot par le maître pour n'avoir point fait travailler son argent chez les changeurs.[23] Or ces changeurs étaient

65

70

---

intéressé, qui surfait et qui rançonne ceux qui ont affaire à lui' (3 vol., Paris, 1723-1730, t.i, p.445). La réalité historique du phénomène s'explique par la condamnation théorique du profit de l'argent par la scolastique et la tradition théologique chrétienne postérieure. Les Juifs ne furent pourtant pas les seuls à être les banquiers de l'Europe, jusqu'à la Réforme: en 1394, Charles V bannit les Juifs du royaume de France, au grand profit des Lombards, qui au quinzième siècle obtiennent de prêter au taux maximal de 53 pour cent par an et ce jusqu'en 1576, date des décrets de Henri III. Voir D. Ramelet, 'La prohibition de l'usure au Moyen Age', *Finance et Bien commun/Common Good* 17 (hiver 2003-2004), p.18-27; et Gérard Nahon, 'Le crédit et les Juifs dans la France du XIIIe siècle', *Annales. Economies, Sociétés, Civilisations*, 24e année, n° 5 (1969), p.1121-48.

[22] La judaïté de Jésus-Christ, maintes fois soulignée dans les textes polémiques anti-chrétiens de Voltaire, lui sert ici à produire une lecture inversée du Nouveau Testament, en particulier de la parabole des talents, afin d'y trouver la preuve de la légitimité du prêt à intérêt. L'autorisation du Dieu de l'Ancien Testament de prêter aux étrangers seuls (Deutéronome 23) semble ici aggravée par la légitimation par Jésus-Christ du prêt à intérêt entre frères, à rebours de l'argument toujours invoqué de la fameuse 'prohibition judaïque' que le Christ, dans le Nouveau Testament, aurait confirmée en ordonnant: 'prêtez sans rien espérer en retour' (Luc 6:35). L'*Encyclopédie* mène en parallèle dans tous ses articles le même travail de contestation de l'autorité de la Bible comme source indiscutable de 'lois' pour interdire l'intérêt.

[23] Voltaire utilise la parabole des talents (Matthieu 25:15-30) pour y montrer une logique économique du prêt à cent pour cent: il suit pour ce faire la position du maître, qui utilise l'argent comme source de profit, au contraire de son troisième serviteur qui refuse violemment d'entrer dans cette logique, et se fait maudire pour cela. La parabole des talents distingue très clairement la thésaurisation pour la thésaurisation de l'utilisation de l'argent en tant que valeur d'échange. Il faut noter qu'une tradition exégétique chrétienne fait de ce texte une parabole de la nécessaire confiance dans le don de Dieu, qui seul serait maître de faire 'fructifier' ce qui ne nous

Juifs, [24] donc c'était de Juif à Juif qu'on exerçait l'usure à Jérusalem; donc cette parabole tirée des mœurs du temps, indique manifestement que l'usure était à cent pour cent. Lisez saint Matthieu chap. XXV; il s'y connaissait, il avait été commis de la douane en Galilée. [25] Laissez-moi achever mon affaire avec monsieur, et ne me faites perdre ni mon argent, ni mon temps.

75

L'ABBÉ DES ISSARTS

Tout cela est bel et bon; mais la Sorbonne a décidé que le prêt à intérêt est un péché mortel. [26]

80

LE HOLLANDAIS

Vous vous moquez de moi, mon ami, de citer la Sorbonne à un

---

appartient pas. L'article 'Usure' de l'*Encyclopédie*, que Voltaire semble utiliser sans le dire, a recours à cette parabole pour lutter contre la condamnation de l'intérêt (t.17, p.548).

[24] Les changeurs, d'après le *Dictionnaire encyclopédique de la Bible* (2 t. en 1 vol., Valence, 1973, t.1, p.179-80), étaient essentiels à une société où la complexité de la circulation monétaire reflétait l'intrication des peuples et des cultures: argent grec, monnaie romaine, monnaie locale ou phénicienne, type de pièces particulières requises par les rabbis du Temple de Jérusalem pour les sacrifices (ce qui explique leur présence dans le Temple).

[25] Saint Matthieu était en effet, d'après les Evangiles, un péager (Matthieu 2:14 et 9:9). D'après le *Dictionnaire encyclopédique de la Bible* (t.2, p.122), le service des impôts douaniers de Capharnaüm, près du lac de Galilée, était à un croisement des circulations (voie des caravanes maritimes et terrestres) très important, et à la frontière des territoires de Philippe et d'Hérode Antipas. Les fonctionnaires juifs contrôlaient la taxation des marchandises pour le compte d'Hérode Antipas.

[26] La Sorbonne est ici une simplification pour désigner les nombreux textes officiels de la chrétienté, et ensuite du catholicisme, à condamner l'intérêt. En 325, le Concile de Nicée prend les premières sanctions canoniques en la matière (le canon 17 prévoit la déposition des clercs usuriers). En 445, une décrétale de Léon Legrand condamne les usuriers laïques. Au sixième siècle, l'empereur Justinien abaisse les taux et prohibe les intérêts composés. En 789, Charlemagne promulgue la première prohibition séculière de l'usure (article 5 de l'*Admonitio Generalis*). Les conciles de Latran en 1179 et 1274 prennent de nouvelles sanctions (excommunication et privation de sépulture), suivis de la publication d'une compilation, sous le titre de 'Décret de Gratien' (cause 14, question 3) en 1140.

négociant d'Amsterdam. Il n'y a aucun de ces raisonneurs qui ne fasse valoir son argent quand il le peut à cinq ou six pour cent, en achetant sur la place des billets des fermes, [27] des actions de la compagnie des Indes, [28] des rescriptions, [29] des billets du Canada. [30]   85
Le clergé de France en corps emprunte à intérêt. [31] Dans plusieurs

---

[27] Les billets des fermes sont les contrats sur les biens de l'Etat pour lesquels des particuliers perçoivent un intérêt de l'argent qu'ils apportent. La Caisse des emprunts fut 'établie à Paris dans l'Hôtel des Fermes-Unies du roi, [...] non seulement pour faciliter la régie des fermes de Sa Majesté, mais encore pour donner au public le moyen de placer ses deniers avec quelque profit' (Savary, *Dictionnaire universel de commerce*, t.1, p.522-23). Cet intérêt variait entre dix et quatre pour cent (en baisse après la Régence). Comme Faiguet l'écrit dans son article 'Usure', l'Etat, comme l'Eglise, est d'une parfaite hypocrisie, puisqu'il contourne par de nombreux biais l'interdiction de l'intérêt: 'le profit usuraire est pleinement autorisé dans plusieurs emprunts du roi, surtout dans ceux qui se font sous la forme de loteries et d'annuités; dans plusieurs emprunts de la Compagnie des Indes, et dans les escomptes qu'elle fait à présent sur le pied de cinq pour cent par année; enfin, dans les emprunts des fermiers généraux, et dans la pratique ordinaire de la banque et du commerce. Avec de telles ressources pour l'usure légale, peut-on dire sérieusement qu'elle soit illicite?' (*Encyclopédie*, t.17, p.541).

[28] Les actions de la Compagnie des Indes, par le risque encouru dans l'entreprise maritime, étaient très rentables. La Compagnie était d'actualité en 1769, puisque le gouvernement voulait se désengager de sa situation de faillite coûteuse; Morellet est chargé par le ministère d'écrire un factum en faveur de sa réorganisation radicale. Voltaire avait des actions dans la Compagnie.

[29] Selon l'*Encyclopédie*, 'ordre, mandement que l'on donne par écrit à un correspondant, commis, facteur, fermier, etc. de payer une certaine somme à celui qui est le porteur de ce mandement. [...] On prend à Paris à l'hôtel des fermes des rescriptions des gabelles, des aides, et des cinq grosses fermes, sur les revenus de ces fermiers du roi dans les provinces, ce qui est très commode pour y faire passer de l'argent sans frais' (t.14, p.167).

[30] Les billets du Canada sont sans doute les billets du Trésor, émis dans les années 1740-1750 par le gouvernement (français) au Canada pour le financement de ses opérations.

[31] Le clergé de France, comme l'Etat, a besoin d'emprunter. L'article 'Action de compagnie' de Mallet dans l'*Encyclopédie* définit ainsi les actions intéressées: 'elles ont deux pour cent de revenu fixe, avec la garantie du roi, comme les actions rentières, et outre cela elles doivent partager l'excédent du dividende avec les actions simples. Ces dernières actions ont été créées en faveur des communautés ecclésiastiques qui pouvaient avoir des remplacements de deniers à faire' (t.1, p.124).

provinces de France on stipule l'intérêt avec le principal.[32] D'ailleurs, l'université d'Oxford et celle de Salamanque ont décidé contre la Sorbonne; c'est ce que j'ai appris dans mes voyages.[33] Ainsi, nous avons dieux contre dieux. Encore une fois ne me rompez pas la tête davantage.

90

L'ABBÉ DES ISSARTS

Monsieur, monsieur, les méchants ont toujours de bonnes raisons à dire. Vous vous perdez, vous dis-je. Car l'abbé de Saint-Cyran qui n'a point fait de miracles, et l'abbé Pâris qui en a fait à Saint-Médard...

95

3°. Alors le marchand impatienté chassa l'abbé des Issarts de son comptoir; et, après avoir loyalement prêté son argent au denier vingt,[34] alla rendre compte de sa conversation aux magistrats, qui

[32] L'intérêt de la somme principale. Faiguet renvoie l'expression à son origine polémique, dans son article 'Usure': 'L'usure est, disent-ils, tout ce qui augmente le principal, *usura est omnis accessio ad sortem*' (t.17, p.538). Les provinces exemptées de l'interdit sont pour partie indiquées dans l'article 'Intérêt' de l'*Encyclopédie*: 'La stipulation d'intérêt qui était permise chez les Romains dans le prêt, est réprouvée parmi nous, si ce n'est entre marchands fréquentant les foires de Lyon, lesquels sont autorisés par les ordonnances, à stipuler des intérêts de l'argent prêté; il y a aussi quelques provinces où il est permis de stipuler l'intérêt des obligations, même entre toutes sortes de personnes; comme en Bresse, ces obligations y tiennent lieu des contrats de constitution que l'on n'y connaît point [...]. Le taux des intérêts n'est pas le même dans toutes les provinces du royaume; cela dépend des différents édits et du temps qu'ils y ont été enregistrés. On peut voir à ce sujet le mémoire qui est inséré dans les *Œuvres posthumes* d'Henrys, *quest.* 4' (t.8, p.824). Dans l'article 'Usure', on trouve encore ces précisions: 'Il y avait donc des prêts alors, qui sans autre formalité, produisaient par la convention même un intérêt légitime, comme aujourd'hui dans le Bugey, *interesse legitimum ex mutuo*, ou comme on trouve encore au même endroit, *lucrum quod de mutuo recipitur*, et par conséquent cet intérêt, ce profit s'exigeait licitement' (t.17, p.552).

[33] La fiction hollandaise recouvre une dimension autobiographique de ces 'voyages', puisque Voltaire a fait l'expérience cosmopolite de tous les pays protestants, la Suisse avant tout autre, qui ont une pratique de l'argent fort différente.

[34] C'est le taux de l'intérêt. Dans l'article 'Intérêt (Arith. et Algèb.)', D'Alembert définit 'l'intérêt est à tel denier' comme l'une des deux manières de calculer l'intérêt: 'il faut entendre qu'autant de fois que le nombre qui marque le denier est contenu dans le capital, autant de fois on tire *un* d'intérêt. Ainsi le denier étant 18, l'intérêt est

défendirent aux jansénistes de débiter une doctrine si pernicieuse
au commerce.   100

Messieurs, leur dit le premier échevin, [35] de la grâce efficace tant
qu'il vous plaira; de la prédestination tant que vous en voudrez; de
la communion aussi peu que vous voudrez, vous êtes les maîtres;
mais gardez-vous de toucher aux lois de notre Etat. [36]

---

1 pour 18' (*Encyclopédie*, t.8, p.819). Ainsi 'au denier vingt' est un intérêt de cinq pour
cent (autre manière de calculer). Boucher d'Argis définit le taux légal de l'intérêt
(pour autre chose que le prêt): 'Le taux des intérêts était fixé anciennement au denier
douze jusqu'en 1602, puis au denier seize jusqu'en 1634; ensuite au denier dix-huit
jusqu'en 1665, que l'on a établi le denier vingt. L'édit du mois de mars 1730 avait fixé
les rentes au denier cinquante; mais il ne fut registré qu'au Châtelet: l'édit du mois de
juin 1724 fixa le taux des rentes au denier trente; enfin, l'édit du mois de juin 1725, a
fixé les rentes et intérêts au denier vingt' (*Encyclopédie*, t.8, p.824).

[35] L'échevin est un 'officier élu ordinairement par les bourgeois, pour avoir soin
de la police et des affaires communes d'une ville pendant un certain temps'
(*Dictionnaire de l'Académie*, t.1, p.580).

[36] Cette conclusion rappelle ce que Voltaire dit déjà dans l'article 'Lois civiles et
ecclésiastiques' du *DP* (*OCV*, t.36, p.320-23): l'autorité des lois ecclésiastiques ne
doit pas s'appliquer à la vie politique et économique d'un pays. Il est en cela en plein
accord avec les encyclopédistes, les Physiocrates, et tous les courants économistes
des Lumières.

INTOLÉRANCE

Lisez l'article 'Intolérance' dans le grand Dictionnaire encyclopédique. [1] Lisez le livre de la *Tolérance* composé à l'occasion de
l'affreux assassinat de Jean Calas, citoyen de Toulouse; [2] et si après

3   K84, K12: Toulouse; [*avec note*: Voyez le second volume de *Politique et
Législation.*] et

* Le combat pour la tolérance est sans fin. Il faut donc beaucoup répéter. Après tant
de pages écrites pour dénoncer le fanatisme et les persécutions, Voltaire introduit
encore un article 'Intolérance' dans les *QE*, renvoyant à la fois à son *Traité sur la
tolérance* et à l'article 'Intolérance' de l'*Encyclopédie* qu'il met au rang des lectures
indispensables. Non signé, cet article a été attribué à Diderot et il définit l'intolérance
comme 'une passion féroce qui porte à haïr et à persécuter ceux qui sont dans l'erreur'
(t.8, p.843). L'auteur distingue 'l'intolérance ecclésiastique' consistant à 'regarder
comme fausse toute autre religion que celle que l'on professe' et 'l'intolérance civile'
poursuivant ceux qui pensent différemment sur Dieu. La première est celle des
martyrs proclamant leur foi à leurs risques et périls, la seconde est persécutrice. Il
condamne fermement cette dernière et, grâce à un florilège de citations tirées de
l'Ecriture sainte, des ouvrages des Pères de l'Eglise ou des saints, des décisions des
Conciles, il entend prouver que l'intolérant est 'un méchant homme, un mauvais
chrétien, un sujet dangereux, un mauvais politique et un mauvais citoyen' (t.8, p.843).
Voltaire avait également énuméré des 'Témoignages contre l'intolérance' dans le
Traité sur la tolérance (*OCV*, t.56C, p.226-28). Mais les deux listes comportent une
différence notable: celle de l'*Encyclopédie* se limite à la littérature ecclésiastique, celle
de Voltaire comprend également force citations de saints, d'évêques, mais aussi
d'historiens (Boulainvilliers, de Thou) et d'un homme de lettres (Montesquieu).
Dans les *QE*, avant d'inclure un article 'Tolérance', Voltaire insère cet article
'Intolérance' qui met en scène un intolérant dont il imagine le discours fanatique. Il
complète ainsi l'article 'Fanatisme' (*OCV*, t.41, p.328-42) en misant, dans ce texte, sur
le pouvoir de la fiction. Il avait également fait ce pari dans le *Traité sur la tolérance* en
introduisant un 'Dialogue entre un mourant et un homme qui se porte bien' (*OCV*,
t.56C, p.229-31). Le combat de Voltaire pour la tolérance ne se cantonne pas à
l'argumentation; la passion et le fantasme interviennent et confèrent à ces textes toute
leur puissance d'évocation. Cet article paraît en septembre/octobre 1771 (70, t.7).

[1] *Encyclopédie*, t.8, p.843-45. Classé sous la rubrique 'morale', cet article non signé
est suivi de l'article 'Intolérant' par le chevalier de Jaucourt, puis d'un court ajout non
signé.

[2] *Traité sur la tolérance, à l'occasion de la mort de Jean Calas* (1763; *OCV*, t.56C).

cela vous admettez la persécution en matière de religion, com-
parez-vous hardiment à Ravaillac. [3] Vous savez que ce Ravaillac 5
était fort intolérant.

Voici la substance de tous les discours que tiennent les
intolérants.

Quoi! monstre, qui seras brûlé à tout jamais dans l'autre monde,
et que je ferai brûler dans celui-ci dès que je le pourrai, tu as 10
l'insolence de lire de Thou et Bayle qui sont mis à l'index à Rome? [4]
Quand je te prêchais de la part de Dieu que Samson avait tué mille
Philistins avec une mâchoire d'âne, ta tête plus dure que l'arsenal
dont Samson avait tiré ses armes, m'a fait connaître par un léger
mouvement de gauche à droite que tu n'en croyais rien. [5] Et quand 15
je disais que le diable Asmodée qui tordit le cou par jalousie aux
sept maris de Saraï chez les Mèdes, était enchaîné dans la haute
Egypte, j'ai vu une petite contraction de tes lèvres nommée en latin
cachinnus, me signifier que dans le fond de l'âme l'histoire
d'Asmodée t'était en dérision. [6] 20

Et vous Isaac Newton, Fréderic le Grand roi de Prusse, électeur
de Brandebourg; Jean Locke, impératrice de Russie victorieuse des
Ottomans, Jean Milton, bienfaisant monarque de Dannemarck;
Shakespear, sage roi de Suède, Leibnitz, auguste maison de

[3] Ravaillac reste, aux yeux de Voltaire, l'emblème du fanatisme religieux. De la
'Dissertation sur la mort de Henri IV' de 1745 (*OCV*, t.2, p.342-45) au chapitre 174 de
l'*EM* (éd. Pomeau, t.2, p.555-56) et au chapitre 44 de l'*Histoire du parlement de Paris*
(*OCV*, t.68, p.381-83), Voltaire n'a cessé de répéter que Ravaillac fut l'instrument de
l'esprit du temps, qu'il fut un insensé aveuglé par sa foi et par les discours des moines.
Dans le tome suivant des *QE*, Voltaire introduit un article 'Ravaillac', dialogue entre
un page du duc de Sully et maître Filesac, l'un des confesseurs de Ravaillac, lequel
prétend prouver que Henri IV est damné et que Ravaillac est un saint.

[4] La seconde partie de l'*Histoire universelle* (BV3297) de Jacques Auguste de Thou
(1553-1617), qui traitait des guerres de religion, incluant le massacre de la Saint-
Barthélemy, fut mise à l'Index le 9 novembre 1609. C'est un ouvrage que Voltaire
apprécie. En 1698, les *Œuvres* de Bayle sont mises à l'Index et en 1713 le *Commentaire
philosophique sur ces paroles de Jésus-Christ: 'Contrains-les d'entrer'*.

[5] Juges 15:14-17, l'un des exploits extraordinaires de Samson que Voltaire aime
rappeler. Il ajoutera un article 'Samson' en 1772 dans le 'Supplément' aux *QE*.

[6] Voir l'article 'Asmodée' des *QE* (*OCV*, t.39, p.113-18 et n.4-5, 21-22).

Brunsvick, Tillotson, empereur de la Chine; parlement d'Angle-   25
terre, conseil du Grand Mogol, [7] vous tous enfin qui ne croyez pas
un mot de ce que j'ai enseigné dans mes cahiers de théologie, je
vous déclare que je vous regarde tous comme des païens ou comme
des commis de la douane, ainsi que je vous l'ai dit souvent pour le
buriner dans votre dure cervelle. Vous êtes des scélérats endurcis;   30
vous irez tous dans la géhenne où le ver ne meurt point, et où le feu
ne s'éteint point; [8] car j'ai raison, et vous avez tous tort; car j'ai la
grâce, et vous ne l'avez pas. Je confesse trois dévotes de mon
quartier, et vous n'en confessez pas une. J'ai fait des mandements
d'évêques, et vous n'en avez jamais fait; j'ai dit des injures des   35
halles aux philosophes, et vous les avez protégés, ou imités, ou
égalés; j'ai fait de pieux libelles diffamatoires farcis des plus infâmes
calomnies, et vous ne les avez jamais lus. Je dis la messe tous les
jours en latin pour douze sous, et vous n'y assistez pas plus que
Cicéron, Caton, Pompée, César, Horace et Virgile n'y ont assisté.   40
Par conséquent, vous méritez qu'on vous coupe le poing; qu'on
vous arrache la langue; qu'on vous mette à la torture et qu'on vous
brûle à petit feu; car Dieu est miséricordieux. [9]

29-30   70, 71N, 71A: douane, c'est la même chose. Vous

[7] Cette énumération est composite. Elle comprend des monarques contemporains auxquels Voltaire rend hommage: Frédéric II, Catherine II, Christian VII, roi du Danemark et Gustave III, roi de Suède, destinataires d'épîtres (voir l'*Epître au roi de Danemark*, *OCV*, t.73, p.413-33 et l'*Epître au roi de Suède, Gustave III*, p.475-77), une famille régnante, celle de Brunswick (c'est au prince Charles-Guillaume Ferdinand de Brunswick que furent adressées en 1767 les *Lettres à Son Altesse Monseigneur le prince de* ***, *OCV*, t.63B, p.353-489), enfin Kien Long, empereur de Chine, célébré par Voltaire dans une épître en 1770 (*M*, t.10, p.412-21). Y figurent aussi des hommes de lettres anglais, un philosophe allemand, des institutions politiques: le parlement d'Angleterre, le conseil du Grand Mogol. L'éventail religieux est large; on y trouve des protestants en nombre, une orthodoxe (Catherine II), des musulmans, un confucéen (l'empereur de Chine), tous unis dans leur refus des billevesées catholiques.

[8] Isaïe 66:24: 'Ils sortiront pour voir les corps morts de ceux qui ont violé ma loi. Leur ver ne mourra point, et leur feu ne s'éteindra point'. Le terme 'géhenne' est utilisé dans les Evangiles de Matthieu, de Marc et de Luc et dans l'Epître de Jacques.

[9] Voltaire n'a rien oublié des horreurs du procès et de l'exécution du chevalier de

Ce sont là, sans en rien retrancher, les maximes des intolérants, et le précis de tous leurs livres. Avouons qu'il y a plaisir à vivre avec ces gens-là.   45

La Barre. Celui-ci fut condamné à l'amputation de la langue, à avoir la main droite coupée, à subir la question ordinaire et extraordinaire (voir la *Relation de la mort du chevalier de La Barre*, *OCV*, t.63B, p.559-60, et l'article 'Justice' des *QE*, ci-dessous, p.510). Il fut décapité et son corps fut brûlé. Le bûcher 'à petit feu' est une image voltairienne obsédante (voir par exemple *Candide*, ch.6).

463

JUIF

* Jamais Voltaire n'a cessé de focaliser son attention sur les Juifs, plus particulièrement sur les anciens Hébreux; jamais il n'a cessé de lire et relire la Bible: lectures parfois polissonnes, souvent indignées, toujours passionnées de l'Ancien Testament. Cette réitération sans fin reste l'une des marques de sa polygraphie. Tenter ici une synthèse étant hors de propos, nous ne pouvons que saisir la spécificité de ce texte ayant pour sous-titre 'Lettre à Messieurs Jonathan Ben Jonathan, Aaron Mathathaï et David Wincker'. En fait, l'article est composé de sept lettres en réponse à l'abbé Guénée, apologiste chrétien de qualité, polémiste redoutable, adversaire des plus coriaces. Au temps des *QE*, il est l'auteur de la *Lettre du rabbin Aaron Mathataï à Guillaume Vadé* (1765), puis en 1769 des *Lettres de quelques Juifs portugais et allemands à Monsieur de Voltaire*, ouvrage qui figure dans la bibliothèque de Voltaire (2ᵉ éd., Paris, 1769, BV1566; *CN*, t.4, p.250-52). Celui-ci règle ses comptes dans les *QE* avec un certain nombre de ses détracteurs et il a déjà répliqué à Guénée sur l'histoire du veau d'or dans l'article 'Fonte' (*OCV*, t.41, p.471-81; voir aussi *OCV*, t.72, p.165-85). Cette mise au point parcellaire ne pouvait le satisfaire et il entreprend ici une réfutation en règle des *Lettres de quelques Juifs*. Guénée ayant reproduit (p.7-42) l'*Apologie pour la nation juive* (1762; *Ferney catalogue*, n° 2348) d'Isaac Pinto, Voltaire répond aussi à ce texte, qui est la réaction la plus célèbre à la publication, dans les *Mélanges* de 1756, de l'opuscule *Des Juifs* (*OCV*, t.45B, p.81-138). Dans la lettre que Voltaire écrivit à Pinto le 21 juillet 1762 (D10600), il promettait de faire un carton sur des 'lignes violentes et injustes'. On a remarqué qu'il ne l'avait pas fait. Mais on a affirmé à tort qu'il s'agissait là de sa seule réponse à l'ouvrage d'Isaac Pinto. Peut-être était-ce son intention, mais Guénée, l'ayant utilisé contre lui, Voltaire est conduit à répondre à l'un et à l'autre. Il convient donc de confronter aussi cet article à l'*Apologie pour la nation juive* et à l'accusé de réception de Voltaire à Isaac Pinto (D10600). D'abord sur la défensive, Voltaire passe vite à l'offensive, attaquant les commentaires de l'abbé Guénée. La structure de l'ouvrage de Guénée étant complexe et ses critiques multiples, Voltaire cible certaines réfutations des chapitres 12 et 13 du *Traité sur la tolérance* (*OCV*, t.56c, p.192-218). Voltaire, dans cet article des *QE*, répond donc à cette réception critique d'un apologiste chrétien sous le masque de quelques Juifs. Guénée ajoute aussi un 'Petit commentaire, extrait d'un plus grand à l'usage de ceux qui lisent les ouvrages de M. de Voltaire' qui comprend sept extraits (p.286-409). En réalité, Guénée

Lettre à Messieurs Joseph Ben Jonathan, Aaron Mathathaï, et David Wincker[1]

MESSIEURS,[2]

Lorsque M. Medina votre compatriote, me fit à Londres une banqueroute de vingt mille francs il y a quarante-quatre ans, il me dit, *que ce n'était pas sa faute, qu'il était malheureux, qu'il n'avait jamais été enfant de Bélial, qu'il avait toujours tâché de vivre en fils de Dieu, c'est-à-dire en honnête homme, en bon Israélite.* Il m'attendrit, je l'embrassai; nous louâmes Dieu ensemble; et je perdis quatre-vingts pour cent.[3]

c-1   K12: *Wincker* [*avec note*: Voyez l'ouvrage intitulé *Un chrétien contre six Juifs*, Mélanges historiques, t.1 [K12: t.2].] / *Première lettre* / Messieurs

critique aussi le *DP*, *La Philosophie de l'histoire* et l'*EM* (ch.103). C'est donc à une attaque frontale et de grande ampleur que Voltaire fait face dans cet article qui est composé de répliques à l'abbé Guénée, mais allègue aussi d'autres exemples, pris dans l'Ancien Testament. La polémique rebondira avec en 1776 la publication d'une édition augmentée des *Lettres de quelques Juifs portugais, allemands et polonais*, que Voltaire se procurera (BV1567; *CN*, t.4, p.252-54), et à laquelle il répondra par *Un chrétien contre six Juifs* (1776; *M*, t.29, p.499-582). Cet article des *QE* représente donc une étape dans un processus s'étendant sur plusieurs années. Si Voltaire n'a point connaissance le 3 juillet 1769 des 'lettres hébraïques' (D15729), il les a lues en juin 1770 (D16374). Guénée, dans un 'Avertissement', avait lancé à Voltaire un défi: 'Nous croyons que l'auteur qu'on y combat ne peut se dispenser d'y répondre; son silence serait un aveu de sa défaite' (p.vii); Voltaire relève ce défi et cet article paraît en septembre/octobre 1771 (70, t.7).

[1] Le 'Petit commentaire' qui clôt les *Lettres de quelques Juifs* en 1769 est signé par Joseph Ben Jonathan, Aaron Mathathaï et David Wincker (t.1, p.411).

[2] Cette première lettre répond à l'*Apologie pour la nation juive*. Voltaire insiste sur sa dénonciation des autodafés et du fanatisme religieux, s'efforce de dédramatiser le sujet par ses plaisanteries sur 'l'instrument ou prépuce ou déprépucé' (ligne 59). Comme Isaac Pinto avait attiré son attention sur les conséquences néfastes, pour ses contemporains Juifs, de ses critiques sur les anciens Hébreux, Voltaire essaie de s'en dédouaner.

[3] Transposition quelque peu romancée et caricaturale de la banqueroute que subit Voltaire à son arrivée à Londres en 1726: 'At my coming to London, I found my damned Jew was broken' (D303). Le patriarche de la famille, John Mendes da Costa,

Vous devez savoir que je n'ai jamais haï votre nation. [4] Je ne hais personne, pas même Fréron.

Loin de vous haïr, je vous ai toujours plaints. Si j'ai été quelquefois un peu goguenard comme l'était le bon pape Lambertini mon protecteur, [5] je n'en suis pas moins sensible. Je pleurais à l'âge de seize ans quand on me disait qu'on avait brûlé à Lisbonne une mère et une fille pour avoir mangé debout un peu d'agneau cuit avec des laitues le quatorzième jour de la lune rousse; et je puis vous assurer que l'extrême beauté qu'on vantait dans cette fille n'entra point dans la source de mes larmes, quoiqu'elle dût augmenter dans les spectateurs l'horreur pour les assassins, et la pitié pour la victime. [6]

Je ne sais comment je m'avisai de faire un poème épique à l'âge de vingt ans. [7] (Savez-vous ce que c'est qu'un poème épique? pour

---

actionnaire de la Banque d'Angleterre, a dû s'excuser, auprès de son créancier, de la mauvaise conduite de son fils, Anthony (Jacob) qui dilapidait sa fortune. En réalité, Voltaire ne perdit point vingt mille francs, il avait fait passer huit à neuf mille livres françaises en Angleterre. Voir Norma Perry, 'La chute d'une famille séfardie: les Mendes da Costa de Londres', *Dix-huitième siècle* 13 (1981), p.11-25. Voltaire se présente donc en victime d'un banqueroutier juif, répondant indirectement aux reproches d'Isaac Pinto sur ses préjugés concernant les Juifs et l'argent (Guénée, *Lettres de quelques Juifs*, 1769, p.16-18). Si Voltaire évoque cette banqueroute ancienne, c'est aussi parce que Guénée, dans la première partie de son ouvrage, fait entendre une autre voix juive en reproduisant une lettre de Joseph da Costa au Révérend Dr Johnson dans laquelle celui-ci évoque la réception de *Des Juifs* (p.48-58). Toutes nos références à Pinto renvoient à Guénée, *Lettres de quelques Juifs* (1769).

[4] Pinto accuse Voltaire d'avoir fait des Juifs 'un portrait aussi affreux que peu ressemblant' (*Lettres de quelques Juifs*, p.10) et dénonce les 'haines nationales' (p.38).

[5] Benoît XIV, pape de 1740 à 1758, auquel Voltaire a dédié sa tragédie *Mahomet*, et dont il loue 'la douceur et la gaîté de son caractère' dans le *Précis du siècle de Louis XV* (*OH*, p.1523). Même emploi de l'adjectif 'goguenard' à son sujet dans D9058.

[6] Cet autodafé aurait eu lieu en 1710. Est-ce un souvenir de jeunesse de Voltaire, alors au Collège Louis-le-Grand, ou un souvenir livresque des 'Très humbles remontrances aux inquisiteurs d'Espagne et de Portugal' de *De l'esprit des lois* (livre 25, ch.13)? La seconde hypothèse est la plus vraisemblable, Isaac Pinto ayant fait l'éloge de Montesquieu et cité ce texte célèbre (*Lettres de quelques Juifs*, p.35-36). Dans D10600, Voltaire s'était limité à une allusion aux bûchers de l'Inquisition.

[7] Voltaire a donné plusieurs versions de la genèse du poème de *La Ligue*, soit à la

moi je n'en savais rien alors.) Le législateur Montesquieu n'avait point encore écrit ses *Lettres persanes* que vous me reprochez d'avoir commentées,[8] et j'avais déjà dit tout seul, en parlant d'un monstre que vos ancêtres ont bien connu, et qui a même encore aujourd'hui quelques dévots: 25

> Il vient; le fanatisme est son horrible nom,
> Enfant dénaturé de la religion,
> Armé pour la défendre il cherche à la détruire; 30
> Et reçu dans son sein l'embrasse et le déchire.
>   C'est lui qui dans Raba, sur les bords de l'Arnon,
> Guidait les descendants du malheureux Ammon,
> Quand à Moloc leur Dieu, des mères gémissantes
> Offraient de leurs enfants les entrailles fumantes. 35
> Il dicta de Jephté le serment inhumain:
> Dans le cœur de sa fille il conduisit sa main.
> C'est lui qui de Calcas ouvrant la bouche impie,
> Demanda par sa voix la mort d'Iphigénie.
> France, dans tes forêts il habita longtemps. 40
> A l'affreux Teutatès il offrit ton encens.
> Tu n'as point oublié ces sacrés homicides,
> Qu'à tes indignes dieux présentaient tes druides.
> Du haut du Capitole il criait aux païens,
> Frappez, exterminez, déchirez les chrétiens. 45
> Mais lorsqu'au fils de Dieu Rome enfin fut soumise,
> Du Capitole en cendre il passa dans l'église;
> Et dans les cœurs chrétiens inspirant ses fureurs,
> De martyrs qu'ils étaient, les fit persécuteurs.
> Dans Londre il a formé la secte turbulente 50

Bastille en 1717, d'après la préface de l'édition de 1730, soit au château de Saint-Ange chez le duc de Sully en 1716, d'après la *Lettre de Monsieur de Voltaire à Messieurs les auteurs du Journal des savants* (D2593), thèse reprise dans le *Commentaire historique* (*M*, t.1, p.74). Voir l'Introduction de *La Henriade* (*OCV*, t.2, p.18). Voltaire avait alors 22 ou 23 ans. Ici, il se rajeunit. Son *Essay on epic poetry* sera publié pour la première fois en 1727 (*OCV*, t.3B, p.278).

[8] Montesquieu a évoqué la situation des Juifs dans la soixantième des *Lettres persanes*. Ni Pinto ni Guénée ne reprochent à Voltaire d'avoir commenté les *Lettres persanes*.

Qui sur un roi trop faible a mis sa main sanglante;
Dans Madrid, dans Lisbonne, il allume ces feux,
Ces bûchers solennels où des Juifs malheureux
Sont tous les ans en pompe envoyés par des prêtres
Pour n'avoir point quitté la foi de leurs ancêtres. [9]   55

Vous voyez bien que j'étais dès lors votre serviteur, votre ami, votre frère, quoique mon père et ma mère m'eussent conservé mon prépuce.

Je sais que l'instrument ou prépucé, ou déprépucé, a causé des querelles bien funestes. Je sais ce qu'il en a coûté à Pâris fils de   60
Priam, et à Ménélas frère d'Agamemnon. J'ai assez lu vos livres pour ne pas ignorer que Sichem fils d'Hemor viola Dina fille de Lia, laquelle n'avait que cinq ans tout au plus, mais qui était fort avancée pour son âge. Il voulut l'épouser; les enfants de Jacob frères de la violée, la lui donnèrent en mariage, à condition qu'il se   65
ferait circoncire lui et tout son peuple. Quand l'opération fut faite, et que tous les Sichemites, ou Sichimites, étaient au lit dans les douleurs de cette besogne, les saints patriarches Siméon et Lévi les égorgèrent tous l'un après l'autre. [10] Mais après tout, je ne crois pas qu'aujourd'hui le prépuce doive produire de si abominables   70
horreurs. Je ne pense pas surtout que les hommes doivent se haïr, se détester, s'anathématiser, se damner réciproquement le samedi et le dimanche pour un petit bout de chair de plus ou de moins.

Si j'ai dit que quelques déprépucés ont rogné les espèces à Metz,   75
à Francfort-sur-l'Oder et à Varsovie, (ce dont je ne me souviens

63   70, 71N, 71A: que sept ans, mais
68   W75G, β, K84, K12: patriarches Simon et

[9] *La Henriade*, chant 5 (*OCV*, t.2, p.473). Pour les vers qui ne sont pas dans les premières éditions, voir les variantes, p.472.
[10] Genèse, ch.34. Diversion opérée par Voltaire avec cette histoire de Dina qu'il a déjà commentée dans l'article 'Genèse' (voir ci-dessus, p.51, n.91-92).

pas) je leur en demande pardon.[11] Car étant prêt de finir mon pèlerinage, je ne veux point me brouiller avec Israël.

J'ai l'honneur d'être comme on dit,

Votre etc.   80

Lettre seconde
De l'antiquité des Juifs[12]

MESSIEURS,

Je suis toujours convenu, à mesure que j'ai lu quelques livres d'histoire pour m'amuser, que vous êtes une nation assez ancienne,[13] et que vous datez de plus loin que les Teutons, les Celtes, les Welches, les Sicambres, les Bretons, les Slavons, les Angles et   85 les Hurons. Je vous vois rassemblés en corps de peuple dans une capitale nommée tantôt *Hershalaïm*, tantôt *Shebah* sur la montagne Moriah, et sur la montagne Sion, auprès d'un désert, dans un terrain pierreux, près d'un petit torrent qui est à sec six mois de l'année.[14]   90

[11] Dans D10600, Voltaire reconnaissait avoir eu tort 'd'attribuer à toute une nation les vices de plusieurs particuliers'. Il répond ici plus directement à Pinto, qui avait distingué les Juifs espagnols et portugais enclins à la prodigalité et les Juifs allemands et polonais dans une condition misérable: 'Si parmi ces malheureux, il en est qui ont rogné la monnaie, ils ne sont pas les seuls; ils ne sont pas même le plus grand nombre des coupables en ce genre' (*Lettres de quelques Juifs*, p.24). Voltaire accuse les Juifs d'avoir été 'rogneurs d'espèces' à Rome dans *Les Dernières Paroles d'Epictète* (*M*, t.25, p.126), à Tyr et à Damas dans *Saül* (acte 3, scène 1; *OCV*, t.56A, p.503). Il a multiplié les accusations d'usure (voir par exemple l'*EM*, ch.103, et *Des Juifs*, *OCV*, t.45B, p.138).

[12] Dans cette 'Lettre seconde', Voltaire refait une histoire du peuple juif; c'est déjà ce qu'il avait tenté dans *Des Juifs* et développé dans maints textes. Le destinataire de tous ces discours, 'le secrétaire qui m'a fait l'honneur de m'écrire en votre nom', apparaît ligne 171.

[13] Dans *La Philosophie de l'histoire*, Voltaire prétendait que les Juifs étaient une nation 'des plus modernes' (*OCV*, t.59, p.220).

[14] C'est sur la montagne Moria que fut bâti le temple de Salomon (2 Chroniques 3:1). Le torrent du Cedron ou Kedron borde à l'Orient Jérusalem, séparant la colline de Sion du mont des Oliviers.

Lorsque vous commençâtes à vous affermir dans ce coin, (je ne dirai pas de terre, mais de cailloux) il y avait environ deux siècles que Troye était détruite par les Grecs;

Medon était archonte d'Athènes;

Ekestrates régnait dans Lacédémone;   95

Latinus Silvius régnait dans le Latium;

Osochor en Egypte. [15]

Les Indes étaient florissantes depuis une longue suite de siècles.

C'était le temps le plus illustre de la Chine; l'empereur Tchinvang régnait avec gloire sur ce vaste empire; toutes les   100 sciences y étaient cultivées; et les annales publiques portent que le roi de la Cochinchine étant venu saluer cet empereur Tchinvang, il en reçut en présent une boussole. [16] Cette boussole aurait bien servi à votre Salomon pour les flottes qu'il envoyait au beau pays d'Ophir, que personne n'a jamais connu. [17]   105

[15] Voltaire dispose des *Tablettes chronologiques de l'histoire universelle, sacrée et profane, ecclésiastique et civile* de Lenglet Du Fresnoy (2 vol., La Haye, 1745, BV2042), qu'il a utilisées pour l'article 'Chronologie' des *QE* (*OCV*, t.40, p.92); il s'intéresse au tableau comparé des chronologies de l'histoire sacrée et profane (*CN*, t.5, p.309). Dans les *Dissertations qui peuvent servir de prolégomènes de l'Ecriture Sainte* de Dom Calmet (3 vol., Paris, 1720, BV616; *CN*, t.2, p.324), il a mis un signet dans la 'Table chronologique générale depuis le commencement du monde jusqu'à l'an 70 de Jésus-Christ'. Osorkon I, pharaon de la 22ᵉ dynastie; Latinus Silvius, roi de Latium, héros éponyme des Latins dont la légende est rattachée aux origines troyennes de Rome. Medon fut le premier archonte d'Athènes et Echestrates, roi de Lacédémone, appartient à la dynastie des Euristhenides ou Agides.

[16] Sur l'antiquité de la Chine, voir l'*EM*, ch.1 (*OCV*, t.22, p.20-27) et Du Halde, *Description* [...] *de l'empire de Chine*, 4 vol. (La Haye, 1736, BV1132), t.1, p.271-83. Sur la boussole, voir l'*EM*, ch.1 (*OCV*, t.22, p.41), et Du Halde (*Description*, t.3, p.274-75). C'est dans les 'Fastes de la monarchie chinoise' de la *Description* (t.1, p.329) que Voltaire a trouvé cette anecdote. Tchin Vang est le second empereur de la dynastie Tcheou qui, selon Du Halde, meurt en 1077 avant J.-C. après 37 ans de règne. C'est l'ancien premier ministre de son père, qui fut d'ailleurs son précepteur, Tcheou kong, qui remit aux ambassadeurs de Cochinchine une boussole, instrument nommé *tchi nan*.

[17] Ironie de Voltaire à ce sujet dans *Des Juifs* (*OCV*, t.45B, p.120). Dans l'extrait 7, article 3, 'Des richesses qu'apportait à Salomon la flotte d'Ophir', Guénée s'efforce de prouver que Salomon a bénéficié d'immenses richesses venant de ce 'pays de l'or' qu'il compare au Pérou (*Lettres de quelques Juifs*, p.406-407).

Ainsi après les Chaldéens, les Syriens, les Perses, les Phéniciens, les Egyptiens, les Grecs, les Indiens, les Chinois, les Latins, les Toscans, vous êtes le premier peuple de la terre qui ait eu quelque forme de gouvernement connue.

Les Banians, les Guèbres, sont avec vous les seuls peuples, qui dispersés hors de leur patrie, ont conservé leurs anciens rites. [18] Car je ne compte pas les petites troupes égyptiennes qu'on appelait Zingari en Italie, Gipsi en Angleterre, Bohêmes en France, lesquelles avaient conservé les antiques cérémonies du culte d'Isis, le cistre, les cymbales, les crotales, la danse d'Isis, la prophétie, et l'art de voler les poules dans les basses-cours. [19] Ces troupes sacrées commencent à disparaître de la face de la terre, tandis que leurs pyramides appartiennent encore aux Turcs, qui n'en seront pas peut-être toujours les maîtres non plus que d'Hershalaïm, tant la figure de ce monde passe.

Vous dites que vous êtes établis en Espagne dès le temps de Salomon. [20] Je le crois; et même j'oserais penser que les Phéniciens purent y conduire quelques Juifs longtemps auparavant, lorsque vous fûtes esclaves en Phénicie après les horribles massacres que vous dites avoir été commis par Cartouche Josué, et par Cartouche Caleb. [21]

110

115

120

125

125-26   70, 71N, 71A: commis par Josué et par Caleb

[18] Voltaire développe ce qu'il a dit dans *Des Juifs* (*OCV*, t.45B, p.113). Voir aussi l'*EM*, ch.102 (*OCV*, t.24, p.559).

[19] Voir l'*EM*, ch.104.

[20] Sur les Juifs établis en Espagne depuis Salomon, voir l'*EM*, ch.102 (*OCV*, t.24, p.560). Isaac Pinto rappelait que les Juifs séfarades croient qu'ils sont les descendants de la tribu de Juda envoyée en Espagne au temps de la captivité de Babylone (*Lettres de quelques Juifs*, p.15).

[21] Cartouche (1693-1721) est un célèbre voleur. Dans la longue marche du peuple juif vers la terre promise, relatée dans le livre des Nombres, Caleb, soutenu par Josué, exhorte les défaitistes à partir à la conquête du pays de Canaan. Yahvé punit de mort les responsables de la démoralisation des troupes (Nombres 13-14). Le livre de Josué relate cette conquête et les nombreux exploits accomplis par Josué qui a soumis tout le pays en tuant tout sur son passage. Or Isaac Pinto s'était efforcé de justifier toutes les cruautés reprochées aux Hébreux puisqu'ils obéissaient à des ordres divins

Vos livres disent en effet (*a*) que vous fûtes réduits en servitude sous Cusan Rashataim roi d'Aram-Naharaim pendant huit ans, et sous Eglon (*b*) roi de Moab pendant dix-huit ans; puis sous Jabin (*c*) roi de Canaan pendant vingt ans; puis dans le petit canton de Madian dont vous étiez venus, et où vous vécûtes dans des cavernes pendant sept ans.   130

Puis en Galaad pendant dix-huit ans, (*d*) quoique Jaïr votre prince eût trente fils, montés chacun sur un bel ânon.

Puis sous les Phéniciens nommés par vous *Philistins* pendant   135
quarante ans, jusqu'à ce qu'enfin le Seigneur Adonaï envoya Samson qui attacha trois cents renards l'un à l'autre par la

(*a*) Juges ch.3. [22]

(*b*) C'est ce même Eglon roi de Moab qui fut si saintement assassiné au nom du Seigneur par Aod l'ambidextre, lequel lui avait fait serment de fidélité; et c'est ce même Aod qui fut si souvent réclamé à Paris par les prédicateurs de la Ligue. *Il nous faut un Aod, il nous faut un Aod*; ils crièrent tant qu'ils en trouvèrent un. [23]   5

(*c*) C'est sous ce Jabin que la bonne femme Jahel assassina le capitaine Sizara, en lui enfonçant un clou dans la cervelle, lequel clou le cloua fort avant dans la terre. [24] Quel maître clou et quelle maîtresse femme que cette Jahel! on ne lui peut comparer que Judith, mais Judith a paru bien supérieure, car elle coupa la tête à son amant dans son lit après lui avoir   5
donné ses tendres faveurs. Rien n'est plus héroïque et plus édifiant. [25]

(*d*) Juges ch.10. [26]

136   70, 71N, 71A: Seigneur envoya

(*Lettres de quelques Juifs*, p.32), un passage remarqué par Voltaire, qui plaça un signet p.32-33 (*CN*, t.4, p.250).

[22] Juges 3:8.

[23] Juges 3:12-14; Eglon assujettit les enfants d'Israël; Aod, le 'sauveur', tue Eglon (Juges 3:15). Voltaire a souvent dénoncé ce lâche assassinat: voir par exemple l'article 'Fanatisme' du *DP* (*OCV*, t.36, p.109, n.14). Le nouvel Aod est Jacques Clément.

[24] Juges 4:17-22.

[25] Judith 13:9-10.

[26] Juges 10:3-4.

queue, et tua mille Phéniciens avec une mâchoire d'âne,[27] de laquelle il sortit une belle fontaine d'eau pure, qui a été très bien représentée à la Comédie-Italienne.[28]

Voilà de votre aveu quatre-vingt-seize ans de captivité dans la terre promise. Or il est très probable que les Tyriens qui étaient les facteurs de toutes les nations, et qui naviguaient jusque sur l'Océan, achetèrent plusieurs esclaves juifs, et les menèrent à Cadix qu'ils fondèrent. Vous voyez que vous êtes bien plus anciens que vous ne pensiez. Il est très probable en effet que vous avez habité l'Espagne plusieurs siècles avant les Romains, les Goths, les Vandales et les Maures.

Non seulement je suis votre ami, votre frère, mais de plus votre généalogiste.

Je vous supplie, Messieurs, d'avoir la bonté de croire que je n'ai jamais cru, que je ne crois point, et que je ne croirai jamais que vous soyez descendus de ces voleurs de grand chemin à qui le roi Actisan fit couper le nez et les oreilles, et qu'il envoya, selon le rapport de Diodore de Sicile, (*e*) dans le désert qui est entre le lac Sirbon et le mont Sinaï; désert affreux où l'on manque d'eau et de toutes les choses nécessaires à la vie. Ils firent des filets pour prendre des

(*e*) Diodore de Sicile livre 1, section 2, ch.12.[29]

[27] Juges 15:4-6 (les renards) et Juges 15:14-19 (la mâchoire d'âne).

[28] Le texte biblique se prête à cette mise en scène puisqu'un ruisseau sort de cette mâchoire d'âne (Juges 15:18-19). Voltaire fait allusion à *Samson*, tragi-comédie en cinq actes de Romagnesi jouée avec succès au Théâtre-Italien pour la première fois le 28 février 1730, avec une mise en scène somptueuse, et dont le succès ne se démentit point, la pièce restant longtemps au répertoire. Or Voltaire, dont le *Samson* a été victime d'une cabale, souligne dans ses *Carnets* cette contradiction: 'Samson joué à la Comédie-Italienne, défendu à l'Opéra' (*OCV*, t.81, p.390). Il a protesté aussi à ce sujet dans son 'Avertissement' de 1752 de *Samson* (*OCV*, t.18C, p.261). Sur *Il Sansone* de Riccoboni et le *Samson* de Romagnesi, voir Xavier de Courville, *Luigi Riccoboni, dit Lelio* (Paris, 1958-1967).

[29] Référence juste. Cette anecdote a déjà été rapportée dans la quatrième diatribe 'Sur un peuple à qui on a coupé le nez et laissé les oreilles' de *La Défense de mon oncle* (*OCV*, t.64, p.256), puis dans *Dieu et les hommes* (*OCV*, t.69, p.336-37)

cailles qui les nourrirent pendant quelques semaines, dans le temps du passage des oiseaux.

Des savants ont prétendu que cette origine s'accorde parfaite- 160 ment avec votre histoire. Vous dites vous-mêmes que vous habitâtes ce désert, que vous y manquâtes d'eau, que vous y vécûtes de cailles, qui en effet y sont très abondantes. [30] Le fond de vos récits semble confirmer celui de Diodore de Sicile; mais je n'en crois que le Pentateuque. L'auteur ne dit point qu'on vous ait 165 coupé le nez et les oreilles. Il me semble même (autant qu'il m'en peut souvenir, car je n'ai pas Diodore sous ma main) qu'on ne vous coupa que le nez. Je ne me souviens plus où j'ai lu que les oreilles furent de la partie; je ne sais point si c'est dans quelques fragments de Manéthon, cité par saint Ephrem. [31] 170

Le secrétaire qui m'a fait l'honneur de m'écrire en votre nom, a beau m'assurer que vous volâtes pour plus de neuf millions d'effets en or monnayé ou orfévré, pour aller faire votre tabernacle dans le désert. [32] Je soutiens que vous n'emportâtes que ce qui vous appartenait légitimement, en comptant les intérêts à quarante 175 pour cent, ce qui était le taux légitime.

Quoi qu'il en soit, je certifie que vous êtes d'une très bonne

---

[30] Exode 16:12-18.

[31] L'Histoire universelle de Diodore de Sicile, dans la traduction de l'abbé Terrasson, figure dans la bibliothèque de Voltaire (7 vol., Paris, 1758, BV1041; CN, t.3, p.143-45). Diodore de Sicile ne cite pas Manéthon lorsqu'il relate cette anecdote. Voltaire a-t-il lu les Commentaires de saint Ephrem sur les Ecritures? Cette référence est sans doute de seconde main.

[32] Exode 12:35-36. Dans la lettre 6 de la seconde partie des Lettres de quelques Juifs, Guénée s'en prend au Traité sur la tolérance (OCV, t.56c, p.195, n.g). Il veut prouver que les Israélites auprès du mont Sinaï ont pu 'fournir aux dépenses de la construction du Tabernacle' et d'autres ouvrages. Dans l'article 3, Guénée fait l'état de leurs richesses à leur sortie d'Egypte. Ils ont vendu tous leurs biens et, 'à leurs propres effets, ils avaient joint ceux de leurs oppresseurs, dont ils avaient emprunté quantité de vases d'or, de bijoux, d'étoffes de prix, etc. qu'ils enlevèrent' (p.157). Puis Guénée se livre à des estimations sur le coût du Tabernacle, sur le nombre des Juifs, sur ce que chacun possédait (p.158-67). Voltaire avait remarqué ce passage: note marginale 'tabernacle' à la p.156 (CN, t.4, p.250), et le mot 'emprunter' lui permet d'accuser les Hébreux de vol.

noblesse, et que vous étiez seigneurs d'Hershalaïm, longtemps avant qu'il fût question dans le monde de la maison de Souabe, de celle d'Anhalt, de Saxe et de Bavière.   180

Il se peut que les nègres d'Angola, et ceux de Guinée soient beaucoup plus anciens que vous, et qu'ils aient adoré un beau serpent avant que les Egyptiens aient connu leur Isis, [33] et que vous ayez habité auprès du lac Sirbon; mais les nègres ne nous ont pas encore communiqué leurs livres.   185

Troisième lettre

Sur quelques chagrins arrivés au peuple de Dieu [34]

Loin de vous accuser, Messieurs, je vous ai toujours regardés avec compassion. Permettez-moi de vous rappeler ici ce que j'ai lu dans le discours préliminaire de l'*Essai sur les mœurs des nations*, et sur l'*Histoire générale*. [35] On y trouve deux cent trente-neuf mille vingt Juifs égorgés les uns par les autres, depuis l'adoration du veau d'or   190 jusqu'à la prise de l'arche par les Philistins; [36] laquelle coûta la vie à

188   70, 71N, 71A, K84, K12: *mœurs et l'esprit des*

[33] Dans *La Philosophie de l'histoire*, Voltaire s'est livré à des conjectures sur les religions primitives, et avec des souvenirs de l'ouvrage du président de Brosses, *Des cultes des dieux fétiches, ou parallèle de l'ancienne religion de l'Egypte avec la religion naturelle de Nigritie* (Paris, 1760, BV546), il assure que 'les Cafres prennent pour protecteur un insecte, les nègres un serpent' et imagine la naissance du culte du serpent (*OCV*, t.59, p.100). Voir C. Mervaud, *Bestiaires de Voltaire*, *SVEC* 2006:06, p.1-200, ici p.91. Charles de Brosses affirme que 'le fétichisme des nègres est semblable à celui qui existait chez les anciens Egyptiens' (p.25).
[34] Cette troisième lettre rappelle les massacres commis dans l'Ancien Testament, Voltaire n'acceptant aucune des justifications avancées par ses adversaires.
[35] Dans l'édition Cramer de 1769, *La Philosophie de l'histoire*, sous le titre de 'Discours préliminaire', précède l'*EM*.
[36] Compte établi par Voltaire dans *La Philosophie de l'histoire* depuis le veau d'or, Exode 32:1-35, jusqu'à la prise de l'arche, 1 Samuel 4:3-22 (*OCV*, t.59, p.230). Guénée n'a pas répondu sur ce chiffre global. Il a seulement contesté certaines des estimations, qui étaient reprises dans la note g du chapitre 12 du *Traité sur la tolérance*

cinquante mille soixante et dix Juifs pour avoir osé regarder l'arche; tandis que ceux qui l'avaient prise si insolemment à la guerre en furent quittes pour des hémorroïdes et pour offrir à vos prêtres cinq rats d'or, et cinq anus d'or. [37] (*f*) Vous m'avouerez que 195 deux cent trente-neuf mille vingt hommes massacrés par vos compatriotes, sans compter tout ce que vous perdites dans vos alternatives de guerre et de servitude, devaient faire un grand tort à une colonie naissante.

Comment puis-je ne vous pas plaindre en voyant dix de vos 200 tribus absolument anéanties, ou peut-être réduites à deux cents familles, qu'on retrouve, dit-on, à la Chine et dans la Tartarie? [38]

(*f*) Plusieurs théologiens qui sont la lumière du monde ont fait des commentaires sur ces rats d'or, et sur ces anus d'or. Ils disaient que les metteurs en œuvre philistins étaient bien adroits, qu'il est très difficile de sculpter encore un trou du cul bien reconnaissable sans y joindre deux fesses: et que c'était une étrange offrande au Seigneur qu'un trou du cul. 5 D'autres théologiens disaient que c'était aux Sodomites à présenter cette

n.*f* 70, 71N, 71A: [*note absente*]
n.*f*, 4 K12: sculpter en or un

(*OCV*, t.56C, p.195-98), par exemple le chiffre de 23 000 hommes égorgés pour avoir regardé le veau d'or (Exode 32:28) dans la lettre 4 de la seconde partie, article 5, en disant que 'les anciennes versions grecques, syriaques, caldaïques' réduisent ce chiffre à 3000 (*Lettres de quelques Juifs*, p.126) ou le chiffre de 24 000 hommes massacrés pour le crime d'un seul (Nombres 25:9) dans la lettre 7, p.170-74. Sur ces massacres, voir aussi D10600, à Isaac Pinto.

[37] 1 Samuel 6:5. Selon Dom Calmet, des théologiens ont cru qu'il s'agissait 'de monuments de leur guérison' ou de talismans (*Commentaire littéral* [*Rois 1-3*]). Sur les Juifs qui meurent pour avoir regardé l'arche (1 Samuel 6:19),voir le *Traité sur la tolérance* (*OCV*, t.56C, p.204-205) et l'article 'Bethsamès, ou Bethshemesh' des *QE* (*OCV*, t.39, p.355-59).

[38] Voir l'article 'Catéchisme chinois' du *DP* qui indique les sources de Voltaire (*OCV*, t.35, p.455, n.42): Du Halde, *Description*, t.3, p.64, et *Lettres édifiantes et curieuses*, éd. Ch. Le Gobien, J. B. Du Halde, L. Patouillet et N. Maréchal, 34 vol. (Paris, 1707-1776, BV2104), t.7, p.1-38, et l'*Histoire générale des voyages* par Prévost, 48 vol. (Paris, 1746-1754), où Voltaire a placé un signet annoté 'Juifs en Chine' (*CN*, t.4, p.398), et les *Carnets* (*OCV*, t.81, p.137).

Pour les deux autres tribus, vous savez ce qui leur est arrivé. Souffrez donc ma compassion, et ne m'imputez pas de mauvaise volonté.

205

Quatrième lettre

Sur la femme à Michas[39]

Trouvez bon que je vous demande ici quelques éclaircissements sur un fait singulier de votre histoire. Il est peu connu des dames de Paris et des personnes du bon ton.

Il n'y avait pas trente-huit ans que votre Moïse était mort, lorsque la femme à Michas de la tribu de Benjamin, perdit onze cents cicles, qui valent, dit-on, environ six cents livres de notre monnaie. Son fils les lui rendit, (g) sans que le texte nous apprenne s'il ne les avait pas volés. Aussitôt la bonne Juive en fait faire des idoles, et leur construit une petite chapelle ambulante selon l'usage. Un lévite de Bethléem s'offrit pour la desservir moyennant dix

210

215

offrande. Mais enfin ils ont abandonné cette dispute. Ils s'occupent aujourd'hui de convulsions, de billets de confession et d'extrême-onction donnés la baïonnette au bout du fusil.[40]

(g) Juges ch.27.[41]

211   70, 71N, 71A: valent environ
213   70, 71N, 71A: bonne femme en

[39] La quatrième lettre est tout entière consacrée à un épisode relaté dans le livre des Juges et que Voltaire avait rapporté dans le chapitre 12 du *Traité sur la tolérance* (*OCV*, t.56c, p.203-204) en commettant la même erreur: il ne s'agit pas de la femme, mais de la mère de Michas. Texte que Voltaire avait remarqué dans le *Commentaire littéral* de Dom Calmet (*CN*, t.2, p.60).

[40] Sur les convulsions, voir l'article 'Convulsions' des *QE* (*OCV*, t.40, p.253-55). Sur les billets de confession, voir le 'Dialogue entre un mourant et un homme qui se porte bien' (*OCV*, t.56c, p.229-31).

[41] Coquille de copiste ou d'imprimeur, sans doute. La référence est Juges 17.1-3.

francs par an, deux tuniques, et *bouche à cour*,[42] comme on disait autrefois.

Une tribu alors (qu'on appela depuis la *Tribu de Dan*) passa auprès de la maison de la Michas, en cherchant s'il n'y avait rien à piller dans le voisinage. Les gens de Dan sachant que la Michas 220 avait chez elle un prêtre, un voyant, un devin, un rhoé, s'enquirent de lui si leur voyage serait heureux, s'il y aurait quelque bon coup à faire. Le lévite leur promit un plein succès. Ils commencèrent par voler la chapelle de la Michas, et lui prirent jusqu'à son lévite. La Michas et son mari eurent beau crier, *Vous emportez mes dieux, et* 225 *vous me volez mon prêtre*; on les fit taire, et on alla mettre tout à feu et à sang par dévotion dans la petite bourgade de Dan, dont la tribu prit le nom.

Ces flibustiers conservèrent une grande reconnaissance pour les dieux de la Michas qui les avaient si bien servis. Ces idoles furent 230 placées dans un beau tabernacle. La foule des dévots augmenta, il fallut un nouveau prêtre, il s'en présenta un.

Ceux qui ne connaissent pas votre histoire ne devineront jamais qui fut ce chapelain. Vous le savez, messieurs, c'était le propre petit-fils de Moïse, un nommé Jonathan, fils de Gersom, fils de 235 Moïse et de la fille à Jéthro.[43]

Vous conviendrez avec moi que la famille de Moïse était un peu singulière. Son frère à l'âge de cent ans jette un veau d'or en fonte et l'adore;[44] son petit-fils se fait aumônier des idoles pour de l'argent. Cela ne prouverait-il pas que votre religion n'était pas encore faite, 240

---

227   70, 71N, 71A: sang dans

[42] Dans le *Dictionnaire français* de Richelet (Genève, 1680), avoir bouche à cour, 'c'est être nourri dans un logis' (p.85).

[43] Juges 17-18.

[44] Guénée explique l'adoration du veau d'or dans la lettre 4, article 6 de la seconde partie (*Lettres de quelques Juifs*, p.131-35). Les Juifs se voyaient alors au milieu des déserts, sans chef et sans culte; ils sortaient d'Egypte, un pays florissant, où ce culte était dominant. Sur des 'âmes grossières', il faut tenir compte de 'l'ascendant des préjugés', de 'l'empire des sens'. Il insiste de nouveau sur la faiblesse humaine dans la lettre 5.

et que vous tâtonnâtes longtemps avant d'être de parfaits Israëlites tels que vous l'êtes aujourd'hui?

Vous répondez à ma question que notre saint Pierre Simon Barjone en a fait autant, et qu'il commença son apostolat par renier son maître.[45] Je n'ai rien à répondre, sinon qu'il faut toujours se 245 défier de soi. Et je me défie si fort de moi-même, que je finis ma lettre en vous assurant de toute mon indulgence, et en vous demandant la vôtre.

Cinquième lettre

Assassinats juifs. Les Juifs ont-ils été anthropophages, leurs mères ont-elles couché avec des boucs? les pères et mères ont-ils immolé leurs enfants? et quelques autres belles actions du peuple de Dieu. [46]

MESSIEURS,

J'ai un peu gourmandé votre secrétaire. Il n'est pas dans la civilité 250 de gronder les valets d'autrui devant leurs maîtres; mais l'igno-rance orgueilleuse révolte dans un chrétien qui se fait valet d'un Juif. Je m'adresse directement à vous pour n'avoir plus à faire à votre livrée.

Calamités juives, et grands assassinats

Permettez-moi d'abord de m'attendrir sur toutes vos calamités, car 255

245-46   w68: maître. Et
248a-d   70, 71N, 71A: *lettre / Pour savoir si les Juifs ont été anthropophages, si leurs mères ont couché avec des boucs, si les pères et mères ont immolé leurs enfants, et sur quelques*
254a-55   70, 71N, 71A: *juives /* ¶Permettez-moi

[45] Les Juifs, qui sont censés écrire ces lettres, ne se réfèrent pas au Nouveau Testament.
[46] La lettre 5 répond au 'Petit commentaire, extrait d'un plus grand', p.286-424, qui serait l'œuvre d'Aaron Mathathaï. David Wincker l'envoie au Lévite Joseph Ben-Jonathan (voir les lettres 3 et 4 de la troisième partie des *Lettres de quelques Juifs*, p.384 85).

outre les deux cent trente-neuf mille vingt Israélites, tués par
l'ordre du Seigneur, je vois la fille de Jephté immolée par son père.
Il lui fit comme il l'avait voué. Tournez-vous de tous les sens; tordez
le texte, disputez contre les Pères de l'Eglise. Il lui fit comme il avait
voué; et il avait voué d'égorger sa fille pour remercier le Seigneur.   260
Belle action de grâces![47]

Oui, vous avez immolé des victimes humaines au Seigneur; mais
consolez-vous: je vous ai dit souvent que nos Welches et toutes les
nations en firent autant autrefois. Voilà M. de Bougainville qui
revient de l'île de Taïti, de cette île de Cithère dont les habitants   265
paisibles, doux, humains, hospitaliers, offrent aux voyageurs tout
ce qui est en leur pouvoir, les fruits les plus délicieux, et les filles les
plus belles, les plus faciles de la terre. Mais ces peuples ont leurs
jongleurs; et ces jongleurs les forcent à sacrifier leurs enfants à des
magots qu'ils appellent leurs *dieux*.[48]   270

Je vois soixante et dix frères d'Abimélec écrasés sur une même
pierre par cet Abimélec fils de Gédéon et d'une coureuse. Ce fils de

---

262   w68: victimes au

[47] Le deuxième extrait du 'Petit commentaire' répond à la fois à l'article 'Jephté'
du *DP* (*OCV*, t.36, p.240-42) et au *Traité sur la tolérance* (*OCV*, t.56c, p.201,
n.*n*). Voltaire est accusé de ne pas comprendre le texte biblique. La thèse soutenue est
celle de tous les apologistes chrétiens: la fille de Jephté ne fut point immolée, mais
consacrée au service du Tabernacle (*Lettres de quelques Juifs*, p.318-20). Voltaire
campe sur ses positions qu'il défend dans les *QE*, en insérant un article 'Jephté', voir
ci-dessus, p.339-42.

[48] Dans la bibliothèque de Voltaire figure le *Voyage autour du monde, par la frégate
du roi la Boudeuse et la flûte l'Etoile* (Paris, 1771, BV493) de Louis-Antoine de
Bougainville. Voltaire s'y réfère en octobre 1771 (D17404). Bougainville précise que
l'on avait d'abord donné à cette île le nom de nouvelle Cythère (3 vol., Paris, 1772,
t.2, p.65). Sur la description de l'île et de ses habitants, voir ch.2, p.65-80 et la note
marginale de Voltaire, 'paradis' (*CN*, t.1, p.413). Ces sacrifices humains sont évoqués
par Bougainville qui a interrogé Aotourou, un Tahitien qui l'a suivi à Paris. Le
peuple est superstitieux, il croit en un Dieu Eri-t-Era, mais aussi à des divinités
subalternes et 'quand la lune présente un certain aspect qu'ils nomment Malama
Tamaï, Lune en état de guerre, [...] ils sacrifient des victimes humaines' (p.85). Il n'est
pas dit qu'il s'agisse d'enfants, mais des 'hommes vils' appartenant à une classe
inférieure (p.109-10).

Gédéon était mauvais parent; et ce Gédéon l'ami de Dieu était bien débauché. [49]

Votre lévite qui vient sur son âne à Gabaa; les Gabaonites qui veulent le violer, sa pauvre femme qui est violée à sa place et qui meurt à la peine; la guerre civile qui en est la suite, toute votre tribu de Benjamin exterminée, à six cents hommes près, me font une peine que je ne puis vous exprimer. [50]

Vous perdez tout d'un coup cinq belles villes que le Seigneur vous destinait au bout du lac de Sodome, et cela pour un attentat inconcevable contre la pudeur de deux anges. [51] En vérité, c'est bien pis que ce dont on accuse vos mères avec les boucs. [52] Comment n'aurais-je pas la plus grande pitié pour vous, quand je vois le meurtre, la bestialité constatés chez vos ancêtres qui sont nos premiers pères spirituels et nos proches parents selon la chair? Car enfin, si vous descendez de Sem, nous descendons de son frère Japhet. Nous sommes évidemment cousins.

Roitelets, ou melchim juifs

Votre Samuel avait bien raison de ne pas vouloir que vous eussiez des roitelets; car presque tous vos roitelets sont des assassins, à commencer par David qui assassine Miphiboseth fils de Jonathas son tendre ami qu'*il aimait d'un amour plus grand que l'amour des femmes*, [53] qui assassine Uriah le mari de sa Betzabé, qui assassine jusqu'aux enfants qui tètent dans les villages alliés de son protecteur Achis; qui commande en mourant qu'on assassine

275

280

285

290

295

---

285   70, 71N, 71A: meurtre, la sodomie, la

[49] Juges 9:1-5; Abimélec est le fils naturel de Gédéon et d'une sichémite (Juges 8:31).

[50] Juges 19-20.

[51] Genèse 19. Sur cette tentative de viol, voir les articles 'Ange' et 'Genèse' du *DP* (*OCV*, t.35, p.338; t.36, p.170) et l'article 'Genèse' des *QE* (ci-dessous, p.45-46).

[52] Question qui sera traitée en détail plus loin.

[53] 2 Samuel 1:26. Texte que Voltaire a déjà cité, ainsi que le meurtre de Miphiboseth, dans l'article 'Amitié' des *QE* (*OCV*, t.38, p.248-49).

Joab son général, et Semei son conseiller; à commencer, dis-je, par ce David[54] et par Salomon qui assassine son propre frère Adonias embrassant en vain l'autel,[55] et à finir par Hérode le Grand qui assassine son beau-frère, sa femme, tous ses parents et ses enfants même.[56]

Je ne vous parle pas des quatorze mille petits garçons que votre roitelet, ce grand Hérode, fit égorger dans le village de Bethléem.[57] Ils sont enterrés, comme vous savez, à Cologne avec nos onze mille vierges;[58] et on voit encore un de ces enfants tout entier. Vous ne croyez pas à cette histoire authentique parce qu'elle n'est pas dans votre canon, et que votre Flavien Joseph n'en a rien dit. Je ne vous parle pas des onze cent mille hommes tués dans la seule ville de Jérusalem pendant le siège qu'en fit Titus.[59]

Par ma foi, la nation chérie est une nation bien malheureuse.

Si les Juifs ont mangé de la chair humaine?

Parmi vos calamités qui m'ont fait tant de fois frémir, j'ai toujours

---

[54] Les meurtres de l'"homme selon le cœur de Dieu" ont été maintes fois évoqués par Voltaire; voir par exemple l'article 'David' du *DP* (*OCV*, t.36, p.1-8). David demande à Salomon de tuer Joab (1 Rois 2:5-6). Sur Semei, voir 1 Rois 2:8-9.

[55] 1 Rois 2:22-25.

[56] Hérode, devenu roi des Juifs en l'an 37, fait exterminer les derniers princes asmonéens, Mariamne Ire, son épouse, Antigone, deux de ses fils nés de Mariamne.

[57] Le massacre des innocents est relaté dans Matthieu 2:16. Voir ci-dessus l'article 'Innocents'.

[58] La légende de sainte Ursule et des onze mille vierges massacrées par les Huns près de Cologne au retour de leur pèlerinage à Rome est citée dans *Le Dîner du comte de Boulainvilliers* (1767; *OCV*, t.63A, p.365), les *Conseils raisonnables à Monsieur Bergier* (1768; *M*, t.27, p.50), la *Profession de foi des théistes* (1768; *M*, t.27, p.66) et *Dieu et les hommes* (1769; *OCV*, t.69, p.307, 328). C'est sans doute dans le *Traité des superstitions qui regardent les sacrements* de Jean-Baptiste Thiers, livre 4, ch.7 (4 vol., Paris, 1741, BV3280) que Voltaire a trouvé ce récit (4 vol., Avignon, 1777, t.2, p.404-408).

[59] En l'an 70, les troupes de Titus, à l'issue d'un siège qui réduisit la population à la famine, conquièrent Jérusalem, incendièrent le temple, massacrèrent la population. Dans les *Antiquités judaïques*, trad. Arnauld d'Andilly, 5 vol. (Paris, 1735-1736, BV1743), Voltaire a relevé le chiffre de 115 800 morts (*CN*, t.4, p.600).

compté le malheur que vous avez eu de manger de la chair humaine. Vous dites que cela n'est arrivé que dans les grandes occasions, que ce n'est pas vous que le Seigneur invitait à sa table pour manger le cheval et le cavalier, que c'étaient les oiseaux qui étaient les convives; je le veux croire. (Voyez l'article 'Anthropophages'. [60])　315

Si les dames juives couchèrent avec des boucs?

Vous prétendez que vos mères n'ont pas couché avec des boucs, ni vos pères avec des chèvres. Mais, dites-moi, messieurs, pourquoi vous êtes le seul peuple de la terre à qui les lois aient jamais fait une pareille défense? Un législateur se serait-il jamais avisé de promulguer cette loi bizarre si le délit n'avait pas été commun? [61]　320

Si les Juifs immolèrent des hommes?

Vous osez assurer que vous n'immoliez pas des victimes humaines au Seigneur; [62] et qu'est-ce donc que le meurtre de la fille de Jephté

[60] *OCV*, t.38, p.424-39. Voltaire répond au 'Petit commentaire', extrait 1 (*Lettres de quelques Juifs*, p.286-303). Après des ironies sur 'la belle découverte' de Voltaire, sur son 'esprit impartial' et sur ses 'lumières supérieures', Guénée, qui méprise les folies de la *Lettre de Monsieur Clocpicre à Monsieur Eratou* (*M*, t.24, p.235-38), s'en était pris à l'article 'Anthropophages' du *DP* (*OCV*, t.35, p.424-39). Guénée répond que si le Deutéronome menace les Juifs de manger leurs enfants, c'est qu'ils n'en mangent pas habituellement (p.293). Quant à Ezéchiel, il ne promet pas la chair des cavaliers qui est destinée aux vautours.

[61] Voltaire persiste dans ses accusations. Dans la lettre 8 de la seconde partie (*Lettres de quelques Juifs*, p.205-21), Guénée déclare que Voltaire a mal compris le chapitre 17 du Lévitique; il a traduit par 'les velus' un mot qui veut dire 'les malfaisants'. Il faut entendre les abominations dont il est question dans un sens métaphorique, comme une 'fornication spirituelle'. Il avoue que de savants commentateurs ont compris le texte comme Voltaire, mais préfère s'en remettre à ceux qui ne l'entendent pas ainsi. Enfin, c'est un délit dont d'autres peuples se rendent coupables comme l'attestent nos traités de jurisprudence.

[62] Dans l'extrait 2 du 'Petit commentaire' (*Lettres de quelques Juifs*, p.304-29), Guénée s'efforce de démontrer que la loi des Juifs n'autorisait pas de sacrifices humains. Il avoue que des Juifs offrirent aux dieux des Cananéens des sacrifices de sang humain, mais que ces sacrifices étaient réprouvés par la loi. Il répond à l'objection tirée du Lévitique 17, et lui oppose le Deutéronome 12:29-30.

réellement immolée, comme nous l'avons déjà prouvé par vos propres livres?

Comment expliquerez-vous l'anathème des trente-deux 325 pucelles qui furent le partage du Seigneur quand vous prites chez les Madianites trente-deux mille pucelles et soixante et un mille ânes? Je ne vous dirai pas ici qu'à ce compte il n'y avait pas deux ânes par pucelle; mais je vous demanderai ce que c'était que cette part du Seigneur. Il y eut, selon votre livre des Nombres, seize 330 mille filles pour vos soldats, seize mille filles pour vos prêtres; et sur la part des soldats on préleva trente-deux filles pour le Seigneur. [63] Qu'en fit-on? vous n'aviez point de religieuses. Qu'est-ce que la part du Seigneur dans toutes vos guerres, sinon du sang?

Le prêtre Samuel ne hacha-t-il pas en morceaux le roitelet Agag, 335 à qui le roitelet Saül avait sauvé la vie? [64] ne le sacrifia-t-il pas comme la part du Seigneur?

Ou renoncez à vos livres auxquels je crois fermement, selon la décision de l'Eglise; ou avouez que vos pères ont offert à Dieu des fleuves de sang humain, plus que n'a jamais fait aucun peuple du 340 monde.

Des trente-deux mille pucelles, des soixante et quinze mille bœufs, et du fertile désert de Madian

Que votre secrétaire cesse de tergiverser, d'équivoquer, sur le

---

[63] Nombres 31:32-40, versets commentés par Voltaire dans *La Philosophie de l'histoire*, ch.36 (*OCV*, t.59, p.214) et dans le *Traité sur la tolérance*, ch.12 (*OCV*, t.56c, p.200). Voltaire n'est pas convaincu par les explications de Guénée qui, dans l'extrait 2, article 5, prétend que les 32 filles 'furent la part du butin réservée au Seigneur, pour être employées au service du sanctuaire' et qu'elles ne furent point immolées (*Lettres de quelques Juifs*, p.326). Voltaire avait prévu, dès 1770, de répondre à Guénée sur ce point. Voir la première version de l'article 'Fonte' (*Fonte*, *OCV*, t.72, p.184 et n.9).

[64] 1 Samuel 15:33. Le meurtre du roi Agag est un leitmotiv de Voltaire qui refuse les justifications de Guénée. Ce dernier s'étonne du 'tendre intérêt' de Voltaire pour ce 'barbare'. Agag, 'soumis à l'anathème, comme Amalécide, est mis à mort [...] pour ses cruautés personnelles' et Saül avait tort d'enfreindre la loi ('Petit commentaire', extrait 2, *Lettres de quelques Juifs*, p.324-25).

484

camp des Madianites et sur leurs villages. [65] Je me soucie bien que ce soit dans un camp ou dans un village de cette petite contrée misérable et déserte que votre prêtre-boucher Eléazar, général des armées juives, ait trouvé soixante et douze mille bœufs, soixante et un mille ânes, six cent soixante et quinze mille brebis, sans compter les béliers et les agneaux!

Or, si vous prites trente-deux mille petites filles, il y avait apparemment autant de petits garçons, autant de pères et de mères. [66] Cela irait probablement à cent vingt-huit mille captifs, dans un désert où l'on ne boit que de l'eau saumache, [67] où l'on manque de vivres, et qui n'est habité que par quelques Arabes vagabonds au nombre de deux ou trois mille tout au plus. Vous remarquerez d'ailleurs que ce pays affreux n'a pas plus de huit lieues de long et de large sur toutes les cartes.

Mais qu'il soit aussi grand, aussi fertile, aussi peuplé que la Normandie ou le Milanais, cela ne m'importe. Je m'en tiens au texte qui dit que la part du Seigneur fut de trente-deux filles. Confondez tant qu'il vous plaira le Madian près de la mer Rouge avec le Madian près de Sodome; [68] je vous demanderai toujours compte de mes trente-deux pucelles.

345

350

355

360

---

352   K12: l'eau saumâtre, où

[65] L'agacement de Voltaire s'explique par le fait qu'une lettre tout entière, la lettre 2 de la troisième partie, est consacrée au pays des Madianites (p.253-83). Guénée se propose de répondre au *Traité sur la tolérance* (*OCV*, t.56c, p.200). Voltaire a écrit: 'Les vainqueurs trouvèrent dans le camp, 675 000 brebis, 72 000 bœufs, 61 000 ânes et 32 000 jeunes filles' (Nombres 31:32-35). Guénée tergiverse en faisant remarquer qu'on n'a pas pu trouver 32 000 jeunes filles dans un camp, mais dans tout le pays (p.255-56).

[66] Voltaire et Guénée se livrent à des guerres de calculs.

[67] Voir l'article 'Arabes' des *QE* (*OCV*, t.38, p.541) et *La Défense de mon oncle* (*OCV*, t.64, p.423).

[68] Guénée souligne à plaisir une contradiction chez Voltaire. Dans le *Traité sur la tolérance*, il a situé Madian, petit canton de l'Idumée, sur le rivage oriental du lac Asphaltide (*OCV*, t.56c, p.200, n.p). Dans *La Philosophie de l'histoire*, Voltaire s'indigne que Moïse, qui a épousé une Madianite, fille de Jéthro, grand prêtre de Madian dans l'Arabie Pétrée, ait massacré des Madianites (*OCV*, t.59, p.224).

Votre secrétaire a-t-il été chargé par vous de supputer combien de bœufs et de filles peut nourrir le beau pays de Madian? [69]

J'habite un canton, messieurs, qui n'est pas la terre promise; 365
mais nous avons un lac beaucoup plus beau que celui de Sodome. Notre sol est d'une bonté très médiocre. Votre secrétaire me dit qu'un arpent de Madian peut nourrir trois bœufs. Je vous assure, messieurs, que chez moi un arpent ne nourrit qu'un bœuf. Si votre secrétaire veut tripler le revenu de mes terres, je lui donnerai de 370
bons gages; et je ne le payerai pas en rescriptions [70] sur les receveurs généraux. Il ne trouvera pas dans tout le pays de Madian une meilleure condition que chez moi. Mais malheureusement cet homme ne s'entend pas mieux en bœufs qu'en veaux d'or.

A l'égard des trente-deux mille pucelages, je lui en souhaite. 375
Notre petit pays est de l'étendue de Madian; il contient environ quatre mille ivrognes, une douzaine de procureurs, deux hommes d'esprit, et quatre mille personnes du beau sexe, qui ne sont pas toutes jolies. Tout cela monte à environ huit mille personnes, supposé que le greffier qui m'a produit ce compte n'ait pas exagéré 380
de moitié selon la coutume. Vos prêtres et les nôtres auraient peine à trouver dans mon pays trente-deux mille pucelles pour leur usage. C'est ce qui me donne de grands scrupules sur les dénombrements du peuple romain, du temps que son empire s'étendait à quatre lieues du mont Tarpeïen, et que les Romains 385

376   70, 71N, 71A, W68, W75G: est environ de l'étendue
378   70, 71N, 71A, W68, W75G: et environ quatre

Guénée fait donc la leçon à Voltaire en distinguant les Madianites de Jéthro, sur la mer Rouge, descendants de Madian (fils de Chus), et les autres, descendants d'Abraham par Madian, fils du patriarche (*Lettres de quelques Juifs*, p.276-80).

[69] Guénée évalue à 248 000 arpents le pays de Madian habité par une population de 192 000 habitants (*Lettres de quelques Juifs*, p.258-60). Puis il évalue le nombre de bestiaux que peut nourrir le pays de Madian, en évoquant l'exemple d'un économiste anglais, John Nicols, pour lequel, dans le comté de Dorset, un arpent de terre peut nourrir trois bœufs. Enfin Guénée tient compte d'éventuels pâturages dans le désert (p.263-68).

[70] Voir ci-dessus l'article 'Intérêt', p.457, n.29.

avaient une poignée de foin au haut d'une perche pour enseignes. [71]
Peut-être ne savez-vous pas que les Romains passèrent cinq cents
années à piller leurs voisins avant d'avoir aucun historien; et que
leurs dénombrements sont fort suspects ainsi que leurs miracles.

A l'égard des soixante et un mille ânes qui furent le prix de vos   390
conquêtes en Madian, c'est assez parler d'ânes.

Des enfants juifs immolés par leurs mères

Je vous dis que vos pères ont immolé leurs enfants, et j'appelle en
témoignage vos prophètes. Isaïe leur reproche ce crime de
cannibales, (h) *Vous immolez aux dieux vos enfans dans des torrents*
sous des pierres.   395

Vous m'allez dire que ce n'était pas au Seigneur Adonaï que les
femmes sacrifiaient les fruits de leurs entrailles; que c'était à
quelque autre dieu. Il importe bien vraiment que vous ayez
appelé Melkom ou Sadaï, ou Baal ou Adonaï, celui à qui vous
immoliez vos enfants! ce qui importe, c'est que vous ayez été des   400
parricides. C'était, dites-vous, à des idoles étrangères que vos pères
faisaient ces offrandes; [72] eh bien, je vous plains encore davantage
de descendre d'aïeux parricides et idolâtres. Je gémirai avec vous

(h) Isaïe ch.47, verset 7.

391a   w68: *enfants immolés*
n.*h*   κ12: ch.57, verset 5.

---

[71] Voltaire a lui-même indiqué sa source, *Les Fastes* d'Ovide, livre 3, vers 115-18,
qu'il cite dans une lettre à Frédéric, alors prince royal de Prusse (D1307, vers le
30 mars 1737). Il répondait à une critique du prince qui s'étonnait de lire dans *La*
Défense du Mondain que les Romains 'arboraient du foin pour étendard'. Une note de
Voltaire précisait que 'ce qu'on appelait *Manipulus* était d'abord une poignée de foin
que les Romains mettaient au haut d'une perche' (*OCV*, t.16, p.307).

[72] C'est l'argumentation de Guénée dans l'extrait 2, article 1 du 'Petit commentaire' qui s'efforce ainsi de prouver que ces sacrifices ne furent commis par les Juifs
que lorsque ceux-ci ne respectèrent point leur loi (*Lettres de quelques Juifs*, p.305-
308).

de ce que vos pères furent toujours idolâtres pendant quarante ans dans le désert de Sinaï, comme le disent expressément Jérémie, Amos et saint Etienne. [73]   405

Vous étiez idolâtres du temps des juges, et le petit-fils de Moïse était prêtre de la tribu de Dan, idolâtre tout entière comme nous l'avons vu. Car il faut insister, inculquer, sans quoi tout s'oublie.

Vous étiez idolâtres sous vos rois; vous n'avez été fidèles à un   410
seul Dieu qu'après qu'Esdras eut restauré vos livres. [74] C'est là que votre véritable culte non interrompu commence. Et par une providence incompréhensible de l'Etre suprême, vous avez été les plus malheureux de tous les hommes depuis que vous avez été les plus fidèles, sous les rois de Syrie, sous les rois d'Egypte, sous   415
Hérode l'Iduméen, sous les Romains, sous les Persans, sous les Arabes, sous les Turcs, jusqu'au temps où vous me faites l'honneur de m'écrire, et où j'ai celui de vous répondre. [75]

Sixième lettre

Sur la beauté de la terre promise [76]

Ne me reprochez pas de ne vous point aimer. Je vous aime tant, que je voudrais que vous fussiez tous dans Hershalaïm au lieu des Turcs   420

---

[73] Dans le *Traité sur la tolérance* (*OCV*, t.56c, p.194), Voltaire avait déjà cité, comme preuve de l'idolâtrie des Juifs, Amos 5:26; Jérémie 7:12; les Actes de saint Etienne 7:42-43. Il l'avait déjà dit dans *La Philosophie de l'histoire* (*OCV*, t.59, p.205), répété dans *La Défense de mon oncle* (*OCV*, t.64, p.260). Guénée, dans la lettre 1 de la troisième partie, commente le texte d'Amos en prétendant que le prophète ne reproche pas aux Juifs de ne pas lui avoir offert aucun sacrifice pendant 40 ans, mais 'de ne pas lui en avoir offert tout le temps'. Les textes cités par Voltaire sont 'équivoques et aisément susceptibles d'une explication différente' (*Lettres de quelques Juifs*, p.235-40).

[74] Pour Voltaire, la religion juive est fixée au temps d'Esdras, après la captivité à Babylone. Esdras obtient d'Artaxerxès, en 463 avant J.-C., la permission pour les Juifs établis en Perse de retourner à Jérusalem.

[75] Voir *Des Juifs* (*OCV*, t.45B, p.124-31).

[76] Guénée ne consacre aucun développement à la terre promise dans l'édition de 1769.

qui dévastent tout votre pays, et qui ont bâti cependant une assez belle mosquée sur les fondements de votre temple, et sur la plateforme construite par votre Hérode.

Vous cultiveriez ce malheureux désert comme vous l'avez cultivé autrefois, vous porteriez encore de la terre sur la croupe de vos montagnes arides; vous n'auriez pas beaucoup de blé, mais vous auriez d'assez bonnes vignes, quelques palmiers, des oliviers et des pâturages.

Quoique la Palestine n'égale pas la Provence, et que Marseille seule soit supérieure à toute la Judée qui n'avait pas un port de mer, quoique la ville d'Aix soit dans une situation incomparablement plus belle que Jérusalem, vous pourriez faire de votre terrain à peu près ce que les Provençaux ont fait du leur. Vous exécuteriez à plaisir dans votre détestable jargon votre détestable musique. [77]

Il est vrai que vous n'auriez point de chevaux, parce qu'il n'y a que des ânes vers Hershalaïm, et qu'il n'y a jamais eu que des ânes. Vous manqueriez souvent de froment, mais vous en tireriez d'Egypte ou de la Syrie.

Vous pourriez voiturer des marchandises à Damas, à Seïde sur vos ânes, ou même sur des chameaux que vous ne connûtes jamais du temps de vos melchim, et qui vous seraient d'un grand secours. Enfin un travail assidu, pour lequel l'homme est né, rendrait fertile cette terre que les seigneurs de Constantinople et de l'Asie Mineure négligent.

Elle est bien mauvaise cette terre promise. Connaissez-vous saint Jérôme? C'était un prêtre chrétien; vous ne lisez point les

425

430

435

440

445

---

[77] Isaac Pinto avait évoqué la beauté de l'hébreu et Guénée avait ajouté une note rosse en s'interrogeant sur la connaissance que Voltaire avait de l'hébreu: 'Aurait-il eu l'impudence de parler, comme il fait de nos Ecritures sans en posséder la langue?' (*Lettres de quelques Juifs*, p.26, n.*a*). En outre dans l'extrait 6, article 7 du 'Petit commentaire', Guénée consacre un développement à la langue hébraïque (p.389-90). Pinto avait aussi insisté sur les injustices commises contre les Juifs en faisant remarquer que les Grecs se sont arrogés, à tort, l'invention de tous les arts (p.27). Voltaire campe sur ses préjugés. Il les avait clairement exposés dans sa réponse à Pinto (D10600).

livres de ces gens-là. [78] Cependant il a demeuré très longtemps dans votre pays; c'était un très docte personnage, peu endurant à la vérité, et prodigue d'injures quand il était contredit; mais sachant votre langue mieux que vous, parce qu'il était bon grammairien.   450
L'étude était sa passion dominante, la colère n'était que la seconde. Il s'était fait prêtre avec son ami Vincent, (*i*) à condition qu'ils ne diraient jamais la messe ni vêpres, de peur d'être trop interrompus dans leurs études. Car étant directeurs de femmes et de filles, [79] s'ils avaient été obligés encore de vaquer aux œuvres presbytérales, il   455
ne leur serait pas resté deux heures dans la journée pour le grec, le chaldéen et l'idiome judaïque. Enfin, pour avoir plus de loisir, Jérôme se retira tout à fait chez les Juifs à Bethléem, comme l'évêque d'Avranche Huet se retira chez les jésuites à la maison professe rue Saint-Antoine à Paris. [80]   460

Jérôme se brouilla il est vrai avec l'évêque de Jérusalem nommé Jean, avec le célèbre prêtre Rufin, avec plusieurs de ses amis. [81] Car,

(*i*) C'est-à-dire qu'ils ne feraient aucune fonction sacerdotale.

[78] Cette ironie à l'égard de Guénée est peut-être à mettre en relation avec une réflexion de l'extrait 2 du 'Petit commentaire'. A propos de la fille de Jephté, Voltaire avait cité saint Jérôme; Guénée réplique en disant que Jérôme était un homme savant, mais qu'il ne croit pas qu'il soit une autorité infaillible (*Lettres de quelques Juifs*, p.323).

[79] Voltaire possède plusieurs éditions des œuvres de saint Jérôme en latin et en français (BV1635, BV1636). En 1770, il lit les *Lettres de S. Jerosme*, trad. et éd. Guillaume Roussel, 4 vol. (Paris, 1743, BV1636), comme en témoigne sa lettre du 30 juin à Moultou (D16460). Il réclame le texte latin. Dans l'édition citée, il a laissé des traces de lecture (*CN*, t.4, p.393-95) dont des signets dans des lettres de direction. Il a déjà évoqué son rôle de directeur dans les *QE* (voir les articles 'Biens d'Eglise', *OCV*, t.39, p.368-69, 'Directeur', *OCV*, t.40, p.478-79, 'Economie de paroles', *OCV*, t.40, p.611).

[80] Huet (1630-1721) s'est démis de l'évêché d'Avranches en 1691. Voir la notice que Voltaire lui consacre dans le 'Catalogue des écrivains' du *Siècle de Louis XIV* (*OH*, p.1168).

[81] Voltaire a mis un signet dans les *Lettres de S. Jerosme*, t.4, p.44-45 (lettre 96, à Hedibie), sur ses démêlés avec Jean et Rufin (*CN*, t.4, p.395). Saint Jérôme a écrit une *Apologie* contre Rufin; il l'a combattu en l'accusant de renouveler les thèses d'Origène.

ainsi que je l'ai déjà dit, Jérôme était colère et plein d'amour-propre; et saint Augustin l'accuse d'être inconstant et léger, (*j*) mais enfin il n'en était pas moins saint; il n'en était pas moins docte; son témoignage n'en est pas moins recevable sur la nature du misérable pays dans lequel son ardeur pour l'étude et sa mélancolie l'avaient confiné.

Ayez la complaisance de lire sa lettre à Dardanus écrite l'an 414 de notre ère vulgaire, qui est, suivant le comput juif, l'an du monde quatre mille, ou 4001, ou 4003, ou 4004, comme on voudra.

'(*k*) Je prie ceux qui prétendent que le peuple juif après sa sortie d'Egypte, prit possession de ce pays, qui est devenu pour nous, par la passion et la résurrection du Sauveur, une véritable terre de promesse; je les prie, dis-je, de nous faire voir ce que ce peuple en a possédé. Tout son domaine ne s'étendait que depuis Dan jusqu'à Bersabée, c'est-à-dire, l'espace de cent soixante milles de longueur. L'Ecriture sainte n'en donne pas davantage à David et à Salomon... J'ai honte de dire quelle est la largeur de la terre promise, et je crains que les païens ne prennent de là occasion de blasphémer. On ne compte que quarante et six milles depuis Joppé jusqu'à notre petit bourg de Bethléem, après quoi on ne trouve plus qu'un affreux désert.' [82]

Lisez aussi la lettre à une de ses dévotes où il dit, qu'il n'y a que

465

470

475

480

(*j*) En récompense Jérôme écrit à Augustin dans sa cent quatorzième lettre, Je n'ai point critiqué vos ouvrages, car je ne les ai jamais lus; et si je voulais les critiquer, je pourrais vous faire voir que vous n'entendez point les Pères grecs... Vous ne savez pas même ce dont vous parlez. [83]

(*k*) Lettre très importante de Jérôme.

n.*k*   70, 71N, 71A: [*note absente*]

[82] Lettre 85, à Dardanus (*Lettres de S. Jerosme*, t.3, p.417; *CN*, t.4, p.394-95). Voltaire reproduit les phrases qu'il a marquées par une série de tirets dans la marge, en supprimant quelques phrases indiquées par des points de suspension.

[83] Résumé de la lettre 114, avec un trait dans la marge (*Lettres de S. Jerosme*, t.4, p.370; *CN*, t.4, p.395).

des cailloux et point d'eau à boire de Jérusalem à Bethléem: [84] mais   485
plus loin, vers le Jourdain, vous auriez d'assez bonnes vallées dans
ce pays hérissé de montagnes pelées. C'était véritablement une
contrée de lait et de miel, [85] comme vous disiez, en comparaison de
l'abominable désert d'Oreb et de Sinaï dont vous êtes originaires.
La Champagne pouilleuse est la terre promise par rapport à   490
certains terrains des landes de Bordeaux. Les bords de l'Aar sont
la terre promise en comparaison des petits cantons suisses. Toute la
Palestine est un fort mauvais terrain en comparaison de l'Egypte,
dont vous dites que vous sortîtes en voleurs; mais c'est un pays
délicieux si vous le comparez aux déserts de Jérusalem, de   495
Nazareth, de Sodome, d'Oreb, de Sinaï, de Cadès-barné, etc.

Retournez en Judée le plus tôt que vous pourrez. Je vous
demande seulement deux ou trois familles hébraïques pour établir
au mont Krapac, où je demeure, un petit commerce nécessaire. Car
si vous êtes de très ridicules théologiens (et nous aussi) vous êtes   500
des commerçants très intelligents; ce que nous ne sommes pas. [86]

Septième lettre

Sur la charité que le peuple de Dieu et les chrétiens doivent avoir les uns pour les autres [87]

Ma tendresse pour vous n'a plus qu'un mot à vous dire. Nous vous
avons pendus entre deux chiens pendant des siècles; nous vous
avons arraché les dents pour vous forcer à nous donner votre

---

[84] Jugement déjà cité dans l'article 'Judée' du *DP* (*OCV*, t.36, p.263 et n.5).

[85] Exode 3:8.

[86] Il faut souligner cet éloge de la part de Voltaire. Dès les *Lettres philosophiques*, dans le célèbre passage sur la Bourse de Londres, Voltaire a souligné l'intégration des Juifs dans le monde du commerce (t.1, p.74). Voltaire amorce ici la thématique de la lettre suivante. Bien qu'ayant reproduit l'ouvrage d'Isaac Pinto qui défendait les Juifs, Guénée concentre ses forces sur la défense de la Bible et des anciens Hébreux sans se préoccuper du sort passé et présent des Juifs.

[87] Dans la lettre 7, Voltaire se propose de donner une leçon de tolérance. Il emploie le terme de 'charité' pour mettre mal à l'aise l'abbé Guénée.

argent; nous vous avons chassés plusieurs fois par avarice, et nous   505
vous avons rappelés par avarice et par bêtise; nous vous faisons
payer encore dans plus d'une ville la liberté de respirer l'air; nous
vous avons sacrifiés à Dieu dans plus d'un royaume; nous vous
avons brûlés en holocaustes: car je ne veux pas, à votre exemple,
dissimuler que nous ayons offert à Dieu des sacrifices de sang   510
humain.[88] Toute la différence est que nos prêtres vous ont fait
brûler par des laïques, se contentant d'appliquer votre argent à leur
profit, et que vos prêtres ont toujours immolé les victimes
humaines de leurs mains sacrées. Vous fûtes des monstres de
cruauté et de fanatisme en Palestine; nous l'avons été dans notre   515
Europe. Oublions tout cela, mes amis.

Voulez-vous vivre paisibles? imitez les Banians et les Guèbres;
ils sont beaucoup plus anciens que vous; ils sont dispersés comme
vous; ils sont sans patrie comme vous. Les Guèbres surtout, qui
sont les anciens Persans, sont esclaves comme vous après avoir été   520
longtemps vos maîtres. Ils ne disent mot; prenez ce parti. Vous êtes
des animaux calculants; tâchez d'être des animaux pensants.[89]

[88] Ce tableau est à mettre en parallèle avec le chapitre 103 de l'*EM* (éd. Pomeau,
t.2, p.61-64). Il vaut comme acte de repentance à l'égard d'Isaac Pinto et comme acte
d'accusation à l'égard de Guénée, défenseur de l'Eglise.

[89] Cette lettre essaie, par la reconnaissance de torts réciproques, de mettre un
point final à la polémique, comme si les persécutions jusqu'alors subies par les Juifs se
justifiaient en quelque sorte par les horreurs commises par leurs ancêtres. La
conclusion de ce texte renoue avec la lettre de Voltaire à Isaac Pinto du 21 juillet
1762. Après avoir reconnu ses torts, Voltaire dénonçait les lois, les livres, les
superstitions des Juifs et indiquait comme seule voie de salut la philosophie. 'Restez
Juif, puisque vous l'êtes [...]; mais soyez philosophe, c'est tout ce que je peux vous
souhaiter de mieux dans cette courte vie' (D10600).

JULIEN

Quoique nous ayons déjà parlé de Julien à l'article 'Apostat',[1]
quoique nous ayons, à l'exemple de tous les sages, déploré le
malheur horrible qu'il eut de n'être pas chrétien,[2] et que d'ailleurs

a K84, K12: JULIEN / Section 1 / [*ajoutent l'article 'Julien le philosophe
empereur romain' du DP*] / Section 2 / [*ajoutent De Julien (1756)*] / Section 3

* La figure de l'Apostat hante l'œuvre de Voltaire qui, à l'instar de tout un courant
du siècle des Lumières, réhabilite l'empereur romain. De d'Argens à Diderot (article
'Eclectisme' de l'*Encyclopédie*), des manuscrits clandestins à la note des éditeurs de
Kehl, reproduite ci-dessous en variante (p.497-98), Julien devient, pour les
philosophes, l'emblème d'une morale humaine (Voir J. S. Spink, 'The reputation
of Julian "the apostate" in the Enlightenment', *SVEC* 67, 1967, p.1399-415). Voltaire,
tout particulièrement, a œuvré pour créer ce mythe. Présent dans sa correspondance
avec Frédéric II (voir C. Mervaud, 'Julien l'Apostat dans la correspondance de
Voltaire et de Frédéric II', *RHLF* 5, 1976, p.724-43), Julien est l'objet de maintes
évocations avec des temps forts: le court texte *De Julien* dans les *Mélanges* de 1756
(*OCV*, t.45B, p.189-98), trois chapitres en 1766 dans *L'Examen important de milord
Bolingbroke* (*OCV*, t.62, p.320-32); en 1767 l'article 'Julien le philosophe' du *DP*
(*OCV*, t.36, p.267-80), repris en 1768, avec des ajouts dans le 'Portrait de l'empereur
Julien', en tête du *Discours de l'empereur Julien contre les chrétiens* (*OCV*, t.71B, p.243-
57) et dans l'article 'Apostat' des *QE* en 1770 (*OCV*, t.38, p.491-502). Mais ce mythe
de Julien a été contesté par les apologistes chrétiens. Si Voltaire consacre encore un
nouvel article en 1771 à l'empereur qui a tenté de restaurer le paganisme, c'est par
réaction au *Dictionnaire philosopho-théologique portatif* d'Aimé-Henri Paulian
(Nîmes, 1770, BV2671) sur lequel il indique 'soporatif' dans le titre et où il ajoute
à l'indication 'par l'Auteur du Dictionnaire de Physique', 'qui est un sot nommé
Paulian' (*CN*, t.6, p.233 et ill.15). Voltaire a laissé deux signets dans l'article 'Vice' de
Paulian qui traite de l'apostasie de Julien (p.395-403); sa réponse est sans doute
motivée par des provocations de l'auteur dans ce texte. Voltaire utilise de nouveau sa
source principale, la *Vie de l'empereur Julien* de La Blèterie (BV1798). Cet article
s'inscrit dans une série qui polémique avec les ennemis des philosophes et surtout avec
les réfutateurs du *DP* (voir par exemple les articles 'Fonte', 'Juif', 'Jephté',
'Ignorance'). Cet article paraît en septembre/octobre 1771 (70, t.7).

[1] *OCV*, t.38, p.491-502.

[2] Pour Voltaire, Julien ne fut jamais chrétien; sous la contrainte, il a feint de l'être.
Dans les *QE*, au lieu de dénoncer les violences d'une conversion forcée, Voltaire,
comme dans l'article 'Apostat', plaint Julien de ce malheur.

494

nous ayons rendu justice à toutes ses vertus,[3] cependant nous sommes forcés d'en dire encore un mot.

C'est à l'occasion d'une imposture aussi absurde qu'atroce, que nous avons lue par hasard dans un de ces petits dictionnaires dont la France est inondée aujourd'hui, et qu'il est malheureusement trop aisé de faire. Ce dictionnaire théologique est d'un ex-jésuite nommé Paulian; il répète cette fable si décréditée,[4] que l'empereur Julien blessé à mort en combattant contre les Perses, jeta son sang contre le ciel, en s'écriant, *Tu as vaincu, Galiléen.* Fable qui se détruit d'elle-même, puisque Julien fut vainqueur dans le combat, et que certainement Jésus-Christ n'était pas le dieu des Perses.[5]

Cependant, Paulian ose affirmer que le fait est incontestable.[6] Et sur quoi l'affirme-t-il? sur ce que Théodoret, l'auteur de tant d'insignes mensonges, le rapporte; encore ne le rapporte-t-il que

---

[3] Voltaire a maintes fois rendu justice aux vertus de Julien, à son courage, à sa simplicité, à son humanité, à celui qui eut 'toutes les qualités de Trajan, toutes les vertus de Caton' et qui fut 'l'égal de Marc-Aurèle' (article 'Julien le philosophe' du *DP, OCV*, t.36, p.271-72).

[4] Dans le *Dictionnaire philosopho-théologique* de Paulian, il n'y a pas d'article 'Julien', mais celui-ci illustre la première section de l'article 'Vice', intitulée 'De l'apostasie'. Paulian, dans sa 'Préface', préconisait un ordre de lecture, et cet article 'Vice' fait partie d'une lecture concernant la morale chrétienne, avec les articles 'Morale', 'Culte', 'Chrétien', 'Christianisme', 'Conseils évangéliques', 'Conscience', 'Ignorance', 'Lois', 'Bon', 'Bien', 'Mal', 'Vertu', 'Passions', 'Péché', 'Ami', 'Amitié', 'Amour' (p.vi). Ce n'est pas par hasard que Voltaire répond à cette attaque de Paulian contre Julien. Après un portrait hideux de Julien et le rappel du miracle des globes de feu, contesté par Voltaire, Paulian, malignement, reproduit la profession de foi que l'on a exigée de Voltaire le 15 avril 1769 lorsqu'il a voulu faire ses Pâques (p.402-403). Il reproduit le texte revu par Gros et les amis de Voltaire et paru dans les *Lettres de Mgr L'év. De G.... à Monsieur de V**** (1769, voir D.app.310, II, *OCV*, t.118, p.501-502).

[5] Sur cette fable, voir l'article du *DP* (*OCV*, t.36, p.272-73, n.16-17) et le *Discours de l'empereur Julien contre les chrétiens* (*OCV*, t.71B, p.246, n.14). Paulian rapporte ce 'miracle' en se référant au témoignage d'Ammien Marcellin (*Dictionnaire*, p.401).

[6] Paulian donne effectivement ce fait pour incontestable, car il est rapporté par des historiens dont les uns sont chrétiens et les autres païens (*Dictionnaire*, p.401).

comme un bruit vague; il se sert du mot, *On dit*. (*a*) Ce conte est digne des calomniateurs qui écrivirent que Julien avait sacrifié une femme à la lune,[7] et qu'on trouva après sa mort un grand coffre rempli de têtes parmi ses meubles.[8]

Ce n'est pas le seul mensonge et la seule calomnie dont cet ex-jésuite Paulian se soit rendu coupable. Si ces malheureux savaient quel tort ils font à notre sainte religion en cherchant à l'appuyer par l'imposture, et par les injures grossières qu'ils vomissent contre les hommes les plus respectables, ils seraient moins audacieux et moins emportés; mais ce n'est pas la religion qu'ils veulent soutenir; ils veulent gagner de l'argent par leurs libelles; et désespérant d'être lus des gens du monde, ils compilent, compilent, compilent[9] du fatras théologique dans l'espérance que leurs opuscules feront fortune dans les séminaires. (Voyez 'Philosophie'.[10])

On demande très sincèrement pardon aux lecteurs sensés

(*a*) Théodoret ch.25.[11]

24   71N: à s'appuyer
31-36   70, 71N, 71A: 'Philosophie'.) //

[7] Paulian le répète (*Dictionnaire*, p.400).

[8] Détail qui laisse penser que Voltaire a de nouveau consulté la *Vie de l'empereur Julien* de La Blêterie, qui rapporte qu'on trouva après sa mort 'des coffres remplis de têtes, et plusieurs cadavres dans les puits, dans les égouts et les endroits les plus écartés du palais' (Paris, 1746, p.349). En note, La Blêterie précise que Théodoret 'parle de cette découverte comme d'une chose incertaine', mais donne pour garant saint Grégoire selon lequel ces cadavres jetés dans l'Oronte en auraient resserré le cours. Enfin, il déclare qu'il ne faut pas prendre ces accusations à la lettre.

[9] Le sarcasme du *Pauvre Diable*, 'Il compilait, compilait, compilait', avait ridiculisé l'abbé Trublet (*M*, t.10, p.108).

[10] *M*, t.20, p.206-209.

[11] Théodoret, dans son *Histoire ecclésiastique*, livre 3, chapitre 25, en parlait comme d'une rumeur. Sur ce conte, voir le *DP* et le *Discours de l'empereur Julien* (*OCV*, t.36, p.273, n.16 et *OCV*, t.71B, p.246, n.14). Selon La Blêterie, Théodoret se sert de l'expression 'on dit', non pour ce miracle, mais à propos d'un autre fait: le sacrifice d'une femme par Julien (*Vie de l'empereur Julien*, p.349, n.*a*). Voltaire aurait-il confondu les deux événements?

d'avoir parlé d'un ex-jésuite nommé Paulian, [12] et d'un ex-jésuite nommé Nonotte, [13] et d'un ex-jésuite nommé Patouillet; [14] mais après avoir écrasé des serpents, n'est-il pas permis aussi d'écraser des puces? 35

---

36   K84, K12: puces? [avec note: M. de Voltaire a osé le premier rendre une justice entière à ce prince, l'un des hommes les plus extraordinaires qui aient jamais occupé le trône. Chargé, très jeune, et au sortir de l'école des philosophes, du gouvernement des Gaules, il les défendit avec un égal courage contre les Germains et contre les exacteurs qui les ravageaient au nom de Constance. Sa vie privée était celle d'un sage; général habile et actif pendant la campagne, il devenait l'hiver un magistrat appliqué, juste et humain. Constance voulut le rappeler; l'armée se souleva, et le força d'accepter le titre d'auguste. Les détails de cet événement transmis par l'histoire, nous y montrent Julien aussi irréprochable que dans le reste de sa vie. Il fallait qu'il choisît entre la mort et une guerre contre un tyran souillé de sang et de rapines, avili par la superstition et la mollesse, et qui avait résolu sa perte. Son droit était le même que celui de Constantin, qui n'avait pas à beaucoup près des excuses aussi légitimes. ¶Tandis que son armée, conduite par ses généraux, marche en Grèce, en traversant les Alpes et le nord de l'Italie, Julien, à la tête d'un corps de cavalerie d'élite, passe le Rhin, traverse la Germanie et la Pannonie, partie sur les terres de l'empire, partie sur celles des Barbares, et on le voit descendre des montagnes de Macédoine, lorsqu'on le croyait encore dans les Gaules. Cette marche unique dans l'histoire, est à peine connue, car la haine des prêtres a envié à Julien jusqu'à sa gloire militaire. ¶En seize mois de règne il assura toutes les frontières de l'empire, fit respecter partout la justice et sa clémence, étouffa les querelles des chrétiens qui commençaient à troubler l'empire, et ne répondit à leurs injures, ne combattit leurs intrigues et leurs complots que par des raisonnements et des plaisanteries. Il fit enfin contre les Parthes cette guerre dont l'unique objet était d'assurer aux provinces d'Orient une barrière qui les mît à l'abri de toute incursion. Jamais un règne si court n'a mérité autant de gloire. Sous ses prédécesseurs, comme

---

[12] Les Jésuites ont été interdits et bannis de France en 1763-1764. Dans sa 'Préface' Paulian attaquait le *DP*, cet 'amas informe de faussetés, d'impiétés, de blasphèmes, d'obscénités' (*Dictionnaire*, p.ii).

[13] Encore un ennemi de Voltaire, qui, par représailles, le cloue au pilori à maintes reprises. Dans les *Erreurs de Voltaire*, Nonnotte consacre les chapitres 7 et 8 à Julien.

[14] Louis Patouillet (1699-1779), auteur d'un mandement contre les philosophes (voir une note dans le *Dialogue de Pégase et du vieillard*, *M*, t.10, p.203). Voltaire l'accuse d'être un collaborateur du *Dictionnaire antiphilosophique* de Chaudon (D14562). Voir ci-dessus l'article 'Jephté'.

sous les princes qui lui ont succédé, c'était un crime capital de porter des vêtements de pourpre: un de ses courtisans lui dénonça un jour un citoyen qui, soit par orgueil, soit par folie, s'était paré de ce dangereux ornement; il ne lui manquait, disait-on, que des souliers de pourpre. Portez-lui une paire de ma part, dit Julien, afin que l'habillement soit complet. ¶La *Satire des Césars* est un ouvrage rempli de finesse et de philosophie; le jugement sévère, mais juste et motivé, porté sur ces princes par un de leurs successeurs, est un monument unique dans l'histoire. Dans ses lettres à des philosophes, dans son discours aux Athéniens, il se montra supérieur en esprit et en talents à Marc-Antonin, son modèle, le seul empereur qui, comme lui, ait laissé des ouvrages. Pour bien juger les écrits philosophiques de Julien et son livre contre les chrétiens, il faut le [K12: les] comparer, non aux ouvrages des philosophes modernes, mais à ceux des philosophes grecs, des savants de son siècle, des Pères de l'Eglise: alors on trouvera peu d'hommes qu'on puisse comparer à ce prince, mort à 32 ans, après avoir gagné des batailles sur le Rhin et sur l'Euphrate. ¶Il mourut au sein de la victoire, comme Epaminondas, et conversant paisiblement avec les philosophes qui l'avaient suivi à l'armée. Des fanatiques avaient prédit sa mort, et les Perses, loin de s'en vanter, en accusèrent la trahison des Romains. On fut obligé d'employer des précautions extraordinaires pour empêcher les chrétiens de déchirer son corps et de profaner son tombeau. Jovien, son successeur, était chrétien. Il fit un traité honteux avec les Perses, et mourut, au bout de quelques mois, d'excès de débauche et d'imtempérance. ¶Ceux qui reprochent à Julien de n'avoir pas assuré à l'empire un successeur digne de le remplacer, oublient la brièveté de son règne, la nécessité de commencer par rétablir la paix, et la difficulté de pourvoir au gouvernement d'un empire immense dont la constitution exigeait un seul maître, ne pouvait souffrir un monarque faible, et n'offrait aucun moyen pour une élection paisible.] //

JUSTICE

Ce n'est pas d'aujourd'hui que l'on dit que la justice est bien souvent très injuste: *Summum jus summa injuria*, est un des plus anciens proverbes.[1] Il y a plusieurs manières affreuses d'être injuste; par exemple, celle de rouer l'innocent Calas sur des indices équivoques, et de se rendre coupable du sang innocent pour avoir   5 trop cru des vaines présomptions.[2]

---

    6   71N, K84, K12: cru de vaines

   * Avec ses soixante-quatre rubriques, dont soixante-deux dues à Boucher d'Argis, l'ensemble 'Justice' de l'*Encyclopédie* est très complet sur le plan purement théorique. Mais Boucher d'Argis et Jaucourt occultent ce qui, pour Voltaire, constitue l'essentiel. Car la justice qui retenait son attention était précisément celle-là même qui, dans son application et son fonctionnement, influait de façon quotidienne et concrète sur ses justiciables. Voulant démontrer à quel point la justice de son pays est consternante, il en donne l'exemple le plus infamant possible en reprenant, à l'exception des pages finales, la *Relation de la mort du chevalier de La Barre* (*OCV*, t.63B, p.539-71). L'édition encadrée propose une nouvelle version de ce texte, marquée par d'importantes variantes, à la suite de l'intervention, par l'intermédiaire du marquis de Florian, de la famille de Charles Joseph Dumaisniel, seigneur de Saint-Léger et de Belleval, l'un des acteurs de la tragédie d'Abbeville dont la conduite avait été stigmatisée en 1767 dans la *Relation de la mort du chevalier de La Barre*. L'article paraît en septembre/octobre 1771 (70, t.7).

   [1] 'L'extrême justice est injustice' (Cicéron, *De officiis*, livre 1, ch.10, section 33). Cette maxime, qui laisse entendre que l'esprit de modération doit être celui du législateur et du juge, innerve la pensée du dix-huitième siècle qui, de l'ouvrage *Dei delitti e delle pene* (1764) de Beccaria à l'article 'Crime' de l'*Encyclopédie* par Jaucourt ou au *Discours sur l'administration de la justice criminelle* de Michel Servan en 1767, a voulu proportionner la peine à la faute, redéfinir l'échelle des crimes, tempérer les rigueurs de la loi, promouvoir un autre fonctionnement de l'appareil judiciaire.

   [2] Le problème des indices ou présomptions de culpabilité dans les affaires criminelles, devenu évident pour Voltaire lors de l'affaire Calas, refait surface à l'époque des *QE* avec les affaires Monbailli (voir *La Méprise d'Arras*, *OCV*, t.73, p.372) et Morangiés (voir l'*Essai sur les probabilités en fait de justice*, les *Nouvelles Probabilités en fait de justice*, et la *Lettre à Monsieur le marquis de Beccaria*, *OCV*, t.74A, p.307, 407 et *OCV*, t.75A, p.222-81). Pierre-François Muyart de Vouglans évoque de façon oblique à quel point ce genre d'exercice est susceptible de fausses

Une autre manière d'être injuste, est de condamner au dernier supplice, un homme qui mériterait tout au plus trois mois de prison. Cette espèce d'injustice est celle des tyrans, et surtout des fanatiques, qui deviennent toujours tyrans dès qu'ils ont la puissance de mal faire. 10

Nous ne pouvons mieux démontrer cette vérité que par la lettre qu'un célèbre avocat au conseil, écrivit en 1766 à M. le marquis de Beccaria, l'un des plus célèbres professeurs de jurisprudence qui soient en Europe. 15

Lettre de M. Cass... à M. Beccaria[3]

Il semble, Monsieur, que toutes les fois qu'un génie bienfaisant cherche à rendre service au genre humain, un démon funeste s'élève aussitôt pour détruire l'ouvrage de la raison.

15-419 K84, K12: Europe. [*avec note*: M. de Voltaire, dans les éditions précédentes, avait placé ici, sous le titre de *Lettre de M. Cassen à M. Beccaria*, un petit ouvrage qu'il avait fait imprimer séparément sous celui de *Relation de la mort du chevalier de La Barre*. Cette relation a été imprimée, dans cette édition, parmi les ouvrages de Politique et Législation, (voyez *Politique*, t.2, p.309 [K12: voyez t.3, Politique, p.241]) et on lui a substitué ici une autre lettre de M. de Voltaire à M. Beccaria, sur le procès de M. de Morangiés. Le reste de ses [K12: Ses] autres écrits sur cette affaire se trouve [K12: se trouvent] dans le volume cité, pages 377 [K12: p.327] et suiv.] [*ajoutent A Monsieur le marquis Beccaria professeur en droit public à Milan (1773)*] //

induations (*Institutes au droit criminel*, Paris, 1767, BV2541, p.345-54). Daniel Jousse indique de manière plus évidente la nature douteuse de ce type de présomptions (*Traité de la justice criminelle de France*, 4 vol., Paris, 1771, ch.6, 'De la preuve par arguments, ou indirecte ou conjecturale', t.1, p.750-813). Sur le désarroi de Voltaire, confronté à ce qu'il dénomme 'probabilités', voir l'Introduction à l'*Essai sur les probabilités en fait de justice* et celle aux *Nouvelles Probabilités en fait de justice* (*OCV*, t.74A, p.283-300, 387-94).

[3] Voltaire reprend ici le texte de la *Relation de la mort du chevalier de La Barre* jusqu'à 'une pénitence de quelques années' (ligne 396), puis ajoute un nouveau texte (lignes 397-418). Les éditions avant w75G reproduisaient assez fidèlement le texte de la *Relation* (voir les variantes de ce texte, *OCV*, t.63B, p.539-69). Nous signalons et commentons les nouvelles variantes introduites dans w75G, mais nous renvoyons pour l'annotation du texte repris à *OCV*, t.63B, p.539-67.

A peine eûtes-vous instruit l'Europe par votre excellent livre sur les *Délits et les peines*, qu'un homme qui se dit jurisconsulte, écrivit 20 contre vous en France. Vous aviez soutenu la cause de l'humanité, et il fut l'avocat de la barbarie. C'est peut-être ce qui a préparé la catastrophe du jeune chevalier de La Barre âgé de dix-neuf ans, et du fils du président de Talonde qui n'en avait pas encore dix-huit.

Avant que je vous raconte, Monsieur, cette horrible aventure 25 qui excite l'étonnement et la pitié de l'Europe entière, (excepté peut-être de quelques fanatiques ennemis de la nature humaine) permettez-moi de poser ici deux principes que vous trouverez incontestables.

1°. Quand une nation est encore assez attachée aux anciens 30 usages pour faire subir aux accusés le supplice de la torture, c'est-à-dire, pour leur faire souffrir mille morts au lieu d'une, sans savoir s'ils sont innocents ou coupables; il est clair au moins qu'on ne doit point exercer cette cruauté contre un accusé quand il convient de son crime, et qu'on n'a plus besoin d'aucune preuve. 35

2°. Il est contre la nature des choses de punir les violations des usages reçus dans un pays, les délits commis contre l'opinion régnante, et qui n'ont opéré aucun mal physique, du même supplice dont on punit les parricides et les empoisonneurs.

Si ces deux règles ne sont pas démontrées, il n'y a plus de lois, il 40 n'y a plus de raison sur la terre; les hommes sont abandonnés à la plus capricieuse tyrannie; et leur sort est fort au-dessous de celui des bêtes.

Ces deux principes établis, je viens, Monsieur, à la funeste histoire que je vous ai promise. 45

Il y avait dans Abbeville, petite cité de Picardie, une abbesse, fille d'un conseiller d'Etat très estimé; c'est une dame aimable, de mœurs au fond très régulières, d'une humeur douce et enjouée, bienfaisante, et sage sans superstition.

26   70, w68, w75G: la piété de
49-59   70, 71N, 71A, w68: superstition. ¶Un habitant d'Abbeville nommé B***
âgé de soixante ans, vivait avec elle dans une grande intimité, parce qu'il était chargé
de quelques affaires du couvent; il est lieutenant d'une espèce de petit tribunal qu'on

Un nommé Saucourt,[4] espèce de jurisconsulte d'Abbeville, était 50
ulcéré contre cette dame, parce que lui ayant demandé pour son fils,
une demoiselle riche et de qualité, pensionnaire dans ce couvent,
elle l'avait mariée à un autre. Ce Saucourt venait encore de perdre
un procès contre un citoyen d'Abbeville, père d'un des jeunes gens
qui furent impliqués dans l'horrible aventure du chevalier de 55
La Barre. Saucourt cherchait à se venger. Il avait tout le fanatisme
du capitoul de Toulouse David, principal assassin des Calas, et il
joignait l'hypocrisie à ce fanatisme.

Mme l'abbesse avait fait venir chez elle dans ce temps-là, en
1764, le chevalier de La Barre son neveu, petit-fils d'un lieutenant 60
général des armées, mais dont le père avait dissipé une fortune de

---

appelle l'*Election*, si on peut donner le nom de *tribunal* à une compagnie de
bourgeois, uniquement préposés pour régler l'assise de l'impôt appelé *la taille*.
Cet homme devint amoureux de l'abbesse, qui ne le repoussa d'abord qu'avec sa
douceur ordinaire; mais qui fut ensuite obligée de marquer son aversion et son
mépris pour ses importunités trop redoublées. ¶Elle fit venir[5]

[4] De même *Le Cri du sang innocent* accusera Duval de Soicourt d'avoir monté
toute l'affaire pour assouvir ses haines personnelles (*M*, t.29, p.375-89). Sur son rôle
dans l'affaire d'Abbeville, voir *VST*, t.2, p.242-44. Il serait mort en 1772, d'après une
lettre de Voltaire à Frédéric II du 7 décembre 1774 lui recommandant le rescapé
d'Abbeville, Gaillard d'Etallonde (D19213). Voir ce que Voltaire savait de lui en
1766 (D13589), en 1767 (D13890), en 1774 (D19212, D19213) et en 1775 (D19303,
D19373, D19424).

[5] Cette variante, comme toutes celles qui seront indiquées par la suite, révèle une
réécriture de l'histoire, par complaisance ou pour des raisons stratégiques. Le texte
de w75G relève d'une volonté délibérée de substituer au sieur de Belleval, considéré
jusqu'alors comme l'un des responsables de la catastrophe d'Abbeville, un autre
responsable, Nicolas Pierre Duval de Soicourt, chef de la police locale en sa qualité
de maire. Quelles qu'aient été les responsabilités réelles de l'un ou de l'autre dans le
déroulement de l'affaire, Voltaire a adapté le texte de l'article 'Justice' à une nouvelle
donne, comme il l'avoue dans une lettre au marquis de Florian du 26 février 1774:
'Toute la famille d'Etallonde est certaine que Belleval est la première cause de
l'affreuse catastrophe du chevalier de La Barre, mais elle dit qu'il s'est brouillé depuis
avec le procureur du roi, et qu'il a changé d'avis. On ajoute que ses enfants sont
avantageusement mariés, et qu'ils ont de la considération dans leur province. Ce sera
donc pour eux qu'on rétablira la réputation du père dans la nouvelle édition qui est
presque achevée' (D18823).

plus de quarante mille livres de rente. Elle prit soin de ce jeune homme, comme de son fils, et elle était prête de lui faire obtenir une compagnie de cavalerie: il fut logé dans l'extérieur du couvent, et Mme sa tante lui donnait souvent à souper, ainsi qu'à quelques jeunes gens de ses amis. Le sieur Saucourt commença d'abord par accuser ce chevalier, auprès de l'évêque d'Amiens, de s'être habillé en fille dans le couvent. 65

Il sut que le chevalier de La Barre et le jeune Talonde fils du président de la ville, avaient passé depuis peu à quarante pas d'une procession de capucins, sans ôter leur chapeau: c'était au mois de juillet 1765. Il chercha dès ce moment à faire regarder cet oubli momentané des bienséances comme une insulte préméditée faite à la religion. Tandis qu'il ourdissait secrètement cette trame, il arriva malheureusement que le 9 août de la même année on s'aperçut que le crucifix de bois posé sur le pont neuf d'Abbeville était endommagé, et l'on soupçonna que des soldats ivres avaient commis cette insolence impie. 70 75

Je ne puis m'empêcher, Monsieur, de remarquer ici qu'il est peut-être indécent et dangereux d'exposer sur un pont ce qui doit être révéré dans un temple catholique; les voitures publiques peuvent aisément le briser ou le renverser par terre. Des ivrognes peuvent l'insulter au sortir d'un cabaret, sans savoir même quel excès ils commettent. Il faut remarquer encore que ces ouvrages grossiers, ces crucifix de grand chemin, ces images de la Vierge Marie, ces enfants Jésus qu'on voit dans des niches de plâtre au coin des rues de plusieurs villes, ne sont pas un objet d'adoration tels qu'ils le sont dans nos églises: cela est si vrai, qu'il est permis de passer devant ces images sans les saluer. Ce sont des monuments 80 85

66-69   70, 71N, 71A, W68:   sieur B*** exclus de ces soupers, se vengea en suscitant à l'abbesse quelques affaires d'intérêt. ¶Le jeune La Barre prit vivement le parti de sa tante, et parla à cet homme avec une hauteur qui le révolta entièrement. B*** résolut de se venger; il sut

70-71   70, 71N, 71A, W68:   de l'élection, avaient passé depuis peu devant une procession sans

d'une piété mal éclairée: et au jugement de tous les hommes sensés, 90
ce qui est saint ne doit être que dans le lieu saint.

Malheureusement l'évêque d'Amiens étant aussi évêque d'Abbeville, donna à cette aventure une célébrité, et une importance
qu'elle ne méritait pas. Il fit lancer des monitoires; il vint faire une
procession solennelle auprès de ce crucifix, et on ne parla dans 95
Abbeville que de sacrilèges pendant une année entière. On disait
qu'il se formait une nouvelle secte qui brisait tous les crucifix, qui
jetait par terre toutes les hosties et les perçait à coups de couteaux.
On assurait qu'elles avaient répandu beaucoup de sang. Il y eut des
femmes qui crurent en avoir été témoins. On renouvela tous les 100
contes calomnieux répandus contre les Juifs dans tant de villes de
l'Europe. Vous connaissez, Monsieur, à quel excès la populace
porte la crédulité et le fanatisme, trop souvent encouragés par
quelques moines.

Saucourt voyant les esprits échauffés, confondit malicieusement 105
ensemble l'aventure du crucifix et celle de la procession, qui
n'avaient aucune connexité. Il rechercha toute la vie du chevalier
de La Barre: il fit venir chez lui valets, servantes, manœuvres; il
leur dit d'un ton d'inspiré qu'ils étaient obligés en vertu des
monitoires, de révéler tout ce qu'ils avaient pu apprendre à la 110
charge de ce jeune homme; ils répondirent tous qu'ils n'avaient
jamais entendu dire que le chevalier de La Barre eût la moindre part
à l'endommagement du crucifix.

On ne découvrit aucun indice touchant cette mutilation, et
même alors il parut fort douteux que le crucifix eût été mutilé 115
exprès. On commença à croire (ce qui était assez vraisemblable)
que quelque charrette chargée de bois avait causé cet accident.

Mais, dit Saucourt à ceux qu'il voulait faire parler, si vous n'êtes
pas sûrs que le chevalier de La Barre ait mutilé un crucifix en
passant sur le pont, vous savez au moins que cette année au mois de 120
juillet, il a passé dans une rue avec deux de ses amis à trente pas
d'une procession sans ôter son chapeau. Vous avez ouï dire qu'il a

104-105   70, 71N, 71A, W68: moines. ¶Le sieur B*** voyant
118   70, 71N, 71A, W68: dit B*** à

chanté une fois des chansons libertines; vous êtes obligés de l'accuser sous peine de péché mortel.

Après avoir aiguisé ainsi le poignard qu'on appelle le glaive de la justice, il tint la place de lieutenant-criminel, pour frapper des enfants innocents avec ce poignard. 125

La procédure une fois commencée, il y eut une foule de délations; chacun disait ce qu'il avait vu ou cru voir, ce qu'il avait entendu ou cru entendre. Le trouble, la désolation étaient dans toute la ville. Elle tremblait sous trois juges qui jugèrent cet affreux procès. Et qui étaient ces trois juges? ce Saucourt, un nommé Broutel autrefois procureur, depuis marchand de bois, de vin et de cochons, qui ne fut jamais reconnu pour avocat; j'ignore quel était le troisième.⁶ C'est de ce petit aréopage que dépendait l'honneur et la vie de plusieurs gentilshommes dont le plus vieux avait dix-neuf ans, et les autres sortaient de l'enfance. 130 135

Voici, monsieur, quelles sont les charges.

Le 13 août 1765, six témoins déposent qu'ils ont vu passer trois jeunes gens à trente pas d'une procession, que les sieurs de La Barre et de Talonde avaient leur chapeau sur la tête, et le sieur Moinel le chapeau sous le bras. 140

124-28   70, 71N, 71A, w68: mortel. ¶Après les avoir ainsi intimidés, il alla lui-même chez le premier juge de la sénéchaussée d'Abbeville. Il y déposa contre son ennemi; il força ce juge à entendre les dénonciateurs. ¶La

130-38   70, 71N, 71A, w68: entendre. Mais quel fut, monsieur, l'étonnement de B*** lorsque les témoins qu'il avait suscités lui-même contre le chevalier de la Barre, dénoncèrent son propre fils comme un des principaux complices des impiétés secrètes qu'on cherchait à mettre au grand jour. B*** fut frappé comme d'un coup de foudre, il fit incontinent évader son fils; mais ce que vous croirez à peine, il n'en poursuivit pas avec moins de chaleur cet affreux procès. ¶Voici

⁶ Louis Pierre Broutelle fut assesseur de Duval de Soicourt avec Louis Charles Alexandre Lefebvre de Villers (*OCV*, t.63B, p.559, n.72). Même version sur le marchand de bois, de cochons, qui aurait acheté sa charge de procureur dans *Le Cri du sang innocent* (*M*, t.29, p.379). La nouvelle que Broutelle a été refusé comme président du tribunal de l'Election en 1766 est, pour Voltaire, un baume sur la plaie d'Abbeville (voir D13544, D13561, D13562, D13564, D13569, D13572, D13573). Broutelle est encore présent à son esprit le 22 janvier 1775 (D19303).

Dans une addition d'information, une Elizabeth Lacrivel, dépose avoir entendu dire à un de ses cousins, que ce cousin avait entendu dire au chevalier de la Barre qu'il n'avait pas ôté son chapeau.

Le 26 septembre une femme du peuple nommée Ursule Gondalier, dépose qu'elle a entendu dire que le chevalier de La Barre voyant une image de saint Nicolas en plâtre chez la sœur Marie tourière du couvent, il demanda à cette tourière si elle avait acheté cette image pour avoir celle d'un homme chez elle.

La nommée Bauvalet dépose, que le chevalier de La Barre a proféré un mot impie en parlant de la Vierge Marie.

Claude, dit Sélincourt, témoin unique, dépose que l'accusé lui a dit que les commandements de Dieu ont été faits par des prêtres; mais à la confrontation l'accusé soutient que Sélincourt est un calomniateur, et qu'il n'a été question que des commandements de l'Eglise.

Le nommé Héquet, témoin unique, dépose que l'accusé lui a dit ne pouvoir comprendre comment on avait adoré un dieu de pâte. L'accusé, dans la confrontation, soutient qu'il a parlé des Egyptiens.

Nicolas La Vallée dépose qu'il a entendu chanter au chevalier de La Barre deux chansons libertines de corps-de-garde. L'accusé avoue qu'un jour étant ivre il les a chantées avec le sieur de Talonde sans savoir ce qu'il disait, que dans cette chanson on appelle à la vérité la sainte Marie-Madelaine *putain*; mais qu'avant sa conversion elle avait mené une vie débordée. Il est convenu d'avoir récité l'ode à Priape du sieur Pyrrhon.

Le nommé Héquet dépose encore dans une addition, qu'il a vu le chevalier de La Barre faire une petite génuflexion devant les livres intitulés *Thérèse philosophe*, la *Tourière des carmélites* et le *Portier des chartreux*. Il ne désigne aucun autre livre; mais au récolement et à la confrontation, il dit qu'il n'est pas sûr que ce fût le chevalier de La Barre qui fit ces génuflexions.

145

150

155

160

165

170

175

151-52   70, 71N, 71A: elle. ¶Le nommé Bauvalet

Le nommé La Cour, dépose qu'il a entendu dire à l'accusé *au nom du C...* au lieu de dire au nom du père etc. Le chevalier, dans son interrogatoire sur la sellette, a nié ce fait.

Le nommé Petignot dépose qu'il a entendu l'accusé réciter les litanies du C... telles à peu près qu'on les trouve dans Rabelais, et que je n'ose rapporter ici. L'accusé le nie dans son interrogatoire sur la sellette; il avoue qu'il a en effet prononcé C...; mais il nie tout le reste. 180

Ce sont là, Monsieur, toutes les accusations que j'ai vues portées contre le chevalier de La Barre, le sieur Moinel, le sieur de Talonde, Jean-François Douville de Maillefeu, et le sieur de Saveuse. 185

Il est constaté qu'il n'y avait eu aucun scandale public; puisque La Barre et Moinel ne furent arrêtés que sur des monitoires lancés à l'occasion de la mutilation du crucifix, dont ils ne furent chargés par aucun témoin. On rechercha toutes les actions de leur vie, leurs conversations secrètes, des paroles échappées un an auparavant; on accumula des choses qui n'avaient aucun rapport ensemble, et en cela même la procédure fut très vicieuse. 190

Sans ces monitoires et sans les mouvements violents que se donna le fanatisme, il n'y aurait jamais eu de la part de ces enfants infortunés ni scandale, ni procès criminel. Le scandale public a été surtout dans le procès même. 195

Le monitoire d'Abbeville fit précisément le même effet que celui de Toulouse contre les Calas; il troubla les cervelles et les consciences. Les témoins excités par un juge même, comme ceux de Toulouse l'avaient été par le capitoul David, rappelèrent dans leur mémoire des faits, des discours vagues, dont il n'était guère possible qu'on pût se rappeler exactement les circonstances ou favorables ou aggravantes. 200

Il faut avouer, Monsieur, que s'il y a quelques cas où un 205

186-87   70, 71N, 71A, W68: et le fils du nommé B*** auteur de toute cette tragédie. ¶Il
195   70, 71A: donna le sieur B***, il
71N, W68: donna B***, il
200   70, 71N, 71A, W68: excités par B***, comme

monitoire est nécessaire, il y en a beaucoup d'autres où il est très dangereux. Il invite les gens de la lie du peuple à porter des accusations contre les personnes élevées au-dessus d'eux, dont ils sont toujours jaloux. C'est alors un ordre intimé par l'Eglise de faire le métier infâme de délateur. Vous êtes menacés de l'enfer, si 210 vous ne mettez pas votre prochain en péril de sa vie.

Il n'y a peut-être rien de plus illégal dans les tribunaux de l'Inquisition; et une grande preuve de l'illégalité de ces monitoires, c'est qu'ils n'émanent point directement des magistrats, c'est le pouvoir ecclésiastique qui les décerne. Chose étrange qu'un 215 ecclésiastique qui ne peut juger à mort, mette ainsi dans la main des juges le glaive qu'il lui est défendu de porter.

Il n'y eut d'interrogés que le chevalier et le sieur Moinel, enfant d'environ quinze ans. Moinel tout intimidé et entendant prononcer au juge le mot d'attentat contre la religion, fut si hors de lui, qu'il se 220 jeta à genoux et fit une confession générale, comme s'il eût été devant un prêtre. Le chevalier de La Barre plus instruit et d'un esprit plus ferme, répondit toujours avec beaucoup de raison, et disculpa Moinel dont il avait pitié. Cette conduite qu'il eut jusqu'au dernier moment, prouve qu'il avait une belle âme. Cette preuve 225 aurait dû être comptée pour beaucoup aux yeux des juges intelligents, et ne lui servit de rien.

Dans ce procès, Monsieur, qui a eu des suites si affreuses, vous ne voyez que des indécences réprimables, et pas une action noire; vous n'y trouvez pas un seul de ces délits qui sont des crimes chez 230 toutes les nations, point de brigandage, point de violence, point de lâcheté; rien de ce qu'on reproche à ces enfants ne serait même un délit dans les autres communions chrétiennes. Je suppose que le chevalier de La Barre et M. de Talonde aient dit que *l'on ne doit pas adorer un dieu de pâte*, ils ont commis une très grande faute parmi 235 nous; mais c'est précisément, et mot à mot ce que disent tous ceux de la religion réformée.

Le chancelier d'Angleterre prononcerait ces mots en plein parlement, sans qu'ils fussent relevés par personne. Lorsque milord Lockart était ambassadeur à Paris, un habitué de paroisse 240 porta furtivement l'eucharistie dans son hôtel à un domestique malade qui était catholique; milord Lockart qui le sut, chassa l'habitué de sa maison; il dit au cardinal Mazarin qu'il ne souffrirait pas cette insulte. Il traita en propres termes l'eucharistie de Dieu de pâte et d'idolâtrie. Le cardinal Mazarin lui fit des excuses.   245

Le grand archevêque Tillotson, le meilleur prédicateur de l'Europe, et presque le seul qui n'ait point déshonoré l'éloquence par de fades lieux communs, ou par de vaines phrases fleuries comme Cheminais; ou par de faux raisonnements comme Bourda-loue; l'archevêque Tillotson, dis-je, parle précisément de notre   250 eucharistie comme le chevalier de La Barre. Les mêmes paroles respectées dans milord Lockart à Paris, et dans la bouche de milord Tillotson à Londres, ne peuvent donc être en France qu'un délit local, un délit de lieu et de temps, un mépris de l'opinion vulgaire, un discours échappé au hasard devant une ou deux personnes.   255 N'est-ce pas le comble de la cruauté de punir ces discours secrets, du même supplice dont on punirait celui qui aurait empoisonné son père et sa mère, et qui aurait mis le feu aux quatre coins de sa ville?

Remarquez, Monsieur, je vous en supplie, combien on a deux poids et deux mesures. Vous trouverez dans la XXIVe lettre   260 persane de M. de Montesquieu, président à mortier du parlement de Bordeaux, de l'Académie française, ces propres paroles: *Ce magicien s'appelle le pape; tantôt il fait croire que trois ne font qu'un, tantôt que le pain qu'on mange n'est pas du pain, et que le vin qu'on boit n'est pas du vin*; et mille autres traits de cette espèce.   265

M. de Fontenelle s'était exprimé de la même manière dans sa relation de Rome et de Genève, sous le nom de Mero et d'Enegu. Il y avait dix mille fois plus de scandale dans ces paroles de MM. de Fontenelle et de Montesquieu, exposées par la lecture aux yeux du public, qu'il n'y en avait dans deux ou trois mots échappés au   270 chevalier de La Barre devant un seul témoin; paroles perdues dont il ne restait aucune trace. Les discours secrets devraient être regardés comme des pensées; c'est un axiome dont la plus détestable barbarie doit convenir.

Je vous dirai plus, Monsieur; il n'y a point en France de loi   275 expresse qui condamne à mort pour des blasphèmes. L'ordonnance de 1666 prescrit une amende pour la première fois, le double pour la seconde etc., et le pilori pour la sixième récidive.

Cependant les juges d'Abbeville, par une ignorance et une cruauté inconcevable, condamnèrent le jeune de Talonde âgé de dix-huit ans, 1°. à souffrir le supplice de l'amputation de la langue jusqu'à la racine, ce qui s'exécute de manière que si le patient ne présente pas la langue lui-même, on la lui tire avec des tenailles de fer, et on la lui arrache.

2°. On devait lui couper la main droite à la porte de la principale église.

3°. Ensuite il devait être conduit dans un tombereau à la place du marché, être attaché à un poteau avec une chaîne de fer, et être brûlé à petit feu. Le sieur de Talonde avait heureusement épargné à ses juges l'horreur de cette exécution par la fuite.

Le chevalier de La Barre étant entre leurs mains, ils eurent l'humanité d'adoucir la sentence, en ordonnant qu'il serait décapité avant d'être jeté dans les flammes; mais s'ils diminuèrent le supplice d'un côté, ils l'augmentèrent de l'autre, en le condamnant à subir la question ordinaire et extraordinaire pour lui faire déclarer ses complices; comme si des extravagances de jeune homme, des paroles emportées dont il ne reste pas le moindre vestige, étaient un crime d'Etat, une conspiration. Cette étonnante sentence fut rendue le 28 février de l'année 1766.

La jurisprudence de France est dans un si grand chaos, et conséquemment l'ignorance des juges de province est quelquefois si grande, que ceux qui portèrent cette sentence se fondèrent sur une déclaration de Louis XIV, émanée en 1682, à l'occasion des prétendus sortilèges et des empoisonnements réels commis par la Voisin, la Vigoureux, et les deux prêtres nommés le Vigoureux et Le Sage. Cette ordonnance de 1682 prescrit à la vérité la peine de mort pour le *sacrilège joint à la superstition*; mais il n'est question dans cette loi que de magie et de sortilège; c'est-à-dire, de ceux qui en abusant de la crédulité du peuple, et en se disant magiciens, sont à la fois profanes et empoisonneurs. Voilà la lettre et l'esprit de la loi; il s'agit dans cette loi de faits criminels pernicieux à la société, et non pas de vaines paroles, d'imprudences, de légèretés, de sottises commises sans aucun dessein prémédité, sans aucun complot, sans même aucun scandale public.

Que dirait-on d'un juge qui condamnerait aux galères perpé- 315 tuelles une famille honnête pour avoir entrepris un pèlerinage à Notre-Dame de Lorette, sous prétexte qu'en effet il y a une loi de Louis XIV enregistrée, laquelle condamne à cette peine les vagabonds, les artisans qui abandonnent leur profession, qui mènent une vie licencieuse, et qui vont en pèlerinage à Notre- 320 Dame de Lorette, sans une permission signée d'un ministre d'Etat? [7]

Les juges de la ville d'Abbeville semblaient donc pécher visiblement contre la loi autant que contre l'humanité, en condamnant à des supplices aussi épouvantables que recherchés deux gentilshommes qui n'avaient fait de mal à personne; tous deux dans 325 un âge où l'on ne pouvait regarder leur imprudence que comme un égarement qu'un mois de prison aurait corrigé. Il y avait même si peu de corps de délit, que les juges dans leur sentence se servent de ces termes vagues et ridicules employés par le petit peuple, *pour avoir chanté des chansons abominables, et exécrables, contre la Vierge* 330 *Marie, les saints et saintes*; remarquez, Monsieur, qu'ils n'avaient chanté *ces chansons abominables et exécrables contre les saints et saintes*, que devant un seul témoin qu'ils pouvaient récuser légalement. Ces épithètes sont-elles de la dignité de la magistrature? Une ancienne chanson de table n'est après tout qu'une 335 chanson. C'est le sang humain légèrement répandu; c'est la torture,

324-25   70, 71N, 71A, w68: recherchés un gentilhomme, et un fils d'une très honnête famille, tous
326   70, 71N, 71A, w68: leur étourderie que
327   70, 71N, 71A, w68: qu'une année de

[7] A la même époque, Voltaire fait référence à l'*Edit pour la répression des abus qui se commettent dans les pèlerinages* (promulgué en 1671, et renouvelé en 1738 sous le titre *Déclaration du roi concernant les pèlerinages*) dans les *Fragments sur l'Inde* (voir *OCV*, t.75B, p.230, n.8).

c'est le supplice de la langue arrachée, de la main coupée, du corps jeté dans les flammes, qui *est abominable et exécrable*.

La sénéchaussée d'Abbeville ressortit au parlement de Paris. Le chevalier de La Barre y fut transféré, son procès y fut instruit. Dix des plus célèbres avocats de Paris signèrent une consultation, par laquelle ils démontrèrent l'illégalité des procédures et l'indulgence qu'on doit à des enfants mineurs qui ne sont accusés ni d'un complot, ni d'un crime réfléchi: le procureur général versé dans la jurisprudence, conclut à réformer la sentence d'Abbeville. Il y avait vingt-cinq juges, dix acquiescèrent aux conclusions du procureur général; les quinze autres animés par des principes respectables, dont ils tiraient des conclusions affreuses, se crurent obligés de confirmer cette abominable sentence le 5 juin de cette année 1766. Ils voulaient signaler leur zèle pour la religion catholique; mais ils pouvaient être religieux sans être meurtriers.

Il est triste, Monsieur, que cinq voix sur vingt-cinq, suffisent pour arracher la vie à un accusé, et quelquefois à un innocent. Ne faudrait-il pas, peut-être, dans un tel cas de l'unanimité? ne faudrait-il pas au moins que les trois quarts des voix conclussent à la mort? encore en ce dernier cas le quart des juges qui mitigerait l'arrêt, ne pourrait-il pas dans l'opinion des cœurs bien faits l'emporter sur les trois quarts? Je ne vous propose cette idée que comme un doute, en respectant le sanctuaire de la justice, et en le plaignant.

Le chevalier de La Barre fut renvoyé à Abbeville pour y subir son horrible supplice; et c'est dans la patrie des plaisirs et des arts qui adoucissent les mœurs, dans ce même royaume si fameux par les grâces et par la mollesse, qu'on voit de ces horribles aventures. Mais vous savez que ce pays n'est pas moins fameux par la Saint-Barthélemi, et par les plus énormes cruautés.

Enfin, le premier juillet de cette année [8] se fit dans Abbeville cette exécution trop mémorable: cet enfant fut d'abord appliqué à la torture. Voici quel est ce genre de tourment.

[8] Nous rappelons que Voltaire se réfère à l'année 1766 (voir ligne 349).

Les jambes du patient sont serrées entre des ais; on enfonce des 370
coins de fer ou de bois entre les ais et les genoux, les os en sont
brisés. Le chevalier s'évanouit; mais il revint bientôt à lui à l'aide de
quelques liqueurs spiritueuses, et déclara, sans se plaindre, qu'il
n'avait point de complice.

On lui donna pour confesseur et pour assistant un dominicain 375
ami de sa tante l'abbesse, avec lequel il avait souvent soupé dans le
couvent. Ce bonhomme pleurait, et le chevalier le consolait. On
leur servit à dîner. Le dominicain ne pouvait manger. Prenons un
peu de nourriture, lui dit le chevalier, vous aurez besoin de force
autant que moi pour soutenir le spectacle que je vais donner. 380

Le spectacle en effet était terrible: on avait envoyé de Paris cinq
bourreaux pour cette exécution. Je ne puis dire en effet si on lui
coupa la langue et la main. Tout ce que je sais par les lettres
d'Abbeville, c'est qu'il monta sur l'échafaud avec un courage
tranquille, sans plainte, sans colère, et sans ostentation. Tout ce 385
qu'il dit au religieux qui l'assistait, se réduit à ces paroles; *Je ne
croyais pas qu'on pût faire mourir un jeune gentilhomme pour si peu de
chose.*

Il serait devenu certainement un excellent officier: il étudiait la
guerre par principes; il avait fait des remarques sur quelques 390
ouvrages du roi de Prusse et du maréchal de Saxe, les deux plus
grands généraux de l'Europe.

Lorsque la nouvelle de sa mort fut reçue à Paris, le nonce dit
publiquement qu'il n'aurait point été traité ainsi à Rome; et que s'il
avait avoué ses fautes à l'Inquisition d'Espagne ou de Portugal, il 395
n'eût été condamné qu'à une pénitence de quelques années.

Je vous prie, Monsieur, de vouloir bien me communiquer vos
pensées sur cet événement.

Chaque siècle voit de ces catastrophes qui effrayent la nature.
Les circonstances ne sont jamais les mêmes; ce qui eût été regardé 400
avec indulgence il y a quarante ans, peut attirer une mort affreuse
quarante ans après. Le cardinal de Retz prend séance au parlement
de Paris avec un poignard qui déborde quatre doigts hors de sa
soutane; et cela ne produit qu'un bon mot. Des frondeurs jettent

par terre le saint sacrement qu'on portait à un malade domestique   405
du cardinal Mazarin, et chassent les prêtres à coups de plat d'épée;
et on n'y prend pas garde. [9] Ce même Mazarin, ce premier ministre
revêtu du sacerdoce, honoré du cardinalat, est proscrit sans être
entendu, [10] son sang est proclamé à cinquante mille écus. [11] On
vend ses livres pour payer sa tête, [12] dans le temps même qu'il   410
conclut la paix de Munster, [13] et qu'il rend le repos à l'Europe; mais
on n'en fait que rire; et cette proscription ne produit que des
chansons.

Altri tempi, altre cure; [14] ajoutons d'autres temps, d'autres
malheurs, et ces malheurs s'oublieront pour faire place à d'autres.   415
Soumettons-nous à la Providence qui nous éprouve tantôt par des
calamités publiques, tantôt par des désastres particuliers. Souhaitons des lois plus sensées, des ministres des lois plus sages, plus
éclairés, plus humains.

---

[9] Ces anecdotes, qui se situeraient vers le mois de février 1649, et qui traduisent
l'atmosphère de gaieté dissolue de la Fronde, ont déjà figuré dans *Le Siècle de
Louis XIV*: 'La licence était si effrénée, qu'une nuit les principaux officiers de la
Fronde, ayant rencontré le saint-sacrement qu'on portait dans les rues à un homme
qu'on soupçonnait d'être mazarin, reconduisirent les prêtres à coup de plat d'épée.
¶Enfin on vit le coadjuteur, archevêque de Paris, venir prendre séance au parlement
avec un poignard dans sa poche, dont on apercevait la poignée, et on criait: *Voilà le
bréviaire de notre archevêque*' (*OH*, p.651-52). Littré nous apprend qu'un mazarin, ou
mazariniste, était le nom par lequel les frondeurs désignaient les partisans de
Mazarin.

[10] Il est mis hors la loi par le Parlement le 8 février 1649. L'arrêt est confirmé le
9 février 1651.

[11] Le 29 décembre 1651. Voir *Le Siècle de Louis XIV* (*OH*, p.658).

[12] Un signet annoté marque la mention de cet arrêt du parlement de Paris de
décembre 1651 dans *Tout se dira* (Amsterdam, 1763, p.140-41, BV247) d'André
Christophe Balbany (*CN*, t.1, p.197).

[13] La référence à la paix de Munster (propre à induire en erreur chronologique-
ment car signée le 18 juin 1648) souligne l'ingratitude de la France car c'est Mazarin
qui initia la diplomatie du côté français pour mettre fin à la guerre de Trente Ans.
Voltaire traite de ces matières dans l'*Histoire du parlement de Paris* (*OCV*, t.68, p.445-
52).

[14] 'D'autres temps, d'autres soucis' (Battista Guarini, *Il Pastor fido*, acte 1, scène 1,
vers 49; BV696-97). Dans BV696, traces de lecture à cette hauteur (*CN*, t.4, p.202).

OUVRAGES CITÉS

Abbadie, Jacques, *Traité de la vérité de la religion chrétienne*, 3 vol. (La Haye, 1750, BV6).

Aboulgasi Bayadur Chan, *Histoire généalogique des Tatars* (Leyde, 1726).

Addison, Joseph, *Caton: tragédie*, trad. Abel Boyer (Amsterdam, 1713).

— *The Spectator*, 30 mars 1711, t.1, n° 26; 18 avril 1711, t.1, n° 42; 10 mai 1711, t.1, n° 61.

Albertan-Coppola, Sylviane, 'Les voyages portugais dans l'*Histoire générale des voyages* de l'abbé Prévost', *Dix-huitième siècle* 31 (1999), p.491-506.

Alembert, Jean Le Rond d', *Histoire des membres de l'Académie française, morts depuis 1700 jusqu'en 1771*, 6 vol. (Paris, 1785-1787).

— *Mélanges de littérature, d'histoire et de philosophie*, 4 vol. (Amsterdam, 1759).

— *Œuvres complètes* (Paris, 1821).

Alvarez de Colmenar, Juan, *Annales d'Espagne et de Portugal*, trad. Pierre Massuet, 8 vol. (Amsterdam, 1741, BV56).

Ambrogini, Angelo, *dit* il Poliziano (Ange Politien), *Lettres* (1498), éd. et trad. Shane Butler (Cambridge et Londres, 2006).

L'Année littéraire (BV77).

Apgar, Garry, *L'Art singulier de Jean Huber: voir Voltaire* (Paris, 1995).

Argens, Jean-Baptiste de Boyer, marquis d', *Réflexions critiques sur les différentes écoles de peinture* (Paris, 1752).

Astruc, Jean, *Conjectures sur les mémoires originaux dont il paraît que Moyse s'est servi pour composer le livre de la Genèse* (Bruxelles [Paris], 1753, BV200).

Augustin, saint, *De la cité de Dieu*, trad. Louis Giry, 2 vol. (Paris, 1665-1667, BV218).

Avezou, Laurent, 'Autour du *Testament politique* de Richelieu: à la recherche de l'auteur perdu (1688-1778)', *Bibliothèque de l'Ecole des chartes*, t.162, n° 2 (juillet-décembre 2004), p.421-53.

[Bachaumont, Louis Petit de, Pidansat de Mairobert, M.-F., Mouffle d'Angerville, B.-F.-J., etc.], *Mémoires secrets pour servir à l'histoire de la république des lettres en France depuis 1762 jusqu'à nos jours, ou journal d'un observateur, contenant les analyses des pièces de théâtre qui ont paru durant cet intervalle, les relations des assemblées littéraires, les notices des livres nouveaux, clandestins, prohibés*, 36 vol. (Londres, 1771-1789); (Paris, 2009-).

Balbany, André-Christophe, *Tout se dira, ou l'esprit des magistrats destructeurs, analysé dans la demande en profit de défaut de M^e le Goullon, procureur général du parlement de Metz* (Amsterdam, 1763, BV247).

Balcou, Jean, *Fréron contre les philosophes* (Genève, 1975).

Baluze, Etienne, *Capitularia regum Francorum*, 2 vol. (Paris, 1780).

Balzac, Jean-Louis Guez de, *Discours sur une tragédie de Monsieur Heinsius* intitulée *Herodes infanticida* (Paris, 1636).

– *Les Premières Lettres, 1618-1627*, éd. H. Bibas et K. T. Butler, 2 vol. (Paris, 1933-1944).

Banier, Antoine, *La Mythologie et les fables expliquées par l'histoire*, 3 vol. (Paris, 1738-1740, BV257).

Barbazan, Etienne de, 'Dissertation sur l'origine de la langue française' dans *L'Ordène de chevalerie* (Paris, 1759).

[Barthélemy, Jean Louis], *La Magdeleine au désert de la Sainte-Baume, en Provence*, poème spirituel et chrétien, par le P. Pierre de S.-Louys (Lyon, 1668).

Basdevant-Gaudemet, Brigitte, 'Autorité du pape, du roi ou des évêques d'après le *Discours sur les libertés de l'Eglise gallicane* de Claude Fleury', *Revue historique de droit français et étranger* 86, n° 4 (2008), p.523-38.

Bayle, Pierre, *Dictionnaire historique et critique*, 4 vol. (Rotterdam, 1697, BV292); 3 vol. (Rotterdam, 1715); 3ᵉ éd., 4 vol. (Rotterdam, 1720); 4 vol. (Amsterdam et Leyde, 1730).

Bel, Matthias, compte rendu de l'*Apparatus ad historiam Hungariae*, dans *Nova acta eruditorum* (avril 1737).

Benserade, Isaac de, *Les Œuvres*, 2 vol. (Paris, 1697).

Besterman, Theodore, 'Voltaire's notebooks [...] Thirteen new fragments', *SVEC* 148 (1976), p.7-35.

Bidler, Rose M., *Dictionnaire érotique, ancien français, moyen français, Renaissance* (Montréal, 2002).

Bodin, Jean, *De la démonomanie des sorciers* (Paris, 1580); (Paris, 1582, BV431).

Boguet, Henry, *Discours exécrable des sorciers: ensemble leur procès, faits*

depuis deux ans en ça, en divers endroits de la France, 2ᵉ éd. (Lyon, 1605).

Bolingbroke, Henry St John, *The Philosophical Works*, 5 vol. (Londres, 1754, BV457).

Bossuet, Jacques-Bénigne, *Politique tirée des propres paroles de l'Ecriture sainte* (Bruxelles, 1710, BV485).

Bougainville, Jean-Pierre de, 'Eloge de M. Fréret', dans *Histoire de l'Académie royale des inscriptions et belles-lettres*, t.23 (Paris, 1756), p.314-37.

Bougainville, Louis-Antoine de, *Voyage autour du monde, par la frégate du roi la Boudeuse et la flûte l'Etoile* (Paris, 1771, BV493); (Paris, 1772).

Bouhier, Jean, *Principes sur la nullité du mariage, pour cause d'impuissance. Par M*** avocat en Parlement, avec le traité de Monsieur le président Bouhier, sur les procédures qui sont en usage en France, pour la preuve de l'impuissance de l'homme. Et quelques pièces curieuses, sur le même sujet*, éd. Antoine-Gaspard Boucher d'Argis (Londres [Paris], 1756).

– *Traité de la dissolution du mariage pour cause d'impuissance avec quelques pièces curieuses sur le même sujet* (Luxembourg [Genève ou Neuchâtel], 1735).

Bourg, Edme Théodore, *Répertoire général des causes célèbres françaises, anciennes et modernes* (Paris, 1835).

Boursier, Laurent-François, *De l'action de Dieu sur les créatures*, 6 vol. (Paris, 1713, BV522).

Bower, Archibald, *Historia litteraria: or, an exact and early account of the most valuable books published in the several parts of Europe*, t.1, n° 1 (1730); t.2, n° 2 (1731).

Broc, Numa, *La Géographie des philosophes* (Paris, 1975).

Brocardica juris seu verius, communes jurium sententiae, serie alphabetica digestae: post multa tandem secula natalibus velut suis restitutae, hoc est, a mendis librariorum repurgatae (Paris, 1566).

Brosses, Charles de, *Des cultes des dieux fétiches, ou parallèle de l'ancienne religion de l'Egypte avec la religion naturelle de Nigritie* (Paris, 1760, BV546).

– *Traité de la formation mécanique des langues et des principes physiques de l'étymologie*, 2 vol. (Paris, 1765, BV549).

Brucker, Johann Jakob, *Historia critica philosophiae*, 5 vol. (Leipzig, 1742-1747).

Bruzen de La Martinière, Antoine-Augustin, *Le Grand Dictionnaire géographique et critique*, 6 vol. (Paris, 1768, BV564).

Burnet, Gilbert, *Histoire de la réformation de l'Eglise d'Angleterre*, trad. Jean-Baptiste de Rosemond (Genève, 1693, BV592).

– *History of his own time*, 6 vol. (Londres, 1724-1734, BV593).

Calmet, Augustin, *Commentaire littéral sur tous les livres de l'Ancien et du Nouveau Testament*, 25 vol. (Paris, 1709-1734, BV613); 9 t. en 8 vol. (Paris, 1724-1726).

– *Dictionnaire historique, critique, chronologique, géographique et littéral de la Bible*, 4 vol. (Paris, 1730, BV615).

– *Dissertations qui peuvent servir de prolégomènes de l'Ecriture Sainte*, 3 vol. (Paris, 1720, BV616).

Cameron, Margaret M., *L'Influence des 'Saisons' de Thomson sur la poésie descriptive en France, 1759-1810* (Paris, 1927).

Canfield, Dorothea F., *Corneille and Racine in England: a study of the English translations of the two Corneilles and Racine, with special reference to their representation on the English stage* (New York, 1904).

Casaubon, Isaac, *De rebus sacris et ecclesiasticis exercitationes XVI* (Londres, 1614).

Caylus, Anne Claude Philippe de Tubières, comte de, 'Vie de François Le Moyne, premier peintre du roi', dans François-Bernard Lépicié, *Vie des premiers peintres du roi depuis Le Brun jusqu'à présent*, 2 vol. (Paris, 1752), t.2, p.115-16.

Cerné, Alfred, *Les Anciennes Sources et fontaines de Rouen. Leur histoire à travers les siècles* (Rouen, 1930).

Champoredon, Robert, 'Des placements de Voltaire à Cadix', *Cahiers Voltaire* 7 (2008), p.41-72.

Chappe d'Auteroche, Jean, *Voyage en Sibérie*, éd. M. Mervaud, *SVEC* 2004:03.

Charlevoix, Pierre-François-Xavier de, *Histoire de l'établissement, des progrès et de la décadence du christianisme dans l'empire du Japon*, 3 vol. (Rouen, 1715).

Chastellux, François-Jean, marquis de, *De la félicité publique* (Amsterdam, 1772, BV722).

Chaudon, Louis-Mayeul, *Dictionnaire anti-philosophique, pour servir de commentaire et de correctif au Dictionnaire philosophique et aux autres livres, qui ont paru de nos jours contre le christianisme* (Avignon, 1767, BV728).

Chereau, Ollivier, *Le Jargon, ou langage de l'argot réformé, comme il est à présent en usage parmi les bons pauvres* (Lyon, 1634, BV743); éd. D. Delaplace (Paris, 2008).

Chiniac de la Bastide, Pierre, *Nouveau Commentaire sur le Discours de Monsieur l'abbé Fleury touchant les libertés de l'Eglise gallicane* (Paris, 1767, BV758).

Cicéron, *De la divination de Cicéron*, trad. F.-S. Régnier Desmarais (Amsterdam, 1741, BV772).

– *De legibus*, dans *Opera*, 9 vol. (Genève, 1758, BV771).

Clairaut, Alexis Claude, *Eléments de géométrie* (Paris, 1741, BV780).

Clarendon, Edward Hyde, comte de, *History of the rebellion and civil wars in England* (Oxford, 1704).

Clarke, Samuel, *Traités de l'existence et des attributs de Dieu*, trad. P. Ricotier, 3 vol. (Amsterdam, 1727-1728, BV785).

Claudianus, Claudius, *Opera* (Paris, 1602, BV788).

Coger, François-Marie, *Examen du Bélisaire de Monsieur Marmontel* (Paris, 1767, BV803-804).

Collier, Jeremy, *A short view of the immorality and profaneness of the English stage* (Londres, 1996).

– *La Critique du théâtre anglais comparé au théâtre d'Athènes, de Rome et de France*, trad. Joseph de Courbeville (Paris, 1715).

Compain de Saint-Martin, *Les Métamorphoses ou l'âne d'or d'Apulée, philosophe platonicien, avec le Démon de Socrate*, 4 vol. (Paris, 1736, BV90).

Complément du Dictionnaire de l'Académie française (Bruxelles, 1843).

Condorcet, Jean-Antoine-Nicolas de Caritat, marquis de, *Vie de Voltaire*, M, t.1.

Corneille, *Œuvres complètes*, éd. Georges Couton, 3 vol. (Paris, 1980-1987).

Corpus juris canonici academicum, emendatum et notis p. [Giovanni Paolo] *Lancelloti illustratum*, 2 vol. (Bâle, 1757, BV871).

Corpus juris civilis Romani, in quo institutiones, digesta, ad codicem Florentinum emendata. Codex item et novellae, nec non Justiniani edicta, leonis et aliorum imperatorum novellae, 2 vol. (Bâle, 1756, BV872).

Courville, Xavier de, *Luigi Riccoboni, dit Lelio* (Paris, 1958-1967).

Creutz, Gustav Philip, *La Suède et les Lumières; lettres de France d'un ambassadeur à son roi (1771-1783)*, éd. Marianne Molander Beyer (Paris, 2005).

Cronk, Nicholas, 'Qui parle dans le *Dictionnaire philosophique portatif*? Polyvocalité et posture auctoriale', dans *Lectures du Dictionnaire philosophique*, éd. Laurence Macé (Rennes, 2008).

– 'Voltaire et Christin: "Amis intimes de l'humanité" ', *Voltaire, la tolérance et la justice*, *La République des Lettres* 41, éd. J. Renwick (Louvain, Paris et Walpole, MA, 2011), p.375-87.

Dandré-Bardon, Michel, *Vie de Carle Vanloo* (Paris, 1765).

Daniel, Gabriel, *Histoire de France, depuis l'établissement de la monarchie française dans les Gaules*, 10 vol. (Paris, 1729, BV938).

Darmon, Pierre, *Le Tribunal de l'impuissance: virilité et défaillances conjugales dans l'ancienne France* (Paris, 1979).

Dazès, abbé, *Il est temps de parler, ou compte rendu au public des pièces légales de Monsieur Ripert de Montclar, et de tous les événements arrivés en Province, à l'occasion de l'affaire des jésuites*, 2 vol. (Anvers [Avignon], 1763, BV953).

De Beer, Gavin, et André Michel Rousseau, *Voltaire's British visitors*, *SVEC* 49 (1967).

Deghaye, Pierre, *La Doctrine ésotérique de Zinzendorf, 1700-1760* (Paris, 1969).

Delrío, Martín-Antonio, *Disquisitionum magicarum libri sex*, 3 vol. (Louvain, 1599-1600, BV2984); (Mainz, 1617).

Delsalle, Lucien René, *Les Fontaines de Rouen du XVIe au XVIIIe siècles*, *Connaître Rouen* 6 (1994).

Denisart, Jean-Baptiste, *Collection de décisions nouvelles et de notions relatives à la jurisprudence actuelle*, 4 vol. (Paris, 1777).

Deparcieux, Antoine, *Essai sur les probabilités de la durée de la vie humaine* (Paris, 1746, BV984).

Derathé, Robert, *Jean-Jacques Rousseau et la science politique de son temps* (Paris, 1988).

Descartes, René, *Les Passions de l'âme, le monde, ou traité de la lumière et la géométrie* (Paris, 1726, BV998); dans *Œuvres de Descartes*, éd. Charles Adam et Paul Tannery, 11 t. en 13 vol. (Paris, 1974); 11 vol. (Paris, 1996).

Desfontaines, Pierre-François Guyot, *Dictionnaire néologique* (Amsterdam, 1728, BV1006).

Desmolets, Pierre-Nicolas, *Continuation des Mémoires de littérature et d'histoire de Monsieur de Salengre*, 11 vol. (Paris, 1726-1731).

Despommiers, Mathieu, *L'Art de s'enrichir promptement par l'agriculture, prouvé par des expériences* (Paris, 1762, BV1019).

Desportes, François, 'Discours préliminaire sur l'état de la peinture et de la sculpture en France [...] avant Charles Le Brun', dans François-Bernard

Lépicié, *Vie des premiers peintres du roi depuis Le Brun jusqu'à présent*, 2 vol. (Paris, 1752).

Dictionnaire de l'Académie française, 2 vol. (Paris, 1694); 2 vol. (Paris, 1762, BV1028).

Dictionnaire des journalistes, éd. Jean Sgard, 2 vol. (Oxford, 1991).

Dictionnaire des journaux, éd. Jean Sgard, 2 vol. (Paris, 1991).

Dictionnaire européen des Lumières, éd. Michel Delon (Paris, 1997).

Dictionnaire général de Voltaire, éd. R. Trousson et J. Vercruysse (Paris, 2003).

Dictionnaire universel français et latin, vulgairement appelé Dictionnaire de Trévoux, 7 vol. (Paris, 1752); 8 vol. (Paris, 1771).

Diderot, Denis, *Pensées philosophiques*, éd. R. Niklaus (Genève, 1965).

Dieckmann, Herbert, 'The Sixth Volume of Saint-Lambert's Works', *Romanic Review* 41 (1951), p.109-21.

Digby, Kenelm, *Discours fait en une célèbre assemblée touchant la guérison des plaies et la composition de la poudre de sympathie* (Utrecht, 1681 [1658]).

Diodore de Sicile, *Histoire universelle*, trad. Jean Terrasson, 7 vol. (Paris, 1758, BV1041).

Diogène Laërce, *Vie et doctrines des philosophes illustres* (Paris, 1998).

– *Vies et opinions des illustres philosophes* (Paris, 1999).

Dossat, Yves, 'La Chronique de Guillaume de Puylaurens', *Annales de Bretagne et des Pays de l'Ouest* 87, n° 2 (1980), p.259-65.

Dubois de Gomicourt, Jacques, *Sentenze e proverbii italiani* (Lyon, 1683).

Dubos, Jean-Baptiste, *Histoire critique de l'établissement de la monarchie fran-*

çaise dans les Gaules, 3 vol. (Amsterdam, 1734, BV1109).

– *Réflexions critiques sur la poésie et la peinture* (Paris, 1719).

Du Boulay, César Egasse, *Historia Universitatis Parisiensis*, 6 vol. (Paris, 1665-1683).

Duchet, Michèle, *Anthropologie et histoire au siècle des Lumières* (Paris, 1971).

Du Halde, Jean-Baptiste, *Description [...] de l'empire de Chine*, 4 vol. (La Haye, 1736, BV1132).

Du Marsais, César Chesneau, *Analyse de la religion chrétienne* (s.l.n.d, BV1141); dans *Recueil nécessaire* (Leipzig, 1765 [Genève, 1766], BV3748).

Dupin, Louis-Ellies, *Dissertation préliminaire, ou prolégomènes sur la Bible*, 2 vol. (Paris, 1701); 3 vol. (Paris, 1726, BV1162).

– *Nouvelle Bibliothèque des auteurs ecclésiastiques*, 3e éd., 5 vol. (Paris, 1698-1703).

Duvernet, Théophile, *La Vie de Voltaire* (Paris, 1797).

Eccles, Francis Yvon, *Racine in England* (Oxford, 1922).

Encyclopédie méthodique. Finances, 3 vol. (Paris et Liège, 1784-1787).

Encyclopédie, ou dictionnaire raisonné des sciences, des arts et des métiers, par une société de gens de lettres, éd. J. Le Rond D'Alembert et D. Diderot, 35 vol. (Paris, 1751-1780, BV1216).

Epictète, *Le Manuel d'Epictète*, trad. André Dacier, 2 vol. (Paris, 1715, BV1225).

Epiphane, *Contra octoginta haereses opus* (Paris, 1564, BV1226).

Estienne, Henri, *Traité de la conformité*

du langage français avec le grec (Paris, 1569).

Eusèbe de Césarée, *Preparatio evangelica* (Paris, 1628, BV1251).

Falconet, Etienne-Maurice, *Du Moïse de Michel Ange et de son Bacchus*, dans *Œuvres diverses concernant les arts*, 3 vol. (Paris, 1787).

Faucheux, Marcel, *Un ancien droit ecclésiastique perçu en Bas Poitou: le boisselage* (La Roche-sur-Yon, 1953).

Ferrero, Giuseppe Guido (éd.), *Marino e i marinisti* (Milan et Naples, 1954).

Ferret, Olivier, 'Voltaire et Boileau', *Voltaire et le Grand Siècle*, éd. J. Dagen et A.-S. Barrovecchio, *SVEC* 2006:10, p.205-22.

Festugière, André-Jean, *Hermès Trismégiste*, 4 vol. (Paris, 2002-2003).

– *La Révélation d'Hermès Trismégiste*, 4 vol. (Paris, 2006).

Flavius Josèphe, *Histoire des Juifs écrite par Flavius Joseph sous le titre de Antiquités judaïques*, trad. Arnauld d'Andilly, 5 vol. (Paris, 1706); 5 vol. (Paris, 1735-1736, BV1743).

Fleury, Claude, *Discours sur les libertés de l'Eglise gallicane*, dans *Discours sur l'histoire ecclésiastique* (Paris, 1763); (Paris, 1771).

– *Histoire ecclésiastique*, 36 vol. (Paris, 1719-1738, BV1350).

Foix de Candale, François de, *Le Pimandre de Mercure Trismégiste: de la philosophie chrétienne, connaissance du verbe divin, et de l'excellence des œuvres de Dieu* (Bordeaux, 1579).

Fontenelle, Bernard Le Bovier de, *Histoire des oracles* (Paris, 1686).

François, Laurent, *Observations sur La Philosophie de l'histoire et le Dictionnaire philosophique; avec des réponses à plusieurs difficultés*, 2 vol. (Paris et Rouen, 1770).

François Xavier, saint, *Lettres choisies de S. François Xavier* (Varsovie, 1739, BV1379).

Frédéric II, *Mémoires pour servir à l'histoire de la maison de Brandebourg*, 2 vol. (Berlin et La Haye, 1751, BV1401).

Fromageot, Jean-Baptiste, *Consultation* [...] *sur le 'Traité de la dissolution du mariage pour cause d'impuissance'*, *avec des remarques sur cet écrit* (s.l. [Dijon], 1739).

Funck-Brentano, Frantz, *Les Lettres de cachet à Paris: étude, suivie d'une liste des prisonniers de la Bastille, 1659-1789* (Paris, 1903).

Furetière, Antoine, *Dictionnaire universel contenant généralement tous les mots français tant vieux que modernes de toutes les sciences et des arts*, 2 vol. (La Haye et Rotterdam, 1690).

Gachet d'Artigny, Antoine, *Nouveaux Mémoires d'histoire, de critique et de littérature*, 7 vol. (Paris, 1749-1753, BV1409).

Garasse, François, *La Doctrine curieuse des beaux esprits de ce temps, ou prétendus tels* (Paris, 1623); (Paris, 1624, BV1429).

Gaudemet, Jean, *Eglise et cité: histoire du droit canonique* (Paris, 1994).

Gay, Peter, *Voltaire's politics* (Princeton, NJ, 1959).

Gayot de Pitaval, François, *Causes célèbres et intéressantes, avec les jugements qui les ont décidées*, 20 vol. (Paris, 1739-1754, BV1442).

Genoude, Antoine Eugène, *Les Pères de l'Eglise traduits en français*, 8 t. en 9 vol. (Paris, 1837-1843).

Gin, Pierre Louis Claude, *Les Vrais Principes du gouvernement français démontrés par la raison et par les faits* (Genève, 1777, BV1467); (Genève, 1780).

Girard, Gabriel, *Synonymes français, leurs différentes significations, et le choix qu'il en faut faire pour parler avec justesse* (Genève, 1753, BV1471); (Genève, 1762).

Girardeau, Pierre, *La Banque rendue facile* (Genève, 1740).

Goujet, Claude-Joseph, *Bibliothèque française*, 18 vol. (Paris, 1741-1756).

Grell, Chantal, 'Clovis du Grand Siècle aux Lumières', *Bibliothèque de l'Ecole des chartes* 154 (1996), p.173-218.

Guénée, Antoine, *Lettres de quelques Juifs portugais et allemands, à Monsieur de V**** (Paris, 1769, BV1566); 3 vol. (Paris, 1776, BV1567).

Guignes, Joseph de, *Histoire générale des Huns, des Turcs, des Mogols et des autres Tartares occidentaux, etc.*, 4 vol. (Paris, 1756-1758, BV1573).

Heinsius, Daniel, *De Constitutione tragoediae: la constitution de la tragédie dite La Poétique d'Heinsius*, éd. Anne Duprat (Genève, 2001).

Helvétius, Claude-Adrien, *Correspondance générale d'Helvétius*, éd. David Smith et autres, 5 vol. (Toronto et Buffalo, NY, 1981-2004).

– *De l'esprit* (Paris, 1758, BV1609); (Paris, 1988).

– *De l'homme*, 2 vol. (Paris, 1989).

Hennequin, Jean, *Le Guidon général des financiers* (Paris, 1585).

Henri, Albert, 'La Bataille des vins', édition avec introduction, notes, glossaire et tables', *Bulletin de la classe des lettres et des sciences morales et politiques*, 6e série, t.2, nos 6-9 (1991), p.203-48.

Herbelot, Barthélemy d', *Bibliothèque orientale* (Paris, 1697, BV1626).

Hérodote, *Les Histoires d'Hérodote*, trad. Pierre Du Ryer, 3 vol. (Paris, 1713, BV1631); 3 vol. (Paris, 1714).

Hésiode, *Théogonie. Les Travaux et les jours*, trad. Paul Mazon (Paris, 1964).

Higginson, Edward, 'Account of a conversation with Voltaire', *The Yorkshireman, religious and literary journal*, 1833, t.1, n° 11, p.167-69.

Histoire de l'Académie royale des inscriptions et belles-lettres, avec les Mémoires de cette académie, 51 vol. (Paris, 1710-1843).

Homère, *Iliade*, éd. P. Mazon, P. Chantraine, P. Collart, 2 vol. (Paris, 1937).

– *L'Iliade d'Homère*, trad. Anne Dacier, 4 vol. (Paris, 1741, BV1670).

– *L'Iliade. Poème, avec un discours sur Homère*, trad. Antoine Houdar de La Motte (Paris, 1714, BV1669).

Homes, Henry, Lord Kames, *Elements of criticism*, 3 vol. (Edimbourg, 1762); 3ᵉ éd., 2 vol. (Edimbourg, 1765).

Horace, *Epîtres*, dans *Œuvres de Horace*, trad. Leconte de Lisle, 2 t. en 1 vol. (Paris, 1873).

– *Odes et épodes*, trad. F. Villeneuve (Paris, 2001).

– *Satires*, trad. Charles Batteux, dans *Œuvres complètes d'Horace*, 3 vol. (Paris, 1823).

Houtteville, Claude François, *La Religion chrétienne prouvée par les faits* (Paris, 1749, BV1684).

Hübner, Johann, *La Géographie universelle*, 6 vol. (Bâle, 1746, BV1686); 6 vol. (Bâle, 1761, BV1687).

Huet, Pierre Daniel, *Demonstratio evangelica* (Paris, 1690).

Hume, David, *Histoire de la maison de Stuart, sur le trône d'Angleterre*, 3 vol. (Londres [Paris], 1760, BV1701).

Index librorum prohibitorum Alexandri VII (Rome, 1667).

Isambert, François-André, *Recueil général des anciennes lois françaises, depuis l'an 420 jusqu'à la Révolution de 1789*, 29 vol. (Paris, 1821-1833).

Jaquelot, Isaac, *Dissertations sur l'existence de Dieu*, 3 vol. (Paris, 1744).

Jean Chrysostome, saint, *Homélies ou sermons de saint Jean Chrysostome, archevêque de Constantinople*, 3 vol. (Paris, 1693).

Jérôme, saint, *Lettres de S. Jerosme*, trad. et éd. Guillaume Roussel, 4 vol. (Paris, 1743, BV1636).

– *Les Vies et les miracles des Saints Pères ermites*, trad. R. Gautier (Rouen, 1687).

Journal helvétique (avril 1766).

Jousse, Daniel, *Traité de la justice criminelle de France*, 4 vol. (Paris, 1771).

Juvénal, *Juvénal et Perse*, trad. Henri Clouard (Paris, 1734).

Kafker, Frank A., et Serena L. Kafker, *The Encyclopedists as individuals*, *SVEC* 257 (1988).

Kämpfer, Engelbert, *Histoire naturelle, civile et ecclésiastique de l'empire du Japon*, trad. J.-G. Scheuchzer, 2 vol. (La Haye, 1729, BV1771).

Kant, Immanuel, *Critique de la raison pure*, dans *Œuvres philosophiques*, 3 vol. (Paris, 1980).

Keim, Albert, *Helvétius, sa vie et son œuvre* (Paris, 1907).

Labat, Jean-Baptiste, *Nouvelle Relation*

de l'Afrique Occidentale, 5 vol. (Paris, 1728).

La Beaumelle, Laurent Angliviel de, *Correspondance générale de La Beaumelle, 1726-1773*, éd. Hubert Bost, Claude Lauriol et Hubert Angliviel de La Beaumelle (Oxford, 2005-).

– *Mémoires pour servir à l'histoire de Madame de Maintenon et à celle du siècle passé*, 6 vol. (Avignon, 1757, BV1794).

La Bléterie, Jean Philippe René de, *Vie de l'empereur Julien* (Paris, 1741, BV1798).

La Caze, Louis de, *Idée de l'homme physique et moral* (Paris, 1755).

Lachèvre, Frédéric, *Bibliographie des recueils collectifs de poésies publiés de 1597 à 1700*, 4 vol. (Paris, 1901).

La Condamine, Charles-Marie de [attrib.], *Histoire d'une jeune fille sauvage trouvée dans les bois à l'âge de dix ans* (Paris, 1755, BV1815); éd. Franck Tinland (Paris, 1970).

Lafitau, Joseph-François, *Histoire des découvertes et des conquêtes des Portugais dans le Nouveau Monde*, 2 vol. (Paris, 1733, BV1850); 4 vol. (Paris, 1734, BV1851).

– *Mœurs des sauvages américains, comparées aux mœurs des premiers temps*, 2 vol. (Paris, 1724, BV1852).

La Fontaine, Jean de, *Œuvres complètes*, éd. Jean-Pierre Collinet (Paris, 1991).

Laingui, André, 'Sentiments et opinions d'un jurisconsulte à la fin du XVIIIe siècle, Pierre-François Muyart de Vouglans', *Travaux juridiques et économiques de l'Université de Rennes* 25 (1964), p.179-277.

Lalande, André, *Vocabulaire technique et critique de la philosophie* (Paris, 1988).

Lambert, Claude-François, *Recueil d'observations curieuses sur les mœurs, les coutumes, les usages, les différentes langues, le gouvernement, la mythologie, la chronologie, la géographie ancienne et moderne, les cérémonies, la religion, les mécaniques, l'astronomie, la médecine, la physique particulière, l'histoire naturelle, le commerce, la navigation, les arts et les sciences de différents peuples de l'Asie, de l'Afrique et de l'Amérique*, 4 vol. (Paris, 1749, BV2885).

Lancelot, Claude, *Jardin des racines grecques*, 2e éd. (Paris, 1664).

Larcher, Pierre-Henri, *Supplément à La Philosophie de l'histoire* (Amsterdam, 1769).

Laugier de Tassy, Jacques Philippe, *Histoire des Etats barbaresques qui exercent la piraterie, contenant l'origine, les révolutions et l'état présent des royaumes d'Alger, de Tunis, de Tripoli et de Maroc*, 2 vol. (Paris, 1757, BV1943).

Lauriol, Claude, *La Beaumelle: un protestant cévenol entre Montesquieu et Voltaire* (Genève, 1978).

Le Beau, Charles, *Histoire du Bas-Empire*, 29 vol. (Paris, 1757-1817, BV1960).

Lebègue, Raymond, 'L'*Herodes infanticida* en France', *Neophilologus* 23, no 1 (décembre 1938), p.388-94.

Le Clerc, Daniel, *Histoire de la médecine* (Amsterdam, 1723).

Le Clerc, Jean, *Sentiments de quelques théologiens de Hollande sur l'Histoire critique du Vieux Testament composée par le P. Richard Simon* (Amsterdam, 1685).

LeClerc, Paul O., *Voltaire and Crébillon père: history of an enmity*, *SVEC* 115 (1973).

Le Gendre, Guilbert-Charles, *Traité de l'opinion, ou mémoires pour servir à l'histoire de l'esprit humain*, 5 t. en 10 vol. (Paris, 1733, BV2005); 6 vol. (Paris, 1735).

Lenglet Du Fresnoy, Nicolas, *Tablettes chronologiques de l'histoire universelle sacrée et profane, ecclésiastique et civile*, 2 vol. (La Haye, 1745, BV2042).

Le Prestre de Vauban, Sébastien, *Projet d'une dîme royale* (s.l., 1707, BV3405).

Le Roy, Charles-George, *Réflexions sur la jalousie, pour servir de commentaire aux derniers ouvrages de Monsieur de Voltaire* (Amsterdam [Paris], 1772).

Lettres édifiantes et curieuses des missions étrangères, éd. C. Le Gobien, J.-B. du Halde, L. Patouillet, N. Maréchal, 34 vol. (Paris, 1707-1776, BV2104).

[Levesque de Burigny, Jean], *Examen critique des apologistes de la religion chrétienne* (s.l., 1766, BV2546).

– *Lettre de Thrasibule à Leucippe* (Londres [Amsterdam, 1768?], BV2549).

Linguet, Simon-Nicolas-Henri, *Histoire impartiale des jésuites, depuis leur établissement jusqu'à leur première expulsion*, 2 vol. (s.l., 1768, BV2125).

– *Théorie des lois civiles, ou principes fondamentaux de la société*, 2 vol. (Londres [Paris], 1767, BV2136).

Littré, Emile, *Dictionnaire de la langue française*, 4 vol. (Paris, 1873-1874); 4 vol. (Paris, 1877).

Lombard, Jean, *Courtilz de Sandras et la crise du roman à la fin du Grand Siècle* (Paris, 1980).

Longuerue, Louis Dufour de, *Description historique et géographique de la France ancienne et moderne, enrichie de plusieurs cartes géographiques*, 2 vol. (s.l., 1722, BV2163).

– *Longueruana ou recueil de pensées, de discours et de conversations de feu Monsieur Louis Dufour de Longuerue, abbé de Sept-Fontaines et de Saint-Jean-du-Jard* (Berlin [Paris], 1754, BV2164).

Lucain, *Pharsale*, trad. Jean-François Marmontel, 2 vol. (Paris, 1766, BV2214); dans Marmontel, *Œuvres complètes*, 18 vol. (Paris, 1818-1820).

– *La Pharsale de Lucain ou les guerres civiles de César et Pompée en vers français*, trad. Georges de Brébeuf (Paris, 1670, BV2213).

Lucrèce, *De la nature*, trad. et éd. A. Ernout, 2 vol. (Paris, 1920); 2 vol. (Paris, 1978).

Ludlow, Edmund, *Les Mémoires d'Edmond Ludlow*, 3 vol. (Amsterdam, 1699-1707, BV2228).

– *Memoirs*, 3 vol. (Vevey, 1698-1699).

Macrobe, *Saturnales*, trad. Charles Nisard, dans *Œuvres complètes* (Paris, 1850).

Maillet, Benoît de, *Telliamed ou entretiens d'un philosophe indien avec un missionnaire français sur la diminution de la mer, la formation de la terre, l'origine de l'homme, etc.* (Bâle, 1749).

Malebranche, Nicolas de, *Méditations chrétiennes et métaphysiques*, 4e éd. (Lyon, 1707, BV2279).

– *Œuvres*, éd. G. Rodis-Lewis, 2 vol. (Paris, 1979).

– *La Recherche de la vérité*, 5e éd., 3 vol. (Paris, 1700, BV2276); 7e éd., 4 vol. (Paris, 1721, BV2277).

– *Réflexions sur la prémotion physique* (Paris, 1715, BV2280).

Maleville, Guillaume, *Histoire critique de l'éclectisme, ou des nouveaux platoniciens*, 2 vol. (s.l., 1766, BV2283).

Malezieu, Nicolas de, *Eléments de géométrie de Monsieur le duc de Bourgogne* (Paris, 1729, BV2284).

Mandeville, Bernard, *The Fable of the bees* (Londres, 1724, BV2300); 6ᵉ éd. (Londres, 1729); 2ᵈᵉ partie (Londres, 1729, BV2301).

Marc Aurèle, *Réflexions morales de l'empereur Marc Antonin*, éd. André Dacier, 2 vol. (Paris, 1691, BV2312).

Marchand, Jean-Henri, *Testament politique de Monsieur de V**** (Genève et Paris, 1770).

Marino, Gianbattista, *Adone*, éd. Giovanni Pozzi (Milan, 1988).

Marmontel, Jean-François, *Œuvres complètes*, 18 vol. (Paris, 1818-1820).

Marsy, François-Marie de, *Histoire moderne des Chinois, des Japonais, des Indiens, des Persans, des Turcs, des Russiens etc., pour servir de suite à l'Histoire ancienne de Monsieur Rollin*, 8 vol. (Paris, 1754-1760, BV2340).

Martin, Henri-Jean, 'Comment mesurer un succès littéraire: le problème des tirages', dans *Le Livre français sous l'Ancien Régime* (Paris, 1987), p.209-23.

Masseau, Didier, *Les Ennemis des philosophes: l'antiphilosophie au temps des Lumières* (Paris, 2000).

Masson, Nicole, 'Voltaire exégète du *Shasta* et du *Vedam*: citation et réécriture des textes sacrés de l'Inde dans l'*Essai sur les mœurs*', dans *Copier/coller: écriture et réécriture chez Voltaire*, éd. O. Ferret, G. Goggi, C. Volpilhac-Auger (Pise, 2007).

Maupertuis, Pierre Louis Moreau de, *Lettres* (Dresde, 1752, BV2358)

– *Œuvres*, 4 vol. (Lyon, 1756).

McManners, John, 'Tithes in eighteenth-century France: a focus for rural anticlericalism', dans *History, Society and the Churches: essays in honour of Owen Chadwick* (Cambridge, 1985), p.147-68.

Mellot, Jean-Dominique, et Elisabeth Queval, *Répertoire d'imprimeurs/libraires, vers 1500-vers 1810* (Paris, 2004).

Mémoires de littérature tirés des registres de l'Académie royale des inscriptions et belles-lettres, 59 vol. (Paris, 1722-1773, BV2415).

Mémoires de Trévoux (avril 1725).

Ménage, Gilles, *Dictionnaire étymologique de la langue française* (Paris, 1694, BV2416).

Mercier, Louis-Sébastien, *Néologie ou vocabulaire de mots nouveaux*, éd. J.-C. Bonnet (Paris, 2009).

Mercure galant (1705).

Mervaud, Christiane, 'Bestiaires de Voltaire', *SVEC* 2006:06, p.1-200.

– 'Julien l'Apostat dans la correspondance de Voltaire et de Frédéric II', *RHLF* 5 (1976), p.724-43.

– 'Sur le testament judiciaire de Voltaire: le *Prix de la justice et de l'humanité* et le *Traité des crimes* de Pierre-François Muyart de Vouglans', dans *Voltaire, la tolérance et la justice*, *La République des Lettres* 41, éd. J. Renwick (Louvain, Paris et Walpole, MA, 2011), p.389-409.

– 'Variations sur le premier homme: une série d'articles "Adam" dans quelques dictionnaires du XVIIIᵉ siècle', dans *Séries et variations: études littéraires offertes à Sylvain Menant* (Paris, 2010), p.505-14.

– *Voltaire à table* (Paris, 1998).

– *Voltaire et Frédéric II: une dramaturgie des Lumières*, *SVEC* 234 (1985).

Meslier, Jean, *Œuvres*, éd. R. Desné, J. Deprun, A. Soboul, 3 vol. (Paris, 1970-1972).

Meyer, Henry, *Voltaire on war and peace*, SVEC 144 (1976).

Middleton, Conyers, *A Free Inquiry, miscellaneous works*, 5 vol. (Londres, 1755, BV2447).

Minucius Felix, Marcus, *De idolorum vanitate* (Paris, 1643, BV2463).

Mirabeau, Victor Riqueti, marquis de, *L'Ami des hommes, ou traité de la population*, 6 vol. (Avignon, 1756-1758, BV2466).

– *Théorie de l'impôt* (s.l., 1760, BV2468).

Montesquieu, Charles de Secondat, baron de, *De l'esprit des lois* (Leyde, 1749, BV2496); (Genève, 1753, BV2497); 2 vol. (Paris, 1979); 2 vol. (Paris, 1990).

– *Lettres familières de Monsieur le président de Montesquieu* (Florence, 1767, BV2500); (Florence et Paris, 1768).

Montillet-Grenaud, Jean-François de Chatillard de, *Lettre pastorale de Monseigneur l'archevêque d'Auch, au clergé séculier et régulier de son diocèse* (s.l., 1764, BV2505).

Moreri, Louis, *Le Grand Dictionnaire historique, ou le mélange curieux de l'histoire sacrée et profane*, 7 vol. (Amsterdam, 1740); 8 vol. (Amsterdam, 1740, BV2523); 10 vol. (Paris, 1759).

Moureau, François, *Le Roman vrai de l'Encyclopédie* (Paris, 1990).

Müller, Eugène, *Le Magistrat de la ville de Strasbourg, les Stettmeisters et Ammeisters de 1674 à 1790, et les préteurs royaux de 1685 à 1790 et notices généalogiques des familles de l'ancienne noblesse d'Alsace depuis la fin du XVIIe siècle* (Strasbourg, 1862).

Muralt, Béat Louis de, *Lettres sur les Anglais et les Français* (s.l. [Genève], 1725, BV2534).

Muyart de Vouglans, Pierre-François, *Institutes au droit criminel [...] Avec un traité particulier des crimes* (Paris, 1757, BV2541).

– *Réfutation des principes hasardés dans le traité Des délits et des peines de Beccaria* (Lausanne et Paris, 1767, BV2543).

Nahon, Gérard, 'Le crédit et les Juifs dans la France du XIIIe siècle', *Annales. Economies, Sociétés, Civilisations*, 24e année, n° 5 (1969), p.1121-48.

Nani, Giovan Battista, *Histoire de Venise*, trad. François Tallemant (Paris, 1679).

Naveau, Jean-Baptiste, *Le Financier citoyen* (s.l., 1757, BV2556).

Naves, Raymond, *Voltaire et l'Encyclopédie* (Paris, 1938).

Neiertz, Patrick, 'Voltaire et les économistes', *Revue Voltaire* 11 (2011), p.287-319.

Newton, Isaac, *Observations upon the prophecies of Holy Wit, particularly the prophecies of Daniel and the Apocalypse of saint John* (Londres, 1733).

Niecamp, Johan Lucas, *Histoire des voyages que les Danois ont fait dans les Indes orientales depuis l'an 1705 jusqu'à la fin de l'année 1736*, trad. Benjamin Gaudard, 3 vol. (Genève, 1745, BV2575).

Nonnotte, Claude-Adrien, *Les Erreurs de Voltaire*, 2 vol. (Avignon, 1762, BV2579).

Nouvelles ecclésiastiques, ou mémoires

pour servir à l'histoire de la Constitution Unigenitus, pour l'année M DCC XXIX (s.l., 1729).

Ollé-Laprune, Léon, *La Philosophie de Malebranche* (Paris, 2009).

Ovide, *Métamorphoses*, trad. Thomas Corneille (Paris, 1697).

Paillard, Christophe, 'Ingérence censoriale et imbroglio éditorial: la censure de la Correspondance de Voltaire dans les éditions in-8° et in-12 de K', *Revue Voltaire* 7 (2007), p.294-96.

Parker, Richard Alexander, *Claude de L'Estoille poet and dramatist, 1597-1652* (Baltimore, MD, 1930).

Pascal, Blaise, *Œuvres complètes*, éd. J. Chevalier (Paris, 1954); (Paris, 1980).

Pasquier, Etienne, *Lettres*, 2 vol. (Paris, 1619).

Paulian, Aimé-Henri, *Dictionnaire philosophico-théologique portatif* (Nîmes, 1770, BV2671).

Pellisson, Paul, *Relation contenant l'histoire de l'Académie française* (Paris, 1672).

Perkins, Jean Ashmead, *The Concept of the self in the French Enlightenment* (Genève, 1969).

Perrin, Antoine, *Almanach de la librairie* (Paris, 1781); éd. P. M. Gason (Aubel, 1984).

Perry, Norma, 'La chute d'une famille séfardie: les Mendes da Costa de Londres', *Dix-huitième siècle* 13 (1981), p.11-25.

Pic de la Mirandole, Jean-François, *Dialogus in tres libros divisus: titulus est Strix, sive de ludificatione daemonum* (Bologne, 1523).

– *La Sorcière: dialogue en trois livres sur la tromperie des démons*, trad. Alfredo Perifano (Turnhout, 2007).

Piché, David, *La Condamnation parisienne de 1277* (Paris, 1999).

Pièces relatives à Bélisaire (Amsterdam [Genève], 1767, BV2731).

Piles, Roger de, *Cours de peinture par principes* (Paris, 1708).

Piso, Carolus, *Selectiorum observationum et consiliorum de praetervisis hactenus morbis affectibusque praeter naturam ab aqua, seu serosa colluvie et diluvie ortis liber singularis* (Pont-à-Mousson, 1618).

Platon, *La République de Platon, ou du juste, et de l'injuste*, trad. François de La Pillonnière (Londres, 1726, BV2754).

Plaute, *Les Comédies de Plaute, nouvellement traduites en style libre, naturel et naïf [...] par Monsieur Gueudeville*, 10 vol. (Leyde, 1719, BV2757).

Pluche, Noël-Antoine, *Histoire du ciel considéré selon les idées des poètes, des philosophes, et de Moïse*, 2 vol. (Paris, 1739, BV2763).

Pluquet, François-André-Adrien, *Examen du fatalisme*, 3 vol. (Paris, 1757, BV2769).

Plutarque, *Les Œuvres morales et mêlées de Plutarque*, trad. Jacques Amyot (Paris, 1575, BV2771).

Pomeau, René, René Vaillot, Christiane Mervaud et autres, *Voltaire en son temps*, 2e éd., 2 vol. (Oxford, 1995).

Pontas, Jean, *Dictionnaire des cas de conscience*, 3 vol. (Paris, 1724); 3 vol. (Paris, 1734, BV2791).

Poullain de Saint-Foix, Germain-François, *Essais historiques sur Paris*, 3 vol. (Londres et Paris, 1755-1757, BV3064).

Prévost, Antoine-François et autres,

Histoire générale des voyages, ou nouvelle collection de toutes les relations de voyages par mer et par terre, qui ont été publiées jusqu'à présent dans les différentes langues de toutes les nations connues, 48 vol. (Paris, 1746-1754, BV1645).

Proust, Jacques, *Diderot et l'Encyclopédie* (Paris, 1962); (Paris, 1967).

Pufendorf, Samuel von, *Le Droit de la nature et des gens*, trad. S. Barbeyrac, 2 vol. (Amsterdam [Paris], 1712, BV2827).

Puylaurens, Guillaume de, *Chronique sur la guerre des Albigeois*, trad. Charles Lagarde (Béziers, 1864).

– *Historia Albigensium*, dans Guillaume Catel, *Histoire des comtes de Tolose, avec quelques traités et chroniques anciennes concernant la même histoire* (Toulouse, 1623).

Quesnel, Pierre, *Histoire de l'admirable dom Inigo de Guipuscoa, chevalier de la Vierge, et fondateur de la monarchie des Inighistes; avec une description abrégée de l'établissement et du gouvernement de cette formidable monarchie* (La Haye, 1738).

– *Histoire des religieux de la compagnie de Jésus, contenant ce qui s'est passé dans cet ordre depuis son établissement jusqu'à présent*, 3 vol. (Utrecht, 1741 [1740], BV2844).

Quinte Curce, *De la vie et des actions d'Alexandre le Grand*, trad. Claude Favre de Vaugelas, 4e éd., 2 vol. (Lyon, 1705, BV924).

Rabelais, François, *Œuvres complètes de Rabelais*, éd. J. Boulenger (Paris, s.d. [1965]).

– *Œuvres complètes de Rabelais. Gargantua*, éd. J. Plattard (Paris, 1955).

Ramelet, Denis, 'La prohibition de l'usure au Moyen Age', *Finance et Bien commun/Common Good* 17 (hiver 2003-2004), p.18-27.

Raynal, Thomas-Guillaume, *Histoire philosophique des établissements et du commerce des Européens dans les deux Indes*, 6 vol. (Amsterdam [Paris], 1770, BV2880); (Genève, 1780).

Recueil des plus beaux vers de Messieurs de Malherbe, Racan, Maynard, Bois-Robert, Monfuron, Lingendes, Touvant, Motin, de L'Estoille, et autres divers auteurs des plus fameux esprits de la cour (Paris, 1638, BV2906).

Recueil général des anciennes lois françaises, 29 vol. (Paris, 1821-1833).

Répertoire universel et raisonné de jurisprudence, 64 vol. (Paris, 1775-1783).

Riballier, Ambroise, *Lettre à Monsieur Marmontel*, dans *Pièces relatives à Bélisaire* (Amsterdam [Genève], 1767, BV2731).

Richelet, Pierre, *Dictionnaire français contenant les mots et les choses, plusieurs nouvelles remarques sur la langue française [...] avec les termes les plus connus des arts et des sciences* (Genève, 1680).

Richelieu, Armand-Jean Du Plessis, cardinal de, *Testament politique d'Armand du Plessis cardinal duc de Richelieu* (Amsterdam, 1688); (Paris, 1764, BV2980).

Ripert de Montclar, Jean-Pierre-François, *Plaidoyer de Monsieur Ripert de Montclar, procureur général du roi au parlement de Provence, dans l'affaire des soi-disant jésuites* (s.l., 1763, BV2990).

Roger, Jacques, *Les Sciences de la vie dans la pensée française du XVIIIe siècle* (Paris, 1963).

Rollin, Charles, *Histoire romaine*, 16 vol. (Amsterdam, 1739-1748, BV3010).

– *Œuvres complètes*, 6 vol. (Paris, 1845).

Rollin, Sophie, *Le Style de Vincent Voiture: une esthétique galante* (Saint-Etienne, 2006).

Rousseau, Jean-Jacques, *Discours sur l'origine et les fondements de l'inégalité parmi les hommes*, dans *Œuvres complètes*, éd. Bernard Gagnebin et Marcel Raymond, 5 vol. (Paris, 1959-1995).

– *Du contrat social*, dans *Œuvres complètes*, éd. Bernard Gagnebin et Marcel Raymond, 5 vol. (Paris, 1959-1995).

– *Emile*, éd. F. Richard et P. Richard (Paris, 1964).

Roussel de La Tour, *Développement du plan intitulé: Richesse de l'Etat* (s.l., 1757, BV3040).

– *Richesse de l'Etat* (s.l., 1763, BV3041-42).

Sagard-Théodat, Gabriel, *Grand Voyage du pays des Hurons* (Paris, 1632, BV3059).

Saint-Simon, Louis de Rouvroy, duc de, *Mémoires de Saint-Simon*, éd. Y. Coirault, 8 vol. (Paris, 1983-2000).

Sallengre, Albert-Henri de, *Mémoires de littérature*, 2 vol. (La Haye, 1715-1717).

Sanchez, Tomas, *De sancto matrimonii sacramento disputationum*, 3 vol. (Lyon, 1739, BV3081).

Sarpi, Paolo, et Minuccio Minucci, *Histoire des Uscoques*, trad. A.-N. Amelot de La Houssaie (Paris, 1684).

Savary des Brûlons, Jacques, *Dictionnaire universel du commerce*, 3 vol. (Paris, 1723-1730).

Schwarzbach, Bertram E., 'Guillaume Maleville et la Bible: homme d'Eglise et homme des Lumières', *Dix-huitième siècle* 35 (2003), p.419-38.

Selden, John, *Marmora Arundelliana* (Londres, 1628-1629).

Séran de La Tour, *Histoire de Scipion l'Africain* (Paris, 1738, BV3146).

Shakespeare, William, *The Works of Shakespeare in eight volumes* [...] *with a comment and notes, critical and explanatory*, éd. A. Pope et W. Warburton (Londres, 1747, BV3161).

Simon, Richard, *Histoire critique du Vieux Testament* (Rotterdam, 1685, BV3173); (Amsterdam, 1621 [1721], BV3177).

– *Réponse au livre intitulé Sentiments de quelques théologiens de Hollande* (Rotterdam, 1686).

Smith, David W., *Helvétius: a study in persecution* (Oxford, 1965).

Soret, Jean, Jean-Nicolas-Hubert Hayer et autres, *La Religion vengée, ou réfutation des auteurs impies* (Paris, 1761, BV2932).

Spargo, John Webster, 'The etymology and early evolution of *Brocard*', *Speculum* 23, n° 3 (juillet 1948), p.472-76.

Spink, John Stephenson, 'The reputation of Julian "the apostate" in the Enlightenment', *SVEC* 67 (1967), p.1399-415.

Spinoza, Baruch, *Réflexions curieuses d'un esprit désintéressé sur les matières les plus importantes au salut tant public que particulier*, trad. Saint-Glain (Cologne [Amsterdam], 1678, BV3202).

Spiquel, Agnès, 'Mesmer et l'influence', *Romantisme* 98 (1997), p.33-40.

Stenger, Gerhardt, 'Sur un problème mathématique dans la XVIIe *Lettre philosophique*', *Cahiers Voltaire* 5 (2006), p.11-22.

Struys, Jan Janszoon, *Voyages de Jean Struys en Moscovie, en Tartarie, en Perse, aux Indes et en plusieurs autres pays étrangers* (Amsterdam, 1681, BV3216); 3 vol. (Lyon, 1684); 3 vol. (Amsterdam, 1730, BV3217).

Sully, Maximilien de Béthune, duc de, *Économies royales*, éd. Joseph Chailley-Bert (Paris, 1820).

Tacite, *Tibère ou les six premiers livres des Annales de Tacite*, trad. J.-P.-R. de La Bléterie, 3 vol. (Paris, 1768, BV3239).

– *Traduction de quelques ouvrages de Tacite*, trad. J.-P.-R. de La Bléterie, 2 vol. (Paris, 1755).

Tallemant des Réaux, Gédéon, *Histo-riettes*, éd. Antoine Adam, 2 vol. (Paris, 1960-1961).

Tavenaux, René, *Jansénisme et prêt à intérêt* (Paris, 1977).

Tavernier, Jean-Baptiste, *Les Six Voyages de Jean-Baptiste Tavernier*, 2 vol. (Paris, 1681, BV3251).

Théâtre français, ou recueil des meilleures pièces de théâtre (Paris, 1737, BV3278).

Thiers, Jean-Baptiste, *Traité des super-stitions qui regardent les sacrements*, 4 vol. (Paris, 1741, BV3280); 4 vol. (Avignon, 1777).

Thou, Jacques Auguste de, *Histoire universelle*, 11 vol. (Bâle, 1742, BV3297).

Toland, John, *The Miscellaneous Works of Mr John Toland* (Londres, 1747, BV3314).

Tristan, Marie-France, *La Scène de l'écriture: essai sur la poésie philoso-phique du Cavalier Marin* (Paris, 2002).

Universal Magazine (mai 1773).

Vaissière, Pierre de, 'Jean Poltrot, seigneur de Méré, assassin de Mon-sieur de Guise-le-Grand', dans *Récits du temps des troubles (XVIe siècle). De quelques assassins* (Paris, 1912), p.1-92.

Van Dale, Antoine, *De oraculis ethni-corum, dissertationes duae* (Amster-dam, 1683, BV931).

Veyssière de La Croze, Mathurin, *His-toire du christianisme des Indes* (La Haye, 1724, BV3437).

Viret, Louis, *Le Mauvais Dîner, ou lettres sur le Dîner du comte de Bou-lainvilliers* (Lyon, 1770).

– *Réponse à la Philosophie de l'histoire* (Lyon, 1767, BV3452).

Virgile, *Énéide*, trad. Marie Le Jars de Gournay, dans *Les Avis ou les présents de la demoiselle de Gournay* (Paris, 1634).

– *Géorgiques*, trad. Jacques Delille (Paris, 1771, BV3420).

Voiture, Vincent, *Entretiens de Monsieur de Voiture et de Monsieur Costar* (Paris, 1655, BV3460).

– *Les Œuvres* (Paris, 1656).

– *Œuvres de Monsieur de Voiture*, 4e éd. (Paris, 1654, BV3459).

– *Œuvres. Lettres et poésies*, éd. Abdo-lonyme Ubicini, 2 vol. (Paris, 1855).

Voltaire, *L'A.B.C.*, *M*, t.27.

– *A Monsieur Turgot*, *M*, t.29.

– *André Destouches à Siam*, *OCV*, t.62.

– *Anecdotes sur Bélisaire*, *OCV*, t.63A.

– *Annales de l'Empire*, *M*, t.13.

– *Anti-Machiavel*, *OCV*, t.19.

– *Arbitrage entre Monsieur de Voltaire et Monsieur de Foncemagne*, *M*, t.25.

– *Articles du fonds de Kehl*, *M*, t.17-20.

– *Articles extraits de la Gazette littéraire de l'Europe*, *M*, t.25.

— *Articles pour l'Encyclopédie*, *OCV*, t.33.
— *Aventure indienne*, dans *Romans et contes*, éd. F. Deloffre, J. van den Heuvel (Paris, 1979).
— *La Bible enfin expliquée*, *M*, t.30.
— *Candide*, *OCV*, t.48.
— *Carnets* [*Notebooks*], *OCV*, t.81-82.
— *Collection d'anciens évangiles*, *OCV*, t.69.
— *Commencement du seizième chant de l'Iliade*, *OCV*, t.80C.
— *Commentaire historique*, *M*, t.1.
— *Commentaires sur Corneille*, *OCV*, t.53-55.
— *Commentaire sur le livre Des délits et des peines*, *M*, t.25.
— *Commentaire sur l'Esprit des lois*, *OCV*, t.80B.
— *Conseils raisonnables à Monsieur Bergier*, *M*, t.27.
— *Contes de Guillaume Vadé* (s.l. [Genève], 1764).
— *Conversation de Monsieur l'intendant des Menus en service avec Monsieur l'abbé Grizel*, *M*, t.24.
— *Corpus des notes marginales de Voltaire* (Berlin et Oxford, 1979-).
— *Le Cri du sang innocent*, *M*, t.29.
— *Déclaration des amateurs*, *M*, t.20.
— *Défense de Louis XIV*, dans *Œuvres historiques*, éd. R. Pomeau (Paris, 1957).
— *La Défense de mon oncle*, *OCV*, t.64.
— *De l'âme*, *M*, t.29.
— *De la paix perpétuelle*, *M*, t.28.
— *Délibération des Etats de Gex*, *M*, t.29.
— *Les Dernières Paroles d'Epictète*, *M*, t.25.
— *Des embellissements de la ville de Cachemire*, *OCV*, t.31B.
— *Des embellissements de Paris*, *OCV*, t.31B.

— *Des Juifs*, *OCV*, t.45B.
— *Des singularités de la nature*, *M*, t.27.
— *Dialogue de Pégase et du vieillard*, *M*, t.10.
— *Dialogue entre un philosophe et un contrôleur général*, *OCV*, t.32A.
— *Dialogue entre un plaideur et un avocat*, *OCV*, t.32A.
— *Dialogues d'Evhémère*, *OCV*, t.80C.
— *Dialogues entre Lucrèce et Posidonius*, *OCV*, t.45B.
— *Diatribe à l'auteur des Ephémérides*, *M*, t.29.
— *Dictionnaire philosophique*, *OCV*, t.35-36.
— *Dieu et les hommes*, *OCV*, t.69.
— *Dieu. Réponse au Système de la nature*, *OCV*, t.72.
— *Le Dîner du comte de Boulainvilliers*, *OCV*, t.63A.
— *Discours de l'empereur Julien*, *OCV*, t.71B.
— *Discours de maître Belleguier*, *OCV*, t.75A.
— *Discours en vers sur l'homme*, *OCV*, t.17.
— *Don Pèdre*, *OCV*, t.52.
— *Eléments de la philosophie de Newton*, *OCV*, t.15.
— *Eloge et Pensées de Pascal*, *OCV*, t.80A.
— *Entretiens chinois*, *OCV*, t.49A.
— *Epître à Monsieur D'Alembert*, *OCV*, t.73.
— *Epître au roi de Danemark*, *OCV*, t.73.
— *Epître au roi de Prusse*, *M*, t.10.
— *Epître au roi de Suède, Gustave III*, *OCV*, t.73.
— *Epître sur la calomnie*, *OCV*, t.9.
— *L'Equivoque*, *OCV*, t.73.
— *Essai sur les mœurs et l'esprit des nations et sur les principaux faits de*

l'histoire depuis Charlemagne jusqu'à Louis XIII, *OCV*, t.22-23; éd. R. Pomeau, 2 vol. (Paris, 1990).

– *Essai sur les probabilités en fait de justice*, *OCV*, t.74A.

– *An Essay on epic poetry*, *OCV*, t.3B.

– *L'Examen important de milord Bolingbroke*, *OCV*, t.62.

– *Femmes, soyez soumises à vos maris*, *M*, t.26.

– *Fragment des instructions pour le prince royal de* ***, *OCV*, t.63B.

– *Fragments sur l'Inde*, *OCV*, t.75B.

– *Fragment sur l'histoire générale*, *M*, t.29.

– *La Guerre civile de Genève*, *OCV*, t.63A.

– *La Henriade*, *OCV*, t.2.

– *Histoire de Charles XII*, *OCV*, t.4.

– *Histoire de l'empire de Russie sous Pierre le Grand*, *OCV*, t.46-47.

– *Histoire de l'établissement du christianisme*, *M*, t.31.

– *Histoire de Jenni*, dans *Romans et contes*, éd. F. Deloffre et J. van den Heuvel (Paris, 1979).

– *Histoire du docteur Akakia*, *M*, t.23.

– *Histoire du parlement de Paris*, *OCV*, t.68.

– *Homélies prononcées à Londres*, *OCV*, t.62.

– *L'Homme aux quarante écus*, *OCV*, t.66.

– *Les Honnêtetés littéraires*, *OCV*, t.63B.

– *Idées républicaines*, *M*, t.24.

– *Les Ignorances*, *M*, t.19.

– *Il faut prendre un parti, ou le principe d'action*, *OCV*, t.74B.

– *L'Ingénu*, *OCV*, t.63C.

– *Instruction du gardien des capucins de Raguse à frère Pédiculoso*, *OCV*, t.67.

– *Instructions à Antoine-Jacques Rustan*, *M*, t.27.

– *Jeannot et Colin*, dans *Romans et contes*, éd. F. Deloffre et J. van den Heuvel (Paris, 1979).

– *Lettre à l'occasion de l'impôt du vingtième*, *OCV*, t.31B.

– *Lettre à Monsieur le marquis de Beccaria*, *OCV*, t.74A.

– *Lettre de Monsieur Clocpicre à Monsieur Eratou*, *M*, t.24.

– *Lettre d'un avocat au nommé Nonnotte ex-jésuite*, *OCV*, t.63B.

– *Lettre d'un Turc sur les fakirs et sur son ami Bababec*, *OCV*, t.32A.

– *Lettres à Son Altesse Monseigneur le prince de* ***, *OCV*, t.63B.

– *Lettres de Memmius à Cicéron*, *OCV*, t.72.

– *Lettres d'un quaker à Jean George Lefranc de Pompignan*, *M*, t.25.

– *Lettres philosophiques*, éd. G. Lanson, rév. André M. Rousseau, 2 vol. (Paris, 1964).

– *Lettre sur un écrit anonyme*, *OCV*, t.74A.

– *Les Lois de Minos*, *OCV*, t.73.

– *Mahomet*, *OCV*, t.20B.

– *Le Marseillois et le lion*, *OCV*, t.66.

– *Mémoire à Monsieur Turgot*, *M*, t.29.

– *Mémoire des Etats du pays de Gex*, *M*, t.29.

– *Mémoire du pays de Gex*, *M*, t.29.

– *Mémoire sur la satire*, *OCV*, t.20A.

– *La Méprise d'Arras*, *OCV*, t.73.

– *Le Mondain*, *OCV*, t.16.

– *Le Monde comme il va*, *OCV*, t.30B.

– *Nouvelles Probabilités en fait de justice*, *OCV*, t.74A.

– *Le Pauvre Diable*, *M*, t.10.

– *Pensées de Pascal*, *OCV*, t.80A.

– *Pensées sur l'administration publique*, *OCV*, t.32A.

– *Le Père Nicodème et Jeannot*, *OCV*, t.72.

– *Petit Avis à un jésuite*, *OCV*, t.56A.
– *Les Peuples aux parlements*, *OCV*, t.73.
– *Le Philosophe ignorant*, *OCV*, t.62.
– *La Philosophie de l'histoire*, *OCV*, t.59.
– *Plaidoyer de Ramponeau*, *M*, t.25.
– *Les Pourquoi*, *OCV*, t.28B.
– *Précis du Siècle de Louis XV*, dans *Œuvres historiques*, éd. R. Pomeau (Paris, 1957).
– *Prix de la justice et de l'humanité*, *OCV*, t.80B.
– *Profession de foi des théistes*, *M*, t.27.
– *La Pucelle*, *OCV*, t.7.
– *Le Pyrrhonisme de l'histoire*, *OCV*, t.67.
– *Les Questions de Zapata*, *OCV*, t.62.
– *Questions proposées à qui voudra et pourra les résoudre*, *M*, t.25.
– *Questions sur l'Encyclopédie*, *OCV*, t.38-41; *M*, t.19-20.
– *Questions sur les miracles*, *M*, t.25.
– *La Raison par alphabet*, 2 vol. (s.l. [Genève], 1769).
– *Regnante puero* [attrib.], *OCV*, t.1B.
– *Relation de la maladie, de la confession, de la mort et de l'apparition du jésuite Berthier*, *OCV*, t.49B.
– *Relation de la mort du chevalier de La Barre*, *OCV*, t.63B.
– *Relation du bannissement des jésuites de la Chine par l'auteur du Compère Mathieu*, *OCV*, t.67.
– *Relation du voyage de frère Garassise, neveu de frère Garasse, successeur de frère Berthier; et ce qui s'ensuit, en attendant ce qui s'ensuivra*, *OCV*, t.49B.
– *Relation touchant à un maure blanc, amené d'Afrique à Paris en 1744*, *OCV*, t.28B.
– *Remerciement sincère à un homme charitable*, *OCV*, t.32A.
– *Le Russe à Paris*, *M*, t.10.
– *Samson*, *OCV*, t.18C.

– *Saül*, *OCV*, t.56A.
– *Sermon des cinquante*, *OCV*, t.49A.
– *Le Siècle de Louis XIV*, dans *Œuvres historiques*, éd. R. Pomeau (Paris, 1957).
– *Sophonisbe*, *OCV*, t.71B.
– *Sottise des deux parts*, *OCV*, t.3A.
– *Supplément au Siècle de Louis XIV*, dans *Œuvres historiques*, éd. R. Pomeau (Paris, 1957).
– *Sur Messieurs Jean Law, Melon, et Dutot*, *OCV*, t.18C.
– *Sur Monsieur le duc d'Orléans et Madame de Beri*, *OCV*, t.1B.
– *Les Systèmes*, *OCV*, t.74B.
– *Le Temple du goût*, *OCV*, t.9.
– *Testament de Jean Meslier*, *OCV*, t.56A.
– *Tout en Dieu*, *M*, t.28.
– *Traduction du poème de Jean Plokof*, *M*, t.28.
– *Traité de métaphysique*, *OCV*, t.14.
– *Traité sur la tolérance*, *OCV*, t.56C.
– *Un chrétien contre six Juifs*, *M*, t.29.

Walpole, Horace, *Historic Doubts on the life and reign of King Edward the Third* (Londres, 1768).
Warburton, William, *The Divine Legation of Moses*, 3 vol. (Londres, 1738-1741, BV3825); 2 vol. (Londres, 1755, BV3826); 2 vol. (Londres, 1758, BV3827).
Wessel, Carola, 'Nikolaus Ludwig von Zinzendorf et la Confrérie morave. Introduction', dans *Les Piétismes à l'âge classique: crise, conversion, institutions*, éd. Anne Lagny (Villeneuve d'Ascq, 2001), p.129-43.

Zend-Avesta, trad. Abraham-Hyacinthe Anquetil-Duperron, 2 t. en 3 vol. (Paris, 1771, BV232).

INDEX

Abbadie, Jacques, *Traité de la vérité de la religion chrétienne*, 47n, 440n

Abel, 41-42, 220

Aben-Ezra, Abraham ben Méir, 48

Abiathar, personnage biblique, 116

Abimélech, 50, 480

Aboulgasi Bayadur Chan, *Histoire généalogique des Tatars*, 401n

Abraham, patriarche biblique, 45, 47, 49-50, 331, 337, 338n, 486n

Achille, 142

Actisanès, roi d'Ethiopie, 219, 473

Adam, 7, 31, 33-36, 38-39, 44, 220, 264

Adam, Antoine, le père, 59n

Addison, Joseph, 100, 104; *Cato*, 104-105

Adonias, frère de Salomon, 115, 116n, 482

Agag, roi des Amalékites, 339n, 341, 484

Agamemnon, 142n, 145n

Agar, personnage biblique, 50

Agathodé, 182n

Agatias Scholasticus, 151n

Agrippine la Jeune, Julia Agrippina, mère de Néron, *dite*, 237-40

Aiguillon, Marie Madeleine de Vignerot, duchesse d', 349n-350n

Albéric, André, 390

Alcibiade, homme d'Etat athénien, 426n

Alcmène, femme d'Amphitryon, 293, 407

Alembert, Jean Le Rond D', 6n, 9n, 11n, 55n, 72n, 92n, 289n, 303n, 318n, 344n, 349n, 411n, 415n-416n, 423n, 439n, 448n, 450, 453n, 458n

Alexandre II (Anselme de Baggio), pape, 128

Alexandre III (Rolando Bandinelli), pape, 394

Alexandre VI (Rodrigo Borgia), pape, 152, 240-41

Alexandre VII (Fabio Chigi), pape, 154, 312n

Alexandre le Grand, 90, 185, 198-99, 211-12, 214-16, 295, 325, 428

Alphonse VI, roi de Portugal, 395

Alvarez de Colmenar, Juan, *Annales d'Espagne et de Portugal*, 137n-138n

Ambroise, saint, 305

Ammien Marcellin, 495n

Amphion, fils de Zeus et d'Antiope, 258

Amphitrite, néréide, 330

Anacréon, 344

Anchise, père d'Enée, 407

Andilly, Arnauld d', 482n

Anicet, préfet, 239

Anne, reine d'Angleterre, 227

L'Année littéraire, 170

Annibal, 215, 244

Anquetil-Duperron, Abraham-Hyacinthe, 403n (*voir aussi Zend-Avesta*)

Antigone, roi de Judée, 482n

Antisthène, philosophe grec, 295n

Antoine, saint, 69, 269

Antoine de Padoue, saint, 320

Antonin le Pieux (Titus Aurelius Fulvius Antoninus Pius), empereur romain, 278

Anville, Jean Baptiste Bourguignon, d', 62n-63n

Anytos, Athénien, 118n

Aod (Ehoud), Israélite, 472

Apollon, 118, 129, 201, 209, 323, 326-27, 330

535

551